gettyimages

Englische Geschichte

Ein Jahrtausend in Bildern

gettyimages

Englische Geschichte

Ein Jahrtausend in Bildern

Nick Yapp

KÖNEMANN

Frontispiz: Die Londoner St.-Pauls-Kathedrale, Sir Christopher Wrens Meisterstück und das bedeutendste barocke Bauwerk der Stadt. Der 1710 vollendete Bau trat an die Stelle des mittelalterlichen Vorgängers, der 1666 beim Großen Feuer von London abgebrannt war.

Originalausgabe © 2000 Könemann Verlagsgesellschaft mbH,
Bonner Straße 126, D-50968 Köln
Fotos © 2000 **getty**images

Originaltitel: *The British Millennium, 1000 remarkable years of incident and achievement*

Dieses Buch entstand in Zusammenarbeit mit: **getty**images
Unique House, 21–31 Woodfield Road, London W9 2BA

Design: Mick Hodson und Alan Price
Projektleitung: Richard Collins
Bildredaktion: Jack Connelly, Tom Worsley
Register: Liz Ihre
Redaktionsassistenz: Tom Worsley, Gill Hodson
Scanning: Antonia Hille, Dave Roling, Mark Thompson
Reproduktion: Omniascanners srl., Mailand

Verlags- und Art Direktion: Peter Feierabend

© 2001 für die deutsche Ausgabe:
Könemann Verlagsgesellschaft mbH,
Bonner Straße 126, D-50968 Köln

Übersetzung aus dem Englischen: Manfred Allié (für Daniela Kumor, Köln)
Redaktion und Satz der deutschen Ausgabe: Daniela Kumor, Köln

Projektkoordination: Dr. Birgit Wüller

Druck und Bindung: Star Standard Industries Ltd.
Printed in Singapore

ISBN 3-8290-6119-6

10 9 8 7 6 5 4 3 2 1

Alle Rechte vorbehalten.

Idee und Konzept von Ludwig Könemann

INHALT

Vorwort		vi
Karte 1	Die Britischen Inseln im 11. Jahrhundert	viii
Karte 2	Die Eroberung von Wales und Schottland, 1200–1550	ix
Karte 3	Der Hundertjährige Krieg, 1337–1453	x
Karte 4	Wollerzeugung und Handel im Jahr 1500	xi
Karte 5	Der Bürgerkrieg, 1642–1660	xii
Karte 6	Industrielle und landwirtschaftliche Revolution, 1760–1820	xiii
Karte 7	Eisenbahnen und Kanäle im Jahr 1850	xiv
Karte 8	Literatur und Kunst in Großbritannien	xv
Karte 9	Das britische Empire im Jahr 1914	xvi

Chronik 1000–2000   zwischen 32 und 33

Die Jahre 1000–1500: eine Einführung   18
1. Die normannische Eroberung 1000–1100   22
2. Magna Charta 1100–1215   48
3. Eine Nation entsteht 1215–1300   80
4. Höhepunkt des Mittelalters 1300–1450   104
5. Die Anfänge der Tudorzeit 1450–1500   144

Die Jahre 1500–1815: eine Einführung   176
6. King Hal 1500–1550   180
7. Shakespeares England 1550–1600   206
8. König und Parlament 1600–1650   260
9. Pest und Feuer 1650–1700   300
10. Politische Lösungen 1700–1750   362
11. Ein Weltreich entsteht 1750–1770   414
12. Industrielle Revolution 1770–1800   448
13. Mühevolle Jahre 1800–1815   516

Die Jahre 1815–2000: eine Einführung   562
14. Veränderungen auf dem Land 1815–1845   566
15. Das Dampfzeitalter 1830–1850   606
16. Werkstatt der Welt 1850–1870   646
17. Entspannung und Reform 1850–1880   688
18. Glanz des Empire 1880–1910   732
19. Für König und Vaterland 1910–1920   776
20. Krise und Konsolidierung 1920–1939   808
21. Gemeinsam sind wir stark 1939–1951   844
22. Die Zeiten werden besser 1951–1970   880
23. Marktwirtschaft 1970–1990   924
24. Zu neuen Ufern 1990–2000   958

Register   988
Bildnachweis   992

Vorwort

Fast 900 Jahre lang, von 1066 bis in die Mitte des 20. Jahrhunderts, genossen die Briten ihre Unabhängigkeit vom europäischen Kontinent. Der Ärmelkanal war schmal genug, dass sie schon früh Handel mit ihren Nachbarn treiben konnten, doch breit genug, dass keine Invasionsarmee, gleich welcher Größe, ihn je überwinden konnte. Während Barbarenhorden durch Kontinentaleuropa zogen, blieben die Britischen Inseln unverletzlich und ungeplündert.

Großbritannien wuchs zur Seemacht heran, und die siegreiche Navy schützte und überwachte die Handelsstraßen und trug entscheidend dazu bei, dass aus dem Empire das größte Weltreich aller Zeiten wurde. Hinter dem Schutz dieser »hölzernen Wälle«, wie man die alten Segelschiffe nannte, waren die Briten ihren Rivalen in Politik, Industrie und Landwirtschaft stets um eine Nasenlänge voraus.

Alle außer der Kirche gaben bald die lateinische Sprache auf, und nach einem kurzen Flirt mit dem normannischen Französisch, bei dem sich keiner recht wohl fühlte, stand dem Englischen nichts mehr im Wege. Den Beginn der englischen Literatur markierten Langland und Chaucer, später kamen Marlowe und Shakespeare, und von da an reißt der Strom großer Schriftsteller nicht mehr ab – Milton, Pope, Swift, Keats und Wordsworth, Austen, die Brontës, Eliot, Dickens und hundert andere. Dann zerstreute der Lauf der Geschichte das Empire in alle Winde, die Industrie verfiel, die Landwirtschaft wurde zum Spielball von Skandalen und Subventionen – doch irgendwie überlebte der Reichtum britischer Kunst und Architektur, die Vielfalt von Mode und Theater und nicht zuletzt auch die englische Sprache all das.

Die Briten entwickelten ein Talent zum Reisen und sahen sich neugierig in anderen Erdteilen um. Überall auf der Welt fand man sie – sie bestiegen die Gipfel, suchten die Quellen der großen Flüsse, schleppten sich durch die Wüsten, überquerten ganze Ozeane im Einmannboot. Wohin sie auch gingen, nahmen sie ihre Kultur mit, den Sport eingeschlossen: Fußball, Cricket, Golf – sogar Ping-Pong, wie bei ihnen Tischtennis hieß. In der Zeit der Amateure waren die Briten die Größten unter allen, und als die Profis die Welt übernahmen, steckten sie ihre zahlreichen Niederlagen stets voller Anstand ein.

Im Mai 1712 machte sich der englische Essayist Joseph Addison seine Gedanken um die Größe der »Britischen Nation«. In einer Liste stellte er die »wackeren Vorurteile« seiner Landsleute zusammen: »dass ein Engländer es mit drei Franzosen aufnehmen kann, dass uns die Papisten niemals gefährlich werden können, solange wir unsere Flotte haben, dass die Themse der prachtvollste Fluss in ganz Europa ist, dass die (alte) London Bridge ein größeres Meisterwerk war als alle sieben Weltwunder zusammen.« Alles Unsinn natürlich, aber doch die stolze Überzeugung einer Nation, die fast das ganze letzte Jahrtausend in schönster Eintracht mit sich selbst verbracht hat.

Karte 1: Die Britischen Inseln im 11. Jahrhundert

Karte 2: Die Eroberung von Wales und Schottland, 1200–1550

Karte 3: Der Hundertjährige Krieg, 1337-1453

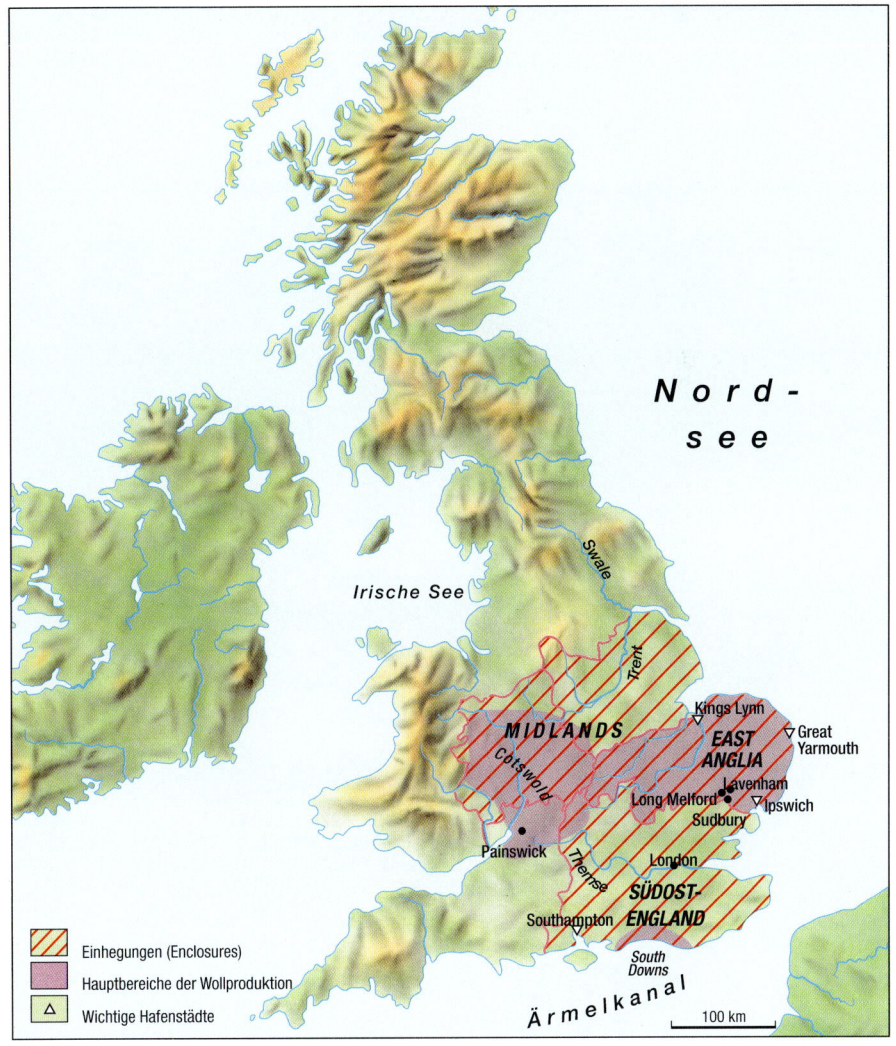

Karte 4: Wollerzeugung und Handel im Jahr 1500

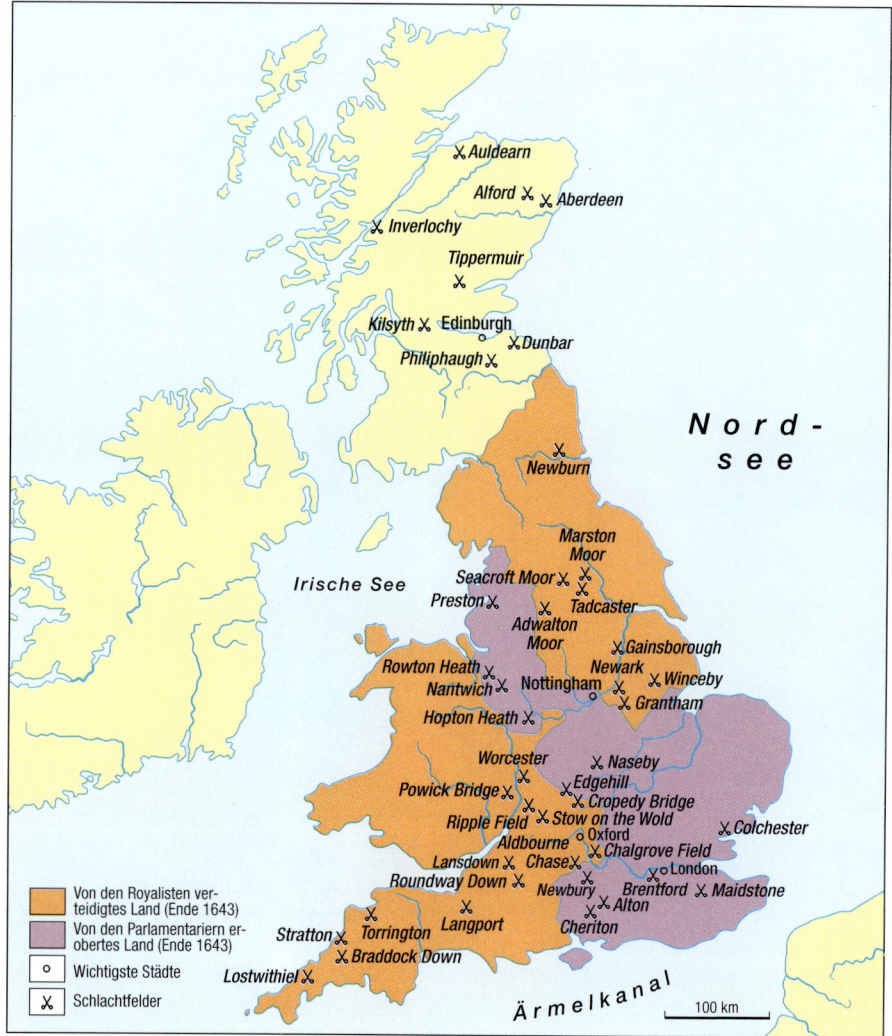

Karte 5: Der Bürgerkrieg, 1642–1660

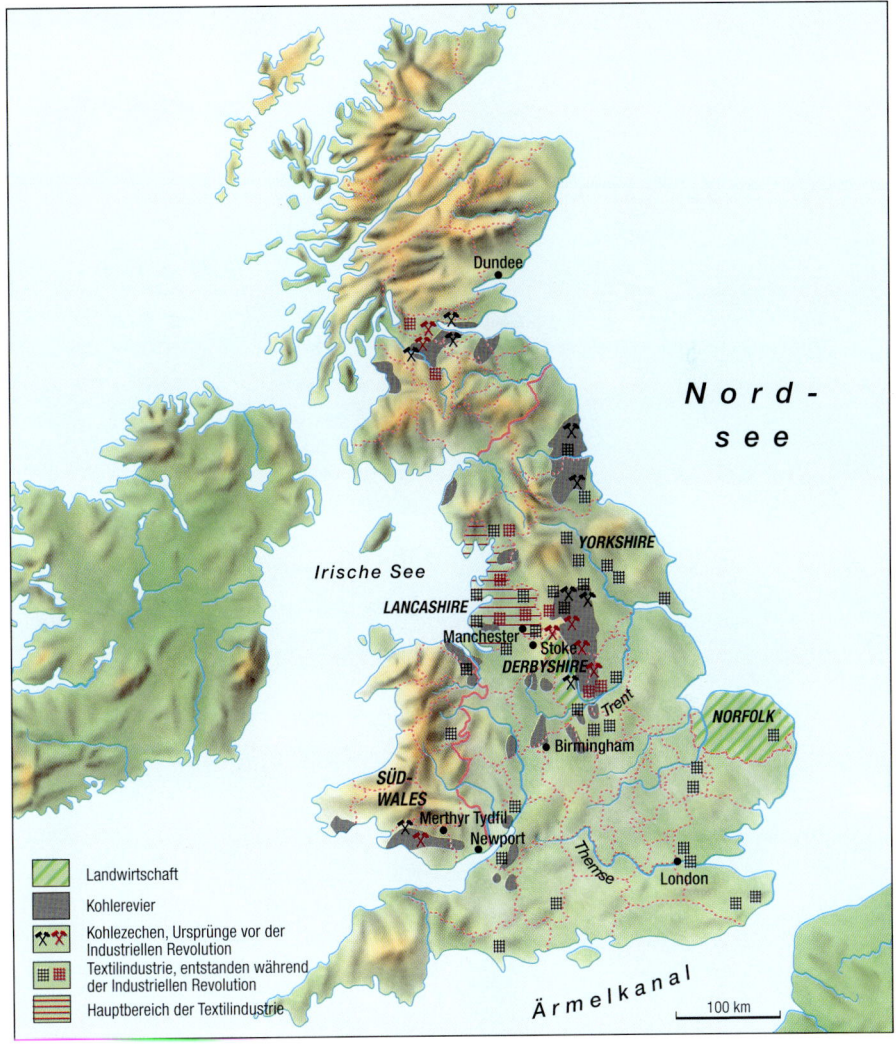

Karte 6: Industrielle und landwirtschaftliche Revolution, 1760–1820

Karte 7: Eisenbahnen und Kanäle im Jahr 1850

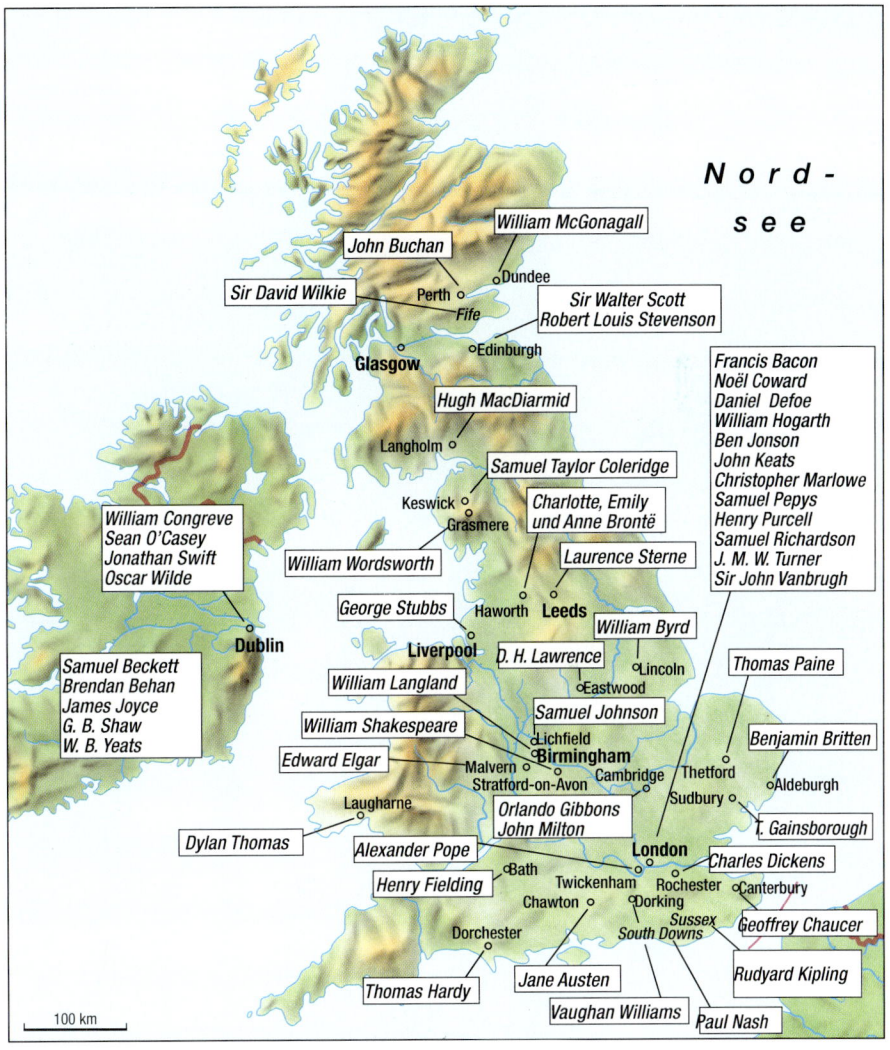

Karte 8: Literatur und Kunst in Großbritannien

Karte 9: Das britische Empire im Jahr 1914

Die Jahre 1000–1500: eine Einführung

Im Jahr 1012 zahlte der König des angelsächsischen England £ 48 000 »Danegeld« – nur einer von vielen Beträgen, mit denen sich das Land von dänischen Überfällen freikaufte. Es war eine ungeheure Summe und ein deutliches Zeichen, wie schwach das seit kaum mehr als 100 Jahren vereinte Königreich war. Alfred der Große hatte sein Möglichstes getan, Wessex – das Angelsachsenreich, über das er im späten 9. Jahrhundert herrschte – zu schützen, aber die Flotte, die er aufgebaut hatte, bestand nicht mehr. Wieder war die 3 500 Kilometer lange britische Küste ungeschützt, und der letzte Angelsachsenkönig sollte es 54 Jahre später schmerzlich zu spüren bekommen.

Ob Schotten, Waliser oder Engländer, das Leben zu Beginn des 11. Jahrhunderts war nicht leicht. Die Bevölkerung lebte weit verstreut in kleinen Siedlungen mehr schlecht als recht von dem, was das Land, die See oder der Wald hergaben. Was es an zentraler Kontrolle gab, lag in England in Händen König Ethelreds, in Schottland in denen Malcolms II., und in Wales bekriegten sich die Fürsten darum. Doch für die meisten Dörfer waren König und Hof weit entfernt.

Für den Bauern spielte der lokale Landbesitzer eine weitaus größere Rolle. Die ländliche

Gesellschaft war streng geteilt in jene, die das Land besaßen, und jene, die darauf arbeiteten. Es gab zwar eine Reihe von Unabhängigen für spezielle Aufgaben – Schmiede, Zimmerleute, Salzsieder, Schneider, Fischer, Müller und Bäcker –, doch die meisten waren auf dem Feld beschäftigt. Familien arbeiteten zusammen, Frauen und Kinder neben den Männern. Wie sie lebten, hing wesentlich davon ab, wo sie lebten, und von den Launen des Wetters. Ein guter Grundherr, eine ertragreiche Ernte, eine Zeit ohne Pest und andere Krankheiten, dann ging es allen vergleichsweise gut. Ein paar schlechte Sommer hintereinander bedeuteten Armut, manchmal sogar den Tod, denn nur die wenigsten hatten Geld- oder Lebensmittelvorräte, von denen sie zehren konnten. In jedem Winter war das Überleben von neuem ein Glücksspiel, denn das Land gab in dieser Zeit nichts her. Das Fleisch, das im Spätherbst – wenn die meisten Tiere mangels Futter geschlachtet werden mussten – sorgsam eingesalzen wurde, war bald verzehrt. Für die meisten Katholiken war die Fastenzeit keine Zeit zusätzlicher Entbehrung, denn es gab ohnehin nichts zu essen.

Das Leben im Mittelalter drehte sich mehr oder minder um den Tod. Die Dichter, Chaucer ausgenommen, schrieben von kaum etwas anderem. Kündigte sich aber mit den warmen Aprilschauern der Frühling an, dann keimte auch neue Hoffnung auf. Auf den Gutshöfen gab es Arbeit für alle, und manche dieser Grundbesitze waren unermesslich groß. Wulfric Spott, der im Jahr 1004 das Kloster in Burton-on-Trent stiftete, besaß Ländereien in über einem Dutzend Grafschaften. Wälder wurden gerodet, und die Landbesitzer brauchten Arbeiter, die die neuen Felder bewirtschafteten. So kam es zu einem Tauschhandel. Der Bauer verpflichtete sich zu zwei Tagen Arbeit pro Woche auf dem Land des Gutsherrn (drei Tagen zur Erntezeit) und zur Zahlung von Pacht; dafür bekam er sieben Morgen Land, zwei Ochsen, eine Kuh und sechs Schafe, Werkzeuge für die Arbeit und Gerätschaften für das Haus.

Die meisten Häuser waren einfache strohgedeckte Fachwerkkaten. Die Menschen teilten sich den einzigen großen Raum mit Vieh und Federvieh. Auf dem irdenen Boden brannte ein offenes Feuer, über dem die Mahlzeiten bereitet wurden, und von dem Qualm, der durch ein Loch im Dach abzog, erstickte – so darf man hoffen – wenigstens ein Teil des Ungeziefers, das Mensch und

Tier plagte. Das Haus des Gutsherrn war nicht viel besser. Den Mittelpunkt dieser Gebäude bildete der große Saal, wo alle gemeinsam aßen. Dort wurden auch Geschäfte geschlossen, Recht gesprochen und schliefen Besucher und Bedienstete. Der Herr und seine Familie hatten Räume für sich. Weitere Gemächer, Scheunen und Ställe schlossen sich an, und das Ganze war mit Palisaden umgeben. Möbliert war das Haus mit Tischen, Bänken, Matratzen, Kissen, Wandbehängen und Truhen. Die Armen schliefen auf Strohsäcken, die Reichen hatten linnenes Bettzeug. Die Bauern aßen mit den Fingern von einem Holzteller oder direkt aus der Schüssel, die Vornehmen mit Löffeln und Messern (aber noch nicht mit Gabeln) von Porzellan, das vom Kontinent stammte.

Am untersten Ende der gesellschaftlichen Ordnung standen die Sklaven, die kaum mehr als Gegenstände galten und von ihren Besitzern ungestraft getötet werden konnten – auch wenn die Kirche es nicht gerne sah. Sklaven hatten keinerlei eigenen Besitz, kein Geld und keine Rechte. Wer einen Sklaven umbrachte, zahlte dem Eigentümer als Schadenersatz den Kaufpreis, der bei einem Pfund oder acht Ochsen lag.

Neuerungen faßten zwar nur langsam Fuß, veränderten jedoch das Leben der Menschen tief greifend. Der Einfallsreichtum der Ingenieure und frühen Wissenschaftler steht außer Frage: Neue Typen des Pflugs wurden erfunden, zu den Wasser- kamen die Windmühlen, Zeit wurde nun mit mechanischen Uhren statt mit Stundengläsern gemessen. Steinhäuser und Glasfenster kamen auf, obwohl die Fenster noch lange Zeit nicht fest eingebaut waren, sondern nur für die Nacht und bei schlechtem Wetter eingesetzt wurden. Kleider wurden bequemer und attraktiver, auch wenn sich die Grundform kaum veränderte – ein Umhang über knielanger Tunika und Hosen für die Männer, bodenlanger Unterrock mit Tunika und Umhang für die Frauen. Schmuck wurde immer kunstvoller und aufwändiger. Mehr Menschen als zuvor lernten lesen. Die Wissenschaft verdrängte den Aberglauben – und das Tempo, in dem sich all diese Entwicklungen vollzogen, nahm immer mehr zu.

Bereits um das Jahr 1500 war vom Geist des Rittertums in Großbritannien nichts mehr zu spüren. Von den höfischen Regeln, die einst für jeden »Ritter ohne Furcht und Tadel« gegolten hatten, waren nur noch Äußerlichkeiten geblieben. Turniere, Bankette und Wappenzier waren alles, was weiterbestand, auch wenn Edward III. noch im 14. Jahrhundert König Artus' Tafelrunde wieder beleben wollte. Die Kirche, die jahrhundertelang Herz, Verstand und Seele der Gläubigen beherrscht hatte, verlor an Einfluss. Neue Stimmen erhoben sich, Stimmen des Protestes. Kaum hatte sich die alte Ordnung wirklich etabliert, wurde sie von Schriftstellern und Philosophen attackiert, von Wissenschaftlern wie Roger Bacon und Predigern wie John Wycliffe.

Die weitaus größte Zahl der Menschen lebte noch auf dem Lande, obwohl kaum merklich die Landflucht bereits begonnen hatte. 1066 schätzte man die Einwohnerzahl von York, der zweitgrößten Stadt des Landes, auf 10 000, jene von Norwich auf 6 600. 500 Jahre später war York auf 25 000 Einwohner angewachsen, Norwich auf 15 000. Selbst London, im Jahr 1500 die stolze Hauptstadt eines vereinten Englands, hatte nur 75 000 Einwohner – zwar mehr als jede deutsche Stadt, aber nur ein Drittel der Einwohnerzahl von Paris. Die Städte mit ihren häufig unbefestigten Straßen stanken und waren Brutstätten von Krankheiten – aber sie boten Arbeit und die Chance, ein Vermögen zu machen.

In diesen fünf Jahrhunderten gab es manche Rangelei um die Macht – zwischen König und Baronen, Kirche und Staat sowie gegen Ende dieser Periode zwischen den Häusern York und Lancaster. Allen Parteien ging es um die Herrschaft, denn England war mittlerweile ein Land, dessen Herrschaft etwas wert war – reich, unabhängig, gut gefeit. Auch Schottland war stolz und unabhängig. Jahrhundertelang hatten sich Schotten und Engländer bekriegt, doch im September 1497 unterzeichnete Jakob IV. einen Vertrag über »ewigen Frieden« mit dem englischen König Heinrich VII., und sechs Jahre darauf heiratete er Heinrichs Tochter. Den Walisern war es weniger glücklich ergangen. Edward I. war in ihr Land einmarschiert und hatte seine Herrschaft mit einer Reihe stolzer und Furcht einflößender Burgen gefestigt, von Conway bis Caernarvon.

Doch eine Eroberung von außen wie jene, mit der diese Periode begonnen hatte, war an ihrem Ende undenkbar geworden.

1
DIE NORMANNISCHE EROBERUNG
1000–1100

Castrum Royale Londine

Der Londoner Tower – Festung, Palast, Gefängnis und Symbol der normannischen Macht über die Angelsachsen. Den Mittelpunkt bildet der White Tower, der innerste Teil des Komplexes in normannischer Zeit. Der Entwurf stammt vom Architekten Wilhelms des Eroberers, einem temperamentvollen Mönch namens Gundulf, der nicht nur ein großer Festungsbaumeister war, sondern später auch Bischof von Rochester. Die Arbeiten am Tower begannen unmittelbar nach Wilhelms Einzug in London, eine Demonstration seiner Macht, mit der er die Stadtbevölkerung in ihre Grenzen weisen wollte. Baumaterialien waren Kalkstein aus Caen und Kieselsandstein aus Kent, sodass die Festung symbolisch für beide Territorien Wilhelms stand. Die Mauern haben an der Basis eine Breite von fünf Metern, oben sind es noch vier.

Einleitung

Die größte Erfindung des Zeitalters war der Pflug mit Streichbrett. Ein solcher Pflug grub nicht nur eine Furche in den Boden, sondern wendete ihn auch, wodurch fettere Erde aus der Tiefe an die Oberfläche gelangte. »Auf dass«, schrieb Walter von Henley stolz, »alles gereinigt und befreit werde vom Wasser und das Land gedeihe.« Für das Volk bedeutete es einfach nur größere Ernten, die manchen vor dem Hungertod bewahrten.

Der meist gehasste Mann in jedem Dorf war der Müller, denn alle waren davon überzeugt, dass er von ihrem Korn stahl und für das Mahlen zu viel berechnete. Ein Rätsel aus dem 11. Jahrhundert lautete: »Was ist das Mutigste im ganzen Dorf?« Antwort: »Das Hemd des Müllers, denn es hat jeden Tag einen Dieb am Kragen.«

Es war eine Zeit, in der Recht ein anderes Wort für Macht war. Manche Könige wurden gewählt, andere von Gott eingesetzt, aber auf dem Thron blieb nur, wer stark genug war. In Schottland tötete Macbeth im Jahr 1040 seinen Vetter Duncan I. auf dem Schlachtfeld. Er selbst kam jedoch 1057 in Lumphanan bei Aberdeen auf die gleiche Weise um. Llywelyn ap Gruffydd, König von Gwynedd und Powys, begann 1039 mit seiner Kampagne, ganz Wales unter seiner Krone zu einen; sie dauerte 16 Jahre. König Knut folgten in England binnen sieben Jahren vier weitere Herrscher, der letzte war Edward der Bekenner.

Es war auch Edward, der, ohne es zu wollen, den Weg für die normannische Invasion von 1066 freimachte. Er verbrachte 25 Jahre im normannischen Exil und erkannte seinen Vetter Wilhelm, Herzog der Normandie, als rechtmäßigen Nachfolger an. Als Edward im Jahr 1042 nach England zurückkehrte, verbrachte er den Großteil seiner Zeit mit frommen Werken – der Bau der Westminster-Abtei begann 1050. Als die Abtei zu Weihnachten 1065 geweiht wurde, war Edward schon zu krank, um noch an den Feierlichkeiten teilzunehmen, und starb acht Tage später. Der Kronrat proklamierte umgehend Harold Godwinson zum König.

Gegen Ende seiner neunmonatigen Regierungszeit schlug Harold im Norden in Stamford Bridge erfolgreich eine dänische Invasion zurück, wurde jedoch drei Wochen darauf in der Schlacht von Hastings von einem Normannenpfeil tödlich getroffen. Die Normannen eroberten das Land im Handstreich, und am 26. Dezember 1066 krönte sich Wilhelm in der Abtei von Westminster zum König.

Die größte Leistung dieser Epoche war das Domesday Book, ein Inventar des steuerpflichtigen Besitzes in Wilhelms neuem Reich. Der König wollte genau darüber Bescheid wissen, welches Land seine Barone besaßen, wie viele Ritter ihnen lehnspflichtig waren, er wollte wissen, »wie England bevölkert ist, mit welcher Art von Menschen«. Für jeden Landstrich wurde eine achtköpfige Kommission eingesetzt, die genau aufzeichnen musste, wie viele Pflüge, Freie, Leibeigene, Vieh, Mühlen und Fischgründe, Häuser, Scheunen, Bienenstöcke und Taubenschläge es in den Dörfern gab. »Keine einzige Haut«, klagte ein angelsächsischer Chronist, »kein Stückchen Land entging ihnen.«

In einer Szene aus dem Teppich von Bayeux verabschiedet sich Harold von England von seinem König, Edward dem Bekenner, wahrscheinlich im Jahr 1064. Harold war auf dem Weg in die Normandie, wo er Herzog Wilhelm den Treueeid schwor.

Edward der Bekenner 27

Das Grab Edwards des Bekenners in der Westminster-Abtei. Edward stiftete die Abtei, doch als sie Weihnachten 1065 geweiht wurde, war er schon zu krank, um dabei zu sein. Ein Jahr später krönte sich Wilhelm hier zum König von England.

28 Die normannische Eroberung

Links: Wilhelm der Eroberer sitzt weich auf seinem englischen Thron. Gekrönt wurde er in aller Eile. Während der Zeremonie in der Westminster-Abtei drangen von draußen Rufe herein. Da er einen neuerlichen Aufstand fürchtete, griff sich William die Krone und setzte sie sich selbst aufs Haupt. *Seite 29 unten:* Die Schlacht von Hastings, 14. Oktober 1066. Nach fast eintägigem Kampf war noch immer keine Entscheidung abzusehen, doch ein vorgetäuschter Rückzug der Normannen lockte die Angelsachsen aus ihrer Stellung auf einer Hügelkuppe. Harold und seine beiden Brüder fielen, und die sächsischen Kämpfer standen ohne Anführer da.

Die Schlacht von Hastings

Wilhelm der Eroberer macht seinen Mitstreiter Alan Rufus, Herzog der Bretagne, zum Grafen von Richmond. Die Bretonen hatten entscheidend zur sächsischen Niederlage in Hastings beigetragen.

30 Die normannische Eroberung

Der Teppich von Bayeux entstand nach 1070 in England, vermutlich im Auftrag Odos, des Bischofs von Bayeux und Halbbruders Wilhelms des Eroberers. Der 70 Meter lange Bildteppich stellt die Vorgeschichte der normannischen Eroberung dar. Diese Szenen zeigen Harold, der zu Wilhelm in die Normandie kommt und sich verpflichtet, dessen Anspruch auf den englischen Thron anzuerkennen.

Der Teppich von Bayeux

	1600	1625	1650	1675	1700	1725	1750	1775
LITERATUR, KUNST UND MUSIK		John Milton 1608–74	Samuel Pepys 1633–1703	Henry Purcell 1658–95; Daniel Defoe 1660–1731; Sir John Vanbrugh 1664–1726; Jonathan Swift 1667–1745; William Congreve 1670–1729	Alexander Pope 1688–1744; Samuel Richardson 1689–1761; William Hogarth 1697–1764	Henry Fielding 1707–54; Samuel Johnson 1709–84; Laurence Sterne 1713–68; George Stubbs 1724–1806; Thomas Gainsborough 1727–88	Thomas Paine 1737–1809	William Wordsworth 1770–1850; Sir Walter Scott 1771–1832; Samuel Taylor Coleridge 1772–1834; Jane Austen 1775–1817; J. M. W. Turner 1775–1851; John Constable 1776–1837; Sir David Wilkie 1785–1841
KLEIDUNG UND FREIZEIT	Tabakrauchen	Zeitungen	Drury-Lane-Theater; Kaffeehäuser	Puppentheater; Pferderennen in Newmarket	Derby; »Owling- und Vogeljagd«	Theatre Royal, Haymarket	Hambledon Cricket Club	Her Majesty's Theatre
ARCHITEKTUR	Banqueting House, Whitehall	London Bridge	Schloss Windsor	St.-Pauls-Kathedrale; Covent Garden	Drury-Lane-Theater; Bank von England; Architektur in Dublin	Blenheim Palace; Castle Howard	Buckingham-Palast; Chippendale-Möbel	Bath; Holkham Hall
WISSENSCHAFT UND TECHNIK	Zinngeschirr	Maustraßen	Isaac Newtons Gesetz der Schwerkraft	Kanäle	Befestigte Straßen; Thomas Telfords Fernstraßen; Henry Corts Puddelverfahren; Dampfpumpe; Coalbrookdale	Hargreaves' Spinnmaschine (Spinning Jenny)	Arkwrights mechanischer Webstuhl (Water Frame); Fabriksystem; Cromptons Spinnmaschine (Mule)	Strumpfwirkstuhl und Schnellschütze (Flying Shuttle); Edward Jenner und
TRANSPORTWESEN	Sextant				Postkutschen		Dampfmaschinen	
	1600	1625	1650	1675	1700	1725	1750	1775
KÖNIGE UND KÖNIGINNEN VON ENGLAND	Jakob I. 1603–25	Karl I. 1625–49	Karl II. 1660–85	Jakob II. 1685–88; Wilhelm III. von Oranien 1689–1702 zusammen mit Maria II. 1689–94	Anna 1702–14; Georg I. 1714–27	Georg II. 1727–60		Georg III. 1760–1820
KÖNIGE UND KÖNIGINNEN VON SCHOTTLAND								

Timeline (ca. 1100–1600)

Zeitleiste (oben): 1200 – 1575

Literatur / Kunst:
- William Langland 1330–90
- Geoffrey Chaucer 1343–1400
- William Byrd 1543–1632
- Francis Bacon 1561–1626
- Christopher Marlowe 1564–93
- William Shakespeare 1564–1616
- Ben Jonson 1572–1637
- Orlando Gibbons 1583–1625

Freizeit / Sport / Mode:
- Wappenschmuck
- Turniere und Tjoste
- Versteckspiel
- Wams und Strumpfhosen
- Erste Cembalokonzerte
- Anfänge des Fußballs
- Langschuhe
- Seidene Gewänder
- Stier-, Bären- und Dachshatz
- Bogenschießen
- Madrigale und Musikanten
- Tanz
- Hockey
- Tennis
- Hasenjagd

Architektur / Bauwerke:
- Westminster-Abtei
- Burgen von Beaumaris, Caernarvon, Conwy und Harlech
- Fachwerkhäuser
- Burg Nottingham
- Krönungssessel
- Buntglasfenster im Münster von York
- Burg Bodiam
- Oxford und Cambridge
- Kathedrale von Salisbury
- Abtei Selby
- Kathedrale von Winchester
- Eton College
- Burg Caister
- Hatfield House
- King's College, Cambridge
- Sternkammer
- Hampton Court
- Kapelle Heinrichs VIII. in der Westminster-Abtei
- Falkland-Palast, Grafschaft Fife
- Burg von Deal
- Nonesuch-Palast
- Burghley House
- Theater Globe, Bear und Swan
- Burg Fotheringay
- Middle Temple Hall

Wissenschaft / Technik:
- Apotheker
- Alchemisten
- Optische Linsen
- Magnetischer Kompass
- Agronom Walter von Henley
- Roger Bacon
- Kalköfen
- Wollindustrie in den Cotswolds
- Thomas Brightfields Wasserklosett
- Langbogen
- Rüstungen
- Richard von Wallingford
- Erste mechanische Uhr in England
- Zunderbüchse zum Feuer Entfachen weit verbreitet
- Kanonen
- Erste Einhegungen von Allmende
- William Caxtons Druckpresse
- Verstärkter Bergbau
- Eisenschmelzen
- Waffentechnik
- Einhegungen (Enclosures)

Transport / Schiffahrt:
- Erste Dreimaster
- Vierrädrige Kutschen
- Schiffskompass
- Verbesserte Wagen und Kutschen
- Hochseeschiffe

Zeitleiste (unten): 1100 – 1600

Englische Könige:
- Heinrich I. 1100–35
- Stephan von Blois 1135–54
- Heinrich II. 1154–89
- Richard I. Löwenherz 1189–99
- Johann ohne Land 1199–1216
- Heinrich III. 1216–72
- Edward I. 1272–1307
- Edward II. 1307–27
- Edward III. 1327–77
- Richard II. 1377–99
- Heinrich IV. 1399–1413
- Heinrich V. 1413–22
- Heinrich VI. 1422–61 und 1470–71
- Edward IV. 1461–70 und 1471–83
- Edward V. 1483
- Richard III. 1483–85
- Heinrich VII. 1485–1509
- Heinrich VIII. 1509–47
- Edward VI. 1547–53
- Lady Jane Grey 1553
- Maria I. Tudor (die Katholische) 1553–58
- Elisabeth I. 1558–1603

Schottische Könige:
- Alexander I. 1107–24
- David I. 1124–53
- Malcolm IV. der Unbedürfte 1153–65
- Wilhelm I. der Löwe 1165–1214
- Alexander II. 1214–49
- Alexander III. 1249–86
- Margarethe von Norwegen 1286–90
- John Balliol 1292–96
- Robert Bruce 1306–29
- David II. 1329–71
- Robert II. 1371–90
- Robert III. 1390–1406
- Jakob I. 1406–37
- Jakob II. 1437–60
- Jakob III. 1460–88
- Jakob IV. 1488–1513
- Jakob V. 1513–42
- Maria 1542–67
- Jakob VI. 1567–1625

CHRONIK

KÖNIGE UND KÖNIGINNEN VON SCHOTTLAND

- Malcolm II. 1005–34
- Duncan I. 1034–40
- Macbeth 1040–57
- Malcolm III. Cannore 1057–93
- Donald Bane 1093–94
- Duncan II. 1094
- Donald Bane 1094–97
- Edgar 1097–1107
- Alexander I. 1107–24
- David I. 1124–53
- Malcolm IV. der Unbeeführe 1153–65
- Wilhelm I. der Löwe 1165–1214
- Alexander II. 1214–49
- Alexander III. 1249–86
- Margarethe von Norwegen 1286–90
- John Balliol 1292–96
- Robert Bruce 1306–29
- David II. 1329–71
- Robert II. 1371–90
- Robert III. 1390–1406
- Jakob I. 1406–37
- Jakob II. 1437–60
- Jakob III. 1460–88

KÖNIGE UND KÖNIGINNEN VON ENGLAND

- Ethelred II. der Ratlose 978–1016
- Edmund Ironside 1016
- Knut 1016–35
- Harold I. Harefoot 1037–40
- Harthaknut 1040–42
- Edward der Bekenner 1042–66
- Harold Godwinson 1066
- Wilhelm I. der Eroberer 1066–87
- Wilhelm II. 1087–1100
- Heinrich I. 1100–35
- Stephan von Blois 1135–54
- Heinrich II. 1154–89
- Richard I. Löwenherz 1189–99
- Johann ohne Land 1199–1216
- Heinrich III. 1216–72
- Edward I. 1272–1307
- Edward II. 1307–27
- Edward III. 1327–77
- Richard II. 1377–99
- Heinrich IV. 1399–1413
- Heinrich V. 1413–22
- Heinrich VI. 1422–61 und 1470–71
- Edward IV. 1461–70

TRANSPORTWESEN

- Ruderboote
- Pferd und Wagen
- Erste Dreimaster
- Vierrädrige Kutschen
- Schiffskompass

WISSENSCHAFT UND TECHNIK

- Egge und Dreschflegel
- Pflug mit Streichbrett
- Normannische Rüstung
- Bunglas
- Zimmönen in Cornwall
- Webstuhl mit Tritbrett
- Feuerstelle rückt an die Wand
- Glasfenster in Privathäusern in England
- Spitzbogen und Wendeltreppe
- Robert Grosseteste
- Apotheker
- Alchemisten
- Optische Linsen
- Agronom Walter von Henley
- Magnetischer Kompass
- Roger Bacon
- Kalköfen
- Wollindustrie in den Cotswolds
- Thomas Brightfields Wasserklosett
- Langbogen
- Rüstungen
- Richard von Wallingford
- Erste mechanische Uhr in England
- Zunderbüchse zum Feuer Entfachen weit verbreitet
- Kanonen
- Erste Einlegungen von Allmende
- William Caxtons Druckpresse
- Verstärkter Bergbau
- Eisenschmelzen

ARCHITEKTUR

- Bauleginn von Schloss Windsor
- Kathedrale von Canterbury
- Londoner Tower
- Teppich von Bayeux
- Westminster-Abtei
- Burg mit Ringmauer
- Kathedrale von Durham
- Kathedrale von Ely
- Burgen in Colchester, Chepstow, Dover und Plantstok
- Kapitelhaus der Westminster-Abtei
- Burgen von Beaumaris, Caernarvon, Conwy und Harlech
- Fachwerkhäuser
- Burg Nottingham
- Krönungssessel
- Bunglasfenster im Münster von York
- Burg Bodiam
- Oxford und Cambridge
- Eton College
- Kathedrale von Winchester
- Abtei Selby
- Kathedrale von Salisbury
- Hatfield House
- Burg Caister
- Sternkammer
- Hampton Court
- King's College, Cambridge
- Falkland-Palast, Grafschaft Fife
- Kapelle Heinrichs VIII. in der Westminster-Abtei

KLEIDUNG UND FREIZEIT

- Jagd mit Habichten und Falken
- Stickereien
- Linnene Gewänder
- Wappenschmuck
- Turniere und Tposte
- Versteckspiel
- Wams und Strumpfhosen
- Erste Cembalokonzerte
- Anfänge des Fußballs
- Langschuhe
- Seidene Gewänder
- Stier-, Bären- und Dachshatz
- Bogenschießen
- Madrigale und Musikanten

LITERATUR, KUNST UND MUSIK

- Geoffrey Chaucer 1343–1400
- William Langland 1330–90

Jakob II. **1685–88**

Wilhelm III. von Oranien **1689–1702** zusammen mit Maria II. **1689–94**

Anna **1702–14**
Georg I. **1714–27**

Georg II. **1727–60**

Georg III. **1760–1820**

Georg IV. **1820–30**

Wilhelm IV. **1830–37**

Viktoria **1837–1901**

Edward VII. **1901–10**

Georg V. **1910–36**

Edward VIII. **1936**
Georg VI. **1936–52**

Elisabeth II. seit **1952**

1675 · 1700 · 1725 · 1750 · 1775 · 1800 · 1825 · 1850 · 1875 · 1900 · 1925 · 1950 · 1975 · 2000

Postkutschen

Dampfmaschinen

Erster Raddampfer

George Stephenson und die Rocket

Eisenbahn Liverpool-Manchester

Hafenanlagen in Liverpool

John L. McAdam entwickelt den Straßenbelag aus Teer

Eisenbahnfieber

Shillibeers Omnibus

Dampfgetriebene Boote, Busse und Schleppkähne

Hansoms Droschken

Dampfschiffe Great Western und Great Eastern

Pneumatische Eisenbahn

Undergroundbahn

Dunlops Sicherheitsfahrrad

Hochräder

Suezkanal

Viertakt-Verbrennungsmotor

Rolls und Royce

Elektrische Trambahnen

Fußgängertunnel von Greenwich

Sopwith Camel

Vickers Vimy

Transatlantikflug von Alcock und Brown

Flugplatz Croydon und die Imperial Airways

SS Mauritania, Aquitania

Trolleybusse

Neue U-Bahn-Linien in London

Verkehrsflugzeug Comet

Morris Minor

Schnellstraßen

Hovercraft

Mini

Concorde

Sinclairs Solarauto

Kanäle

Befestigte Straßen

Thomas Telfords Fernstraßen

Henry Corts Puddelverfahren

Dampfpumpe

Coalbrookdale

Hargreaves' Spinnmaschine (Spinning Jenny)

Arkwrights mechanischer Webstuhl (Water Frame)

Fabriksystem

Cromptons Spinnmaschine (Mule)

Strumpfwirkstuhl und Schnellschütze (Flying Shuttle)

Edward Jenner und die Schutzimpfung

Coke von Holkham

Badekarren

Schrapnellgeschosse und Raketen

Gaslicht in London

Sir Humphry Davy und die Sicherheits-Grubenlampe

Fox Talbot und die Fotografie

Thomas Crapper und das Wasserklosett

Dreschmaschinen

Lister und die Desinfektion

Michael Faraday und die Elektrizität

Motor-Rasenmäher

Broadcasting House, Alexandra Place (Hauptquartier der BBC) und erste Fernsehsendungen

Radar und Ultraschall

Rotationsbombe (zum Sprengen von Staudämmen im Zweiten Weltkrieg)

Triplex-Sicherheitsglas

Teleskop Jodrell Bank

Nordseeöl

Retortenbabys

St.-Pauls-Kathedrale

Covent Garden

Drury-Lane-Theater

Bank von England

Architektur in Dublin

Blenheim Palace

Castle Howard

Buckingham-Palast

Chippendale-Möbel

Bath

Holkham Hall

Wedgwood

National Gallery

Royal Opera House

Brighton Pavillion

Menai-Hängebrücke

British Museum

Chiswick House

Eaton Hall

Carlton House

Fleet-Gefängnis

Vauxhall-Brücke

Parlamentsgebäude

Crystal Palace

Kew Gardens

Albert Hall

Battys Hippodrom

London Colosseum

Cremorne Gardens

Chelsea Bridge

Rathaus von Leeds

Law Courts, Strand

Bahnhof St. Pancras

Tate Gallery

Forth Bridge

Tower Bridge

Kathedrale von Coventry

Kathedrale von Liverpool

Spaghettiknoten

Canary Wharf

Kanaltunnel

London Eye

Millennium Dome

Pferderennen in Newmarket

Derby

»Owling« und Vogeljagd

Theatre Royal, Haymarket

Hambledon Cricket Club

Her Majesty's Theatre

Astleys Zirkus

Madame Tussaud's

National Gallery

Lord's Cricket Ground

Boxkämpfe mit blanker Faust

Fußballclubs

Thomas Cook veranstaltet Tagesausflüge

Rasentennis

Piers in den Seebadeorten

Crocket

Music Halls

Spielautomaten

Tennisturnier in Wimbledon

Landhausstil

Rennstrecke von Brooklands

Weihnachtsmärchen

Debütantinnen

Polo in Hurlingham

Knickerbocker und Pluderhosen

Lyons-Teestuben

Empire-Ausstellung

Lambeth Walk

Butlins Feriendörfer

Kaffeebars

Festival of Britain

Die Beatles

Die Rolling Stones

Popfestivals

Mary Quant

Hippies

Carnaby Street

Vergnügungsparks

Daniel Defoe **1660–1731**

Sir John Vanbrugh **1664–1726**

Jonathan Swift **1667–1745**

William Congreve **1670–1729**

Alexander Pope **1688–1774**

Samuel Richardson **1689–1761**

William Hogarth **1697–1764**

Henry Fielding **1707–54**

Samuel Johnson **1709–84**

Laurence Sterne **1713–68**

George Stubbs **1724–1806**

Thomas Gainsborough **1727–88**

Thomas Paine **1737–1809**

William Wordsworth **1770–1850**

Sir Walter Scott **1771–1832**

Samuel Taylor Coleridge **1772–1834**

Jane Austen **1775–1817**

J. M. W. Turner **1775–1851**

John Constable **1776–1837**

Sir David Wilkie **1785–1841**

John Keats **1795–1821**

Charles Dickens **1812–70**

Charlotte Brontë **1816–55**

Emily Brontë **1818–48**

George Eliot **1819–80**

Anne Brontë **1820–49**

William Morris **1834–96**

W. S. Gilbert **1836–1911**

Thomas Hardy **1840–1928**

Sir Arthur Sullivan **1842–1900**

Oscar Wilde **1854–1900**

George Bernard Shaw **1856–1950**

Edward Elgar **1857–1934**

Arthur Conan Doyle **1859–1930**

Rudyard Kipling **1865–1936**

W. B. Yeats **1865–1939**

H. G. Wells **1866–1946**

Sir Henry Wood **1869–1944**

Ralph Vaughan Williams **1872–1958**

Bertrand Russell **1872–1970**

Jacob Epstein **1880–1959**

D. H. Lawrence **1885–1930**

Paul Nash **1889–1946**

Henry Moore **1898–1986**

Evelyn Waugh **1903–66**

George Orwell **1903–50**

Francis Bacon **1909–92**

Benjamin Britten **1913–76**

David Hockney **1937**

Martin Amis **1949**

Damien Hirst **1965**

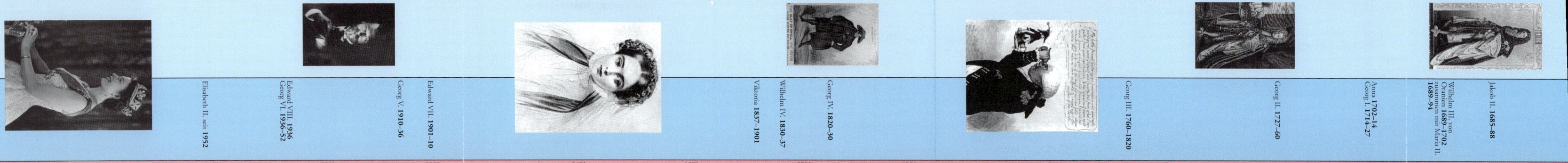

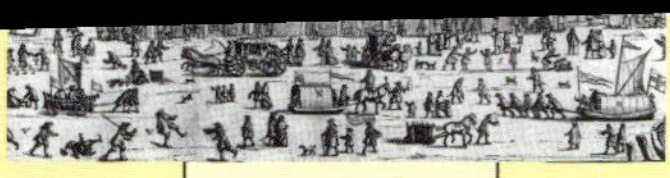

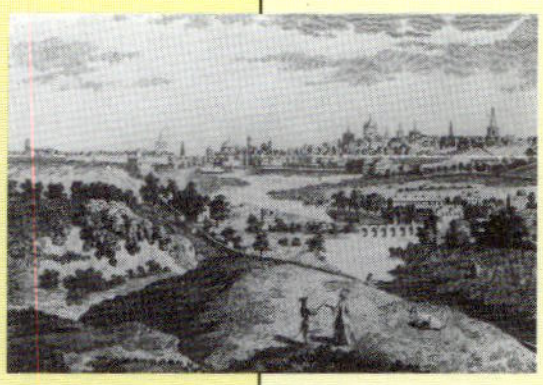

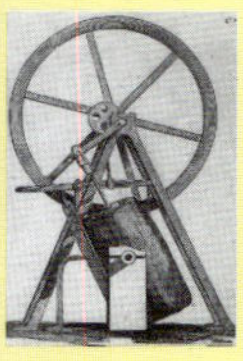

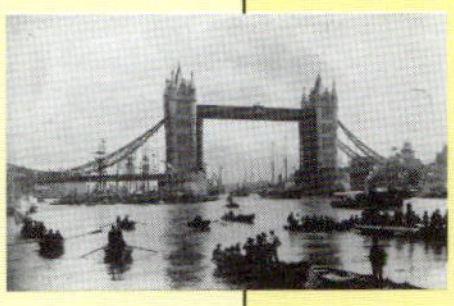

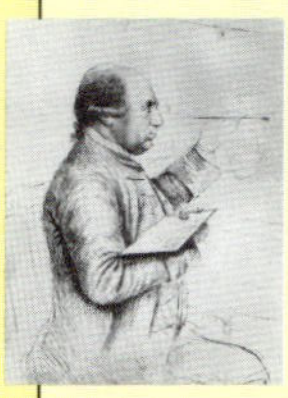

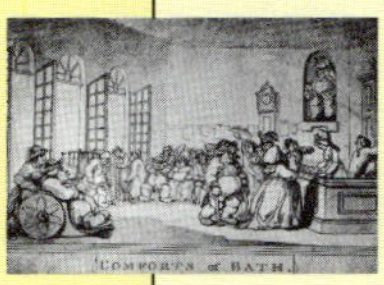

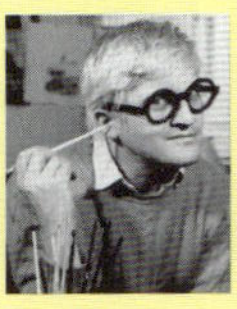

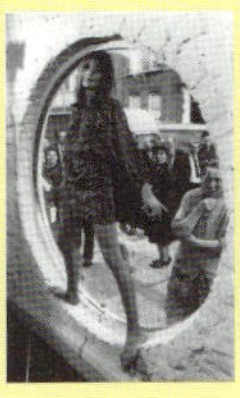

Der Teppich von Bayeux 31

32 Die normannische Eroberung

Im Sommer 1086 »hielt [Wilhelm] Rat über dieses Land [England] – wie es bevölkert ist, mit welcher Art von Menschen«. Daraufhin gab er im selben Jahr das Domesday Book in Auftrag, das Buch des Gerichts, ein großes Inventar, in dem in allen Einzelheiten der Landbesitz von ganz England und die zu erwartenden Steuern eingetragen waren. An diesen Informationen war Wilhelm sehr gelegen, auch wenn seine Untergebenen nicht ganz so eifrig waren, sie ihm zu geben. In dieser uralten Truhe wurde das Domesday Book über die Jahrhunderte verwahrt.

Domesday Book 33

Neben den Besitzverhältnissen sollten die Kundschafter, die zur Erstellung des Verzeichnisses ausgeschickt wurden, auch die militärische Stärke der Barone ermitteln und herausfinden, wie viele Ritter ihnen zum Lehensdienst verpflichtet waren. Wilhelm brauchte damals Geld für die Kriegskasse, denn eine skandinavische Invasion drohte – das erklärt die Schnelligkeit, mit der das Inventar erstellt wurde. Der alte Einband des Domesday Book weist Metallteile auf, die jüngeren Ursprungs sind.

34 Die normannische Eroberung

Oben: Ratsmitglieder überreichen Wilhelm dem Eroberer das *Domesday Book*, 1087. Ob er das Buch je gelesen hat, ist zu bezweifeln, denn er starb wenige Wochen darauf, am 9. September 1087. *Rechts:* Eine Seite aus dem *Domesday Book* mit einigen Sätzen aus der Beschreibung Westminsters. Die Einzelheiten dürften verlässlich sein, denn Wilhelm schickte den Ermittlern eine zweite Gruppe nach, die deren Bericht wiederum überprüften. *Seite 35:* Ein Porträt Wilhelms. Er war der illegitime Sohn Roberts I. der Normandie, seine Mutter war eine Gerberstochter aus Falaise. Wilhelm war ein tüchtiger Herrscher, aber er blieb zeitlebens Soldat, ein grober und grausamer Mann.

Wilhelm der Eroberer 35

36 Die normannische Eroberung

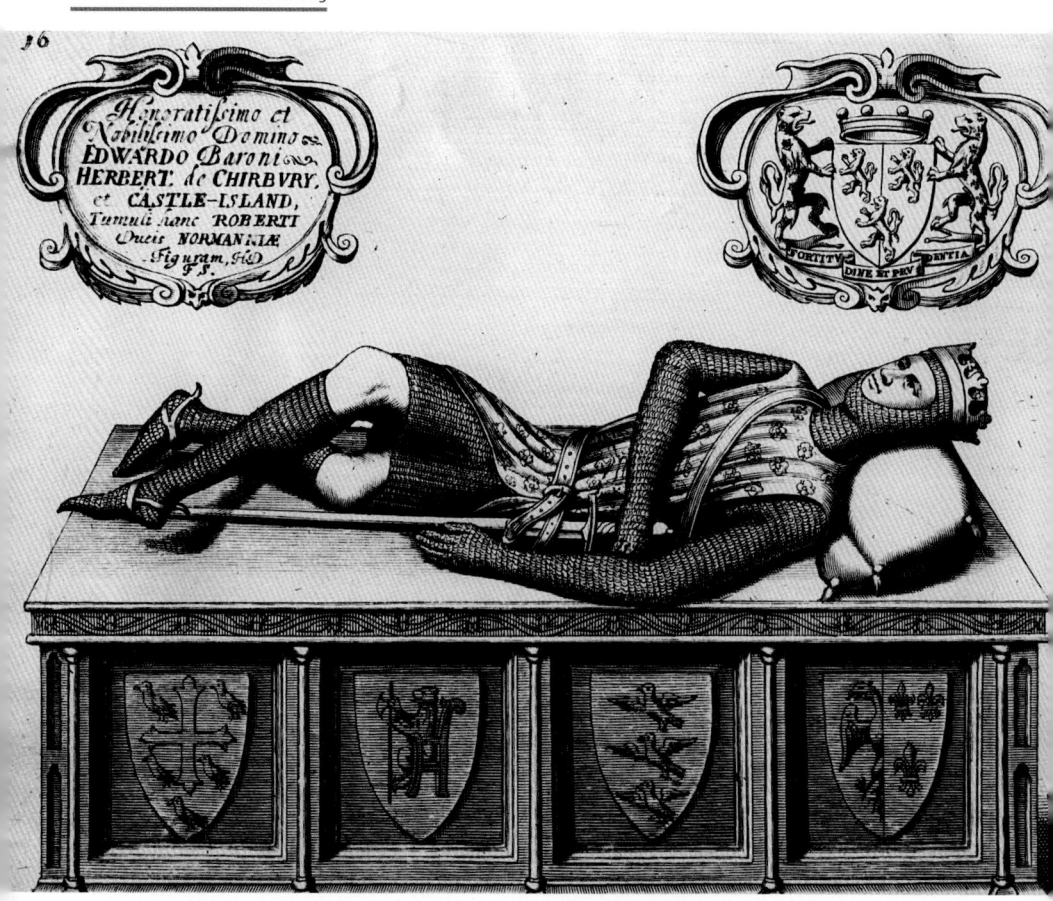

Das Grab von Robert Kurzhose, Herzog der Normandie. Robert war der älteste Sohn Wilhelms des Eroberers und von Mathilde von Flandern. Er rebellierte gegen seinen Vater, der ihn ins Exil nach Frankreich schickte. Gegen Wilhelm den Roten wie gegen Heinrich I. erhob er seine Ansprüche auf den Thron von England und wurde in Devizes, Bristol und Cardiff gefangen gesetzt. 1134 starb er mit 80 Jahren.

Normannische Soldaten

In der Regel waren die normannischen Soldaten weitaus besser gepanzert und bewaffnet als die angelsächsischen, obwohl die zweischneidige sächsische Streitaxt sogar Kettenhemden durchschlagen konnte. Der Ritter auf seinem Ross blieb jedoch der mächtigste und gefährlichste Krieger auf dem Feld. Pfeil und Bogen fehlte damals noch die Präzision, die später der englische Langbogen erzielte.

38 Die normannische Eroberung

Die große Mehrzahl der Bevölkerung wohnte und arbeitete auf dem Land; man lebte mit dem Rhythmus der Jahreszeiten und bangte jedes Jahr von neuem um die Ernte. *Links:* Drei Arbeiter. Ihre Werkzeuge sind einfach – ein Pflanzholz, ein Schäferstab (vielleicht auch nur eine gebogene Stange, um Nüsse und Beeren von hohen Zweigen zu holen) und eine Hacke. *Unten:* Ein Bauer sät seinen Samen aus. Der Hund soll unliebsame Schmarotzer vertreiben – obwohl sich schon ein Vogel an dem Sack mit Saatgut bedient.

Bauernleben 39

God spede þe plouȝ; & sende us kone I nolk

Fühe Darstellung eines Ackersmanns vom Anfang des 11. Jahrhunderts. Die Zugtiere sind wahrscheinlich junge Ochsen, und der Pflug dürfte aus Holz gewesen sein.

Ein Angelsachse beim Pflügen. Hölzerne Pflüge konnten keine allzu tiefen Furchen ziehen, schon gar nicht, wenn das Erdreich nass oder schwer war. Mit der Axt zerschlug der Pflüger die Erdklumpen, die zurückblieben.

Cliffords Tower, York. Die Normannen bauten die ersten englischen Burgen, und zwar alle nach demselben Plan mit einem umlaufenden verstärkten Palisadenzaun und einem steilen, oben abgeflachten Erdwall. Später, wie auf diesem Bild der mittelalterlichen Anlage von York, wurden oben auf dem Burghügel wehrhafte Türme errichtet. Burgen waren nicht nur Mittel der normannischen Herrschaft, sondern auch deren Symbol.

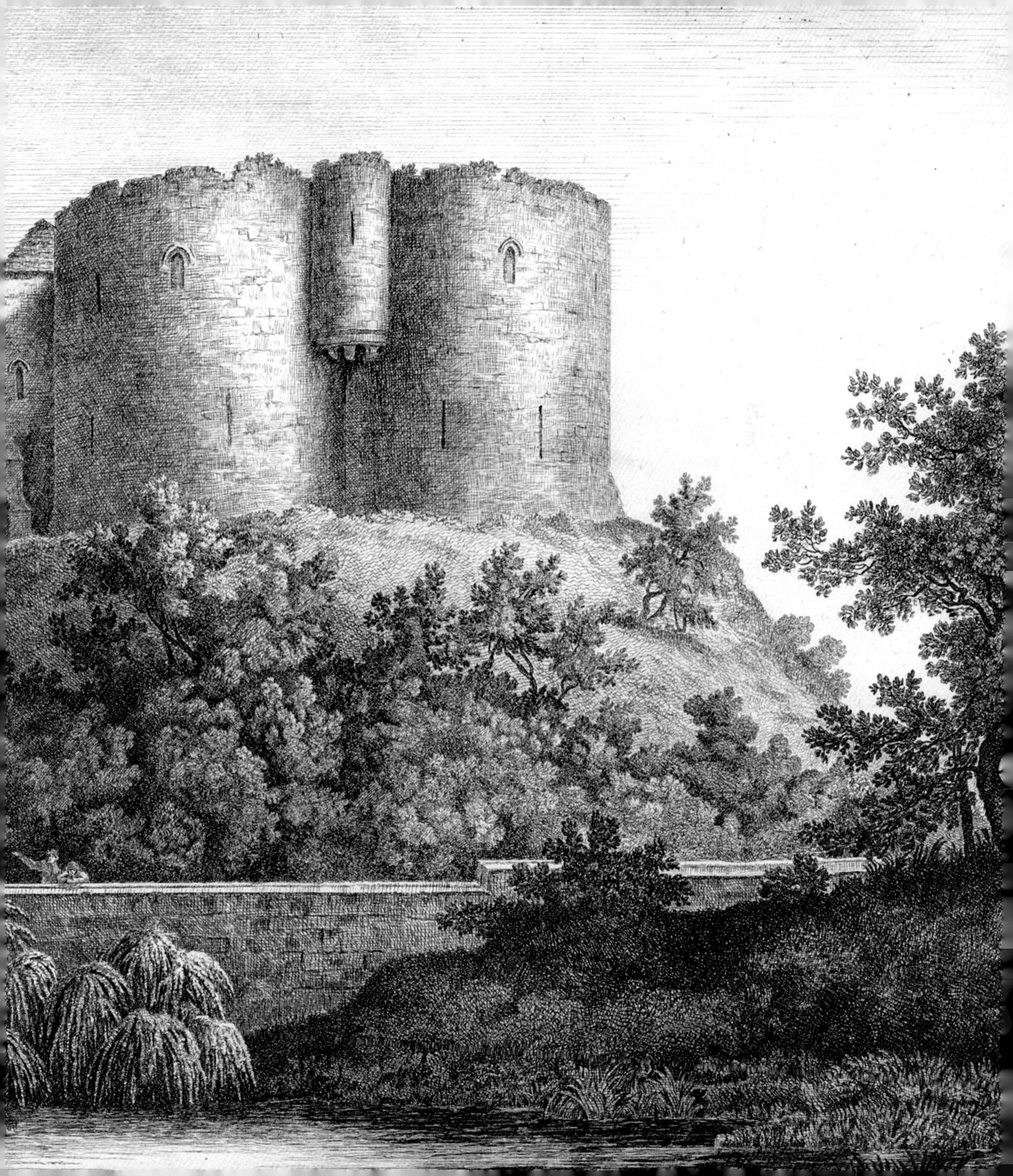

42 Die normannische Eroberung

Links: William Rufus oder Wilhelm der Rote, englischer König von 1087 bis 1100. Er war der zweite Sohn Wilhelm des Eroberers, trat jedoch nach der Verbannung des Erstgeborenen dessen Nachfolge an. Er versprach seinem Volk eine gute Regierung, Erleichterung von den strengen Forstgesetzen, die ihnen die Jagd und das Sammeln von Feuerholz verboten, und eine Reform des Steuerwesens. Er hielt keines dieser Versprechen. *Oben:* Der Tod von William Rufus. Der Pfeil des Ritters Walter Tyrell traf ihn auf der Jagd im New Forest, und es wurde nie geklärt, ob es ein Unfall oder Mord war. *Rechts:* Der Rufus-Stein markiert die Stelle, an der William umkam.

44 Die normannische Eroberung

Oben: Georg tötet den Drachen. Erst in normannischen Zeiten wurde der heilige Georg zum Schutzpatron Englands. *Seite 45:* Lady Godiva, die Frau Leofrics, des Grafen von Chester. Zum Protest gegen die Steuern, die ihr Gatte erhob, ritt Godiva nackt durch die Straßen von Coventry. Der Legende nach bat sie die Bürger, in ihren Häusern zu bleiben, damit keiner sie sah, und alle hielten sich daran bis auf »Peeping Tom«, der einen Blick riskierte und dafür auf der Stelle mit Blindheit geschlagen wurde.

Englische Legenden 45

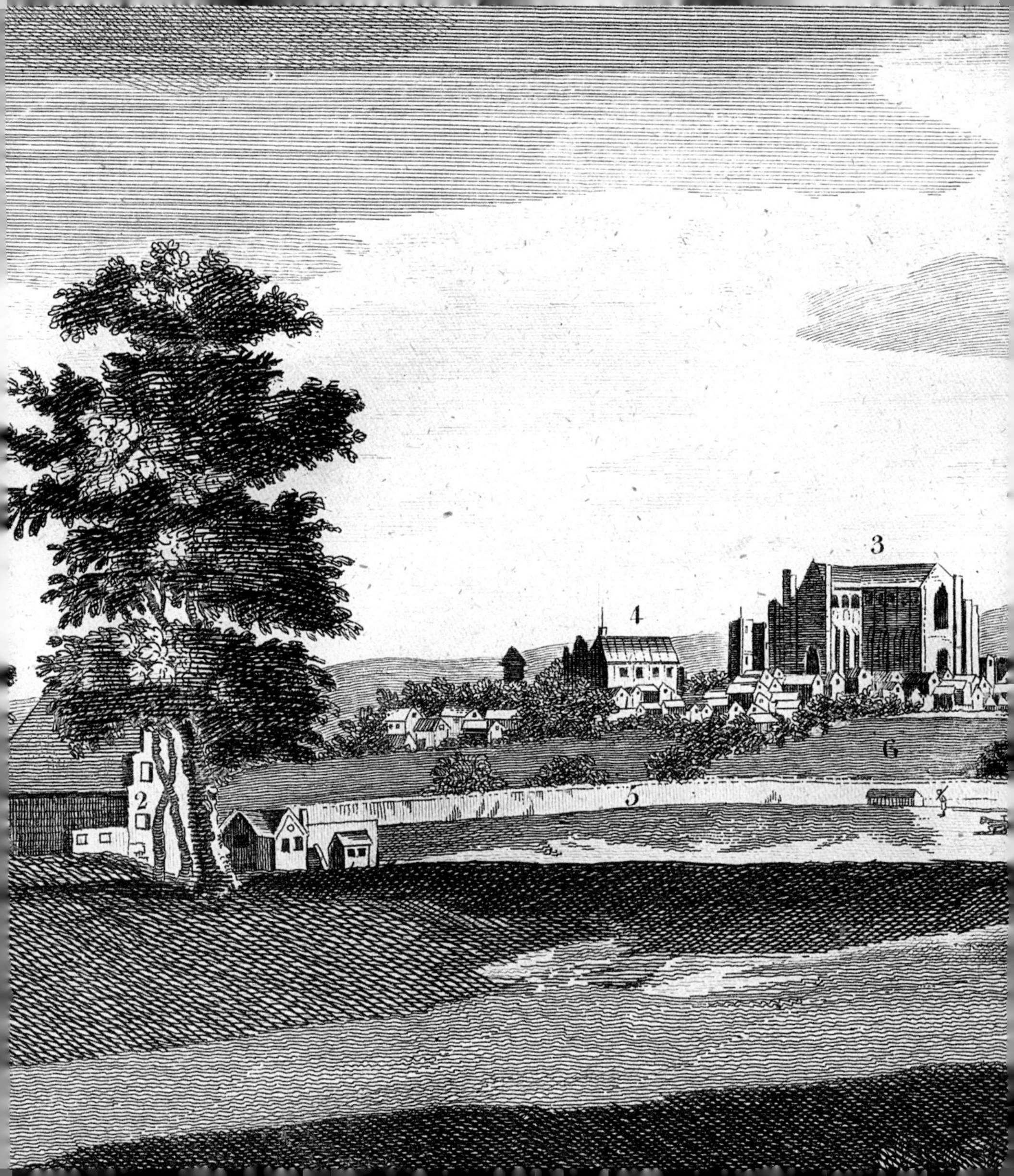
3
4
6
2
5

Normannisches London 47

Eine »alte Ansicht von Abtei und Herrenhaus Westminster, gesehen vom Dorf Charing aus«. Die bezeichneten Bauwerke sind: 1. St. James's Palace. 2. Ein Gasthaus in Charing. 3. Westminster Abbey. 4. Westminster Hall. 5. Eine Mauer des Palastes (heute Pall Mall). 6. Felder am St. James Park. 7. Ein Wasserhaus (an der Stelle des heutigen St.-James-Palastes). Das Dorf Charing ist heute der Bereich der Londoner Innenstadt um Charing Cross und Trafalgar Square, und der Hügel im Hintergrund könnte jener sein, der zum Clapham Common führt. Zu normannischen Zeiten waren Westminster und London noch gut voneinander getrennt, und Charing und andere Dörfer lagen dazwischen.

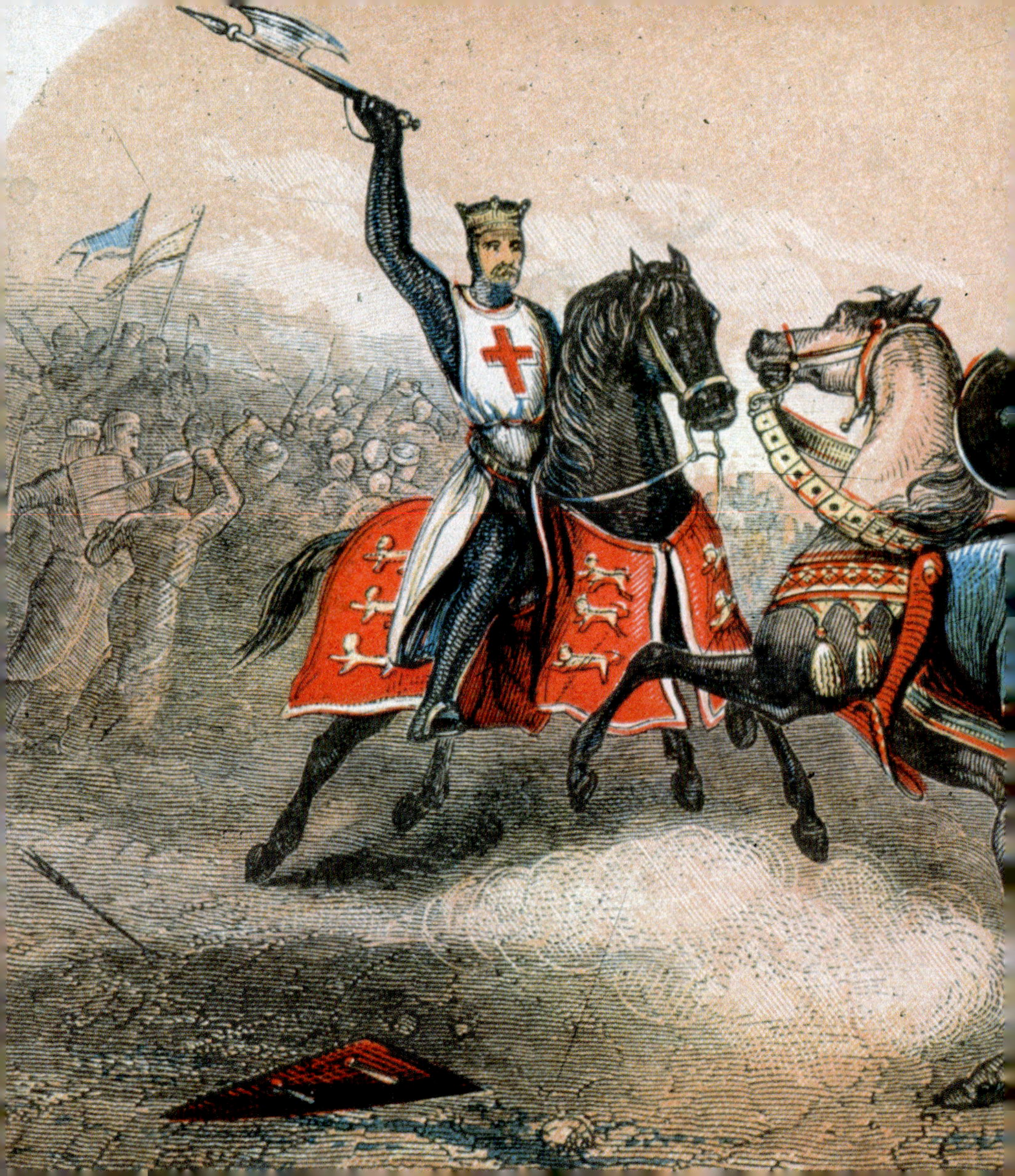

2
MAGNA CHARTA
1100–1215

Für die westlichen Zeitgenossen war der Inbegriff des Kampfes zwischen Kreuzfahrern und Sarazenen die Begegnung zwischen Richard I. und Saladin, zwischen Streitaxt und Lanze, den Kräften von Recht und Ordnung und den verschlagenen Mächten der Finsternis. Die Araber wunderten sich, dass der Schöpfer etwas so Seltsames wie die Kreuzritter hervorgebracht hatte: »Tiere, für die es nichts außer Mut und Kampf gibt, so wie andere nichts haben außer der Stärke, Lasten zu tragen …«

Einleitung

Die Einkünfte aus Land und See stiegen beständig. Die Küstenbewohner zahlten ihre Grundsteuern in Fisch – 38 500 Heringe für Southease in Sussex, 60 000 für Dunwich in Suffolk. In Cornwall wurde nach Zinn gegraben, in Derbyshire nach Blei. In Yorkshire und Lincolnshire, Sussex und Kent und im Forest of Dean in Gloucestershire gab es immer mehr Eisengruben. Gezeitenmühlen entstanden in den Mündungen des Deben in Suffolk, und man begann, die Wasserkraft als Antrieb für Maschinen zu nutzen.

Große Burgen wuchsen in Dover und Pembroke, Colchester und Chepstow aus dem Boden, und die Normannen setzten sich immer mehr in England und Wales fest. Die blutige Kolonisierung Irlands begann, unter deren Folgen England acht Jahrhunderte lang leiden sollte. Die große Kathedrale von Ely blickte hinaus auf das Sumpfland der Fens, wo Hereward the Wake das letzte sächsische Widerstandsnest gegen die Normannen hielt. Ranulf Flambard, Bischof der großartigen, neu erbauten Kathedrale in Durham, war der Erste, dem die Flucht aus dem Londoner Tower gelang. Thomas Becket starb am Altar seiner Kathedrale in Canterbury. Die Mörder waren vier Ritter Heinrichs II., die kaum eine der Regeln unverletzt ließen, die Johann von Salisbury für ein ritterliches Leben aufgestellt hatte: »Sie sollen die Kirche schützen, die Gottlosen bekämpfen, die Priester ehren, die Armen vor Schaden bewahren ... und mit ihrem Blute füreinander einstehen.«

Trotz zahlreicher Kriege nahmen Handel und Austausch mit Kontinentaleuropa stark zu. Mit den importierten Gütern gelangten auch neue Ideen auf die Britischen Inseln, von der Rezeptur für Seife in Barren bis zu jener für 60-prozentigen Alkohol. Es gab revolutionäre neue Techniken in der Architektur (Strebebogen und Rippengewölbe), im Landbau (Gespanne von mehreren Zugtieren und die Züchtung neuer Schafrassen), in der Industrie (Trittwebstühle) und in der Kunst (mit Holzstempeln hergestellte Schmuckbuchstaben in Handschriften).

Die Schotten überfielen unter David I., Malcolm IV. und Wilhelm dem Löwen mit wechselndem Erfolg weiterhin die nördlichen Grafschaften Englands, obwohl sie auch im eigenen Land Aufstände unter Kontrolle halten mussten. Die Waliser verbündeten sich unter Owain Gwynedd und vertrieben die Engländer aus Wales.

Am 15. Juni 1215 unterzeichnete König Johann in Runnymede bei Windsor eines der wichtigsten Dokumente in der Geschichte Großbritanniens – den großen Freiheitsbrief, der unter dem Namen Magna Charta bekannt ist. Es war der Versuch, das Gesetz gegen die Willkürherrschaft durchzusetzen, und es stehen Sätze darin, die ihre Gültigkeit bis heute behalten haben: »Kein freier Bürger soll verhaftet oder ins Gefängnis gesteckt werden oder enteignet oder für vogelfrei erklärt werden oder in die Verbannung geschickt ..., ohne dass er rechtmäßig durch seinesgleichen und das Gesetz des Landes verurteilt ist ... Das Gesetz ist unveräußerlich, und niemandem werden wir sein Recht auf Gerechtigkeit vorenthalten.«

KING IOHN.

Links: Johann Ohneland, König von England 1199 bis 1216. Kaum ein Monarch hat je einen so schlechten Leumund gehabt wie Johann. Zwar war er gewiss kein liebenswerter Mensch, aber doch ein fähiger Verwalter, und er verbrachte mehr Zeit im Land als sein Vorgänger und älterer Bruder Richard I. *Rechts:* Prinz Arthur mit seinem Gefängniswärter. Arthur kam 1186 nach dem Tod seines Vaters Geoffrey zur Welt, eines weiteren Bruders Johanns. Die Barone von Anjou und Philipp II. von Frankreich erklärten ihn zum Thronfolger Richards, aber Johann ließ ihn gefangen nehmen und in Calais einkerkern. Damals hieß es, Johann habe den Mord an Arthur befohlen, und manche glauben es auch heute noch.

Johann und die Prinzen 53

Links: Die Kathedrale von Durham zählt zu den eindrucksvollsten romanischen Kirchenbauten überhaupt. Ihre Errichtung begann Ende des 11. Jahrhunderts unter Wilhelm von St. Carileph, Bischof von Durham, und der Hauptbau war im Jahr 1133 vollendet. Ranulf Flambard, Wilhelms Nachfolger, ist in die Geschichte eingegangen, weil ihm als erstem Gefangenen die Flucht aus dem Londoner Tower gelang. *Rechts:* Das Mittelschiff der Kathedrale mit dem mächtigen Rippengewölbe entstand im 12. Jahrhundert. Die Säulen haben einen Durchmesser von über zwei Metern.

Die Kathedrale von Durham 55

56 Magna Charta

Eine frühe Ansicht der Kathedrale von Durham, die wie eine Festung 22 Meter hoch über dem Fluss Wear steht. Sie war nicht nur Gotteshaus, sondern zugleich auch eine Burg, die bei Schottenüberfällen Schutz bot. Verfolgte Männer und Frauen fanden hier ebenso Zuflucht wie die Gläubigen, die zu den Reliquien des heiligen Cuthbert pilgerten. Die Kathedrale war auch die letzte Ruhestätte des Ehrwürdigen Beda, der im 8. Jahrhundert die *Historia ecclesiastica gentis Anglorum* (Kirchengeschichte des englischen Volkes) schrieb.

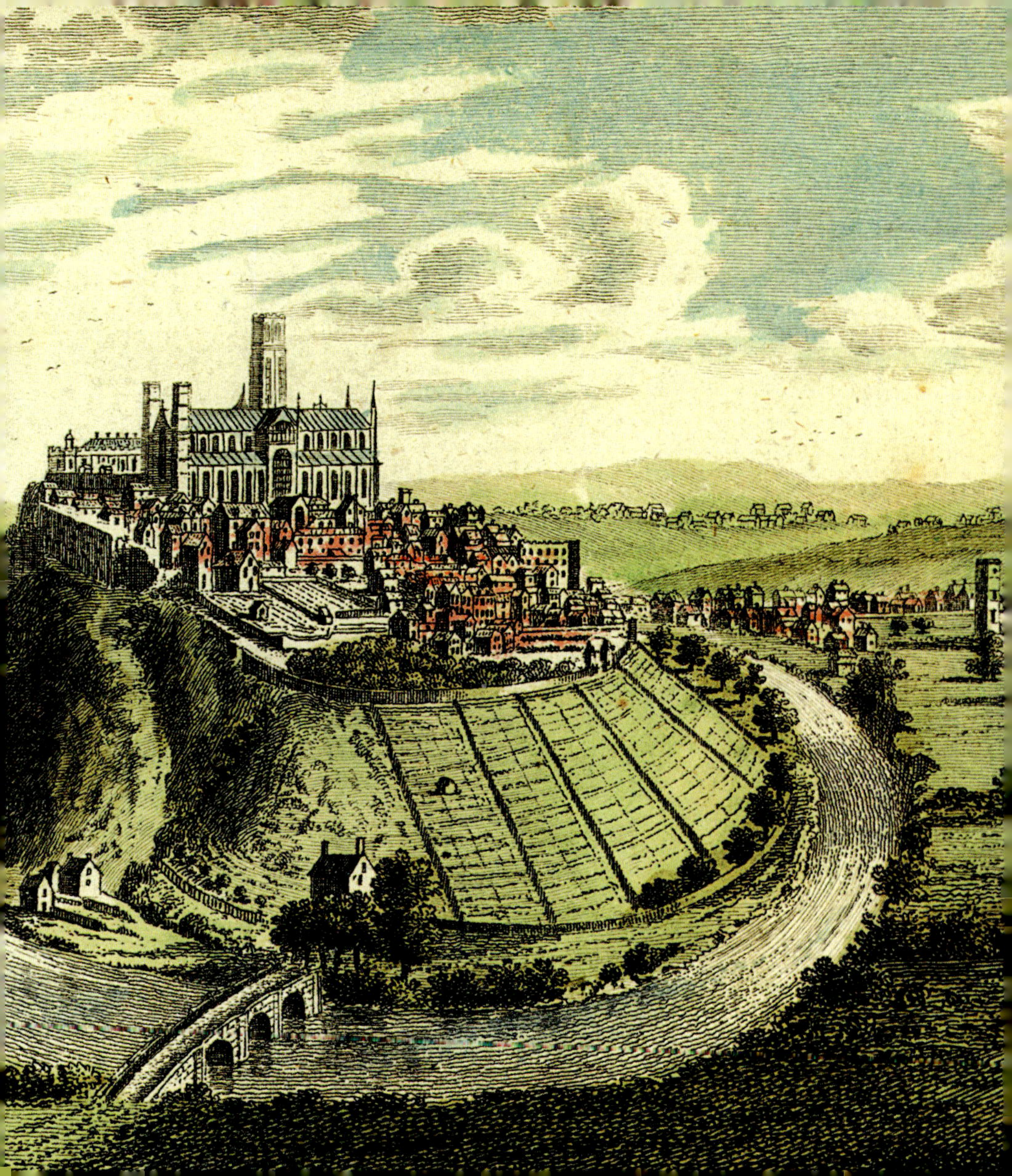

Hereward the Wake (»der Wachsame«) war der letzte der großen
angelsächsischen Volkshelden. Der Gutsherr aus Lincolnshire
hatte zum Protest nach der Ernennung eines normannischen
Abtes einen Sturm auf die Abtei von Peterborough angeführt.
Der Legende nach war er der Anführer einer Gruppe von Frei-
heitskämpfern gegen die Normannen. Die Bilder von Hereward, wie er ein Mädchen vor den Normannen errettet *(oben)*
und den Heldentod stirbt *(rechts)*, entspringen dieser Legende.

Hereward the Wake 59

Mort de Hereward.

Links: Robin Hood – auch als Robin o' Locksley oder Earl of Huntingdon bekannt – ist wohl leider ein Geschöpf romantischer Phantasie. Seit gut sieben Jahrhunderten ist er der Held von Romanen, Balladen, Theaterstücken und Filmen, die ihn allesamt als tapferen, stattlichen und großherzigen Burschen zeigen. Der Legende zufolge lebte er im späten 12. Jahrhundert im Sherwood Forest mit seiner Schar munterer Räuber, darunter Little John *(rechts:* in einer ironischen Darstellung mit Schwert), Will Scarlet, Friar Tuck und Alan a' Dale. Wenn es Robin wirklich gab, wird er höchstwahrscheinlich kein Angelsachse gewesen sein, auch wenn es durchaus möglich ist, dass seine Gegenspieler der normannische Sheriff von Nottingham und Prinz (später König) Johann waren.

Robin Hood 61

62 Magna Charta

Richardus I.

Richard Löwenherz 63

Links: Richard I., als Richard Löwenherz bekannt, war von 1189 bis 1199 König von England, obwohl er nur sechs Monate seines Lebens (August bis Dezember 1189 und März bis Mai 1194) im Land verbrachte und wahrscheinlich kein Englisch sprach. Er war Soldatenkönig und Kreuzfahrer. Die Meinung der Zeitgenossen war gespalten. Manche fanden ihn ungestüm und unverantwortlich, »schlecht für alle, schlechter noch für seine Freunde, am schlechtesten für sich selbst«. Anderen galt er als großzügig und großmütig, ein Freund der Musik und natürlich stark wie ein Löwe. *Rechts:* Er war der zweite englische König aus dem Haus Anjou-Plantagenet, und sein Wappen wurde zum Staatswappen.

64 Magna Charta

Richards Krönung 65

Links: Die Krönungsprozession Richards I. am 3. September 1189. Roger von Wendover war als Augenzeuge dabei: »Als alle Vorbereitungen für die Krönung getroffen waren, kam Herzog Richard nach London, wo sich die Erzbischöfe von Canterbury, Rouen und Trier und von Dublin zusammen mit allen Bischöfen, Grafen, Baronen und Edelleuten des Reiches eingefunden hatten. ... Herzog Richard trat an den Altar und gelobte vor dem Klerus und allen Gästen, dass er Frieden und Ehre wahren werde und sein Leben lang Gott, der heiligen Kirche und deren Dienern treu ergeben sein wolle; desgleichen gelobte er, er werde wahre Gerechtigkeit gegenüber dem Volk walten lassen, das ihm anvertraut wurde.« *Unten:* Manche sahen die Krönung Richards mit großer Freude, denn an jenem Tag ließ er alle frei, die zu Unrecht oder durch Willkür im Gefängnis saßen. Für Richard endete der Tag mit einem rauschenden Fest, »und der Wein floss in Strömen über das Pflaster und die Wände des Palastes«.

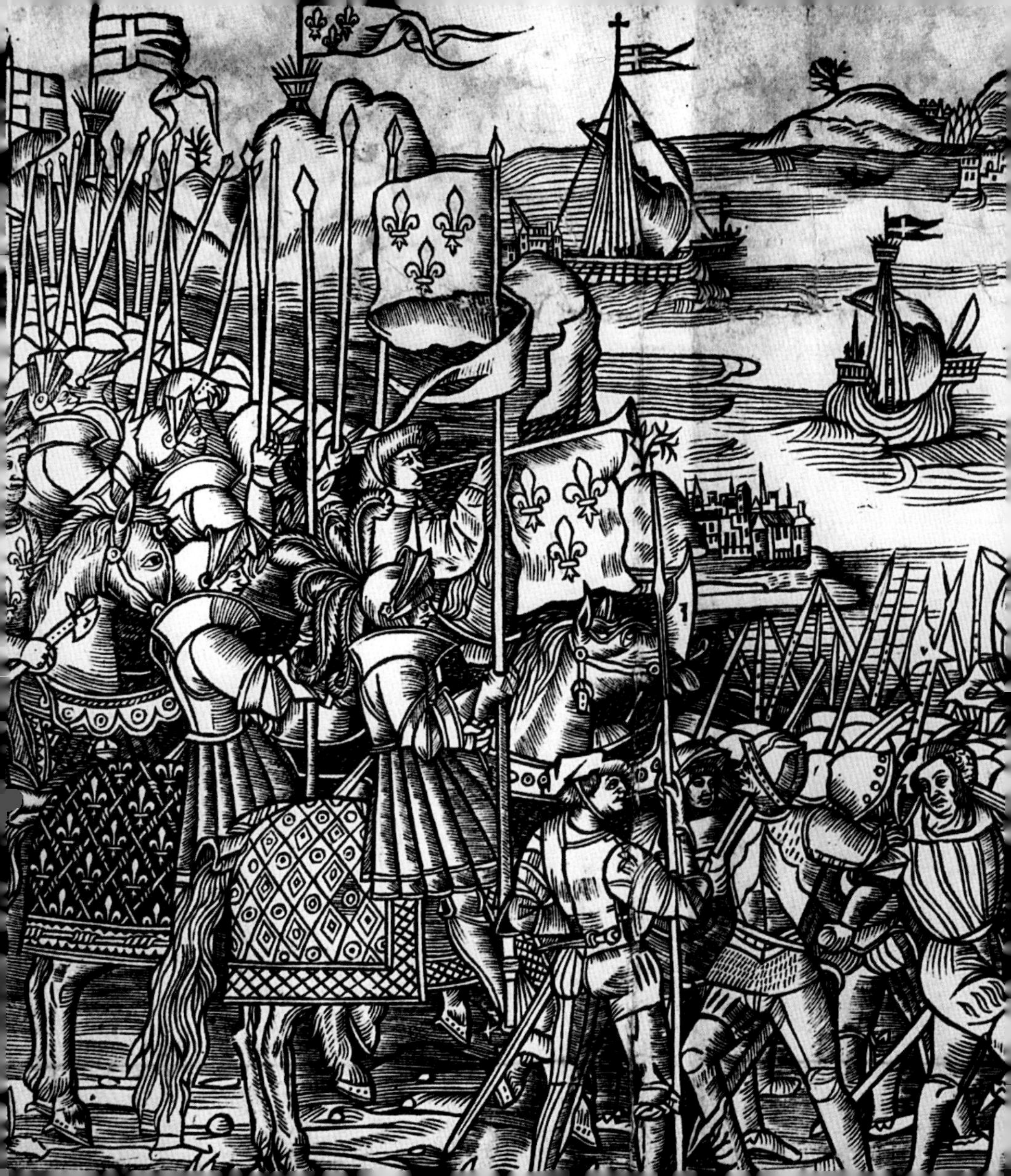

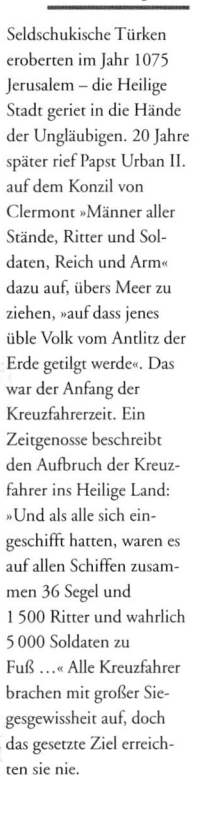

Die Kreuzzüge

Seldschukische Türken eroberten im Jahr 1075 Jerusalem – die Heilige Stadt geriet in die Hände der Ungläubigen. 20 Jahre später rief Papst Urban II. auf dem Konzil von Clermont »Männer aller Stände, Ritter und Soldaten, Reich und Arm« dazu auf, übers Meer zu ziehen, »auf dass jenes üble Volk vom Antlitz der Erde getilgt werde«. Das war der Anfang der Kreuzfahrerzeit. Ein Zeitgenosse beschreibt den Aufbruch der Kreuzfahrer ins Heilige Land: »Und als alle sich eingeschifft hatten, waren es auf allen Schiffen zusammen 36 Segel und 1 500 Ritter und wahrlich 5 000 Soldaten zu Fuß …« Alle Kreuzfahrer brachen mit großer Siegesgewissheit auf, doch das gesetzte Ziel erreichten sie nie.

Ritter aus Frankreich und England im Kampf in Gisors, Normandie, um 1190. Die Kreuzfahrer waren erfahrene Kämpfer. Wenn sie sich nicht im Turnier maßen, standen sie sich oft genug auf dem Schlachtfeld gegenüber, denn überall führten Könige um Herrschaftsansprüche Krieg. Soldaten stellten durch tapferen Kampf ihre Gottesfürchtigkeit unter Beweis, und die Kreuzzüge gaben ihnen reichlich Gelegenheit dazu. Den Sündigen und Verworfenen wurde Ablass gewährt, den Schuldnern Aufschub.

Die Kreuzzüge 69

Unten: Sarazenen greifen Kreuzritter an, um 1200. Von einem anonymen Kreuzritter ist eine lebhafte Schilderung der ersten Begegnung zwischen Kreuzfahrern und Türken überliefert: »Die Türken hatten uns eingekesselt, sie kämpften mit dem Schwert, schleuderten Speere und schossen Pfeile so weit, dass man nur staunen konnte. (…) Doch wir stellten uns der Herausforderung mit vereinten Kräften. Unsere Frauen waren uns eine große Hilfe, denn sie brachten den Kämpfern Wasser zum Trunk und machten uns Mut bei Angriff wie Verteidigung.«

70 Magna Charta

Thomas Becket 71

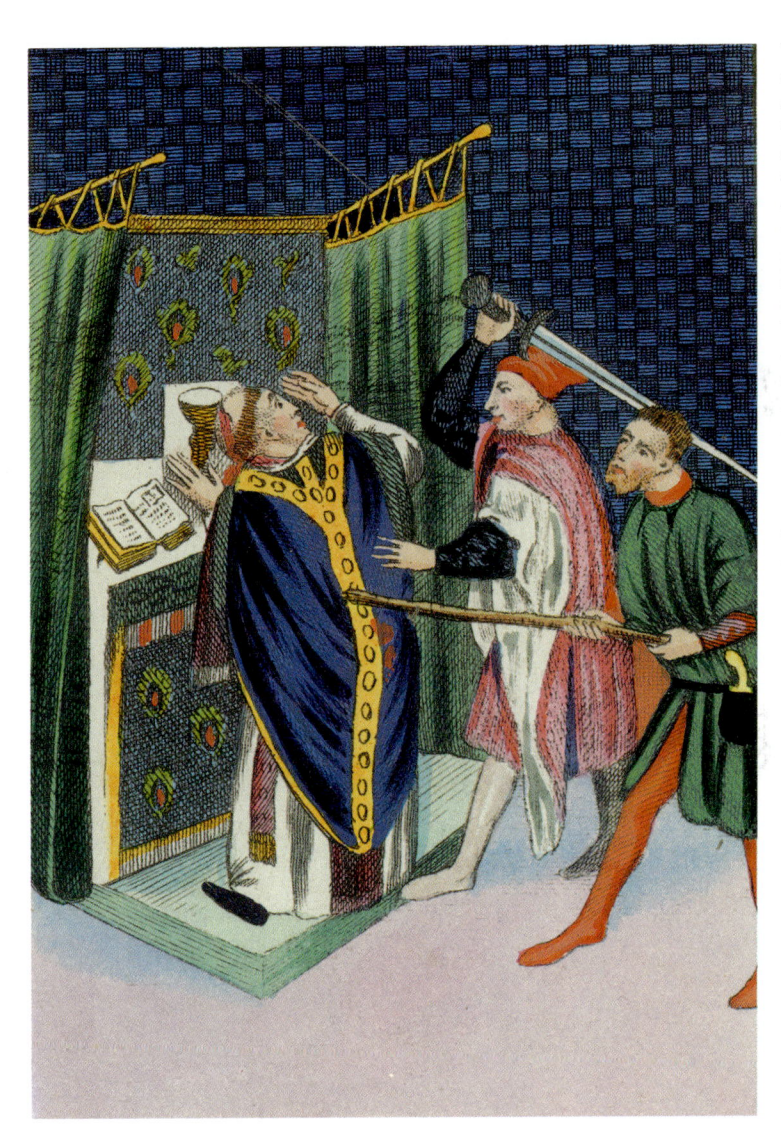

Thomas Becket, der Sohn eines wohlhabenden normannischen Kaufmanns, wurde 1162 mit 44 Jahren Erzbischof von Canterbury. Er verteidigte die Kirche mutig gegen den Adel und exkommunizierte zahlreiche Höflinge *(Seite 70 oben links),* die sich an Kirchengut bereichert hatten. Selbst mit Königen stritt er sich, darunter Ludwig von Frankreich und sein eigener König Heinrich II. *(Seite 70 oben rechts und unten). Links:* Im Jahr 1170 stürmten vier Ritter, die Heinrichs schicksalhafte Worte »Oh, wer befreit mich nur von diesem lästigen Priester?«, vernommen hatten, die Kathedrale von Canterbury und ermordeten Becket am Altar.

Cantuariensis ecclesiæ cath:
ab occidente prospectus.
deficiente Christiana pietate, prim
pietatis indicia simul pereant,
Christi ecclesiam Cantuariensem, cætera
rum in Anglia matrem, sic à fronte ex
hiberi voluit præsenti seculo, et post
ris. Gulielmus Duci
Tho: Johnson delin:
Daniel King sculp:

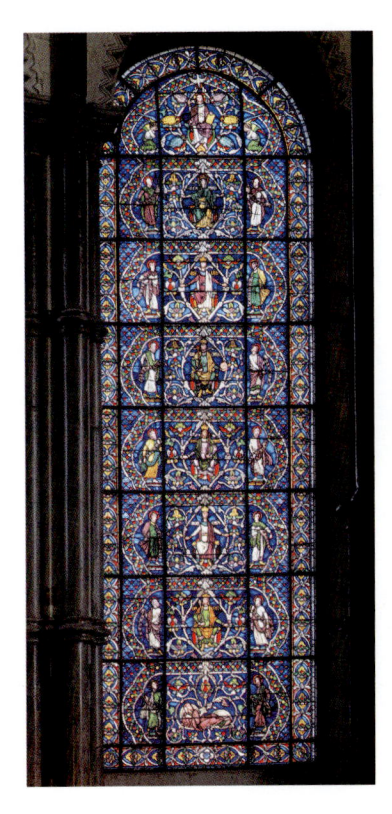

Becket wurde 1173 heilig gesprochen, und ein Jahr darauf leistete Heinrich an seinem Grab öffentlich Abbitte. *Seite 72:* Die Kathedrale von Canterbury wurde zum Wallfahrtsort, zu dem die Gläubigen aus ganz England und sogar vom Kontinent pilgerten, darunter auch jene, die Chaucer in seinen *Canterbury Tales* verewigt hat. *Oben:* Die Kathedrale entwickelte sich zu einem der prachtvollsten Bauwerke in England, denn nach dem Martyrium des beim Volk beliebten Erzbischofs wurde der Bau beträchtlich erweitert. Die Arbeiten begannen unter Wilhelm von Sens, einem der größten Baumeister jener Zeit, doch nach einem Sturz vom Gerüst musste er die Leitung seinem Nachfolger William dem Engländer überlassen; zu Anfang des 13. Jahrhunderts waren die eigentlichen Bauarbeiten abgeschlossen.

Links: Das Südportal der Pfarrkirche von Kilpeck in Herefordshire. Im 12. Jahrhundert florierte in England der Kirchenbau, und viele dieser Gotteshäuser, vor allem deren Südportale, waren reich mit Steinmetzarbeiten verziert. In Kilpeck ist der gesamte Rundbogen mit normannischen Grotesken geschmückt – Darstellungen von Drachen, Ungeheuern, Vögeln und Menschen. *Rechts:* Die um 1170–80 erbaute Kirche St. Mary in Iffley, Oxfordshire, gehört zu den best erhaltenen Dorfkirchen des 12. Jahrhunderts in England.

Romanische Kirchen 75

Rechts: Heinrich I. war der einzige in England zur Welt gekommene Sohn Wilhelm des Eroberers. Posthum wurde er zum »Beauclerc« (»der Gelehrte«) stilisiert, doch weit her war es mit seiner Gelehrsamkeit nicht. Der kaltblütige, verschlagene und grausame Heinrich war ein fähiger Verwalter und bescherte dem Land volkstümliche Reformen des Rechtswesens. *Oben:* Er stärkte seine Position durch die Heirat mit Matilda von Schottland. *Seite 77:* Am 25. November 1120 ertrank ihr ältester Sohn Wilhelm mit 300 weiteren jungen Adligen beim Schiffbruch des White Ship. Es heißt, Heinrich habe nie wieder gelächelt.

Henry, 1st King of England &c

Heinrich I. und das Weiße Schiff 77

Bereits im 12. Jahrhundert zählte Wolle zu den wichtigsten Produkten und Ausfuhrgütern Englands. *Oben:* Tuche entstanden in Heimarbeit – die Frauen nahmen ihre Spindeln mit aufs Feld, wenn sie Schweine oder Vieh hüteten, und selbst das Weben mit einfachen Handwebstühlen geschah im Freien. Landbesitzer gingen zur Schafzucht über, die weit weniger arbeitsintensiv war als der Ackerbau. *Seite 79 unten:* Ein einzelner Schäfer genügte, um eine Großzahl von Schafen zu hüten. Viele Landarbeiter verloren Arbeit und Heim, als aus Äckern Weiden wurden. *Seite 79 oben:* Sicherer war das Leben für die Handwerker, denn ein Dorfschmied hatte immer zu tun.

Ländliches Leben 79

3
EINE NATION ENTSTEHT
1215–1300

Ein englischer Hafen Mitte des 13. Jahrhunderts. Englische und schottische Kaufleute machten sich schon bald die Neuerungen im Bankwesen zunutze, die in jenem Jahrhundert in Italien aufgekommen waren. Waren mussten nun nicht mehr mit Münzen bezahlt werden, sondern ein einfacher Eintrag in einem Kontobuch genügte als Nachweis, dass Geld den Besitzer gewechselt hatte. In der Folge stieg der Handel überall in Europa rasch an. Das wichtigste Ausfuhrgut Englands war Wolle; beim Import hingegen hätte die Vielfalt der Güter nicht größer sein können: Blei und Alaun aus Rumänien, Gewürznelken vom Schwarzen Meer, Seide und Glas aus Venedig, aus Spanien Leder und Orangen und aus Frankreich Wein. Der Schiffsverkehr auf dem Ärmelkanal war vor 750 Jahren nicht weniger rege als heute.

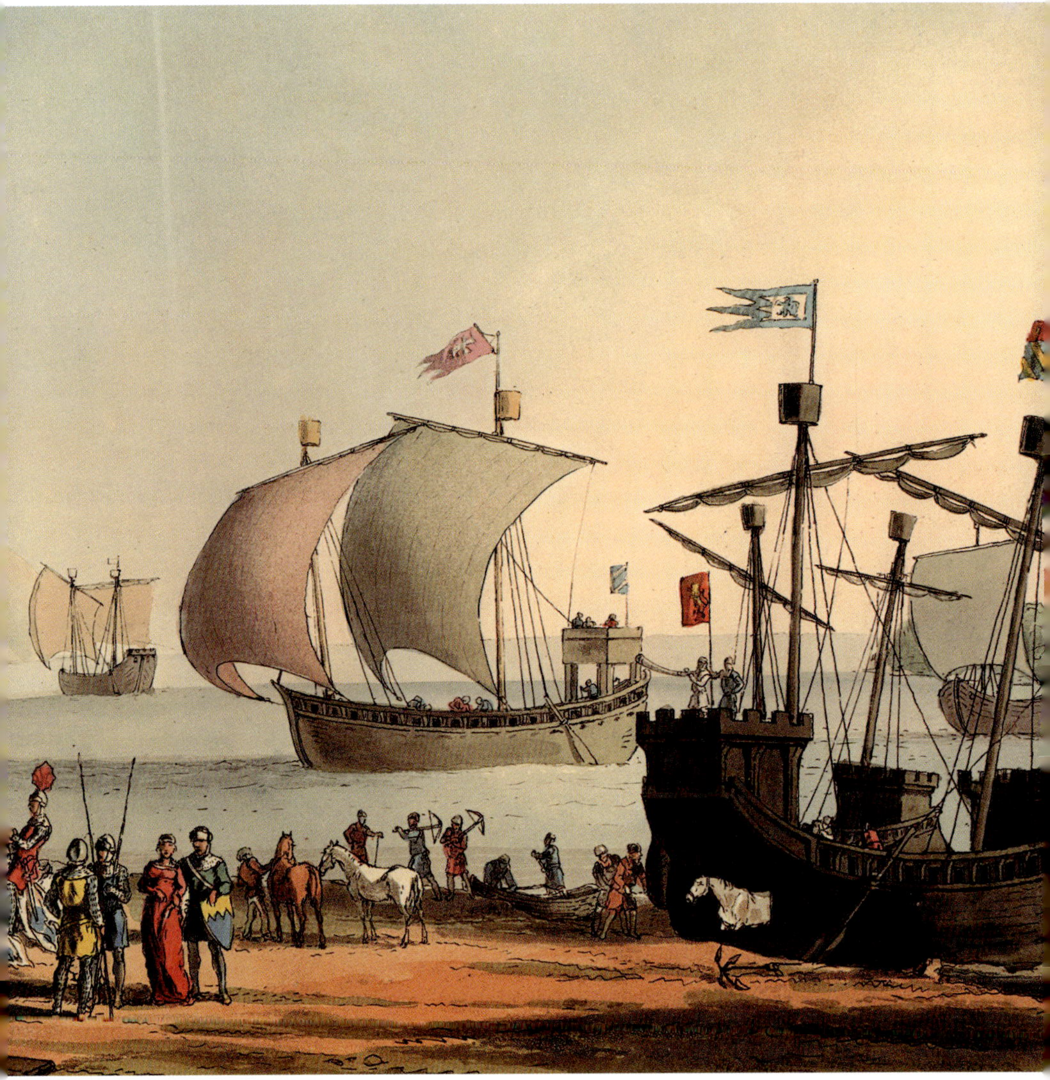

Einleitung

Immer schneller kamen die Neuerungen. Walter von Henley und andere Pioniere des Landbaus propagierten den Breitpflug, mit dessen Hilfe sich auch nasser Boden umstechen ließ. Auf den Hügeln und in den Tälern Englands, Schottlands und Wales' tummelten sich zusehends die Schafe – allein im Jahr 1273 wurden 32 000 Sack Wolle auf den Kontinent exportiert.

Überall fiel der Wald Axt und Säge zum Opfer. Holz wurde zum Bauen gebraucht (auch wenn das neue Kapitelhaus der Westminster-Abtei mit Eisenträgern errichtet war), für Maschinen, Fässer und Kisten, in Schiffsbau, Seilerei und Gerberei. Bald wurde Holz knapp, und der erste Import aus Norwegen traf 1230 in Grimsby ein. Auch um die Umwelt machte man sich bereits Gedanken, und 1282 wurde das Schlagen von Holz im Forest of Dean eingeschränkt.

Holz war das wichtigste Brennmaterial, obwohl an den Stränden von Northumberland vom Meer angeschwemmte »Seekohle« gesammelt wurde und es bereits eine Reihe von flachen

Kohlegruben gab. Im Jahr 1257 vertrieb der Rauch der vielen Kohlefeuer Königin Eleanor aus der Burg von Nottingham. London war die erste Stadt, die offiziell gegen Luftverschmutzung vorging: 1285 beschwerten sich die Bewohner von Wapping, Southwark und East Smithfield über den rußigen Qualm der Öfen, in denen für Häuserbau und Landwirtschaft Kalk gebrannt wurde. Eine königliche Proklamation verbot die Beschickung mit Kohle.

Die Epoche brachte bedeutende Männer hervor. Robert Grossetete (1175–1253), Kind armer Eltern aus Stratbrook in Suffolk, studierte in Oxford und Paris und brachte es bis zum Bischof von Lincoln und Kanzler der Oxforder Universität. Er verfasste Bücher und Kommentare, war ein gelehrter Mathematiker und schrieb die erste Abhandlung über optische Linsen. Er bereitete den Weg für Roger Bacon, den seine Zeitgenossen Doctor Mirabilis nannten. Bacons Studien gaben die entscheidenden Anstöße zur Entwicklung von Vergrößerungsglas, Schießpulver, Flugapparaten, Mikroskop und Teleskop. Auch als Erfinder der Brille kann er gelten – doch am Ende schadete ihm sein Weitblick nur, und man steckte ihn wegen Gotteslästerung ins Gefängnis.

1271 berichtete Robert der Engländer, dass »die Uhrmacher an einem Rad arbeiten, das sich genau einmal für die Zeit zwischen zwei Äquinoktien drehen soll«, mit anderen Worten: an einer mechanischen Uhr. 15 Jahre später gelang es Bartholomäus, dem Horologen an der St.-Pauls-Kathedrale.

In jener Zeit wurde das Fest des Heiligen Georg zum Feiertag im ganzen Land. Anlass zu großen Feiern waren auch Hochzeiten, obwohl die Liebesheirat ein Luxus war, den nur Arme sich leisten konnten. Für die anderen war es ein Geschäft, das ausgehandelt wurde. 1274 verfügte der Abt von Hales in Lancashire: »John von Romsley und Nicholas Sewal mögen sich zur nächsten Sitzung des Gerichts einfinden, um zu entscheiden, wie mit den angebotenen Witwen zu verfahren ist.«

Eine Nation entsteht

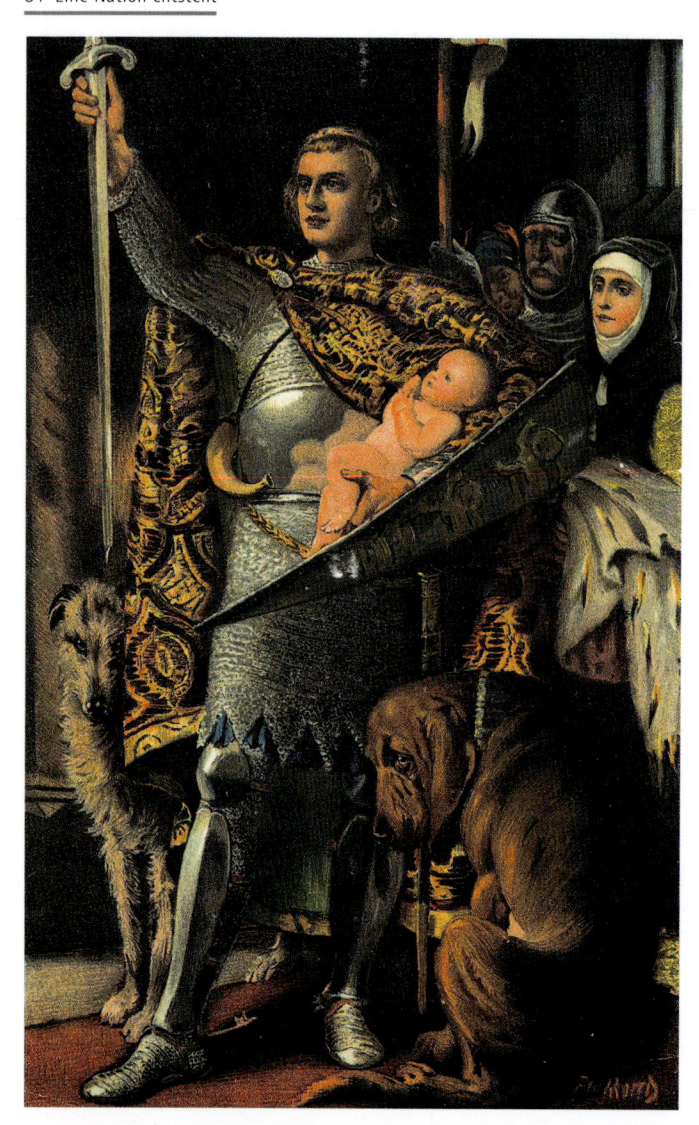

Seite 85: Edward I. regierte England von 1272 bis 1307. Mit 15 Jahren heiratete er Eleanor von Kastilien *(oben)*, und es war eine Liebesehe, die fast 40 Jahre lang Bestand hatte. Sein Vater Heinrich III. hatte Edward zum Soldaten erzogen, und er verbrachte einen Gutteil seiner Regierungszeit im Kampf gegen Waliser und Schotten. *Links:* 1284 versuchte er die Loyalität der Waliser dadurch zu gewinnen, dass er ihnen seinen erstgeborenen Sohn als Prinz von Wales weihte. Damals waren Edward und Eleanor schon 30 Jahre verheiratet.

Sein ganzes Leben lang mühte sich Edward, die Schotten zu bezwingen. Zwar errang er Siege und raubte den Stein von Scone, auf dem die schottischen Könige gekrönt wurden, doch sein großes Ziel erreichte er nie. Im Sommer 1307 marschierte er, schon alt und krank, noch ein letztes Mal gen Norden, starb jedoch in Carlisle. Seinem Sohn hatte er das Versprechen abgenommen, seinen Sarg mit den Truppen mitzuführen, bis die Schotten unterworfen waren, doch der Prinz setzte seinen Vater in der Westminster-Abtei bei und ließ auf das Grabmal die Worte *Scotorum Malleus* meißeln, »Hammer der Schotten«.

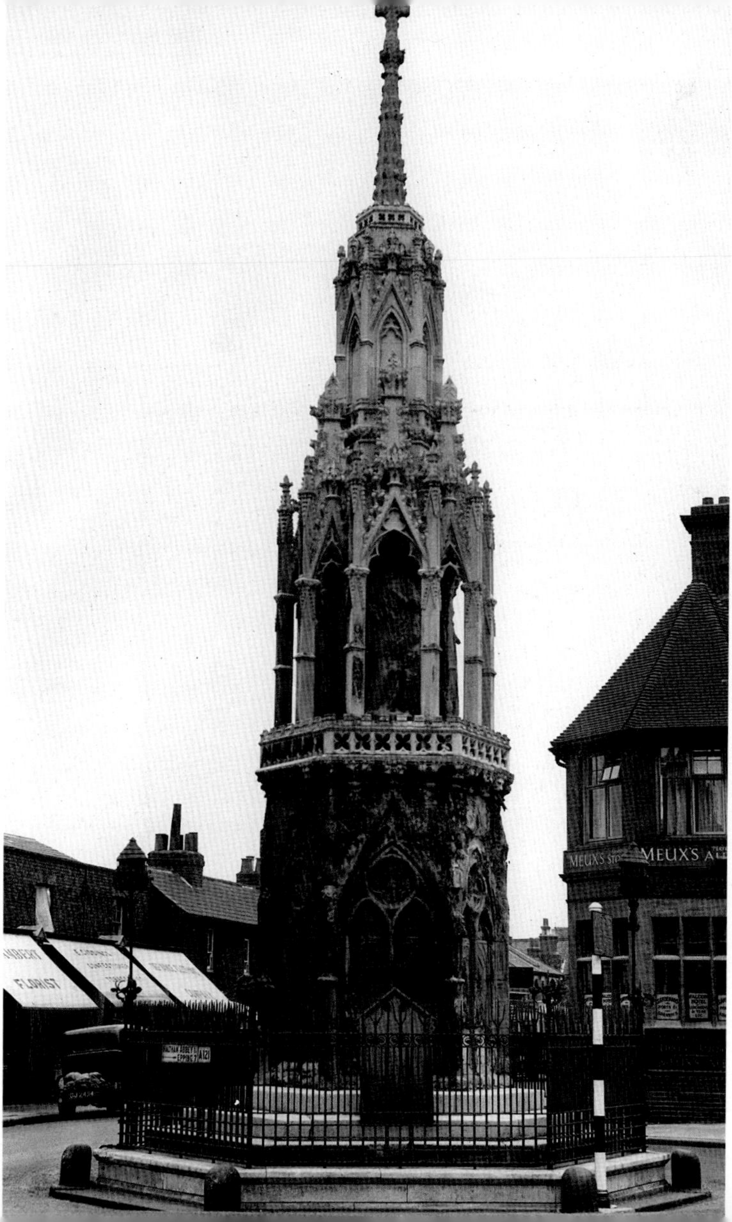
FLORIST
MEUX'S
A121

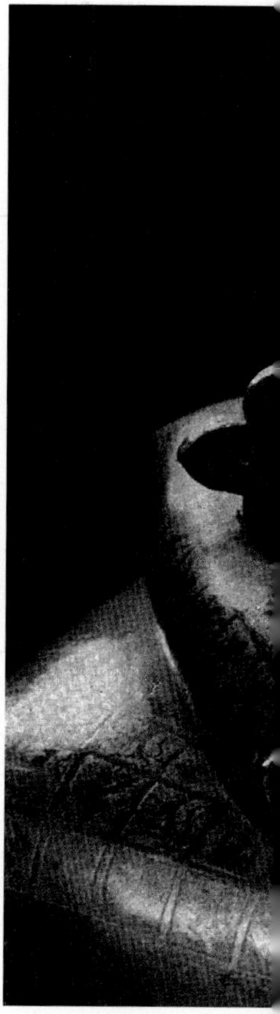

Eleanor von Kastilien war neun Jahre alt, als sie Edward heiratete, und erst 54, als sie starb. Von 1270 bis 1273 begleitete sie ihren Mann auf eine Kreuzfahrt ins Heilige Land, wo sie ihm der Legende nach das Leben rettete, indem sie Gift aus seiner Wunde sog. Sie starb in Hadby in Nottinghamshire, und der gramgebeugte König ordnete an, dass an jedem der neun Orte, an denen ihr Trauerzug auf dem Weg nach London gerastet hatte, ein Kreuz zu ihrem Gedenken aufgestellt werden sollte. Seite 86: Eins der drei erhaltenen »Eleanorskreuze« befindet sich in Waltham, Hertfordshire. Oben: Ihre letzte Ruhestätte fand Eleanor in der Westminster-Abtei.

Rechts: Das Parlament Edwards I., um 1270. Edward sitzt auf seinem Thron (oben Mitte) mit seinem Schwager Alexander III. von Schottland zur Rechten und dem Prinzen von Wales, Llywelyn ap Gruffydd, zur Linken. Edward galt als englischer Justinian, denn einen großen Teil seiner Regierungszeit war er mit Reformen und Verbesserungen des Rechtswesens beschäftigt. Er war auch der erste König Englands, der sich an den Grundsatz hielt, dass ein Gesetz nur mit Zustimmung des Parlamentes geändert werden könne. Weniger herzlich war sein Verhältnis zur Kirche, und in Erzbischof Pecham *(links,* Mitte) hatte er einen Gegner, der bereit war, in die Fußstapfen des ermordeten Becket zu treten.

Staatsgeschäfte 89

Alexander Rey Scotore   lewellin princeps wallie

Eine Menschenmenge in Cheapside sieht der Parade zu, die den Kopf von Llywelyn ap Gruffydd durch die Londoner Straßen trägt. Gruffydd war in einem Gefecht nahe Builth umgekommen; standhaft hatte er sich bis zuletzt geweigert, die englische Oberhoheit anzuerkennen, doch mit seinem Tod verlor Wales seine politische Unabhängigkeit.

Sir William Wallace, Kämpfer für die Freiheit der Schotten. Er war ein zäher Krieger, ein guter Taktiker und gewiefter Guerillakämpfer. 1297 schlug seine Armee die Engländer bei Stirling Bridge vernichtend, unterlag ihr jedoch im folgenden Jahr bei Falkirk. Im Jahr 1305 wurde Wallace in Glasgow verraten und geriet in englische Gefangenschaft. Er kam in London vor Gericht, wurde verurteilt und sogleich von einem Pferd von Westminster Hall zum Tower geschleift, wo man ihn hängte und vierteilte.

92 Eine Nation entsteht

ROC:BACH.

Oben: Ein mittelalterlicher Astronom studiert den Himmel. In der Hand hält er ein Astrolabium, mit dem sich die Entfernungen der Gestirne berechnen lassen. *Seite 92:* Der englische Philosoph und Naturkundler Roger Bacon. Bacon studierte in Oxford und Paris und trat in den Franziskanerorden ein, aus dem ihn die Mönche später ausstießen. Der brillante Denker war mit seinen Schriften zu Mathematik, Philosophie und Logik seinen Zeitgenossen weit voraus.

94 Eine Nation entsteht

Es ist leicht, die mittelalterlichen Ärzte als Scharlatane und Beutelschneider abzutun. Nach Johann von Salisbury war ihr Motto »kümmere dich nicht um die Armen, schlage nie das Geld der Reichen aus«. Doch dies war auch die Zeit, in der sich die Medizin als Wissenschaft entwickelte. Ärzte experimentierten in ihren Laboratorien *(rechts),* besuchten die Kranken *(oben)* und mühten sich redlich, ihr Wissen zu mehren. *Seite 95:* Ob man das glühende Eisen zum Ausbrennen wirklich an die richtige Stelle setzte, mag wohl Glückssache gewesen sein, aber die Fortschritte der Medizin in jener Zeit sind unbestritten.

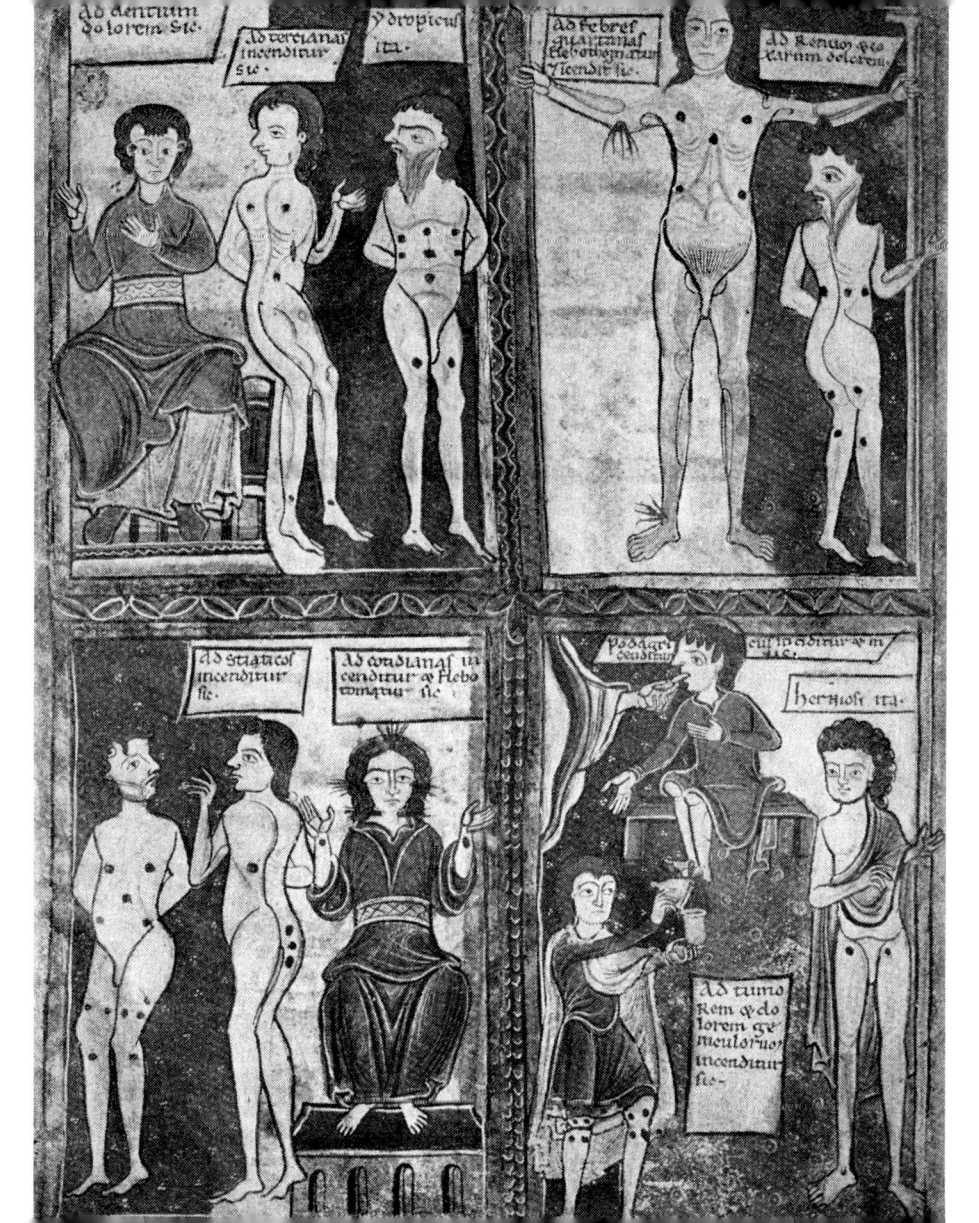

Ad dentium dolorem sic **Ad terciana incenditur sic** **Ydropicus ita**

Ad febres quartanas flebotomatur et incenditur sic **Ad renuum et escarum dolorem**

Ad stiaticos incenditur sic **Ad condilanas incenditur et flebotomatur sic**

Podagre incenditur cui ipse bibitur et ... **Herniosi ita**

Ad tumorem et dolorem geniculorum incenditur sic

Der Schlüssel zum Wohlstand von England, Wales und Schottland wurden immer mehr die Schafe. Vom westlichen Wales bis nach Ostanglien, von den Cheviots im Norden bis zu den South Downs waren Hügel und Täler aller drei Länder von Vliesen bedeckt, aus denen sich Gold machen ließ. Männer wie Frauen hüteten Schafe; das Scheren und Karden *(rechts)* war Männerarbeit. Das Spinnen übernahmen in der Regel die Frauen, entweder mit einem Rocken *(links)* oder dem schnelleren und praktischeren Spinnrad *(unten)*. Als beste galt die Wolle aus Tintern, die für 28 Mark pro Sack gehandelt wurde. Die meiste englische Wolle wurde nach Flandern, Frankreich und Brabant verschifft, wo sie zu Tuchen verarbeitet wurde, die von dort nach ganz Europa gingen. Der Wollhandel war so einträglich, dass sich Edward I. gegen Ende seiner Regierungszeit mit dem Gedanken trug, ein königliches Monopol daraus zu machen.

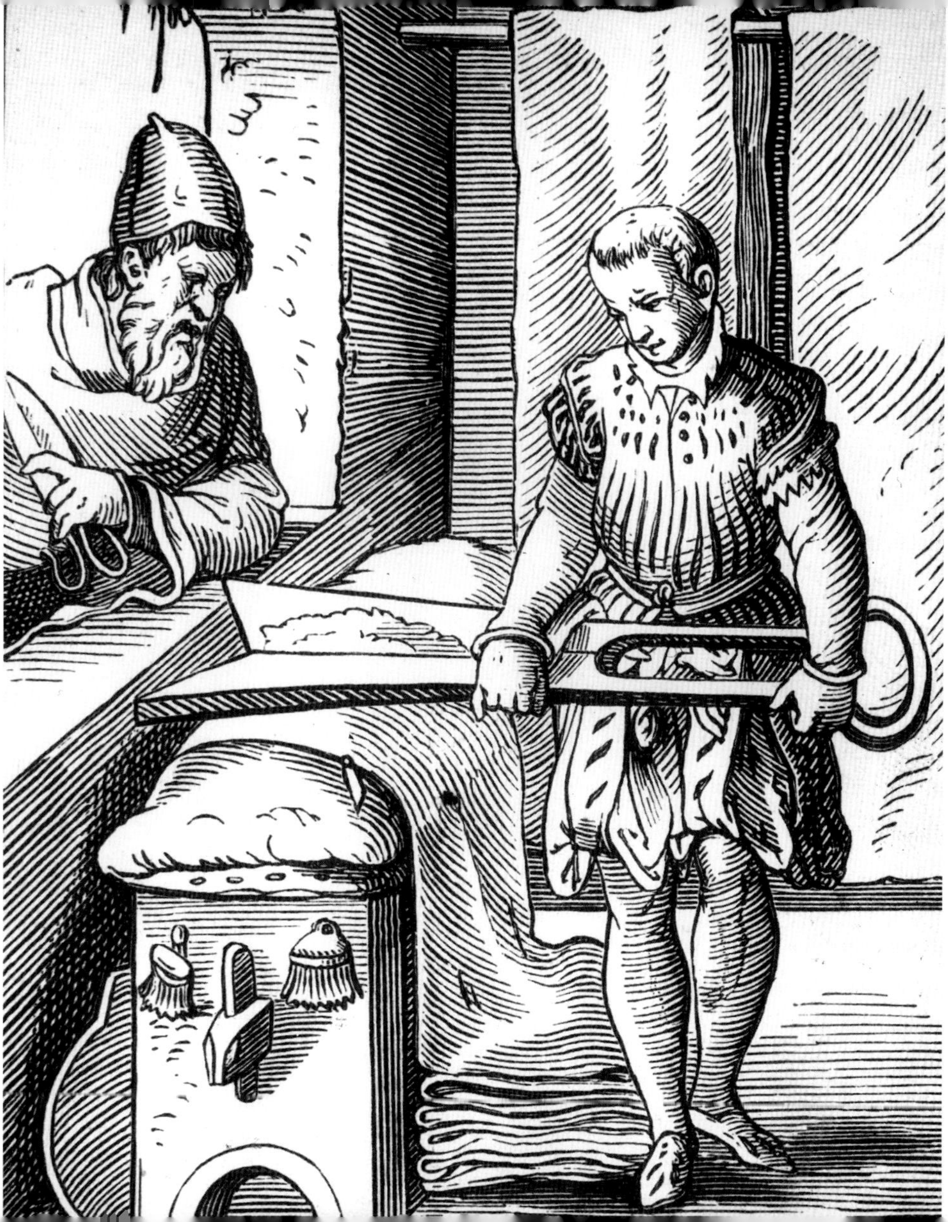

98 Eine Nation entsteht

In vielen Regionen Englands standen ganze Städte und Dörfer im Zeichen der Wollproduktion. Zu den reichsten Gegenden zählte Suffolk, wo Eye, Coddenham, Kersey, Lindsey und Sudbury ihren Ruf als »Wollstädte« erwarben. Die wohlhabendste und vielleicht auch schönste unter ihnen war Lavenham, wo die Wollhändler, darunter Generationen der Familie Sprying, im Fachwerkbau der Wool Hall *(rechts)* zusammenkamen und über Geschäfte, Preise, Lohn und Zukunftsaussichten debattierten.

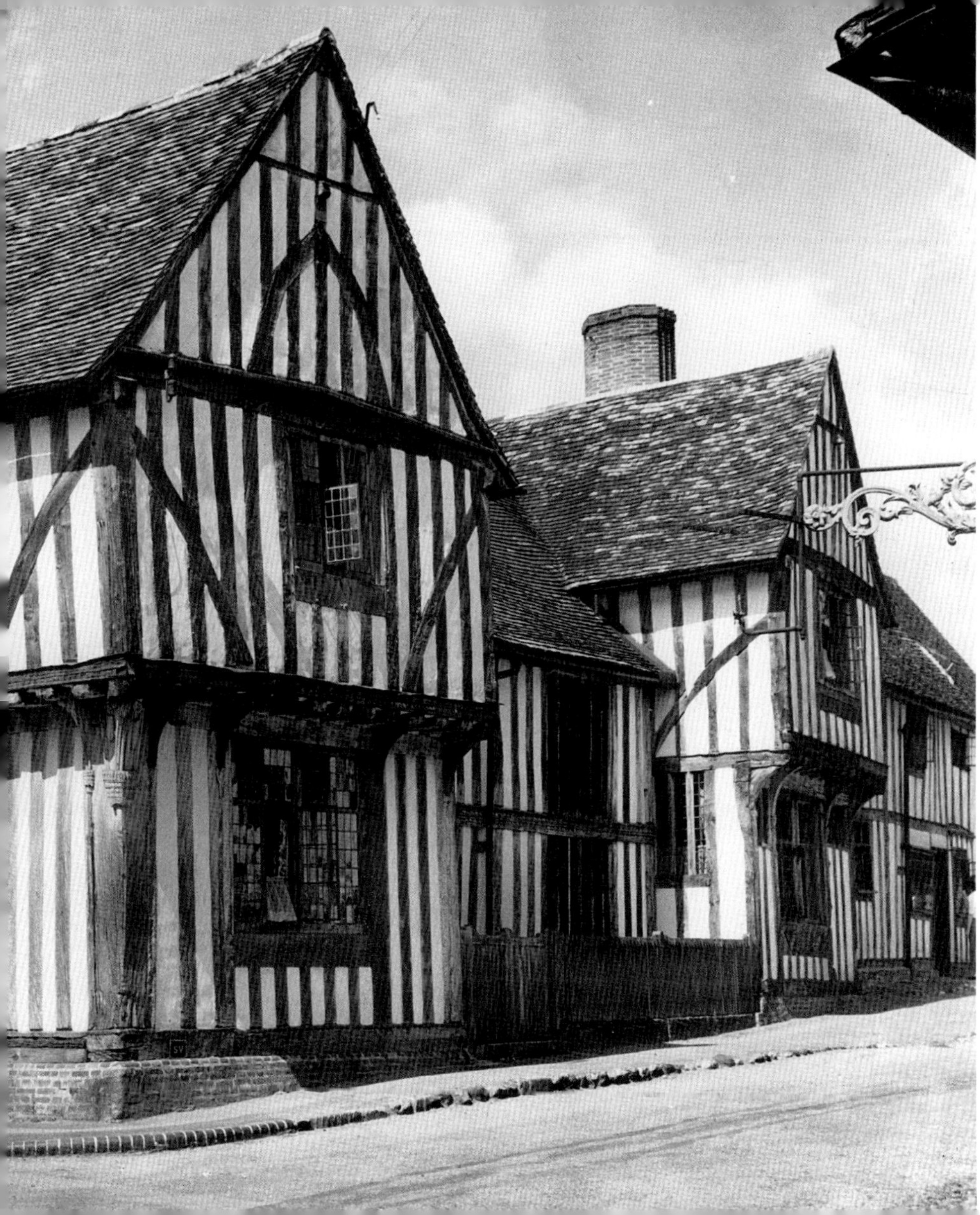

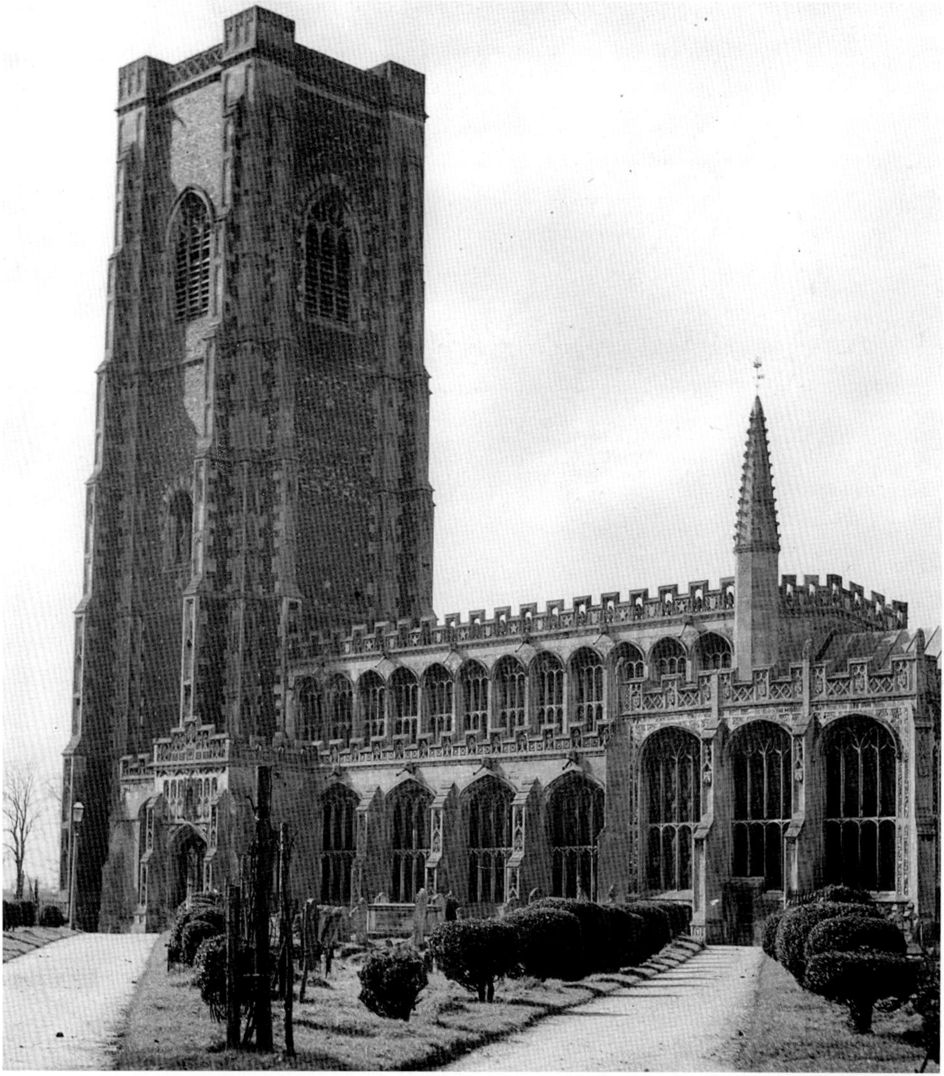

Die Wollkirche 101

Frömmigkeit und Stolz gingen im 13. Jahrhundert Hand in Hand. Wer zu Wohlstand kam, hatte keine Hemmungen, seinen Reichtum zu zeigen und einen Teil des Vermögens zum Lobpreis Gottes aufzuwenden, zum Dank für seine Gnade. Ein beliebtes Mittel dazu war der Kirchenbau. Je reicher der Stifter war, desto prachtvoller wurde die Kirche. In Lavenham errichtete die Familie Sprying ein Gotteshaus *(links),* dessen Pracht den Wohlstand der Spender deutlich genug zur Schau stellte: Die Wände des Schiffes bestehen fast ganz aus gewaltigen Buntglasfenstern, und das Portal *(rechts)* ist reich mit Steinmetzarbeiten verziert.

Der 1223 gestorbene normannisch-walisische Chronist und Kirchenmann Gerald von Wales war ein großer Freund der Musik, in der Theorie wie in der Praxis. »Die süße Harmonie der Musik«, schrieb er, »bereitet uns nicht nur Freude, sondern ist uns dazu von großem Nutzen. Sie erheitert unsere Sinne, wenn Düsternis uns umfängt, vertreibt die trüben Wolken, glättet die gerunzelte Stirn, vertreibt alles Mürrische und macht uns froh.« Viele seiner Zeitgenossen hätten ihm zugestimmt, denn das 13. Jahrhundert war überall auf den Britischen Inseln eine Blütezeit der Musik. Der erste englische Kanon *Sumer is icumen in* (»Der Sommer ist gekommen«) entstand um diese Zeit von anonymer Hand. *Seite 103:* Könige und Prinzen spielten Harfe, Leier, Gambe, Dudelsack und Trommel.

Seite 102 unten: Die ersten Orgeln tauchten in Kirchen und Kathedralen auf. Im Münster von Beverley, Yorkshire, schmückt ein Fries mit Musikanten *(oben)* aus der Mitte des 13. Jahrhunderts eine der Säulen. Die Bandbreite der Instrumente war groß, und ihre Musik dürfte den Gottesdienst sehr belebt haben. »Bei den verschiedensten Arbeiten«, fährt Gerald fort, »wird die Erschöpfung gelindert durch Wohlklang im gemessenen Takt, und alle Arten von Arbeitern erleichtern sich ihr Gewerbe durch Gesang.«

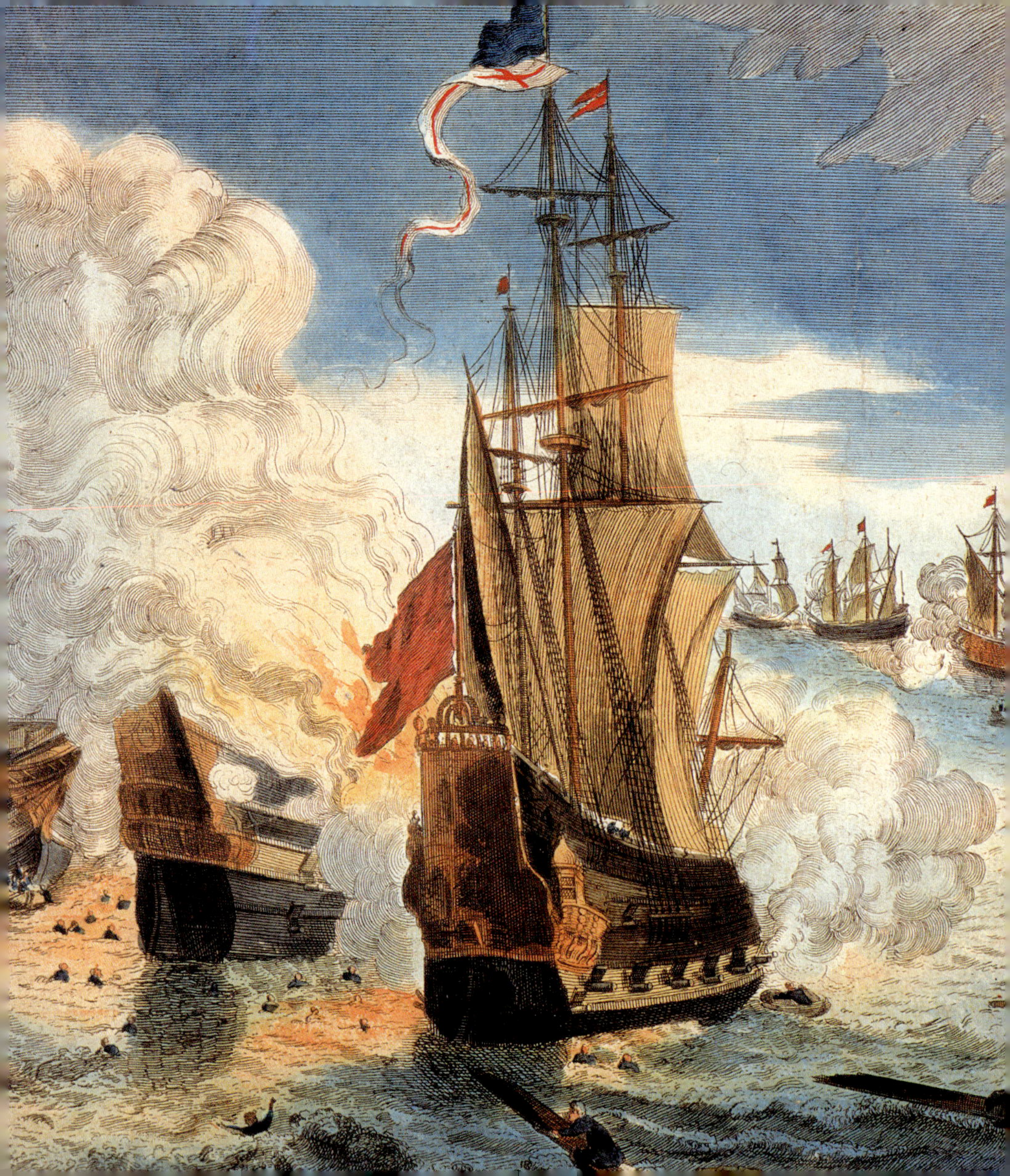

4
HÖHEPUNKT DES MITTELALTERS
1300–1450

Im Jahr 1328 erhob Edward III. Ansprüche auf den Thron von Frankreich, da er seiner Auffassung nach in der Thronfolge vor dem Amtsinhaber Philipp VI. rangierte. Im Gegenzug drohte Philipp, David II. von Schottland in dessen Krieg gegen Edward zu unterstützen, und fiel in dem reichen Herzogtum Aquitanien ein, damals noch eine englische Besitzung. So begann der Hundertjährige Krieg. Die Franzosen überfielen Portsmouth und Southampton, und ihre Schiffe drangen sogar bis in die Themsemündung vor. Am Johannistag 1340 tauchte die französische Flotte im Ärmelkanal bei Sluys auf *(links)* – »Schiffe in solcher Zahl, dass ihre Masten schienen wie ein mächtiger Wald«. Die Engländer griffen an und errangen einen »wilden und schrecklichen« Sieg.

Einleitung

Große Teile des 14. und 15. Jahrhunderts lag England im Krieg – mit den Walisern, den Schotten, den Franzosen, mit sich selbst. Drei berühmte Siege gegen Frankreich waren zu verbuchen (Crécy, Poitiers und Azincourt) und eine entsetzliche Niederlage, die ihnen die Schotten im Juni 1314 bei Bannockburn beibrachten, als die Truppen von Robert Bruce die 20 000 Mann starke Armee Edwards II. aufrieben und damit die schottische Unabhängigkeit für lange Zeit sicherten.

Der Krieg mit Frankreich dauerte, auch wenn nicht immer gekämpft wurde, ein ganzes Jahrhundert, doch immerhin heizte er den technischen Fortschritt an. Die Erfindung des Gusseisens läutete ein neues eisernes Zeitalter ein, das transportable Kanonen, gegossene Kugeln und die ersten gepanzerten Wagen hervorbrachte. Die zweite große Waffe dieser Epoche war der englische Langbogen, der erstmals 1298 in der Schlacht von Falkirk zum Einsatz kam. Er hatte eine Reichweite von einer halben Meile (850 Meter), und die Pfeile wurden mit einer solchen Macht geschossen, dass sie sogar Rüstungen durchschlugen.

Doch im Land hatten nur wenige Engländer mit diesem Krieg zu tun. Mehr Menschenleben forderten schwere Ausbrüche der Pest in den 1340er Jahren. Der schwarze Tod ging in Großbritannien erstmals 1346 um, und der Höhepunkt der Epidemie war drei Jahre darauf erreicht. Die Zahl der Toten ist nicht bekannt, doch in manchen Gegenden wurde die Hälfte der Bevölkerung ausradiert, und viele Dörfer verschwanden für immer. Zwei Folgen dieses Bevölkerungsrückgangs waren sofort zu spüren: Nahrung wurde knapp und Arbeit teuer. Die Löhne stiegen so Besorgnis erregend, dass es zu einem frühen staatlichen Eingriff in das Wirtschaftsgeschehen kam. Ein Gesetz, das Statute of Labourers (1351), legte einen Maximallohn fest, und Arbeitgeber und Landbesitzer, die ihn überboten, mussten mit Strafe rechnen.

Viele Gutsbesitzer reduzierten daraufhin die Zahl der Bauern, die sie beschäftigten, und gingen vom Ackerbau zur Rinder- und Schafzucht über. Die Bauern, die nur noch die Wahl hatten, für wenig Lohn mehr zu arbeiten oder aber Haus und Brot zu verlieren, wehrten sich. Anführer des Bauernaufstandes von 1381 waren Wat Tyler, Jack Straw und der Frühsozialist John Ball. Der Aufstand jagte zwar den Reichen und dem Klerus einen gehörigen Schrecken ein, bewirkte jedoch letzten Endes kaum etwas.

Die Literatur erblühte, und William Langland hielt die unglücklichen Monate, Geoffrey Chaucer die glücklichen Stunden im Leben eines Bauern fest. Langlands *The Vision of William Concerning Piers the Ploughman* beschreibt eindringlich das Elend eines »armen Mannes, der am Pfluge hängt«. Chaucer sah mehr die heitere Seite und verkündete: »Manch trüben Morgen sah ich schon, gefolgt vom schönsten Sommertag ...«

Jene Zeit sah Erfindungen wie die Eisennadel, die Gabel, die Zugposaune und Thomas Brightfields Wasserklosett, das auf das Jahr 1449 zurückgeht und mit Wasser aus einer Zisterne betrieben wurde. Doch die Idee setzte sich nicht durch, und 400 Jahre mussten vergehen, bis es von neuem erfunden wurde.

108 Höhepunkt des Mittelalters

Der Schwarze Prinz

Die ersten vier Herrschaftsjahre Edwards III. waren schwierige Jahre, denn die Macht im Land hatten de facto seine Mutter und deren Liebhaber Roger Mortimer. 1327 übernahm der 18-jährige Edward selbst die Regierung. Mortimer ließ er hinrichten, und seine Mutter schickte er ins Exil. Die folgenden Jahre waren vom Krieg geprägt. 1346 fiel Edward in Frankreich ein, zusammen mit seinem ebenfalls Edward geheißenen ältesten Sohn, der seiner Rüstung wegen den Beinamen »Der Schwarze Prinz« erhalten hatte *(links)*. In der Schlacht von Crécy verdiente sich der Prinz seine Sporen und kommandierte in dem denkwürdigen Sieg den rechten Flügel der englischen Armee. Edward gab ihm die eroberten französischen Provinzen zum Lehen *(Seite 108)*. Zehn Jahre später war Der Schwarze Prinz wieder in Frankreich und kommandierte bei der Schlacht von Poitiers eine ganze Armee. 1361 heiratete er Joan, »das schöne Kind von Kent«, die ihm zwei Söhne gebar. Der ältere starb 1370, der jüngere wurde als Richard II. König.

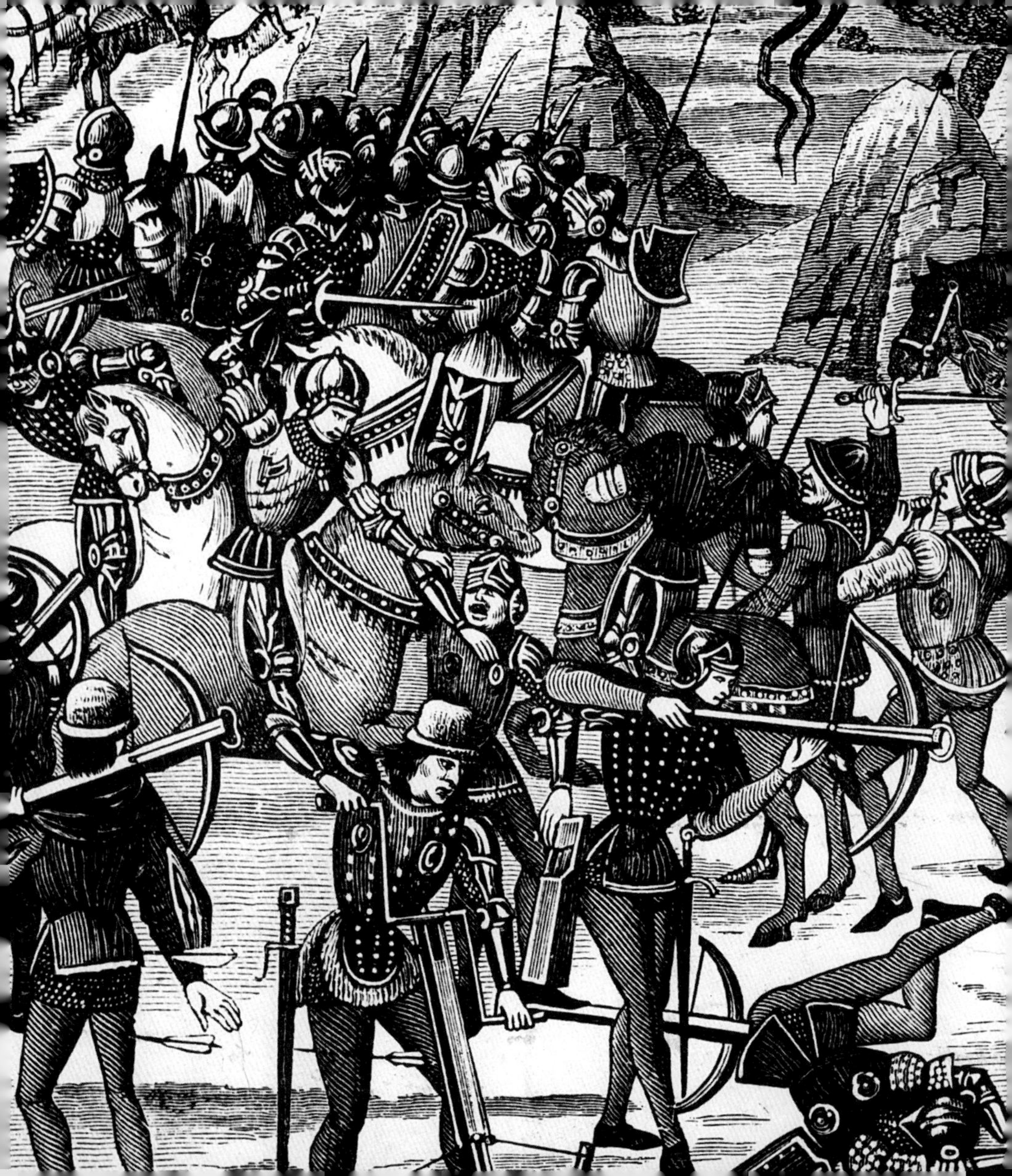

Crécy 111

Die Schlacht von Crécy am 26. August 1346. »Dann trafen die Bewaffneten aufeinander zu einem entsetzlichen Kampf mit Lanze, Speer und Streitaxt. Auch unsere Bogenschützen versäumten nicht ihre Pflicht, sondern erhoben sich von den Orten, an welchen sie sich verborgen hielten, und schossen ihre Pfeile über Gräben und Hecken hinweg, den Kämpfern zum Geleit, und ihre Pfeile flogen schneller und in größerer Zahl, als die anderen ihre Waffen schwingen konnten.« Es war ein Sieg, der Geschichte machte.

112 Höhepunkt des Mittelalters

Der Tod von Sir William Wallace *(rechts)* konnte den Schotten ihre Entschlossenheit, sich jedem englischen Angriff zu widersetzen, nicht nehmen. Der neue Held der schottischen Unabhängigkeitskriege war Robert Bruce *(Seite 112 links)*. Der skrupellose Bruce machte sich im Jahr 1306 mit Morden den Weg zum schottischen Thron frei. Binnen drei Monaten war er ins Exil vertrieben, seine Familie getötet oder eingekerkert. Seine Schwester hängte man in einem Käfig an die Zinnen von Roxburgh Castle *(Seite 112 rechts)*. Bruce kehrte zurück, führte einen erbitterten Guerillakrieg und konnte so viele Schotten um sich sammeln, dass sie die Engländer aus ihrem Land vertrieben. Im Frühjahr 1314 hielt England nur noch Berwick und Stirling. Als Edward II. versuchte, Stirling zu entsetzen, kam es zur Schlacht von Bannockburn, einer beschämenden Niederlage für die Engländer. 1327 wurde Bruce von Edward als König eines unabhängigen Schottlands anerkannt. Bruce starb 1329 und liegt in der Abtei von Melrose *(oben)* begraben.

1284 teilte das Statut von Rhuddlan Wales in die Grenzlande ein, die von Markgrafen regiert wurden, und die westlichen Landesteile, die direkt der Krone unterstellt waren. Um Aufständen vorzubauen, ließen Edward II. und Edward III. eine Reihe von mächtigen Festungen errichten, in Conwy *(rechts)*, Builth, Aberystwyth, Flint, Rhuddlan, Caernarvon, Harlech und Beaumaris.

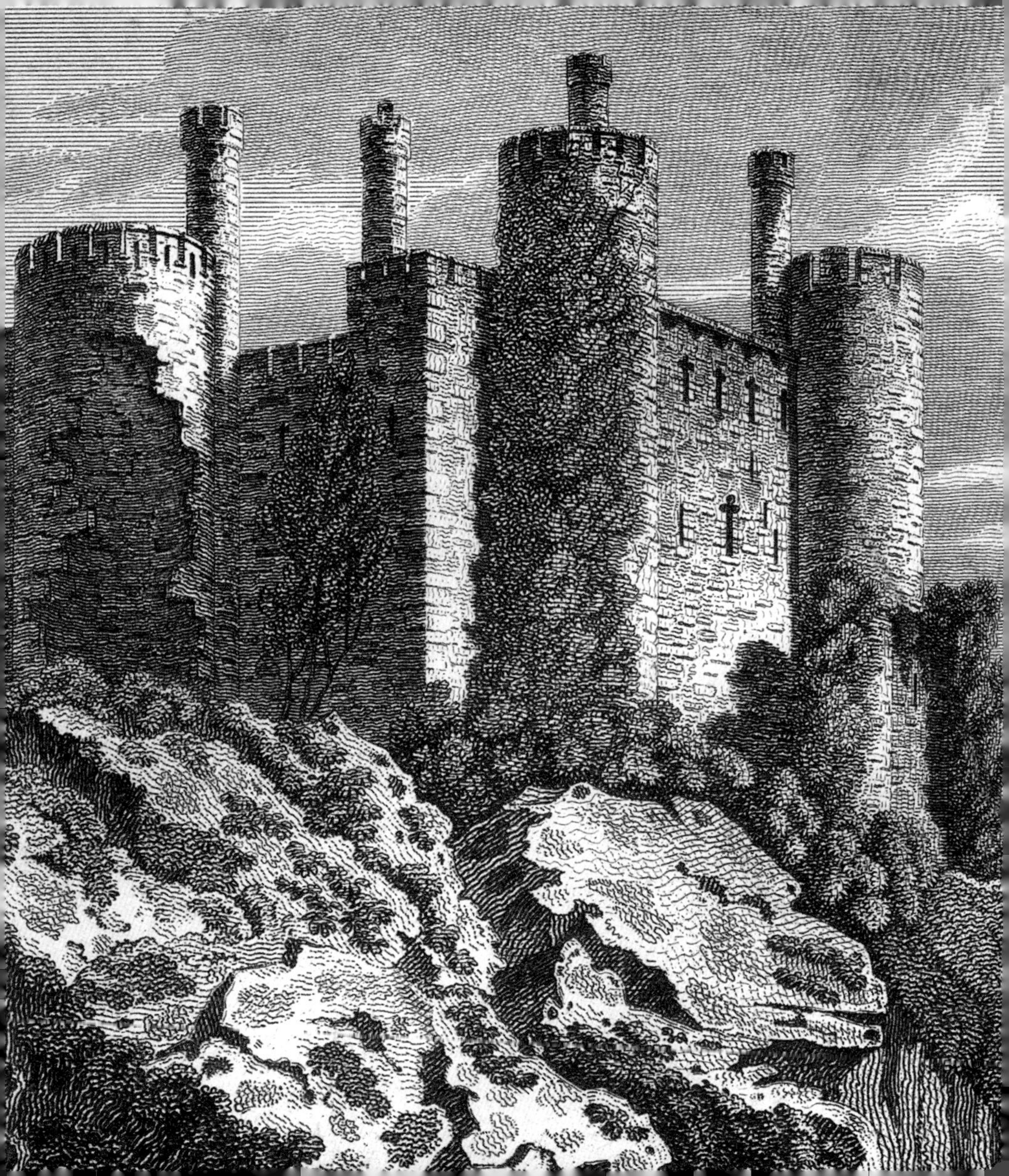

116 Höhepunkt des Mittelalters

Die Außenmauern der Burg von Conwy sind fünf Meter dick, insgesamt eine halbe Meile lang und in den Umrissen einer walisischen Harfe gebaut. Die Burg verfügt über acht große Rundtürme und 21 halbrunde Türme, die in festen Abständen aus den Mauern vorspringen. Seinerzeit galt die Burg als uneinnehmbar. 1399 zog sich Richard II., im Ringen um den Thron mit Henry Bolingbroke von seinen Verbündeten verlassen, mit nur 100 Mann nach Conwy zurück. Er akzeptierte die Bedingungen des Grafen von Northumberland und zog ab. Er geriet jedoch in einen Hinterhalt und kam als Gefangener nach Flint, Chester und schließlich nach Pontefract, wo er im folgenden Jahr umgebracht wurde.

118 Höhepunkt des Mittelalters

Im Jahr 1381 wurde eine Kopfsteuer von vier Pence für jeden Bewohner des Landes mit Ausnahme des Klerus verfügt; mit dem Geld sollte der Krieg gegen Frankreich finanziert werden. Ende Mai weigerten sich ganze Dörfer in Südostengland zu zahlen, die Bevölkerung bewaffnete sich mit Äxten und Sicheln und wählte Wat Tyler und Jack Straw zu ihren Anführrern. Sie marschierten nach London, wo sie einen radikalen Priester namens John Ball aus dem Gefängnis befreiten *(Seite 119 unten,* zu Pferde). Die zerlumpte Armee drang bis Smithfield vor, wo Richard II. ihnen entgegentrat. Vom Folgenden gibt es verschiedene Versionen, doch offenbar brachte William Walworth, der Bürgermeister von London, Tyler eine tödliche Wunde bei *(Seite 119 oben). Oben:* In dem viktorianischen Stich wird ein viel zu junger Richard von den bewaffneten Bauern bedroht. Der König ritt tapfer voran und stellte sich selbst an die Spitze der Rebellen. Ball endete am Galgen, und keines der Versprechen, die Richard den Bauern gab, konnte er halten.

Der Bauernaufstand 119

Rechts: Der Kleriker und Gelehrte John Wycliffe entwickelte sich zunehmend zum Kritiker der römischen Kirche. Er stellte ihre Lehren und Praktiken in Frage, dazu die Autorität von Königen, Päpsten und Bischöfen. *Links:* Er bereitete der englischen Bibelübersetzung den Weg und war ein unerbittlicher Prediger. *Unten:* Einer seiner Anhänger, Sir John Oldcastle, starb den Märtyrertod und wurde bei lebendigem Leib verbrannt.

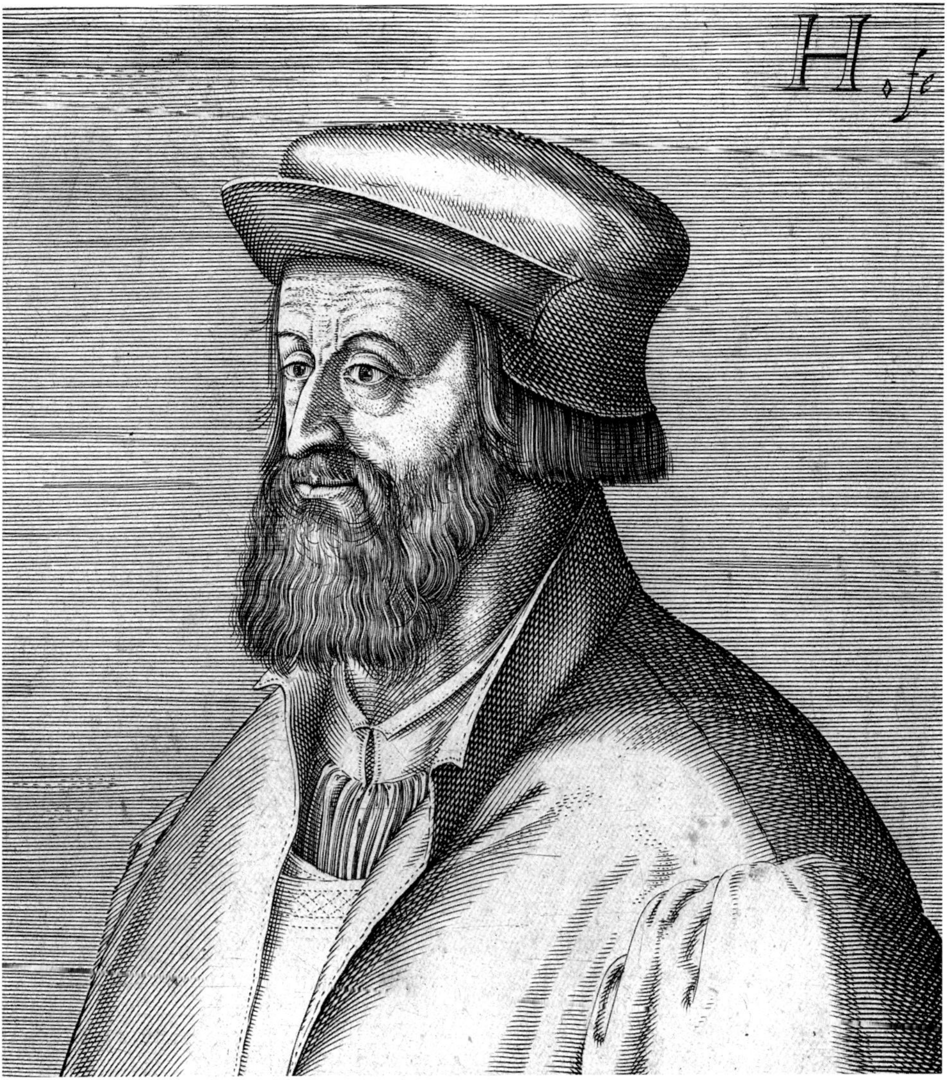
H. fe

122 Höhepunkt des Mittelalters

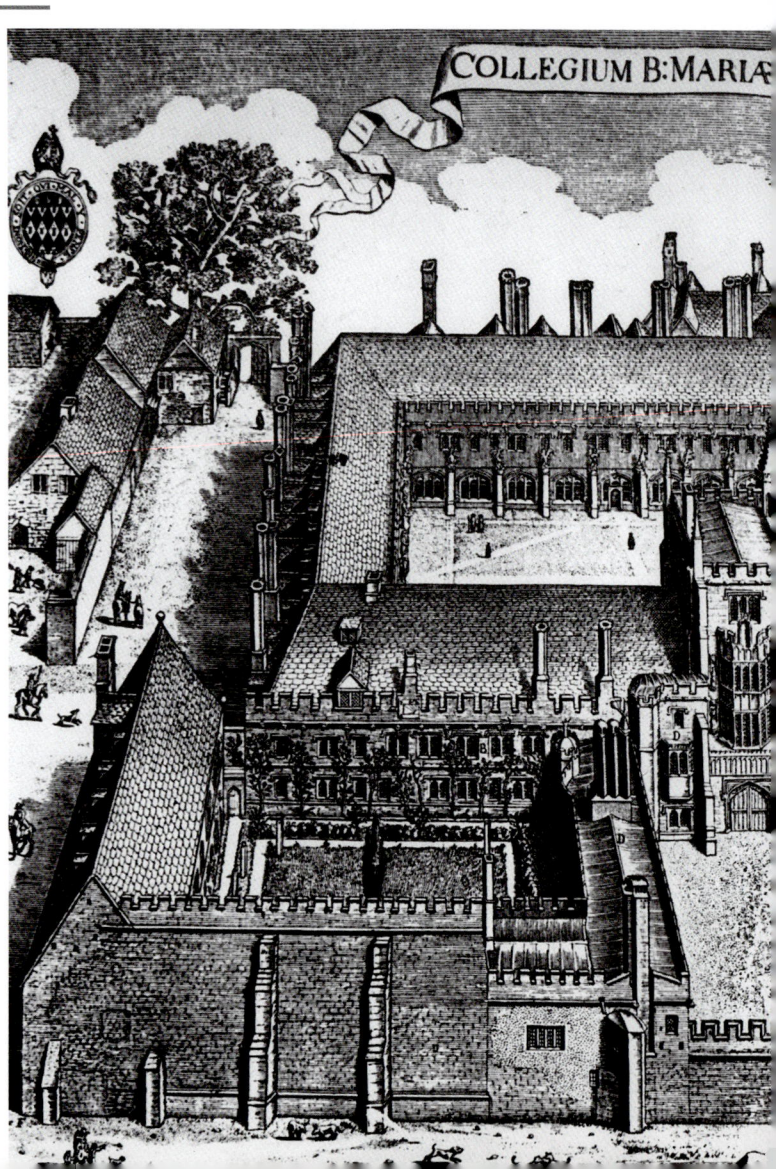

Das College der Heiligen Maria Magdalena, Universität Oxford, kurz nach seiner Fertigstellung Mitte des 15. Jahrhunderts. Gründer war William de Waynflete, und es sollte 40 Gelehrte, 30 Scholaren, vier Kaplane, acht Schreiber und 16 Chorknaben beherbergen. In jener Zeit entstanden viele Stätten der Gelehrsamkeit – allein neun der Oxforder und Cambridger Colleges entstanden zwischen 1438 und 1496.

124 Höhepunkt des Mittelalters

Die Zwillingstürme, Fialen und Dächer des All Souls Colleges, Universität Oxford. Das College wurde 1438 zum Gedenken an die Soldaten Heinrichs V. gegründet, die 23 Jahre zuvor bei der Schlacht von Azincourt ihr Leben gelassen hatten. 40 Gelehrte sollten hier für die Seelen von Heinrich, dem Herzog von Clarence, und den englischen Hauptleuten beten, die gefallen waren. Die Bibliotheksfenster sind das Werk von John Prudde, dem Glaser des Königs, der acht Pence pro Fuß für »gepudertes« Glas (mit Ornamenten versehen) und zehn Pence für Glas »verschönert mit Rosen und Lilien und mancherlei Wappen« berechnete. Im 15. Jahrhundert wurde Buntglas überall bewundert, aber die Schönheit hatte ihren Preis.

126 Höhepunkt des Mittelalters

Nur die wenigsten Menschen des 15. Jahrhunderts mieden Gewalttaten. *Links:* Tiere wurden zum Vergnügen gejagt, ihres Fleisches oder Fells wegen oder weil sie als lästig galten – von der Ratte bis zum Reh. *Unten:* Hahnenkampf, Dachs- und Bärenhatz zogen das Publikum an, aber Tiere waren nicht die Einzigen, die zu leiden hatten. *Rechts:* Der spektakulärste Sport waren die Turniere, bei denen Ritter Gesundheit und Leben riskierten, um ihrer Dame zu gefallen.

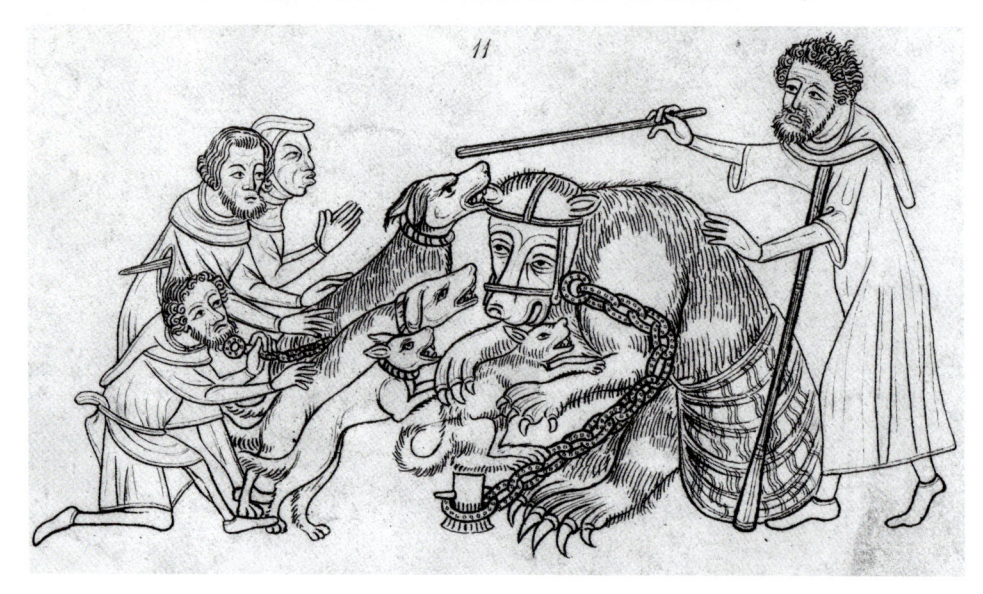

Blutiger Sport 127

128 Höhepunkt des Mittelalters

Seite 128 unten rechts: Tatsachen und Legenden sind im Leben von Richard »Dick« Whittington untrennbar miteinander verwoben. Die Legende erzählt, dass er ein Junge aus armen Verhältnissen war, dessen Leben in der Küche eines Londoner Kaufmanns so unerträglich war, dass er davonlief. *Rechts:* Als er jedoch den Hügel von Highgate erreicht hatte, hörte er die Glocken der Kirche von Bow rufen: »Geh zurück, Whittington, dreimal Bürgermeister von London.« In Wirklichkeit war er ein reicher Kaufmannssohn, der sich in der Tuchmachergilde nach oben arbeitete und sogar viermal Bürgermeister der Stadt wurde. Der Menschenfreund stiftete Geld zum Bau von Armenhäusern, für ein College, eine Bibliothek in Greyfriars *(Seite 128 oben)* und die erste öffentliche Toilette in London. *Seite 128 unten links:* Die Legende, dass seine Katze in Kindertagen sein einziger Freund gewesen war, entstand erst etwa 200 Jahre nach seinem Tod.

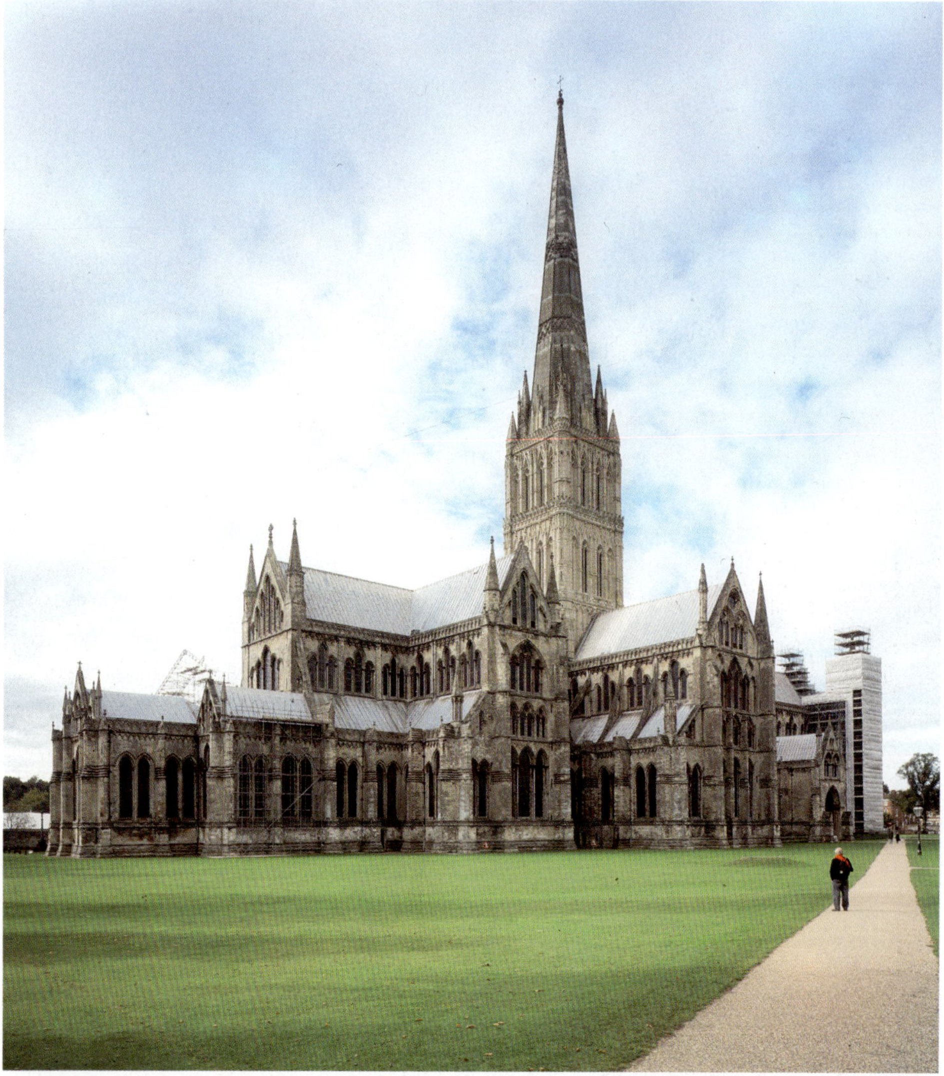

Links: Der Bau der Kathedrale von Salisbury nahm gut 100 Jahre in Anspruch; der Turm ist mit 125 Metern der höchste in England. Das Kirchenschiff mit den Säulen aus grauem Chilmarkstein und poliertem Purbeckmarmor zählt zu den Höhepunkten der Architektur aus der Mitte des 14. Jahrhunderts.

1402

GEOFFREY CHAUCER.

Links: Geoffrey Chaucer war nacheinander Page, Soldat, königlicher Kammerdiener, Zolleinnehmer für Wolle, Pelze und gegerbte Häute im Hafen von London sowie Ritter der Grafschaft Kent. Heute ist er vor allem durch seine Freizeitbeschäftigung als Poet bekannt. Zwischen 1369 und seinem Tod im Jahr 1400 war Chaucer die bedeutendste Stimme der englischen Dichtkunst. Sein berühmtestes Werk sind die *Canterbury Tales,* ein bunter und witziger Bericht über das Schicksal einer Reihe von Pilgern – darunter der Koch *(oben links),* der Ablasskrämer *(oben rechts)* und der Kaufmann *(rechts)* –, die sich auf dem Weg vom Gasthaus Tabard in Southwark zum Schrein von Thomas Becket ihr Leben erzählen.

134 Höhepunkt des Mittelalters

Rechts: Die Krönung Heinrichs V. fand im April 1413 statt. Heinrich war 26 Jahre alt und hatte, wie es scheint, in seiner Jugend oft genug über die Stränge geschlagen. Den Großteil seiner neunjährigen Herrschaftszeit verbrachte er mit vergeblichen Versuchen, Frankreich zu erobern. Seine Armee bestand im Wesentlichen aus zwei Gruppen: den bewaffneten Männern *(unten ganz rechts),* »ausgerüstet und aufgestellt, wie es ihrem Besitze entsprach«, und den Bogenschützen *(unten links).* Beide wurden für einen begrenzten Zeitraum verpflichtet, denn es gab keine Berufsarmee. *Seite 134:* Die Krieger trugen oft einen Mantel über der Rüstung, der mit dem Wappen oder Feldzeichen des Hauptmanns geschmückt war, dem sie dienten.

136 Höhepunkt des Mittelalters

Der Feldzug von 1415 landete am 14. August in der Seinemündung. Fünf Tage darauf hatte Heinrichs Armee den Hafen Harfleur eingekesselt. Heinrich *(oben)* rechnete damit, dass sich die Stadt binnen eines Monats ergeben würde, doch die Belagerung kostete ihn 2 000 Mann, die an Ruhr starben. Harfleur kapitulierte am 18. September; dass Heinrich bei Shakespeare die Stadt stürmt, ist reine Phantasie. Ende Oktober standen sich englische und französische Truppen bei Azincourt gegenüber. Die Engländer waren erschöpft und ausgehungert, sie froren, und zahlenmäßig waren die Franzosen überlegen. Auch dass Heinrich ihnen am Morgen der Schlacht eine flammende Rede gehalten habe *(links),* ist historisch nicht verbürgt. Die englischen Bogenschützen schossen ihre Pfeile in Massen auf die geschlossen aufmarschierten Franzosen und gewannen damit die Schlacht. Die französischen Verluste waren verheerend, auf englischer Seite fielen nicht einmal 300 Mann.

138 Höhepunkt des Mittelalters

Beziehungen zu Frankreich 139

Der Hundertjährige Krieg hatte ein wenig von einem Knallfrosch. Es gab ruhige Zeiten, und dann flammte plötzlich lautstark wieder ein Kriegszug auf, wenn sich eine lange Reihe englischer Könige von Edward III. *(Seite 138 unten)* bis Heinrich VI. mühte, die verlorenen Besitzungen in Frankreich zurückzuerobern. Wenn gerade nicht gekämpft wurde, verstanden sich die englischen und französischen Könige bestens. Eine der ersten Amtshandlungen Edwards war ein Höflichkeitsbesuch bei Philipp VI. von Frankreich *(Seite 138 oben)*, doch binnen kurzem verhärtete sich der englische Standpunkt, und die diplomatischen Beziehungen wurden abgebrochen. *Oben:* Edward III. fordert Philipp heraus. Der Bischof von Lincoln und andere haben geschworen, eine Augenklappe zu tragen, die sie erst wieder abnehmen wollen, wenn sie auf dem Schlachtfeld eine Heldentat vollbracht haben.

Mit dem Monopol der Kirche auf die Schreibkunst ging es zu Ende. *Rechts:* Die schönsten Kalligraphien und Buchmalereien entstanden zwar nach wie vor in den Klöstern, erstellt von Mönchen wie Edwin, der hier mit beiden Händen gleichzeitig schreibt, doch immer mehr gewöhnliche Menschen konnten lesen und schreiben. *Oben:* Die Beschlüsse der Regierung, Prozessurteile und die Beratungen im Parlament wurden in Protokollen festgehalten. Und der starke Anstieg des Handels führte dazu, dass Kaufleute Schreiber und Buchführer anstellten, die Inventarlisten führten und vor allem die Rechnungen schrieben.

Arbeit der Schreiber 141

Frauen gehorchten ihren Männern, Kinder gehorchten den Eltern. Die mittelalterliche Familie war auf allen Ebenen der Gesellschaft strikt reglementiert. *Links:* Alle Generationen lebten miteinander, von den Neugeborenen bis zu den Alten und Kranken. In einem Haushalt des 14. und 15. Jahrhunderts erlebte jeder Geburt und Tod mit. *Seite 143 unten:* Kleine Kinder wurden mit Spielen und Spielzeugen verwöhnt, von Stoffpuppen und Spindeln bis zu Schaukelpferden und Springseilen. Da viele Kinder im Säuglingsalter starben, war der Wert der Überlebenden umso größer.

Die Freude bei der Geburt eines Kindes war leider allzu oft das Vorspiel zur Trauer um Mutter, Kind oder beide. Eine Frau konnte zwar viele Babys gebähren, aber im Schnitt starb die Hälfte der Kinder jung. Um die Geburt zu beschleunigen, wurden Bündel von Ackermenning oder Halbedelsteine auf die Schenkel der Frau gelegt. Das Ende der Nabelschnur rieben die Hebammen mit Speichel, der Asche einer Schnecke und Kümmel oder Kerbel ein. *Oben:* Unmittelbar nach der Geburt badeten sie das Kind in warmem Wasser, schlugen es in einem warmen Tuch ein und gaben es der Mutter in die Arme.

5
DIE ANFÄNGE DER TUDORZEIT
1450–1500

Die übliche Ernährung für die Armen waren Schwarzbrot, Quark, Dünnbier und gekochte Bohnen, in einer Ecke desselben Raumes zubereitet, der auch als Schlafzimmer, Wohnzimmer und Stall diente. *Rechts:* Die Küche der Reichen war nicht nur größer und sauberer, sondern auch die Mahlzeiten waren wohlschmeckender und abwechslungsreicher. Fleisch wurde zur Schau gestellt, denn es war ein Zeichen von Wohlstand. Zu einer typischen Mahlzeit bei den Wohlhabenderen war der Tisch mit Rindfleisch, Hammel, Schwein, Geflügel, Kalb, Taube, Ziege, Lamm, Wildschwein, Kaninchen und Etlichem an Süßwasserfisch gedeckt. Man aß nur wenig Gemüse und Obst, denn vieles davon galt als ungesund. »Hüte dich vor Salaten, allem Grünen und ungekochten Früchten.« Äpfel, Kirschen, Birnen und Pflaumen wurden entweder in Honig konserviert oder zu Kuchen und Pies verbacken. Es wundert also nicht, dass Verstopfung ein weit verbreitetes Leiden war, und da das Vitamin C fehlte, waren Rachitis und Skorbut Volkskrankheiten.

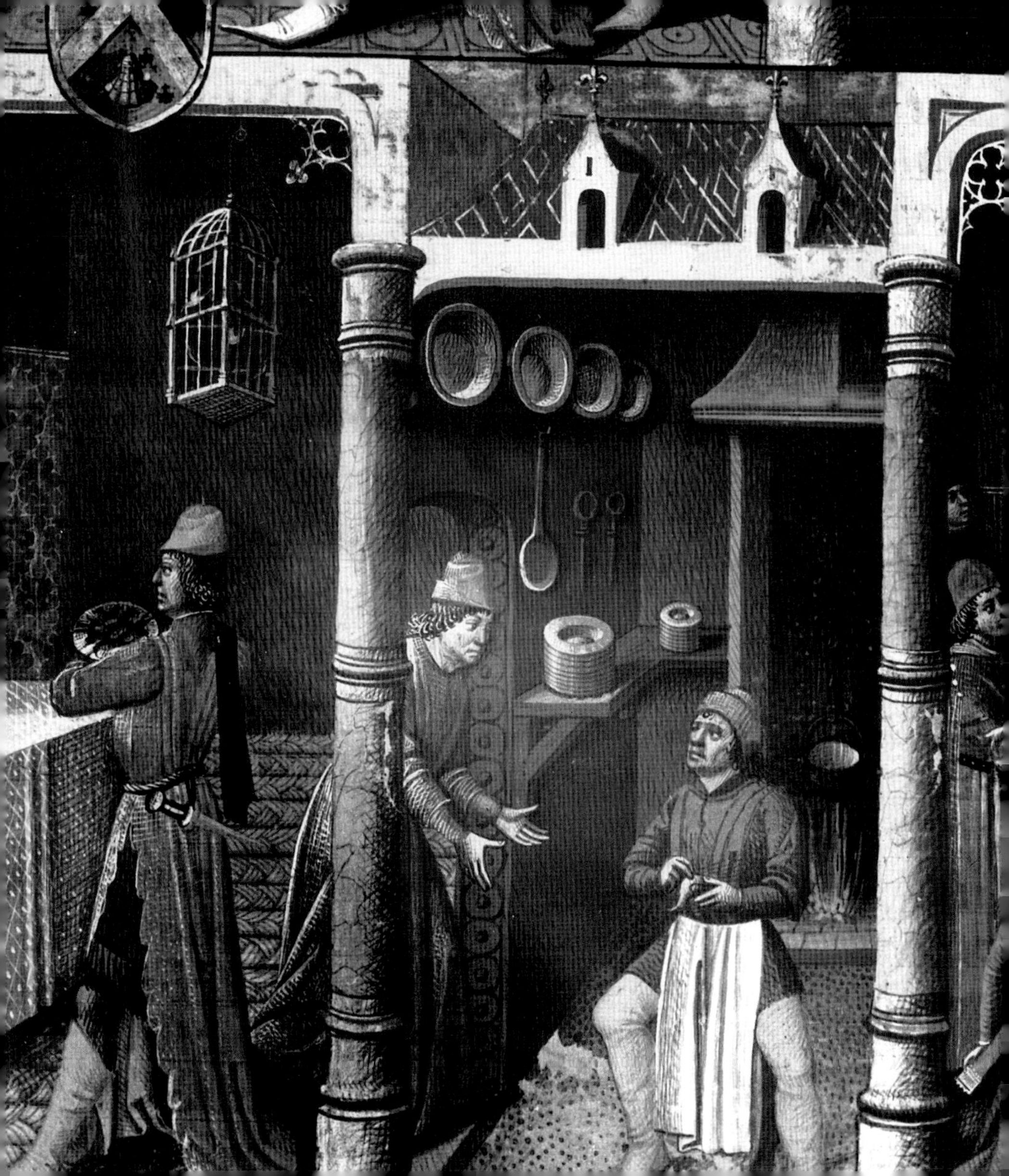

Einleitung

In diesem halben Jahrhundert wurde das Leben etwas schöner, bequemer und luxuriöser. Wer in den 1450er Jahren Sir John Fastolf in seiner Burg in Caister in Norfolk besucht hätte, der wäre verblüfft gewesen von den goldenen Wasserkrügen, dem Tafelsilber, dem Goldrandgeschirr mit dem Wappen der Fastolfs. An Möblierung gab es selbst in solch wohlhabenden Haushalten immer noch wenig. In Fastolfs Gemach war jedoch sein Federbett mit dicken Teppichen vor der Kälte geschützt und hatte »sechs weiße Kissen«. 100 Meilen südöstlich waren im College von Eton die Glasfenster von Johann von Utyman in ihrer ganzen Pracht zu bewundern. Johann erhielt das älteste in England bekannte Patent für die Ausübung dieses Handwerks.

In den 1460er Jahren vererbte Margaret Paston aus Norwich ihren Töchtern Vorhänge, Messingtöpfe und »zwei Paar meiner schönsten Bettlaken«. Elizabeth Poynings stattete ihre Tochter zur Hochzeit großzügig aus, unter anderem mit Tafelsilber, Schmuck, Kleidern, Tischwäsche, sieben Schrankkoffern, sechs Truhen, zwei Kommoden, elf Schemeln, einem runden sowie einem »kleinen« Tisch, der zwei Meter lang war – sie hinterließ ihr fast alles, was sie besaß, außer »den Sachen, die man nicht vor den Motten schützen kann«.

Das Essen wurde besser und wohlschmeckender. Jahrhundertelang waren Braten und Eintöpfe mit Kräutern gewürzt worden, bisweilen auch mit Blumen wie Veilchen, Lilien, Rosen und Primeln; nun konnten die Wohlhabenden die von Kaufleuten importierten Gewürze des Orients genießen.

Der Handel nahm immer mehr zu, und die Welt wurde zusehends kleiner. In der Nachfolge von Entdeckern wie Vasco da Gama und Christoph Kolumbus hissten britische Seefahrer die Segel und überquerten die gewaltigen Ozeane, auch wenn viele noch Seeungeheuer und Meerjungfrauen darin vermuteten. 1497 brach John Cabot – Genuese von Geburt, doch nun in England lebend – mit seinen drei Söhnen von Bristol aus gen Westen auf, auf der Suche nach einem Seeweg nach Asien. 54 Tage später sichtete er die Insel, die einmal Cape Breton Island in Neuschottland heißen sollte, und beanspruchte Nordamerika für die englische Krone.

Die Neuerung, die für die ganze Welt die größten Veränderungen mit sich bringen sollte, war Johannes Gutenbergs Erfindung des Drucks mit beweglichen Lettern in den 1440er Jahren. Der erste englische Drucker war William Caxton, der die Kunst 1471/72 bei einem Aufenthalt in Köln erlernte. Vier Jahre darauf nahm er seine hölzerne Druckpresse in Westminster in Betrieb. Alles in allem druckte Caxton über 100 Bücher, darunter Chaucers *Canterbury Tales* und Malorys *Morte d'Arthur*.

1485 wurde Richard III., der letzte der Plantagenet-Könige, von den Anhängern Heinrich Tudors auf dem Feld von Bosworth geschlagen und umgebracht. Die Rosenkriege, bei denen vier englische Könige ihr Leben verloren und zwei Prinzen im Tower ermordet wurden, waren endlich vorüber. Eine Schlacht, an der kaum 10 000 Mann teilnahmen, hatte das Schicksal einer ganzen Nation entschieden. Das Tudorzeitalter brach an.

Rechts: John Cabot kniet vor Heinrich VII. nieder. Cabot war ein genuesischer Seefahrer, der sich in England niedergelassen hatte. *Unten:* 1497 machte er sich von Bristol aus auf die Suche nach einem Seeweg nach Asien, landete jedoch in Neuschottland und beanspruchte Nordamerika für die englische Krone. *Seite 149:* Sein Sohn Sebastian war später unter Edward VI. Inspekteur der Marine.

Die Cabots 149

EFFIGIES SEBASTIANI CABOTI
ANGLI FILII IOHANIS CABOTI VENE
TI MILITIS AVRATI PRIMI INVE
TORIS TERRAE NOVAE SVB HERICO VII ANGLI
IAE REGE

SPES·MEA·IN·DE

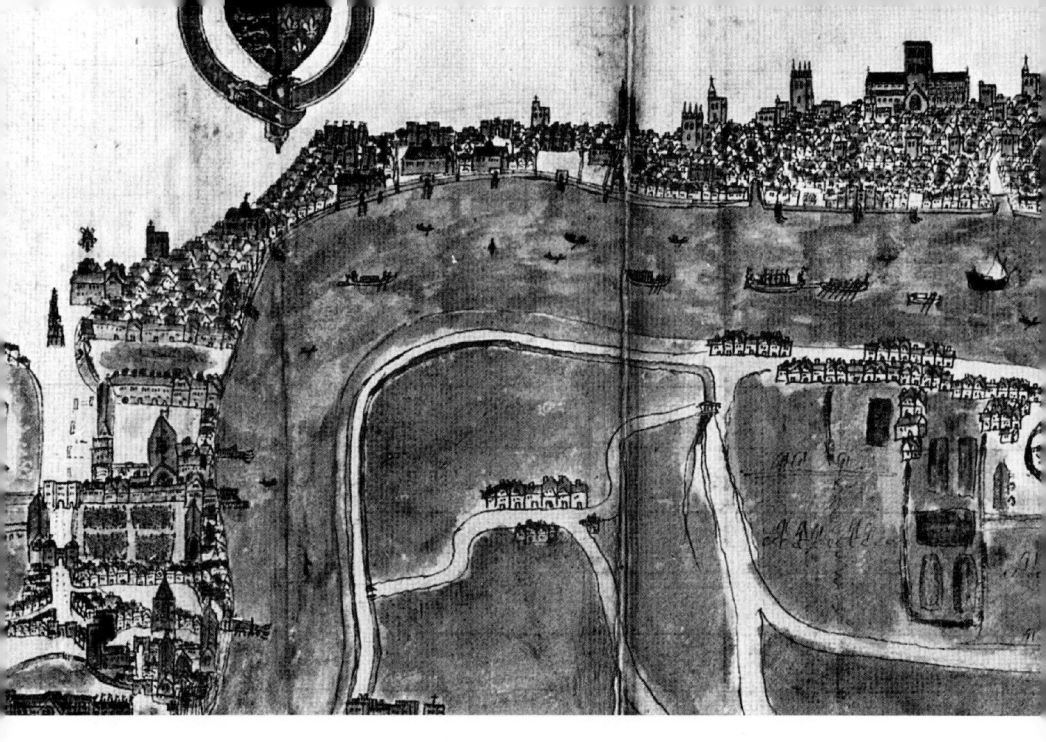

In den 150 Jahren nach der großen Pestepidemie veränderte sich London in Größe und Bevölkerungszahl kaum. Nach wie vor gab es nur eine einzige Brücke über die Themse. Southwark, vor allem für Gasthäuser wie das Tabard bekannt, war die einzige nennenswerte Ansiedlung südlich des Flusses, und nur ein Häuserstreifen verband Westminster mit der City. *Oben:* Der Tower (ganz rechts), die alte St.-Pauls-Kathedrale (in der Mitte, mit dem eckigen Turm), der Palast von Westminster (ganz links) und die Kathedrale von Southwark (südlich der Themse neben der Brücke) waren die einzigen größeren Bauwerke. *Rechts:* Die deutsche Darstellung Londons aus derselben Zeit folgt eher der Phantasie als den Realitäten.

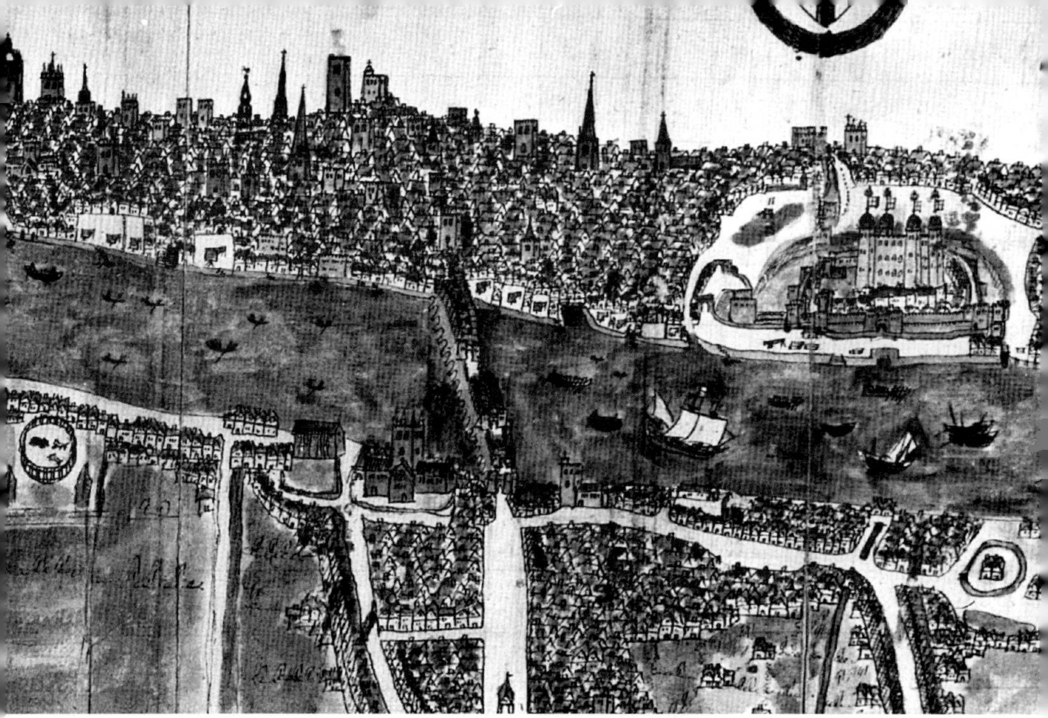

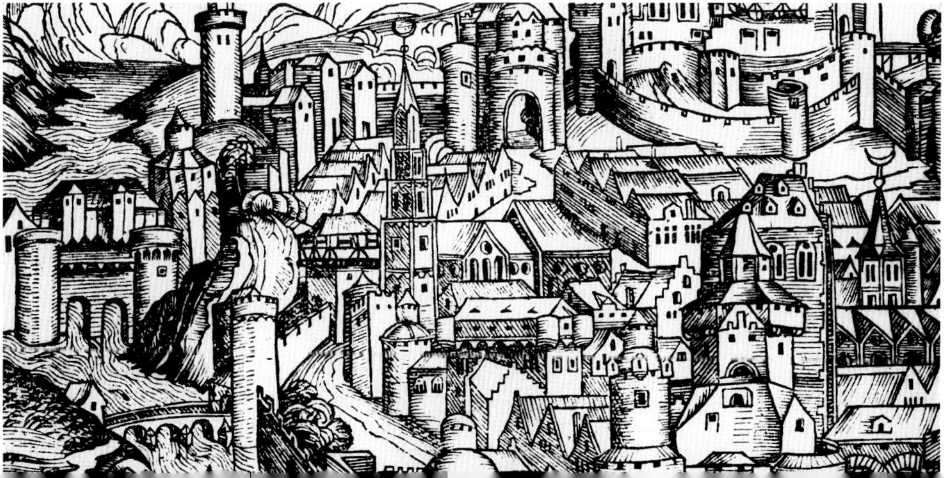

152 Die Anfänge der Tudorzeit

Die schicksalhaften Rosen 153

Die Szene spielt im Temple Garden, wir schreiben das Jahr 1455. Dies ist der legendäre Beginn der Rosenkriege, so wie Shakespeare ihn im zweiten Akt, Szene vier, seines *Heinrich VI., Erster Teil* geschildert hat. Richard Plantagenet und der Graf von Warwick pflücken jeder eine weiße Rose, das Abzeichen des Hauses York. Die Grafen von Somerset und Suffolk pflücken rote Rosen, das Symbol des Hauses Lancaster. Der Krieg dauerte 30 Jahre.

154 Die Anfänge der Tudorzeit

Richard Neville, der Graf von Warwick, war ursprünglich der reichste und mächtigste Anhänger des Hauses York. Er missbilligte die Heirat Edwards IV. mit Elizabeth Woodville, und als der König ihm auch noch das Oberkommando vorenthielt, ging er zu den Lancastrians über.
Rechts: Am 14. April 1471 marschierte Edward mit seinen besten Männern vor die Tore von London nach Barnet und griff Nevilles zahlenmäßig überlegene Truppe in der Morgendämmerung des Ostersonntags an.
Links: Nach dreistündigem Kampf in dichtem Nebel griffen sich zwei Abteilungen der Lancastrians irrtümlich gegenseitig an, und Neville wurde in den darauf folgenden Wirren tödlich getroffen.

156 Die Anfänge der Tudorzeit

… Die Rosenkriege 157

Die Rosenkriege dauerten mit Unterbrechungen von 1455 bis 1485, obwohl in dieser Zeit nur 13 Wochen lang wirklich gekämpft wurde und manche der Gefechte kaum länger als eine halbe Stunde dauerten. Die Entscheidungsschlacht, und die größte, die je auf englischem Boden gefochten wurde, war die Schlacht von Towton am 29. März 1461; die Zahl der Soldaten wird auf 50 000 geschätzt. Die meisten Begegnungen fanden auf offenem Feld statt. Die Abbildung könnte die Schlacht von Wakefield im Jahr 1460 zeigen, als die Yorkisten so unklug waren, ihre sichere Stellung in der Burg Sandal zu verlassen, und von dem größeren Aufgebot von Lancaster-Truppen geschlagen wurden.

158 Die Anfänge der Tudorzeit

In den Wirren der Rosenkriege war es für Hochstapler nicht schwer, sich als rechtmäßige Anwärter auf Titel oder sogar auf die Königskrone auszugeben. Lambert Simnel war ein Bäckerssohn, der von sich behauptete, er sei der ältere der beiden im Tower ermordeten Prinzen. Sein Anspruch wurde von Margarete, der Herzogin von Burgund, unterstützt *(Seite 158 oben rechts)*. Mit 2000 deutschen Soldaten fiel Simnel 1487 in England ein. *Rechts:* Er wurde geschlagen und gefangen genommen und verbrachte den Rest seines Lebens als Küchenjunge. Perkin Warbeck *(Seite 158 oben links)* war ebenfalls ein Protégé von Margarete *(Seite 158 unten rechts)* und gab sich als der jüngere Prinz aus. Auf das Versprechen Heinrichs VII. hin, ihn zu begnadigen, ergab er sich, wurde jedoch 1499 wegen Fluchtversuchs exekutiert. Der Arzt Jack Cade *(Seite 158 unten links)* war empört über die Misswirtschaft Heinrichs VI. Mit 40 000 Anhängern nahm er London und hielt es mehrere Tage lang. Danach floh Cade, wurde gefasst und hingerichtet.

160 Die Anfänge der Tudorzeit

Die schottischen Könige hatten im 15. Jahrhundert alle Hände voll zu tun, ihre Macht und ihr Leben nicht zu verlieren. 1437 fiel Jakob I. einem Mordanschlag im Dominikanerkloster von Perth zum Opfer, und die Krone ging an seinen sechsjährigen Sohn Jakob II. über, den man später Jakob mit der flammenden Miene nannte *(links)*. Die Hauptgefahr drohte Jakob von der Familie Douglas, deren ehrgeizigster Vertreter wohl Archibald Douglas *(Seite 161 links)* war, Archibald der Grimmige. 1440 lockte Jakob II. Douglas' Sohn William in die Burg von Edinburgh und ließ den Unglücklichen dort enthaupten. 15 Jahre später war die Macht der Douglas endgültig gebrochen. Jakob III. *(Seite 161 rechts)* kam 1488 durch adelige Rebellen um, offenbar mit Billigung seines eigenen Sohnes, der als Jakob IV. den Thron bestieg.

Könige von Schottland 161

162 Die Anfänge der Tudorzeit

Seite 163 unten rechts: Kaum einem anderen englischen König wird soviel Schlechtes nachgesagt wie Richard von York, dem letzten Plantagenet. *Seite 163 unten links:* Er war zwar ein fähiger Mann, doch seine kurze Herrschaft war voller Gewalt und Missgunst. 1472 heiratete er Anne Neville, die jüngere Tochter des Grafen von Warwick. Richards Bruder, der Herzog von Clarence, hatte bereits Annes ältere Schwester geheiratet und warf Richard vor, er habe es auf die Reichtümer der Nevilles abgesehen. Sechs Jahre später wurde Clarence angeklagt und hingerichtet, aber es gibt kaum Indizien, dass Richard daran beteiligt war.

Richard III. 163

Seite 162: 1483 weilte Richard auf Bayward's Castle, als er erfuhr, dass Edward IV. gestorben war und dass man ihn lediglich als Vormund für Edwards Söhne und Erben eingesetzt hatte.
Oben: Richard eilte nach London, wo er Lord Hastings und andere Mitglieder des Kronrats als Verräter anschuldigte. Rivers, Grey und Hastings wurden hingerichtet. Edwards Söhne kamen in den Tower, und das Parlament bot Richard die Krone an. Er herrschte nur gut zwei Jahre lang.

164 Die Anfänge der Tudorzeit

Seite 164 links: Edward IV. war ein stattlicher, volkstümlicher und zügelloser Mann. Seine unkluge Heirat mit Elizabeth Woodville *(Seite 164 rechts)* entfremdete ihm viele Adelsfamilien, und im Norden Englands kam es zu Aufständen. Als Edward 1483 starb, ging die Krone an seinen Sohn über, der damit Edward V. wurde. Zwei Monate darauf fielen er und sein Bruder *(rechts)* in die Hände von Richard von York (Richard III.). Sie wurden im Londoner Tower eingekerkert, und keiner sah sie je wieder. Dass sie ermordet wurden, steht außer Zweifel, und wahrscheinlich auf Richards Befehl.

166 Die Anfänge der Tudorzeit

Seite 167 rechts: Zwei Monate nach Niederlage und Tod Richards III. wurde Heinrich Tudor zum König gekrönt. Damit waren die Rosenkriege zu Ende, und das Haus Lancaster hatte sich durchgesetzt. Das Land war jedoch nach wie vor gespalten. Die Anhänger das Hauses York sahen in Heinrich kaum mehr als einen walisischen Thronräuber, dessen Ansprüche dubios waren – er war der Enkel der Witwe Heinrichs V. aus der Ehe mit Owen Tudor. Doch schon in den ersten Monaten seiner Herrschaft machte Heinrich sich daran, England zu einen, und festigte seine Position durch die Ehe mit Elisabeth von York *(oben)*, die am 16. Januar 1486 geschlossen wurde *(Mitte)*.

Rosen vereint 167

Die Rosenkriege fanden mit dem Tod von Richard von York bei der Schlacht von Bosworth ihr Ende. Heinrich Tudor wurde König von England. Sein ältester Sohn Arthur, Prinz von Wales *(links)*, kam 1486 zur Welt. Schon mit zwei Jahren wurde Arthur mit Katharina von Aragon verlobt *(Seite 169 unten)*, um bessere Aussichten für eine englisch-spanische Allianz zu schaffen. Die Hochzeit fand im November 1501 statt, fünf Monate später starb Arthur.

Oben: Die Kinder vornehmer und wohlhabender Familien wuchsen zwar oft im Luxus auf, doch Söhne wie Töchter waren nur Figuren im politischen und kommerziellen Schachspiel und hatten kaum Einfluss darauf, wann und wen sie ehelichten. Es war nicht ungewöhnlich, dass Jungen mit 14 und Mädchen mit zwölf Jahren heirateten.

170 Die Anfänge der Tudorzeit

Im Jahr 1476 richtete William Caxton *(rechts)* seine hölzerne Druckpresse in Westminster ein *(unten)*. *Seite 171:* Das Buntglasfenster im Stationer's Hall Court zeigt Caxton, wie er Edward IV. und dessen Königin Elizabeth Woodville die erste gedruckte Seite überreicht.

Caxton 171

172 Die Anfänge der Tudorzeit

COLLEGIUM REGALE de ETONA PROPE WINS[OR]

Reverendo admodum viro
D⁰ ZACHARIÆ CRADOCK
S.T.P. Præposito, omnibusq;
Socijs Collegij Etonensis,
hanc ejusdem Collegij Deli-
neationem D.D.C.Q.
Dav. Loggan

Eton College 173

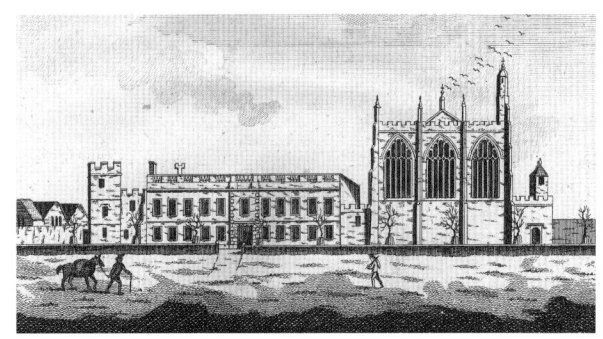

1440 gründete Heinrich IV. in Eton ein College *(oben)*. Heinrich war ein Freund der Gelehrsamkeit, ein »königlicher Heiliger«, der wahrscheinlich weitaus lieber Rektor in Eton als König von England gewesen wäre. *Ganz oben:* Das Torhaus, das in den Innenhof führt, hat Ähnlichkeit mit jenen von Hampton Court. *Links:* Das College mit seiner prachtvollen Kapelle entstand auf den Themsewiesen unmittelbar gegenüber Windsor, sodass Heinrich von den Zinnen seiner Burg aus einen schönen Blick auf sein wohltätiges Werk hatte.

174 Die Anfänge der Tudorzeit

Medizin 175

»Was vom Arzte gefordert ist, sind vier Dinge«, schrieb ein zeitgenössischer Mediziner. »Zum Ersten soll er gelehrt sein, zum Zweiten geschickt, zum Dritten einfallsreich und zum Vierten wohlerzogen.« Die Ausbildung eines Arztes sollte »die natürlichen Dinge, die nicht-natürlichen und die unnatürlichen« umfassen. Tiere, Schlangen und Vögel spielten ihre Rolle bei der Behandlung *(Seite 174 oben links und unten links)*, ebenso wie Halbedelsteine *(Seite 174 unten rechts)*. Zur Geschicklichkeit des Arztes gehörten »schlanke Finger, Hände, die nicht zittern *(Seite 174 oben rechts)*, gute Augen usw.« *Links:* Nicht minder wichtig war das Wissen des Apothekers, der Pillen, Elixiere, Pulver, Balsam, Salben und Pflaster für seine Kollegen, die Mediziner, präparierte.

Die Jahre 1500–1815: eine Einführung

Heinrich VII. arbeitete hart, damit er den Thron, den er sich 1485 auf dem Schlachtfeld von Bosworth erstritten hatte, nicht wieder verlor. Er wollte ein wohlhabendes Königtum mit getreuen Untertanen schaffen. Seine Ehe mit Elisabeth von York war ein kluger Schachzug, der die Häuser York und Lancaster einte, doch erst sein zweiter Sohn konnte wirklich die reiche Ernte einbringen, die der erste Tudorkönig ausgesät hatte. Heinrich VIII. war ein stattlicher, kluger und streitbarer junger Mann, der viel versprach und wenig hielt. Als er 1547 mit 56 Jahren starb, hinterließ er drei Kinder, religiöse Konflikte im ganzen Land und einige hübsche Musikstücke.

Doch wichtig war das nicht – denn Großbritanniens Aufstieg zur einflussreichsten Nation der Welt hatte wenig mit Königen und Königinnen zu tun. Manche Monarchen (Elisabeth I. und Wilhelm III.) unterstützten das Land auf seinem Weg zu Wohlstand und Macht; andere (Jakob II. und die meisten Hannoveraner) waren nur im Weg. Karl I. war der Hinderlichste, so ungeschickt, dass er die eben erst vereinten Nationen von England und Schottland in den Bürgerkrieg steuerte, an dessen Ende seine eigene Hinrichtung und die kurze Periode der britischen Republik stand.

Was wirklich hinter dem Triumph des Landes steckte, war eine Mischung aus Glück, Streitbarkeit, Phantasie und harter Arbeit. Es war eine Schar äußerst willensstarker Leute, die Weltreiche errang (und im Falle der amerikanischen Kolonien auch wieder verlor). Da ihnen die Schrecken und Wirren der Kriege erspart blieben, die im 17. und 18. Jahrhundert den europäischen Kontinent erschütterten, konnten sich die Briten Produktiverem zuwenden – Kunst, Literatur, Architektur, Philosophie, Naturwissenschaft und Technik.

Mit der Erfindung der Druckpresse begann die lange goldene Zeit der englischen Literatur. Im Zeitalter Shakespeares gelangten auch Francis Beaumont, John Fletcher sowie Ben Jonson zu Ruhm, und nachdem Shakespeare selbst (1564–1616) die Bühne kaum verlassen hatte, rückte schon die nächste Generation großer Dramatiker nach – darunter John Dryden und Sir John Vanbrugh (Dramatiker und Architekt). In der zweiten Hälfte des 17. Jahrhunderts glänzten unter anderen Jonathan Swift, Daniel Defoe, Alexander Pope, William Congreve und Samuel Richardson; das 18. Jahrhundert bescherte der Welt John Keats, Percy Bysshe Shelley, William Wordsworth, Henry Fielding, Sir Walter Scott, Tobias Smollett, Laurence Sterne, David Hume, Tom Paine und ein Dutzend weitere große Dichter, Philosophen und Romanciers. Ab dem Jahr 1770 sprach man Englisch auf jedem Kontinent des Erdballs.

Nie zuvor – und auch nie wieder – wurden in Großbritannien so viele Naturwissenschaftler und Ingenieure geboren. 1628 beschrieb William Harvey den Blutkreislauf. 1662 publizierte Robert Boyle seine Theorien über den Zusammenhang von Druck und Volumen der Gase. Im selben Jahr, in dem das Große Feuer beträchtliche Teile Londons vernichtete und Sir Christopher Wren die Art von Chance gab, von der Architekten sonst nur träumen können, sah Sir Isaac Newton in seinem Garten, wie ein Apfel vom Baum fiel, und entwickelte daraus seine Theorie der Schwerkraft. 20 Jahre darauf bescherte uns dieser große Denker die *Principia Mathematica,* später seine Abhandlung über die Optik.

»Turnip« Townshend, Jethro Tull und Coke von Holkham revolutionierten den Ackerbau. Arthur Young und William Cobbett durchquerten das Land zu Pferde und erläuterten den Bauern, was sie in ihrer Gegend am besten anbauen sollten und wie es erfolgreich zu tun war. Die industrielle

Revolution, die seit Newcomens Entdeckung der Dampfkraft Anfang des 18. Jahrhunderts allmählich Druck aufgebaut hatte, brodelte nun vor Neuerungen. Innerhalb nur eines Jahrzehnts (1769–79) kamen die Spinnmaschine, zuerst mit Hand-, dann mit Wasserantrieb, die erste Dampfmaschine von Matthew Boulton und James Watt sowie Richard Arkwrights erste Spinnerei. Die Dampfkraft und die von ihr angetriebenen Maschinen verdreifachten das Wachstum der britischen Industrie von 0,7 Prozent in den Jahren 1710 bis 1760 auf 2,2 Prozent jährlich in den letzten beiden Jahrzehnten des 18. Jahrhunderts.

Die ganze Welt war ein einziger Markt für britische Güter. Die elisabethanischen Seeräuber (Sir Walter Raleigh, John Hawkins, Martin Frobisher, Sir Francis Drake und Sir Richard Grenville) hatten dafür gesorgt, dass die Briten im 16. Jahrhundert bei dem Wettlauf um Nordamerika gute Plätze belegten. Den Schiffen folgten Soldaten, die von den Häfen, die erobert oder errichtet worden waren, ins Landesinnere vordrangen. Mitte des 18. Jahrhunderts standen Kanada, Neuengland, Indien, Gibraltar und große Teile Westindiens unter britischer Herrschaft. Australien, Neuseeland und Südafrika folgten binnen der nächsten 50 Jahre. Nur die amerikanischen Kolonien entkamen, zur Verblüffung der Engländer; als Cornwallis sich 1781 in Yorktown ergab, spielte die Kapelle *The World Turned Upside Down* (»Die Welt steht auf dem Kopf«) dazu.

Wer Besitz in solchem Maße anhäufte, konnte nicht zimperlich sein, und die Briten galten nicht als sensibles Volk. Alte, Kranke und die Jugend konnten auf wenig Mitleid hoffen, wenn sie in Not gerieten. Mit Verbrechern kannte man keine Gnade. Susannah Wesley, die Mutter der beiden Begründer der Methodistenkirche, erklärte, der eigene Wille eines Kindes müsse gebrochen sein, bevor es sieben Jahre alt sei, und empfahl den grausamen Weg, ihn zu brechen. Ende des 18. Jahrhunderts kannte die englische Justiz über 200 Verbrechen, auf die die Todesstrafe stand – darunter die Entehrung der London Bridge. Das Land war nicht viel weitergekommen, seit 1530 Gesetze gegen Bettelei »Auspeitschung und Kerker für die kräftigen Vagabunden« empfahlen. »Sie sollen an Wagenräder gebunden und gepeitscht werden, bis das Blut aus ihren Leibern fließt, und dann sollen sie einen Eid schwören, dass sie an den Ort ihrer Geburt zurückkehren werden oder dahin, wo sie die letzten drei Jahre über gelebt haben, und ›einem nützlichen Gewerbe nachgehen‹ ... Wird der Betreffende ein zweites Mal gefasst, erfolgt wiederum eine Auspeitschung, und ein halbes Ohr wird ihm abgeschnitten; beim dritten Verstoß jedoch soll er hingerichtet werden, denn er ist ein unverbesserlicher Verbrecher.« Die Gesetzgeber der Tudorzeit gingen offenbar nicht davon aus, dass die drastischen Strafen den Delinquenten vor dem Rückfall bewahrten.

Alles veränderte sich in immer rascherem Tempo. Die Reichen lebten nun in ungeheurem Luxus in prachtvollen Häusern (Vanbrugh, John Nash, Sir John Soane, James und Robert Adam), umgeben von wunderbaren Gemälden (Joshua Reynolds, John Constable, Thomas Gainsborough und J. M. W. Turner), exquisiten Möbeln (Thomas Chippendale und Grinling Gibbons) und mit Blick auf Landschaftsgärten (Lancelot »Capability« Brown). Das Land selbst war zwar inzwischen auf den Import von Nahrungsmitteln angewiesen, aber die meisten Herrenhäuser hatten ihr eigenes Fleisch, Gemüse und Obst – darunter manch Exotisches, denn auch das Gewächshaus war eine britische Erfindung des 17. Jahrhunderts.

England hatte die Parlamente von Schottland und Irland geschluckt – ersteres 1603, das zweite 1801. Das Ansehen Großbritanniens war um 1825 auf dem Höhepunkt, denn damals waren erst zehn Jahre vergangen, seit das Land die Hauptmacht der Allianz gestellt hatte, die Napoleon Bonaparte bezwang, und mit der Rückkehr des Ancien Régime war auch der Friede wieder in Europa eingekehrt. 90 Jahre dieser *Pax Britannica* sollten noch folgen.

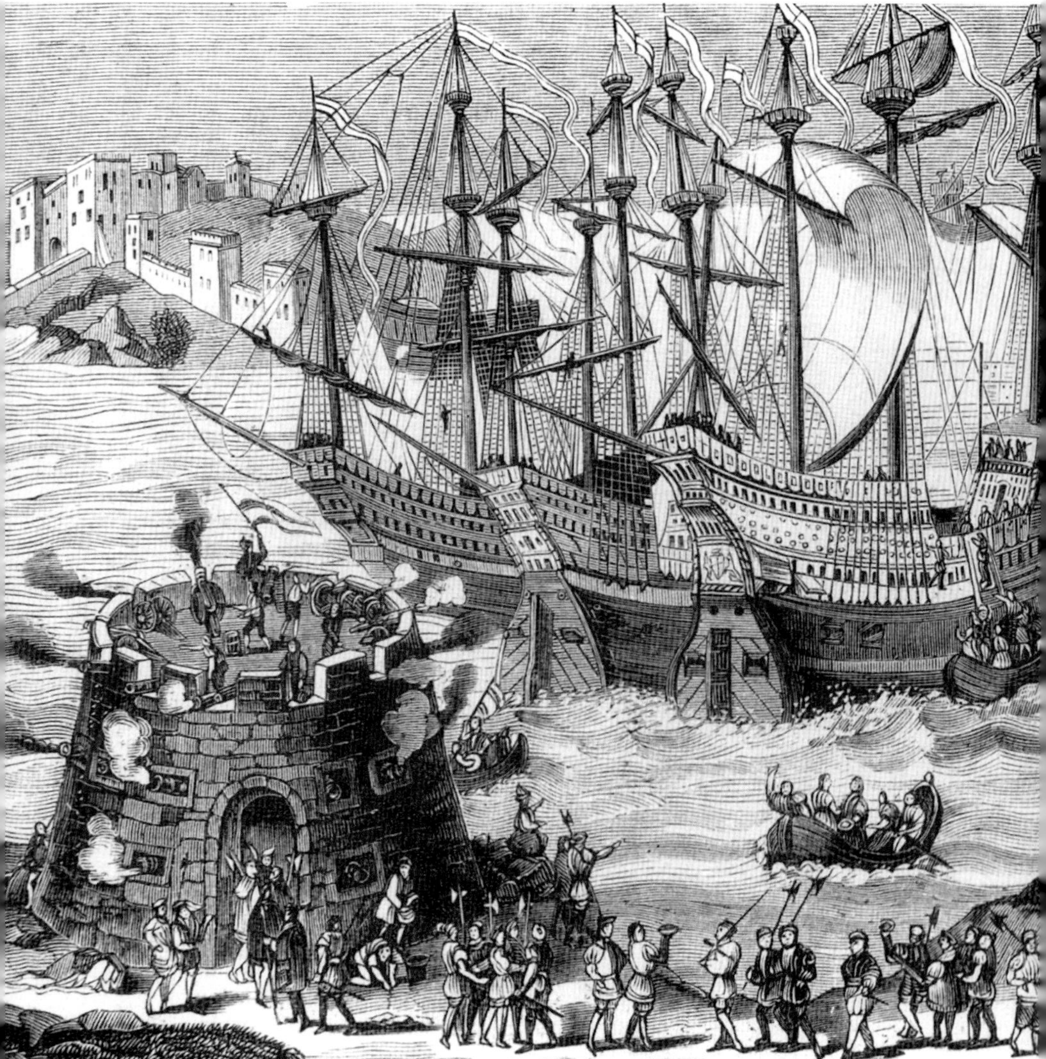

6
KING HAL
1500–1550

Im Europa des Mittelalters zeigte man immer gern Reichtum und Macht. Der Patron eines Künstlers zahlte höhere Preise, wenn das Bild mit exotischen Farben gemalt war. Ein Palast wurde ebenso mit Blick auf die äußere Pracht gebaut wie mit dem Gedanken an Bequemlichkeit. Eine reich verzierte Lakaienuniform brachte den Wohlstand des Dienstherrn zum Ausdruck. Und nicht anders war es mit der Diplomatie. *Links:* Als Heinrich VIII. am 31. Mai 1520 zur Zusammenkunft mit Franz I. auf dem »Field of the Cloth of Gold«, wo ein Bündnis gegen Karl V. ausgehandelt werden sollte, aus Dover auslief, nahm er weitaus mehr an Hofstaat mit, als er je hätte brauchen können. Die beiden Könige trafen sich auf einem »Turnierplatz« in der Picardie. Drei Wochen lang maßen sich die beiden Höfe in friedlichem Wettstreit – es gab Tanz sowie Turnier und Sportwettkämpfe, und auch in Kostümen und höfischen Sitten wetteiferten sie miteinander.

Einleitung

Im Jahr 1480 druckten Caxton und 1497 Wynkyn de Worde Beschreibungen Englands, die beide allerdings kaum mehr als Bearbeitungen des im 14. Jahrhundert entstandenen *Polychronicon* von Ranulph Higden waren. Anfang des 16. Jahrhunderts schrieb Erasmus an einen Freund: »Wüsstet Ihr nur, was für ein Segen England ist, Ihr würdet Euren Füßen Flügel geben und herüberkommen.« Weniger glücklich war er, als er in Dover ausreiste, denn gemäß einem Gesetz Heinrichs VII. war das Ausführen von Münzen verboten, und sein gesamtes Geld wurde eingezogen.

Eine weitaus längere Beschreibung des Landes in früher Tudorzeit ist von Polydore Vergil di Urbino überliefert, der 1502 nach England kam, 1510 englischer Bürger wurde und bis 1551 blieb. 1534 veröffentlichte er seine *Anglica Historia*, die jedoch nicht überall mit Wohlwollen aufgenommen wurde.

Vergil beschreibt, dass der Süden des Landes wesentlich wohlhabender sei als der Norden, dass ein Großteil des Landes als Weide für Rinder und ausgezeichnete Schafe genutzt werde, dass durch Einzäunen von Allmende den Armen ihr Land geraubt werde und daraus Wildparks und Jagdgebiete für die Wohlhabenden entstünden. Er bewunderte London, vor allem die London Bridge mit ihren 20 Meter weiten und zehn Meter breiten Bögen. Auf ihr stünden Läden und Häuser, sodass sie mehr wie eine Straße als wie eine Brücke wirkte. Die englischen Männer beschreibt er als groß, blond und »gute Gesellen«, die Frauen als Schönheiten »kaum weniger weiß denn Schnee«.

Er schildert die Engländer als gewaltige Esser: »Ihr Rindfleisch ist unvergleichlich, besonders da es ein paar Tage lang in Salz eingelegt wird.« Ein Landsmann Vergils pries das englische Bier: »Auch die Fremden verschmähen diesen Trunk nicht, wenn sie erst fünf- oder sechsmal davon gekostet haben; jedem, der aus diesem oder jenem Grunde erhitzt ist, ist er höchst angenehm in der Kehle.«

Die großen Veränderungen der Regierungszeit Heinrichs VIII., den der Volksmund King Hal nannte, bemerkten die ausländischen Besucher oft gar nicht. 1513 versuchten die Schotten unter Jakob IV. einen Einfall, und die englischen Truppen unter dem Grafen von Surrey brachten ihnen eine vernichtende Niederlage bei. Im Jahr 1530 begegnete Heinrich (Ende 30) zum ersten Mal Anne Boleyn (Anfang 20). Er hatte bereits kurze Affären mit ihrer Mutter und ihrer älteren Schwester hinter sich, doch dass er es nun auf Anne abgesehen hatte, war vor allem dem Umstand zuzuschreiben, dass er um jeden Preis einen männlichen Erben wollte. Dieses Streben führte binnen kurzem zum Bruch mit Rom, zu der Gründung der anglikanischen Kirche, vier weiteren Ehen und einem Krieg mit Spanien, seine ältere Tochter warf die jüngere in den Kerker, und Katholiken verfolgten erbittert die Protestanten, Protestanten die Katholiken.

Es war eine ereignisreiche Zeit, jedoch keine glückliche.

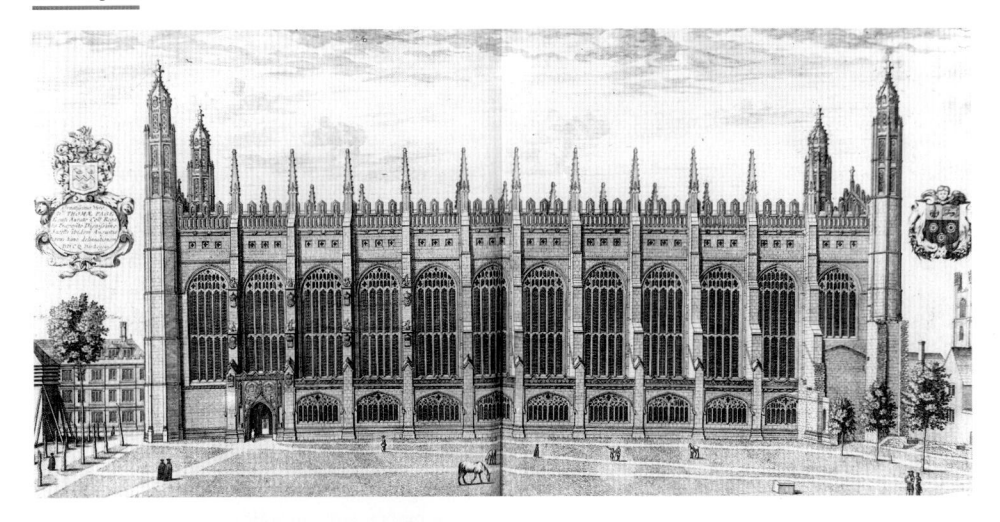

Oben und Seite 185: Der Höhepunkt der englischen Gotik war der Perpendicular Style, und das prachtvollste Beispiel dafür ist die Kapelle von King's College, Cambridge. Heinrich VI. gab sie in Auftrag, doch die Arbeiten kamen während der Rosenkriege zum Erliegen, und das meiste entstand unter der Herrschaft Heinrichs VII. *(links).* 1515 war der Bau vollendet, und die nächsten 26 Jahre verbrachten flämische Handwerker damit, die prachtvollen Buntglasfenster einzusetzen.

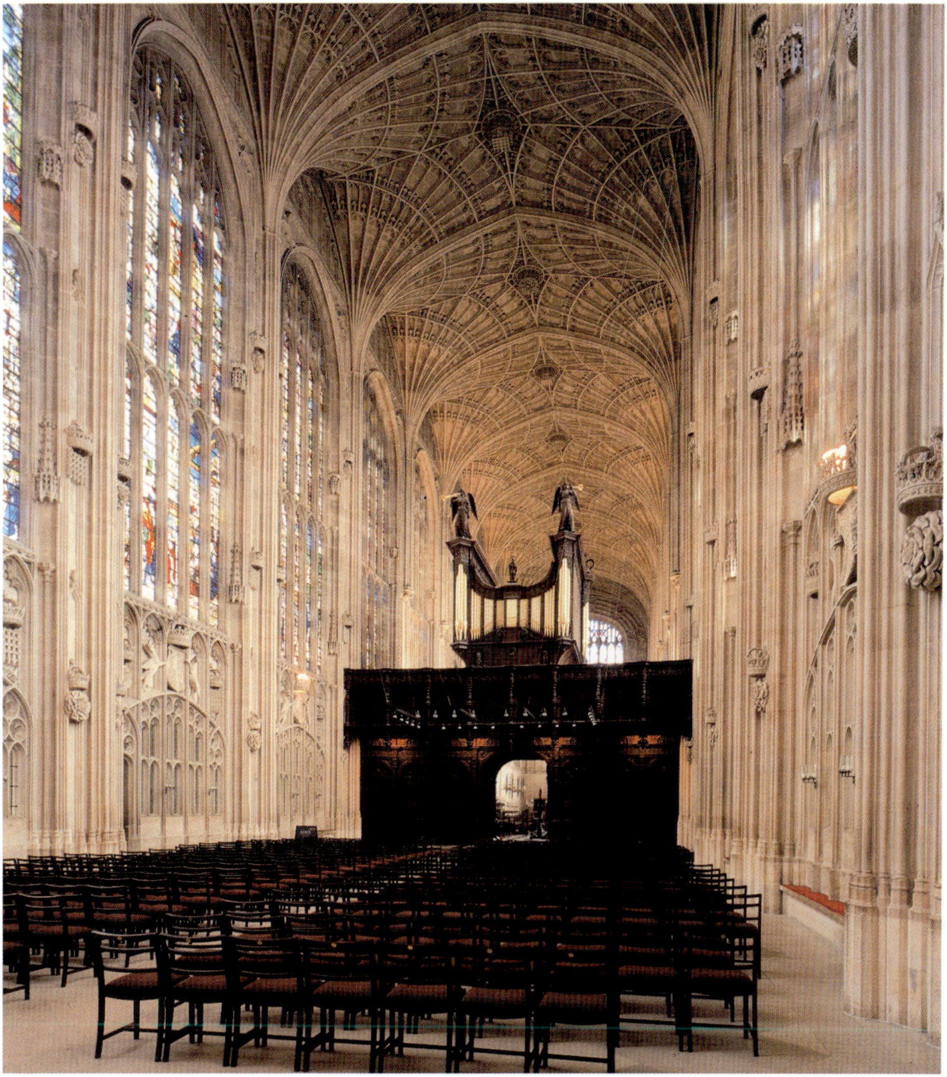

186 King Hal

Hal höchstpersönlich 187

Der junge Heinrich, stattlich und sportlich, war beim Volk beliebt. *Oben:* Er war Musiker, Tänzer und schlug sich wacker bei den Turnieren. Großes Geschick im Verhandeln hatte er jedoch nicht. So bescherte die Pracht des »Field of the Cloth of Gold« *(links)* keine diplomatischen Erfolge. Die schlimmste Seite an ihm kam zum Vorschein, als es um den männlichen Erben ging. Katharina von Aragon verstieß er, Anne Boleyn endete auf dem Schafott. Selbst die Geburt Edwards *(ganz oben,* mit Heinrich) brachte ihm nicht das ersehnte Glück. Edwards Mutter Jane Seymour starb zwölf Tage darauf.

Mit 16 Jahren wurde Katharina von Aragon *(oben links)* mit Arthur, dem älteren Bruder Heinrichs VIII., vermählt. Arthur starb ein halbes Jahr später, und Katharina heiratete Heinrich. 24 Jahre darauf schloss Heinrich heimlich die Ehe mit Anne Boleyn *(oben rechts)*. Zuvor war schon ihre Schwester seine Mätresse gewesen, und die Ehe hielt nicht lange. Anne wurde des Ehebruchs mit ihrem Bruder und mit vier Männern aus dem Volk angeklagt und starb im Mai 1536 auf dem Schafott. Elf Tage darauf heiratete Heinrich Jane Seymour *(links)*, die ihm den erhofften Sohn gebar, den späteren Edward VI., jedoch zwölf Tage darauf starb.

Aus politischen Gründen fiel Heinrichs nächste Wahl auf Anna von Kleve *(oben links),* mit der er durch Stellvertreter im Jahr 1540 die Ehe schloss. Sie gefiel Heinrich jedoch nicht, und so hob das Parlament die Ehe ein halbes Jahr später wieder auf. Catherine Howard *(oben rechts)* traf das Unglück, dass sie Heinrichs fünfte Frau wurde. Er schuldigte sie der Untreue schon vor der Eheschließung an und ließ sie 1542 hinrichten. Catherine Parr *(rechts)* heiratete den kränkelnden Lüstling gegen Ende seines Lebens und pflegte ihn. Bald nach Heinrichs Tod im Jahr 1547 wurde sie die Frau ihres Liebhabers und starb im Kindbett.

190 King Hal

1512 verbündete sich Heinrich mit dem Papst und dem König von Spanien gegen Ludwig XII. Bald darauf ging er auf Feldzug nach Frankreich, und Jakob IV. von Schottland *(Seite 190 rechts)* nutzte die Gunst der Stunde zum Angriff auf England. Thomas Howard, Graf von Surrey *(Seite 190 links)*, marschierte mit einer englischen Armee nordwärts und brachte den Schotten am 9. September 1513 auf dem Feld von Flodden *(oben)* eine vernichtende Niederlage bei. Jakob, seine Grafen und Erzbischöfe und 10 000 Mann fielen. Howard hatte ein wechselhaftes Schicksal. Als Heerführer war er ausgesprochen erfolgreich. Er überfiel die französische Küste, verwüstete das schottische Grenzland und befriedete jene, die sich im Protest gegen Heinrichs Auflösung der Klöster erhoben. Politisch stand sein Stern jedoch weniger hoch. Er ließ die Hinrichtung seiner Nichte Anne Boleyn widerspruchslos geschehen, verlor jedoch trotzdem später Heinrichs Gunst und wurde zum Tod verurteilt. Nur der Tod des Monarchen rettete Howard vor dem Beil des Scharfrichters. Heute ist er vor allem für seine Dichtkunst bekannt.

Seite 193 oben: Sir Thomas More oder Thomas Morus war unter den Kanzlern Heinrichs VIII. der Fähigste. Er war der typische Renaissancemensch – Rechtsgelehrter, Philosoph, Schriftsteller und Staatsmann. Er war auch ein fürsorglicher Ehemann sowie Vater und vor allem ein frommer Katholik. Sein bekanntestes Werk ist *Utopia* (Titelblatt von Ambrosius Holbein, *links*), das die Frage nach der besten möglichen Staatsform zum Thema hat.

Thomas Morus 193

Heinrich kannte Morus' Talente und die Glaubensstärke seines Kanzlers. Als sich der König zum Oberhaupt der Kirche erklärte, war der Konflikt zwischen beiden Männern unvermeidlich. Wer Heinrich im Weg war – und wenn der König auch beteuerte, dass er sie liebte –, endete unweigerlich auf dem Schafott, und auch Morus entging seinem Schicksal nicht. *Unten:* 1535 führte man ihn aus seiner Zelle im Tower und schlug ihm den Kopf ab.

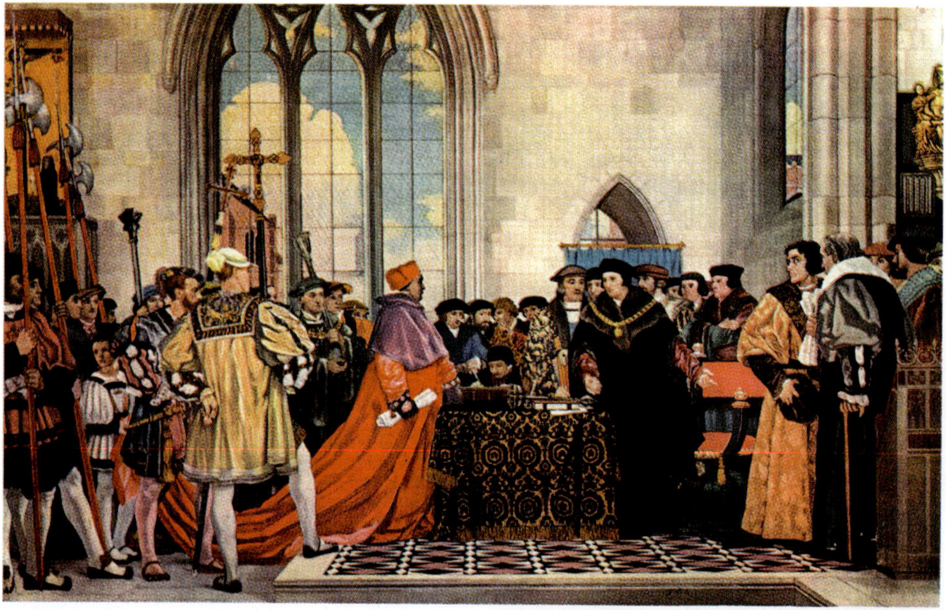

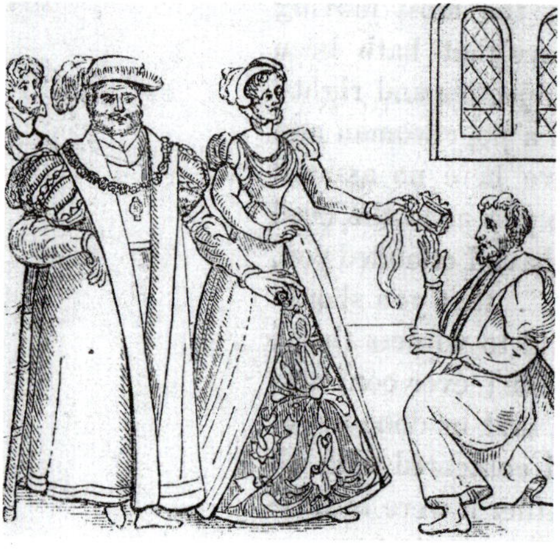

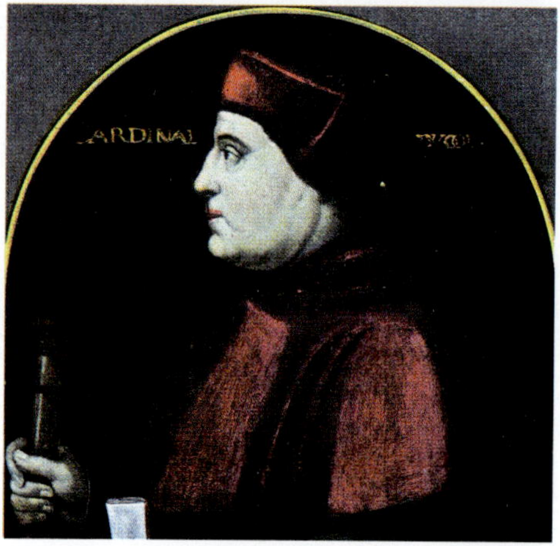

Thomas Wolsey 195

Seite 194 unten rechts:
Thomas Wolsey war der hoch begabte Sohn eines Metzgers aus Ipswich. Er schlug die Kirchenlaufbahn ein und wurde Erzbischof von York, Kardinal und einflussreichstes Mitglied in Heinrichs Kronrat. Er lebte und reiste im großen Stil *(rechts)* und galt als Liebling des Königs *(Seite 194 unten links)*. Als es ihm nicht gelang, den päpstlichen Dispens zu erwirken, den dieser für die Ehe mit Anne Boleyn brauchte, wurde Wolsey vor den König gerufen *(Seite 194 oben)* und musste sein Amtssiegel abgeben *(oben)*.

196 King Hal

Hampton Court 197

Seite 196 und oben: Als Wolsey zu Macht kam, erbaute er sich in Hampton Court, am Ufer der Themse ein paar Meilen flussaufwärts von London, einen prachtvollen Palast. Die Bauten gruppierten sich um eine Folge von Innenhöfen, und der imposante Saal im Mittelpunkt *(rechts)* heißt noch heute Wolsey's Hall. Als Wolsey in Ungnade fiel, zog die Krone seine gesamten Besitzungen ein, darunter auch Hampton Court.

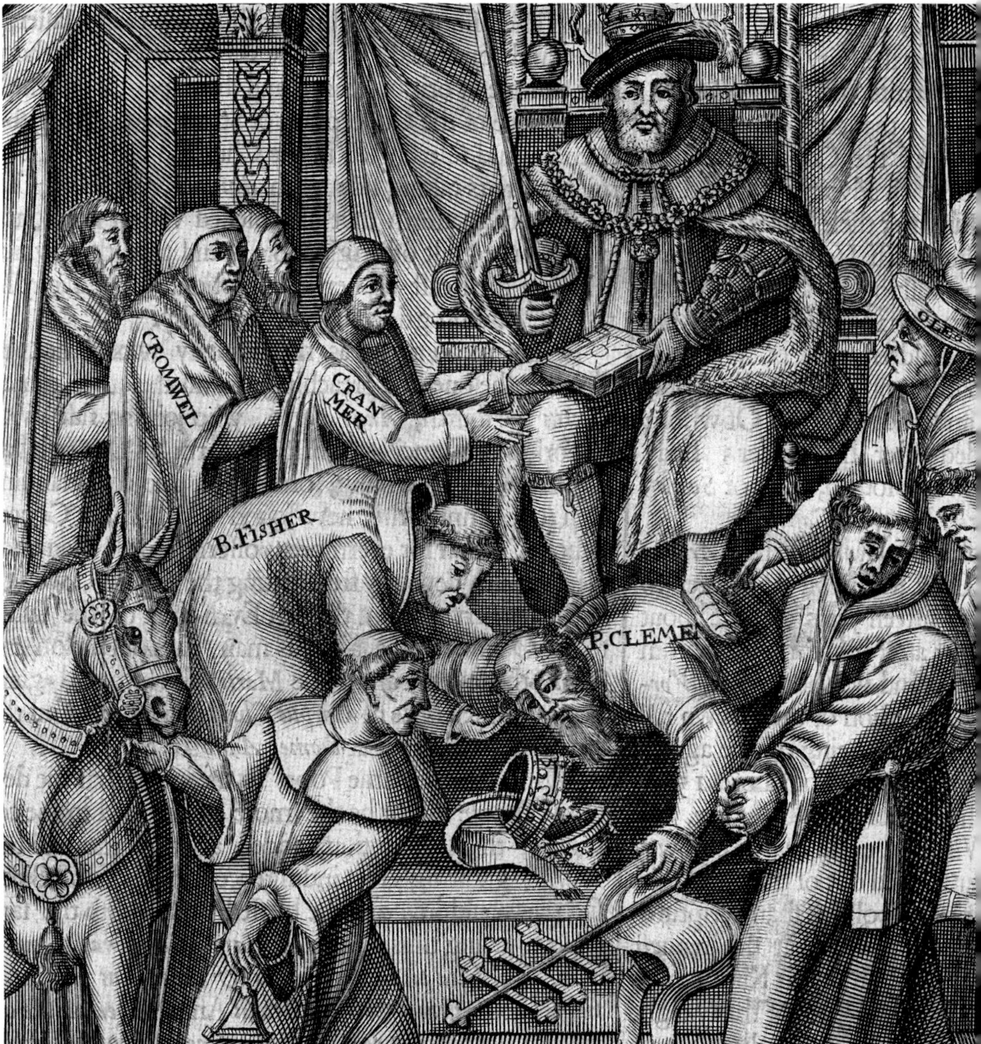
CROMWEL
CRAN MER
B.FISHER
P.CLEME

Heinrich annullierte seine Ehe mit Katharina von Aragon 1533 mit der Begründung, sie sei ungültig, da Katharina zuvor mit seinem Bruder Arthur verheiratet gewesen war. Papst Clemens VII. weigerte sich, Heinrichs Heirat mit Anne Boleyn zu sanktionieren, und exkommunizierte den König 1534. *Links:* Das allegorische Porträt zeigt Heinrich, wie er den Papst mit Füßen tritt; Mitglieder seines Rates flehen um Gnade, darunter Kanzler Cromwell, Thomas Cranmer, der Heinrichs Ehe mit Anne Boleyn gutgeheißen hatte, und Bischof John Fisher, der bald darauf exekutiert wurde, weil er sich weigerte, Heinrich als Oberhaupt der englischen Kirche anzuerkennen. *Oben:* Eine Darstellung jener Katholiken, deren Verschwörung man nach Heinrichs Bruch mit Rom fürchtete.

William Tyndale *(links)* kam 1494 zur Welt. Er war ein mutiger Kirchenreformer, der die Ansichten Martin Luthers teilte. Tyndale ging 1525 nach Deutschland und begann in Köln mit dem Druck seiner englischen Übersetzung des Neuen Testaments *(unten,* die erste Seite des Matthäusevangeliums). Heinrich zitierte ihn vor ein englisches Gericht, doch in Antwerpen fiel er katholischen Eiferern in die Hände, die ihn zum Tode verurteilten. *Seite 201:* 1536 wurde er erdrosselt und auf dem Scheiterhaufen verbrannt.

"Lord ope the King of Englands eyes."

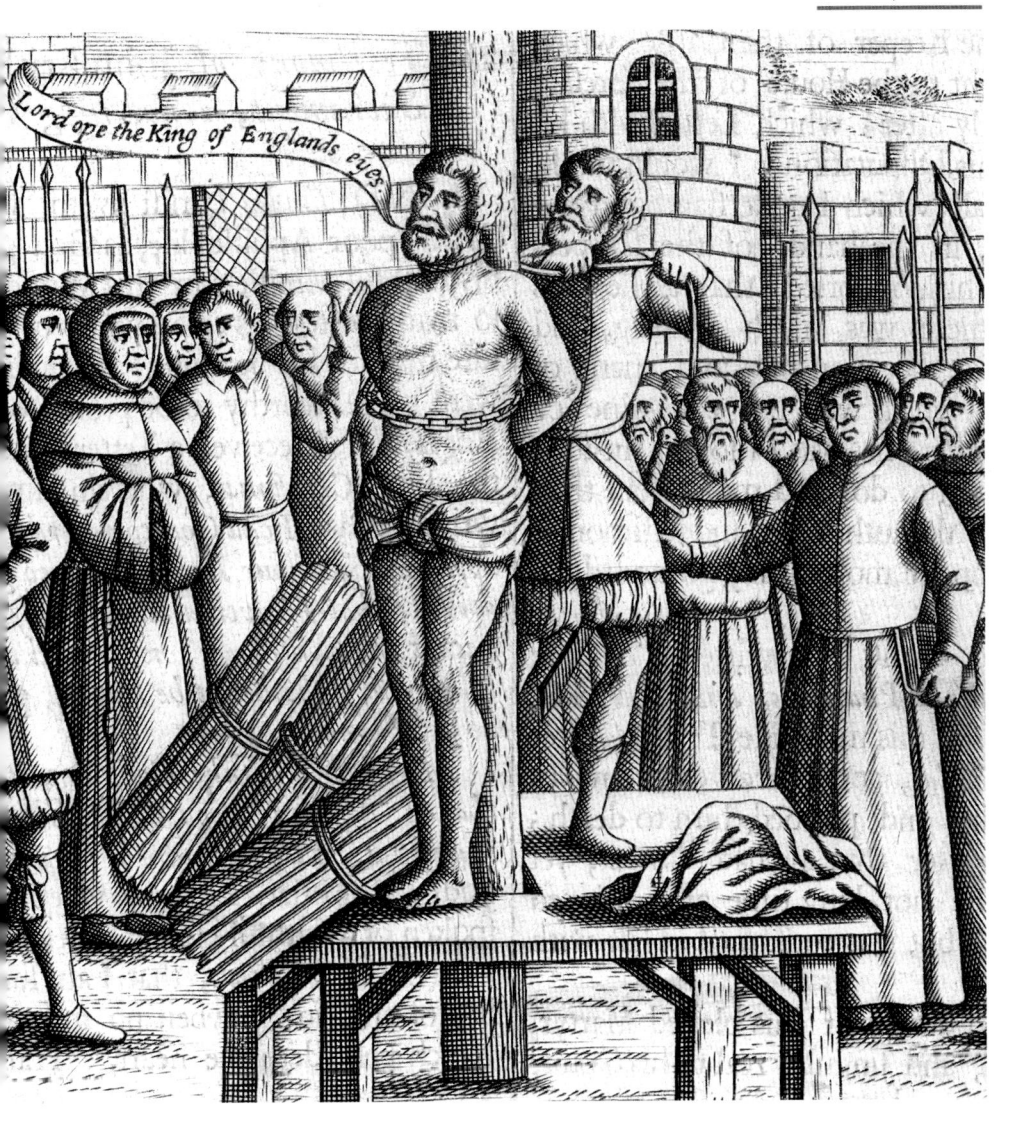

202 King Hal

Waffen und Rüstungen 203

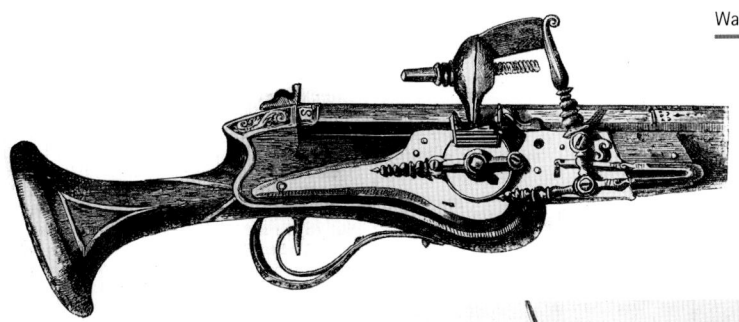

Seite 202: Im frühen 16. Jahrhundert richteten sich englische Gentlemen, die es sich leisten konnten, gern einen Raum ihres Hauses als Waffenkammer ein. Hier stellten sie Rüstungen und ein buntes Sortiment an Waffen zur Schau: Speere, Schwerter, Streitäxte, Streitkolben und Ketten – vieles davon schon lange nicht mehr auf der Höhe der Kriegstechnik. Obwohl es in England inzwischen friedlicher und gesetzestreuer zuging als zu Zeiten der Rosenkriege, waren diese Waffen nicht nur zur Zierde da. Wenn der König den Adel aufforderte, seinen Beitrag zur Verteidigung des Landes oder zum Feldzug in andere Länder zu leisten, dann mussten die Männer sich und ihre Untergebenen für den Kampf bewaffnen. *Rechts:* Rüstungen wurden zu dieser Zeit zur Perfektion entwickelt und schützten Pferd und Reiter vom Scheitel bis zur Sohle. Die größere Zahl von Gelenken verbesserte die Bewegungsfreiheit sehr, doch erschöpfte das Gewicht die Krieger. Die Erfindung von Waffen wie der Radschlosspistole *(oben)* versetzte den Rittern in ihrer Rüstung den Todesstoß. Von nun an war die Kriegführung weitaus wendiger.

204 King Hal

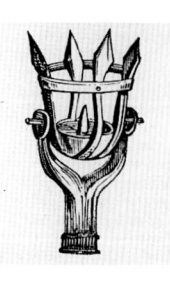

Die billigste Beleuchtung für Innenräume war das Binsenlicht, eine dünne Fackel aus einem Binsenhalm, der auf einer Seite eingeritzt, in Stücke von etwa 30 Zentimetern Länge geschnitten und in heißes geschmolzenes Fett, am besten Schweineschmalz, getaucht wurde. Die Binse wurde getrocknet und dann in einen kleinen Halter gesteckt; sie brannte etwa eine halbe Stunde lang mit fahler Flamme. *Seite 204 und rechts:* Im Freien oder auf Reisen nahm man Feuerschalen. Dies waren eiserne Gefäße, die mit Fett oder Öl, geteertem Strick, Holz oder Kohle gefüllt wurden. Bisweilen hingen sie an Dachtraufen, doch meistens trug man sie an langen Stäben mit sich.

Elizabeth (signature)

7
SHAKESPEARES ENGLAND
1550–1600

Die Signatur, die Tod oder Leben bedeuten konnte. Elisabeth nahm ihre Pflichten als Königin von England nicht leicht, und auch bei ihrer Unterschrift scheute sie weder Zeit noch Mühe. Es war kein Zeitalter, in dem man Dokumente hastig im Dutzend paraphierte. Die Schnörkel sind Ausdruck des Stolzes, den sie empfand, und vielleicht auch ihrer Entschlossenheit, niemandem nachzugeben. »Ich bin eure gesalbte Königin«, sagte sie einmal in einer Rede. »Mich wird keine Gewalt der Erde je zu etwas zwingen.«

Einleitung

Die Herrschaftszeit Elisabeths I. gilt gemeinhin als erste große Blütezeit der englischen Kultur. Dies war die Epoche, in der der beühmteste aller Engländer die berühmtesten Theaterstücke aller Zeiten schrieb, und sein Dramatikerkollege Christopher Marlowe fügte dem Repertoire noch Meisterstücke wie *Edward II., Doktor Faust, Der Jude von Malta* und *Tamerlan der Große* hinzu.

In den großen Salons und Galerien so prachtvoller Herrenhäuser wie Burghley House, Hatfield House und Hampton Court wurde die Musik von John Byrd und Thomas Tallis gespielt und vorgetragen. Denn John Day, der als Englands führender Drucker die Nachfolge Caxtons angetreten hatte, brachte Noten für Chorgesang, Streichinstrumente und Virginal heraus – dazu Foxes *Buch der Märtyrer*, eine Erbauung für alle guten Protestanten, nicht zuletzt die Königin selbst, und später Inspiration für John Bunyan.

Englische Tänzer und Schauspieler waren daheim und im Ausland beliebt. Englische Violaspieler galten als die besten, und zahlreiche Musiker vom Kontinent nahmen in England Unterricht. Nie hatte man prachtvollere Unterhaltung gesehen als bei den Tänzen und Maskenspielen, die in London für den Hof veranstaltet wurden, in den Palästen von Richmond und Nonesuch und in der Middle Temple Hall.

All das stand am Ende von Elisabeths 45-jähriger Regierungszeit. Als sie 1558 den Thron bestieg, war es um England schlecht bestellt – gelähmt durch Staatsschulden in Höhe von £ 266 000, »zerrissen und zerfetzt durch eine schlechte Regierung«, bedroht durch die enge Allianz der Schottenkönigin Maria Stuart mit Heinrich II. von Frankreich, noch mehr bedroht durch die spanische Seemacht, zumal die beiden Hauptverteidigungsanlagen in Berwick und Portsmouth verfielen.

Elisabeth höchstpersönlich führte den Aufschwung an. Die geschickte Diplomatin und energische Monarchin liebte ihr Land wirklich und nahm dafür auch die verwegensten Abenteurer in ihre Dienste. Ihre Geschäfte mit Drake, Raleigh, Hawkins und anderen Freibeutern mögen zwielichtig genug gewesen sein, aber sie zeigten ihre Wirkung. Die Ozeane und Häfen der Welt wurden geplündert, um Elisabeth das zu bringen, wonach sie sich am meisten sehnte – Sicherheit für England. Drake war ihr größter Held. Für seine zweite Weltumseglung an Bord der Golden Hind (»Goldene Hirschkuh«) brauchte er drei Jahre, für seinen Anteil an der Zerstörung der spanischen Armada drei Tage.

Als Elisabeth im Sterben lag, fragte der Kronrat, wen sie zum Nachfolger bestimmen wolle, denn die Königin hatte keinen unmittelbaren Erben. »Ich will, dass ein König mir nachfolgt«, erwiderte sie, »und wer sollte es anderer sein als mein Neffe, der König der Schotten?« Sie starb am 24. März 1603. Einige Stunden darauf brach Sir Robert Carey im scharfen Galopp aus London auf, um die Nachricht nach Edinburgh zu bringen.

210 Shakespeares England

Als Edward VI. auf dem Sterbebett lag, erzwang Lord Protector John Dudley, Herzog von Northumberland, die Heirat seines vierten Sohnes Lord Guildford Dudley *(rechts)* mit Lady Jane Grey *(Seite 210)*. Nach seinen Plänen sollte Jane Königin werden und damit eine protestantische Erbfolge sichern. Doch binnen nur zehn Tagen hatte sich Maria Tudor, die rechtmäßig Erbin, durchgesetzt. *Unten:* Lady Jane wurde am 12. Februar 1554 auf dem Tower Hill hingerichtet.

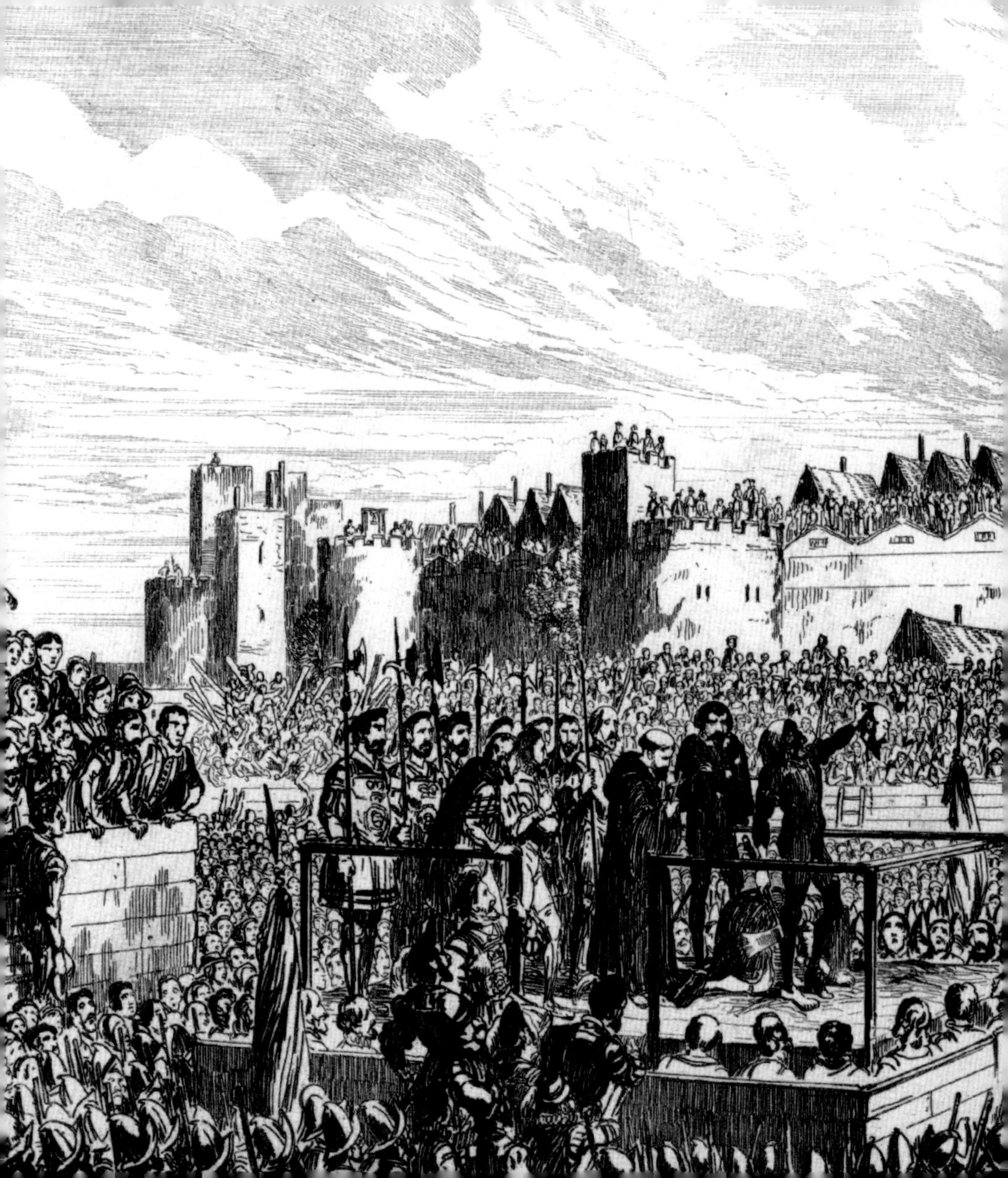

Northumberland wollte zur Durchsetzung seines abwegigen Plans eine Armee aufstellen. Es war eine Verzweiflungstat, die nicht nur das Gesetz, sondern auch Marias Beliebtheit beim Volk gegen sich hatte. Als Northumberland aus London zur Schlacht auszog, verließen seine Anhänger ihn binnen kurzem. Er ergab sich Maria und wurde unter Johlen und Steinewürfen der Massen in den Tower abgeführt. Ein paar Tage später zog Maria triumphierend in London ein. Beifallsrufe, Musik und Salutschüsse empfingen sie. Northumberland kam aufs Schafott, wo er beteuerte, er habe sich stets für die katholische Sache eingesetzt. *Links:* Eine gewaltige Menschenmenge sah der Hinrichtung zu.

214 Shakespeares England

Seite 214 unten rechts:
Edward VI. war erst zehn Jahre alt, als er auf den Thron kam. Für den Großteil seiner Regierungszeit war der wahre Herrscher in England Edward Seymour, der Herzog von Somerset *(Seite 214 unten Mitte)*. 1549 wurde Seymour des »Übereifers« angeklagt, und die Macht ging an Northumberland über. Edward starb 1553, und die Nachfolge trat seine Halbschwester Maria Tudor an *(rechts)*. Glücklos in der Liebe, glücklos im Krieg, war der Glaube in ihrem traurigen Leben der einzige Trost. *Seite 214 unten links:* Ihre Ehe mit Philipp II. von Spanien war rein politischer Natur, und unter ihrer Herrschaft verlor England auch seine letzten Besitzungen in Frankreich: Calais fiel im Januar 1558 *(Seite 214 oben)*.

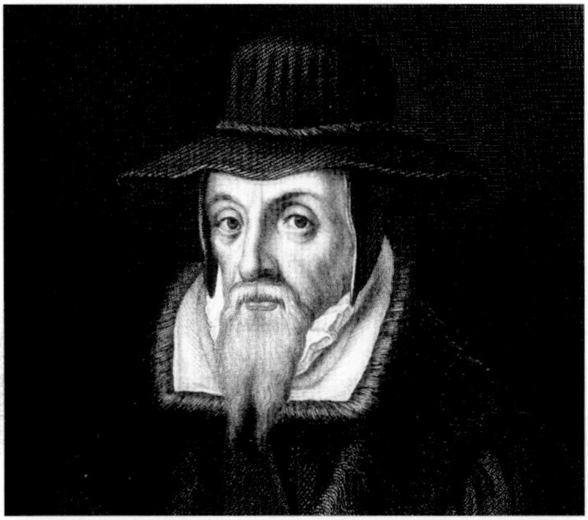

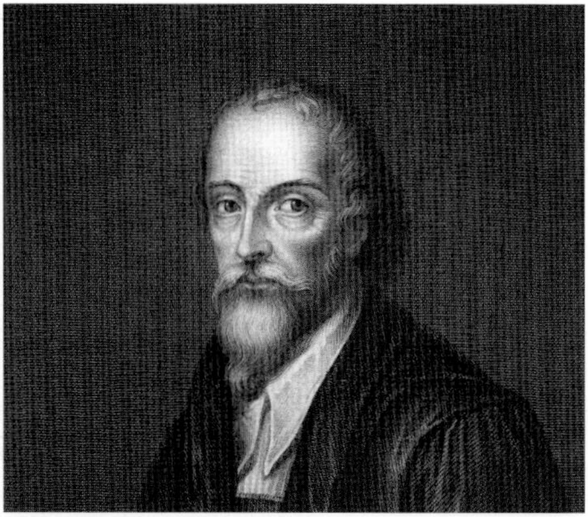

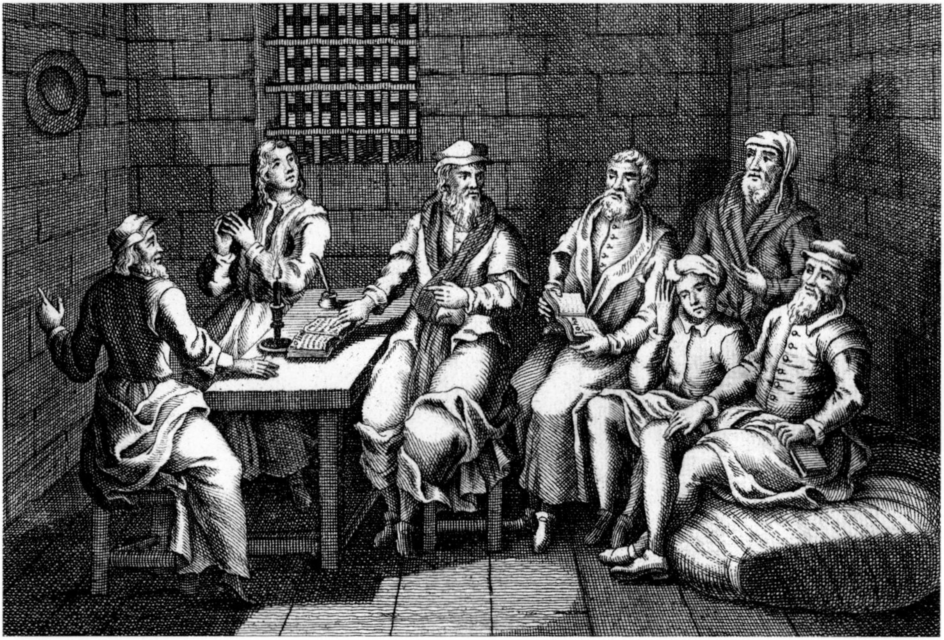

Foxes Märtyrer 217

Katholiken wie Protestanten fanden es schwer, mit dem ständigen Hin und Her des religiösen Geschmacks im 16. Jahrhundert mitzuhalten. Heinrich VIII. war zunächst Katholik, dann Protestant. Maria Tudor war fromme Katholikin, Elisabeth überzeugte Protestantin. Gläubige gleich welcher Richtung hatten unter allen Regierungen zu leiden, doch die protestantischen Märtyrer unter Maria hatten den anderen voraus, dass John Foxe *(Seite 216 oben links)* sie in seinem *Book of Martyrs* (Buch der Märtyrer) verewigte, das erstmals 1554 in Straßburg erschien. Zu denen, die für die protestantische Sache starben, zählten Nicholas Ridley *(Seite 216 oben rechts)* und Thomas Cranmer *(rechts)*. Beide wurden auf dem Scheiterhaufen verbrannt, weil sie sich gegen Maria gestellt hatten. *Seite 216 unten:* Robert Smith, George Tankerfield und andere erwarten ihr Schicksal im Gefängnis von Newgate.

218 Shakespeares England

Das Elisabethanische Theater 219

Als Shakespeare kurz nach der Geburt seiner Zwillinge Hamnet und Juliet 1585 nach London kam, gab es dort drei große Schauspieltruppen. Die beiden wichtigsten Theater, in denen Shakespeares Stücke aufgeführt wurden, waren das Swan und das Globe *(oben)*. Beide lagen in Southwark, südlich der Themse, denn der Rat von London *(links)* sah Theater nicht gern. Die Truppen spielten jedoch oft in der Stadt – in Herrenhäusern, in den Sälen der Zunfthäuser und der Inns of Court (Anwaltsverband) wie auch bei Hofe. Da war es nur gut, dass es nicht viele Requisiten gab.

220 Shakespeares England

Am 17. November 1558 trat Elisabeth die Nachfolge ihrer Halbschwester Maria an und wurde Königin von England. Sie war 25 Jahre, »ansehnlich, wenn auch nicht hübsch«, mit blondem Haar, »hellen« Augen und zarter, »olivbrauner« Haut.
Rechts: Der Tag ihrer Krönung war ein Freudentag. »Nach all dem stürmischen, ungestümen, windigen Wetter von Königin Maria heiterte sich der Himmel auf«, schrieb Holinshed in seinen *Chronicles*, »die dunklen Wolken des Ungemachs verzogen sich, der dichte Nebel des Elends war verflogen … Gott gefiel es, dass er England einen klaren, hellen Sonnenschein entsandte … und eine Welt voller Wohltaten durch die gute Königin Elisabeth.«

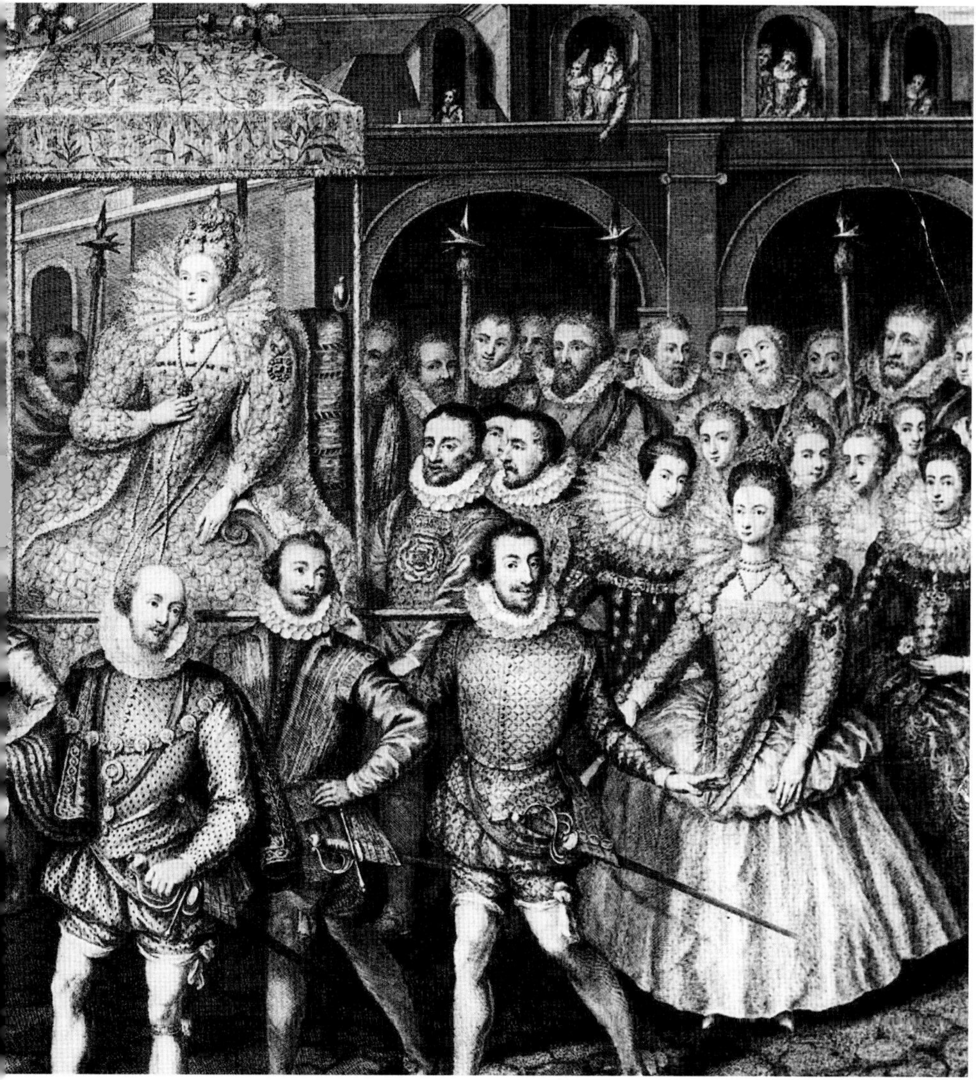

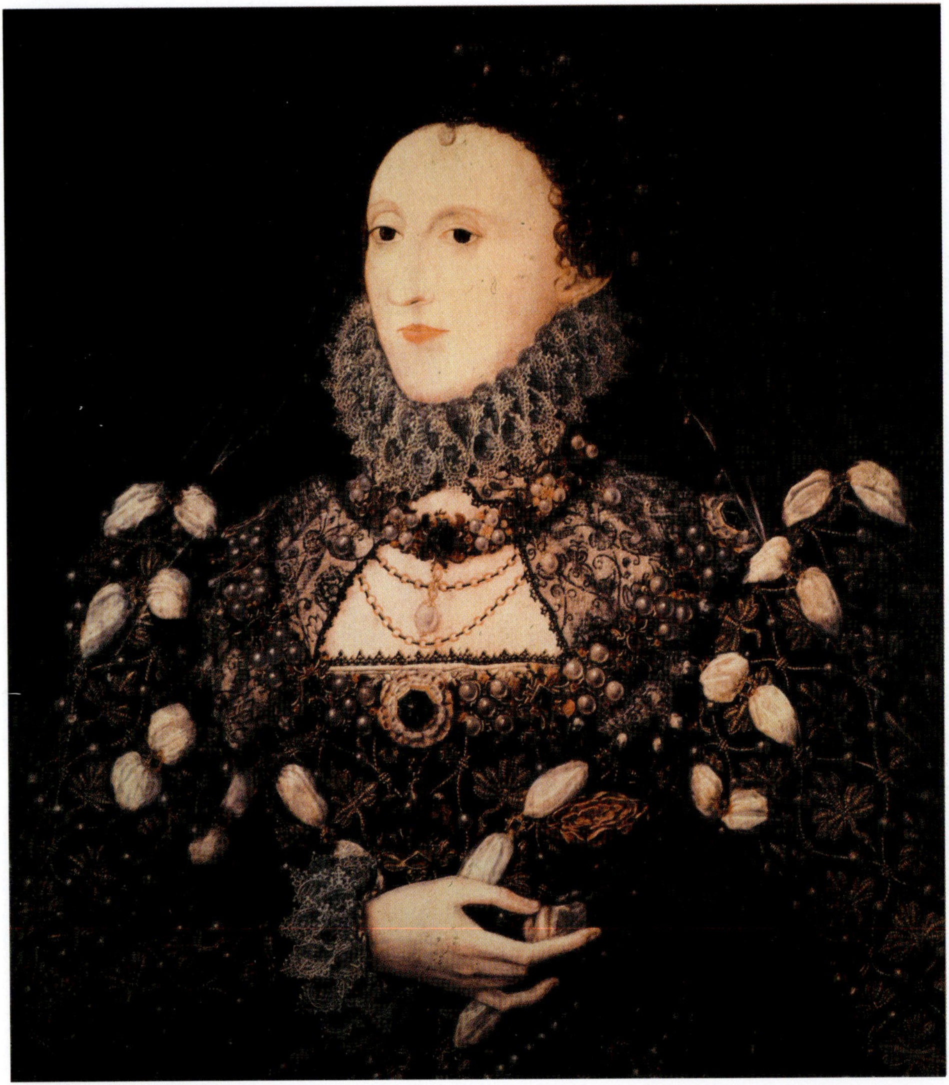

Die jungfräuliche Königin 223

Elisabeth *(Seite 222)* hatte in den Jahren der Intrige, bevor sie Königin wurde, ihre politischen Lektionen gelernt. Ihre Mutter war Anne Boleyn, als angebliche Ehebrecherin hingerichtet. Elisabeth selbst hatte als Gefangene im Tower gesessen und mit angesehen, welches Verhängnis Schwäche und Ehrgeiz über Menschen bringen konnten. Sie erwies sich jedoch als Monarchin von großem Geschick und kam mit einer langen Reihe von Parlamenten *(links)* gut zurecht – sie war geliebt und doch gefürchtet. *Oben:* Auch dem Sport war sie nicht abhold, und eine ihrer Hauptvergnügungen war die Jagd.

LORD CHANCELLOR
HATTON 1589

TANDEM SI

Elisabeths Ratgeber

Elisabeth suchte sich ihre Ratgeber sehr sorgfältig aus, und diese leisteten ihr treue Dienste. Der erste und beste Berater war William Cecil, der erste Baron Burghley *(rechts)*. Elisabeth setzte ihn zu Beginn ihrer Herrschaft mit den Worten ein: »Ich halte Euch für einen Mann, der sich nicht mit Geschenken bestechen lässt, gleich welcher Art, und vertraue darauf, dass Ihr dem Staate dienen und meinen Willen respektieren und mir zu dem raten werdet, was Ihr selbst als das Beste anseht.« Es war eine kluge Wahl. Burghley blieb 40 Jahre lang im Amt und baute sich einen prachtvollen Herrensitz, Burghley House *(oben)*. Sir Christopher Hatton *(Seite 224)* erwarb die Gunst der Königin durch sein Geschick beim Tanz. 1587 wurde er Lordkanzler, doch Burghleys Weitsicht und sein staatsmännisches Geschick hatte er nicht.

Links: Der zeitgenössische Stich von Drakes Schiff Golden Hind aus dem Jahr 1587 ist eine recht genaue Darstellung des Gefährts, mit dem er die Welt umsegelte und von dem aus er gegen die spanische Armada kämpfte. Schiffe wie dieses waren schwer bewaffnet. Sie reagierten jedoch trotzdem blitzschnell auf Segel- und Ruderbewegungen und waren in geschickten Händen ausgesprochen wendig. Auf seinen Reisen in den 1570er und 1580er Jahre beggnete Drake mehrfach einheimischen Stämmen in Mittel- und Südamerika. *Oben:* Hier tritt er einem Häuptling gegenüber, dem ein Zepterträger vorangeht.

Rechts: Drake war Entdecker, Seefahrer und Pirat. Zudem war er ein Patriot, um den sich manche Legende rankt. Als im Juli 1588 die spanische Armada in Plymouth gesichtet wurde, war Drake gerade beim Boulespiel. Auf die Nachricht soll er geantwortet haben: »Zeit genug, das Spiel zu gewinnen und dann noch die Spanier zu schlagen.« Für die Bevölkerung von Plymouth war er ein Mann ohne Tadel; für das englische Volk ein Mann fast ohne Tadel; und für die Königin war das einzig Tadelnswerte an ihm, dass er nicht besser verborgen hatte, wie er zu ihr stand.

228 Shakespeares England

Die Weltumsegelung

1577 brach Sir Francis Drake *(Seite 228)* mit dem 100-Tonnen-Schiff Pelican von Plymouth auf. Vorgeblich fuhr er nicht als Freibeuter aus, sondern um eine englische Kolonie an der Pazifikküste von Nordamerika zu gründen. Wahrscheinlicher ist jedoch, dass Elisabeth ihren königlichen Piraten ausgeschickt hatte, um den katholischen Spaniern tüchtig einzuheizen. Nachdem sie die Magellanstraße durchfahren hatten, taufte Drake das Schiff auf den Namen Golden Hind um und segelte nordwärts die amerikanische Küste entlang bis hinauf nach Vancouver. Dann wandte er sich Richtung Asien und langte nach 68 Tagen, in denen er kein Land gesehen hatte, an der Insel Java an. Um das Kap der Guten Hoffnung kehrte er nach England zurück und war damit der erste Engländer, der die Welt umsegelt hatte. In Plymouth angekommen, brachte er spanisches Gold im Wert von anderthalb Millionen Pfund an Land. Später suchte Elisabeth Drake in Deptford auf und adelte ihn. *Links:* Die Karte illustriert seine abenteuerliche Fahrt.

Links: Sir Walter Raleigh war Entdeckungsreisender, Abenteurer, Poet und einer der zahlreichen Günstlinge Elisabeths. 1586 segelte er nach Nordamerika *(Seite 231 oben links),* wo er erfolglos eine Kolonie namens Virginia zu gründen suchte *(Seite 231 oben rechts),* von wo er jedoch Tabak und Kartoffeln mit nach England brachte. *Seite 231 unten:* Raleigh wurde überzeugter Raucher – auch wenn es eine Geschichte gibt, dass sein Diener, als er ihn zum ersten Mal mit seiner Pfeife sah, glaubte, sein Herr habe Feuer gefangen, und ihm einen Krug Wasser übergoss. Nach dieser Fahrt ging es mit Raleigh bergab. Er ließ sich auf Intrigen ein und wurde zum Tode verurteilt, was allerdings in eine lebenslange Haftstrafe umgewandelt wurde. Später kam er frei und segelte auf der Suche nach Gold an den Orinoko. Als er mit leeren Händen zurückkehrte, wurde das aufgeschobene Todesurteil doch noch vollstreckt.

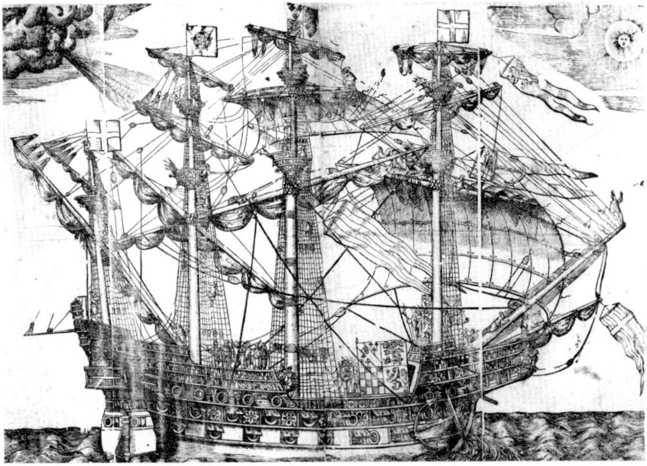

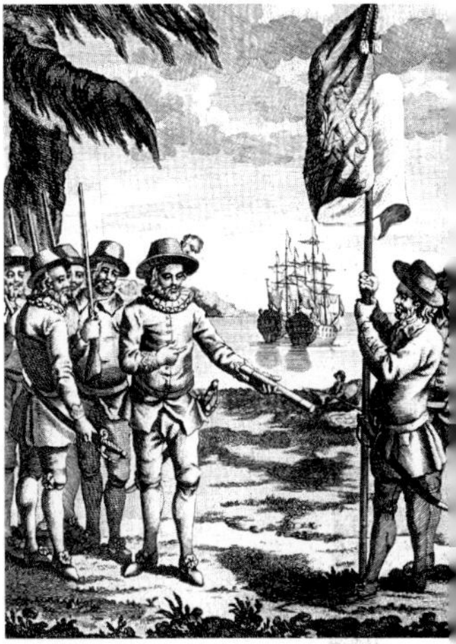

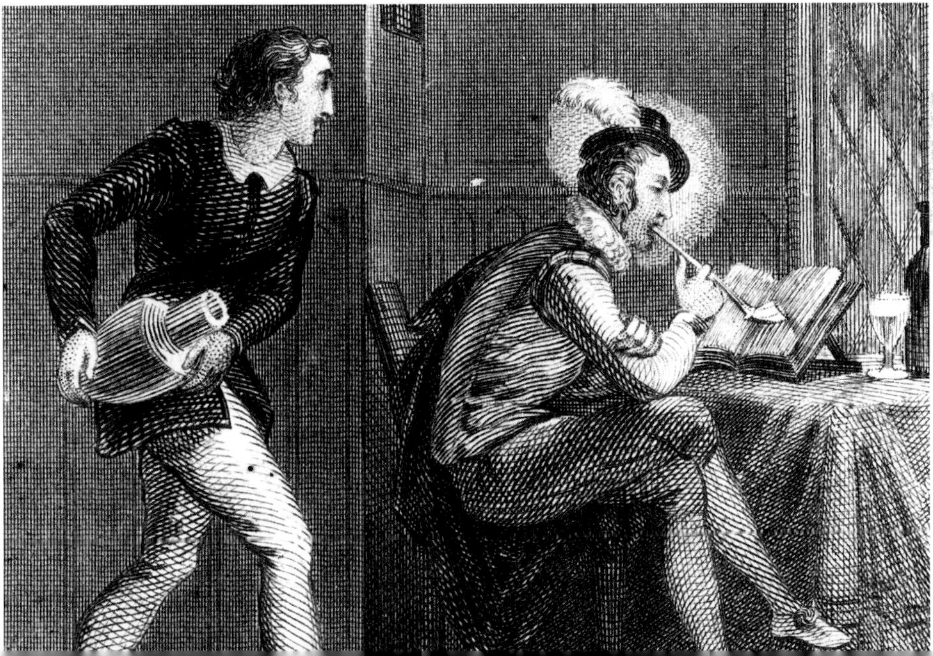

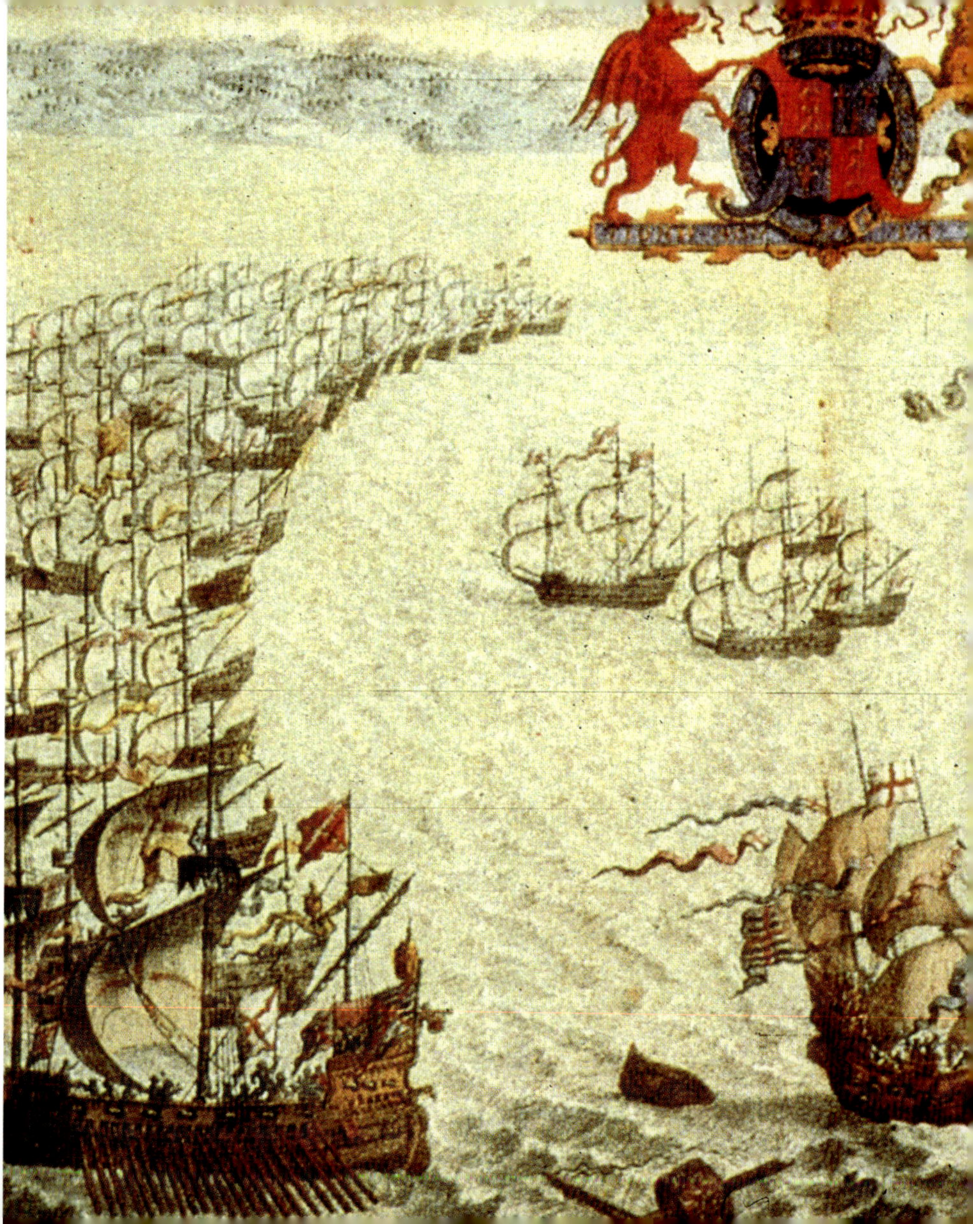

Die Schlacht zwischen der englischen Flotte unter dem Kommando von Howard of Effingham und der spanischen Armada *(links)* dauerte zehn Tage, vom 21. bis zum 30. Juli 1588. Am 27. Juli hatte die Armada die Höhe von Calais erreicht, angeschlagen, doch noch nicht nennenswert geschwächt. »Dies ist die größte und mächtigste Streitmacht, die es je in der Christenheit gegeben hat«, schrieb Howard, enttäuscht von seinem nur mäßigen Erfolg. *Oben:* Doch der Triumph sollte noch kommen, und schon bald gab es Goldmedaillen zum Gedenken an den englischen Sieg.

Im Frühjahr 1588 stellte Philipp von Spanien im Hafen von Lissabon eine gewaltige Armada von Schiffen zusammen. Sie sollte die Basis für eine militärische Invasion Englands durch den Herzog von Parma schaffen, dessen alles niederwalzende Armee schon in Flandern bereitstand. *Links:* Als Oberbefehlshaber der Marine hatte Charles Howard of Effingham dies zu verhindern. Er wollte die Armada auf offener See angreifen, doch der Kronrat legte sein Veto ein: Die Gefahr war zu groß, dass die spanische Flotte an Howards Schiffen vorübersegelte und in den unverteidigten Ärmelkanal gelangte. Erst im Juli bekam Howard Nachricht, dass sich die Armada näherte. *Rechts:* Das Land stellte sich auf eine Invasion ein. Elisabeth ritt nach Tilbury, um der Bevölkerung Mut zu machen, und hielt ihre berühmte Rede: »Ich weiß, ich habe den Körper und die Gestalt einer schwachen Frau, aber ich habe das Herz und das Gemüt eines Königs, und zwar eines Königs von England.«

Englands Verteidiger 235

In der Nacht des 28. Juli 1588 ließ Howard acht Brandschiffe, mit Teer übergossen und angezündet, in die dicht gepackte spanische Flotte treiben. Sie sorgten für Panik. Die Schiffe der Armada segelten zu nahe beieinander und konnten nicht ausweichen, und einige der größeren Schiffe explodierten, als sie Feuer fingen. Ein Südwestwind trieb die Schiffe hinaus in die Nordsee. Medina Sidonia, der spanische Admiral, suchte sein Heil in einem Rückweg nördlich an den Britischen Inseln vorbei. Erst im September gelangten Nachrichten vom Schicksal der Armada nach Spanien, als Sidonia sich in den Hafen von Santander schleppte, als erster der geschundenen Überreste der Flotte. Die Spanier verloren 63 Schiffe, die Engländer keines.

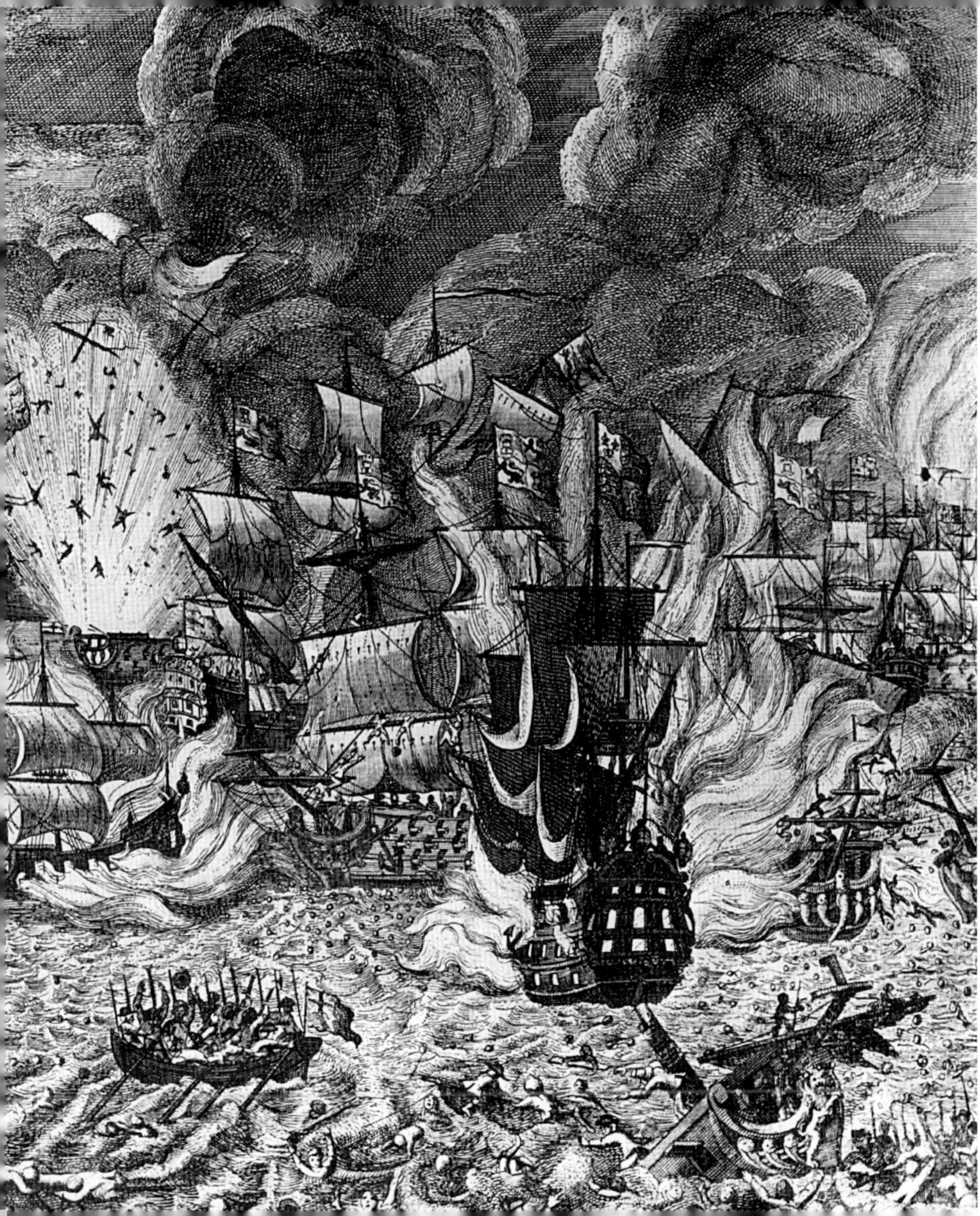

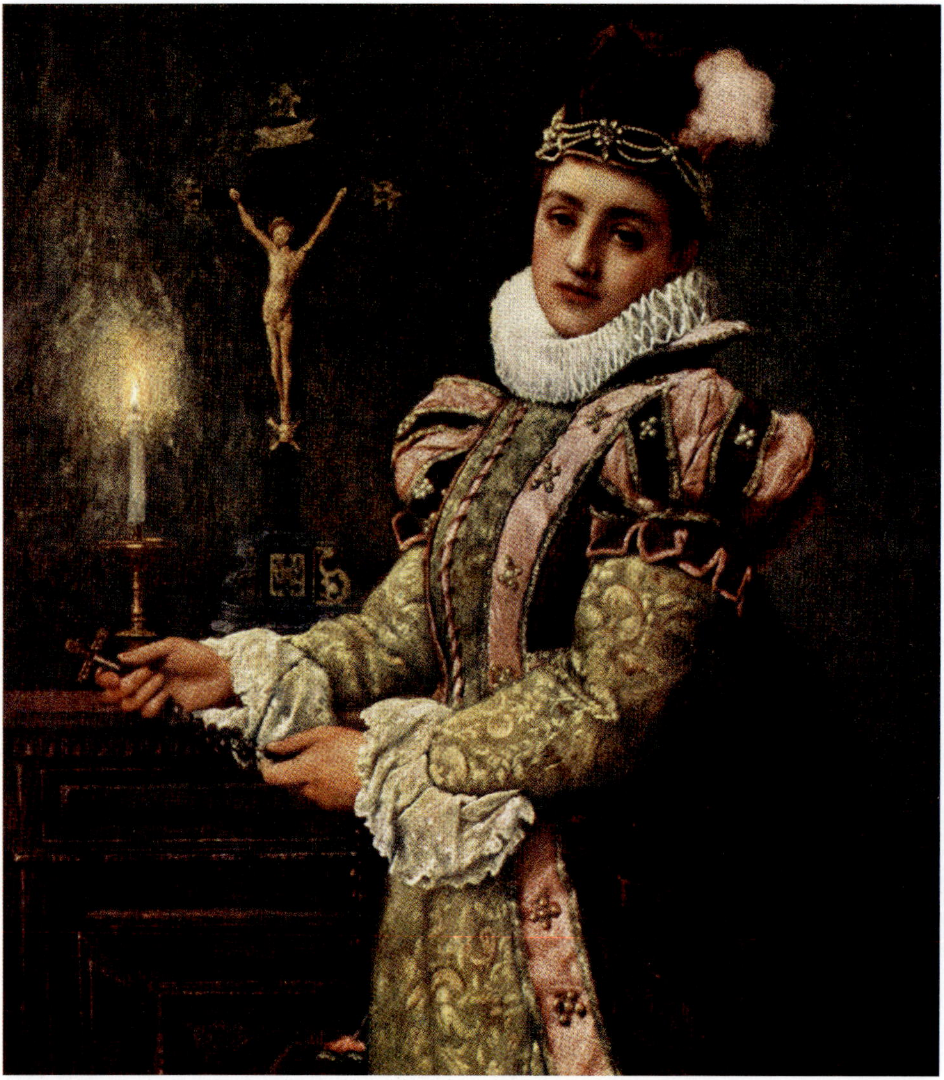

Seite 238: Maria Stuart war erst eine Woche alt, als sie Königin von Schottland wurde. Sie war zwar Edward VI. zur Frau versprochen, doch das schottische Parlament erklärte das Versprechen für null und nichtig. Mit sechs Jahren wurde Maria die Ehe mit dem Sohn Heinrichs II. von Frankreich und Katharinas von Medici angeboten. Zwölf Jahre später, nach dem Tod ihres jungen Ehemanns, kehrte Maria nach Schottland zurück und verärgerte viele damit, dass sie Henry Stewart, Lord Darnley *(rechts),* ehelichte. *Oben:* Darnley war ein ehrgeiziger Mann, der es nicht gern sah, dass Maria ihren italienischen Sekretär und Musikanten David Rizzio zu sehr mochte. Am 9. März 1566 wurde Rizzio im Vorzimmer der Königin im Edinburger Palast Holyroodhouse bestialisch ermordet.

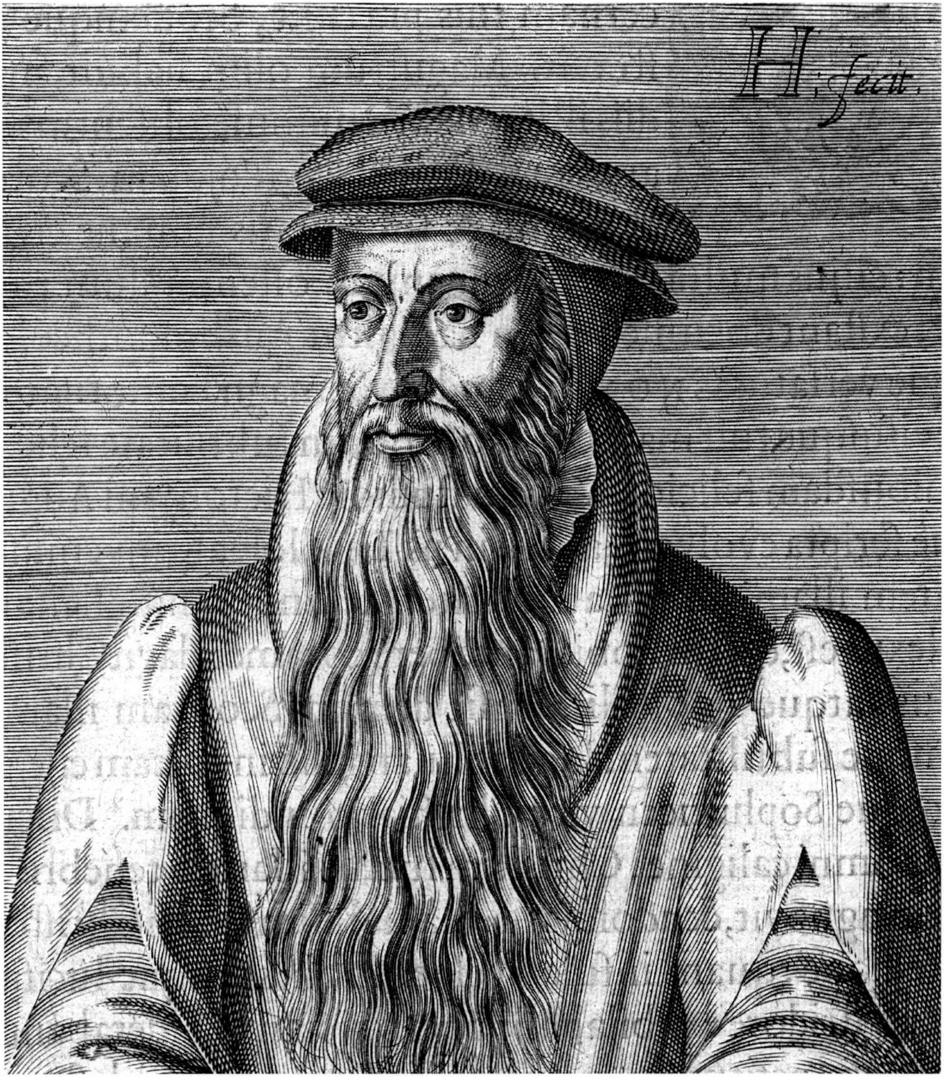
H. fecit.

Seite 240: John Knox wuchs als Katholik auf. Erst mit 30 Jahren lernte er lutherische Ideen kennen, die er sofort übernahm. 1547 schloss er sich den Mördern von Kardinal David Beaton in der Burg von St. Andrews an, geriet in französische Gefangenschaft, als die Burg fiel, und musste 18 Monate lang als Galeerensträfling büßen. Als er seine Freiheit wiedererlangte, ging er nach London und wurde Kaplan Edwards VI., floh jedoch zum Kontinent, als Maria Tudor auf den Thron kam. Hier schrieb er sein *First Blast Against the Monstrous Regiment of Women* (»Erster Schlag gegen die grässliche Weiberherrschaft«). *Oben:* Er kehrte nach Schottland zurück, wo er ein flammender Prediger wurde, der alle verdammte, die nicht seine Ansichten teilten. Manche sehen ihn an der Grenze zum Fanatismus. Andere finden, er habe weit jenseits gestanden.

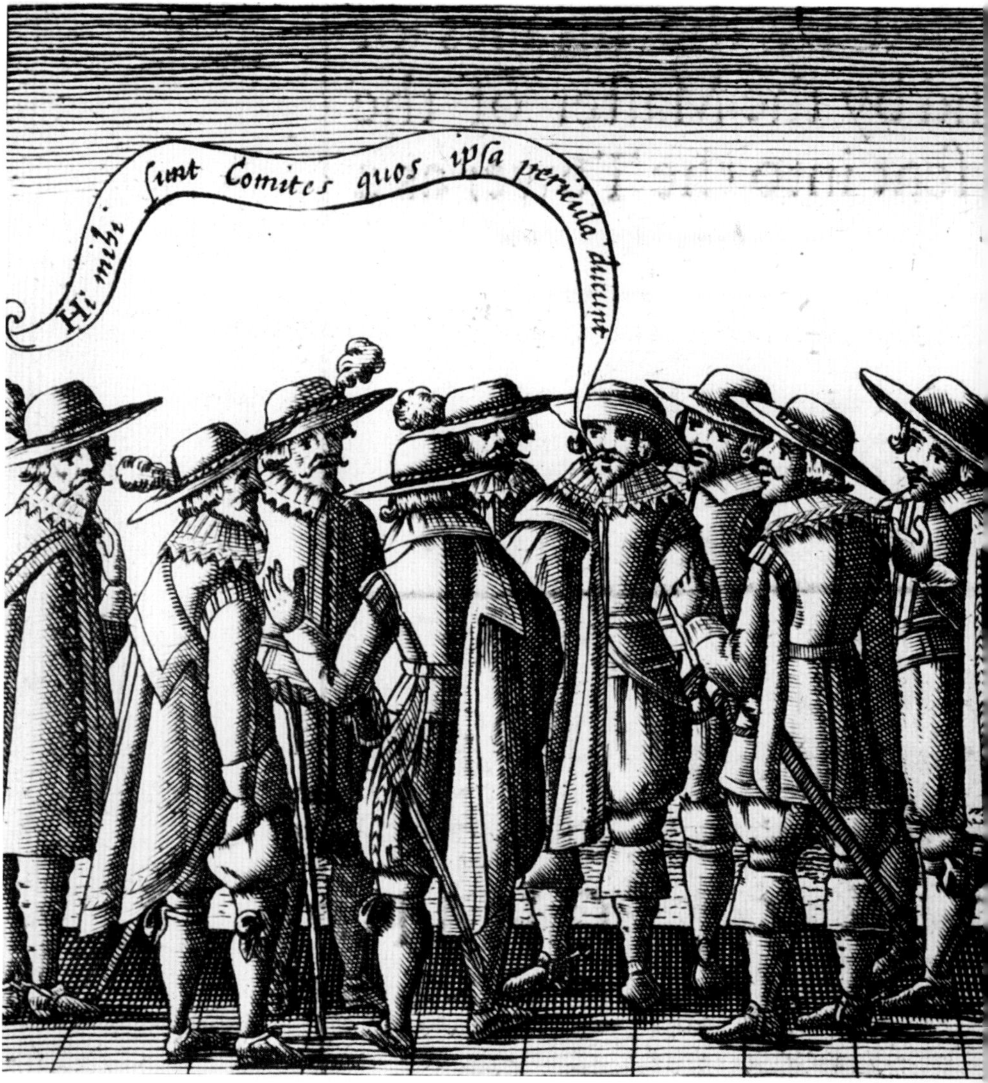
Hi mihi sunt Comites quos ipsa pericula ducunt

Maria verzieh Darnley den Mord an Rizzio immerhin soweit, dass sie einen Thronerben zeugten – den zukünftigen Jabob VI. von Schottland und Jakob I. von England –, auch wenn sich Darnley weigerte, zur Taufe des Kindes zu kommen. Es ist möglich, dass Maria bei dem Mord an Darnley einige Wochen später die Hand im Spiel hatte; jedenfalls heiratete sie am 15. Mai 1567 den Mörder, den Grafen von Bothwell. Der schottische Adel zog gegen sie ins Feld, und sie floh nach England. Hier setzte sie Elisabeth gefangen, denn zu Recht befürchtete sie katholische Verschwörungen, um Maria auf den Thron zu bringen. *Links:* Anführer der bekanntesten dieser Intrigen war Anthony Babington im Jahr 1586. Maria hatte sich der Komplizenschaft schuldig gemacht, und im Oktober 1587 unterzeichnete Elisabeth *(oben)* ihr Todesurteil.

Elisabeth brauchte fünf Monate, bis sie sich zu dem Todesurteil *(links)* durchgerungen hatte. Selbst nach der Unterzeichnung zögerte sie noch, es auf den Weg zu bringen, und am Ende überwand sich Burghley und nahm die Sache in die Hand. Drei Tage nachdem Elisabeth das Urteil unterschrieben hatte, sandte Burghley es nach Fotheringhay, wo Maria eingekerkert war.

Das Urteil traf am Abend des 7. Februar 1587 ein, und man forderte Maria auf, sich für den Tod um acht Uhr am folgenden Morgen bereitzuhalten. Sie war darauf gefasst, als Märtyrerin zu sterben, und nahm die Nachricht ruhig auf. *Rechts:* Sie aß zu Abend, schrieb Briefe, schlief ein wenig, und dann wurde sie in den großen Saal der Burg geführt, wo man ihr den Kopf abschlug.

Links: Robert Dudley, Graf von Leicester, war der jüngere Bruder von Lord Guildford Dudley und Sohn des Herzogs von Northumberland, die beide zu Anfang der Herrschaft von Maria Tudor ihr Leben gelassen hatten. Leicester flirtete sein Leben lang – mit Elisabeth, seinen diversen Ehefrauen und mit dem Schicksal. Er wurde Mitglied des geheimen Rats, Kämmerer der Universität Cambridge und Militärkommandant. Der größte seiner vielen Misserfolge widerfuhr ihm 1588, als er an Gift starb, das angeblich für seine Frau bestimmt war. *Rechts:* Robert Devereux, Graf von Essex, war hingegen als Soldat, Höfling und Dichter ein erfolgreicher Mann. Elisabeth liebte »sein aufrechtes Wesen, seine Gewandtheit, die angeborene Höflichkeit«, auch wenn er ihren Zorn zu spüren bekam, als er sich einmal von ihr abwandte. Doch Essex war zu ehrgeizig. Im Jahr 1601, gegen Ende ihrer Herrschaft, versuchte er die Stadt London gehen ihren Kronrat auszuspielen und endete als Verräter auf dem Schafott.

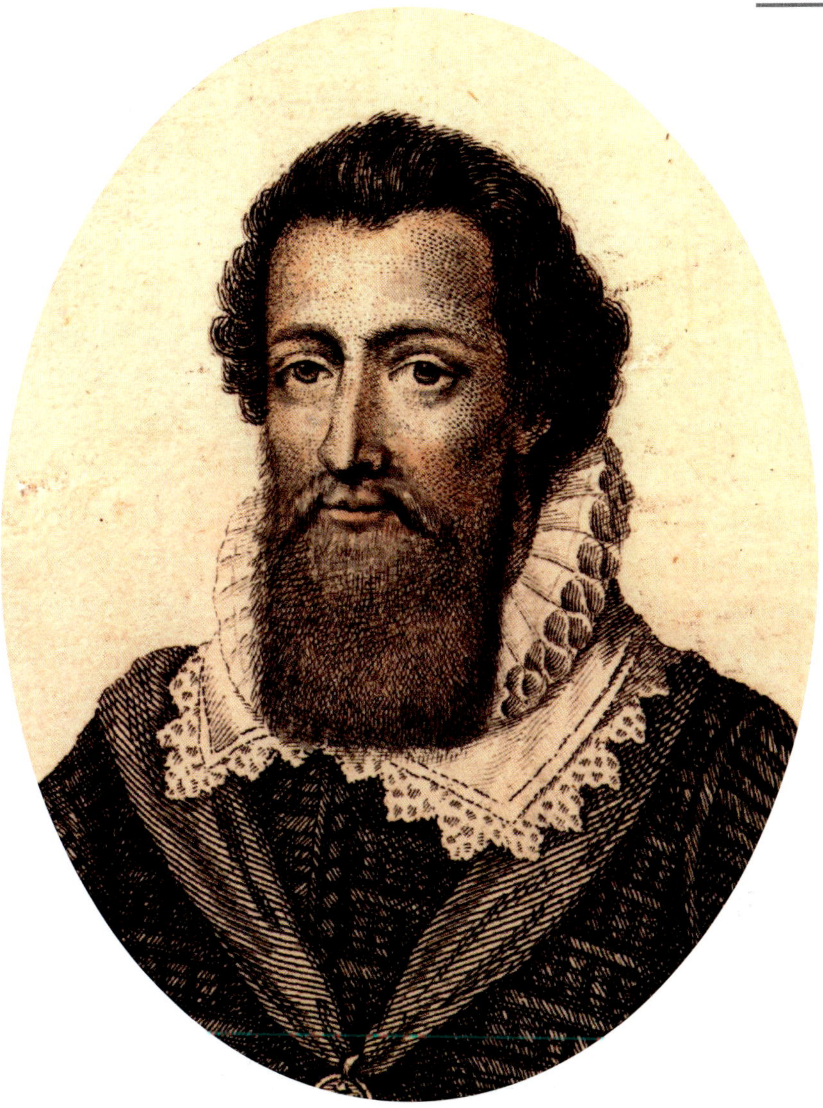

Elisabeth unternahm gern Reisen durch ihr Land. Sie genoss es, wenn das Volk sie sah, und sie genoss es, wenn die Edelleute sie bewirteten. 1575 besuchte sie den Grafen von Leicester auf seiner Burg Kenilworth *(rechts)*, einem der spektakulärsten Häuser jener Zeit. Es war »ganz aus hartem Stein erbaut, jeder Raum so weitläufig, so hell erleuchtet, mit so hohen Decken: ein so stattlicher Anblick, nachts so hell von Kerzen und Fackeln erleuchtet, dass alles Glas davon glitzerte, die Luft ein heller Hauch …« Elisabeth bekam ein Bankett geboten, das von 200 Dienern auf 1 000 Glas- und Silbertellern serviert wurde.

Kenilworth 249

250 Shakespeares England

Erziehungswesen 251

Als Elisabeth auf den Thron kam, war es um die Gelehrsamkeit nicht gut bestellt. Die Universitäten waren heruntergekommen, und Schulen gab es nur wenige. *Seite 250 oben:* Zu Ende ihrer Regierungszeit sah es jedoch anders aus. *Seite 250 unten links:* Fast jede Stadt mit eigenem Recht hatte zumindest eine Lateinschule, etwa jene in Louth. Gresham College *(ganz oben)* war 1596 entstanden, und Sir Thomas Bodley *(oben)* baute seine Bibliothek, die Bodleian Library in Oxford, aus. Die Universitäten in Oxford und Cambridge hatten nun beide ihre Druckpressen. Und der schottische Mathematiker John Napier *(Seite 250 unten rechts)* hatte die Lehre von den Logarithmen entwickelt.

William Shakespeare *(Seite 253 unten)* kam im Haus seines Vaters *(oben)* in Stratford-on-Avon zur Welt, vermutlich am 26. April 1564. Der Vater John Shakespeare war Handschuhmacher und Wollhändler, und das Elternhaus war bequem und gut eingerichtet *(Seite 253 oben)*. Seine frühen Jahre verbrachte William in Stratford, wo er zur Schule ging, heranwuchs, heiratete und Vater von drei Kindern wurde. Am Ende seines Lebens kehrte er nach Stratford zurück und starb dort 1616, nachdem er sein schöpferisches Leben fast ganz in London verbracht hatte.

Der Dichterfürst 253

Shakespeare war als Schriftsteller und Schauspieler etwa 25 Jahre lang aktiv. In dieser Zeit schrieb er einige der schönsten Gedichte der englischen Sprache und zahlreiche unvergleichliche Theaterstücke. Da er selbst Schauspieler war, kannte Shakespeare die Grenzen des Elisabethanischen Theaters genau – keine Frauen auf der Bühne, wenig an Dekor sowie Beleuchtung, und Geldgeber und ein Publikum, nach deren Geschmack man sich richten musste. Dass er all diese Grenzen überwand und Meisterstücke schuf, zeigt sein Genie.

Von den ersten Aufführungen an zählten der *Sommernachtstraum (links)* und *Romeo und Julia (rechts)* zu den beliebtesten Werken Shakespeares. Die *groundlings* (die Zuschauer auf den billigsten Plätzen) mochten besonders die derben Späße, etwa die Szene, in der Zettel in einen Esel verwandelt wird und doch das Herz der Feenkönigin Titania erobert. Das Schicksal des »Liebespaars, unsternbedroht« rührte vom Augenblick ihrer ersten Begegnung an alle Herzen. Beide Stücke entstanden zwischen 1594 und 1596, eine Zeit, in der Shakespeare vier weitere Komödien und drei Historiendramen schrieb.

Lustspiel und Tragödie 255

Der Komponist Thomas Tallis (1510–85), der »Vater der englischen Kirchenmusik«.

Titelblatt der *Parthenia,* der ersten Sammlung von Virginalmusik aus der Feder von William Byrd, Dr. John Bull und Orlando Gibbons.

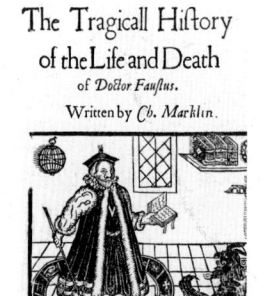

Titelblatt der Ausgabe von 1616 der *Tragicall History of the Life and Death of Doctor Faustus* von Ch. Marklin, besser bekannt als Christopher Marlowe.

Dies ist das einzige bekannte Porträt von Christopher Marlowe (1564–93), Schriftsteller und Geheimagent.

Elisabethanischer Parnass 257

Thomas Heywood (1570–1641), Dramatiker und Schauspieler, Verfasser von *A Woman Killed with Kindness*.

Thomas Middleton (1580–1627), Dramatiker, Verfasser von *A Mad World, My Masters*.

Philip Sidney (1554–86), Soldat und Dichter, umgekommen in der Schlacht von Zutphen.

Edmund Spenser (1552–99), Verfasser des *Shepherd's Calendar* und der *Faerie Queene (Die Feenkönigin)*.

Seite 259: Francis Bacon war ein Zeitgenosse Shakespeares. Er schrieb ebenfalls, und gelegentlich ist die Vermutung geäußert worden, Bacon sei der wahre Verfasser von Shakespeares Stücken. Es gibt keinen vernünftigen Beweis für diese Theorie, auch wenn das Bild von 1610 *(links oben),* auf dem Shakespeare Bacon die Dichterkrone vom Haupt nimmt, sie zu stützen scheint. Bacon war vor allem Politiker und Jurist, wurde Erster Kronanwalt und unter Jakob I. Lordkanzler. *Links unten:* Das Wappen der Bacons mit dem Motto »gleichmäßig und beständig« scheint eine gute Beschreibung für den treuen Staatsdiener.

Ein zweiter Shakespeare 259

1618 wurde Bacon zum Lord Verulam erhoben, ein Titel, der sich vom römischen Namen der Stadt St. Albans herleitet. In Erinnerung geblieben ist er mit Schriften zu Geschichte *(History of Henry VII)*, Justiz *(Elements of the Common Law of England)* und Philosophie *(The Advancement of Learning)*. Auch mit den Naturwissenschaften beschäftigte er sich. Im März 1626 erkältete er sich, als er ein Huhn mit Schnee füllte, um zu sehen, ob die Kälte das Fleisch konservierte. Einige Tage darauf starb er.

8
KÖNIG UND PARLAMENT
1600–1650

30. Januar 1649 – Martyrium eines Königs. Cromwells Truppen umstanden das Schafott so dicht, dass die versammelte Menschenmenge die letzten Worte Karls I. nicht vernehmen konnte: »Wahrlich, mir liegt die Freiheit des Volkes ebenso am Herzen wie jedermann, doch glaubt mir, Freiheit bedeutet Gesetze, in denen das Leben des Volkes und sein Hab und Gut ihm so sicher sein können wie nur möglich. Es kann nicht bedeuten, dass es selbst die Regierung führt.« Ein Augenzeuge berichtet: »Als das Beil niederging, stießen die Tausenden, die zugegen waren, ein solches Stöhnen aus, wie ich es nie zuvor vernommen habe, und ich hoffe, dass ich es auch nie wieder vernehmen werde.«

Nurder

Einleitung

Karl I. hinterließ seinem Land kaum etwas außer ein paar Bildern: Der stolze Herrscher auf seinem prachtvollen Ross in dem mächtigen Porträt von van Dyck; der erschöpfte Tyrann, der zu spät kommt, um seine Gegner im Parlament zu ergreifen (»Ich sehe schon, die Vögel sind ausgeflogen ...«); der heroische Krieger, der in Nottingham sein Banner aufpflanzt und den Bürgerkrieg riskiert; und der Heilige und Märtyrer, der an jenem letzten kalten Januarmorgen auf den Balkon des Bankettsaals in Whitehall tritt.

Es gab weitere Helden und Schurken aus der Herrschaftszeit der beiden ersten Stuartkönige – Guy Fawkes (Urahn der britischen Feuerwerker), John Hampden (Wortführer im Kampf gegen Steuerwillkür), Oliver Cromwell, Inigo Jones (Begründer der klassischen englischen Architektur und verantwortlich für den neuen Bankettsaal), Orlando Gibbons, William Harvey und John Smith

(Pionier der ersten britischen Siedlungen in Nordamerika).

Dem Puritaner John Lilburne lohnte man seine revolutionären Ansichten – »Ein armer Mann in England ist einer Regierung, in der er keine Stimme hat, nicht zur Treue verpflichtet« – mit Schlägen und Gefängnis. Weniger wird man die Maximen seines Glaubensbruders Matthew Hopkins teilen, des obersten Hexenjägers in England. Er wurde 1644 berufen, und binnen drei Jahren hatte er Hunderte unschuldiger Frauen in den Tod geschickt. 1647 geriet Hopkins selbst unter Verdacht, und da ihn sein eigener Test der Hexerei überführte – er schwamm oben, als man ihn gefesselt ins Wasser warf –, musste er hängen.

Anderenorts machte die Bildung bessere Fortschritte. Der *Mercurius Civicus*, Englands erste Zeitung, erschien. Ben Jonson dankte dem Rektor der Westminster-Schule in einem Vers:

Dem hochverehrten Camden Lob und Preis
Ihm verdank' ich alles, was ich kann und weiß.

Francis Bacon war das Bindeglied vom alten zum neuen Jahrhundert. Sein *Advancement of Learning*, das das gesamte Wissen seiner Epoche zusammenfasste, kam 1605 heraus, und auf dieser Grundlage revolutionierte Bacon das Studium von Logik, Philosophie und Naturwissenschaften.

Für viele stieg der Lebensstandard weiter. Selbst das Elend des Bürgerkrieges ging an den meisten Bewohnern des Landes spurlos vorüber. Als sich die Armeen von Cromwell und Prinz Rupert beiderseits des Schlachtfelds von Marston Moor sammelten, mussten sie einen Bauern auffordern, den Weg frei zu machen. »Warum?«, fragte er. Die Soldaten erklärten es ihm. »Was!«, rief der Bauer. »König und Parlament liegen im Krieg?« Der Krieg war damals bereits zwei Jahre alt.

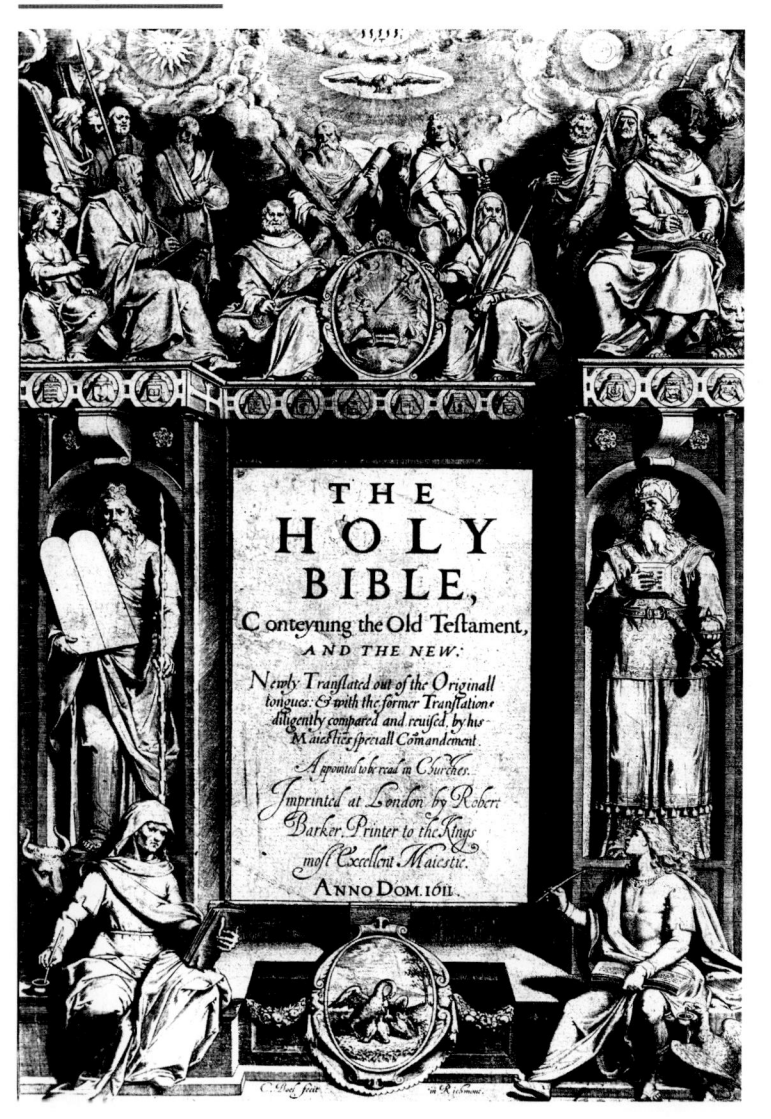

Titelblatt der »Authorised Version« oder King-James-Bibel, erstmals erschienen im Jahr 1611. Die Übersetzung war ein Werk voller Poesie und Frömmigkeit und prägte nicht nur den Glauben, sondern auch die Literatur der Engländer vier Jahrhunderte lang. Die Sprache war – am damaligen Standard gemessen – einfach, mit einem Vokabular von etwa 6 000 Worten, die zu 90 Prozent angelsächsischen Ursprungs waren.

Jakobs Religion 265

Der erste Stuartkönig. *Oben rechts:* Jakob VI. von Schottland reitet südwärts nach London und wird Jakob I. von England. *Links:* Jakob I. im Parlament. *Oben links:* Bei der Konferenz von Hampton Court im Jahr 1604 fordern vier Puritaner Religionsfreiheit. Sie müssten sich der Staatskirche unterordnen, entgegnete Jakob, oder er »werde sie aus dem Lande jagen«.

Seite 267 oben: Im Jahr 1605 dachte sich eine Reihe von Katholiken einen Plan aus, das Parlament in die Luft zu sprengen, während König, Lord, Bischöfe und Stände dort zusammenkamen. In der Verwirrung, die daraus entstehen würde, hofften sie, die Macht wieder an sich zu reißen. Zur Ausführung der Tat bestimmten sie Guido (oder Guy) Fawkes *(rechts),* einen katholischen Glücksritter. Fawkes schaffte Fässer mit Schießpulver in den Keller des Parlamentsgebäudes und versteckte sie unter Stroh. Ob die Verschwörer verraten wurden oder ob ein Nachtwächter *(Seite 267 unten)* die Fässer am Vorabend des Anschlags entdeckte, ist umstritten. Die Strafe folgte rasch und hart. *Oben:* Die Verschwörer wurden durch die Straßen geschleift, gehängt und geviertelt.

Die Schießpulververschwörung 267

268 König und Parlament

Links: Jakob I. beauftragte Inigo Jones mit dem Neubau des Bankettsaals des Whitehall-Palastes. Jones entwarf auch Kulissen für die Maskenspiele Ben Jonsons *(rechts),* der in der jakobäischen Epoche die Nachfolge Shakespeares als führender englischer Dramatiker antrat. Der bescheidene Jonson gestand gern den Dank, den er seinem alten Lehrer William Camden *(unten links)* und Shakespeare selbst schuldete. *Unten rechts:* Jonsons Widmung an Shakespeare in der ersten Folio-Ausgabe von 1623.

To the Reader.

This Figure, that thou here seest put,
   It was for gentle Shakespeare cut;
Wherein the Graver had a strife
   With Nature, to out-doo the life:
O, could he but have drawne his Wit
   As well in Brasse, as he hath hit
His Face; the Print would then surpasse
   All, that was ever writ in Brasse.
But, since he cannot, Reader, looke
   Not on his Picture, but his Booke.

                                 B. I.

Links: John Donne führte ein erfülltes, abenteuerliches Leben. Er wuchs als Katholik auf, studierte Jura und wurde mit 20 Jahren Mitglied des Lincoln's-Inn-Anwaltsverbandes. 1597 und 1598 diente er als Soldat in zwei Feldzügen gegen die Spanier und wurde dann Sekretär von Sir Thomas Egerton, mit dessen Nichte er eine heimliche Ehe einging. Als das herauskam, steckte man ihn ins Gefängnis. Er konvertierte zum Protestantismus und begann ein Leben als Dichter. Seine Sonette zählen bis heute zu den schönsten der englischen Literatur. Donne war 42 Jahre alt, als er auf Geheiß Jakobs I. die Priesterlaufbahn einschlug, die ihn schließlich zum Dekan der Londoner St.-Pauls-Kathedrale machte. Die Kathedrale *(Seite 271 unten)* beherrschte auch ohne den 1561 von einem Blitz zerstörten Turm die Innenstadt *(Seite 271 oben).*

John Donne 271

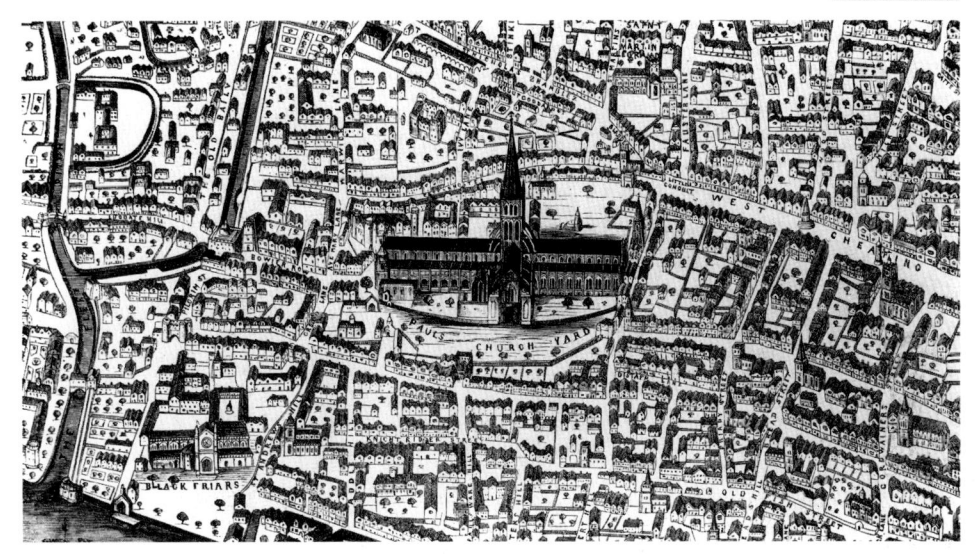

Links: Am 16. September 1620 verließ die Mayflower den Hafen von Plymouth. An Bord waren 149 Menschen, 47 davon Offiziere und Mannschaft. Die Übrigen waren wegen ihrer Religion verfolgte Puritaner, die in der Neuen Welt ein neues Leben beginnen wollten. 65 Tage darauf erreichten sie Cape Cod in Massachusetts. Einer unter ihnen war Myles Standish *(Seite 273 oben,* vorn mit weißen Strümpfen), der die militärische Leitung der ersten Siedlung übernahm. Zu den Pilgervätern, wie man sie später nannte, kamen bald andere hinzu, darunter John Eliot *(Seite 273 unten),* der sich als einer der ersten Europäer bemühte, den Einheimischen das Christentum zu predigen, und die Bibel in ihre Sprache übersetzte.

Die Pilgerväter 273

274 König und Parlament

John Smith – mit der aufgepflanzten Hellebarde – landet in Virginia, April 1607. Das später entstandene Bild beschönigt die Landung, die in Wirklichkeit weniger ruhmreich war. Smith war mit 143 anderen in von der London Company ausgerüsteten Schiffen gekommen. Sie sollten holen, was es in der Neuen Welt an Reichtümern gab, und nach England zurückbringen. Ihre neue Kolonie tauften sie nach ihrem König auf den Namen Jamestown. Binnen kurzem wurde Smith als Meuterer ausgestoßen, dann jedoch begnadigt. Einige Wochen darauf war er bereits Anführer der Kolonie. Es war eine kluge Wahl, denn Smith war ein praktischer Mann, der die Gefahren sah, von denen sie umgeben waren. Er teilte alle zur Arbeit ein und drohte: »Wer nicht arbeitet, soll auch nicht essen.« Die Sitten waren zwar hart, doch das hielt die Kolonie in den schwierigen Anfangstagen zusammen.

Maukot

276 König und Parlament

So viele Schwächen er als König auch gehabt haben mag, Karl gilt doch als guter Familienvater. Der Hofmaler van Dyck malte zahlreiche Porträts von Karl, Henrietta Maria und den drei Kindern *(rechts und unten)*. Anfangs allerdings begegnete Karl seiner Frau kühl; erst nach dem Tod des Herzogs von Buckingham wandte er sich ihr zu.

Rechts: Henrietta Maria war erst 15 Jahre alt, als sie heiratete. Sie war eine junge Frau von großem Temperament, eine begeisterte Tänzerin. Karl hingegen *(unten,* im Dreifachporträt von van Dyck) war verschlossen, ernst und asketisch.

Gulielmus
Ma... ...
Harvens

Seite 278: William Harvey war einer der bedeutendsten Ärzte Englands. Er studierte Medizin in Cambridge, später in Padua unter Hieronymus Fabricius. Er war Arzt im St. Bartholomew's Hospital *(rechts)* und trat 1615 die Lumley-Professur am College of Physicians an. 1628 brachte er seine Abhandlung *Exercitatio Anatomica de Motu Cordis et Sanguinis* heraus, in der er seine Theorien über den Blutkreislauf des menschlichen Körpers darlegte. *Rechts unten:* Diese präsentierte er auch Karl I. Harvey wurde Leibarzt des Königs und versorgte ihn bei der Schlacht von Edgehill, 1642. Er starb 1657.

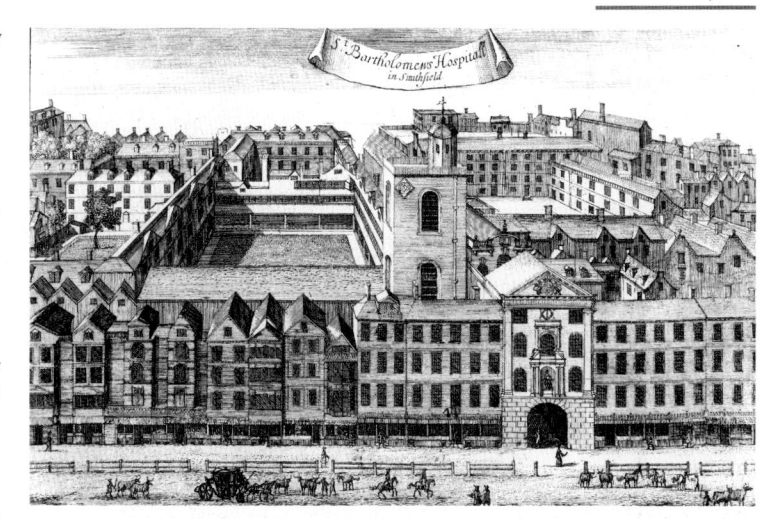

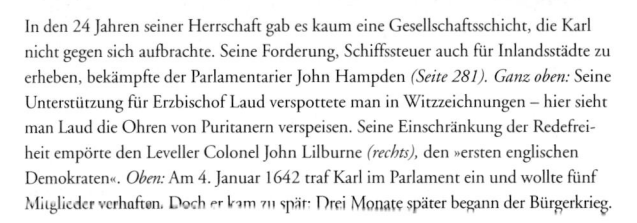

In den 24 Jahren seiner Herrschaft gab es kaum eine Gesellschaftsschicht, die Karl nicht gegen sich aufbrachte. Seine Forderung, Schiffssteuer auch für Inlandstädte zu erheben, bekämpfte der Parlamentarier John Hampden *(Seite 281). Ganz oben:* Seine Unterstützung für Erzbischof Laud verspottete man in Witzzeichnungen – hier sieht man Laud die Ohren von Puritanern verspeisen. Seine Einschränkung der Redefreiheit empörte den Leveller Colonel John Lilburne *(rechts),* den »ersten englischen Demokraten«. *Oben:* Am 4. Januar 1642 traf Karl im Parlament ein und wollte fünf Mitglieder verhaften. Doch er kam zu spät. Drei Monate später begann der Bürgerkrieg.

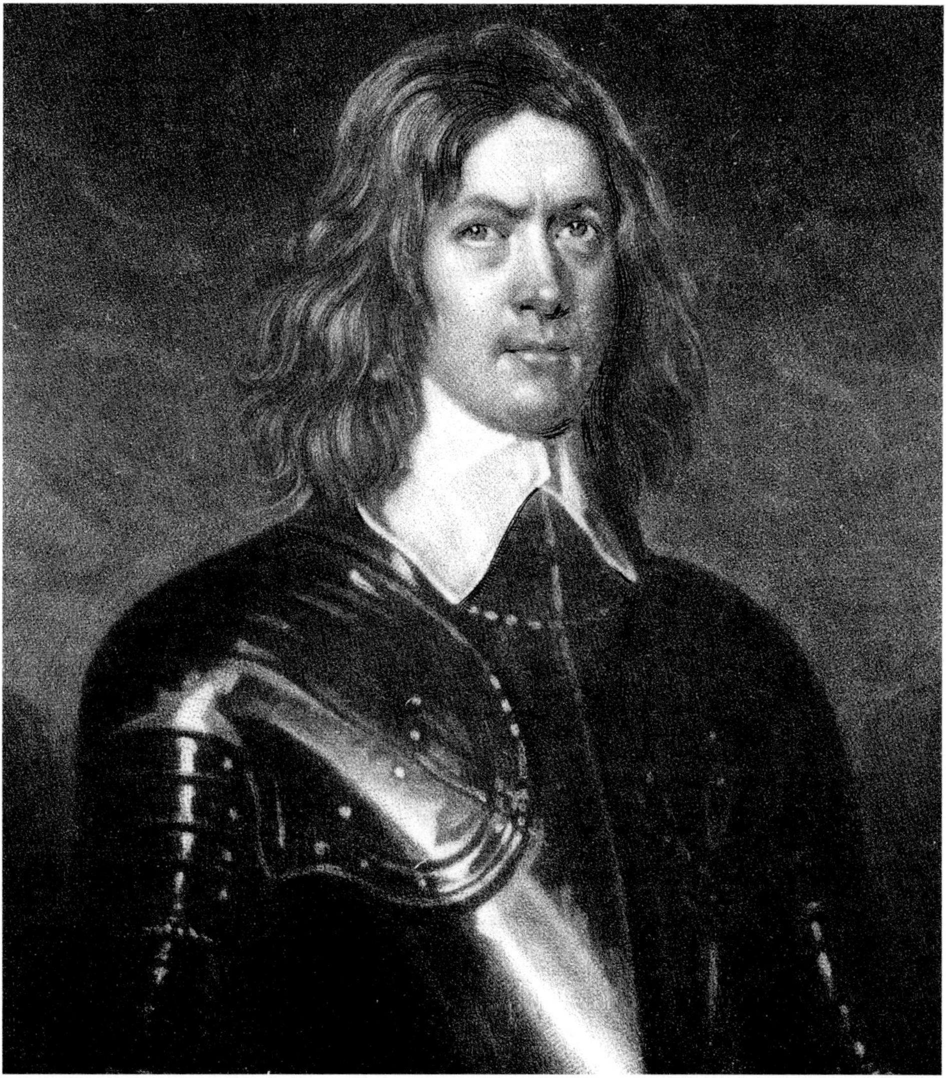

282 König und Parlament

Karl I. glaubte an das Gottesgnadentum – er war überzeugt, dass er nichts Falsches tun könne, da der Wille Gottes aus seinen Entscheidungen spreche. Ein solcher Mann brauchte gute Ratgeber. Karl hatte zwei davon, und beiden lohnte er die Treue schlecht. Der erste war William Laud, Erzbischof von Canterbury *(Seite 283 oben rechts und unten* in einem zeitgenössischen Spottbild). *Rechts:* Der zweite war Thomas Wentworth, Graf von Strafford. Laud setzte alles daran, in der anglikanischen Kirche Calvinisten und Presbyterianer auszumerzen. *Seite 282 oben links:* Im Jahr 1640 klagte das Parlament ihn an, verurteilte ihn und kerkerte ihn im Tower ein. Strafford folgte ihm bald nach. Er hatte sich gemüht, Karl zum »absolutesten Fürsten der Christenheit« zu machen, doch nun versagte der Monarch ihm die Hilfe. *Unten:* Stafford starb 1641 auf dem Tower Hill unter dem Beil. Laud schmachtete noch vier Jahre lang im Kerker, dann wurde auch er exekutiert.

A. Doctor Vsher, Lord Primate of Ireland,
B the Sherifes of London,
C the Earle of Strafford;
D his kindred and Friends.

Anfangs waren die Kräfte des Bürgerkrieges gleichmäßig verteilt. Beide Seiten hatten Generäle von beträchtlichem Geschick und bedingungslosem Mut. *Oben:* Oberkommandeur der Parlamentarier war Thomas Fairfax, ein Berufssoldat. *Rechts:* Der berühmteste Offizier auf Seiten des Parlaments war natürlich Oliver Cromwell selbst, der hier, obwohl schon am Arm verletzt, an der Spitze der Kavallerieattacke steht, die am 2. Juli 1644 die Schlacht von Marston Moor entschied.

Generäle der Parlamentarier 285

286 König und Parlament

Erbitterte Gegner 287

Die Taktiken von Oliver Cromwell *(Seite 286 links)* und Prinz Rupert *(Seite 286 rechts)* waren Spiegelbilder der Charaktertypen von Roundheads und Royalisten, für die sie standen. Cromwell war beharrlich, abwägend, diszipliniert. Rupert war verwegen, heißblütig und rücksichtslos. Die Truppen auf beiden Seiten, ob berittene Dragoner *(oben)* oder Musketiere *(rechts),* waren meist keine Berufssoldaten. Sie glaubten zwar an die Sache, für die sie fochten, aber sehnten sich danach, zu ihren Bauernhöfen und Häusern zurückzukehren.

288 König und Parlament

Tod eines Königs

Seite 288: Der Prozess gegen Karl I. begann am 20. Januar 1649 in Westminster. Dreimal weigerte sich Karl, den Verrat zu gestehen, und beteuerte, kein irdisches Gericht habe die Macht, über einen König zu richten. Doch die Königsmörder, wie man sie ein paar Jahre darauf nannte, waren entschlossene Männer und hatten die Macht einer siegreichen Armee hinter sich. Am Donnerstag, dem 25. Januar, wurde Karl für schuldig befunden, zwei Tage darauf erfolgte das Urteil – »dass Charles Stuart als Tyrann, Verräter, Mörder und Feind des braven Volkes seiner Nation zum Tode befördert werde durch Abtrennen des Kopfes vom Rumpfe«. Die Hinrichtung fand am 30. Januar statt. *Links:* Die zeitgenössische Darstellung schmücken Porträts von Thomas Fairfax sowie Karl und Oliver Cromwell. Karls letzte Worte waren: »Ich gehe von der vergänglichen zur ewigen Krone über, wo mich nichts mehr erschüttern kann.«

290 König und Parlament

Links und rechts oben: Cromwell war 43 Jahre alt, als der Krieg begann. Obwohl er über keinerlei militärische Erfahrung verfügte, formte er die New Model Army (die neue exemplarische Armee) und machte daraus eine ausgesprochen schlagkräftige Truppe, ohne die das Parlament wohl den Krieg verloren hätte. Cromwells Pfahl im Fleisch war Robert Devereux, der 3. Graf von Essex. Devereux fehlte es nicht an Mut, aber er war kein guter General. Er zögerte zu lange und war ein schlechter Stratege, dessen unkluger Einfall in Cornwall im Jahr 1645 das Parlament beinahe teuer zu stehen gekommen wäre. Mit Karls Hinrichtung war Cromwell noch lange nicht am Ziel. *Rechts unten:* Eine zeitgenössische Karikatur zeigt ihn im Kampf mit seinen vielen Gegenspielern. Mit seinem rechten Fuß hält er einen widerstrebenden Schotten am Boden, einen Franzosen hat er unter den linken Arm geklemmt. Zwischen den Knien hält Cromwell einen Iren am Hals fest, und ein Holländer liegt niedergestreckt auf dem Tisch.

OLIVER   THE HOVSE IS

Be gone you rogues
You have Sate long enough

C. Caper.   Tha is an Oule.

Cromwell kannte keine Hemmungen, wenn sich ihm Opposition entgegenstellte. Mit Karls Tod waren die Royalisten in England und Wales am Ende. Widerstand regte sich nach wie vor in Irland. *Seite 292 unten:* Ihn erstickte Cromwell, indem er die Garnisonen von Wexford und Drogheda niedermetzelte. Als Nächstes wandte er sich Schottland zu, wo er 1650 eine Armee der Royalisten schlug, bevor er dann südwärts zog und die unausgebildeten Truppen des späteren Karl II. 1651 in der Schlacht von Worcester aufrieb. Das Nächste, was sich ihm in den Weg stellte, war das Parlament. Manche von den Parlamentariern forderten zu viel Demokratie, und Cromwell löste eigenmächtig auf, was von dem Langen Parlament noch geblieben war. *Seite 292 oben:* Er ersetzte es durch ein neues, das im Grunde nur noch eine Puritanerversammlung war. Eine zeitgenössische Karikatur zeigt ihn als Rattenfänger *(rechts).*

294 König und Parlament

Seite 295 oben und unten:
Die alte Brücke von London war im frühen 17. Jahrhundert ein geschäftiger Ort. Noch wurden die Köpfe von Verrätern an den Toren zur Schau gestellt *(links, auf dem Turm des südlichen, Southwark zugewandten Endes)*, doch nach der Restauration von 1660 verschwand dieser Brauch. *Unten:* In strengen Wintern fror die Themse zu, und das Eis wurde zum Festplatz. Man tanzte, briet Ochsen, und es gab Hahnenkämpfe und Bärenhatz.

London Bridge 295

296 König und Parlament

Unmittelbar nach der Hinrichtung wurde der Leichnam Karls I. nach Schloss Windsor gebracht *(rechts)* und in der königlichen Kapelle – ganz rechts im Bild – beigesetzt. Im Krieg war Windsor Gefangenenlager für royalistische Offiziere. Gewöhnliche Soldaten, die in Gefangenschaft gerieten, kamen weniger gut davon. Die meisten transportierte man in Booten den Fluss hinunter und verkaufte sie als Sklaven nach Amerika. Während des Interregnums von 1649 bis 1660 durften sich arme Leute in den Gemächern ihre Wohnungen einrichten. Als Karls Sohn 1660 als Karl II. eingesetzt wurde, vertrieb man sie.

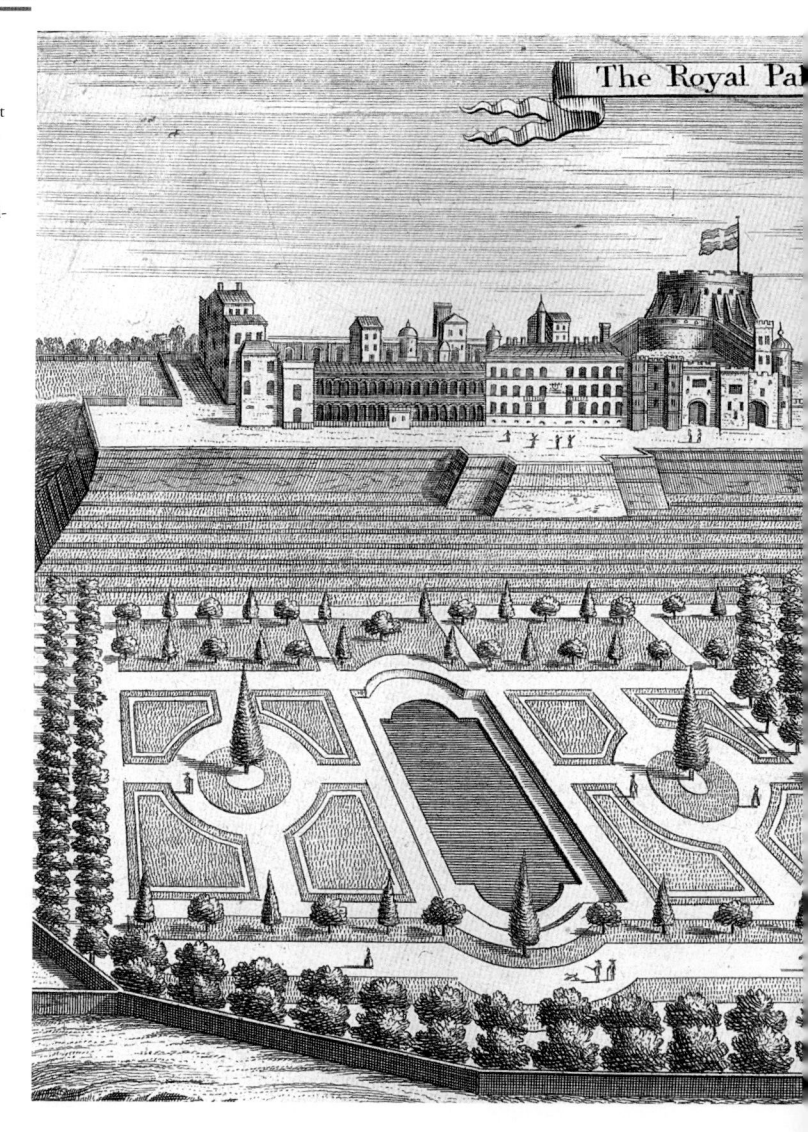

The Royal Pa

of WINDSOR CASTLE.

River Thames

298 König und Parlament

Oben und ganz oben: Obwohl Jakob I. Tabakrauch verabscheute und ein Buch dagegen schrieb, fanden die Virginia-Kolonisten bald einen Markt für Tabak in England. *Rechts:* Das Schild von Samuel Macnans Laden bewarb schon 1609 die »erlesensten Früchte« aus Virginia – Tabak und Schnupftabak. Die Meinungen, ob das Rauchen nun ein Segen oder ein Fluch war, gingen auseinander. *Links:* Der Raucher in Frauenkleidern war eine Warnung vor der Gefahr, dass man »Namen, Wohlstand, Hab und Gut, Stärke, Gesundheit und Leben … « verlieren konnte.

9
PEST UND FEUER
1650–1700

Am frühen Sonntagmorgen des 2. September 1666 wurden ein
Bäcker und seine Frau in der Pudding Lane von prasselndem
Feuer geweckt. Zunächst war die Besorgnis nicht groß. Als man
um drei Uhr in den Frühe den Londoner Oberbürgermeister
wachrüttelte, befand er, der Brand sei nicht schwer wiegend, und
schlummerte ruhig weiter. Zur gleichen Zeit weckte auch Samuel
Pepys' Dienstmädchen ihren Herrn: »So erhob ich mich und trat
ans Fenster … Ich kam zu dem Schluss, dass das Feuer weit
genug fort war, und begab mich wieder zu Bett und schlief fest
ein.« Aber es war ein heißer, trockener Septembertag, der Wind
fachte die Flammen an, und das Feuer breitete sich rasch aus.
Häuser, Gasthäuser, Kirchen, sogar die alte St.-Pauls-Kathedrale,
alles brannte lichterloh. Fünf Stunden später vermerkt Pepys in
seinem Tagebuch: »Über 300 Häuser hat das Feuer bereits verzehrt, das wir zur Nacht sahen, und mittlerweile wütet es in der
Fish Street an der London Bridge.« Die Leute flohen aus ihren
Häusern, denn ringsum tobte das Große Feuer von London.

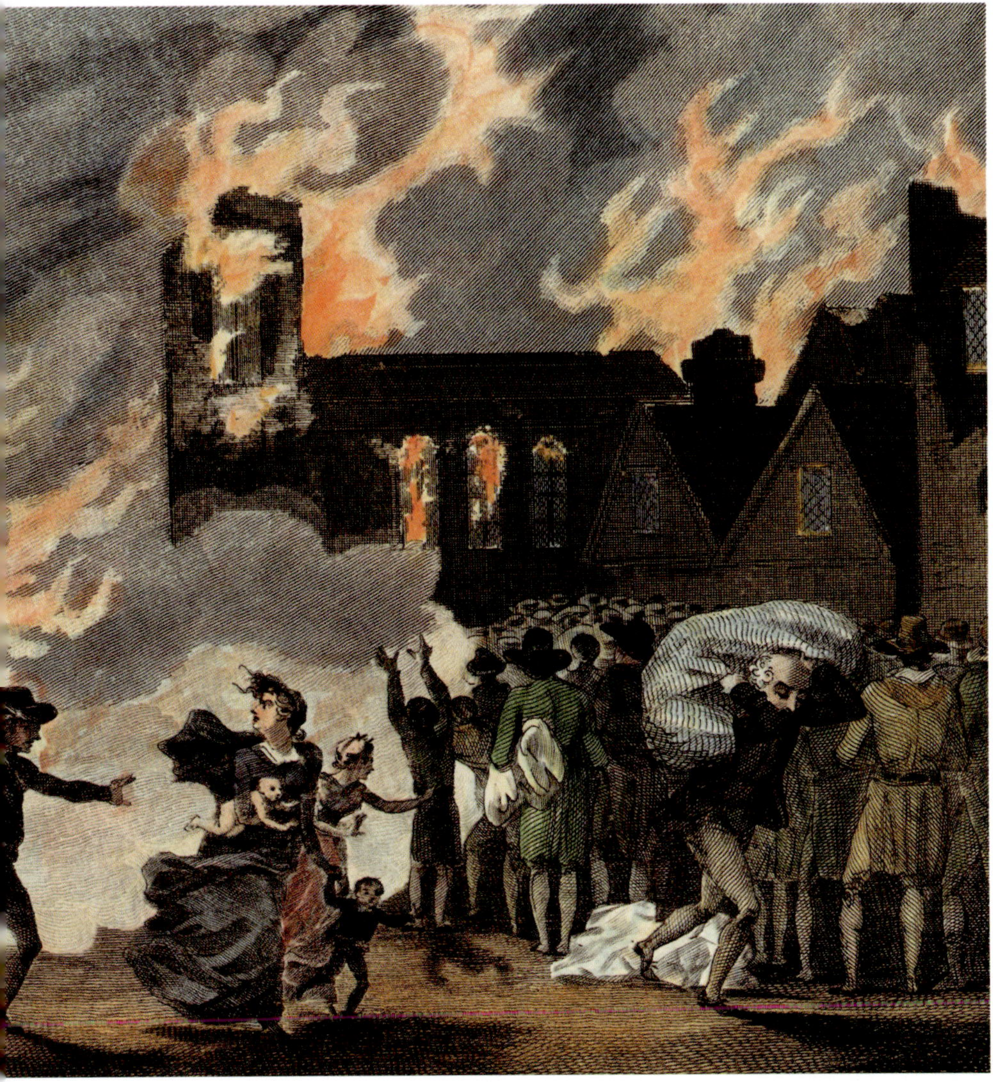

Einleitung

Der kurze Flirt Großbritanniens mit der Republik endete 1660, als die Offiziere Karl II. aufforderten, aus seinem Exil auf dem Kontinent zurückzukehren. Der galante König (man nannte ihn The Merry Monarch) war gern gefällig. Die Theater öffneten wieder. Nell Gwyn stand auf den Brettern von Thomas Killigrews schönem neuen Drury-Lane-Theater. Henry Purcell komponierte die erste englische Oper. Samuel Pepys verfasste sein Tagebuch in einer naiven Geheimschrift und erfand den verglasten Bücherschrank. Izaak Walton schrieb seinen *Compleat Angler,* ein Loblied auf das Anglerleben. Isaac Newton und andere Vertreter der frisch gegründeten Royal Society brachten England an die vorderste Front der Wissenschaft.

Aus der Asche des Großen Feuers von London wollte Sir Christopher Wren eine Stadt erstehen lassen, wie sie die Welt noch nicht gesehen hatte. Kleinmut und Cliquenwirtschaft verdarben ihm seine Pläne, doch immerhin lebte er lange genug, die Vollendung seines Meisterwerks zu sehen, der neuen St.-Pauls-Kathedrale. Grinling Gibbons steuerte für Chorgestühl und Orgelempore zarte Schnitzereien bei. Die Kirchen von Christopher Wren und Nicholas Hawksmoor erhoben sich stolz über die stinkenden Straßen der Hauptstadt.

Noch waren die Unruhen nicht zu Ende. 1 200 schottische Covenanter, die sich gegen die Wiedereinführung der Bischofskirche wehrten, wurden während des Winters 1679 im Hof der Greyfriar's Church in Edinburgh gefangen gehalten. Holländische Schiffe segelten den Medway hinauf und bedrohten London. Im schaurigen Tal der Tränen von Glencoe metzelte um fünf Uhr früh an einem Wintermorgen ein Trupp Soldaten unter dem Kommando eines Campbell 38 Macdonalds hin, bei denen sie zwölf Tage lang zu Gast gewesen waren. Als Karl 1685 starb, stritt sein illegitimer Sohn Jakob, Herzog von Monmouth, mit seinem Halbbruder (Jakob II.) um den Thron. Diese halbherzige Rebellion fand ihr schlammiges Ende in Sedgemoor, die letzte Schlacht, die auf englischem Boden gefochten wurde. Lordrichter Jeffreys, der *hanging judge*, hielt sein blutiges Strafgericht *(Bloody Assizes)*, und mancher Engländer, der sich zum Protest hatte hinreißen lassen, konnte froh sein, wenn er in die neuen Kolonien verschleppt wurde, statt an einem Galgen im West Country zu landen.

In Newmarket und Epsom fanden die ersten Pferderennen statt. In London eröffneten Kaffeehäuser. Puppentheater war erstmals auf der Rückseite von Inigo Jones' eleganter Kirche St. Paul in Covent Garden zu sehen. Die Kirche entstand im Auftrag des 4. Grafen von Bedford, der zu Jones sagte, die Kirche brauche »nicht viel besser als eine Scheune« zu sein. »Nun«, erwiderte Jones, »dann werde ich Euch die schönste Scheune in ganz England bauen.«

Jakob II. blieb nicht einmal drei Jahre auf dem Thron, dann floh er aus London und versenkte dabei das Großsiegel von England in der Themse. Die Glorreiche Revolution von 1688 brachte Wilhelm von Oranien zu Bedingungen auf den Thron, die von den Stuart-Königen nie akzeptiert worden wären. Doch das sollte noch nicht das letzte Wort sein, das Britannien von den Stuarts hörte.

304 Pest und Feuer

Der König kommt davon 305

Zwei Jahre nach der Exekution seines Vaters unternahm Karl II. einen Angriff auf Cromwells Republik. Die königliche Armee wurde in der Schlacht von Worcester 1651 aufgerieben, was Cromwell als »größte Gnade« bezeichnete. *Links:* Der Thronanwärter musste fliehen. Seinen Verfolgern entkam er, indem er sich im Park von Boscobel House *(ganz oben)* in einem Baum versteckte *(oben)*. Royalisten feierten die königliche Eiche, und sie ist Namenspatron der vielen englischen Gasthäuser namens Royal Oak.

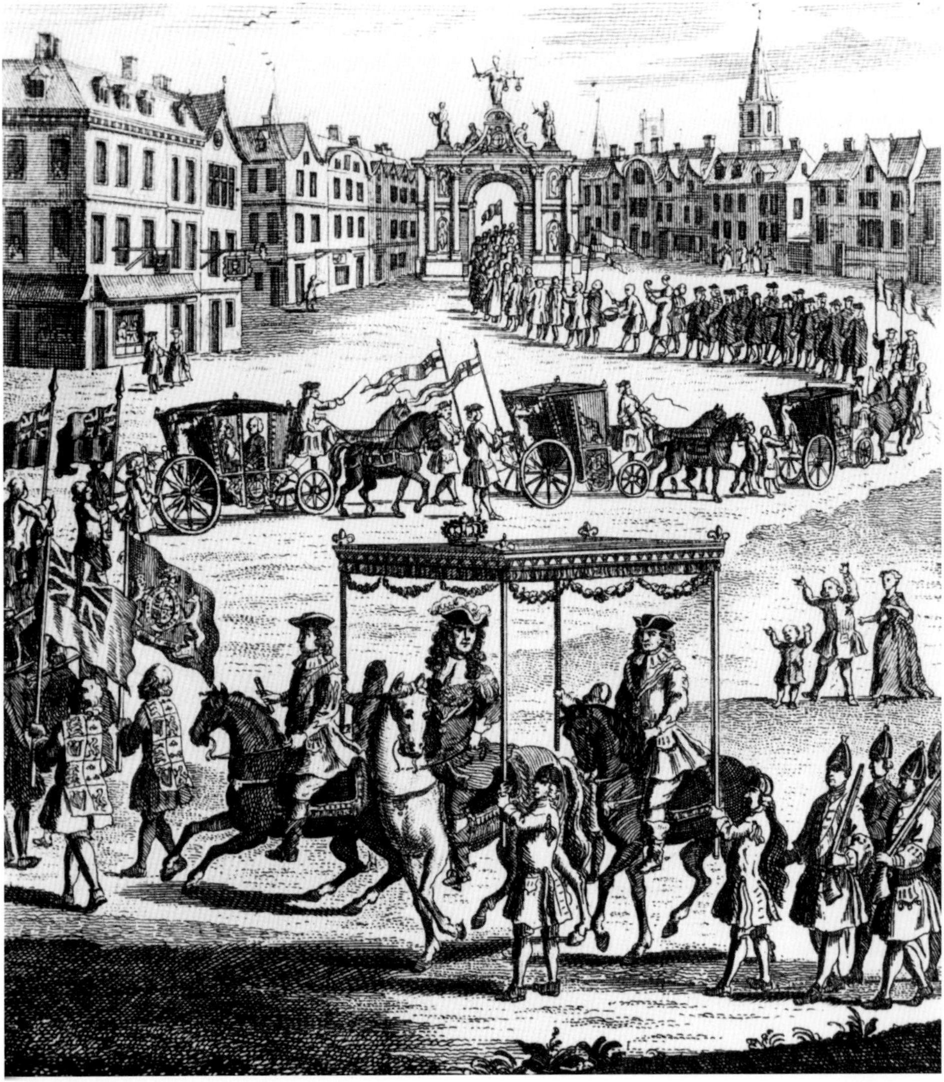

Die Restauration

Im Jahr 1660 war das Volk der strengen Gesetze der Puritanerrepublik überdrüssig, und viele in der Politik waren der Idee einer Rückkehr zur Monarchie durchaus gewogen – allerdings zu ihren Bedingungen. Man lud Karl II. *(rechts)* zur Rückkehr nach England ein. Er wurde mit großer Begeisterung aufgenommen, und jubelnde Menschenmassen säumten die Straßen von Dover bis London. *Links:* Niemand stellte sich ihm bei seinem grandiosen Einzug in die Stadt in den Weg. »Etliche Jungfrauen« reichten beim Oberbürgermeister eine Bittschrift ein, zum König vorgelassen zu werden. »Und wenn es ihnen gewährt wird«, schrieb Thomas Rugge in sein Tagebuch, »dann werden sie in weiße Wämse und rote Röcke gekleidet und anderen Zierrat des Triumphs und der Freude.« Dies war ein Vorgeschmack auf die Zeiten, die nun anbrachen.

308 Pest und Feuer

Die Ansichten Karl gegenüber waren geteilt. *Links:* Für die meisten Engländer war er der Mann, der sie von der grimmigen Zeit des Commonwealth befreite. *Rechts unten:* Für die Schotten wiederum war er der Abenteurer, der zehn Jahre zuvor seinen Rückweg auf den Thron damit begonnen hatte, dass er ihr Land in einen blutigen Krieg stürzte. Doch die Restauration vollzog sich ohne Gegenwehr. Die Zeit war gekommen, alte Rechnungen zu begleichen. Die »Königsmörder« (jene, die Karl I. zum Tode verurteilt hatten) wurden gefangen genommen und in Charing Cross gehängt und geviertteilt. *Rechts oben*: Den Leichnam von Oliver Cromwell grub man aus und hing ihn an den Galgen.

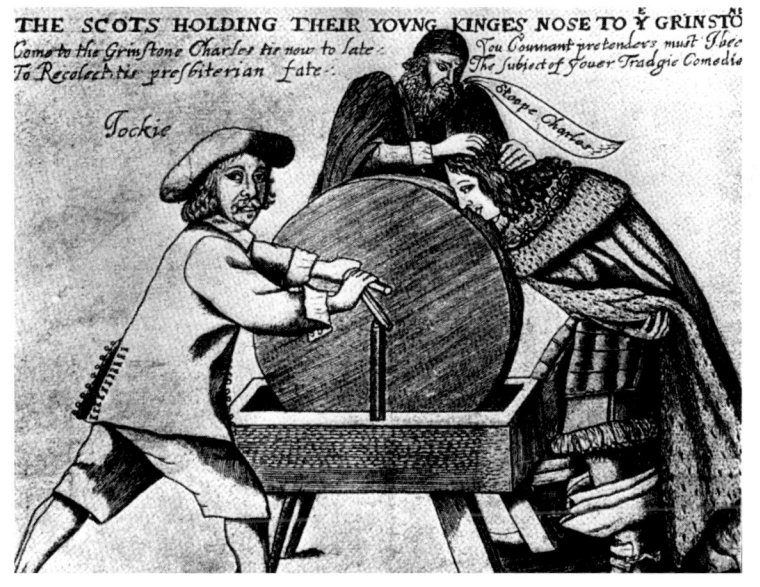

THE SCOTS HOLDING THEIR YOVNG KINGES NOSE TO Y^E GRINSTO^N

Come to the Grinstone Charles tis now to late:
To Recolech tis presbiterian fate:

You Covnant pretenders must I bee
The Subiect of your Tradgie Comedie

Jockie

Stoope Charles

Zu den größten Freuden der Restauration zählte, dass überall in England die Theater wieder öffneten und die puritanische Zensur aufgehoben wurde. Neue Häuser entstanden, darunter das elegante Theatre Royal in der Drury Lane *(unten)*, wo Nell Gwyn *(links)* eine Hauptattraktion war. Sie war eine talentierte Schauspielerin und stadtbekannte Schönheit, die bald zu den vielen Mätressen des Königs zählte. Samuel Pepys war beeindruckt: »Ich sah die hübsche Nelly an ihrer Wohnung in der Drury Lane stehen, in Hemdsärmeln und Mieder, und sie blickte die Leute an – und ich muss sagen, sie ist ein mächtig schönes Geschöpf.«

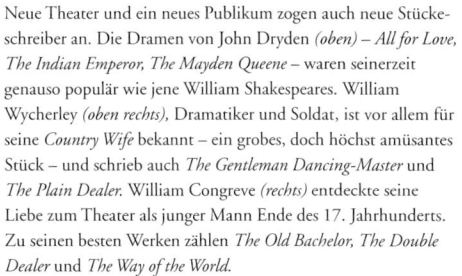

Neue Theater und ein neues Publikum zogen auch neue Stückeschreiber an. Die Dramen von John Dryden *(oben)* – *All for Love, The Indian Emperor, The Mayden Queene* – waren seinerzeit genauso populär wie jene William Shakespeares. William Wycherley *(oben rechts)*, Dramatiker und Soldat, ist vor allem für seine *Country Wife* bekannt – ein grobes, doch höchst amüsantes Stück – und schrieb auch *The Gentleman Dancing-Master* und *The Plain Dealer*. William Congreve *(rechts)* entdeckte seine Liebe zum Theater als junger Mann Ende des 17. Jahrhunderts. Zu seinen besten Werken zählen *The Old Bachelor, The Double Dealer* und *The Way of the World*.

312 Pest und Feuer

Greenwich war einer der Lieblingsplätze Karls II. Schon seit Jahren kamen die Monarchen zu ihrem Vergnügen hierhin. *Oben:* Den alten Palast hatte Humphrey, der Herzog von Gloucester, im 15. Jahrhundert errichtet, um den östlichen Flusszugang nach London zu überwachen. Heinrich VIII., Maria Tudor und Elisabeth wurden hier geboren. *Seite 312 oben:* Karl ließ den alten Palast abreißen und beauftragte John Webb, einen neuen direkt am Flussufer zu bauen. *Seite 312 unten:* Der Blick auf die Stadt von den Höhen des Greenwich-Parks zählte zu den schönsten in London. Mit Unterstützung seines geschätzten Sekretärs der Admiralität Samuel Pepys war Karl sehr darauf bedacht, die Macht der englischen Flotte zu stärken, und Greenwich wurde Standort der königlichen Werft.

314 Pest und Feuer

VERSUS LONDINUM.

Neben Musik und Theater förderte Karl auch die Künste und die Wissenschaften. 1662 wurde er Schirmherr der Royal Society, und 1676 richtete er das Königliche Observatorium in Greenwich ein *(oben und links)*. Bessere und stärkere Teleskope eröffneten Astronomen die Möglichkeit, die Gestirne weitaus genauer zu studieren.

Die Royal Society 315

Rechts unten: John Flamsteed war der erste Hofastronom. Er stellte das erste verlässliche Verzeichnis der Fixsterne zusammen und lieferte das Fundament für viele spätere Arbeiten Isaac Newtons. Das Observatorium entstand in Greenwich, damit es weit genug fort vom Rauch der Holz- und Kohlefeuer der Stadt war, sodass die Wissenschaftler mit Teleskop und Quadranten *(rechts)* einen klaren Himmel für ihre Beobachtungen hatten.

Viele der bedeutendsten Männer ihrer Zeit waren Mitglieder der Royal Society. *Links:* Dem Patron Karl II. wird ein Lorbeerkranz aufgesetzt, flankiert von Francis Bacon und William Brouncker, dem irischen Mathematiker und ersten Präsidenten der Gesellschaft. Zur Royal Society gehörten unter anderem John Aubrey *(Seite 317 oben links),* der Philosoph John Locke *(Seite 317 oben rechts),* John Evelyn, Schriftsteller und Tagebuchschreiber *(Seite 317 unten links)* und Sir William Petty, Arzt, Mathematiker, Ökonom und Generalinspektor von Irland *(Seite 317 unten rechts).*

Die Royal Society 317

Links: Der irische Physiker und Chemiker Robert Boyle war einer der Gründer des »unsichtbaren College«, einer Vereinigung von Oxforder Intellektuellen, die als Vorläufer der Royal Society gelten kann. Neben seiner wissenschaftlichen Arbeit gehörte er auch zum Direktorium der East India Company und setzte sich für die Ausbreitung des Christentums im Orient ein. Außerdem zählte er zu den ersten Wissenschaftlern, die eine Atomtheorie formulierten.

Boyle arbeitete etliche Jahre in seinem Laboratorium in Oxford, wo er das Verhältnis zwischen Druck und Volumen der Gase erforschte. Schließlich hatte er genug Material gesammelt, um das später nach ihm benannte Gesetz zu formulieren, nach dem Druck und Volumen eines Gases umgekehrt proportional zueinander sind. *Rechts:* Boyle präsentierte die Luftpumpe, die er für seine Experimente gebraucht hatte, 1660 der neugegründeten Royal Society.

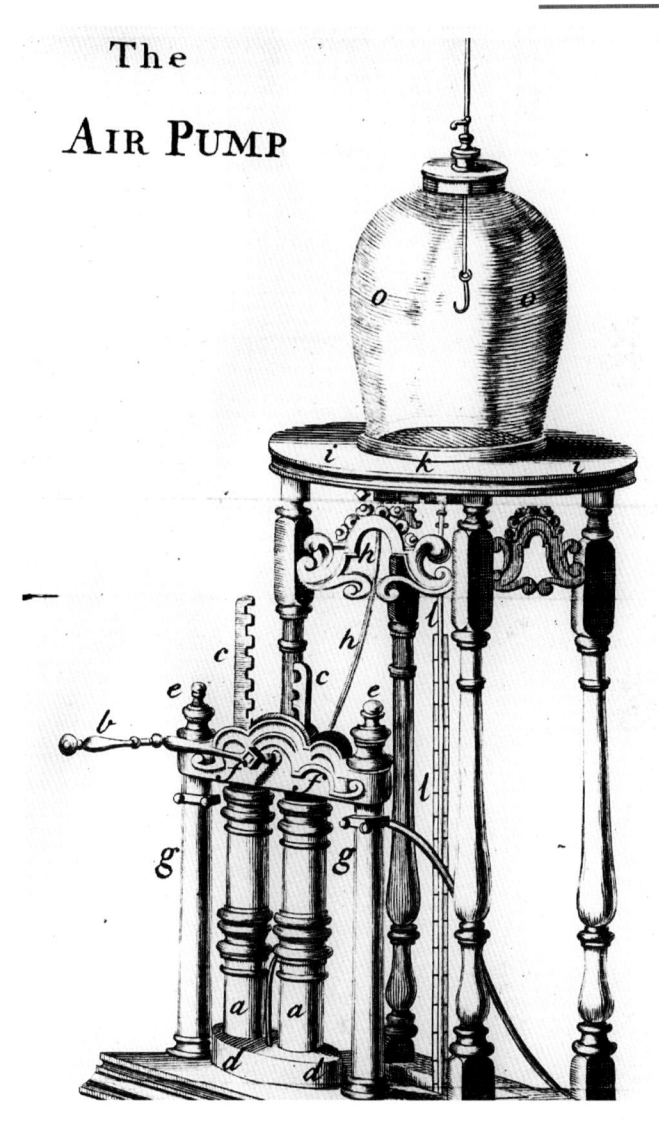

Seite 321 oben links: Sir Isaac Newton war Naturwissenschaftler und Mathematiker. *Links:* Er kam 1642 zur Welt und verbrachte den Großteil seines Lebens in seinem Haus in Woolsthorpe, Lincolnshire. Neben dem Gesetz der Schwerkraft, das er formulierte, erforschte er die Natur des Lichts und die Konstruktion von Teleskopen. *Unten:* Er baute sein eigenes Observatorium, über dessen bescheidene Ausmaße sich andere lustig machten.

Oben rechts: Unter seinen Büchern waren die berühmtesten die *Principia Mathematica* von 1687 und die *Opticks*. Auch er war Mitglied der Royal Society, und unter der Vorladung *(rechts)* zu einer Versammlung am 1. Dezember 1712, auf der Vorsitzende und Amtsträger neu gewählt werden sollten, findet sich seine Unterschrift. Wie Robert Boyle steht auch Newton an der Schwelle von der mittelalterlichen zur modernen Naturwissenschaft, denn beide betätigten sich auch als Alchimisten.

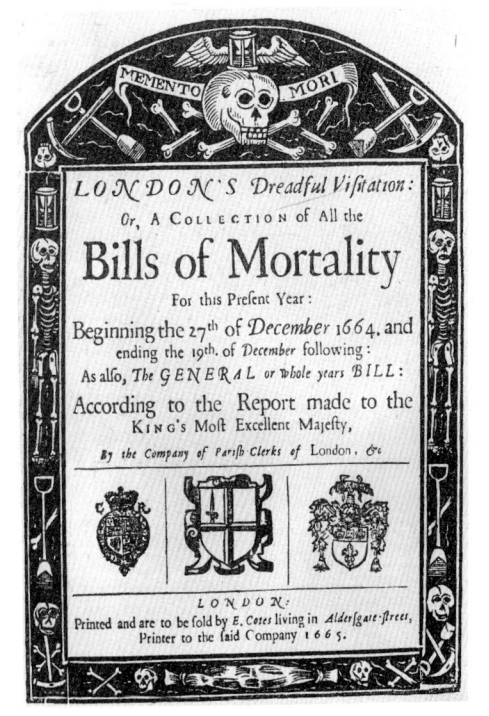

322 Pest und Feuer

LONDON'S Dreadful Visitation:
Or, A COLLECTION of All the

Bills of Mortality

For this Present Year:

Beginning the 27th of *December* 1664, and
ending the 19th of *December* following:

As also, *The* GENERAL *or whole years* BILL:

According to the Report made to the
KING'S Most Excellent Majesty,

By the Company of Parish-Clerks of London, &c

LONDON:
Printed and are to be sold by *E. Cotes* living in *Aldersgate-street*,
Printer to the said Company 1665.

Die Pestepidemie von 1665 traf Großbritannien unvorbereitet. *Seite 322 oben links:* In London schlug die Krankheit am schlimmsten zu. Die ersten Todesfälle sind Anfang Juni vermerkt. *Seite 322 unten links:* Mitte August nennen die Sterbeverzeichnisse bereits über 300 Tote pro Woche in einem einzigen Pfarrbezirk. *Unten:* Die Leichen wurden nachts auf Karren zu Gruben gefahren. *Rechts:* In den Straßen wurden Feuer entzündet, um die Luft zu reinigen. *Seite 322 rechts:* Die Ärzte trugen Schutzkleidung.

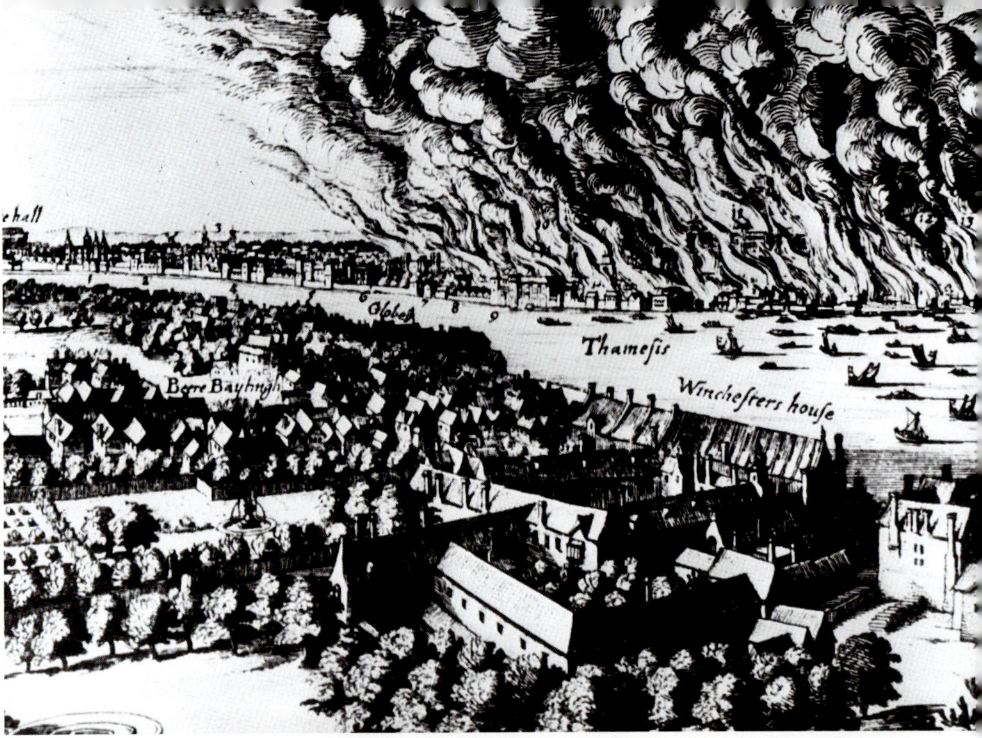
Thamesis
Winchesters house
Berre Bayhngh
Globe

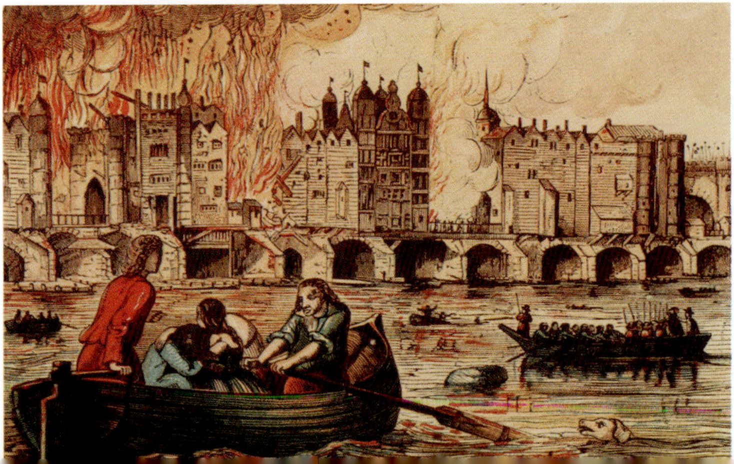

Oben: Fünf Tage wütete das Große Feuer in der City von London. Es gab noch keine richtige Feuerwehr, und dazu war die Stadt randvoll mit Brennbarem – Stroh, Teer, Holz, Branntwein und Tuch. Eins nach dem anderen fingen die großen Bauwerke Feuer – die alte St.-Pauls-Kathedrale, die Säle und Komptoirs der Zünfte und Kaufmannsgilden, die Kirchen und Patrizierhäuser. Es hätte gut die Stadt zur Gänze niederbrennen können, doch nach drei Tagen gab Karl II. Order, dass ganze Straßenzüge, die auf dem Weg des Feuers lagen, gesprengt werden sollten, um seinen Lauf zu stoppen. *Seite 324 unten:* Von der Themse aus gesehen, muss es ein Angst einflößendes Spektakel gewesen sein.

326 Pest und Feuer

Rechts: Der größte Chronist seiner Zeit war Samuel Pepys, ein stiller, fleißiger und energischer Mann, der das Leben in vollen Zügen genoss. Er verehrte seine Frau Elizabeth, was ihn allerdings nicht davon abhielt, auch anderen Damen nachzuschauen. 1660 schreibt er in seinem Tagebuch: »Meine Frau legte heute zum ersten Male ihr französisches Kleid an, einen sac, wie sie es nennen, und es stand ihr sehr gut« *(Seite 326 unten).* Pepys gilt auch als Erfinder des verglasten Bücherschranks. *Seite 326 oben rechts:* Der Mahagonischrank von Hepplewhite ist ein besonders schönes Exemplar. *Seite 326 oben links:* Pepys' Tagebuch lag viele Jahre lang unbemerkt in einer Wäschetruhe.

Als das Große Feuer schließlich gelöscht war, schmiedete man Pläne zum Wiederaufbau der Stadt. *Seite 329 oben rechts:* Der Mann, dem diese Aufgabe anvertraut wurde, war Sir Christopher Wren. Wrens Entwürfe für ein neues London sahen breite Alleen vor, stattliche Plätze und eine prachtvolle neue Kathedrale *(Seite 329 oben links)*. Die meisten Bürger jedoch, deren Häuser zerstört worden waren, waren nicht bereit, auch nur einen Quadratzentimeter ihres Besitzes abzugeben. Die alten schmalen Straßen und Gassen kehrten zurück. Kaum etwas von Wrens kühnen Plänen wurde Wirklichkeit, doch immerhin entstand mit der neuen St-Pauls-Kathedrale *(oben)* ein großartiger Bau. *Seite 329 unten:* Karl II., mit der Hand auf dem Plan, besucht Wren (vierter von links) auf der Baustelle der Kathedrale. Grinling Gibbons (ganz links) und John Evelyn (dritter von links) sind ebenfalls zugegen.

Wren und St. Paul's 329

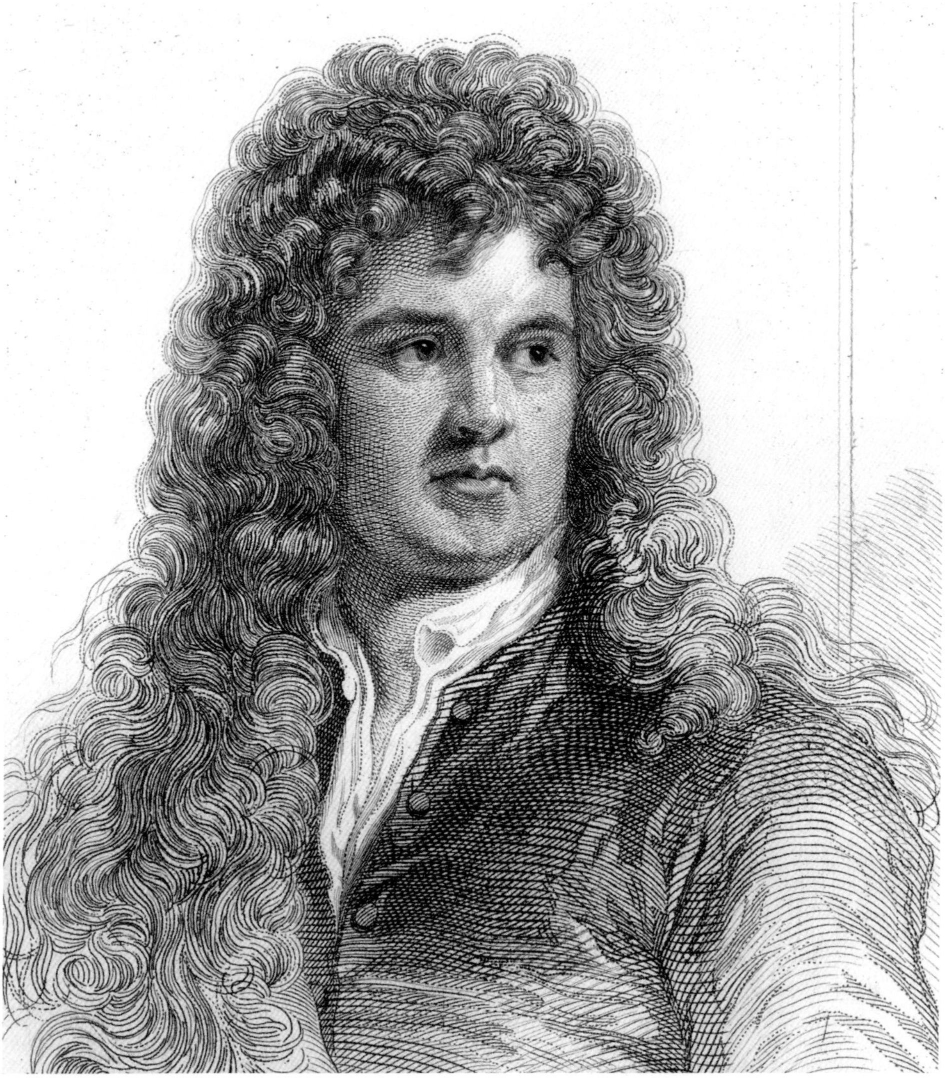

Grinling Gibbons 331

Unten: Das Innere der neuen St.-Pauls-Kathedrale war nicht minder eindrucksvoll als das Äußere. Reiche Friese schmückten die Bögen, üppige Simse krönten die Säulen, kunstvolle schmiedeeiserne Gitter und Tore trennten das Hauptschiff von den Seitenschiffen. Das Prachtvollste von allem waren die Holzschnitzereien an Sitzreihen und Kanzel, Chorgestühl und Lettner. Dies waren Arbeiten des 1648 geborenen Bildhauers und Holzschnitzers Grinling Gibbons *(Seite 330).* Zunächst erkannte man sein Talent kaum, doch dann »entdeckte« ihn John Evelyn 1671 *(rechts),* als er ihn ein Kruzifix schnitzen sah.

332 Pest und Feuer

Wren war ein ausgesprochen produktiver Architekt. Neben St. Paul's entwarf er auch die Kapelle des Pembroke Colleges und die Bibliothek des Trinity Colleges in Cambridge, das Ashmolean Museum und das Sheldonian Theatre in Oxford *(Seite 332 oben rechts)*, und in London Royal Exchange, Temple Bar, Royal Observatory, Chelsea Hospital und Marlborough House. Ebenfalls in London baute er mehr als 50 im Feuer zerstörte Stadtkirchen wieder auf, darunter St. Clement's, Eastcheap *(Seite 332 oben links)*, St. Stephen's Walbrook *(Seite 332 unten)* und Christ Church, Spitalfields *(rechts)*.

334 Pest und Feuer

Printed & Sold
by Christopher Browne
at the Globe at the West
end of S.t Pauls Church
LONDON

J. Kip inventor et Sculptor London f. 1700.

Chelsea 335

Links: Karl II. gründete das Chelsea Hospital 1682 als Heim für Kriegsveteranen der britischen Armee und als Gegenstück zum Royal Naval Hospital in Greenwich. *Oben:* Zuvor hatte auf diesem Gelände ein Priesterseminar gestanden, das der Dekan von Exeter vor etwa 65 Jahren begründet hatte. Das Seminar war stets unpopulär geblieben – Erzbischof Laud nannte es die »Schule der Zwietracht« – und wurde niedergerissen, um Wrens neuem Entwurf Platz zu machen. 1692 war der Bau vollendet, und 476 Pensionäre zogen ein.

336 Pest und Feuer

Covent Garden 337

Francis Russell, der
4. Graf von Bedford, war
ein Geschäftsmann, der
Mitte des 17. Jahrhunderts mit Grundstücksspekulationen reich
werden wollte. Er beauftragte Inigo Jones damit,
eine Reihe von Häusern
zu bauen, »gut genug,
dass Gentlemen und
tüchtige Männer darin
wohnen können«. Jones
schuf seine erste palladianische Piazza *(oben)* mit
der St.-Paul's-Kirche und
klassizistischen Arkaden
(ganz links). Für viele
Londoner war Covent
Garden ein Schock, weil
sie eine solche Weiträumigkeit nicht kannten.
Hier sah Samuel Pepys
am 23. Mai 1662 einen
der ersten Auftritte von
Herrn Kasper *(links)* in
Großbritannien.

Durch die neuen Handelsrouten gelangten neue Waren ins Land. Im London des 17. Jahrhunderts war Kaffee als heißes, anregendes Getränk beliebter als Tee. *Ganz rechts:* Kaffeehäuser wie etwa jenes in der Bride Lane, Fleet Street, eröffneten in der Stadt, und Geschäftsleute trafen sich dort, um ihre Angelegenheiten zu bereden, Zeitungen zu lesen und über die Fragen des Tages zu debattieren *(rechts)*. Doch das Kaffeetrinken hatte auch seine Gegner. *Unten:* 1647 verfassten Frauen eine »Petition gegen den Kaffee«.

THE
WOMENS
PETITION
AGAINST
COFFEE
REPRESENTING
TO
PUBLICK CONSIDERATION
THE
Grand INCONVENIENCIES accruing
to their SEX from the Excessive
Use of that Drying, Enfeebling
LIQUOR.
Presented to the Right Honorable the
Keepers of the Liberty of *VENUS*.

By a Well-willer——

London, Printed 1674.

Kaffeehäuser 339

340 Pest und Feuer

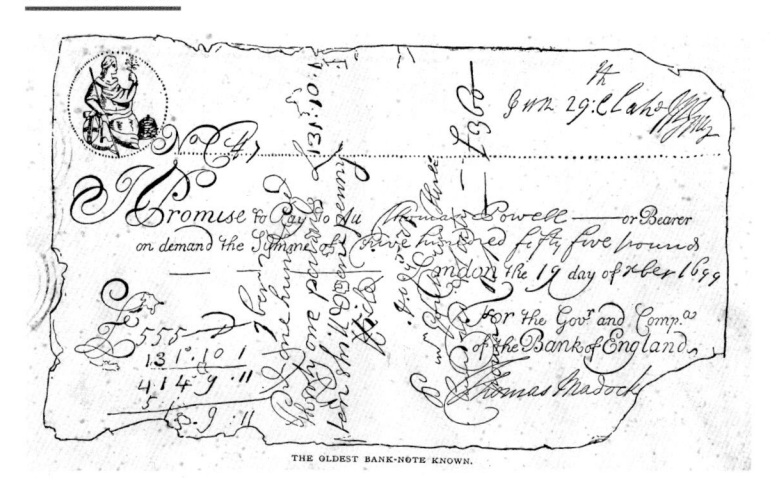

THE OLDEST BANK-NOTE KNOWN.

Schon seit den 1650er Jahren wurde diskutiert, eine Bank von England zu gründen. *Unten:* Die Gründung erfolgte 1694 in der Mercers' Hall in Cheapside. Einige Monate darauf zog sie in die Grocers' Hall in der Princes Street. Ziel war es vor allem, Geld für den Krieg gegen Frankreich zu erwirtschaften. *Rechts:* Der erste Direktor war Sir John Houblon, ein vormaliges Mitglied der Grocers' Company. *Links:* Eine frühe Banknote von 1699.

Die Bank von England 341

342 Pest und Feuer

Holländerkriege 343

Ein viertägiges Seegefecht zwischen den englischen und holländischen Flotten fand vom 1. bis 4. Juni 1666 in weiten Teilen der Nordsee statt, von der Themsemündung bis zur holländischen Küste. Pepys war verblüfft vom Ausgang: »Wir sind geschlagen – haben viele Schiffe und gute Kommandeure verloren – und nicht ein einziges des Feindes versenkt …«

PARADISE LOST.

BOOK I.

OF Mans First Disobedience, and the Fruit
Of that Forbidden Tree, whose mortal taft
Brought Death into the World, and all our woe,
With loss of *Eden*, till one greater Man
Restore us, and regain the blissful Seat,
Sing Heav'nly Muse, that on the secret top
Of *Oreb*, or of *Sinai*, didst inspire
That Shepherd, who first taught the chosen Seed,
In the Beginning how the Heav'ns and Earth
Rose out of *Chaos* : Or if *Sion* Hill
Delight thee more, and *Siloa's* Brook that flow'd
Fast by the Oracle of God ; I thence
Invoke thy aid to my adventrous Song,
That with no middle flight intends to soar

A   Above

Seite 344 links: In seiner Jugend war John Milton kein Heiliger, doch nach sechsjährigem Studium begann er, ein Werk der Dichtkunst oder Dramatik zu schreiben, das »lehrreich und exemplarisch für die Nation« sein sollte. Der Bürgerkrieg vereitelte das Projekt zunächst. 1652 erblindete Milton, machte sich aber trotzdem in späteren Jahren daran, sein bedeutendstes Werk zu verfassen. *Paradise Lost (Das verlorene Paradies; Seite 344 oben rechts)* erschien 1667. Es handelt vom Sündenfall des Menschen und vom Kampf zwischen Gut und Böse. *Seite 344 unten rechts:* Für das Böse stehen Satan und Beelzebub. *Rechts:* Satan nähert sich bedrohlich.

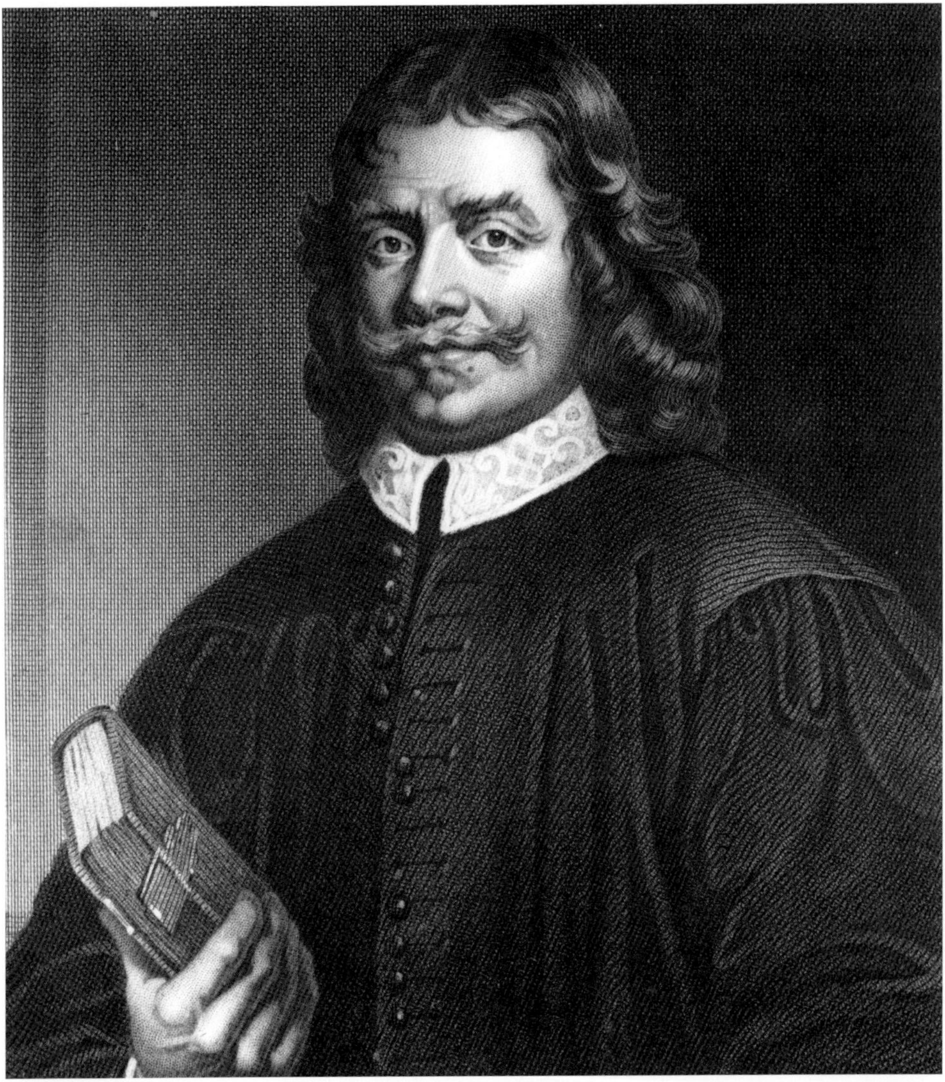

THE
Pilgrim's Progress.
FROM
THIS WORLD
TO
That which is to come.
The Second Part.

Delivered under the Similitude of a

DREAM,

Wherein is set forth

The manner of the setting out of *Chri-stian's* Wife and Children, their
Dangerous JOURNEY,
AND
Safe Arrival at the Desired Country.

By *JOHN BUNYAN*,

I have used Similitudes, Hos. 12.10.

LONDON,
Printed for *Nathaniel Ponder* at the *Peacock*,
in the *Poultry*, near the Church, 1684.

Seite 346: John Bunyan, Sohn eines Kesselflickers wurde 1644 mit 16 Jahren Soldat. Bald beschäftigte er sich eingehender mit der Religion und sah das Leben nun als großen Kampf, der zur letztendlichen Erlösung führt. Nach dem Bürgerkrieg wurde Bunyan nonkonformistischer Prediger. Es dauerte nicht lange, bis ihn seine Predigten in Schwierigkeiten brachten. Im November 1660 wurde er verhaftet und für zwölf Jahre eingekerkert. Mit dem Gnadenerlass von 1672 kam er frei, wurde im folgenden Jahr jedoch von neuem inhaftiert. In den sechs Monaten im Gefängnis von Bedford schrieb er sein Meisterwerk, *The Pilgrim's Progress (oben rechts),* in dem Christian, der archetypische Christ, von der Stadt der Zerstörung ins Land der ewigen Seligkeit wandert.

348 Pest und Feuer

Oben: Izaak Walton kam 1593 in Stafford zur Welt. Als Eisenhändler in London verdiente er gerade genug, um sich mit 50 Jahren zur Ruhe zu setzen. Den Rest seines Lebens verbrachte er größtenteils in Winchester. Seine große Leidenschaft war das Angeln, obwohl er dabei nicht viel fing. 1653 veröffentlichte er den *Compleat Angler*, ein Handbuch, das seine Anmerkungen zu Flüssen und Seen enthielt, Anleitungen zum Herstellen künstlicher Fliegen und auch Kochrezepte für den gefangenen Fisch. *Rechts:* Charles Cotton brachte 1672 eine revidierte Auflage unter dem Titel *The Experienced Angler*, heraus. *Links:* Beide Bücher haben charmante Illustrationen.

350 Pest und Feuer

Die Quäker 351

George Fox *(Seite 350 oben,* bei der Predigt in einem Gasthaus) begründete 1646 die Society of Friends – die Quäker. Der Kritiker der Kirche sprach dem Staat das Recht ab, über Religion, Priester, Recht und Kriegsdienst zu bestimmen. Die frühen Quäker waren oft aufrührerisch in ihrer Art und bekannten sich rücksichtslos zu ihrer Meinung. James Nayler, mit Fox Begründer der Bewegung, war einer der vielen Glaubensbrüder, die deswegen Verfolgung zu erleiden hatten. Er wurde an einen Karren gebunden und vom Scharfrichter ausgepeitscht *(Seite 350 unten links);* dazu bekam er mit einem heißen Eisen ein Loch in die Zunge gebrannt *(Seite 350 unten rechts).* Trotz Folter und Strafe gewannen die Quäker immer mehr Anhänger. *Oben links:* Eine Quäkerversammlung in der Synod Hall. *Oben rechts:* Ansicht eines Quäkergottesdienstes aus dem frühen 18. Jahrhundert.

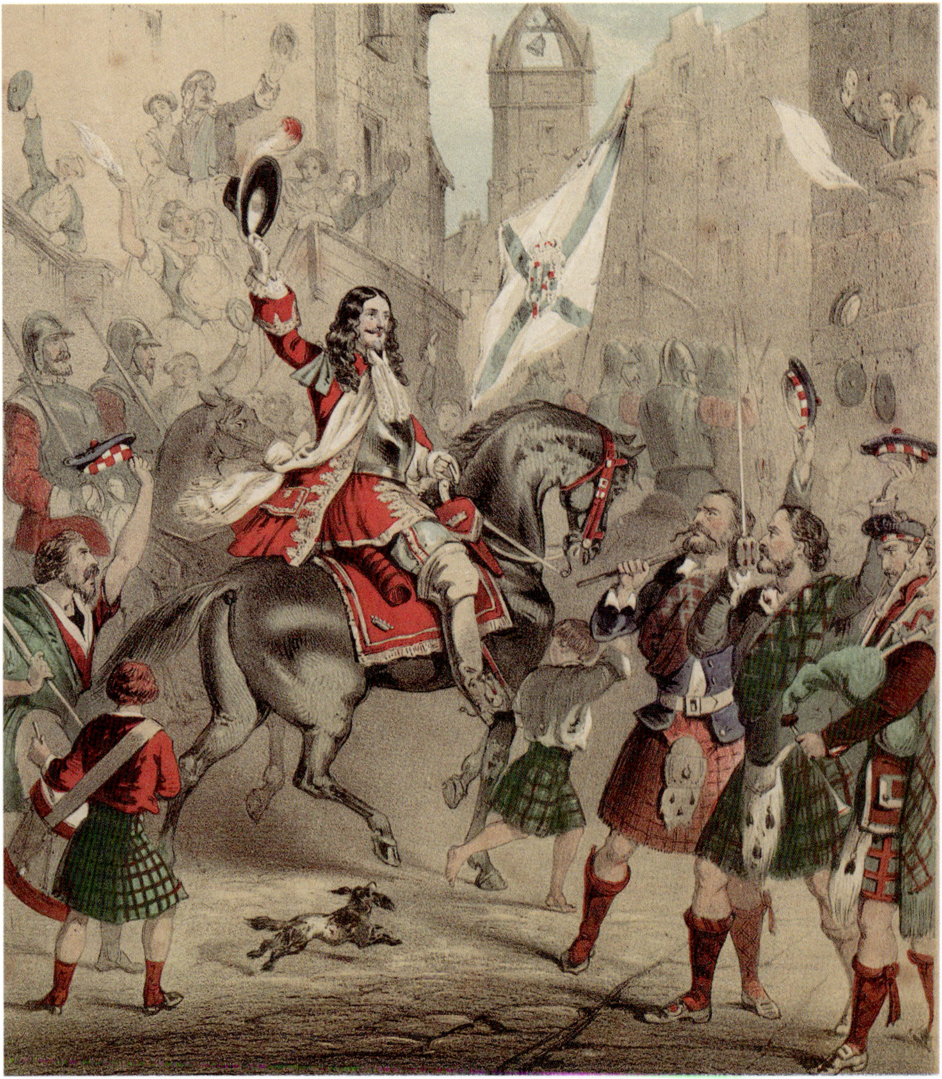

Die Covenanter 353

Als Karl I. versuchte, das anglikanische Gebetbuch in Schottland durchzusetzen, stieß er auf erbitterten Widerstand. *Unten:* Bei der Versammlung 1638 im Kirchhof von Greyfriar's in Edinburgh wurde ein Vertrag, ein *Covenant*, aufgesetzt, der alle Unterzeichner verpflichtete, sich lebenslang gegen Karls Zwänge zu wehren.
Rechts: James Graham, der 1. Marquis von Montrose, kämpfte gegen die Covenanter, bis er aufgeknüpft wurde. *Links:* John Graham führte später die Armeen Wilhelms II. gegen die Covenanter.

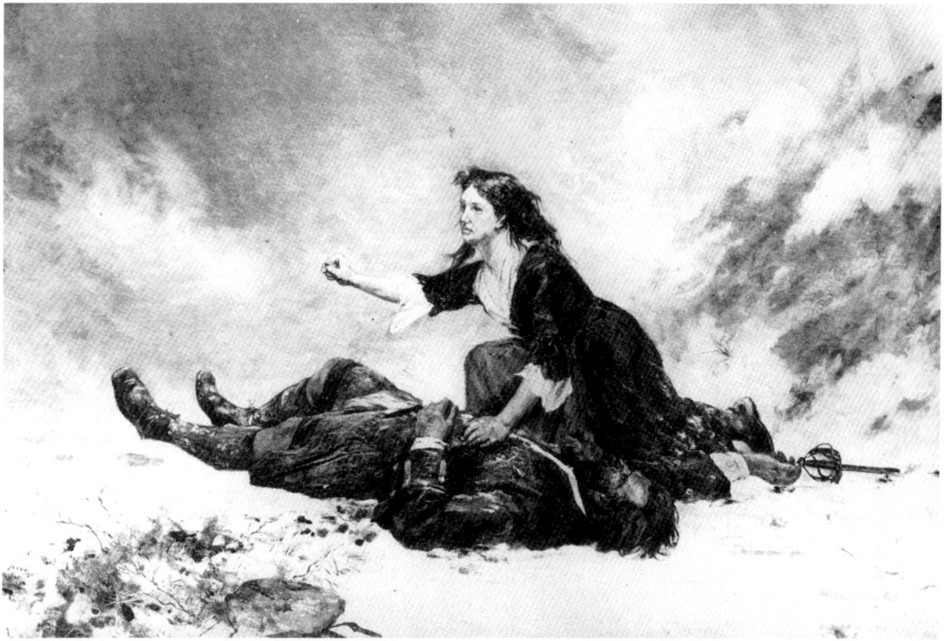

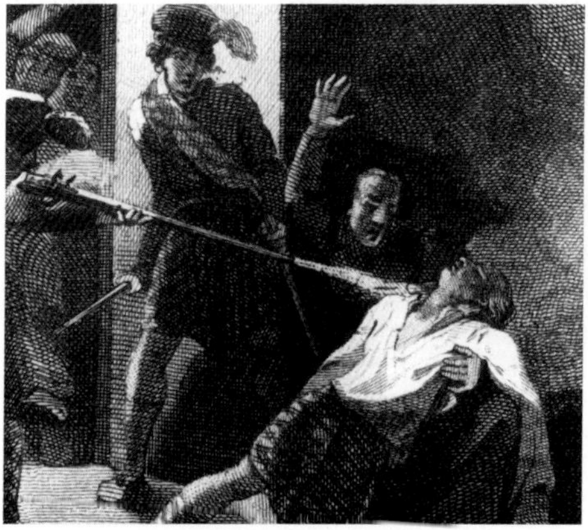

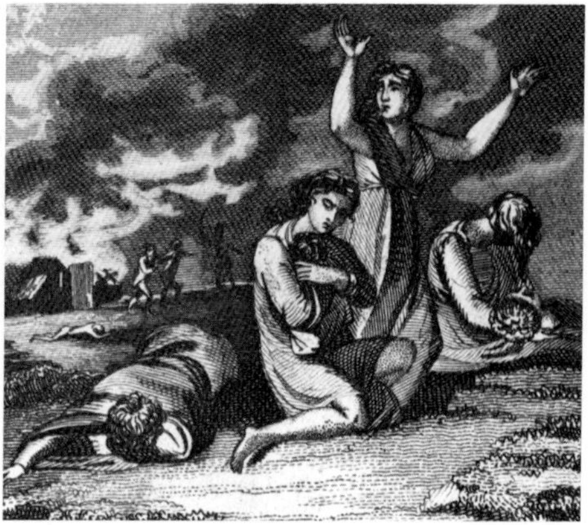

1691 machte sich Wilhelm III. Sorgen um die Unruhen in Schottland. Man hörte Gerüchte, eine französische Invasion stünde bevor. Er verfügte, dass alle Clansoberhäupter vor dem Neujahrstag 1692 einen Treueeid zu schwören hätten. Einer von ihnen, Macdonald von Glencoe, versäumte den Stichtag. Der Ratgeber des Königs, der Master of Stair, bestand darauf, dass an den Macdonalds ein Exempel statuiert werden solle. Über 100 Soldaten wurden auf sie gehetzt. *Links oben und unten:* Nachdem sie eine ganze Woche lang anscheinend ihre Gastfreundschaft genossen hatten, massakrierten die Soldaten das Oberhaupt und 37 weitere Personen, darunter zwei Frauen und zwei Kinder. Die Schandtat sorgte dafür, dass die Gegner Wilhelms, die Jakobiten, guten Zulauf bekamen, darunter auch Rob Roy MacGregor *(rechts)*. Der »rote Robert« verbrachte einen Gutteil seines Lebens als Gesetzloser, wobei er jedoch stets dem Galgen entging.

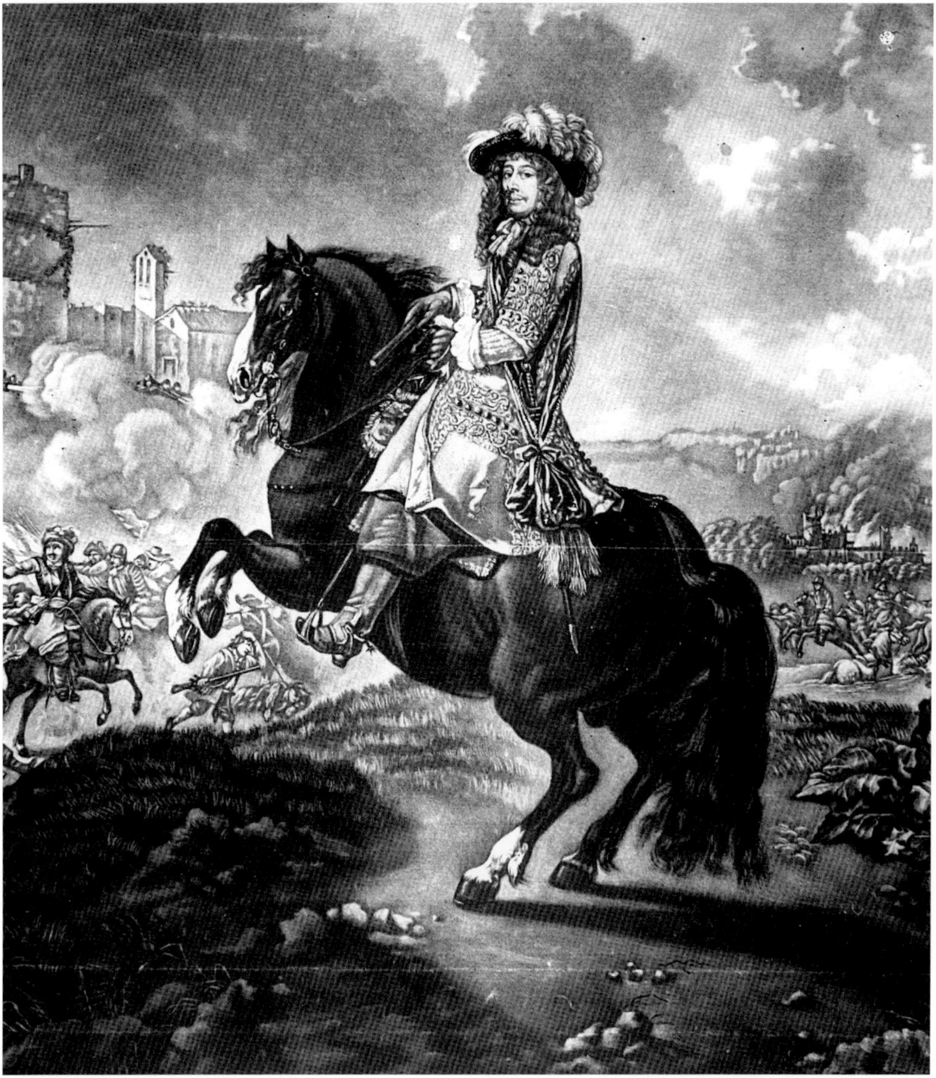

Monmouth 357

Seite 356: Jakob, der Herzog von Monmouth war Halbbruder Jakobs II. 1685 führte Monmouth eine Rebellion an, in der er für die protestantische Sache gegen den katholischen König ins Feld zog. Sein Schlag kam zu früh, denn Jakob hatte sich noch nicht unpopulär genug gemacht. Monmouth und seine Rebellen unterlagen in der Schlacht von Sedgemoor. Es folgten die *Bloody Assizes,* das Blutgericht, dem Sir George Jeffreys vorsaß *(rechts),* ein grausamer und verschlagener Mann, der Hunderte an den Galgen oder in die Versklavung schickte. Als Jakob II. aus England floh, entzog sich Jeffreys der Verfolgung und verkleidete sich als Seemann. *Oben:* Das Volk in Wapping erkannte ihn jedoch, und er wurde in den Londoner Tower geworfen, wo er starb.

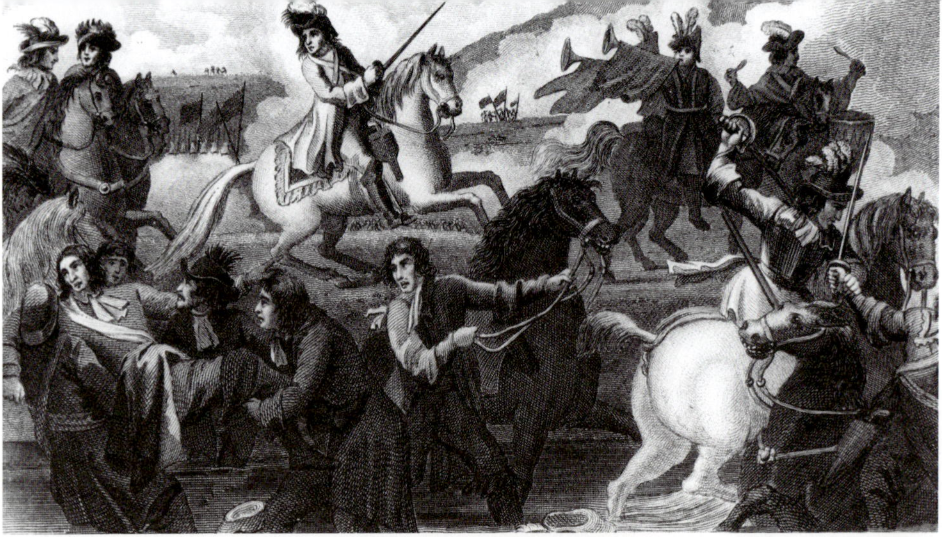

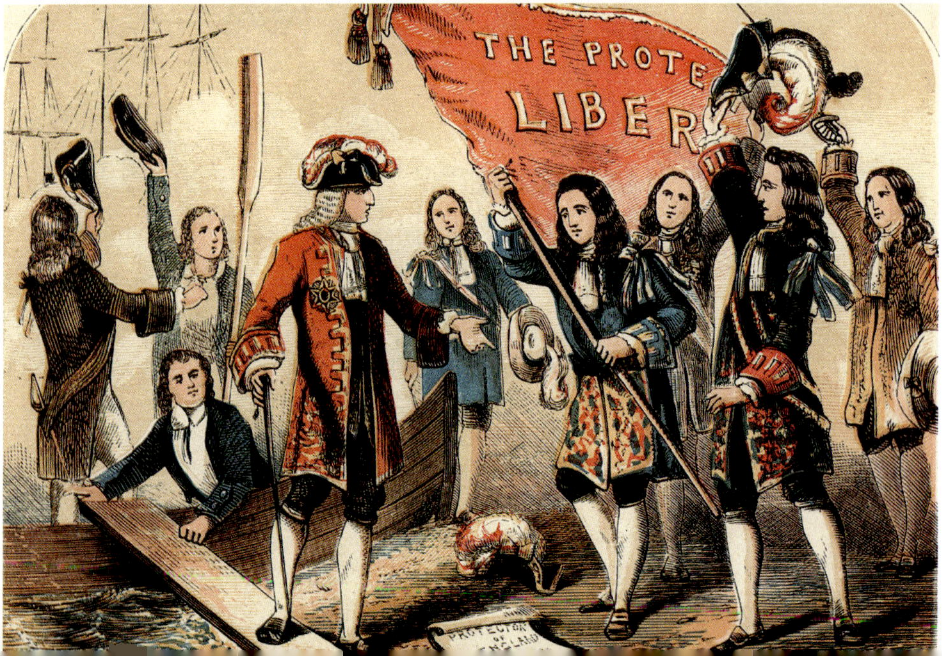
THE PROTE
LIBER

Wilhelm von Oranien und seine Frau Maria *(rechts)* nahmen die Einladung führender englischer Politiker an, als Nachfolger Jakobs den Thron zu besteigen. *Seite 358 unten:* Wilhelm landete im November 1688 in Torbay, nachdem er zuvor gelobt hatte, die Bill of Rights anzuerkennen, ein Gesetz, das die Macht des Königs beschränkte. Jakobs Flucht machte es Wilhelm leicht, sich in England durchzusetzen, doch in Irland stieß er auf katholischen Widerstand. *Seite 358 oben:* Die Entscheidungsschlacht zwischen den Anhängern Wilhelms und Jakobs fand am 11. Juli 1690 an der Boyne statt. *Unten:* Als Wilhelm nach der Unterwerfung Irlands zurückkehrte, begrüßten ihn die Londoner mit einem Feuerwerk in Covent Garden.

Seite 361 oben links: Jakob II. trat 1685 die Nachfolge seines Bruders Karl an. *Oben:* Seine Krönung beging man mit einem spektakulären Feuerwerk auf der Themse, doch die Begeisterung hielt nicht lange, denn als Katholik stellte sich Jakob gegen die Mehrzahl seiner Untergebenen.

Jakob II. 361

Jakob versuchte, die Steuern ohne Zustimmung des Parlaments zu erhöhen, er ging in aller Offenheit zur Messe und ließ sich eine Pension vom König von Frankreich zahlen. Er war bereits 1688 so unpopulär geworden, dass führende Vertreter seiner Regierung Wilhelm von Oranien einluden, sich an seiner Stelle krönen zu lassen. *Rechts:* Jakob floh per Boot und versenkte unterwegs das Großsiegel Englands in der Themse. *Oben rechts:* Er segelte nach Frankreich, wo ihn Ludwig XIV. empfing, und kehrte nie nach England zurück.

10
POLITISCHE LÖSUNGEN
1700–1750

1721 trat Edmund Halley die Nachfolge John Flamsteeds als Hofastronom an. Halley leistete unschätzbare Arbeit im Erstellen von Sternkarten und bei der Berechnung von Kometen – deren berühmtester seinen Namen trägt. Sein Nachfolger wiederum wurde im Jahr 1742 James Bradley. Bradley war ein exzellenter Naturwissenschaftler, »der Begründer der modernen Himmelsbeobachtung«. Außerdem setzte er sich unermüdlich für bessere Finanzierung ein und konnte rechtzeitig zur großen Sonnenfinsternis von 1748 das königliche Observatorium in Greenwich mit neuen Instrumenten ausstatten. *Rechts:* Zwei Männer wollen die Finsternis beobachten, die für den 14. Juli 1748 über London erwartet wurde.

Fig. 2. *Fig. 3.*

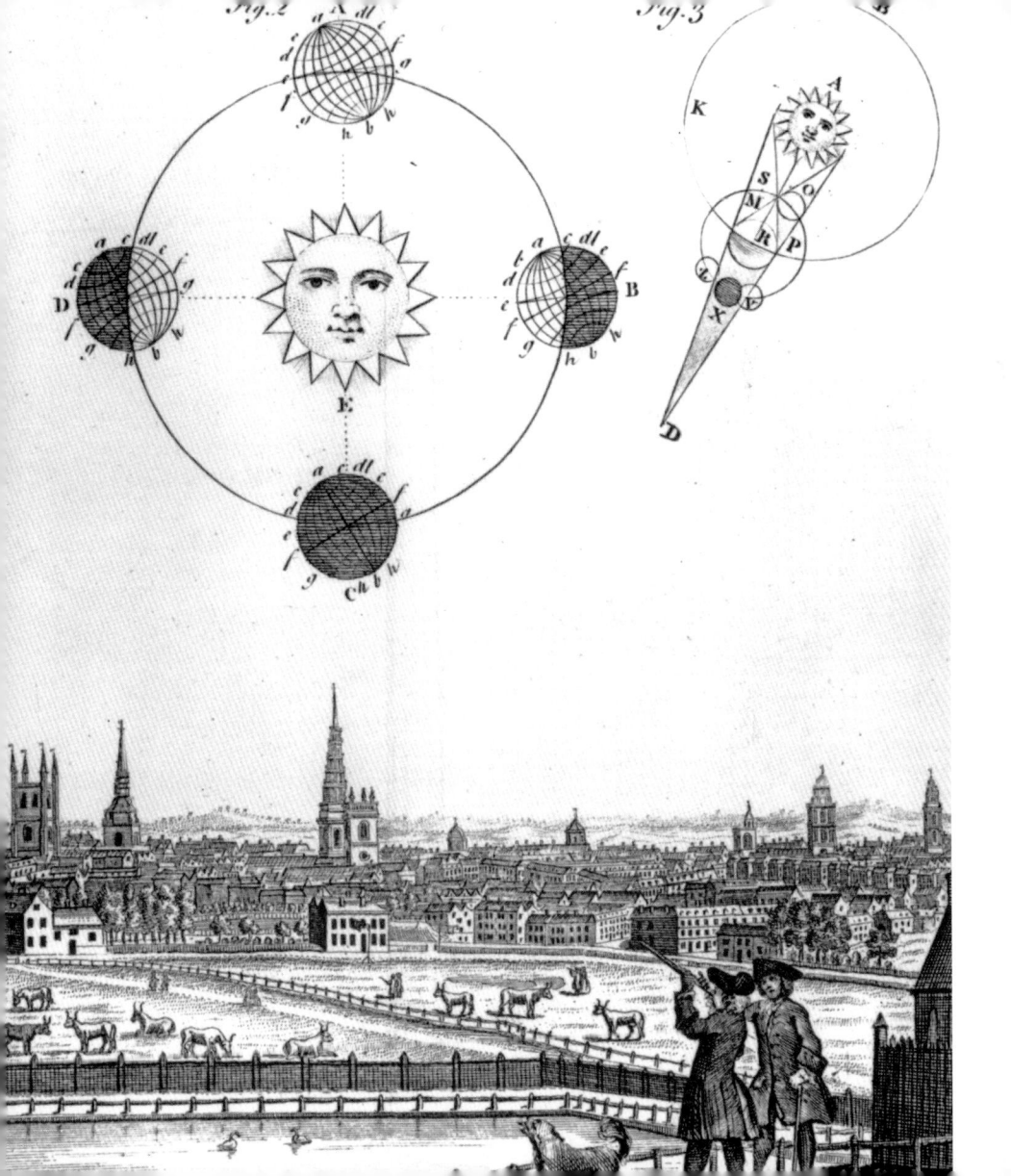

Einleitung

Im Jahr 1707 löste der Act of Union das schottische Parlament auf. Es sollte fast 300 Jahre dauern, bis es von neuem einberufen würde. Doch Schottland blieb ein unruhiges und gefährliches Land. Als Königin Anna 1714 starb, gab es viele Bürger nördlich (wie südlich) der Grenze, die Kopf und Fäuste schüttelten, als der Kurfürst von Hannover den britischen Thron bestieg. Georg war ein unsympathischer Mann, dessen größte Leistung darin bestand, dass er den Komponisten Georg Friedrich Händel mit nach England brachte.

So kam es, dass die erste Hälfte des 18. Jahrhunderts zwei bewaffnete Aufstände sah, die den Stuartkönigen wieder zur Macht verhelfen wollten. Der erste im Jahr 1715 war bald niedergeschlagen, denn ihr Kandidat (Jakob, der »alte Prätendent« – Sohn Jakobs II.) war nicht attraktiver als Georg und ließ sich nicht einmal im Land sehen. Der zweite Aufstand 1745 war hingegen eine ernstere Sache. Anführer war der Sohn des alten Prätendenten, »Bonnie Prince Charlie«, ein mitreißender, tollkühner Mann, und die britische

Regierung war auf seinen Schlag nicht vorbereitet. Charles führte seine Armee bis auf drei Tagesmärsche vor London. König und Hof bereiteten die Flucht vor. Doch Charles war Abenteurer, kein Stratege, und trat den Rückmarsch an. Die Highlander wurden vom »Schlächter« Cumberland gnadenlos gehetzt und in der Schlacht von Culloden Moor vernichtend geschlagen. Charles floh nach Frankreich, und zurück blieben nur geplatzte Träume, gebrochene Herzen, wehmütige Lieder und die Vergeltung der britischen Regierung.

Thomas Arne schrieb *Rule, Britannia,* doch sie galt einem weit älteren englischen Sieg. Daniel Defoe betrat mit *Robinson Crusoe* literarisches Neuland, und Henry Fielding schrieb einen Roman, den auch heute noch viele zu den besten Englands zählen – *Tom Jones.* William Hogarth hielt die Freuden und das Elend des Lebens in Bildern wie *The Idle Apprentice, Beer Street* und *Gin Lane* fest. Herrenhäuser wuchsen zu prachtvollen Schlössern heran, allen voran Blenheim Palace (von Sir John Vanbrugh für den 1. Herzog von Marlborough errichtet) und Castle Howard (für den 3. Grafen von Carlisle). »Capability« Brown gab mit üppigen Parklandschaften diesen Palästen die angemessene Umgebung. Thomas Chippendale füllte sie mit einigen der schönsten Möbelstücke aller Zeiten.

Straßenräuber wurden für Reisende auf den Britischen Inseln zur immer größeren Gefahr, vor allem auf der Heide und in den Wäldern, die größere Städte umgaben. In London konnten sich gesetzestreue Bürger an die Bow Street Runners wenden oder an Jonathan Wild, der sich zum »obersten Diebesfänger von Großbritannien und Irland« erklärte. Die Wesleys mühten sich, die Seelen der Menschen zu retten und das Los der Armen zu bessern. Die wohlhabenden Londoner gingen in den Vauxhall Gardens an der Themse spazieren, bewunderten die Brunnen, die Pavillons und die Festbeleuchtung. Die Mittellosen saßen in einfachen Arbeitshäusern und zupften Hanf.

366 Politische Lösungen

1707 unterzeichnete das schottische Parlament mit dem Act of Union sein eigenes Todesurteil. Im Gegenzug erhielt Schottland knapp £ 400 000, »volle Freiheit des Handels und der Seefahrt« sowie das Recht, 15 Lords und 45 gewählte Vertreter ins Parlament nach Westminster zu schicken. *Seite 367 unten:* Der Marquis von Queensberry überbrachte Königin Anna die schottische Einwilligung. Als Anna starb, weigerten sich viele Schotten, Georg I. als Nachfolger anzuerkennen, und hielten sich an Jakob Stuart, den »alten Prätendenten« *(Seite 367 oben links). Seite 367 oben rechts:* Der Graf von Mar stellte eine jakobitische Armee auf, doch der Aufstand verlief im Sande. *Links:* 30 Jahre darauf errang der junge Prätendent in Prestonpans einen großen Sieg, doch es sollte der letzte Triumph der Stuarts bleiben.

Die Union mit Schottland 367

368 Politische Lösungen

Marlborough und Blenheim

Im Jahr 1700 akzeptierte Ludwig XIV. von Frankreich das Erbe der spanischen Krone im Namen seines Enkels, verbot Importe aus England und erkannte in aller Form den Anspruch Jakob Stuarts auf den englischen Thron an. Es war der Anfang des Spanischen Erbfolgekrieges. Die britischen und alliierten Truppen gegen Ludwig führte John Churchill, der Herzog von Marlborough *(rechts,* mit seinem schwarzen Pagen). 1704 treffen in der Schlacht von Blenheim (Blindheim oder Höchstädt, *links oben)* 100 000 Mann aufeinander; am Ende ergibt sich Marschall Tallard, der französische Kommandierende, Marlborough *(links unten).*

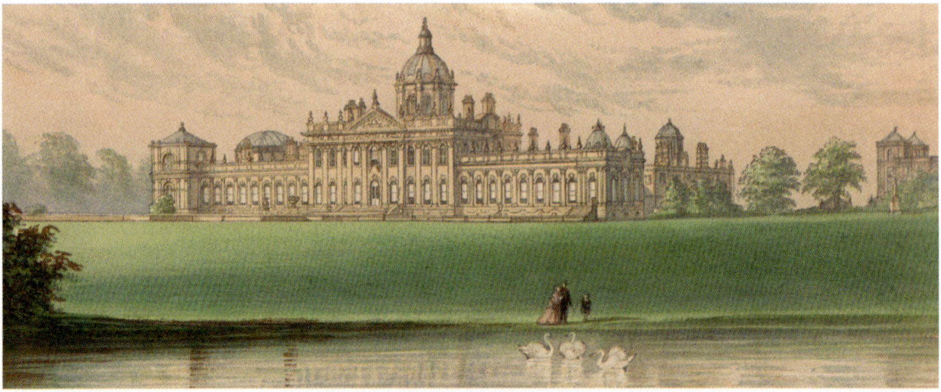

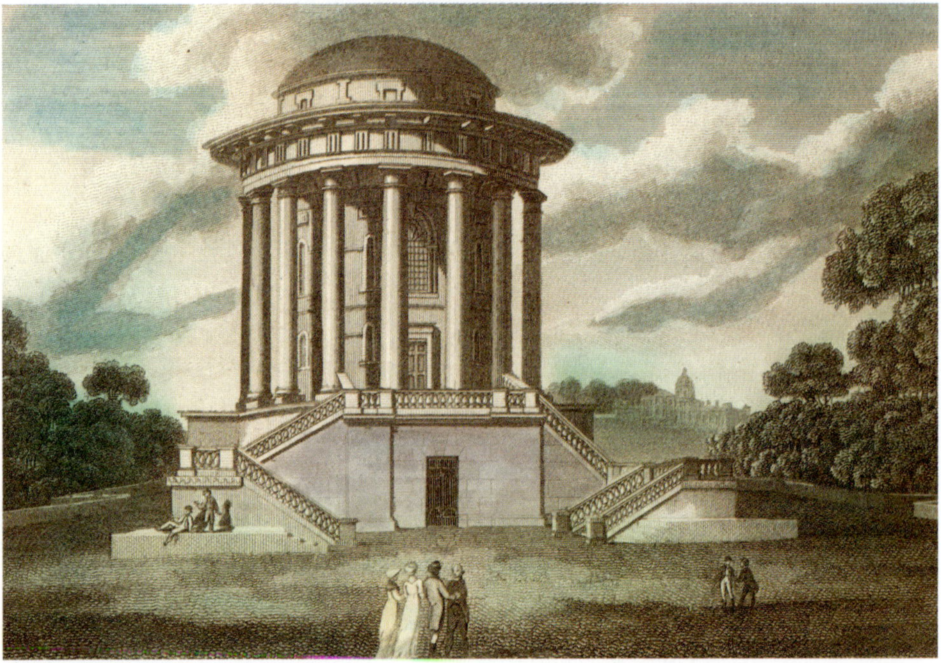

Die dankbare Nation belohnte Marlborough reichlich für seinen Sieg von Blenheim. *Links oben:* Man errichtete für ihn eine fürstliche Residenz bei Woodstock, Oxfordshire, entworfen von Sir John Vanbrugh *(rechts),* vollendet von Nicholas Hawksmoor, nachdem Vanbrugh bei Königin Anna in Ungnade gefallen war. Beide Männer teilen sich auch den Ruhm für Castle Howard in Yorkshire *(oben und links oben),* erbaut für den Grafen von Carlisle. *Links unten:* Das Mausoleum im Park von Castle Howard bei New Malton, Yorkshire.

Fünf Jahre nach Blenheim stellte sich Marlboroughs Armee von neuem den Franzosen, diesmal bei Malplaquet. *Unten:* Die blutigste Schlacht des Krieges, bei der beide Seiten schwere Verluste erlitten, blieb ohne Entscheidung. Die Kämpfe zogen sich noch fünf weitere Jahre hin, bevor 1715 in Utrecht der Friede ausgehandelt wurde. *Links:* Ein Flugblatt stellt den Friedensschluss dar und verspricht »großen Frieden und reichlichen Handel«.

Marlborough und Malplaquet 373

»Marlbrouck« (Marlborough) in einer Illustration zu dem Lied *Marlbrouck va à ton guerre*, das französische Schulkinder noch 250 Jahre später sangen.

374 Politische Lösungen

Unten rechts: Auf Wilhelm III. folgte seine Schwägerin Anna als Königin. *Unten links:* Die überzeugte Protestantin konnte, anders als frühere Stuarts, zuhören, wenn ihre Minister etwas vorbrachten. *Rechts:* Annas besondere Favoritin war Sarah Jennings, spätere Herzogin von Marlborough – bis sie sich 1711 zerstritten, was zum Sturz Marlboroughs und zur Rückkehr der Tories an die Macht führte.

Queen Anne

Schon lange vor Annas Tod machten sich britische Politiker Gedanken darum, wer ihre Nachfolge antreten sollte. Das Nachfolgegesetz (Act of Settlement) von 1701 schloss Katholiken aus, und so war die nächste Erbberechtigte die Nachfahrin der Schwester Karls I., Elisabeth von der Pfalz. Elisabeths Tochter Sophia, Kurfürstin von Hannover *(oben links)*, war wiederum die Mutter des Kurfürsten Georg *(Seite 377)*. Sophia starb einige Monate vor Anna, und so ging die Krone nach Annas Tod an Georg. *Oben rechts:* Sophia Dorothea von Zolle, Ehefrau Georgs I. – die Ähnlichkeit mit ihrer Schwiegermutter ist verblüffend.

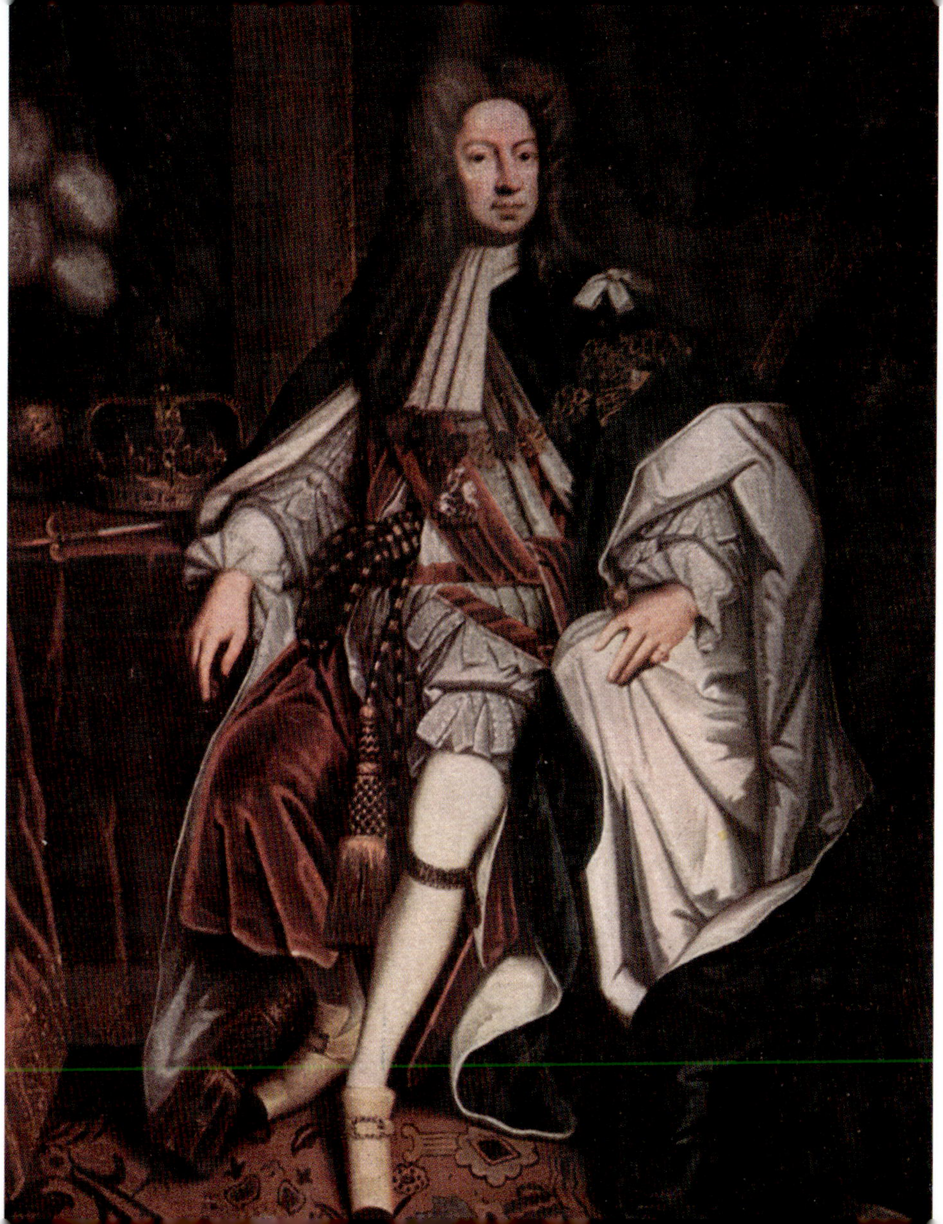

Oben: Robert Harley, 1. Graf von Oxford, war Annas Oberster Minister, als die South Sea Company 1711 gegründet wurde. Mit dem Handel begann die Kompanie, die ihren Sitz in der Threadneedle Street hatte *(rechts unten)*, allerdings erst 1715 nach dem Frieden von Utrecht. Im Januar 1720 bot sie an, einen Großteil der britischen Staatsschulden zu übernehmen. Mit der Aussicht auf gewaltige Profite im Südamerikahandel lockte sie eine Vielzahl von Spekulanten an, und der Aktienwert verzehnfachte sich binnen weniger Monate. Im September 1720 platzte der Traum. Der Kurs stürzte ins Bodenlose, und es stellte sich heraus, dass in den Skandal zwei Mätressen des König, der Schatzkanzler, der Postminister und der Erste Schatzlord verwickelt waren. *Rechts oben:* Hogarths Sicht der großen Südsee Spekulation

Die Südsee-Spekulation 379

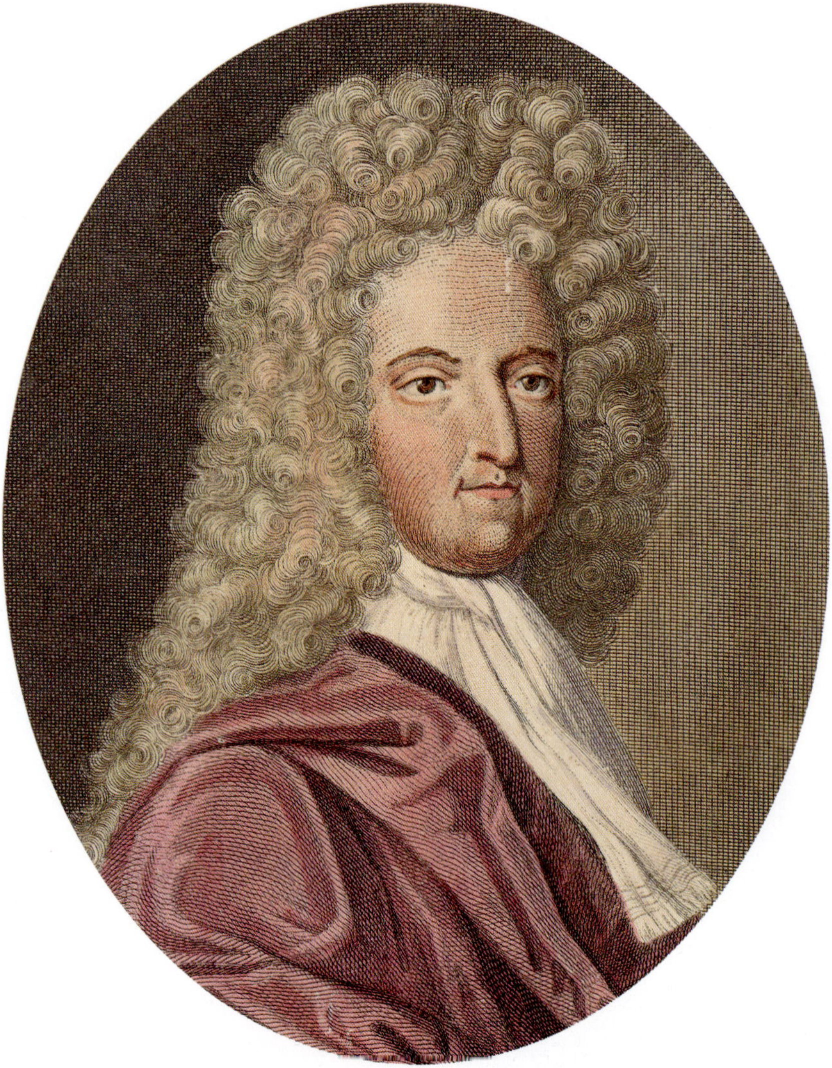

Große Literaten 381

Daniel Defoe *(Seite 380)*, Jonathan Swift *(rechts)* und Henry Fielding *(ganz rechts)* – jeder der drei gilt als Vater des englischen Romans. Defoe erwarb sich den Ruf mit *Robinson Crusoe* und *Moll Flanders*, Swift mit *Gullivers Reisen* und Fielding mit *Tom Jones*. Defoe war anfangs ein Abenteurer. *Unten:* Seine Satiren auf die Kirche brachten ihn an den Pranger, und mehrere Jahre lang war er Doppelagent.

382 Politische Lösungen

Rechts und Seite 382 unten links: Georg II. war ein Mann von beträchtlichem Mut, doch geringem strategischem Geschick. *Seite 382 unten rechts:* Auf seinem Siegel nennt er sich König von Großbritannien, Schottland und Frankreich, obwohl die Engländer ihre letzten französischen Besitzungen schon 200 Jahre zuvor verloren hatten. Wie sein Vater sah sich Georg als großer Soldat. *Seite 382 oben:* Er engagierte sich im Österreichischen Erbfolgekrieg und war der letzte britische Monarch, der persönlich auf dem Schlachtfeld kämpfte, und zwar 1743 in Dettingen. Auf dem Höhepunkt der Schlacht stieg er vom Pferd und führte seine Truppen, das Schwert in der Hand, gegen die französische Infanterie.

Der Misserfolg seines Vaters, der 1715 vergebens versucht hatte, die britische Krone zurückzuerobern, schreckte Charles Edward Stuart *(Seite 385)* nicht davon ab, das Feuer der Rebellion von neuem zu entfachen. Er war ein stattlicher junger Mann, waghalsig und charmant, tapfer und galant. *Oben:* Am 23. Juli 1745 landete er mit nur sieben Getreuen in Eriskay auf den Hebriden, doch andere Sympathisanten schlossen sich ihm rasch an, einige sogar schon an Bord der Elizabeth. Es gab viele Zeitgenossen, die ihm offen sagten: »Geh nach Hause«, doch er antwortete ihnen: »Ich komme nach Hause … und ich bin überzeugt, dass meine treuen Highlander mir zur Seite stehen werden.«

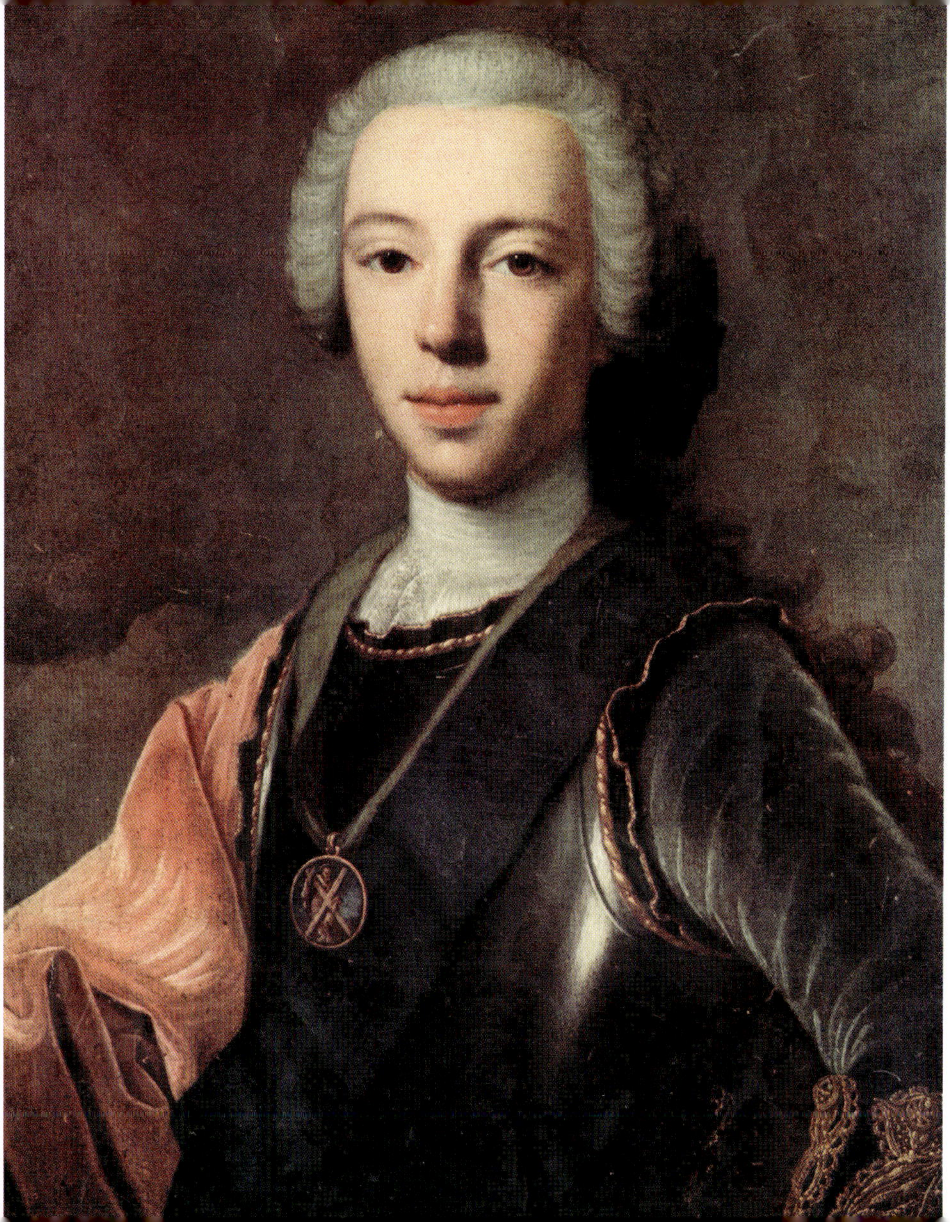

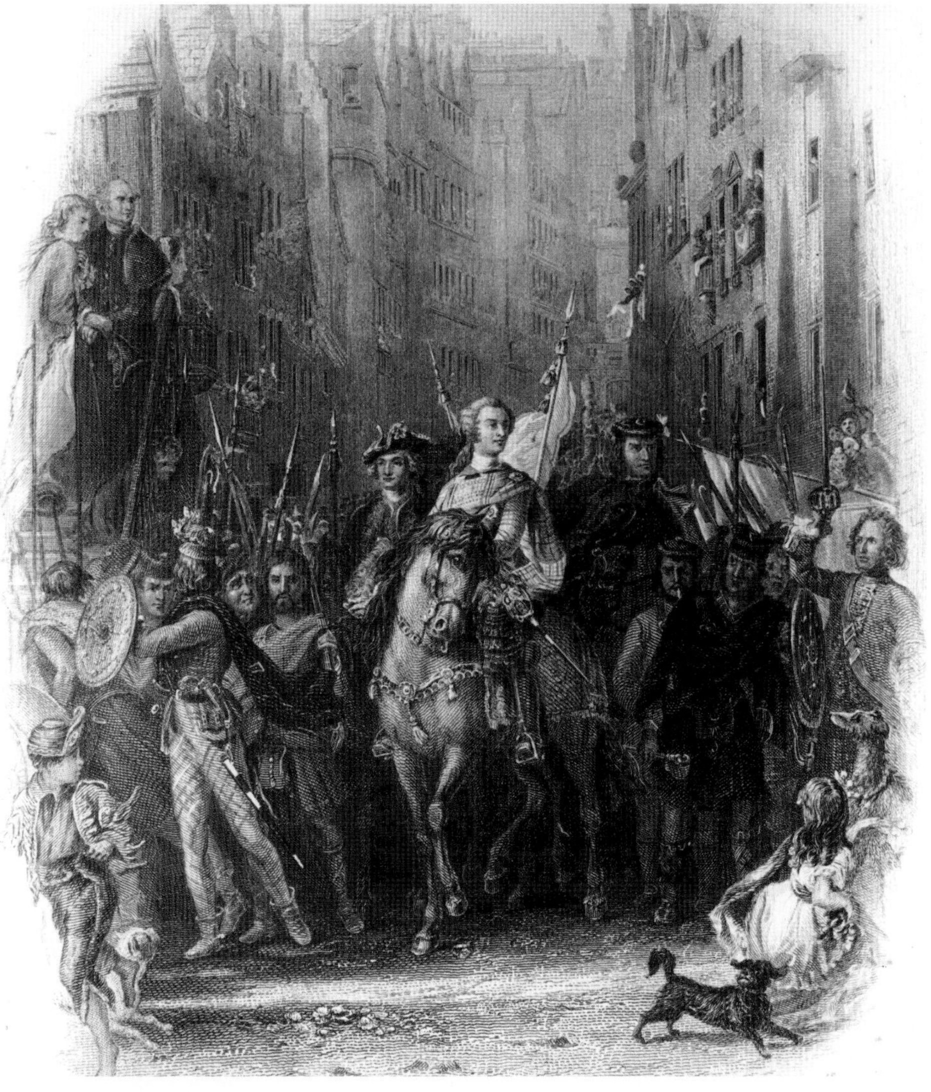

Der Jakobitenaufstand 387

Die Engländer waren nicht auf einen Angriff der Jakobiten vorbereitet und überrascht von der Unterstützung, die Bonnie Prince Charlie fand. *Links:* Nach der Schlacht von Prestonpans zog der Prinz triumphierend in Edinburgh ein. Er marschierte Richtung England und drang bis Derby vor. Dann beging er den entscheidenden Fehler und gab Befehl zur Umkehr. *Rechts:* Der Herzog von Cumberland setzte den Highlandern nach und zwang sie im April 1746 zur Schlacht auf Culloden Moor *(oben)*, wo er sie vernichtend schlug.

Nach der Schlacht von Culloden kannte »Schlächter« Cumberland mit den Aufständischen keine Gnade. Da auf den Kopf von Charles ein Preis von £ 30 000 ausgesetzt war, versteckte er sich in Höhlen oder fand Zuflucht bei den wenigen, die noch den Mut hatten, ihn zu beherbergen. *Oben:* Im Juni 1747 lernte Charles Flora MacDonald kennen. Als ihre Magd Betty Burke verkleidet glückte es ihm, vom schottischen Festland auf die Insel Skye überzusetzen, von wo er nach Frankreich gelangte. Von zwei geheimen Aufenthalten in London zwischen 1750 und 1760 abgesehen, verbrachte Charles den Rest seines Lebens in Frankreich und Italien. *Seite 389:* Das Denkmal des Aufstands von 1745 in Glenfinnan, Loch Shiel, Inverness-shire, markiert die Stelle, an der Charles erstmals das Banner seines Vaters hisste.

Die Flucht auf die Inseln 389

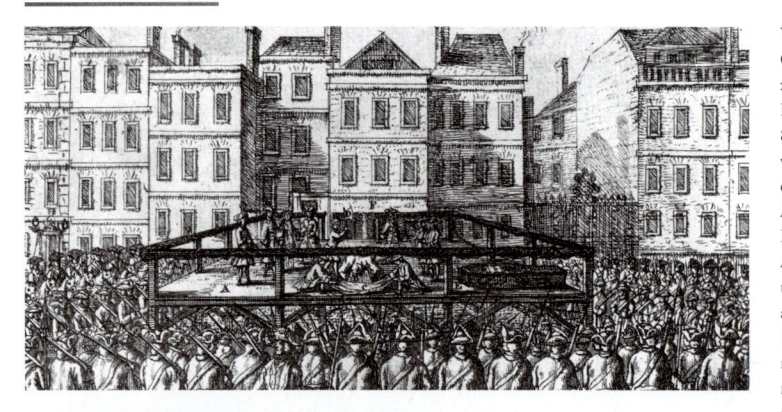

Wer Bonnie Prince Charlie gefolgt war, zahlte dafür einen hohen Preis. Mindestens 80 führende Jakobiten wurden hingerichtet, einige in Carlisle *(links Mitte),* die meisten in London. *Unten:* »Eine Ansicht der Enthauptung der Rebellenführer auf Tower Hill, London 1747.« *Oben links:* Hinrichtung der Lords Kilmarnock und Balmerino. *Seite 391 links unten:* Jakobitische Gedenkmünzen für jene, die am Feldzug teilgenommen hatten. *Seite 391 rechts unten:* Die Hinrichtung von Lord Lovat, einem alten Stuart-Anhänger, der zwar nicht selbst gekämpft, aber seinen Sohn in die Schlacht gegen England geschickt hatte.

Links: Bonnie Prince Charlie verlässt Schottland im Sommer 1747. Lieder, Romane und Legenden entstanden, als er wieder fort war, und noch viele Jahre lang tranken treue Jakobiten auf das Wohl ihres »Königs jenseits des Wassers«.

392 Politische Lösungen

Links: Sir Robert Walpole, Graf von Oxford, war für eine geistliche Laufbahn ausersehen, doch nach dem Tod seiner beiden älteren Brüder wandte er sich der Politik zu. 1701 kam er mit 25 Jahren erstmals ins Parlament, wo er rasch aufstieg und Erster Schatzlord und Schatzkanzler war, bevor er 40 wurde. Da Georg I. kein Englisch sprach und sich nicht für die politischen Einrichtungen Großbritanniens interessierte, hatte Walpole bei seinen politischen Entscheidungen wesentlich freiere Hand, als er es unter anderen Umständen gehabt hätte. Walpole setzte das System der Kabinettsregierung durch und wurde erster englischer Premierminister. Auf diesem Posten war er fast unangreifbar, zumal er meisterhaft mit dem House of Commons *(rechts)* umzugehen wusste. Bis 1742 blieb er im Amt. Nach dem Tod Georgs I. im Jahr 1727 baute Walpole ein freundschaftliches Verhältnis zu Georg II. auf, der ihm das Haus Nummer 10 in der Downing Street schenkte.

Rechts oben: Im Jahr 1700 nahm Ludwig XIV. im Namen seines Enkels den Titel König von Spanien an. Der Krieg, der sich daraus ergab, wurde zu Lande und zur See gefochten. *Oben:* Die Engländer bombardieren Port Royal in Akadien, Kanada. *Links:* Admiral Benbow kommandiert die Schlacht von Cartagena, 1702. *Rechts unten:* Die britische Flotte durchbricht die französisch-spanische Blockade von Gibraltar, 1705.

Der Spanische Erbfolgekrieg 395

396 Politische Lösungen

Links: George Anson zählte zu den bedeutendsten britischen Seefahrern des 18. Jahrhunderts. 1740, als sich das Land erneut im Krieg mit Spanien befand, fuhr er mit sechs schlecht ausgerüsteten Schiffen aus, um spanische Siedlungen und Seefahrer im ostindischen Archipel anzugreifen. Seine Mission war äußerst erfolgreich. *Unten:* In den Philippinen enterte er vor Manila eine spanische Galeone. *Rechts:* Vier Jahre nach seinem Auszug kehrte Anson triumphierend nach London zurück.

398 Politische Lösungen

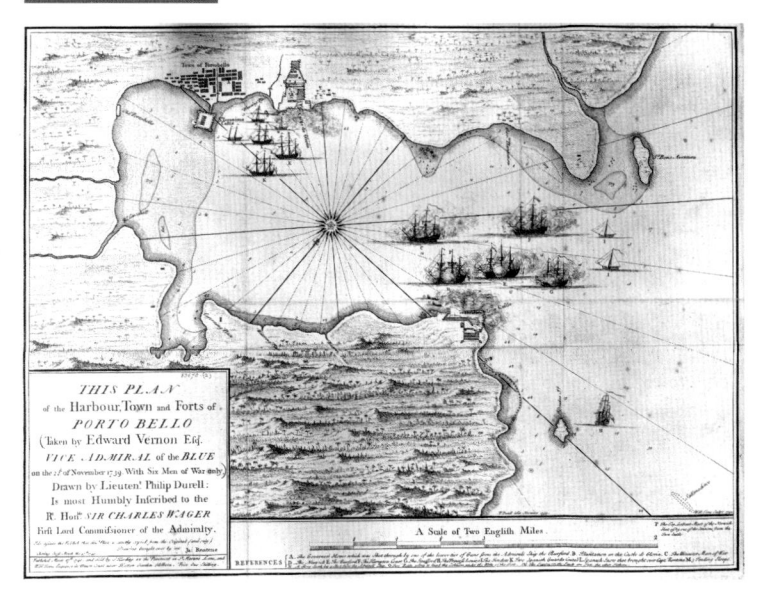

Der Krieg gegen Spanien (1739–45) war ein Handelskrieg und der äußere Anlass die Misshandlung eines Kapitäns namens Jenkins, der behauptete, spanische Beamte hätten ihm das Ohr abgeschnitten – das Ohr wurde im Parlament als Beleg herumgereicht. Die Kämpfe fanden rund um den Erdball statt, und wie Anson im Osten, zog Vernon im Westen zu Strafexpeditionen aus. Admiral Edward Vernon *(Seite 399)* studierte die Pläne der spanischen Kolonie Portobelo in Panama *(links)*, bevor er sie am 22. November 1739 eroberte *(unten)*.

Edward Vernon

Vernon war schon mit 21 Jahren Kapitän und drei Jahre darauf Konteradmiral. Die Einnahme von Portobelo machte ihn zum Volkshelden. Seine Seeleute nannten ihn liebevoll Old Grog, weil er stets eine Jacke aus Grogram (einem groben Wollstoff) trug. Als er anordnete, die tägliche Ration Rum mit Wasser zu verdünnen, bekam auch dieses Getränk den Namen Grog. Seinen Vorgesetzten war Vernon ein Dorn im Auge. Er veröffentlichte zahlreiche Pamphlete, in denen er die Organisation der Marineverwaltung kritisierte und Reformen forderte. 1746 wurde er unehrenhaft aus der Navy entlassen.

Links: Sir Henry Morgan war halb Freibeuter, halb Pirat. Er griff vor allem spanische Besitzungen in der Karibik an, und für diese inoffiziellen Dienste belohnten ihn die Engländer mit einem Adelstitel und dem Posten des Gouverneurs von Jamaika. *Seite 401 oben links:* Ned Low hingegen war ein echter Pirat, der nur für seinen eigenen Vorteil kämpfte. *Seite 401 oben rechts:* Der Freibeuter William Kidd sorgte für Sicherheit auf den anglo-amerikanischen Handelsrouten und bekam dafür Zuflucht im Hafen von New York *(Seite 401 unten),* wo er die Damen elegant an Bord des Schiffes zu empfangen wusste. Später kehrte Kidd zum Piratenleben zurück und wurde dafür schließlich im Londoner Execution Dock aufgeknüpft.

Piraten 401

402 Politische Lösungen

John Wesley *(links)* war ein unermüdlicher Reisender – im Laufe seines Lebens legte er über 250 000 Meilen zurück – und unerschöpflicher Prediger – insgesamt hielt er an die 40 000 Predigten, eine davon auf dem Grab seines Vaters im Kirchhof von Epworth *(unten)*. Zusammen mit seinem Bruder Charles und George Whitefield begründete er die Methodistenkirche, die Bergleuten, Arbeitern, Armen und Kranken Hoffnung und Rettung brachte. Als Prediger hatte er kaum seinesgleichen. 30 000 bis 40 000 Anhänger versammelten sich im Freien, um ihm zuzuhören. Allerdings war es nicht leicht, mit ihm zusammenzuleben, und seine Frau verließ ihn nach 25 Jahren Ehe.

John Wesley 403

Oben: 1735 fuhren Charles und John Wesley als Missionare nach Amerika. *Links:* John sprach vor Gemeinden unterschiedlichster Art und predigte auch den Indianern. Allerdings zog er sich den Unmut der Kolonisten zu und ließ sich auf eine unglückliche Liebschaft ein. Zwei Jahre später kehrte er nach England zurück.

404 Politische Lösungen

Mitte des 18. Jahrhunderts entstanden in London zahlreiche elegante Häuser. *Seite 404 oben:* Leicester Square war für den Adel wie auch für Schriftsteller und Künstler eine beliebte Adresse. *Seite 404 unten:* Das Albany in Piccadilly erbaute Sir William Chambers in den 1770er Jahren für den 1. Viscount Melbourne. *Oben:* Holland House war älter, aber nun das Heim von Joseph Addison, der viele seiner Artikel für den *Spectator* beim Auf- und Abgehen der 30 Meter langen Galerie verfasste, ein Glas Wein an jedem Ende. All dieser wertvolle Besitz musste geschützt werden, und das war die Aufgabe eines Mannes wie John Townsend *(rechts),* einem »Bow Street Runner« des späten 18. Jahrhunderts – die Vorläufer der heutigen Polizei.

Die Renaissance der englischen Musik hatte viel den deutschen und italienischen Musikern zu verdanken. Aus Deutschland kam Georg Friedrich Händel *(Seite 407 rechts)*, dessen Maskenspiel *Acis and Galatea (Seite 407 unten links)* im Auftrag des Herzogs von Chandos entstand. *Links:* Die berühmten Kastraten, hier in einer Aufführung von Händels *Julius Caesar*, waren Italiener. *Unten:* Der Sänger Francesco Bernadi trifft in London ein. *Seite 407 oben links:* Dr. Arne, Komponist von *Rule Britannia*.

Musik 407

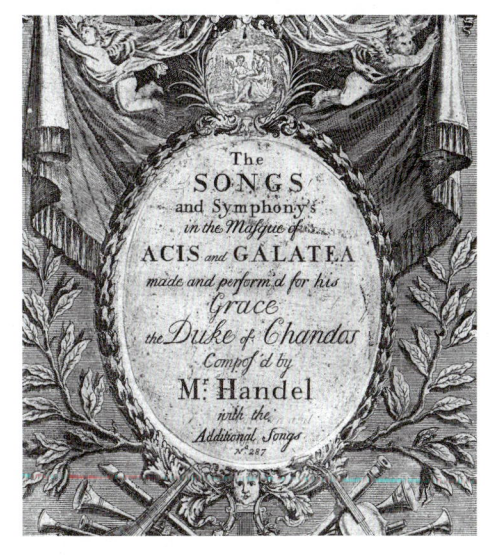

408 Politische Lösungen

Lancelot »Capability« Brown

Paläste, Stadt- und Herrenhäuser brauchten alle ihre angemessene Umgebung. In der Mitte des 18. Jahrhunderts entwickelten Lancelot »Capability« Brown *(rechts)* und andere eine neue Form des Parks und Gartens. Statt der kunstvoll gepflanzten und geschnittenen französischen Gärten verschob sich das Gewicht nun zu Gunsten einfacherer Anlagen und einer natürlicheren Wirkung. Brown legte die Parks von Warwick Castle und Blenheim Palace an. Zwei der besten Beispiele seiner Arbeit sind in den Londoner Kew Gardens *(links oben)* und in Chatsworth, Derbyshire *(links unten),* zu bewundern.

Auch die britische Malerei erlebte im 18. Jahrhundert eine große Renaissance. Wilson, Gainsborough, Reynolds, Cotman und später Constable und Turner malten Bilder, die sich mit den größten des Kontinents messen können. William Hogarth konzentrierte sich auf Themen der, wie er sagte, »Moral unserer Zeit« und führte die Tugenden und Laster der Gesellschaft vor Augen, in der er lebte. Bekannter sind die Darstellungen der Laster geblieben – etwa der Theatergarderobe *(links oben)* oder der Ansammlung von Männern, die einen Hahnenkampf im Cock-Pit Royal verfolgen (1759, *links unten*). Eines seiner berühmtesten Bilder ist *Gin Lane (Seite 411 oben links),* das drastisch die Schrecken einer Zeit zum Ausdruck bringt, in der jeder »betrunken für einen Penny, sturzbesoffen für zwei Pence« sein konnte.

Links unten: Hogarth trug viel dazu bei, die Porträtmalerei von Konventionen zu befreien. *Oben:* Eines seiner besten Werke ist das *Selbstporträt mit Hund,* das 1749 entstand. Hogarth verachtete die ausländischen Maler und prangerte die britischen Kunstkenner dafür an, dass sie das Talent im eigenen Land nicht sahen.

Reisen waren im 18. Jahrhundert nicht ungefährlich: Straßenräuber lauerten vor den Toren der Städte und bedrohten Reich und Arm gleichermaßen. In London wimmelte es nur so von diesen »Gentlemen of the Road« – auf Hampstead Heath *(links)*, Blackheath, Hounslow Heath, der Straße nach Dover und im Epping Forest. Der berühmteste dieser Wegelagerer war Dick Turpin – Metzger, Räuber, Einbrecher und Pferdedieb. Turpin wurde in York gehängt, doch der Ritt auf der schwarzen Bess, den die Legende ihm zuschreibt *(oben),* fand vermutlich schon 50 Jahre vor seiner Geburt statt, und der Reiter war Swift Jack Nevison, der einen Seemann in Kent ausraubte und sich dadurch ein Alibi verschaffte, dass er nur 16 Stunden später in York gesehen wurde. *Rechts:* Der furchtlose »Colonel Jack« raubt die arme Mary Smith aus. Manche der »Gentlemen« waren eben in Wirklichkeit keine.

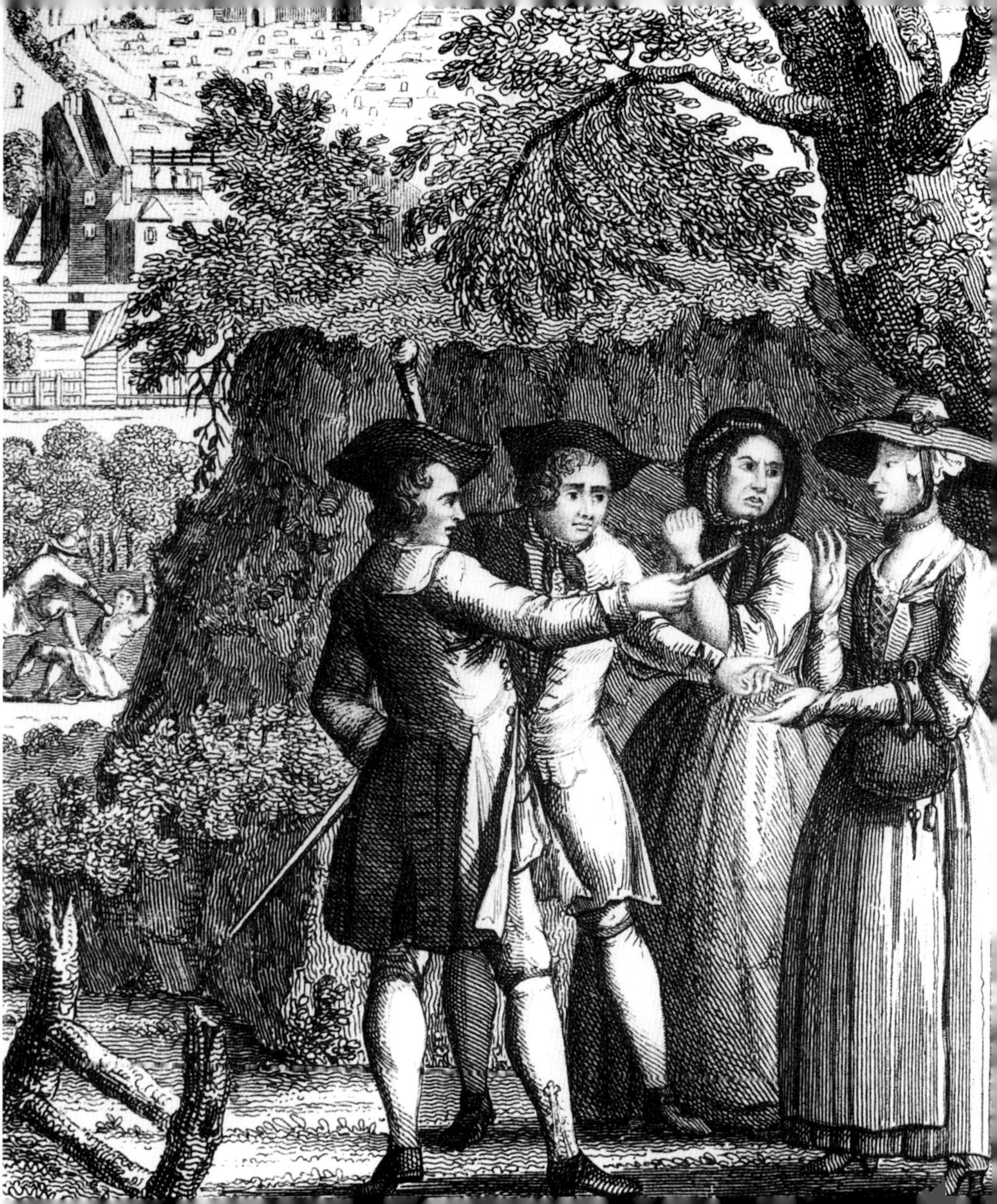

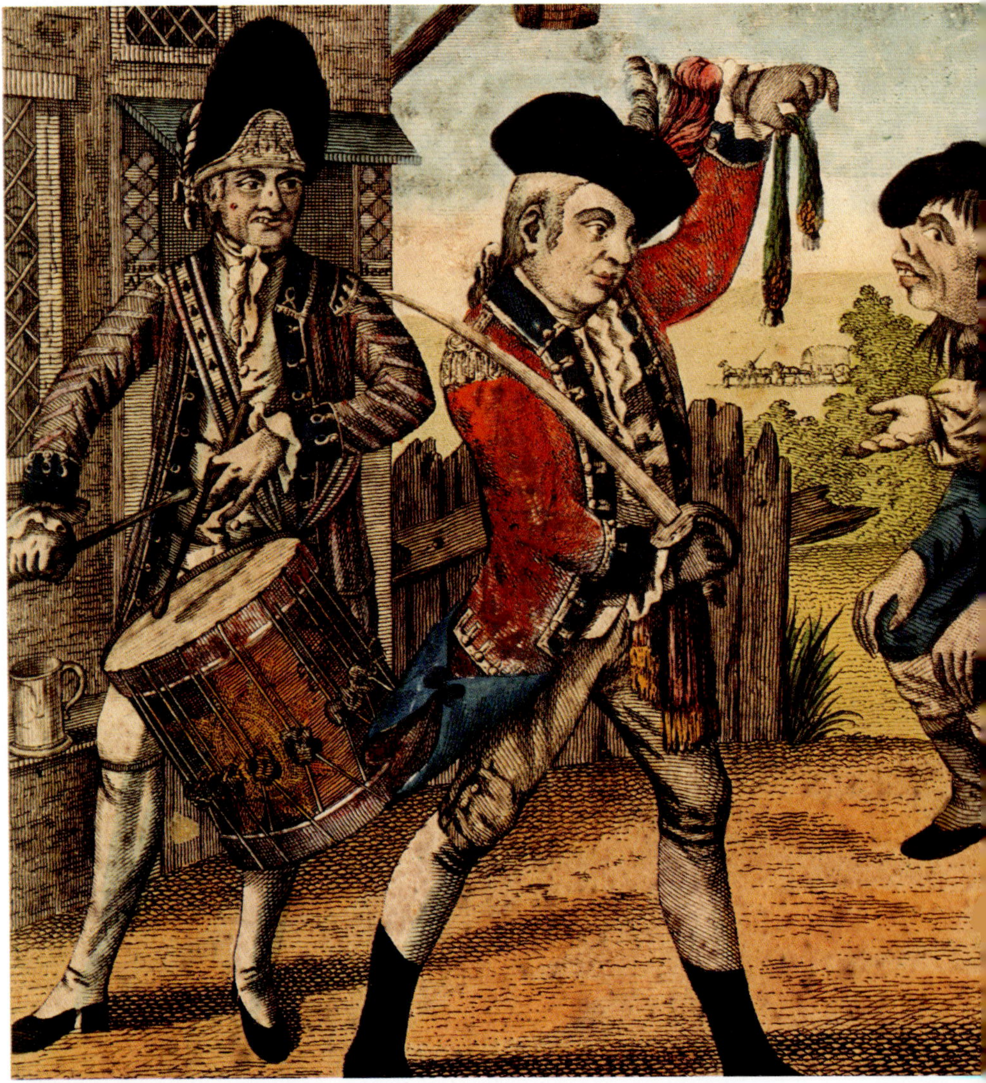

11
EIN WELTREICH ENTSTEHT
1750–1770

Die Werbetrommel von Robert Dighton. Anders als die Navy musste die Army ihre Rekruten werben. Die zukünftigen Soldaten kamen aus Schuldgefängnissen, Arbeitshäusern oder direkt vom Feld. Die Reihe von Kriegen zwischen 1739 und und 1785 ließ die Wellen der patriotischen Begeisterung hochschlagen, und manche meldeten sich freiwillig. Medizinische und sanitäre Verhältnisse besserten sich dank der Arbeit von John Pringle, es gab mehr Sold, und der Kasernenton war nicht mehr ganz so schlimm wie früher.

Einleitung

Die Welt wurde zusehends kleiner. Handels- und Kriegsschiffe liefen in Bristol und London ein, in Dublin und Plymouth, Glasgow und Liverpool, und brachten Früchte aus der ganzen Welt und Nachrichten aus fernen Ländern mit. In einigen wenigen kriegerischen Jahren eroberte sich Großbritannien ein Weltreich. General Wolfe und seine Truppen erklommen die Höhen von Abraham und sicherten die britische Dominanz über Kanada. Auf der anderen Seite des Erdballs, in der Hitze und dem Staub Bengalens, schlug ein ehemaliger Schreiber der East India Company namens Robert Clive mit 2200 einheimischen Sepoys und 800 Europäern die 50000 Mann starke Armee von Siraj-ud-Daula. Indien wurde britisch.

Diese und andere Siege (Minden und Quiberon) feierte William Boyce in seinem mitreißend patriotischen Lied *Heart of Oak* (Herz aus Eiche), das er 1759 für David Garricks *Harlequin's Invasion* schrieb. Weniger glücklich über diesen Aufstieg zur Weltmacht war im selben Jahr der englische Admiral John Byng, der bei dem Versuch scheiterte, die französische Blockade der Insel Menorca zu brechen. Er wurde der Vernachlässigung seiner Pflichten für schuldig befunden und im Hafen von Portsmouth an Bord der Monarque erschossen – *»pour encourager les autres«*, wie Voltaire zynisch anmerkte.

Im Jahr 1770 hatte James Cook bereits das Baltikum erkundet, den Sankt-Lorenz-Strom und die Küste von Neuschottland in Kanada kartiert, mit der Endeavour eine Fahrt in die Südsee unternommen und die Ostküste Australiens erkundet. Seine größte Leistung und sein Tod lagen nur noch wenige Jahre vor ihm.

Francis Egerton, der 3. Herzog von Bridgewater, beauftragte James Brindley mit Planung und Bau eines der ersten englischen Kanäle. Hunderte von Arbeitern hoben unter Mühen die 42 Meilen lange Rinne von Worsley nach Manchester aus. Junge Künstler und junge Aristokraten unternahmen ihre »Grand Tour« durch Europa. Große Mietställe hielten in jeder Stadt Pferdegespanne bereit, mit denen die weniger ambitionierten Reisenden per Postkutsche kreuz und quer über die Britischen Inseln von Gasthaus zu Gasthaus fahren konnten.

Städte wurden größer und wohlhabender. Für die Reichen und Modischen gab es die Attraktion der Badeorte – Tunbridge Wells, Epsom, Harrogate, Leamington, Cheltenham, Buxton, Bath und ein Dutzend weitere. Dublin hatte sich zu einer der schönsten Städte des Landes entwickelt. Edinburgh war ein blühendes Zentrum europäischer Kultur mit einer stattlichen, von Robert Adam entworfenen Universität. Swansea war von der enormen Entwicklung seiner Kupfer- und anderen Metallindustrie ruiniert worden, Cardiff hatte seine große Zeit noch vor sich.

Alles schien im Lot, doch ein Vertreter des allgemein bekannten Hellfire-Clubs hatte das Gespenst der Freiheit bereits heraufbeschworen. John Wilkes, Parlamentsmitlied für Aylesbury, klagte in der von ihm herausgegebenen Zeitung *The New Briton* die Regierung an, sie lege dem König Lügen in den Mund. Jenseits des Ärmelkanals sollte der Protest in Kürze weitaus drastischere Formen annehmen.

Nicht jede Episode des Siebenjährigen Krieges endete mit einem britischen Erfolg. 1756 sandte Pitt der Ältere *(links)* Admiral John Byng *(links unten)* mit einem schlecht ausgerüsteten Geschwader nach Menorca, um die Insel von einer französischen Blockade zu entsetzen. Der Angriff misslang. Byng wurde unter Arrest nach England zurückgebracht, wo man ihn der Feigheit und Pflichtvergessenheit anklagte. Von Ersterem wurde er zwar freigesprochen, des Zweiten jedoch für schuldig befunden und zum Tode verurteilt. *Rechts oben:* Die Hinrichtung erfolgte durch ein Erschießungskommando an Bord der Monarque im Hafen von Portsmouth. Der Fall erregte viel Aufsehen, und die Satiriker hatten ihre Freude daran; hier *(rechts unten)* wird Großbritannien als Löwe mit abgeschlagener Pranke verspottet.

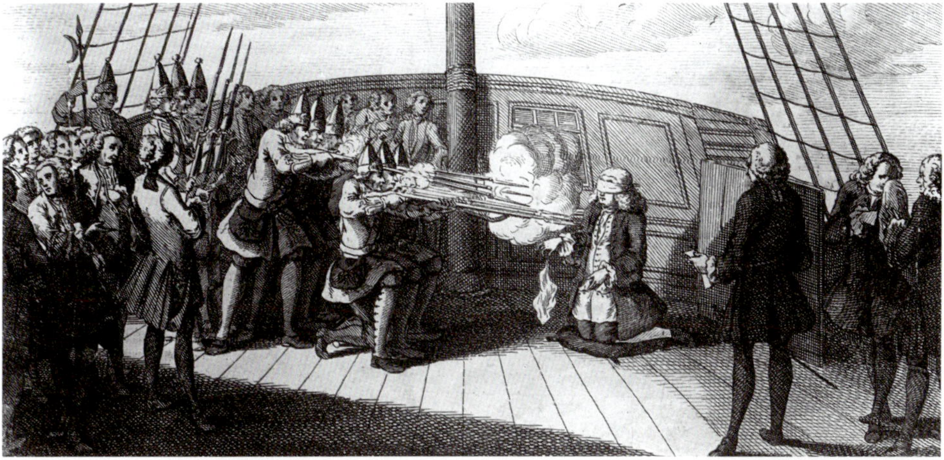

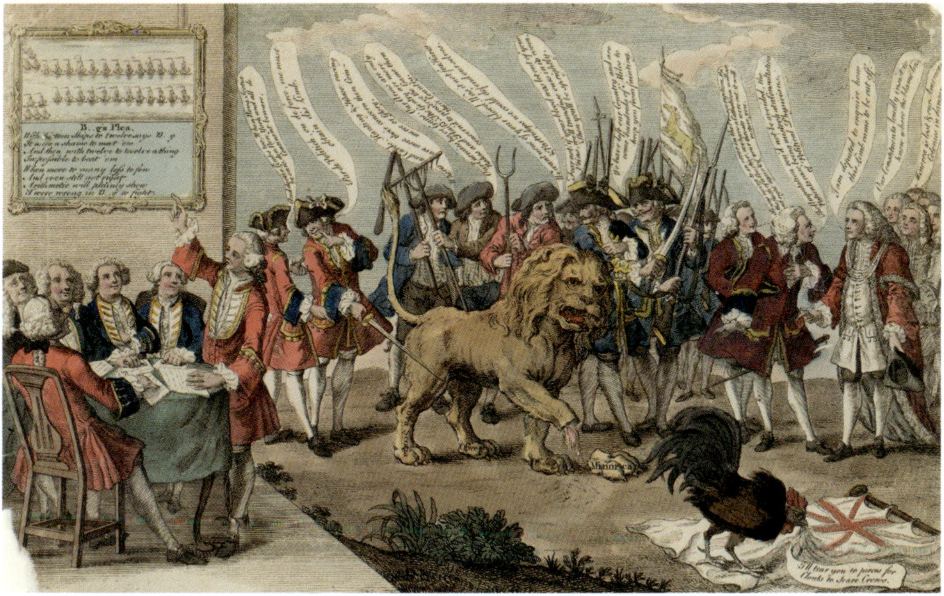
B..gs Plea.

James Wolfe *(ganz link*s in einer Karikatur und *links)* verbrachte einen Großteil seines kurzen Lebens auf dem Schlachtfeld. *Seite 421 oben:* Der Herzog von Newcastle erklärte ihn für verrückt, was Georg II. die Bemerkung entlockte: »So, verrückt ist er? Dann wünschte ich, er würde ein paar von meinen Generälen beißen.« Wolfes größte Leistung war die Eroberung Kanadas. *Seite 421 unten:* Am 13. September 1759 führte er seine Truppen auf die Höhen von Abraham, oberhalb Quebecs. Wolfe fiel in der folgenden Schlacht *(unten)*.

Wolfe und Kanada 421

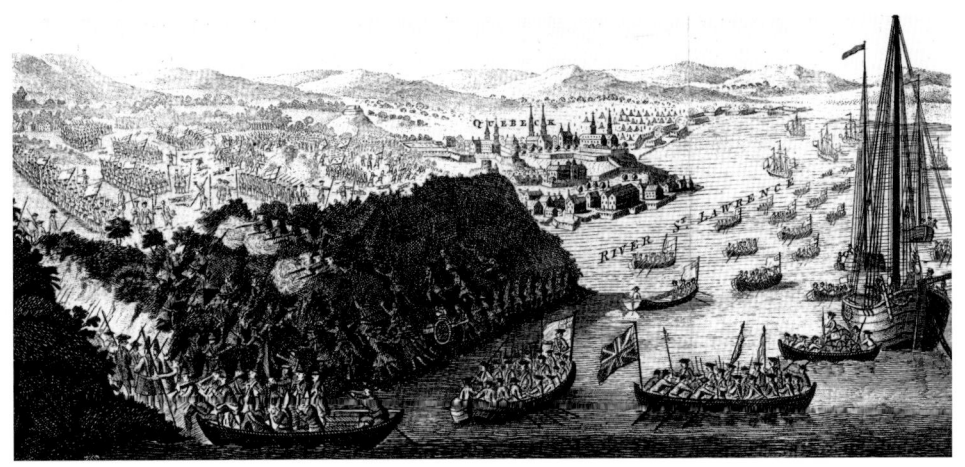

Links: Robert Clive führte eine Reihe von Feldzügen, mit denen er die Franzosen aus Madras, Arcot und schließlich vom ganzen indischen Subkontinent vertrieb. *Rechts oben:* Sein größter Sieg gelang ihm in Plassey, wo seine Truppen eine Armee schlugen, die ihnen an Zahl 17-fach überlegen war. *Unten:* Clive begrüßt seinen indischen Verbündeten, Mir Jaffir, nach der Schlacht. *Rechts unten:* Clive nimmt von Mogulherrscher Schah Alum ein Dekret entgegen, in dem er die Verwaltung des Landes in die Hände der East India Company legt.

Clive und Indien 423

424 Ein Weltreich entsteht

Großbritannien herrschte in Indien mittelbar über die lokalen Fürsten, Könige, Radschas und Maharadschas. Ein so zerklüftetes Reich zusammenzuhalten, war keine leichte Aufgabe. *Unten:* Delhi war die alte Hauptstadt, wo der Mogulherrscher, der nun nur noch formell Staatsoberhaupt war, seinen Palast hatte *(links)*. Um den Subkontinent zu überwachen, verfügte die Ostindienkompanie über eine Armee, deren Truppen im Park von Bombay exerzierten *(rechts oben)* und das Fort St. George in Madras bemannten *(rechts unten)*.

Indien 425

PLAN of FORT St. GEORGE and MADRASS.

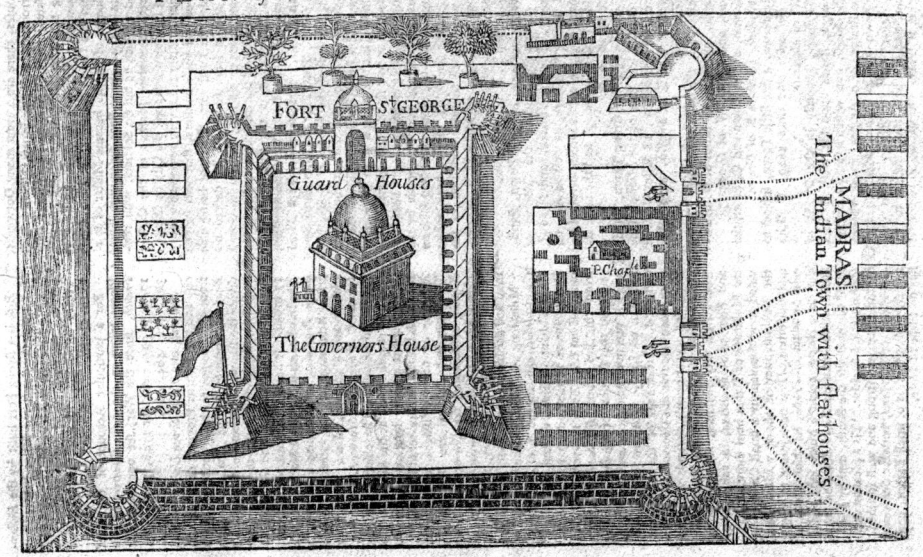

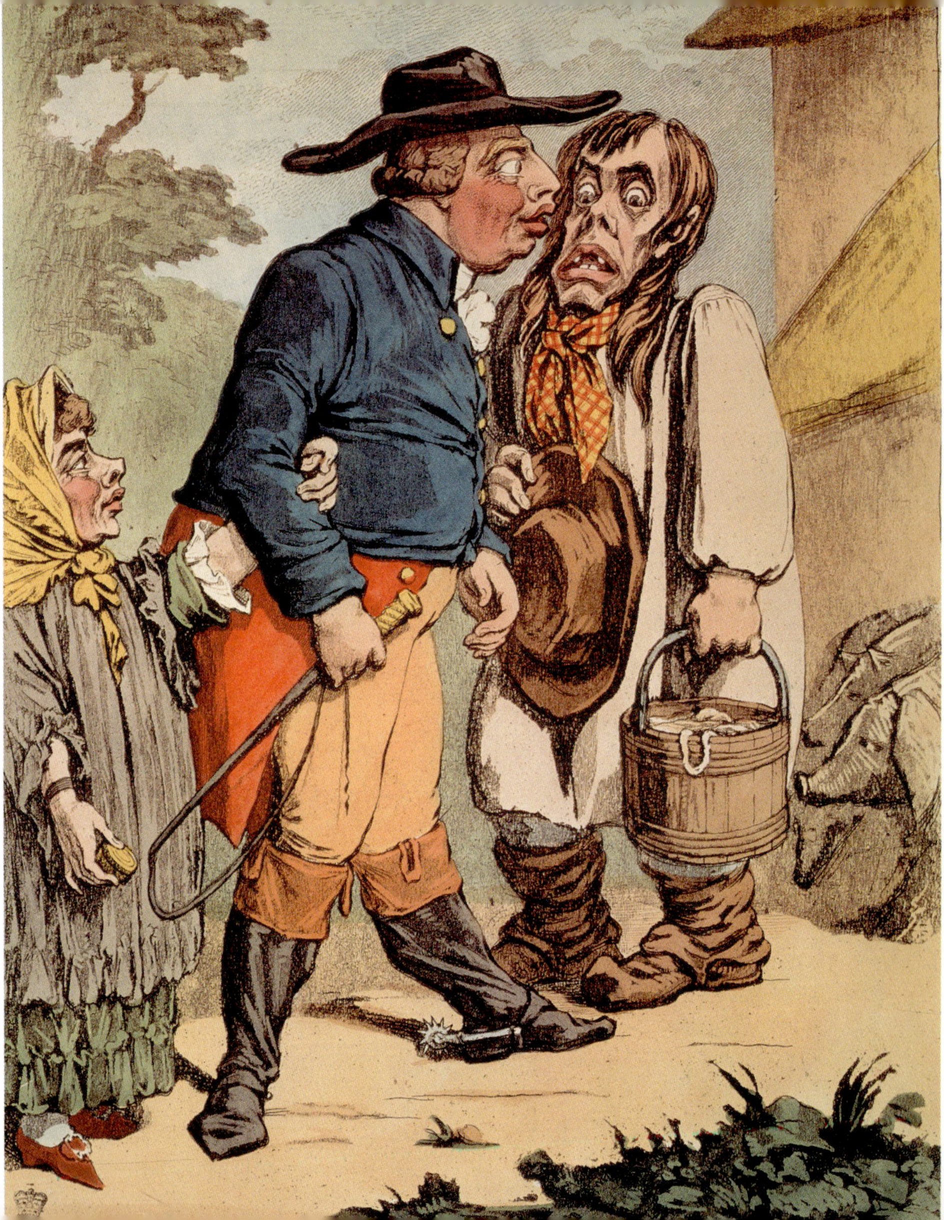

Auf dem Höhepunkt des britischen Triumphs im Siebenjährigen Krieg ersetzte Georg III. *(oben links)* den Whig-Premierminister Pitt den Älteren durch seinen ehemaligen Lehrer, den Grafen von Bute *(oben rechts)*. Bute war unpopulär, ungeschickt und unerfahren. Es war eine typische Tat des Königs, dessen Mangel an politischem Sinn das Land oft das Vertrauen in ihn verlieren ließ. *Seite 426:* Der König konnte in solchen Fällen von Glück sagen, wenn er mit einer halbwegs freundlichen Witzzeichnung davonkam wie bei dieser Karikatur von König Georg mit seiner Königin Charlotte von Thomas Gillray, betitelt *Leutseligkeit*.

Am vorteilhaftesten machte sich Georg III. in häuslicher Umgebung, denn er war ein treuer Ehemann und liebevoller Vater. *Oben:* Seine große Leidenschaft war die Landwirtschaft – wenn er irgendwo einen Bauern sah, der gute Arbeit leistete, kam es vor, dass er ihn persönlich belohnte, wie die »fleißige Heuwenderin von Weymouth«. *Rechts:* Weniger wohl fühlte er sich bei Staatsangelegenheiten, etwa in der St.-Pauls-Kathedrale. Er war eifrig bemüht, Einfluss auf die Politik auszuüben, doch ungeschickt, wann immer er versuchte, die Fäden in die Hand zu nehmen. So lagen in seiner langen Regierungszeit große Erfolge und jämmerliche Fehlschläge stets nahe beieinander.

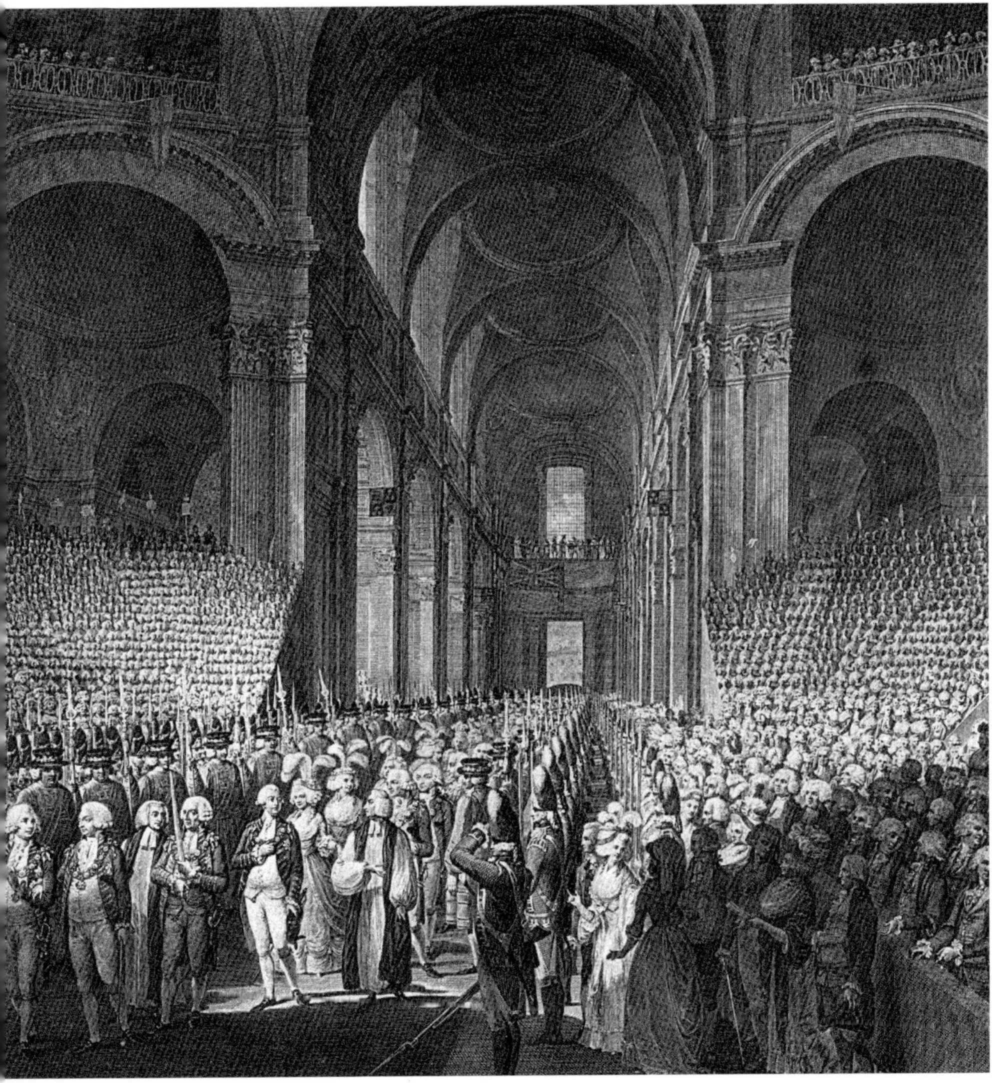

1762 erwarb Georg III. Buckingham House *(Seite 431 unten)* als Stadtresidenz für sich, Königin Charlotte und seine Familie *(Seite 431 oben)*. Den schottischen Architekten Sir William Chambers *(links)* beauftragte er mit dem Bau eines neuen Flügels für Windsor Castle *(unten; ganz links das Haus von Nell Gwyn)*. Georg I. und Georg II. hatten Windsor vernachlässigt, sodass es fast unbewohnbar geworden war.

Buckingham 431

432 Ein Weltreich entsteht

Seite 433: John Wilkes war Lüstling, Lebemann, Parlamentsmitglied und Verleger. Als er 1763 in der 45. Nummer seiner Zeitschrift *The New Briton* andeutete, Minister der Regierung hätten dem König Lügen in den Mund gelegt, brachte ihm das eine Verleumdungsklage ein. *Oben:* Er wurde freigesprochen und setzte sich weiterhin für das Recht auf Redefreiheit ein, zur Genugtuung seiner Anhänger.

John Wilkes

Gibraltar, die Felsenfestung über der Meerenge, die aller Handelsverkehr zwischen Südeuropa und der Neuen Welt passieren musste, war schon seit langem das Nadelöhr zum Mittelmeer. 1715 war es beim Frieden von Utrecht an die Briten gegangen, doch als diese im amerikanischen Unabhängigkeitskrieg steckten, blockierten die Spanier den Hafen auf der Land- wie auf der Seeseite, um ihn zurückzuerobern. Die Verteidigung von Gibraltar stand unter dem Kommando von George Augustus Eliott *(oben,* zu Pferd).

Eliott und Gibraltar 435

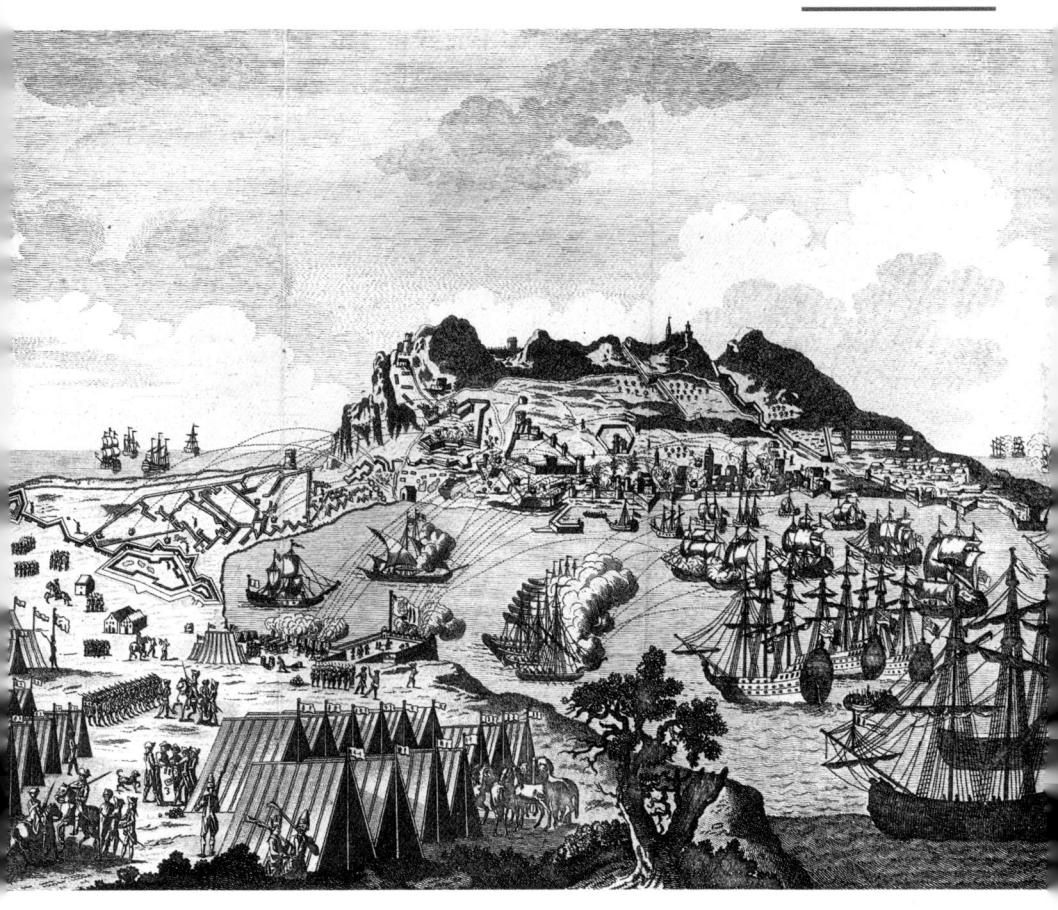

Die Festung hielt sich heroisch, denn die Blockade dauerte vier Jahre – mit Unterbrechungen. *Oben:* Eine davon war die Ankunft einer britischen Flotte unter Admiral Darby am 12. April 1781. Seine Schiffe durchbrachen die spanischen Linien und brachten der bedrängten Garnison dringend benötigte Vorräte.

ROBBING.
STEALING.

SHIELD of HONOR
Saved to the Company
Eastern GEMS for the BRITISH CROWN
CHARGES
AMERICAN SUBJUGATOR

Warren Hastings

Ganz rechts: Warren Hastings war Generalgouverneur von Bombay. *Seite 436 oben:* Dundas, Pitt und Sydney werden der Vetternwirtschaft in der Führung der Ostindienkompanie bezichtigt. Als Hastings 1784 aus Indien zurückkehrte, wurde er vor Gericht gestellt. *Seite 436 unten:* Die Hauptankläger waren Burke, Fox und North. *Unten:* Der Prozess in der Westminster Hall dauerte sieben Jahre und kostete ihn £ 750 000, bis er schließlich freigesprochen wurde. *Rechts:* Eine Eintrittskarte für den siebten Verhandlungstag.

Das Zeitalter der Kanäle veränderte das Antlitz Großbritanniens und revolutionierte den Schwergütertransport. Rohmaterialien und Produkte wurden zu einem Bruchteil der früheren Kosten vom Hafen zur Fabrik, von der Fabrik zum Markt gebracht. Im Jahr 1759 beauftragte Francis Egerton, der 3. Herzog von Bridgewater *(links),* James Brindley mit dem Bau des ersten englischen Kanals. Er war 42 Meilen lang und verband Manchester mit Runcorn und einer Reihe weiterer Orte. *Rechts unten:* In Barton führte ein Aquädukt den Kanal über den Mersey. *Rechts oben:* Der spätere Grand Junction Canal verband London mit Oxford und den Midlands.

Kanäle 439

Oben: Der wahre Vater der britischen Binnenschifffahrt war James Brindley, ein begabter Ingenieur, der zwischen 1759 und 1772 365 Meilen Kanal baute. Auch wenn er die raffiniertesten technischen Lösungen ersann *(links und Seite 441),* war Brindley ein Analphabet, der den Großteil der Probleme, die sich beim Bau ergaben, ohne jede schriftliche Notiz, meist sogar ohne Zeichnung löste. Wenn er auf eine besondere Schwierigkeit stieß, legte sich Brindley einfach ins Bett und blieb so lange liegen, bis ihm die Lösung einfiel.

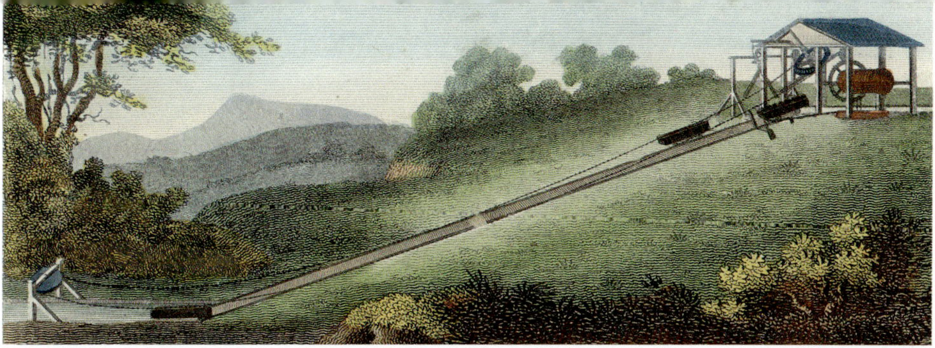

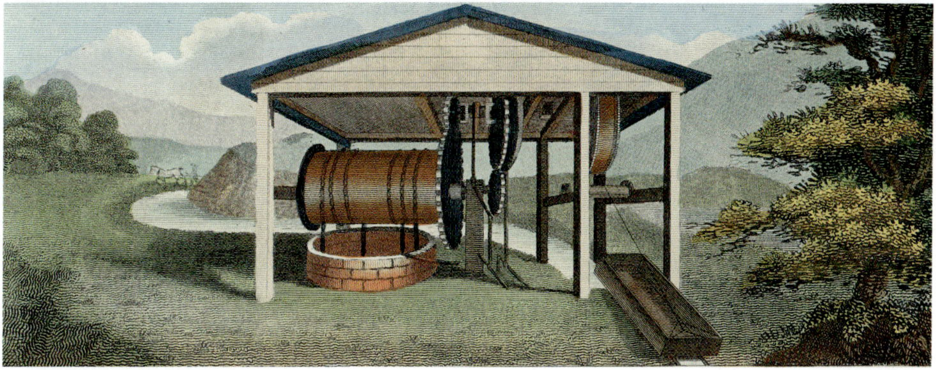

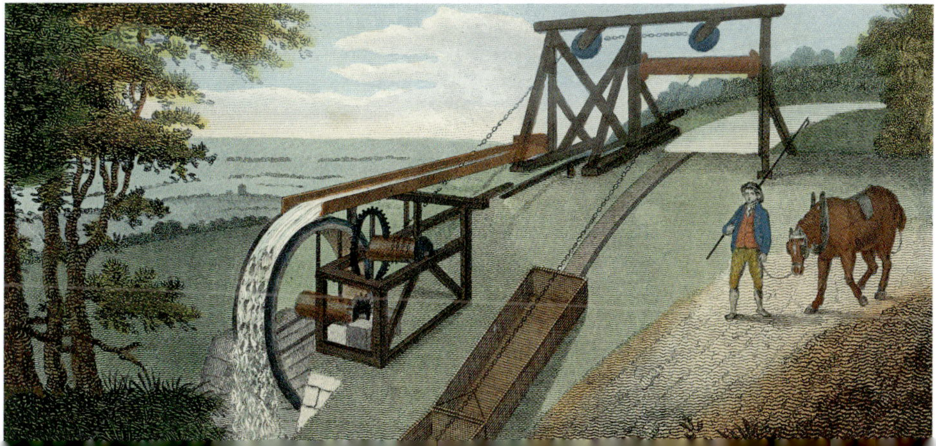

442 Ein Weltreich entsteht

Die Postkutschenzeit 443

Allmählich besserte sich der Zustand der Straßen. Die Postkutschen wurden zuverlässiger und auch ein wenig bequemer. *Links und Seite 442 oben links:* Die Fahrten begannen und endeten an Gasthäusern. *Seite 442 oben rechts:* Außerdem hatte man an weiteren Poststationen Aufenthalt, an denen die Pferde gewechselt wurden. *Oben:* Steigungen waren schwierig, wie man auf dem Bild *Ein Sonntagsausflug auf den Richmond Hill* sehen kann, und Passagiere mussten oft nebenher gehen. *Seite 442 unten:* So dürfte es auch der munteren Reisegesellschaft ergangen sein.

444 Ein Weltreich entsteht

Ende des 18. Jahrhunderts war Bath die eleganteste Stadt Englands. Die grazil geschwungenen Häuserzeilen waren im Wesentlichen das Werk von John Wood d. Ä. und seinem Sohn John Wood d. J. Der Vater entwarf den Circus *(unten)*, der Sohn den Royal Crescent *(rechts oben)* und den Pump Room *(rechts unten)*. Dem Geschick des Dandys Beau Nash *(links)* war es zu verdanken, dass die elegante Londoner Welt nach Bath kam.

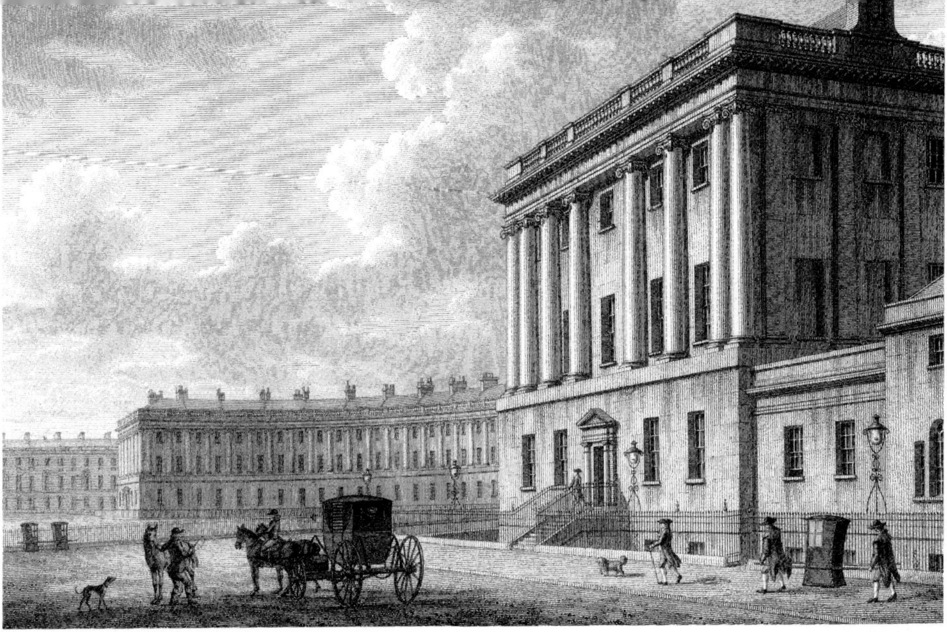

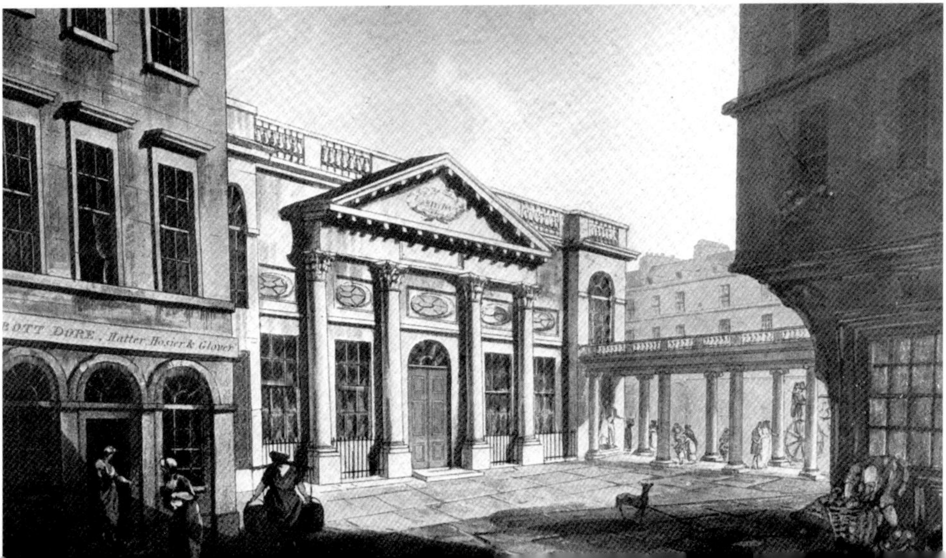
DORE, Hatter Hosier & Glover

Links oben: Sarah Siddons war die Tochter des Schauspielers Richard Kemble und die Frau seines Kollegen Richard Siddons. David Garrick *(links unten,* mit Sarah) entdeckte sie, als sie 19 Jahre alt war, und nahm sie mit in die Drury Lane. Anfangs war das Publikum nicht beeindruckt, doch 1782 feierte sie in einer Reihe von Rollen einen rauschenden Erfolg. Von da an war sie der Liebling der Londoner Bühne, trat als Lady Macbeth auf, als Königin in *Hamlet (rechts),* Volumnia in *Coriolan* und Hermione im *Wintermärchen.* Ihre Abschiedsvorstellung gab sie 1812 mit 57 Jahren.

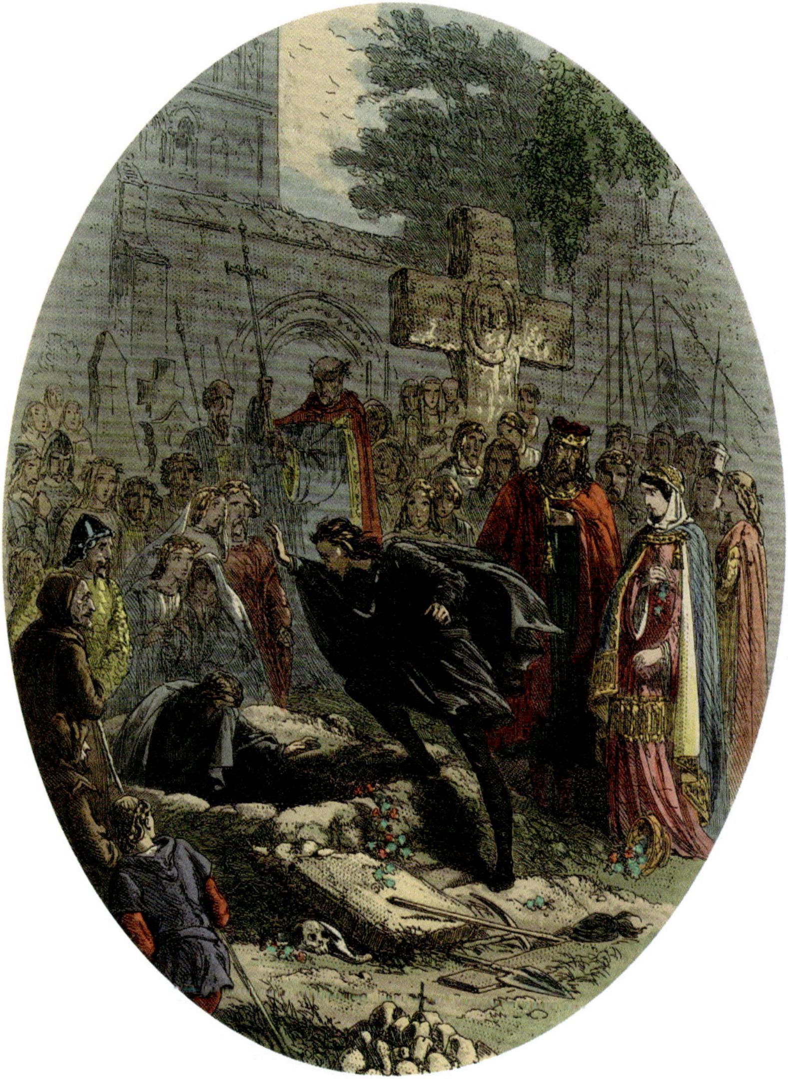

12
INDUSTRIELLE REVOLUTION 1770–1800

»Auf Warren Hill, östlich der Stadt Newmarket, 1790« – die Gestalt in der Kutsche stehend, ist der Prinz von Wales, der spätere Georg IV. Die Heide von Newmarket war Ende des 18. Jahrhunderts der Mittelpunkt des Pferdesports, und die vornehme Welt machte Ausflüge, um den blaublütigen Vierbeinern beim Training zuzusehen. Dies war die große Zeit des sportbegeisterten Gentleman, deren typischster Vertreter Squire Western in Henry Fieldings *Tom Jones* ist. Ein Mann, der im schneidigen Galopp reiten konnte, sein Pferd an jedem Tor, an Hecke, Mauer oder Zaun festmachen, mit seinen Kumpanen einen tüchtigen Schoppen trinken und der singen konnte, dass sich die Balken bogen, das war der prachtvollste Bursche auf der Welt – oder zumindest fand man das damals.

Einleitung

Der Grundstein für das Großbritannien unserer Tage wurde im späten 18. Jahrhundert gelegt. Dampfkraft veränderte die Wirtschaft, das Erscheinungsbild des Landes, sogar die Fruchtbarkeit der Menschen – denn mit der Industrialisierung sank das Alter, in dem junge Leute heirateten, und die Bevölkerung, die im Jahrhundert zuvor mit etwa acht Millionen stabil geblieben war, stieg stetig an.

Alles geschah rasend schnell. In weniger als einem Menschenalter – in einer Zeit, in der die Lebenserwartung noch grausam gering war – entwickelte sich Großbritannien zur fortschrittlichsten Industrienation der Welt. John Kay, William Hargreaves, Richard Arkwright, Henry Cort, Samuel Crompton, James Watt, Matthew Boulton und Josiah Wedgwood schufen eine neue Gesellschaft. Die Fabrik trat als Arbeitsplatz die Nachfolge von Feld oder heimischer Hütte an. Geld statt Nahrung oder Waren war nun der Lohn der Arbeit, und die Armen wohnten nicht mehr in Katen, sondern in Slums.

Werber machten die Häfen unsicher und befreiten die Gefängnisse von den Häftlingen – jeder, der Pech hatte, und mochte er auch noch so ungeeignet sein, musste Dienst an Bord der Kriegsschiffe tun, die das »perfide Albion« vor dem korsischen Tyrannen jenseits des Kanals beschützten. Andere, nicht minder unglückliche Gestalten verließen ihre Felder und suchten ihr Glück in Stoke, Newport, Birmingham, Manchester, Bradford und 100 weiteren Städten, die aus den Nähten platzten. Dort quälten sie sich in den »finst'ren Mühlen Satans«, wie William Blake sie nannte, denn der Fabrikantenaristokratie war das Wohl ihrer Arbeiter genauso gleichgültig, wie zuvor dem Landadel das Wohl der Bauern gewesen war.

Die Glücklichen, die nicht in Grube oder Fabrik, in Hütte oder Werkstatt ihr Brot verdienen mussten, sahen die Morgendämmerung einer großartigen und aufregenden neuen Zeit. Man fuhr an die See, badete in Badekarren und genoss die gesunde Luft. König Georg persönlich machte es dem Volk vor. Eine neue Tageszeitung erschien, die alle Welt von den neuesten britischen Erfolgen in Kenntnis setzte – *die Times*. Zuschauer hatten die Wahl zwischen immer mehr Theatern – Goldsmiths *She Stoops to Conquer* erlebte seine Uraufführung 1773 in Covent Garden, Sheridans *The Rivals* kam zwei Jahre danach. Die Geburtsstunde des Cricket schlug auf Broadhalfpenny Down in Hampshire. Keats, Shelley, Wordsworth und Coleridge schrieben anrührende Gedichte, und die Bilder von Constable und Gainsborough priesen die Vorstellung von England als »grünem, lieblichem Land«.

1796 nahm Edward Jenner aus dem Städtchen Berkeley in Gloucestershire von der Hand eines Milchmädchens den Kuhpockenerreger und impfte ihn einem achtjährigen Jungen. Es dauerte ein Jahr, bis er seine Medizinerkollegen davon überzeugt hatte, dass Impfungen ein wirksames Mittel im Kampf gegen die Pocken waren.

Doch bald gab es einen wichtigeren Krieg zu kämpfen – gegen die gottlosen und verderblichen Gedanken der Französischen Revolution ...

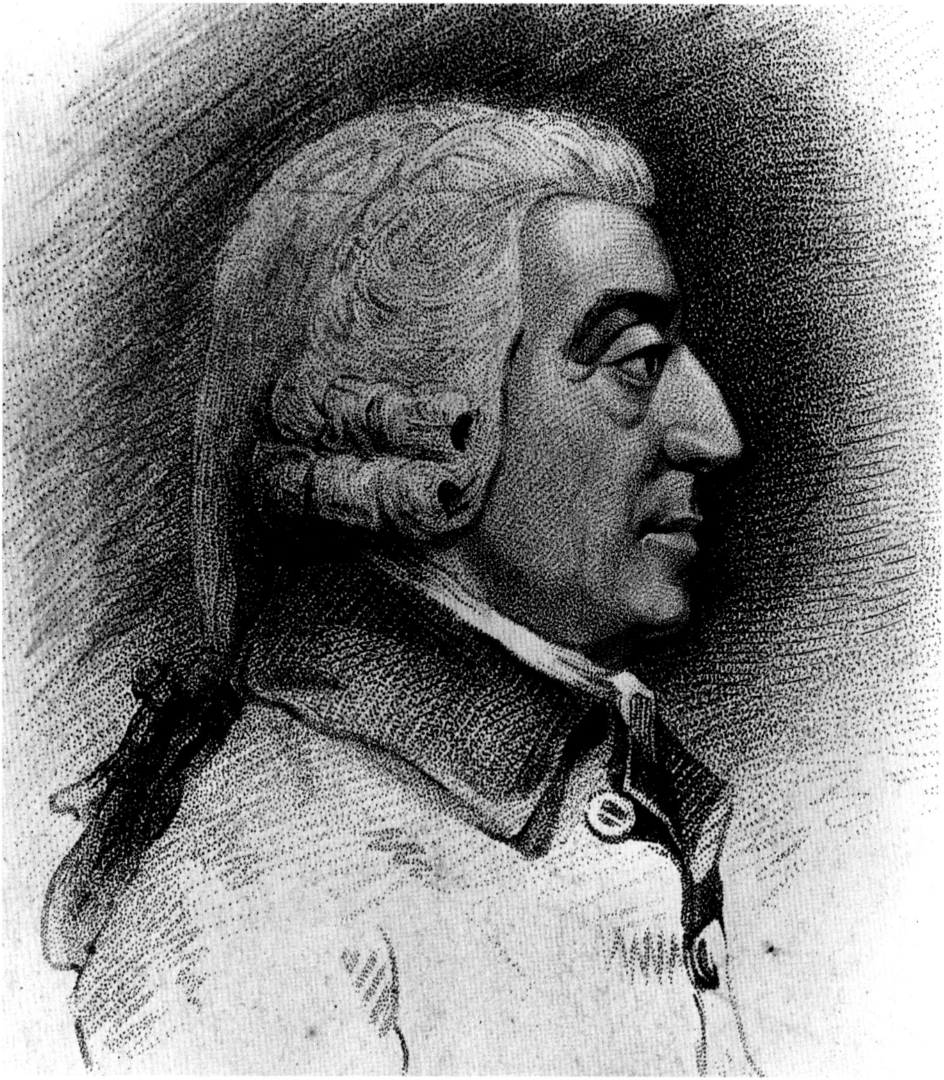

Vordenker einer neuen Ära 453

COMMON SENSE;

ADDRESSED TO THE

INHABITANTS

OF

AMERICA,

On the following interesting

SUBJECTS.

I. Of the Origin and Design of Government in general, with concise Remarks on the English Constitution.
II. Of Monarchy and Hereditary Succession.
III. Thoughts on the present State of American Affairs.
IV. Of the present Ability of America, with some miscellaneous Reflections.

Man knows no Master save creating HEAVEN,
Or those whom choice and common good ordain.
THOMSON.

PHILADELPHIA;
Printed, and Sold, by R. BELL, in Third-Street.
MDCCLXXVI.

Der Amerikanische Unabhängigkeitskrieg und die Französische Revolution lösten eine Flut philosophischer Diskussionen und neuer Ideen aus. *Rechts oben und unten:* Thomas Paine war ein Radikaler. 1774 bewog ihn Benjamin Franklin zu einem Besuch in Amerika. Sein Pamphlet *Common Sense* (Gesunder Menschenverstand; *oben*) mit der schönen Botschaft: »Es liegt in unserer Macht, die Welt noch einmal von vorn zu beginnen«, verkaufte sich dort in drei Monaten 100 000 Mal. *Seite 452:* Der schottische Ökonom und Philosoph Adam Smith ist vor allem für sein Meisterwerk *The Wealth of Nations* (Der Wohlstand der Nationen) bekannt geblieben, das die Gesetze von Wirtschaft und Markt auf gänzlich neue Weise darstellte, ein Buch, das bis heute nichts von seiner Gültigkeit verloren hat. Bei einem öffentlichen Dinner bestand Pitt darauf, dass Smith als erster Platz nahm; »Sie sind unser aller Meister«, sagte er.

James Gillrays Karikatur *Anno 1783* zeigt die Reaktion der Nationen auf Großbritanniens Verlust seiner amerikanischen Kolonien. Ganz links sagt der Holländer: »Zum Teufel mit Euch, Monsieur – das ging auf meine Kosten.« Der Spanier sieht es als Strafe für die Eroberung Gibraltars: »Euretwegen lacht ganz Europa über mich.« Der Franzose bietet sarkastisch eine Prise Schnupftabak an, »denn von uns bekommt ihr Amerika nicht zurück«, und John Bull kann nur verzweifelt die Arme in die Luft werfen: »Es ist verloren, für alle Zeit verloren.«

Ah. Ah. me Lord Angla. volez vous une pince de Snuff. for de Diable will not give you back de Amerique
Poor John Bull! Ha! Ha! Ha
'Tis lost! Irrecoverably lost.

456 Industrielle Revolution

Zu den wirkungsvollsten Neuerungen im Ackerbau zählte die Sämaschine, die Jethro Tull *(Seite 457)* schon im 18. Jahrhundert erfunden hatte. Weitere Maschinen folgten, von denen manche sehr primitiv waren. *Oben:* McDowgales Egge war für Kleinbauern eine Erleichterung, denn sie kam ohne Zugtier aus und bot doch mehr Kraft als die reine Handarbeit. *Rechts:* Bairds Rübenschnitzler erleichterte den Umgang mit einer Feldfrucht, die neu im Land war und Winterfutter für das Vieh liefern sollte

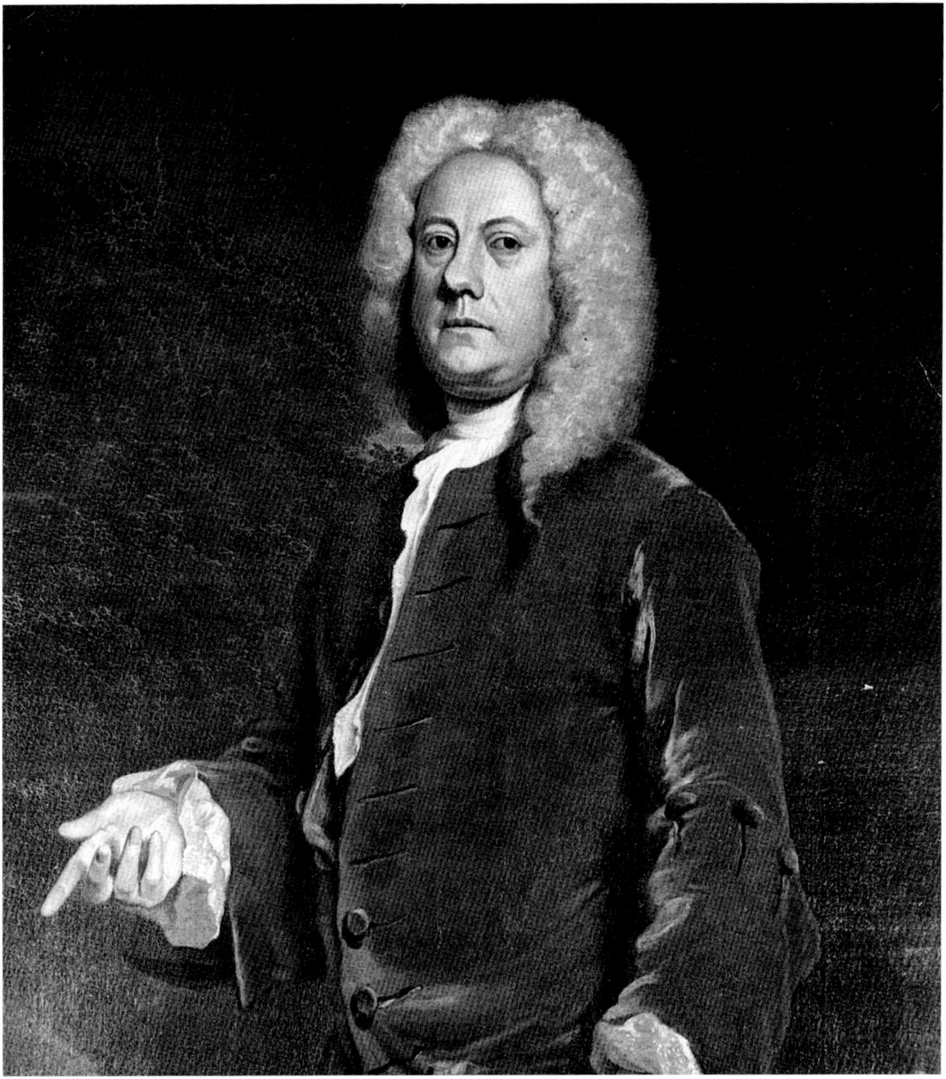

458 Industrielle Revolution

Drei Faktoren bewirkten den Bevölkerungsanstieg unter Georg III. – mehr Arbeit, mehr Geld und mehr Nahrung. Das Fabriksystem, entscheidende Neuerung der industriellen Revolution, prägte auch die Revolution der Landwirtschaft. *Links:* Kühe wurden in geräumigen neuen Ställen gemolken und nicht mehr auf dem Hof im Freien. *Links unten:* Zuchtwahl sorgte für kräftigere Tiere, und selbst der Landadel schien an Umfang zuzunehmen – jedenfalls in dieser Karikatur des 6. Herzogs von Bedford von James Gillray.

Landwirtschaftliche Neuerungen 459

Unten: Robert Bakewell von Dishley Grange in Leicestershire war ein Farmer der neuen Generation. Er verbesserte seinen Bestand an Schafen, Rindern und Pferden durch selektive Zuchtwahl und führte neue Rassen wie Leicester-Schafe und Longhornrinder ein. *Links:* Ölkuchen kam als Rinderfutter auf, obwohl die Witzzeichnung von 1802 nahe legt, dass mancher Zweifel hatte, ob das Fleisch, das dabei herauskam, auch gut war.

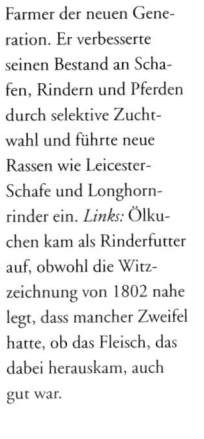

Im Jahr 1787 wurde Kapitän William Bligh *(Seite 461)* dazu bestimmt, eine Fahrt der HMS Bounty nach Tahiti zu kommandieren. Der Auftrag lautete, Brotfruchtbäume zu sammeln, die in der Karibik angesiedelt werden sollten. *Links:* Als das Schiff nach sechsmonatigem Aufenthalt auf der Insel wieder aufbrach, meuterten Blighs Männer und setzten ihn und eine Hand voll Getreuer fast ohne Proviant und ohne Seekarten in einem Boot aus. Blighs enormes seemännisches Geschick brachte sie trotzdem heil nach Timor, eine Reise von 4 000 Meilen. *Unten:* Fletcher Christian und die Meuterer, die er anführte, ließen sich auf der Pitcairn-Insel nieder.

Die Meuterei auf der Bounty 461

THE LANDING OF CAPTAIN COOK AT BOTANY BAY 1770

AUSTR

Die Briten waren nicht die Ersten, die in Australien landeten. Die Holländer waren zwar lange vor ihnen dort gewesen, doch Großbritannien war das erste Land, das eine permanente Kolonie einrichtete. *Links:* Kapitän James Cook kartierte 1770 mit der HMS Endeavour die australische Ostküste und beanspruchte das Land für die Krone. Cook war ein äußerst begabter Navigator. Seinen Erfolg jedoch verdankte er nicht zuletzt der Arbeit von John Harrison, einem englischen Uhrmacher, der einen Gutteil seines Lebens mit der Suche nach einem Zeitmesser verbrachte, mit dessen Hilfe sich der Längengrad exakt bestimmen ließe. 1762 schließlich stellte Harrison seinen Chronometer vor, der auf 18 Meilen genau war, und Cook machte von Harrisons Erfindung guten Gebrauch.

James Cook *(Seite 465 unten rechts)* wurde auf seiner Pazifikreise von 1768 bis 1771 von dem Botaniker und Zoologen Sir Joseph Banks *(Seite 465 unten links)* begleitet. *Oben:* Banks wirkte entscheidend an der Entstehung der Kolonie in Botany Bay mit, die später zum Zielhafen vieler Schiffsladungen mit britischen Sträflingen und Schuldnern wurde. Cook erforschte auf dieser Reise die Küsten Australiens und Neuseelands. Vier Jahre darauf kehrte er zurück, ging im Februar 1775 im Königin-Charlotte-Sund auf der neuseeländischen Südinsel vor Anker und machte Bekanntschaft mit den Maori-Häuptlingen *(links)*, bevor er zu seinem tragischen Tod auf Hawaii im Jahr 1779 weitersegelte *(Seite 465 oben)*.

Kapitän Cook 465

James Watt *(Seite 467 oben links)* richtete 1790 seine Werkstatt in Heathfield, Birmingham, ein *(links)*. *Oben:* Hier entwickelte er eine wirkungsvolle Dampfmaschine und baute sie in Boultons Soho-Werken. Der Chemiker Joseph Black *(Seite 467 oben rechts)* entdeckte die Eigenschaften latenter Wärme. John Rennie *(Seite 467 unten rechts)* zählte zu den bedeutendsten Ingenieuren seiner Zeit. William Murdock *(Seite 467 unten links, in der Mitte)* entwickelte die Wattsche Dampfmaschine weiter und war ein Pionier der Gasbeleuchtung.

Väter der Kraftmaschine 467

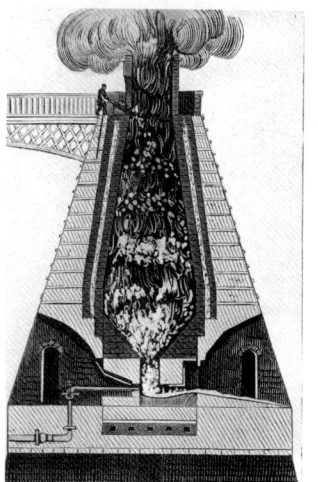

Im Zeitalter des Eisens jagte ein Triumph den nächsten. Neue Techniken zu seiner Herstellung wurden ersonnen, neue Verwendungen dafür gefunden. *Oben:* Riesige neue Eisenschmelzen entstanden, etwa in Broseley, Shropshire. Die Nachfrage war so groß, dass Großbritannien 50 000 Tonnen jährlich importieren musste.

Doch neben der Quantität war auch die Qualität gefragt. *Oben:* In den 1780er Jahren erwirkte Henry Cort eine Reihe von Patenten auf das so genannte Puddelverfahren, das ein hochwertiges Schmiedeeisen hervorbrachte. *Seite 468 unten links:* In einem Flammofen wird das Erz verhüttet, wobei Frischkohle und Eisen getrennt gehalten werden, um zu verhindern, dass das Eisen mit Kohlenstoff verunreinigt wird. *Seite 468 unten rechts:* Ein anderes Cort-Patent waren die gefurchten Walzen. Corts Erfindungen fanden große Verbreitung, ihn selbst jedoch ruinierte eine Klage wegen Zahlungsunfähigkeit, und er starb als armer Mann.

Sir Richard Arkwright *(rechts)* patentierte seine Spinnmaschine *(ganz rechts)* 1767. Sie revolutionierte die Herstellung von Baumwolltuch, denn das von ihr produzierte Garn war erstmals reißfest genug, dass es auch als Kettfaden dienen konnte. *Oben:* Wie der Meister in Hogarths *Der brave Lehrjunge* war auch Arkwright ein strenger Dienstherr, der bei seinen Arbeitern nicht beliebt war. Obwohl seine Maschinen zerschlagen wurden, verdiente er ein Vermögen damit.

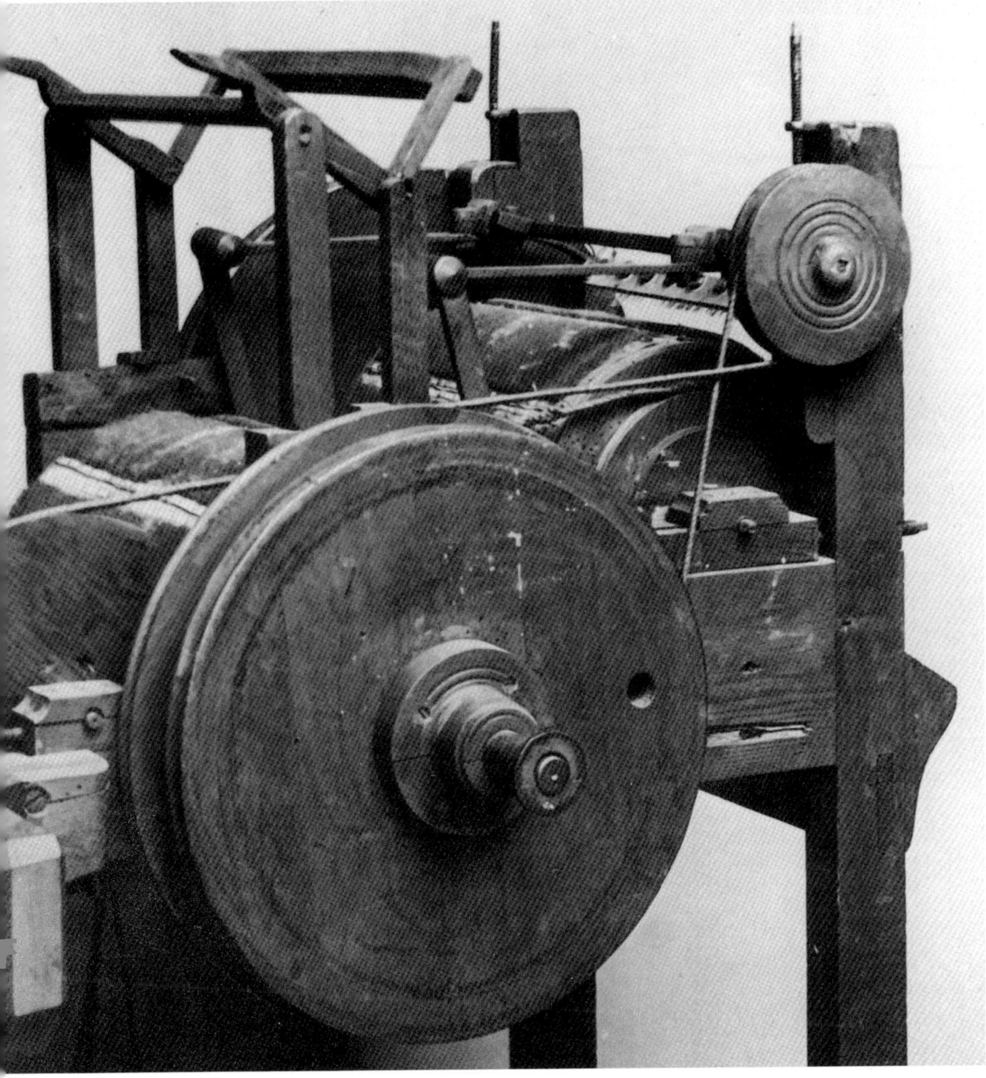

472 Industrielle Revolution

Josiah Wedgwood *(ganz oben,* mit einer typischen Wedgwood-Vase und *oben,* in seiner Werkstatt) war ursprünglich Töpfer in Burslem. In Form und Dekor lehnte er seine Waren an Gefäße der griechischen und römischen Antike an und taufte seine große Fabrik bei Hanley »Etruria«. *Rechts:* Mit seinem Partner Byerley eröffnete Wedgwood einen eleganten Laden in der Londoner St. James's Street, auch damals schon eine der besten Adressen der Stadt.

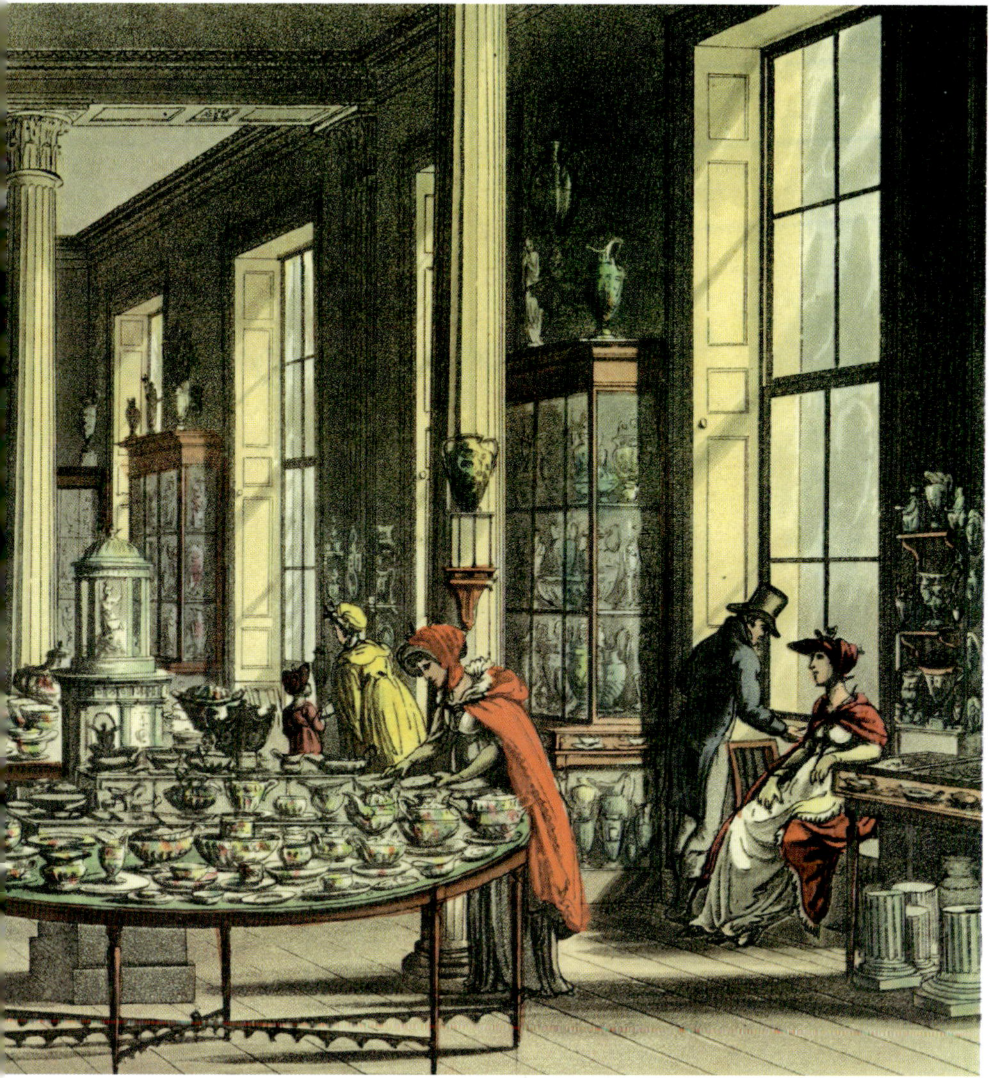

474 Industrielle Revolution

John Loudon McAdam 475

Eine Postkutschenfahrt Ende des 18. Jahrhunderts war langsam, unbequem und gefährlich. Die Kutschen waren im Laufe der Jahrhunderte zwar besser geworden, doch für die Verbesserung der Wege hatte man kaum etwas getan. Bei feuchtem Wetter bildeten sich tiefe Rinnen, in denen die Kutschen oft stecken blieben. *Links:* Die Passagiere mussten aussteigen. Wenn sie Glück hatten, hieß es nur warten, bis die Kutsche weiterkonnte; wenn sie Pech hatten, mussten sie selbst schieben. Der schottische Ingenieur John Loudon McAdam *(ganz oben)* entwickelte die feste Straßenoberfläche aus Teer und Schotter – eine Neuerung, die nicht jedem behagte *(oben)*.

Links unten: Schon lange vor George Stephensons *Rocket* gab es in den Kohlengruben »Eisenbahnen«, auf denen Loren von Tieren gezogen wurden. Richard Trevithick *(links oben),* Ingenieur und Erfinder, setzte Watts Dampfkessel auf Räder und baute damit die erste Lokomotive oder »bewegliche Dampfmaschine« *(oben). Rechts:* Trevithick wusste nichts aus seiner Erfindung zu machen, und so blieb seine Lokomotive für Londonreisende eine Kuriosität, die lediglich ihre endlosen Runden auf einem Kurs am Euston Square drehte.

Richard Trevithick 477

478 Industrielle Revolution

1784 notierte Viscount Torrington in seinem Tagebuch, die neue Eisenbrücke in Coalbrookdale, Shropshire, werde »von allen bestaunt, denn sie ist eines der größten Wunder der Welt«. *Unten:* John Wilkinson und Abraham Darby III. hatten die Brücke mit Eisen aus ihrer nahe gelegenen Hütte gebaut.

Die Brücke in Coalbrookdale war eine bemerkenswerte Leistung. *Rechts:* Sie war ausschließlich aus Eisenteilen gebaut und aus einer Art Bausatz zusammengeschraubt. Die Spannweite des mittleren Bogens betrug 30 Meter, die Höhe 15 Meter. »Obwohl sie wie ein Netz aus Eisen wirkt«, schrieb Charles Dibdin, »wird sie wohl Ewigkeiten überdauern.«

480 Industrielle Revolution

Seite 480: Thomas Telford war der Sohn eines Schäfers aus Westerkirk bei Langholm, der es zum Architekten und Ingenieur von höchsten Fertigkeiten brachte. Mit 14 Jahren kam er zu einem Steinmetz in die Lehre, später arbeitete er in Edinburgh und London. *Oben:* Zu seinen größten Leistungen zählen das Pont-Cysylte-Aquädukt in Wales (im Hintergrund des Porträts zu sehen), der Caledonian Canal, die Straße von London nach Holyhead, die Hängebrücke über die Meerenge von Menai sowie die Brücke über den Conwy River.

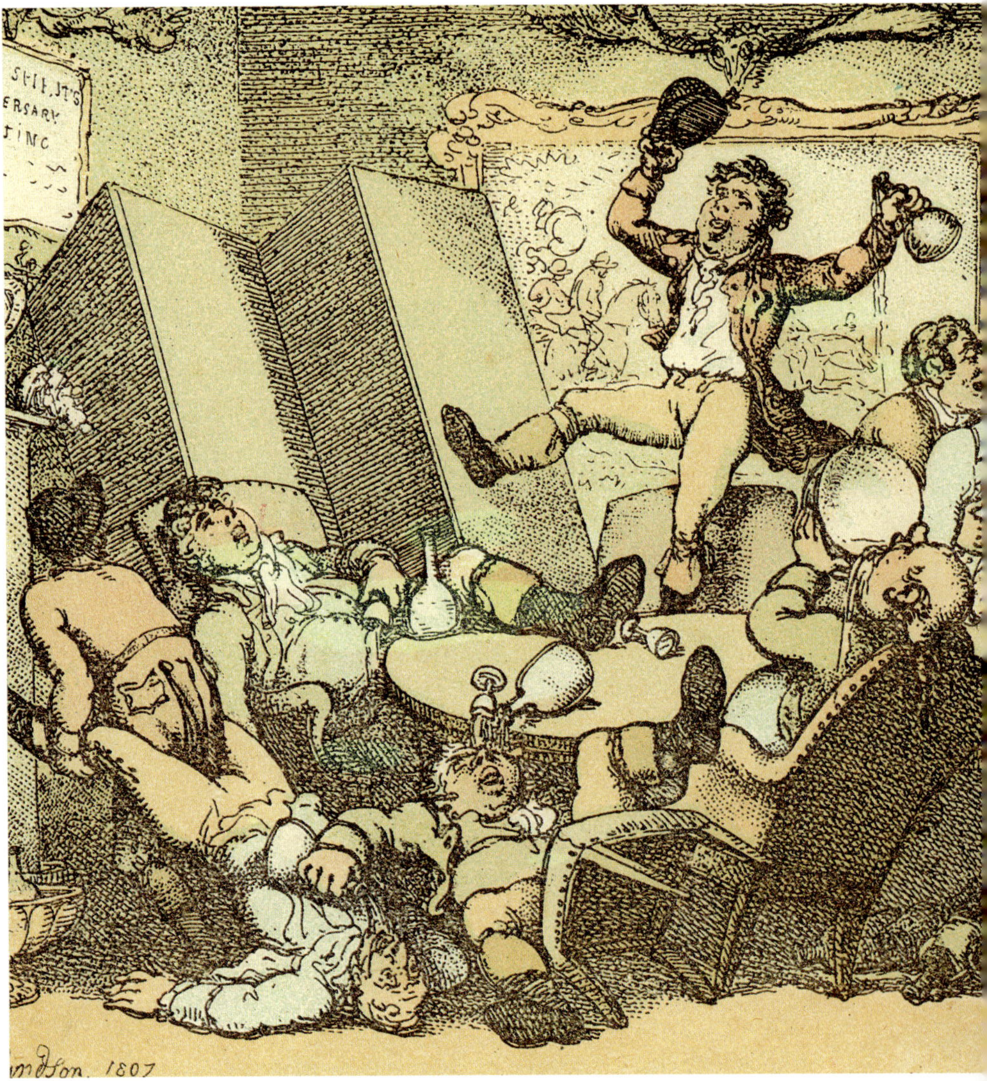

mdson. 1807

Bier 483

Die Engländer stellten sich immer gern als kräftige Esser und Zecher dar, und ein gutes Ale galt nicht nur als Erfrischung, sondern als Stärkung. *Links:* Wer zum Vergnügen trank, sah darin kein Laster, auch wenn er es bei den unteren Schichten noch so sehr verurteilte. *Oben und ganz oben:* Immer häufiger wurde das Bier nicht mehr zu Hause oder direkt im Gasthaus, sondern fabrikmäßig in großen Brauereien hergestellt.

Die Mode, im Urlaub an die See zu fahren, brachte Georg III. auf. Er war häufiger Gast in Weymouth, wo Seine Majestät in einem Badekarren den königlichen Badeanzug überstreifte und tapfer in die Fluten stieg, sobald der Karren ins seichte Wasser gezogen worden war. Binnen kurzem tauchten solche Karren auch in Scarborough *(Seite 485 unten),* Brighton, Bournemouth, Sidmouth und einem Dutzend weiterer Badeorte *(Seite 485 oben)* auf. Viele Besucher gaben sich schon mit der guten Seeluft zufrieden *(oben rechts),* vielleicht, weil sie sich vor den Wellen, vielleicht aber auch, weil sie sich vor der Angst einflößenden Aufseherin fürchteten *(oben links),* die über die Badekarren wachte.

Die See 485

Die meisten Städte des späten 18. Jahrhunderts hatten Viertel, in die man besser nicht ging. In »Jack Ketch's Warren« in London versteckten sich Diebesbanden, die bis zu 100 Mann stark sein konnten. Erpresser hielten den »Sodomite's Walk« im Auge (wo sich Homosexuelle trafen), stets auf der Suche nach möglichen Opfern. *Oben:* Prostituierte und Taschendiebe arbeiteten in den feineren Vierteln Hand in Hand. *Seite 487 oben:* Die »Mohocks« waren Horden von oft wohlhabenden jungen Stutzern, den ältlichen Nachtwächtern das Leben schwer machten. *Seite 487 unten:* Auf dem Land war das häufigste Verbrechen der Wildfrevel, der dem Dieb einen Fasan oder ein Kaninchen für den Kochtopf, aber auch einen Platz am Galgen oder auf einem Schiff in die Kolonien einbringen konnte.

Verbrechen 487

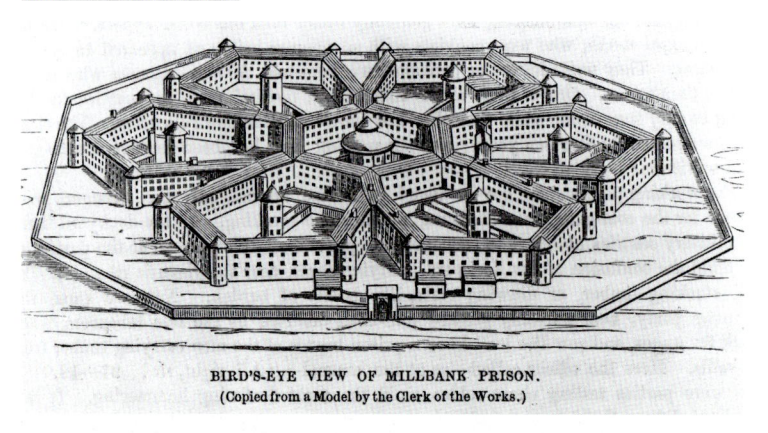

BIRD'S-EYE VIEW OF MILLBANK PRISON.
(Copied from a Model by the Clerk of the Works.)

Die Strafen waren zur Zeit Georgs III. hart. *Rechts:* Auf über 200 Verbrechen stand die Todesstrafe, und öffentliche Auspeitschungen waren an der Tagesordnung. *Unten:* Die Kapelle des alten Newgate Gaol sah oft genug Totenfeiern, denn Hunderte starben Jahr für Jahr in den Gefängnissen. *Links:* Um die ständig steigende Zahl von Gefangenen unterzubringen, wurden neue Zuchthäuser gebaut, etwa in Millbank, London.

Strafe 489

490 Industrielle Revolution

Im Laufe des 18. Jahrhunderts entstand eine immer größere Basis an naturwissenschaftlichem Wissen, und die Patienten waren dankbar, dass Ärzte und Chirurgen ihr Handwerk nun weit besser beherrschten, besonders auch die Kunst der Diagnose *(unten links)* – obwohl die satirische Zeichnung aus derselben Zeit ahnen lässt, dass Ärzte nicht unbedingt angesehener waren *(unten rechts)*. Alexander Monro *(rechts)* kam in London zur Welt, wirkte jedoch in Schottland. Er begründete das Edinburgh Royal Infirmary und war der Vater von Monro »Secundus«, einem frühen Augen-, Ohren-, Nerven- und Hirnexperten.

Eine Entdeckung, die viele Leben retten sollte, machte Dr. Edward Jenner *(oben)* aus Berkeley, Gloucestershire, im Jahr 1796. Schon früher war aufgefallen, dass bei Patienten, die sich einmal mit Kuhpocken infiziert hatten, eine Pockenerkrankung glimpflicher verlief – Georg III. hatte es als junger Mann am eigenen Leib erlebt. *Rechts:* Als Jenner einem Jungen die Kuhpocken gezielt einimpfte, riskierte er, dass man ihn für sein wissenschaftliches Experiment des Mordes anklagte. Der Junge wurde gesund, und später brachte Jenner ihn mit Pocken in Kontakt, ohne dass er erkrankte. Binnen eines Jahres war die lebensrettende Wirkung von Impfungen allgemein anerkannt.

492 Industrielle Revolution

Eine Krankheit, die vielen Engländern (und ein paar Engländerinnen) das Leben zur Hölle machte, war die Gicht. Zwar war die Gicht oft Anlass für Scherze, doch wer die Schmerzen wirklich erlitt, hatte nichts zu lachen. *Unten:* Linderung verschaffte es, wenn man die geschwollenen Gliedmaßen hochlegte, aber die Krankheit blieb. *Rechts:* Die Karikatur von 1799 zeigt die Gicht als kleinen Teufel, der gierig seine Zähne und Klauen in den großen Zeh schlägt.

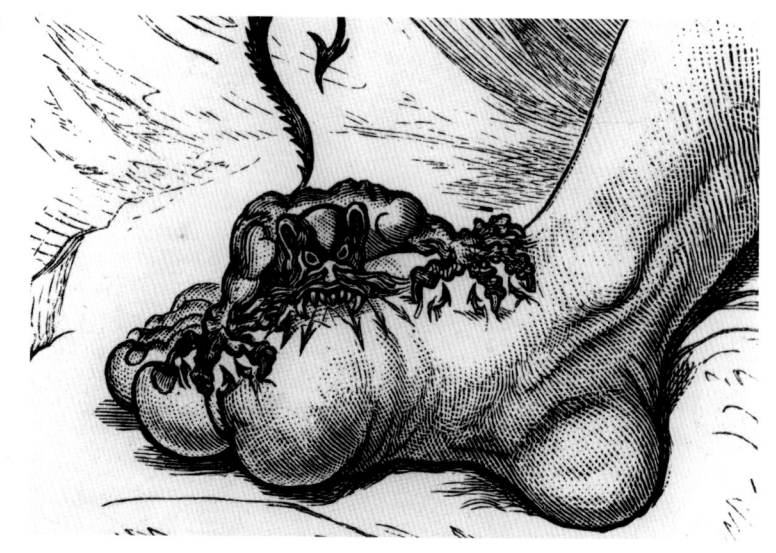

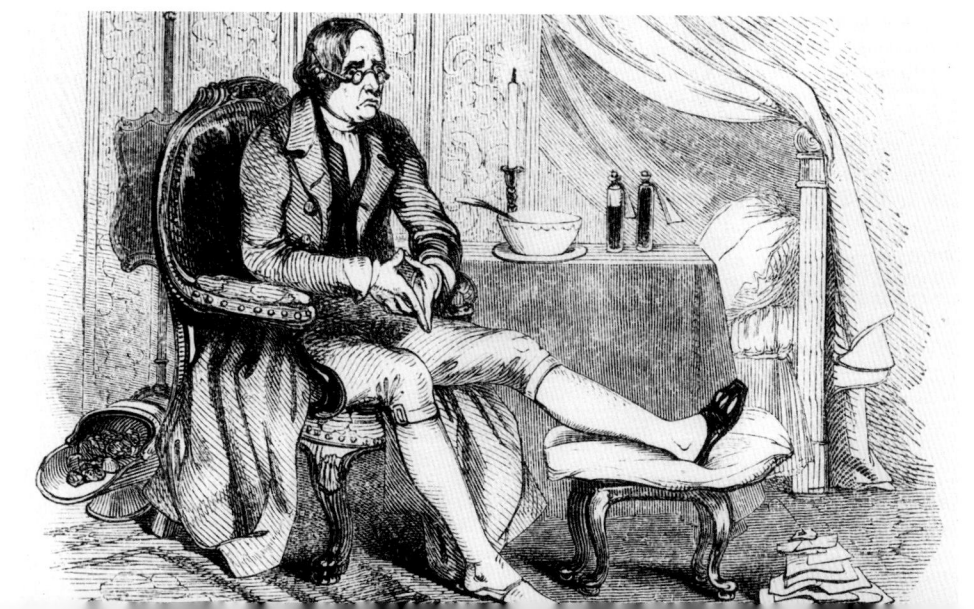

Dass Gicht und Essgewohnheiten zusammenhingen, erkannte man noch kaum. *Oben:* James Gillrays Karikatur zeigt Opfer von Gicht, Kolik und Schwindsucht, die sich mit Punsch zuprosten, obwohl dieses Getränk eher die Ursache ihrer Krankheit als ein Heilmittel war. *Rechts:* Wer es sich leisten konnte, fuhr in Badeorte wie Cheltenham, Tunbridge Wells, Harrogate, Buxton oder Bath, wo man Heilwasser trank und den Körper von Giften reinigte, die man mit der Nahrung aufnahm.

Links: Sir Joshua Reynolds spielte eine führende Rolle bei der Gründung der Royal Academy of Arts im Jahr 1768. Aufgabe der Akademie sollte es sein, das Niveau der Malerei zu heben, und mit dem Burlington House in Piccadilly *(Seite 495 oben)* erhielt sie ein prachtvolles Quartier. Reynolds war ein Porträtmaler mit Talent und Stil; er zeigte die Porträtierten gern in klassischen Posen, und seine Bilder zählen zu den schönsten der englischen Schule. *Seite 495 unten links:* Das Porträt von Lavinia, Gräfin Spencer, stammt von 1785. *Seite 495 unten rechts:* Als führender Porträtmaler seiner Zeit gilt jedoch Thomas Gainsborough.

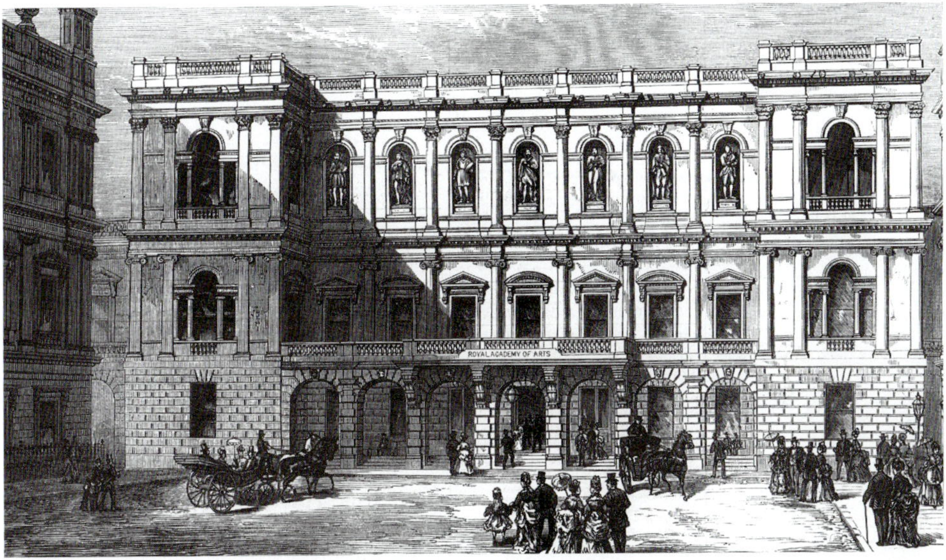
ROYAL ACADEMY OF ARTS

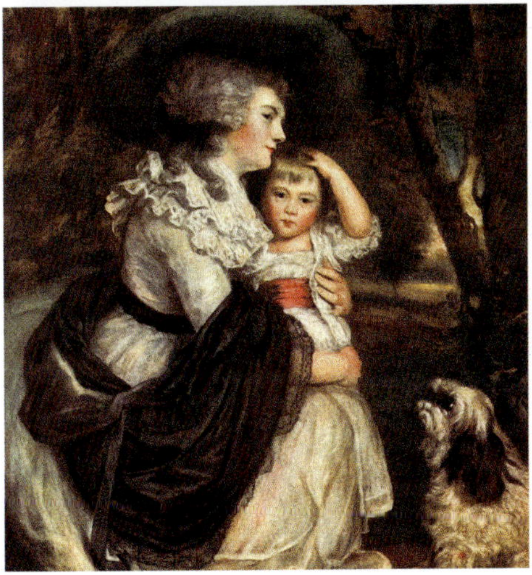

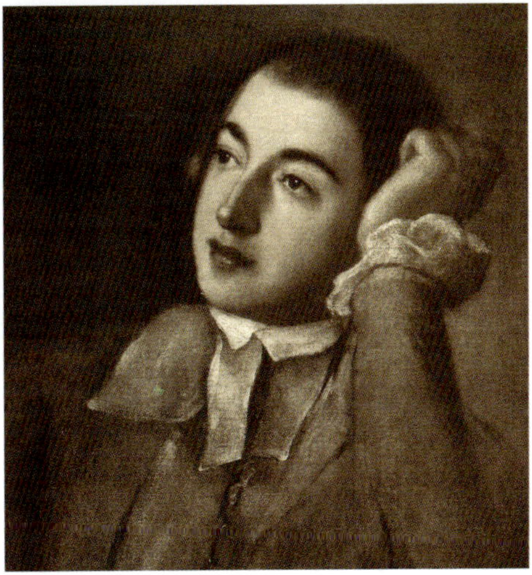

496 Industrielle Revolution

Rechts: Samuel Johnson war ein gigantischer Mann – abwechselnd mürrisch und übermütig, freundlich und jähzornig, langweilig und geistreich. Einen Gutteil seines Lebens verbrachte er mit der Zusammenstellung seines *Dictionary,* eines monumentalen Wörterbuchs der englischen Sprache, mit dem er an Gründlichkeit und Gelehrsamkeit anderen um viele Jahre voraus war. *Links, Mitte:* Sein ständiger Begleiter vom 16. Mai 1763 an – dem Tag, an dem sie sich kennen lernten –, war James Boswell. Boswells größtes Werk ist seine Biographie über Johnson, ein wunderbar ungeschminkter Bericht über das Leben mit seinem formidablen Freund. Der Dritte im Bild, das Johnson und Boswell im Londoner Gasthaus Mitre zeigt, ist (links sitzend) Oliver Goldsmith.

Seite 499 oben links: Wie sein Freund Keats starb auch Shelley jung. Shelley war ein Radikaler, ein überzeugter Atheist und gnadenloser Kritiker der Regierung. Er schrieb eine Reihe erlesener Gedichte, bevor er 1822 mit seinem Segelboot ausfuhr und ertrank. *Seite 499 oben rechts:* Seine zweite Frau, Mary Wollstonecraft Godwin lief mit ihm davon, als sie 17 war. *Seite 499 unten:* Bekannt geblieben ist sie vor allem als Verfasserin des *Frankenstein,* den sie schrieb, als sie in Byrons Haus am Genfer See zu Gast war. George Gordon, Lord Byron *(links,* in griechischem Kostüm), war mit Shelley befreundet; er setzte sich leidenschaftlich für die griechische Unabhängigkeit ein und hatte die Mittel, sein kurzes, doch ereignisreiches Leben in dem Wohlstand zu führen, den seine Dichterkollegen so oft entbehrten.

Die Romantiker 499

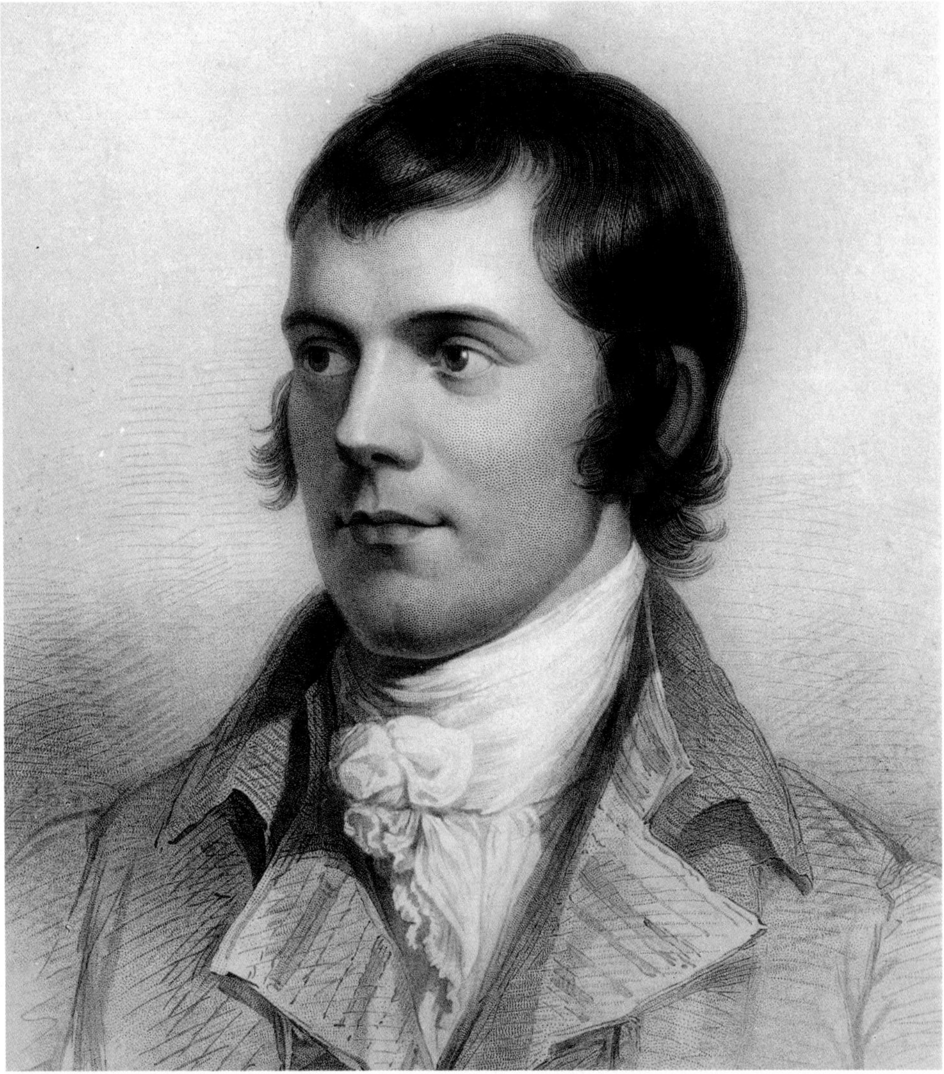

Links: Robert Burns war ein einfacher Bauer, den die Schotten zu ihrem Nationaldichter erklärten. Er kam 1759 zur Welt und verdankte seine Erziehung zum großen Teil einem Mann namens John Murdoch. *Rechts oben:* Zu Burns' berühmtesten Gedichten zählt »Tam o' Shanter«, die Geschichte eines betrunkenen Bauern, der eines Nachts in der Kirche von Alloway zwischen eine »Höllenschar« aus Teufeln und Hexen gerät. *Rechts unten:* Tam flieht vor ihnen, doch sie setzen ihm nach, allen voran »Cutty Sark«. Tam entgeht ihnen um Haaresbreite, als Meg, sein braves Pferd, die Brücke von Doon erreicht, über die die Hexen nicht hinüberkönnen. Cutty Sark bekommt noch Megs Schwanz zu fassen und reißt ihn der Mähre ab.

502 Industrielle Revolution

Das romantische Zeitalter brachte viele bedeutende Dichter, Tagebuchschreiber, Romanciers und Literaten hervor, darunter Keats *(Seite 502 oben rechts)*, Wordsworth *(Seite 502 unten links)* und Coleridge *(oben links)*, dessen »Rime of the Ancient Mariner« (»Der alte Seefahrer«) später Gustave Doré illustrierte *(oben rechts)*. Fanny Burney *(Seite 502 oben links)* hielt in ihrem Tagebuch Klatschgeschichten, Moden und die großen Ereignisse ihrer Zeit fest. Thomas de Quincey *(rechts)* musterte als Kritiker die literarischen Erzeugnisse seiner Zeitgenossen. *Seite 502 unten rechts:* Viele starben jung – eine Ausnahme war Wordsworth, der bis ins hohe Alter in Frieden in seinem Häuschen Dove Cottage in Grasmere im Lake District lebte.

Das späte 18. Jahrhundert war eine goldene Zeit des Londoner Theaters. Zahlreiche neue Spielstätten entstanden, vom bescheidenen King's Theatre am Haymarket *(Seite 505 unten rechts)* bis zu dem grandiosen His Majesty's Theatre (der vormaligen Italienischen Oper, *Seite 505 oben*) und dem Her Majesty's Theatre *(Seite 505 unten links)*. Sheridan, Goldsmith und Dibdin brachten schöne neue Stücke auf die Bühnen, und Samuel Foote beglückte das Publikum mit einer Reihe von Farcen. Sheridan war zudem auch Theaterimpresario, der die professionellen Schauspieler gegen das, was für ihn aristokratische Dilettanten waren, verteidigte – jene, die das Schauspielerleben spielten. *Links:* Sheridan als Harlekin führt in James Gillrays Karikatur (von links) Mrs. Billington, Charles Kemble und Mrs. Siddons gegen die »Pic Nics« an.

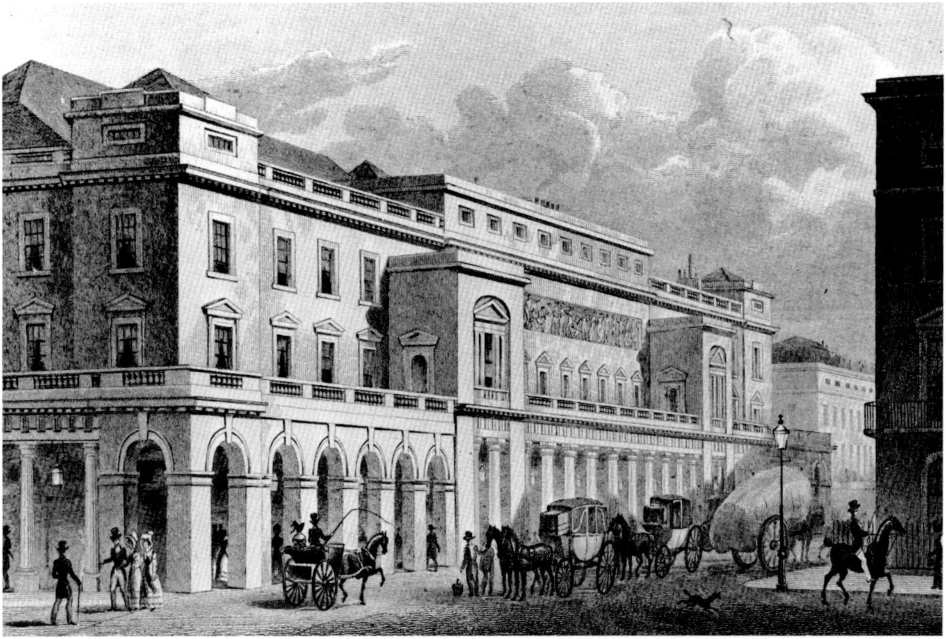

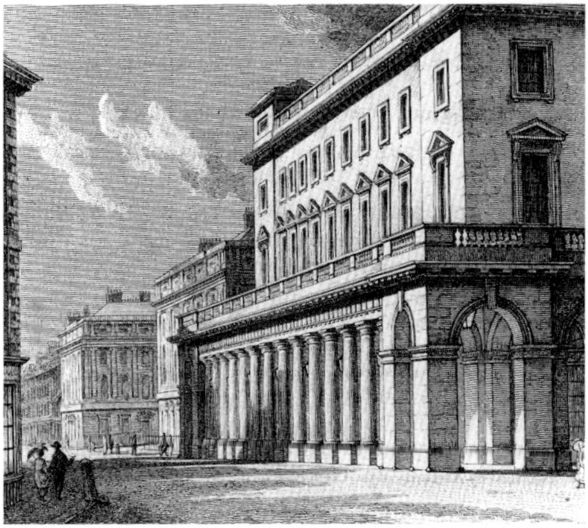

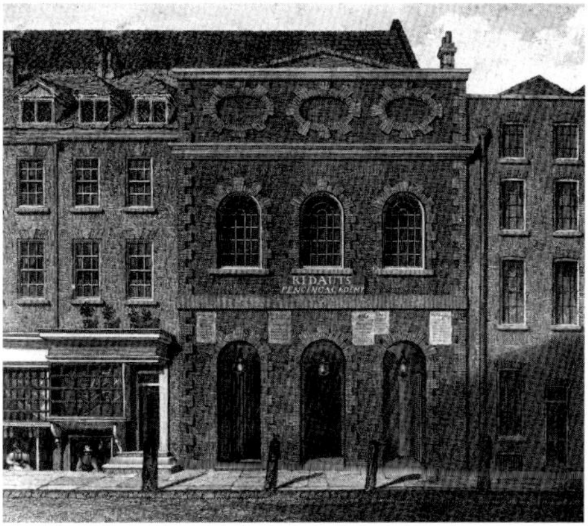
RIDAUTS

506 Industrielle Revolution

Die vornehme Kunst der Selbstverteidigung war noch nicht erfunden. Die Boxer des 18. Jahrhunderts standen sich mit bloßen Fäusten gegenüber, und die Kämpfe dauerten, bis einer der Kontrahenten zu Boden ging oder bis zur gänzlichen Erschöpfung eines oder beider (oder des Publikums). Kämpfe zogen sich über Stunden hin, bis die blutüberströmten Leiber kaum noch stehen konnten. Die Boxer waren Helden, und Hunderte versammelten sich zu den Kämpfen unter freiem Himmel, wenn Humphrey gegen Mendoza *(Seite 506 oben links)* oder Tom Johnson gegen Isaac Perrins *(links)* antraten, Letztere in einem erbitterten Kampf in Banbury am 22. Oktober 1789.

508 Industrielle Revolution

Sport für alle   509

Sport war im 18. Jahrhundert eine Frage der sozialen Schicht. *Rechts:* Junge Aristokraten vergnügten sich im Tennissaal am Londoner Leicester Square. *Seite 508:* Die weniger aristokratische Jugend spielte Fußball an der frischen Luft auf den Straßen der Stadt, wo die Mannschaften Dutzende stark sein und sich die Spiele über eine Meile und mehr hinziehen konnten. *Unten:* Es war eine brutale Welt, in der Arm und Reich lernen musste, die Fäuste zu gebrauchen, selbst bei einem Fußballspiel.

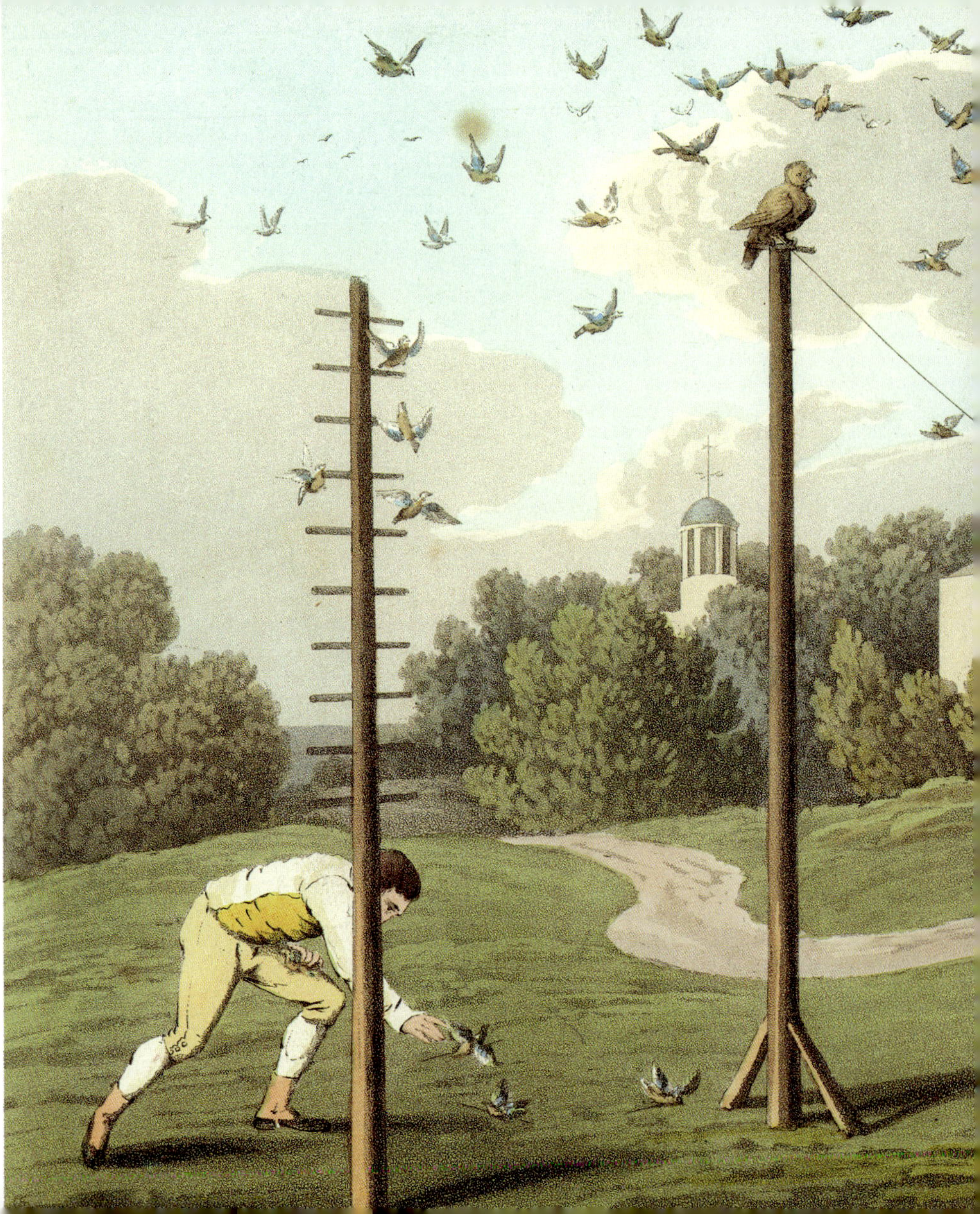

»Owling« 511

Nicht ganz so aufregend wie die Falknerei war der Eulensport (engl. owl = Eule). Er baute auf der Erkenntnis auf, dass Eulen oft von Schwärmen kleinerer Vögel angegriffen werden, die sie als Raubvögel vertreiben wollen. Man hielt die Eule an einer langen Leine, bis die Vögel kamen, dann ließ man sie los, damit sie unter den Angreifern wüten konnte. Bei englischen Gentlemen wurde die Sportbegeisterung nur noch durch ihren Einfallsreichtum übertroffen.

512 Industrielle Revolution

In den 1790er Jahren gründeten Wolfe Tone *(Seite 512 unten rechts)* und andere die Society of United Irishmen (Gesellschaft vereinigter Iren), deren Ziel es war, das katholische mit dem protestantischen Irland zu vereinen. Eine solche Union empfand die britische Regierung, die im Krieg mit dem revolutionären Frankreich war, als Bedrohung. Robert Emmet *(rechts)* schloss sich mit elf Jahren den United Irishmen an; später schmiedete er Pläne, die Burg von Dublin *(oben)* zu stürmen. Lord Edward Fitzgerald *(Seite 512 unten links)* trat der Vereinigung 1796 bei und bereitete eine französische Invasion der Insel vor. *Seite 512 oben:* Doch den United Irishmen gelang es nicht, ihre eigenen Aktionen mit denen der Franzosen abzustimmen, und in der Schlacht von Vinegar Hill im Juni 1796 wurden ihre Truppen aufgerieben. Alle drei Männer starben eines gewaltsamen Todes. Emmet wurde gehängt, Tone schnitt sich im Gefängnis die Kehle durch, und Fitzgerald wurde bei der Festnahme tödlich verwundet.

James Gillray und Thomas Rowlandson waren die führenden britischen Satiriker und Karikaturisten des späten 18. und frühen 19. Jahrhunderts. In vielen scharfsinnigen Zeichnungen verspotteten sie die Berühmten und die Modischen und prangerten mit scharfer Feder die Schwächen ihrer Zeit an. Gillray war der Sohn eines einfachen Soldaten aus Lanark. Seine Arbeiten, etwa die Zeichnung von Pitt und Napoleon, die untereinander die Welt aufteilen *(unten)*, waren politischer als jene Rowlandsons, auch wenn er ebenso gern die Albernheiten der Mode aufs Korn nahm *(links)*. Die Karikaturen Rowlandsons, der auch Porträts malte, haben dagegen etwas Versöhnliches, etwa in *Ein Wissenschaftler demonstriert seine Experimente* (Seite 515 oben) und *Dr. Syntax in Paris* aus der Serie *Dr. Syntax auf der Suche nach dem Pittoresken* (Seite 515 unten).

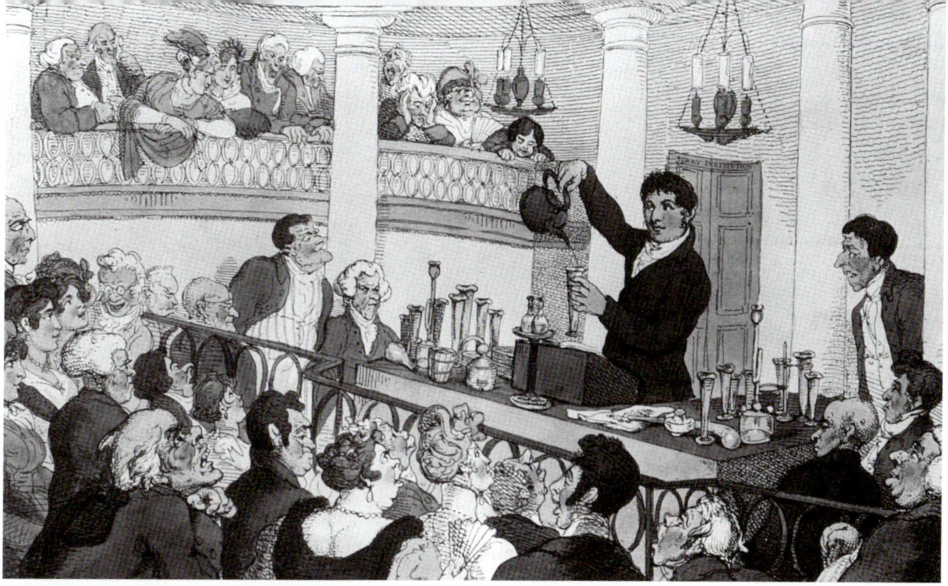

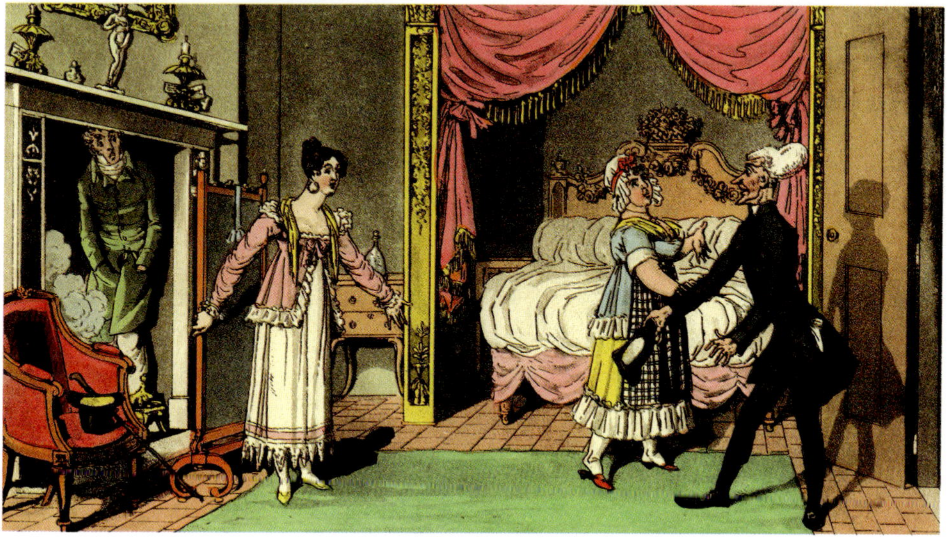

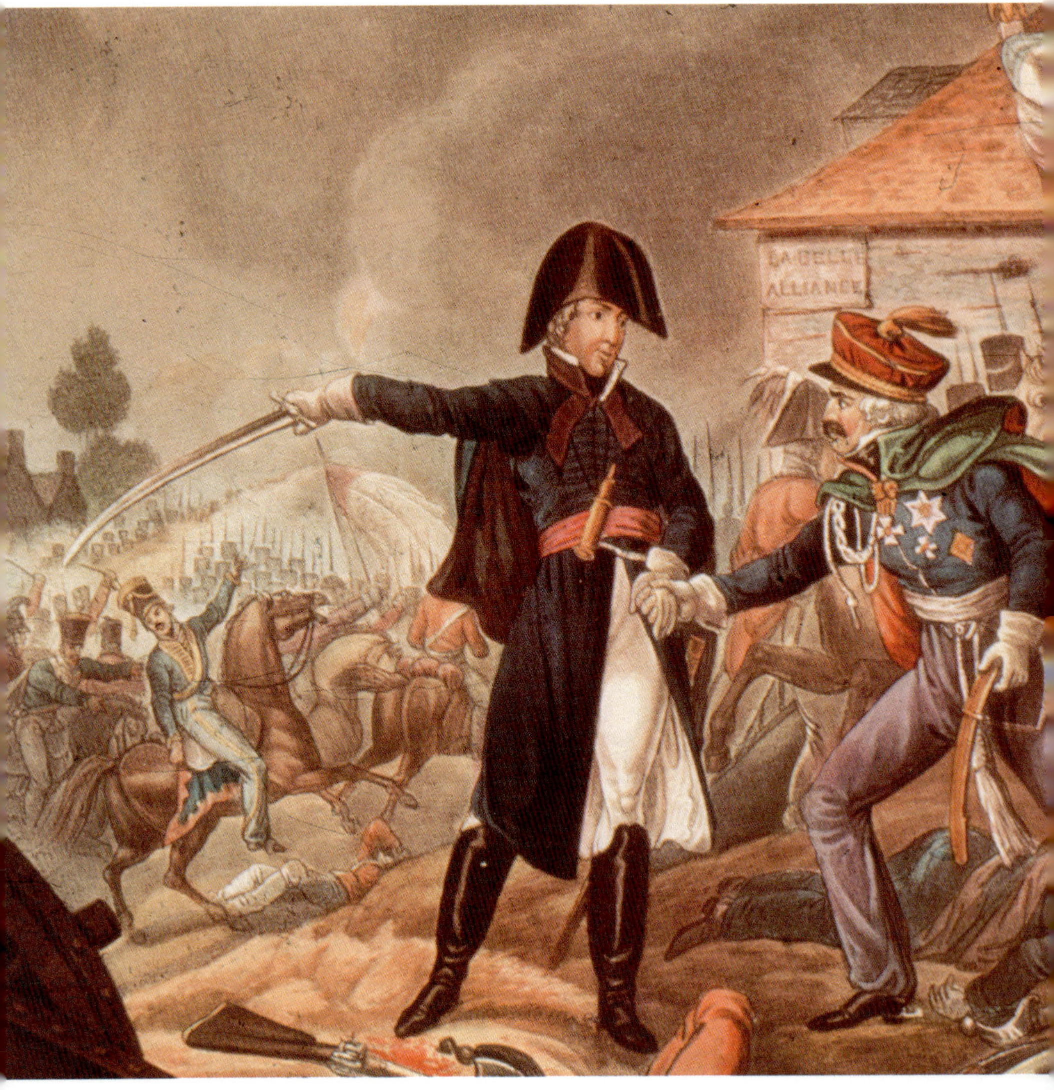
LA BELLE
ALLIANCE

13
MÜHEVOLLE JAHRE
1800–1815

Am Ende einer »verdammt knappen Sache« – der Herzog von Wellington *(links,* mit Schwert) begrüßt Marschall Blücher auf dem Schlachtfeld von Waterloo, 18. Juni 1815. Die Schlacht hatte den ganzen Tag getobt, und um Haaresbreite wäre der Sieg an Napoleon gegangen. Die Ankunft der preußischen Verbündeten jedoch sorgte für die Entscheidung. Die kaiserliche Garde versuchte noch einen letzten heroischen Angriff, konnte jedoch die britischen Linien nicht durchbrechen. Napoleon verließ enttäuscht das Schlachtfeld, eilte in seiner Kutsche nach Paris zurück, und von da ging es nach St. Helena und an das Ende seiner Träume. Es war das einzige Mal, dass Wellington und Napoleon gegeneinander antraten.

Einleitung

Die Seeschlacht von Trafalgar im Jahr 1805 bewahrte die Britischen Inseln vor einer Invasion. Die Schlacht von Waterloo, 1815, war der letzte Akt zur »Befreiung« Europas. Napoleon war auf die Insel St. Helena verbannt. Großbritannien konnte aufatmen.

Nicht dass der Krieg die Vergnügungen, die London zu bieten hatte, nennenswert geschmälert hätte. Selbst als der Kampf gegen Bonaparte am erbittertsten geführt wurde, gab es noch vieles, um sich des Lebens zu freuen – Madame Tussauds berühmtes Wachsfigurenkabinett zum Beispiel. Dort waren die Schurken der Französischen Revolution so grausig nachempfunden, die arme Familie Ludwigs XVI. so Mitleid erregend dargestellt. Es gab Astleys Amphitheater in der Westminster Bridge Road, wo jeden Abend der große Clown Grimaldi auftrat, mit Akrobaten, Jongleuren und Zauberern und mit Pferden, die rund um die sägemehlbestreute Manege galoppierten. Man konnte den neuen Zoo im Regent's Park, die

Nationalgalerie, den Quadrant in der Regent Street und Thomas Lords prächtigen neuen Cricketplatz bewundern.

Für die Intellektuelleren gab es die neuesten Romane von Jane Austen und Sir Walter Scott, die im Buchladen Lackington Allen & Company am Finsbury Square oder bei Hatchard's in Piccadilly zu kaufen waren. Es gab den Exhibition Room im Somerset House, Bullocks Museum, die Vauxhall Bridge oder das Wunder der Gasbeleuchtung in Pall Mall. Ein wenig außerhalb konnte man Longleat House, Prinnys wunderbar exotischen Royal Pavilion in Brighton, Holland House in Middlesex und Eaton Hall in Cheshire bewundern.

Frauenkleider nahmen eine verblüffende Wendung zum Exotischen. Eine Modezeitung schrieb anerkennend von einem Opernkleid, dessen tscherkessische Taille aus amerikanischem Samt mit chinesischen Litzen abgesetzt war – zu tragen zu einem armenischen Kopfputz mit orientalischem Umhang. Selbst Beau Nash hätte Mühe gehabt, eine dazu passende Herrengarderobe zusammenzustellen. Perücken verschwanden, und im Jahr 1800 gab es eine Mehlkrise, während der selbst dem königlichen Haushalt das Backen untersagt war.

Robert Raikes führte die Sonntagsschule für die Kinder der Armen ein. Bell und Lancaster stellten ihr »mechanisches System der Erziehung« vor, bei dem der Schulmeister den Stoff nur den klügsten Schülern beibrachte, die ihn dann an die weniger Begabten weitergaben. Sir Humphry Davy erfand die Sicherheitslampe für Grubenarbeiter. Unterstützt von Thomas Clarkson und den Quäkern kämpfte William Wilberforce seinen lebenslangen Kampf gegen Sklaverei und Sklavenhandel. Und 1802 beschränkte das Parlament in seinem Wohlwollen die Arbeitszeit für Kinder auf zwölf Stunden in Fabriken und in Bergwerken auf 13 Stunden täglich – ein Gesetz, an das sich auch 16 Jahre später kaum jemand hielt.

Rechts: William Pitt der Jüngere, der zweite Sohn des Grafen von Chatham, war mit 24 Jahren Premierminister geworden, der jüngste aller Zeiten. *Oben:* Bald war er für seine enormen Fähigkeiten, das House of Commons zu steuern und zu manipulieren, bekannt. Sein großer Gegenspieler war Charles James Fox, der voraussagte, dass Pitt höchstens ein paar Wochen im Amt bleiben werde. Daraus sollten allerdings 24 Jahre werden. *Links:* Horne Tooke an seiner Staffelei, auf der Porträts von Fox, links, und Pitt stehen.

Pitt der Jüngere

Oben: Menschenmengen säumten die Straßen, durch die Nelsons Trauerzug auf dem Weg zur St.-Pauls-Kathedrale zog. Sein Sieg in Trafalgar hatte England vor der Invasion bewahrt, und das ganze Land betrauerte seinen Tod. Er war kein Mann, der zum Helden geboren schien – schmächtig von Statur, der Sohn eines bescheidenen Landpfarrers, ein wenig kühl, ein offener Ehebrecher. Über zehn Jahre lang hatte er eine Affäre mit Lady Emma Hamilton *(links,* kostümiert als Thalia, die Muse der Komödie). Die Kurtisane war die Frau von Sir William Hamilton und die Mutter von Nelsons Tochter Horatia.

Rechts: Nelson war stets der Liebling der Öffentlichkeit; die arme Emma hingegen musste oft Verachtung und Spott ertragen. Die Karikatur von 1798 zeigt sie als verzweifelte Dido, die den Aufbruch ihres Liebhabers betrauert; Nelson war zum Kampf gegen die Franzosen an den Nil gesegelt. »Wo, ach wo, ist mein galanter Seemann nun?«, schluchzt sie. »In die Schlacht gezogen für Georg auf dem Thron …« 1794 büßte Nelson bei einer Attacke auf Bastia sein rechtes Augenlicht ein, doch die Augenklappe trug er oft über dem linken, um es zu schützen. So konnte er auch zu Recht sagen, er habe kein Signal zum Rückzug gesehen.

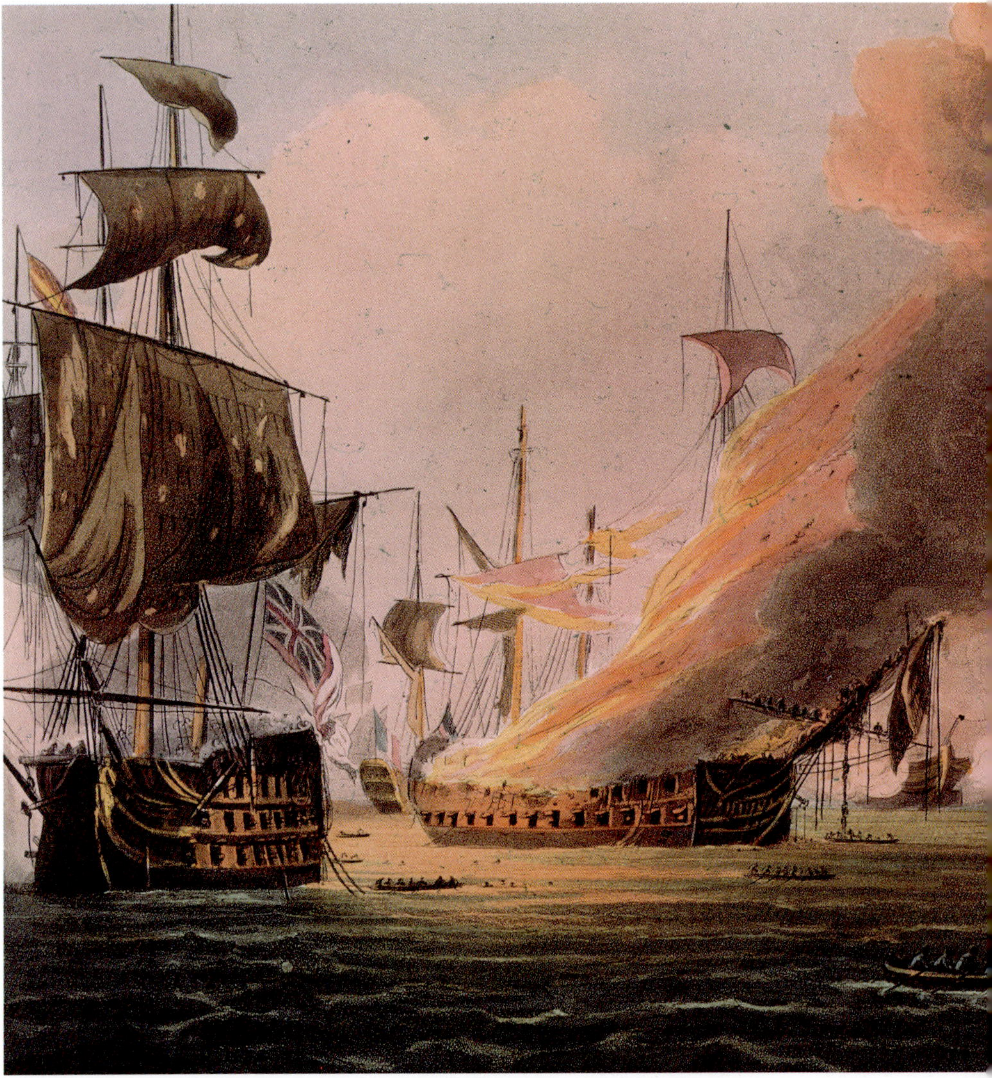

Links: Kopenhagen, Abukir, die Schlacht am Nil sowie, hier im Bild, Trafalgar gelten als Nelsons große Triumphe, errungen durch Geschick, Wagemut und einfallsreiche Taktik. Seine Seeleute sprachen vom »Nelson-Touch«: der Fähigkeit, ebenso unerwartet wie vernichtend zuzuschlagen.

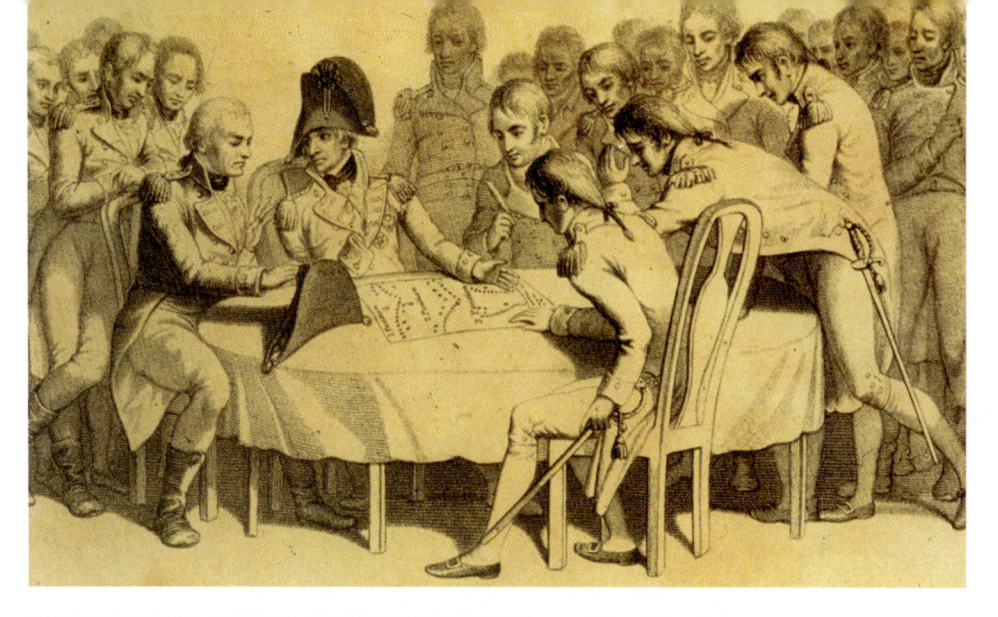

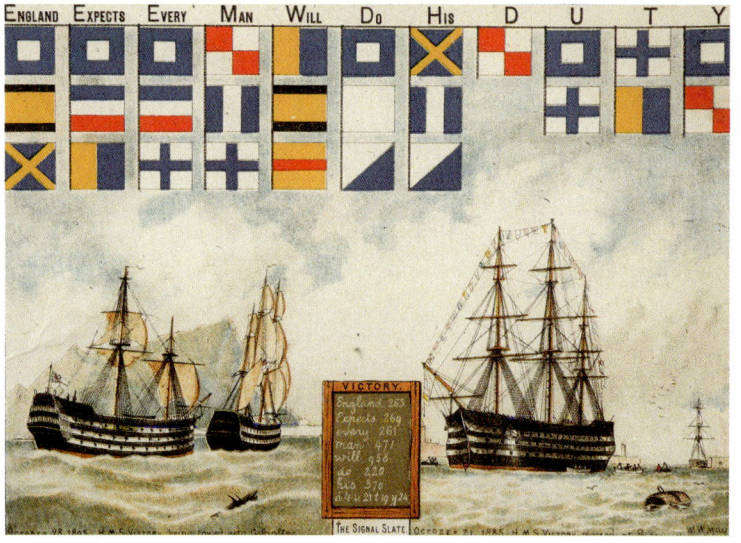

Oben: Nelson erläutert seinen Offizieren vor der Schlacht von Trafalgar seine Taktik. *Links:* Das berühmte Signal, das vor der Schlacht von Nelsons Flaggschiff Victory gehisst wurde – »England erwartet, dass jeder Mann seine Pflicht tut.« Das letzte Wort musste buchstabiert werden: Im Marinecode war keine Flagge für das Wort Pflicht vorgesehen.

Auf dem Höhepunkt der Schlacht traf Nelson die tödliche Kugel eines französischen Heckenschützen, der in die Takelage seines Schiffs Redoubtable geklettert war. Der Franzose hatte den Admiral an den Abzeichen der vier Ritterorden erkannt, die er auf seiner Uniform trug. *Oben:* Das Bild zeigt Nelson auf Deck liegend, während Kapitän Hardy von der Victory hinzugelaufen kommt. Ein englischer Fähnrich erwidert das französische Feuer. Nelson war einer von 1 690 britischen Seeleuten, die in der Schlacht fielen. Die Franzosen und Spanier verloren 5 860 Mann. 100 Jahre sollten vergehen, bevor wieder eine Seeschlacht vergleichbarer Größe mit einer ähnlich großen Zahl an Opfern geschlagen wurde.

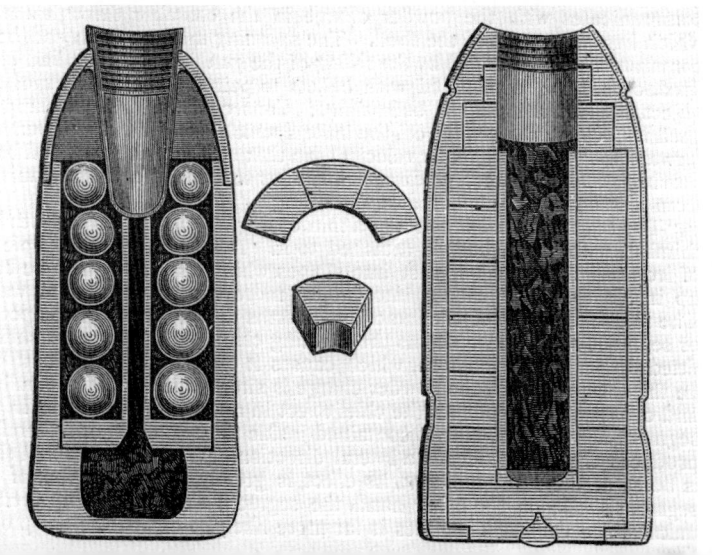

Der bewaffnete Widerstand Großbritanniens gegen das revolutionäre Frankreich und gegen Napoleon dauerte fast 20 Jahre lang. Neu waren in dieser Zeit das Gewehr mit gezogenem Lauf, mit dem die Rifle Brigade ausgestattet wurde, und die Schrapnellgranate *(links),* nach ihrem Erfinder, dem englischen Artillerieoffizier Henry Shrapnel *(rechts)* benannt. Das Geschoss explodierte beim Aufschlag und versprengte Kugeln, Schrot und Metallsplitter. *Oben:* Soldaten der Honourable Artillery Company in ihren Paradeuniformen.

Kriegsgerät 529

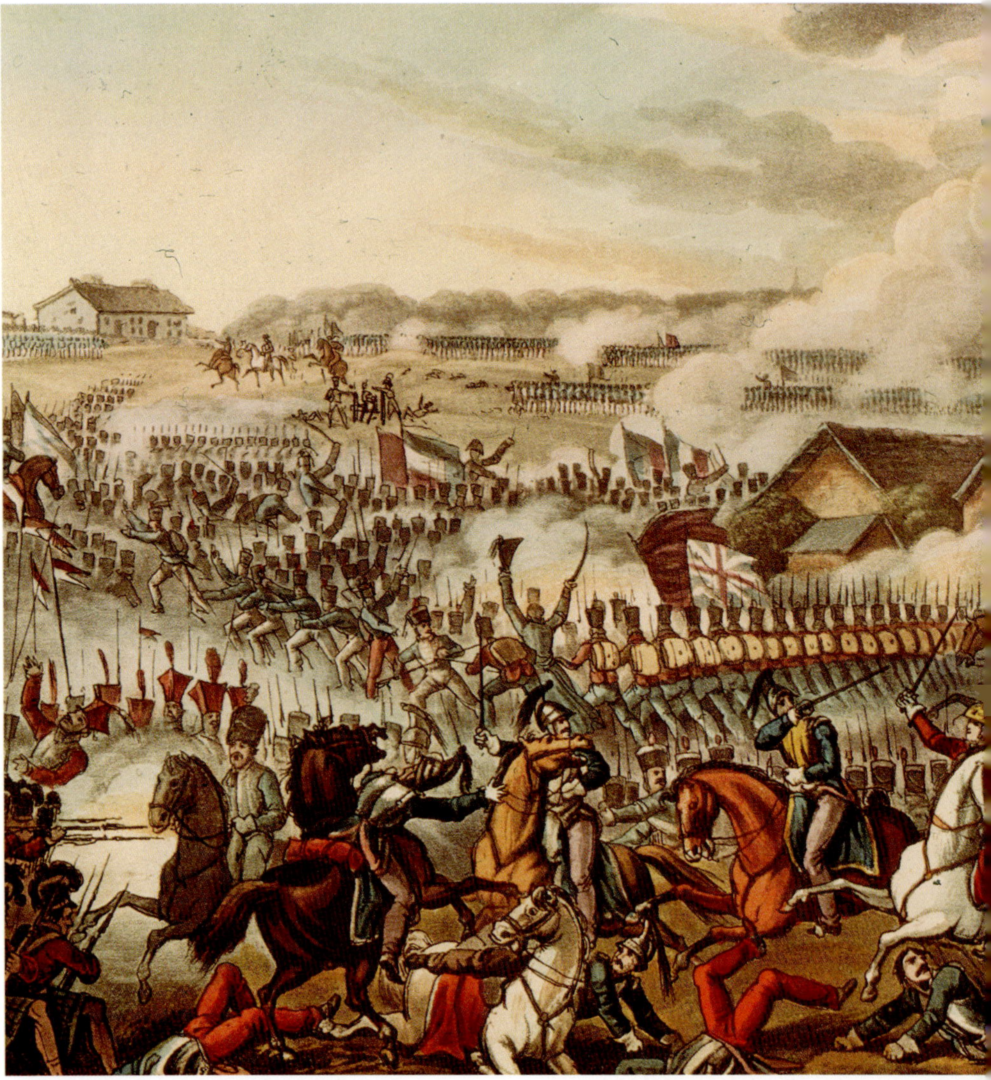

Waterloo 531

Der Nachmittag des 18. Juni 1815. Im Hintergrund greifen französische Kavallerieregimenter britische Karrees an, die von der Infanterie mit Kuhfußgewehren verteidigt werden. Der Bauernhof im Mittelpunkt ist La Haye Sainte, einer der am meisten umkämpften Orte. Für Napoleon war es die strategisch wichtigste Stellung der Schlacht, und so schickte er um vier Uhr Neys leichte Kavallerie zum Sturm darauf aus. Die Briten bekamen die Order »Bereitmachen für Kavallerieangriff!«, doch – um es mit Victor Hugo zu sagen – »die kühle Infanterie blieb ungerührt«. Wellington gab seiner Kavallerie Befehl zur Gegenattacke. Ein paar Minuten darauf waren aus dem Wald in Richtung Paris die ersten preußischen Kanonenschüsse zu hören.

Rechts: Nach seinem endgültigen Sieg über Napoleon in Waterloo galt Arthur Wellesley, der 1. Herzog von Wellington, als Retter der Nation. Er blieb nach der Schlacht noch ein Jahr in Frankreich, verdrehte den Damen den Kopf – darunter Fanny Burney, Lady Caroline Lamb, Lady Shelley und Madame de Staël – und versuchte seinen Teil zur Lösung der Probleme beizutragen, die durch die Rückkehr der Bourbonen auf den Thron entstanden. Doch seine Popularität war nicht von Dauer. *Links:* Er setzte sich für die Gleichstellung der Katholiken ein, was ihm dieses Porträt einbrachte, auf dem er die Sonne des Königs verdunkelt.

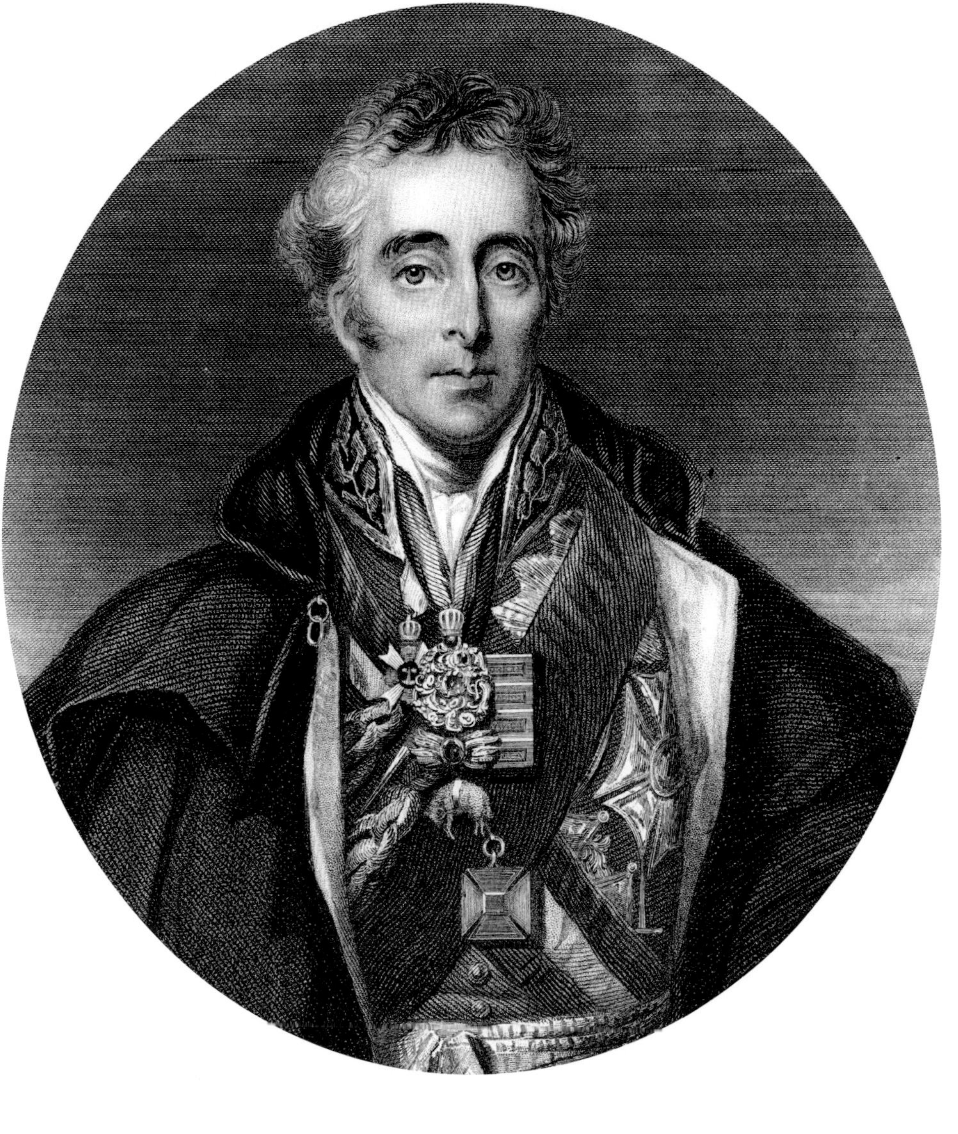

534 Mühevolle Jahre

Henry Hunt, »der Redner«, war ein angesehener Farmer, dessen Jähzorn ihn im Jahr 1800 ins Gefängnis brachte. Als er wieder herauskam, war ein überzeugter Radikaler aus ihm geworden, der vehement eine Parlamentsreform forderte. Die Kampagne für das Wahlrecht der mittleren Schichten gewann rasch Anhänger, und überall im Land versammelten sich große Menschenmengen und forderten Reformen. Hunt war einer der beliebtesten Redner auf diesen Versammlungen, und 1819 versammelten sich über 50 000 Menschen auf dem St. Peter's Square in Manchester, um ihn sprechen zu hören. Obwohl die Protestkundgebung ruhig verlief, ließ die Stadtverwaltung Truppen aufmarschieren, um die Menge zu zerstreuen. Elf Menschen kamen um, über 400 Zuhörer wurden im Massaker von Peterloo, wie man es bald nannte, verletzt.

Die Schreckenskammer in den frühen Tagen von Madame Tussauds Wachsmuseum. Zu sehen sind authentische Bösewichter aus der ersten Hälfte des 19. Jahrhunderts. James Blomfield Rush erschoss seinen Hauswirt. John Nichols Thom (oder Tom) war ein Irrsinniger, der sich König von Jerusalem nannte und einen Polizisten tötete. James Greenacre brachte mit Quecksilberkonfekt seine fünfte Frau um und endete dafür am Galgen.

Marie Grosholtz Tussaud *(rechts,* in Wachs) erlernte das Formen von Wachsfiguren in den 1770er Jahren in Paris. Sie war ein gern gesehener Gast am Hof von Versailles, was zur Folge hatte, dass sie während der Revolution in den Kerker wanderte. Ihr Londoner Wachsmuseum eröffnete sie 1802 mit 35 Figuren, die sie von ihrem Onkel geerbt hatte. Die Sammlung wuchs rasch an, und keine Kosten wurden gescheut, wenn es darum ging, die Puppen mit authentischen Kostümen auszustatten. Madame zahlte £ 18 000 für die Krönungs- und Staatsgewänder Georgs IV.

538 Mühevolle Jahre

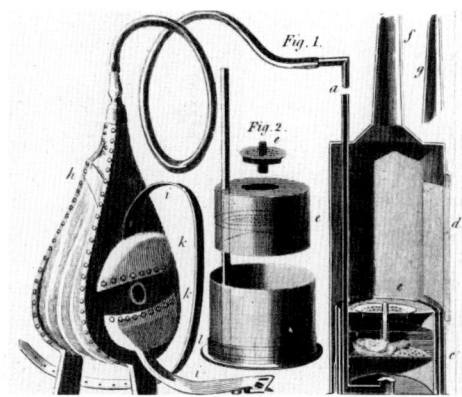

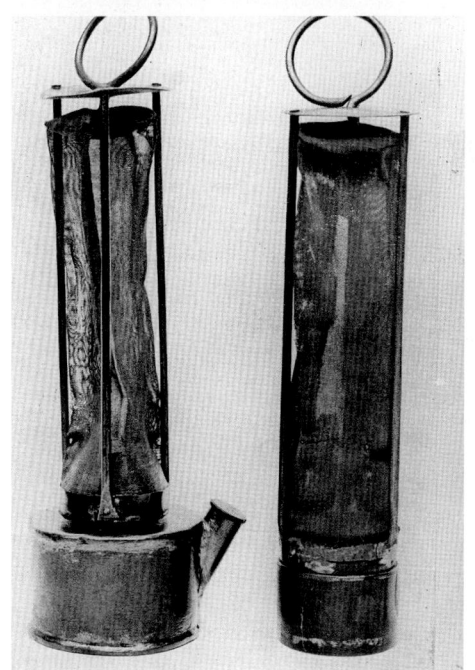

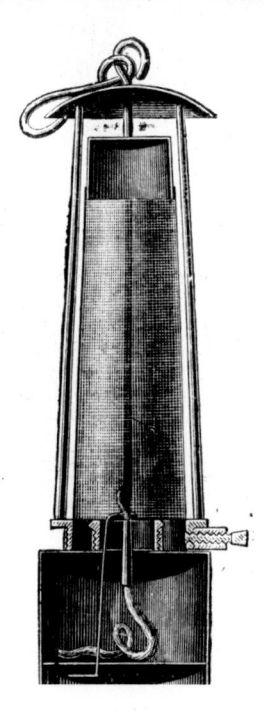

Oben: Der Chemiker und Naturkundler Sir Humphry Davy hatte sich auf die Erforschung der Gase spezialisiert, und er entdeckte die narkotische Wirkung von Lachgas. *Seite 538 unten:* Seine wertvollste Arbeit war die Entwicklung der Sicherheitslampe für Bergleute. *Seite 538 oben links:* Damit wurde es möglich, Kohle auch aus tiefen Schächten zu fördern, denn das Risiko, dass sich Grubengas entzündete und verheerende Schlagwetter bescherte, war weit geringer. *Seite 538 oben rechts:* Eine frühe schematische Zeichnung zeigt, wie die Sicherheitslampe funktionierte.

Die erste öffentliche Gasbeleuchtung wurde 1807 an der Londoner Straße Pall Mall im Zuge der Geburtstagsfeierlichkeiten für den Prinzen von Wales eingerichtet. Der Prinz war begeistert, und seiner Schirmherrschaft hat die weitere Verbreitung der Idee viel zu verdanken. *Oben:* 1812 erhielt die Gaslicht- und Koksgesellschaft ein königliches Patent für die Versorgung der City von London, Westminster und Southwark, mit Gas, und die ersten gasbetriebenen Straßenlaternen erschienen auf der Westminster-Brücke. Gaslampen galten als wichtiger Schritt zur Bekämpfung der Straßenkriminalität, die zu Anfang des 19. Jahrhunderts vor allem nachts bedrohliche Ausmaße erreicht hatte.

Nicht alle waren für die Gasbeleuchtung. *Oben:* Eine Zeichnung, die unmittelbar nach den Pall-Mall-Vorführungen erschien, trägt den ironischen Titel »Die wohltuende Wirkung des Kohlegases«. Der Mann, der aus dem Obergeschossfenster hinauslehnt, keucht »Mord! Mord! Ich ersticke!«, und die Frau darunter ruft: »Ich bekomme keine Luft!« Gegenüber ruft einer: »Was zum Teufel! Wollt ihr uns denn alle mit eurem stinkenden Qualm erwürgen?« *Oben rechts:* Die stattlichen Gaslaternen, *Bude lights,* am Trafalgar Square.

542 Mühevolle Jahre

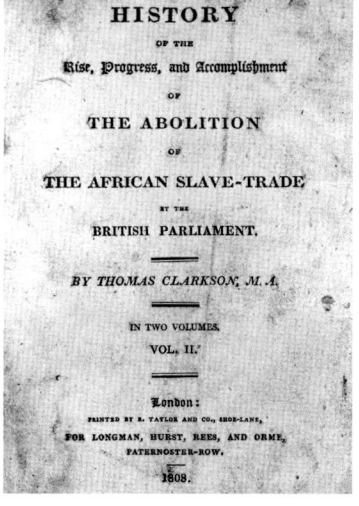

Oben: Die Kampagne gegen die Sklaverei erfuhr große Unterstützung von den Quäkern sowie von Thomas Clarkson, hier bei einer Rede vor der Anti Slavery Society in der Freemason's Hall. Mit Granville Sharps Unterstützung half Clarkson Wilberforce dabei, die Vereinigung zu gründen. *Links:* Clarksons Geschichte der Sklavenbefreiung, 1808 erschienen. *Ganz links:* Lord Brougham weigerte sich, den Vorsitz bei einem Treffen der Sklaveneigner zu übernehmen, und erntete dafür diese Karikatur.

Fort mit der Sklaverei! 543

Rechts: William Wilberforce war radikales Parlamentsmitglied für Hull. Mit 25 Jahren schloss er sich der evangelikalen Kirche an und begann sein Lebenswerk, den Kampf für die Abschaffung der Sklaverei. Er brauchte 19 Jahre, bis er Großbritannien zur Aufgabe des Sklavenhandels bewogen hatte, und wenn man bedenkt, wie groß die Wirtschaftsinteressen waren, die dagegenstanden, war es eine enorme Leistung. Wilberforce setzte sich danach für die Abschaffung von Sklavenhandel und Sklaverei überhaupt ein. Eine Krankheit zwang ihn 1825, seinen Parlamentssitz aufzugeben.

544 Mühevolle Jahre

Links: John Nash zählt zu den größten englischen Architekten aller Zeiten. Als noch recht junger Mann setzte er sich in Wales zur Ruhe, verlor jedoch mit Finanzspekulationen sein Vermögen, bevor er 40 war, und eröffnete sein Londoner Büro neu. Hier fielen sein Geschick und sein Talent dem Prinzen von Wales auf, und er beauftragte Nash mit der Planung für den neuen Regent's Park und die Straßen südlich davon. Die Meisterstücke dieses Neubauprojekts waren die Regent Street selbst und The Quadrant *(rechts unten)* nicht weit vom Piccadilly Circus sowie Waterloo Place *(rechts oben)* am unteren Ende der Lower Regent Street.

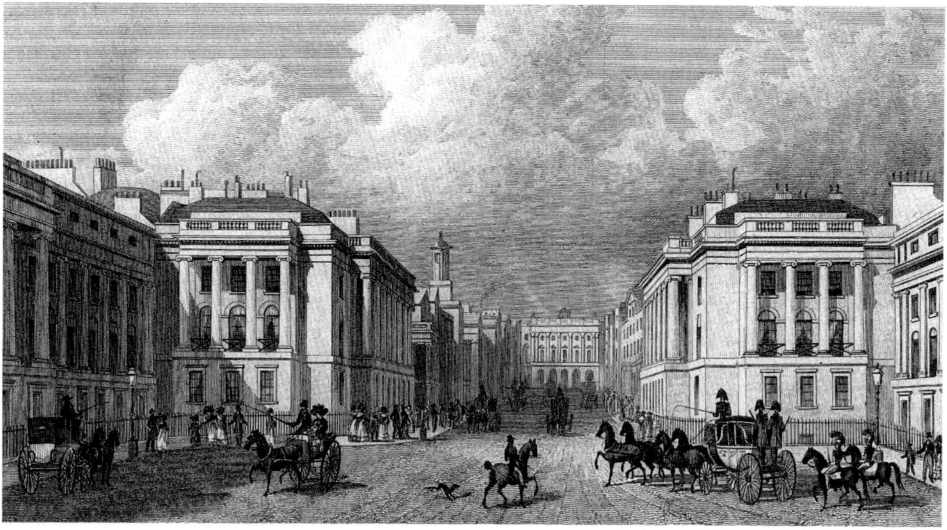

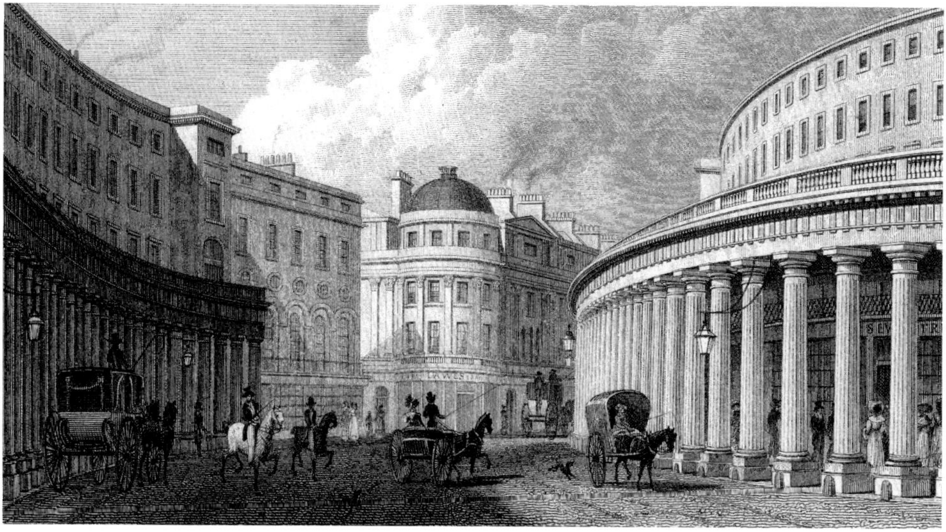

Als Georg, der Prinz von Wales, 1783 volljährig wurde, bezog er Carlton House als Privatresidenz. Binnen der nächsten 20 Jahre wendete er ein kleines Vermögen für Renovierung und Erweiterung des Hauses auf. Henry Holland entwarf einen aufwändigen neuen Ostflügel *(Seite 547 unten)*, und das Interieur der Regency-Zeit *(Seite 547 oben)* war »kräftig in den Umrissen, markant, doch dezent in den Ornamenten«. Häufige Gäste im neuen Carlton House waren der Dramatiker Richard Brinsley Sheridan *(oben links)*, der Politiker Charles James Fox *(oben rechts)* und der Mann, der Schrecken und Ergötzung des Prinzen zugleich war, George Bryan Brummell *(links)*.

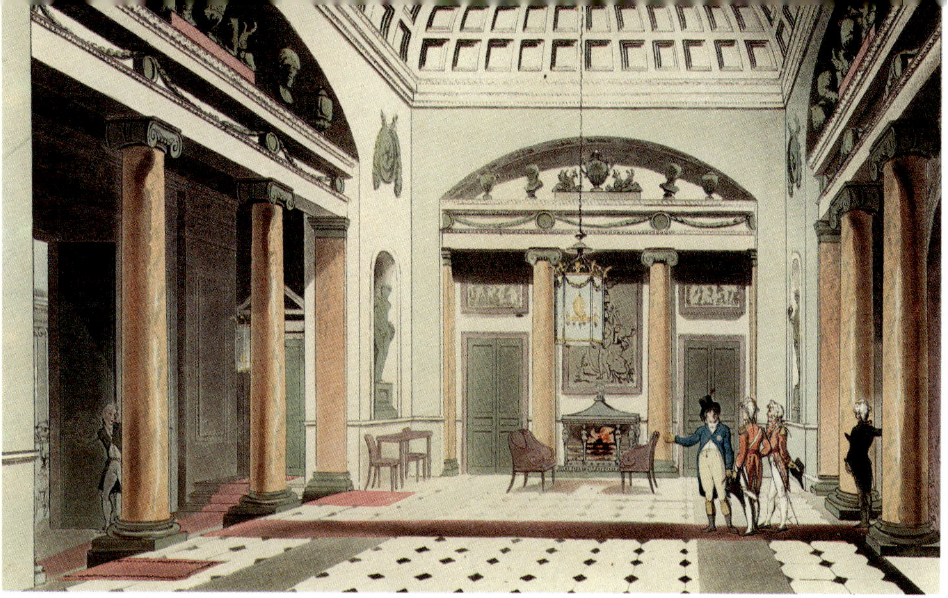

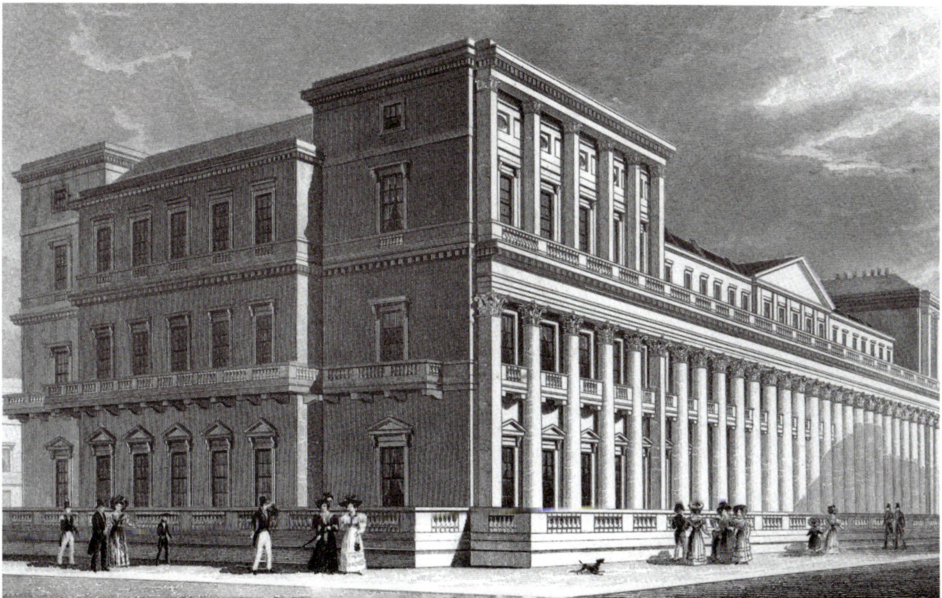

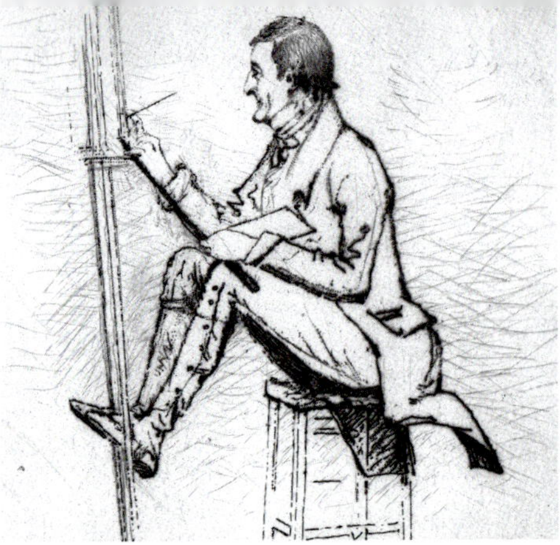

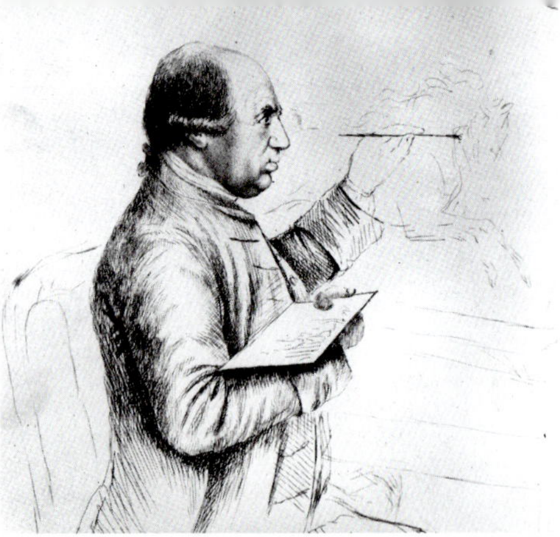

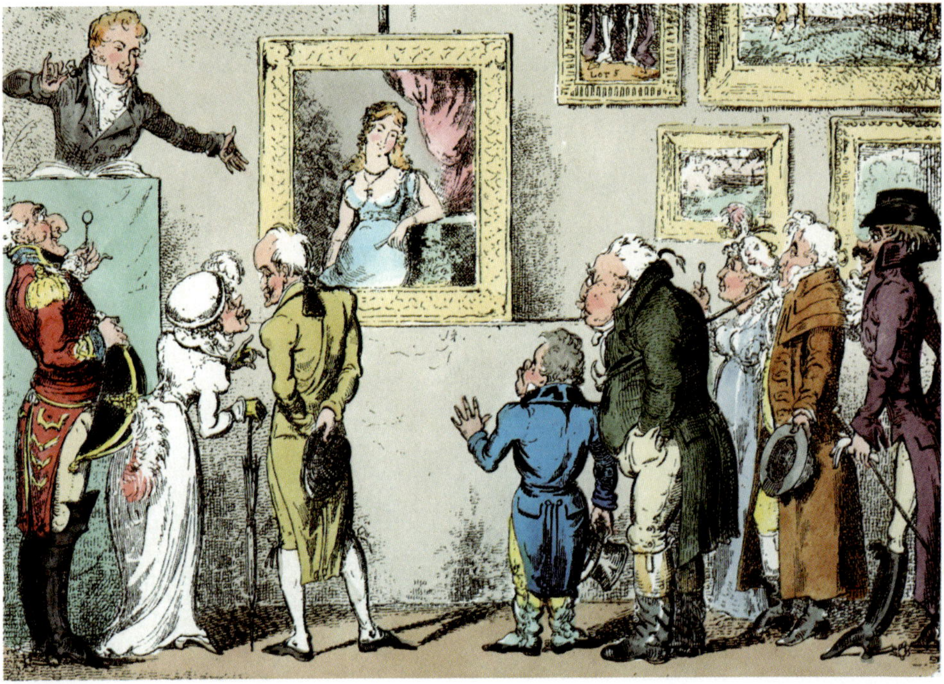
LOT 5

Es war vielleicht das erste goldene Zeitalter der englischen Malerei. Die drei großen Talente waren Thomas Gainsborough, John Constable *(rechts)* und Joseph Mallord William Turner *(Seite 548 oben links).* Berühmt für seine Tierbilder war George Stubbs *(Seite 548 oben rechts).* Kunstliebhaberei und Kunstsammeln kamen in Mode, und Galerien und Auktionshäuser zogen große Menschenmengen an. *Seite 548 unten:* George Cruikshanks Karikatur heißt *Ein Tag für die Mode – Matinee bei Christie's.*

550 Mühevolle Jahre

Die Nationalgalerie 551

Rechts: Der englische Kunstkenner und Landschaftsmaler Sir George Beaumont hatte die Regierung zum Kauf von 38 Gemälden aus dem Besitz des russischstämmigen Kaufmanns und Philanthropen John Julius Augerstein überredet, darunter Werke von Raffael, Rembrandt und van Dyck. *Oben und Seite 550:* Aus diesem Fundus entstand die Nationalgalerie. Der Staat zahlte £ 57 000 für die Sammlung, und Beaumont stiftete 16 weitere Bilder dazu – darunter nochmals zwei Rembrandts. Die Bilder waren zunächst in Pall Mall zu sehen, bevor sie ihr prachtvolles neues Quartier am Trafalgar Square bezogen.

Edmund Shepherd erbaute 1732 das ursprüngliche Covent Garden Theatre in der Londoner Bow Street. Im Jahr 1763 wurde das Interieur schwer in Mitleidenschaft gezogen, als das Publikum wegen Preiserhöhungen randalierte, und 1808 brannte das Theater ab. Es hieß, der erste Violinist habe das Feuer gelegt, weil er den Leiter nicht ausstehen konnte. *Oben:* Das neue Covent Garden Theatre oder Royal Opera House folgte einem Entwurf von Robert Smirke. Es eröffnete 1810, und die noch teurer gewordenen Plätze führten zu neuen Protesten.

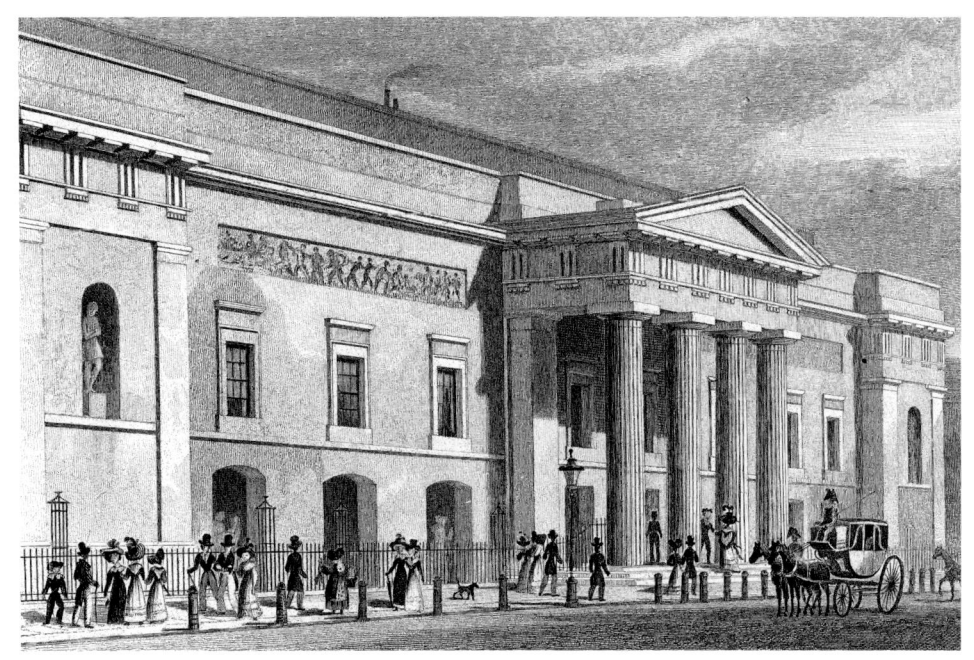

Oben: Die Ostfassade des Königlichen Opernhauses war dem Tempel der Minerva in Athen nachgebildet. Doch die Tempelruhe wurde schon am Premierenabend erschüttert, als kein Wort, das die Schauspieler sprachen, zu hören war. »Alte Preise! Alte Preise!«, rief das Publikum, bis Soldaten die Bühne betraten und das Gesetz gegen Volksaufstände verlesen wurde. Zwei Monate später erfolgte der Einlass wieder zu den alten Preisen. Die öffentliche Meinung hatte sich durchgesetzt. Wie oft das im England des frühen 19. Jahrhunderts geschah, ist verblüffend.

Seite 555 unten: In Friedenszeiten blühten die Unterhaltungsgewerbe, etwa Philip Astleys Amphitheater in der Londoner Surrey Road, wo Reiter (und Reiterinnen) ihre bemerkenswerten Talente zeigten, wo man Schlachten zu Lande und zur See nachstellte und Wettbewerbe im Stil des altrömischen Zirkus' veranstaltete. *Seite 555 oben:* Charles Hughes, ehemals selbst Reiter bei Astley, eröffnete sein Konkurrenzunternehmen als Royal Circus in St. George's Fields. Für alle, die handgreifliche Späße mochten, gab es die Clowns, deren größter Vertreter Joseph Grimaldi (»Joey«) war. *Oben rechts:* Grimaldi singt »All the World's in Paris« (»Alle Welt ist in Paris«) aus der Pantomime *Harlequin Whittington*. *Oben links:* Grimaldi als »Hock« in *The Sixes* bei seinem letzten Auftritt, einer Wohltätigkeitsveranstaltung im Sadler's Wells Theatre.

Clowns und Zirkusse 555

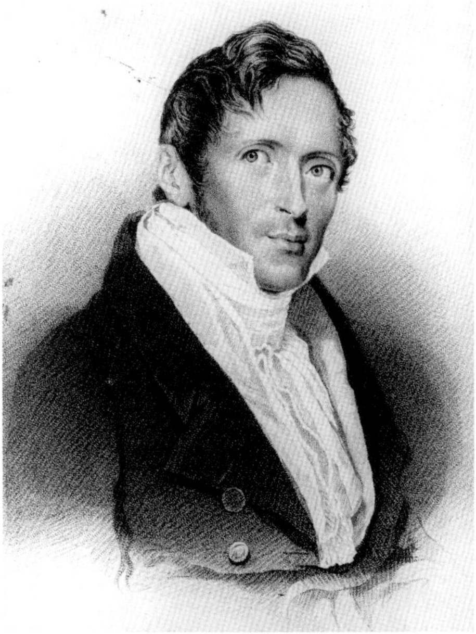

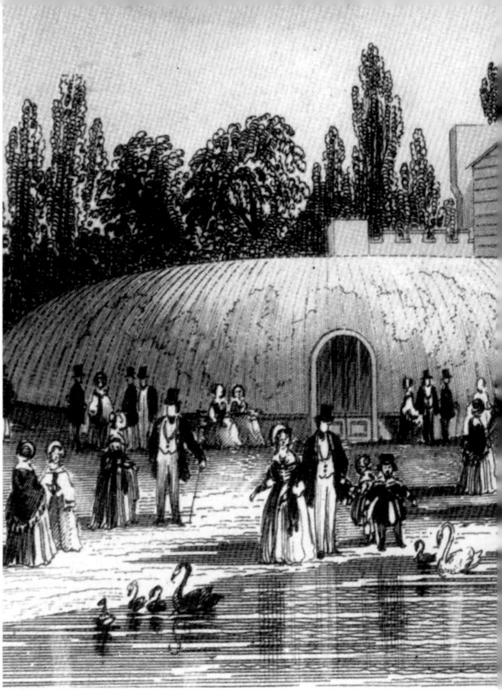

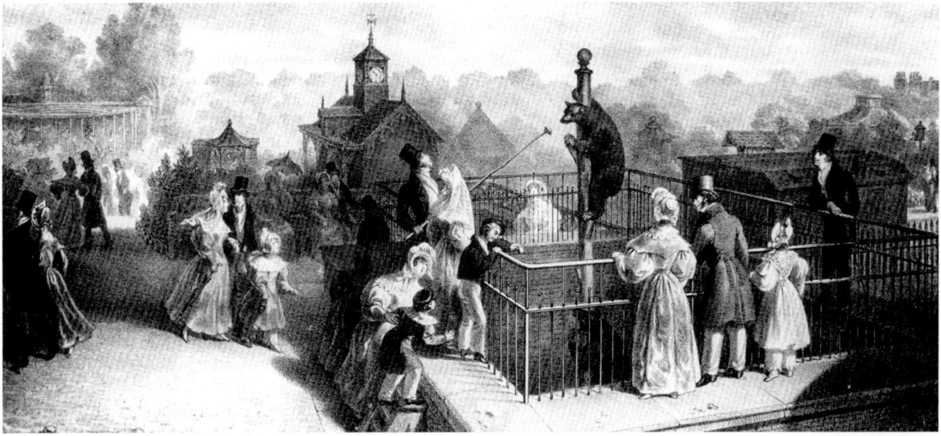

Seite 556 oben links: Gründer der Londoner Zoogesellschaft war Sir Thomas Stamford Raffles, dessen andere Großtat die Begründung der Kolonie Singapur war. *Oben:* Der Zoo, den die Gesellschaft im Regent's Park eröffnete, war auf Anhieb ein Erfolg. Über 1 000 Besucher lockten die Affen, Bären, Emus, Kängurus, Lamas, Zebras und Schildkröten pro Tag an. Gentlemen bat man an der Pforte, ihre Reitpeitsche abzugeben, doch die Damen durften ihre Sonnenschirme behalten. *Seite 556 unten:* Die Surrey Zoological Gardens entstanden als Konkurrenzunternehmen, und Bewohner wie Besucher waren weitgehend die gleichen wie im anderen Zoo.

558 Mühevolle Jahre

Die beliebtesten und erfolgreichsten Schriftsteller ihrer Zeit waren Sir Walter Scott *(oben)* und Jane Austen *(oben rechts)*. Scott erwarb sich seinen Ruhm zunächst mit Gedichten, darunter das volkstümliche *The Lady of the Lake (Das Fräulein vom See; Seite 558)*. Später schrieb er die *Waverley-Romane,* von denen er beinahe jährlich einen publizierte, um seine Schulden zu tilgen. Jane Austen hinterließ sechs bedeutende Romane, deren erster, *Sense and Sensibility (Vernunft und Gefühl* oder *Sinn und Sinnlichkeit),* 1811 erschien, mit einer Reihe von Stichen illustriert *(rechts)*. *Pride and Prejudice (Stolz und Vorurteil)* folgte 1812, *Mansfield Park* 1814, *Emma* und *Persuasion (Überredungskunst)* 1815 und *Nothanger Abbey (Die Abtei von Northanger)* 1816.

Für die Reichen gab es das College in Eton, auch wenn dort, wie *Museum der Externen oder Das Beschwerdegericht von Eton (links)* und *Unerlaubt entfernt oder Etonians beim Morgenappell (unten)* belegen, raue Sitten herrschten. *Seite 561 ganz rechts:* Den Armen blieben nur die Sonntagsschulen von Robert Raikes. Selbst diese waren religiösen Gegnern *(Seite 561 links oben)* wie widerspenstigen Zöglingen *(Seite 561 links unten)* ein Dorn im Auge.

Schulen 561

Die Jahre 1815–2000: eine Einführung

Es mag uns helfen, den Weg Großbritanniens durch das 19. und 20. Jahrhundert zu verfolgen, wenn wir uns den Anbruch zweier Tage in diesen Jahrhunderten vor Augen führen.

Am Montag, dem 10. Oktober 1825, setzte sich George Stephensons Lokomotive im Bahnhof von Stockton in Bewegung und brachte einen Zug aus Kohle- und Passagierwagen nach Darlington, das etwa zehn Meilen entfernt lag. Es war die erste Fahrt der ersten regelmäßig verkehrenden Eisenbahn der Welt, und für Großbritannien läutete sie eine Ära noch nie da gewesenen Wohlstands ein. 20 Jahre später waren 6000 Meilen neuer Bahntrasse hinzugekommen, und das Land war vom Eisenbahnfieber gepackt. »Nie wird Britannia in Ketten liegen«, meinte das Satireblatt *Punch* dazu, »aber doch bald genug in Eisen«, und die Zeichnung zeigte schwimmende Bahnlinien von Ramsgate nach Calais und von Dungeness nach Boulogne.

Wenn der Leib Großbritanniens – für viele Jahre der kräftigste und ansehnlichste der Welt – die Industrie war, dann waren die Eisenbahnen die Arterien. Bergbau, Eisen- und Stahlproduktion, Schiffs- und Maschinenbau, Rüstung und Transportwesen waren die Schlüsselindustrien einer neuen, hässlichen, gnadenlosen, unablässig wachsenden Wirtschaft, die gewaltige Gewinne abwarf.

Etwa ein dreiviertel Jahrhundert lang schien Großbritannien ein verzaubertes Land – die Umwelt vergiftet, die Landschaft von der Ausbeutung entstellt, doch mit einem beispiellosen Maß an Wohlstand. Wie eine gewaltige Großküche nahm das Land die Rohmaterialien aus aller Welt und bereitete daraus Waren, die Käufer auf allen Kontinenten lockten und nährten. Britannien wuchs und gedieh – an Bevölkerung, Einfluss, Macht und Prestige.

Das *chef d'œuvre* dieses gigantischen Festes war Königin Viktorias diamantenes Jubiläum am 22. Juni 1897. Die Bürger von London versammelten sich an diesem Morgen an den Straßen und jubelten der Alten Dame von Windsor auf ihrem Weg vom Buckingham-Palast zur St.-Pauls-Kathedrale zu. Sie waren stolz, dass ihre Stadt im Mittelpunkt des größten Reichs lag, das die Welt je gesehen hatte, ein Imperium, das ein Viertel des Erdballs umfasste und über ein Viertel seiner Bewohner herrschte. Um elf Uhr begab sich die Königin zum Telegrafenbüro des Palastes und sandte eine einfache Botschaft aus: »Dank meinem geliebten Volk. Möge Gott es segnen« – alle 372 Millionen. Per Morsecode ging die Botschaft an die einsame Pitcairn-Insel im Pazifik, in die Kapprovinz (wo die Truppen Ihrer Majestät bald zu tun haben würden, ihre Autorität zu sichern), nach Borneo, Bermuda, Australien, auf die Kanalinseln und an 100 weitere Stationen eines Reichs, in dem die Sonne nie unterging. Auch nach Irland ging sie, nach wie vor ein Stachel im imperialen Fleisch, was es noch ein Jahrhundert oder länger bleiben sollte.

Die britische Flotte segelte unbehelligt auf den Sieben Weltmeeren, auch wenn zu vernehmen war, in Deutschland wachse ein Rivale heran. Die kürzlich reformierte britische Armee war ausnahmsweise einmal nicht im Krieg, auch wenn sie in den 20 Jahren zuvor siegreiche Schläge gegen Afghanistan, Ägypten, die Zulus, die Buren, den Mahdi im Sudan und gegen Birma geführt hatte. Die Briten kamen sich immer unbesiegbarer vor, und die Jahrbücher konnten mit der Expansion des Empire, der Märkte, der Firmen und Profite nicht mehr mithalten. Die Konservativen waren an der Regierung, und alles deutete darauf hin, dass die Macht noch lange in ihren Händen bleiben würde. Die Welt war in Ordnung.

Gut 100 Jahre später erwachte Britannien am 1. Januar 2000 ein wenig später als sonst, nach einer Nacht der Jahrtausendfeiern, die in ihrem Mach-das-Beste-draus und Augen-zu-und-durch viel von der Heimatfront in den düstersten Tagen des Zweiten Weltkrieges hatten. Es hatte schöne Partys gegeben, friedliche, mancherorts sogar muntere. In London hatte das große Themsefeuerwerk nicht gezündet, das gigantische Riesenrad vor dem Parlamentsgebäude war nicht angelaufen, und den Millennium Dome hatten die Kritiker so verrissen, dass ihn nun niemand mehr sehen wollte. Das Land konnte sich nicht entscheiden, ob es sich der europäischen Einheitswährung anschließen sollte, England hatte sich nur mit Müh und Not für die Fußballweltmeisterschaft qualifizieren können, Zugführer drohten den französischen Eignern ihrer Bahngesellschaften mit Streik. Die Labour Party war an der Regierung, und alles deutete darauf hin, dass die Macht noch lange in ihren Händen bleiben würde. Keiner konnte sagen, wie es um die Welt stand.

100 Jahre Niedergang waren den 100 Jahren atemberaubenden Aufstiegs gefolgt. Wie kam das? Die Antwort lautet schlicht und einfach, dass der Rest der Welt aufgeholt hatte. Anfang des 20. Jahrhunderts überholte die deutsche Industrieproduktion die britische. In den 1930er Jahren waren die Vereinigten Staaten zu einer Wirtschaftsmacht von ungekannter Größe herangewachsen. Die Revolution von 1917 hatte ungeahnte militärische und ökonomische Kräfte in der Sowjetunion freigesetzt. Seit dem Zweiten Weltkrieg hatten Japan und Korea die britische Automobilindustrie und den Schiffsbau weitgehend vernichtet. Das Empire war in alle Winde zerstoben, Winde, die nun aus anderen Richtungen wehten; Indien, Südafrika, Kanada, Kenia, die Karibik, Birma – überall außer auf den treuen Falklandinseln hatten sich die Unabhängigkeitsbewegungen durchgesetzt. Großbritannien selbst litt an einer politischen Lähmung. Die Irlandfrage war nach wie vor ungelöst. Niemand wusste recht, was er mit der Monarchie anfangen sollte: In Australien waren die Republikaner, die das Land von der Hoheit der Queen befreien wollten, in einer Volksabstimmung nur knapp unterlegen.

Nicht an allem waren die Briten selbst schuld. Zwei verheerende Kriege hatten das Land das Beste gekostet, was es hatte, an Menschen wie an Material. In der zweiten Hälfte des 20. Jahrhunderts hatte der internationale Kapitalismus sein Geld in Weltgegenden gesteckt, in denen mehr Profit zu machen war als in einem Land, das in einer sanften Form von Sozialismus seinen Frieden mit der Arbeiterschaft geschlossen hatte. Den Mut und das Selbstvertrauen, die ihr Land in den letzten Jahrzehnten der viktorianischen Ära so attraktiv und so erfolgreich gemacht hatten, hatten die Briten verloren. Der Glaube war verflogen, dass jedes Übel dieser Welt durch das Entsenden eines Kanonenboots oder einer Kiste Bibeln oder von beidem zu lösen war. Britannia beherrschte längst nicht mehr die Meere und auch nicht mehr die Börsen der Welt, die Cricket- und Fußballfelder, die Kohlegruben, Umschlaghäfen, Gummi- und Teeplantagen, die Diamantenminen und Eisenbahnen. Es war nicht leicht, sich mit einem Schicksal zu arrangieren, das sich so sehr gegen das Land gewendet zu haben schien.

Der britische Einfallsreichtum hatte der Welt allerdings auch nun noch manches zu geben (und zu verkaufen): Turbinen- und Düsenantrieb, Luftkissenboote, Fernsehen, Radar, Penizillin, Senkrechtstarter, die Beatles und die Rolling Stones, das erste Retortenbaby und Dolly, das geklonte Schaf.

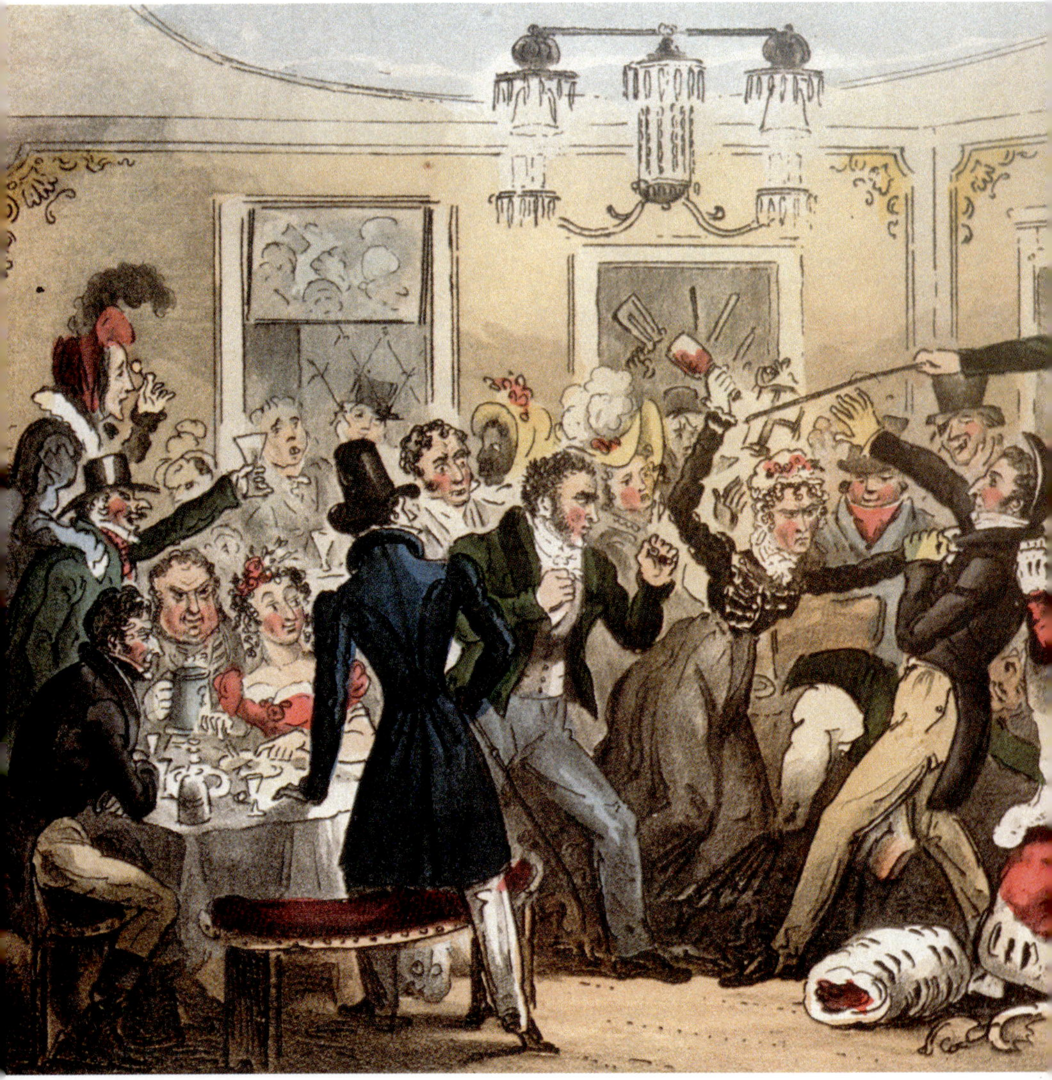

14
VERÄNDERUNGEN AUF DEM LAND
1815–1845

Der Ort der Schande, auch genannt der Austernsalon in der Bridge Street, oder Das neue Covent Garden. George Cruikshanks turbulente Zeichnung kommentiert die politischen Sitten von Whigs wie Tories in der Zeit vor der Great Reform Bill von 1832, denn die Bridge Street ist die Verbindungsstraße zwischen Westminster Bridge und Parliament Street. Bei Befürwortern wie Gegnern des Gesetzes, mit dem das Wahlrecht auf bestimmte Bereiche der Mittelschicht ausgedehnt werden sollte, schlugen die Wellen der Leidenschaft hoch. »Reform, Reform und nochmals Reform«, rufen die Whigs, doch der Herzog von Wellington hält ihnen als Tory grimmig entgegen: »Wer Reform will, der will die Revolution.«

Einleitung

In nur wenigen Generationen veränderte sich die englische Landschaft für alle Zeiten. Nicht nur dass Wiesen und Felder vom Netz der Eisenbahnen durchschnitten wurden oder dass an die Stelle des alten Rhythmus' des Lebens das ungeduldige Schnauben der Lokomotiven trat. Es ging eher darum, woher diese eiserne Trasse kam, wohin sie führte, was sie versprach und was sie von weither brachte. Bauern und Landarbeiter fügten sich in das Unvermeidliche – der Dampf und die Maschinen, die er antrieb, bliesen ihr gesamtes Leben um. Dampfkraft revolutionierte die Landwirtschaft. Ransome Sims und Jeffries erfanden Dreschmaschinen, Patrick Bell im Jahr 1826 die Mähmaschine, Fowler und Darby Dampfpflüge. Man brauchte weniger Hände denn je zum Pflügen, Säen, Ernten und Mähen. Arbeit auf dem Land wurde rar.

Die Bahnstrecken führten zu Klein- und Großstädten, in denen es Fabriken gab. Ganze Familien verließen die Hütten, in denen sie groß geworden waren. Ein letztes Mal kamen sie an dem Dorffriedhof vorüber, auf dem ihre Vorfahren lagen, dann schlurften sie zum nächsten Bahnhof. Mit einer Fahrkarte nach Manchester, Leeds, Middlesborough, New Lanark, Bradford oder Birmingham kauften sie sich neue Hoffnung.

Ein paar Hartgesottene blieben zu Hause und kämpften um ihr Recht auf das althergebrachte Leben. Im Februar 1834 taten sich sechs Landarbeiter aus Tolpuddle in Dorset zusammen und versuchten, andere Gleichgesinnte zum gemeinsamen Vorgehen gegen ihre Arbeitgeber zu bewegen. Die Landbesitzer zögerten nicht lange, die Bedrohung durch die Solidarität der Arbeiter im Keim zu ersticken. Die sechs Anstifter, die bald nur noch die Tolpuddle-Märtyrer hießen, kamen als Strafgefangene nach Australien. Man begnadigte sie zwar zwei Jahre später, doch keiner machte sich die Mühe, es den dortigen Behörden mitzuteilen. Andere protestierten in handgreiflicherer Form. 1830 brannten in allen Landesteilen die Heuschober, und Maschinen wurden zerschlagen; die Welle von Aufständen ging als »Riots of Captain Swing« in die Geschichte ein. Es sollte der letzte Arbeiteraufstand bleiben. Die Vergeltung war unerbittlich: 19 Aufständische wurden hingerichtet, 481 in die Kolonien geschickt.

Noch schlimmer sah es in Irland aus. Die Landwirtschaft war dort so vernachlässigt worden, dass ein Großteil des Landes nur eine einzige Feldfrucht zu ihrer Ernährung hatte – die Kartoffel. In den 1840er Jahren schlug ein Fäulnispilz zu. Ganze Kartoffelfelder verrotteten über Nacht, und die Bevölkerung des Landes hatte nichts mehr zu essen. Wer hungert, hat selten die Kraft zum Protest, geschweige denn zu einem Aufstand. Ganze Dörfer starben.

Jene, die in die Stadt zogen, kehrten nie wieder zurück. Das Leben in den Manufakturen, Fabriken und Bergwerken war hart, lieblos und ungesund, aber immerhin war es ein Leben.

570 Veränderungen auf dem Land

Links: Der Prinzregent war 58 Jahre alt, als er 1820 auf den Thron kam. *Oben:* Die Krönung fand im Juli 1821 in der Westminster-Abtei statt. Es war ein prächtiges Fest, wenn auch die Ankunft von Georgs Frau Karoline von Braunschweig, die forderte, dass man sie zur Königin krönte, für ein wenig Unruhe sorgte. Georg hatte sie 1795 geheiratet *(ganz rechts)*; 1820 war er ihrer überdrüssig und überedete das Parlament zu einer Gesetzesvorlage *(rechts)*, damit die Ehe wegen Ehebruchs mit ihrem Diener Bartolomo Pergami aufgelöst werden konnte. Die Vorlage erregte heftigen Protest und wurde schließlich fallen gelassen. Gekrönt wurde Karoline jedoch nicht; sie musste sich mit einer Jahrespension von £ 50 000 zufrieden geben.

572 Veränderungen auf dem Land

Ursprünglich hatte Henry Holland den Royal Pavilion in Brighton, in den 1787 der Prinz von Wales einzog, entworfen. *Rechts:* Alles war klein und beengt, und 1807 beschloss »Prinny«, das Haus im Stil eines indischen Palastes auszubauen. Doch erst John Nash gelang es, die seltsame Mischung aus indischem, chinesischem und maurischem Stil unter einen Hut zu bringen. 1822 war der Palast mit seinem prachtvollen Interieur vollendet. Alle Salons *(unten)* waren reich dekoriert, doch das Prunkstück war der Bankettsaal *(Seite 573 unten rechts)* mit seiner grünen und türkisfarbenen Decke sowie den gewaltigen kristallenen Kronleuchtern, den bemalten Paneelen und dem leuchtend gelben Teppich.

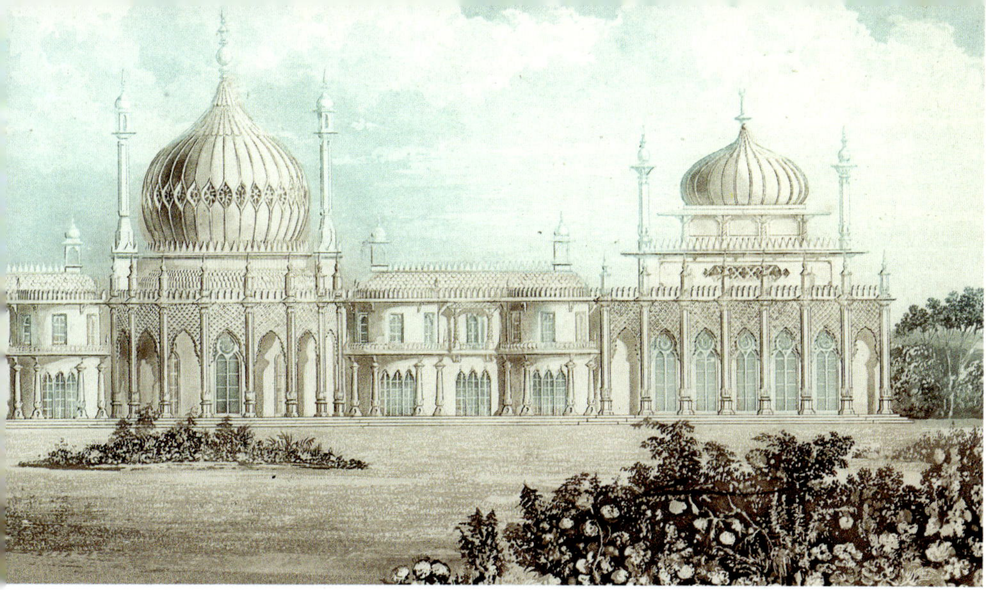

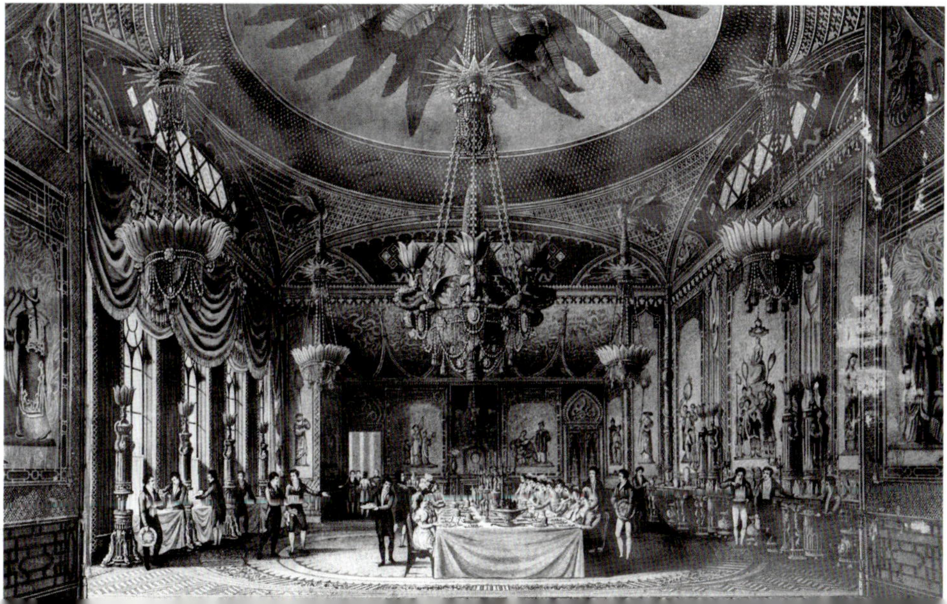

Die Copenhagen Fields im Londoner Stadtteil Islington waren schon seit langem ein beliebter Ort für Protestmärsche und Versammlungen zu den verschiedensten Themen. Unzufriedene, Radikale und Revolutionäre versammelten sich dort regelmäßig. Am 21. April 1834 kamen Tausende von Gewerkschaftlern zusammen, um ihre Unterstützung für eine Petition an den König zu demonstrieren, die um Gnade für die Tolpuddle-Märtyrer bat. Dies waren sechs Landarbeiter aus dem Dorf Tolpuddle in Dorset, die zu sieben Jahren Deportation verurteilt worden waren, weil sie jene, die ihrer Gewerkschaft beitreten wollten, zu ungesetzlichen Eiden verleitet hatten. Das Räderwerk der Justiz drehte sich langsam. 1836 schließlich wurde ihnen der Rest ihrer Strafe erlassen, und alle sechs kehrten nach England zurück.

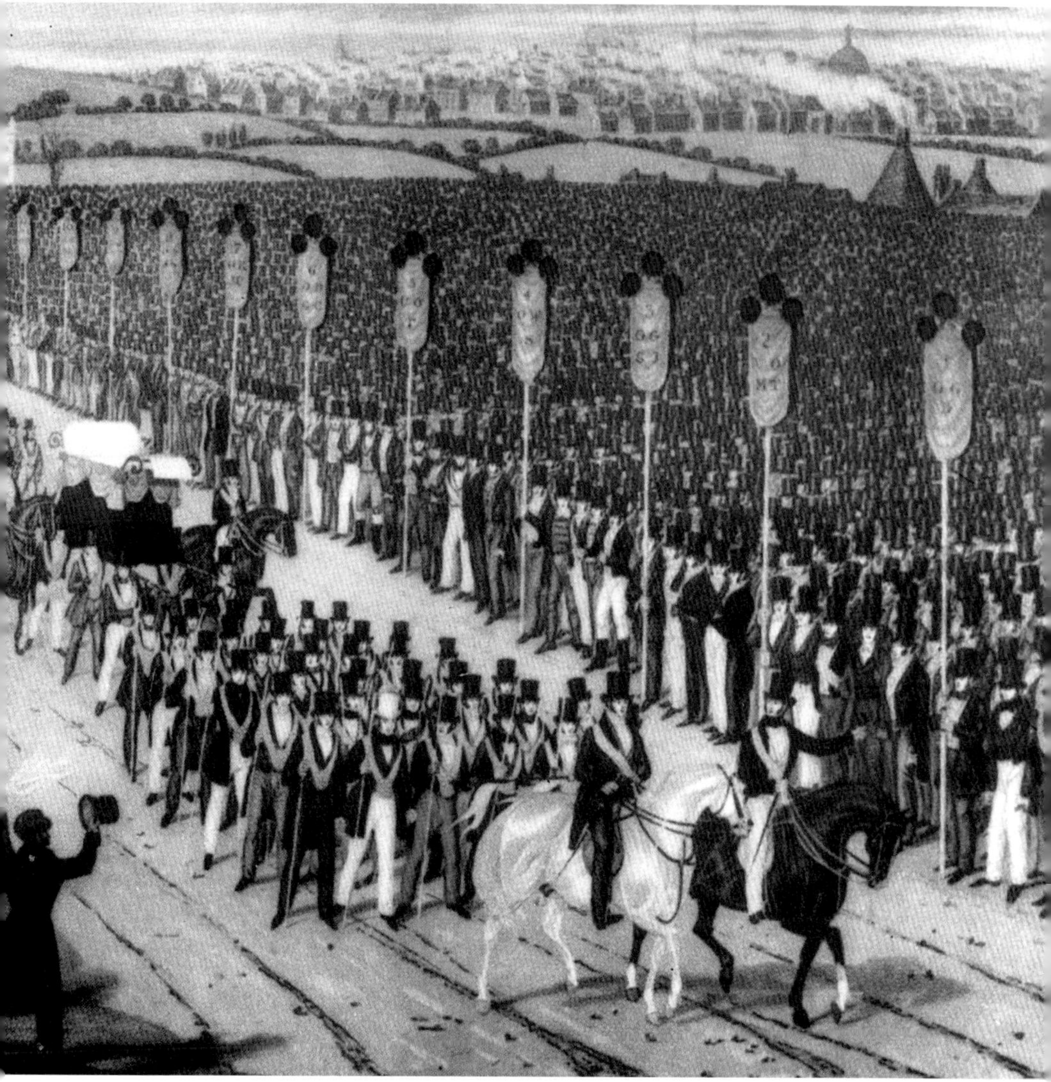

Links oben: Die Great Reform Bill kam 1831 zur Beratung ins Parlament. Im Zentrum des Gesetzesentwurfs stand der Vorschlag, jedem Stadtbewohner, der mindestens £ 10 Grundsteuer pro Jahr bezahlte, das Wahlrecht zu gewähren, ebenso jedem Landmann (ein Frauenwahlrecht war nicht vorgesehen), der auf seinen Besitz mindestens 40 Shilling pro Jahr zahlte. Die Whigs befürworteten das Gesetz, die Tories bekämpften es erbittert, denn mit ihm verschoben sich die Machtverhältnisse zu Ungunsten der Großgrundbesitzer.

Links unten: Wellington und Peel heben entsetzt die Hände, als sich Wilhelm IV. für die Neuerung ausspricht.

Zweimal schlug das House of Lords den Antrag 1831 nieder. In weiten Landesteilen kam es zu Aufständen. Wilhelm IV. versprach, so viele neue Lords (die für die Whigs stimmen würden) zu ernennen, wie es nötig war, um den Entwurf durchzubringen. 1832 setzten sich die Reformer durch. *Rechts:* Über dem Löwen der Reform thronen Wilhelm und die Whigs, und Britannia streckt den Drachen der Reaktion nieder.

578 Veränderungen auf dem Land

Landarbeiter drohten im frühen 19. Jahrhundert überall zu verarmen. *Unten links:* Lord Melbourne wendet sich von einer hungernden Familie ab. *Unten rechts:* Die Parole »Gegen die Korngesetze« wird nach einer Versammlung der Gegner der Getreideschutzzölle (Corn Law) von den Brettern des Covent Garden Theatre geschrubbt. *Seite 579:* Dem armen Mann erscheint der Tod als Freund. *Links:* Als Frauen verkleidete Landarbeiter reißen, im Protest gegen die wachsende Verarmung 1843 Tore nieder.

Unruhen auf dem Land 579

580 Veränderungen auf dem Land

O'Connell und Irland

Oben: Daniel O'Connell war ein irischer Landbesitzer, der sich für Peels Gesetz zur Katholikenemanzipation einsetzte. *Rechts:* O'Connell treibt Peel auf dem Weg zur Emanzipation an. Als er eine Massenkundgebung in Clontarf organisierte, kam O'Connell ins Gefängnis. *Links oben:* O'Connell wird im Januar 1844 zu seiner Verhandlung vor den Vier Gerichtshöfen in Dublin vorgeführt. *Links unten:* Er wurde zu einer Gefängnisstrafe verurteilt, im September jedoch wieder freigelassen

Die Hungerkatastrophe, die Irland in den 1840er Jahren heimsuchte, kam ohne jede Vorwarnung und wütete entsetzlich. Nach Ausbeutung und Vernachlässigung blieb als Nahrungsquelle für die irische Bevölkerung nur eine einzige Frucht – die Kartoffel. Als ein Pilz Pflanzen und Vorräte befiel, verrotteten ganze Felder über Nacht, und eine Million Menschen verhungerte. *Links:* Manche suchten die Äcker nach etwas Essbarem ab. *Seite 583 unten:* Vorräte, die der Seuche entgangen waren, wurden geplündert. *Seite 583 oben:* Ein paar Philanthropen eröffneten Suppenküchen, um die Not der Hungernden zu lindern. Bauern, deren Ernte verloren ging, konnten ihre Pacht nicht bezahlen. Die Landbesitzer hatten nur selten Mitleid, und Tausende von Familien wurden von ihren Höfen vertrieben. *Oben:* Die Strohdächer wurden zerstört, damit nicht andere darunter Zuflucht fanden.

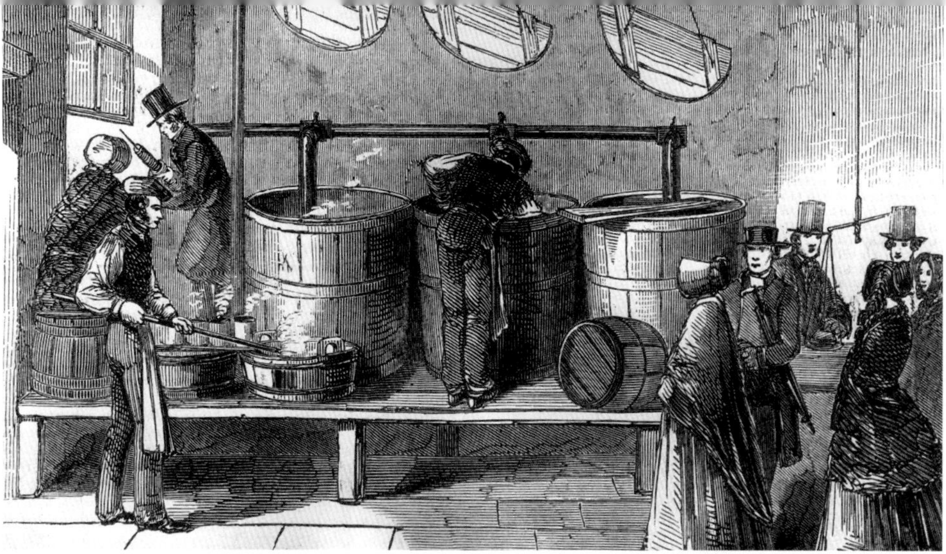

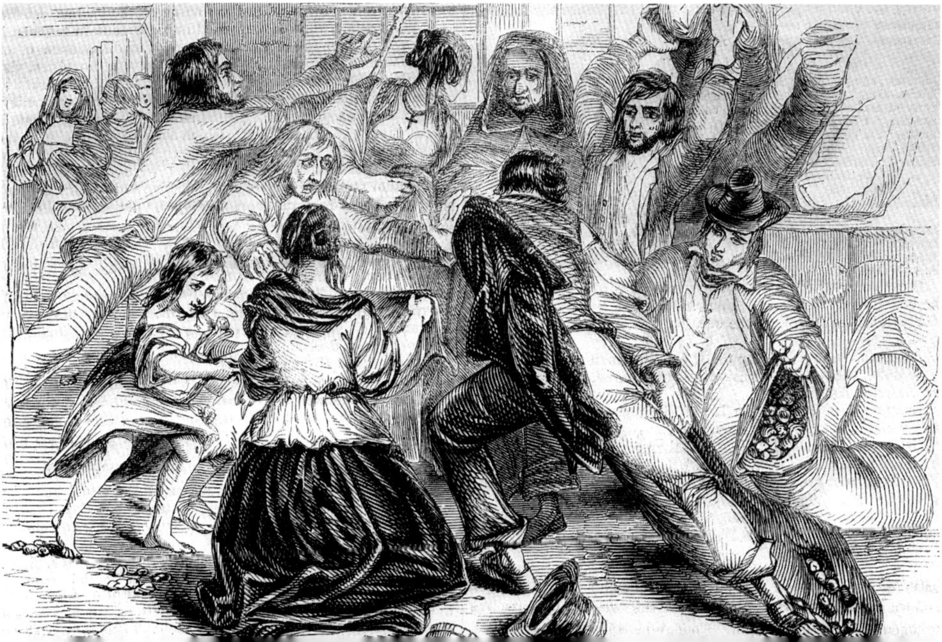

Für viele irische Familien blieb nur die Hoffnung auf ein neues Leben in den Vereinigten Staaten. *Links:* Von Cork und Killarney, von Queenstown und Sligo machten sie sich mit Schiffen auf den Weg, die kaum seetüchtig waren, wie Vieh unter Deck zusammengepfercht. Vielfach hatten die Kapitäne der Auswandererschiffe Order, das Schiff hinaus auf den Atlantik zu fahren und dort zu versenken. Die Mannschaft brachte sich mit Rettungsbooten in Sicherheit, und die Schiffseigner strichen die Versicherungsgelder ein. Den Iren muss es oft genug vorgekommen sein, als ob der Tod der einzige Ausweg aus ihrem Elend sei.

Die Reaktionen der Engländer auf die irische Hungersnot waren gespalten. Manche waren ehrlich entsetzt und taten, was sie konnten, um dem hungernden Volk zu helfen. *Oben:* Für andere wie der fette Landbesitzer in einer zeitgenössischen Karikatur, der die Auswanderer mit Schweinen vergleicht, die zum Markt getrieben werden – waren die Iren kaum mehr als Tiere. *Unten:* Für jene, die sich mit ihren wenigen Habseligkeiten auf den Weg machten und die gefahrvolle Fahrt überstanden, kam der Augenblick der Hoffnung, wenn schließlich Amerika in Sicht kam.

586 Veränderungen auf dem Land

Nach der Aufhebung der Korngesetze kehrte wieder ein gewisser Frieden auf dem Land ein, nur noch gestört vom Lärm der Maschinen, die an die Stelle der Handarbeit traten. *Links oben:* Nicht jeder Traum wurde wahr – den bukolischen Dampfpflug gab es nie –, aber fast jede Aufgabe ließ sich nun mechanisch erledigen. *Links unten:* Bei John Heathcotts Dampfpflug von 1837 wurde der Pflug von einer feststehenden Dampfmaschine durch die Furchen gezogen. *Rechts oben:* Crosskills Rübenwäscher nach dem Schraubenprinzip. *Rechts, Mitte:* Eine dampfbetriebene Dreschmaschine aus den 1840er Jahren. *Rechts unten:* Eine neue Version des Dampfpflugs bei Versuchen auf dem Gut von Lord Willoughby d'Evesby.

Landwirtschaftliche Geräte 587

Die Eisenbahn revolutionierte in den 1820er und 1830er Jahren das Transportwesen in Großbritannien. *Oben:* Eine der ersten Strecken entstand zwischen Liverpool und Manchester. Die Herausforderung an den Ingenieur George Stephenson war beträchtlich. Er hatte den Bau von 31 Meilen doppelspuriger Trasse durch schwieriges Gelände zu planen, mit Tunneln und Brücken und einer Durchquerung des berüchtigten Sumpfes von Chat Moss. *Links:* Die frühen Wagen waren noch stark vom Kutschenbau beeinflusst.

Rechts: William Huskisson war ein wichtiger Mann für die frühe britische Eisenbahn, die ihm einen tragischen Tod bringen sollte. Als Handelsminister und Parlamentsmitglied für Morpeth verstand er auf Anhieb, wie entscheidend die Eisenbahn die Industrialisierung des englischen Nordens vorantreiben würde, und gehörte zu den Ehrengästen, als die Liverpool-Manchester-Linie am 16. September 1830 offiziell eröffnet wurde. Dabei bemerkte Huskisson eine herannahende Lokomotive nicht, trat auf die Gleise und wurde tödlich verletzt.

Im Jahr 1823 begann die Arbeit an einer Erweiterung des Britischen Museums. *Oben:* Der Architekt Robert Smirke entwarf eine grandiose, klassisch gestaltete Fassade an der Great Russell Street. *Links:* Auch das Innere war spektakulär, vom Treppenhaus des Nordeingangs bis zum runden Lesesaal – in dem später Karl Marx seinen Studien nachging, als er *Das Kapital* verfasste. Die Eröffnung des Neubaus fand am 19. April 1847 statt.

Der Lesesaal war zu klein, um die vielen Bücher des Museums unterzubringen – 100 000 Bände aus der Bibliothek Georgs III., 20 000 von Thomas Grenville und allein 16 000 Bände an Naturgeschichte. *Rechts:* Eine zusätzliche Bibliothek wurde im Hauptbau eingerichtet. Die meisten Besucher jedoch kamen anderer Exponate wegen – sie bewunderten Münzen und Medaillen, ausgestopfte Tiere aus Afrika und dem Fernen Osten und die Skulpturen aus dem Parthenon.

Seite 593 oben links: Die modischen Londoner Clubs waren im frühen 19. Jahrhundert Zentren des lasterhaften Glücksspiels und Tabakrauchens. *Oben:* Im Spielsalon des Albany, bei White und Boodle und besonders im großen Salon von Brook's wurden Abend für Abend Vermögen gewonnen oder – was häufiger vorkam – verspielt. Charles James Fox verlor £ 200 000. General Scott, der nur Wasser trank und kühlen Kopf bewahrte, gewann £ 200 000. *Seite 593 oben rechts:* Edward Gibbon, Verfasser der *Geschichte des Verfalls und Untergangs des Römischen Reiches,* spielte einmal 22 Stunden ohne Unterbrechung und verlor pro Stunde £ 500. Außer mit bequemem Ambiente und spannender Unterhaltung konnten die großen Clubs auch mit einigen der angesehensten Küchen der Welt aufwarten. *Seite 593 unten:* Kein Geringerer als Escoffier war Chefkoch im Reform Club.

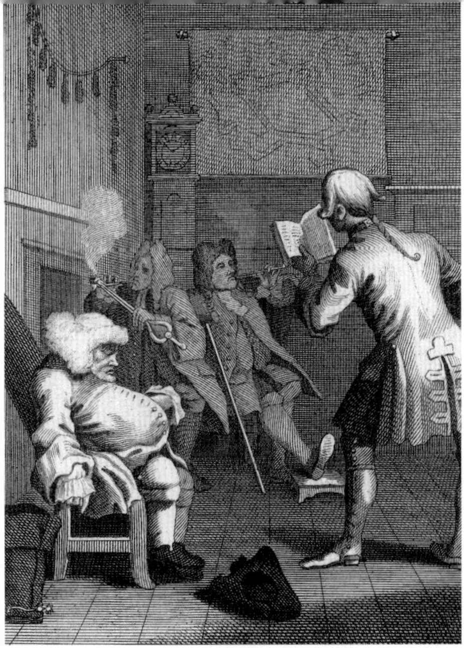

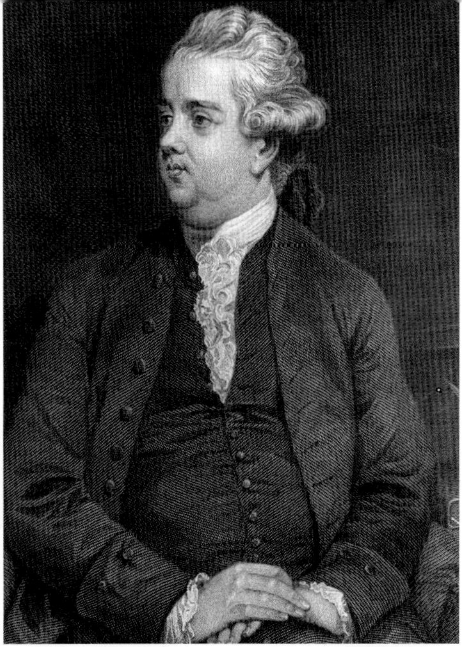

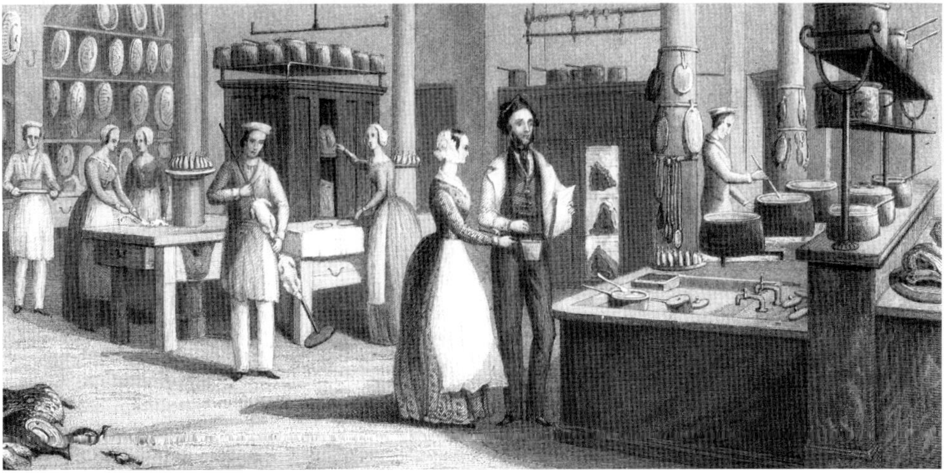

Oben: Im Jahr 1834 zerstörte ein Feuer den Westminster-Palast. Die Brandursache war bald geklärt. Im alten Schatzamt war es üblich gewesen, mit Hilfe von hölzernen Maßstäben Buch zu führen, mit gekerbten Ulmenstäben, die in zwei Teile gebrochen wurden – eine Hälfte als Beleg für das Schatzamt, die andere als Quittung, dass der Betreffende seine Steuern gezahlt hatte. »Die alten Stäbe wurden in Westminster aufbewahrt«, erklärte Charles Dickens seinen Zuhörern im Drury-Lane-Theater. »Nichts hätte näher gelegen, als dass man sie den Elenden, die in dieser Gegend hausen, als Feuerholz überlassen hätte. Aber sie sind noch nie zu etwas nütze gewesen … und so wurde angeordnet, dass sie insgeheim verbrannt werden sollten.«

Oben: Es wurde beschlossen, die alten Beleghölzer in dem gewaltigen Heizkessel unter dem Versammlungssaal des House of Lords, im alten Palast, zu verbrennen. Der Kessel wurde heißer und heißer. Am Abend begann er zu glühen, und Maßnahmen wurden erst ergriffen, als es bereits zu spät war. Am Morgen standen vom House of Lords, den Commons und den meisten anderen Gebäuden des Westminster-Palastes nur noch qualmende Ruinen. Ein Parlament, das Jahrhunderte Bestand gehabt hatte, war binnen weniger Stunden verschwunden.

Oben: Gefangene des Brixton-Gefängnisses auf einer Tretmühle, 1840.
Links: Der Tennisplatz des Fleet-Gefängnisses, 1774. In diesen Komplex kamen hauptsächlich Schuldner, die nicht in der Lage waren, Geld zu verdienen, während sie einsaßen, und erst wieder herauskamen, wenn sie Geld hatten.

Gefängnisreform 597

Oben links: Elizabeth Lenning in der Todeszelle von Newgate, Juli 1815. Sie wurde für einen Mord gehängt, den sie wahrscheinlich nicht begangen hatte. In der Justiz herrschte in jenen Tagen eine große Willkür, und selbst Freigesprochene konnten bei Mordfällen ein zweites Mal angeklagt werden. *Oben rechts:* Elizabeth Fry, Quäkerin und Gefängnisreformerin. Als sie erstmals 1813 nach Newgate kam, fand sie dort 300 Frauen und Kinder in unwürdigsten Verhältnissen zusammengepfercht. Ihr gesamtes restliches Leben widmete sie der Reform der Gefängnisse und Irrenhäuser.

Die Schwestern Brontë – Charlotte *(oben links)*, Emily *(oben rechts)* und Anne *(links)* – schrieben einige der mitreißendsten Romane der englischen Literatur. In ihren kurzen Leben (keine von ihnen wurde auch nur 40 Jahre alt) schufen sie eine Hand voll Meisterwerke. Alle drei legten sich Pseudonyme zu. Charlotte schrieb *Jane Eyre, Villette* und *Shirley* unter dem Namen Currer Bell; Emilys einziger Roman war *Wuthering Heights (Sturmhöhe)*, veröffentlicht unter dem Namen Ellis Bell; und Anne schrieb als Acton Bell *Agnes Grey* und *The Tenant of Wildfell Hall. Seite 599:* Das Pfarrhaus in Haworth, Yorkshire, wo die Brontë-Schwestern mit ihrem Vater und ihrem Bruder Branwell lebten.

Die Brontës 599

600 Veränderungen auf dem Land

Rechts: Dr. Thomas Arnold gilt als Haupt-Triebfeder der Reform der englischen Public Schools im frühen 19. Jahrhundert. *Links oben:* 1828 wurde er Direktor von Rugby. Hier setzte er Mathematik, neuere Geschichte und lebende Sprachen auf den Lehrplan, organisierte den Unterricht in Jahrgängen und Klassen und ernannte Schüler zu Aufsehern *(prefects),* die für Disziplin sorgten, wenn kein Lehrer im Raum war. *Links unten:* Im Schulsaal von Rugby, zuvor eine Bärengrube, herrschte nun solche Ordnung, dass mehrere Klassen im selben Raum unterrichtet werden konnten. Arnold verstand sich als »streitbarer Christ«.

602 Veränderungen auf dem Land

Nach dem Pferderennen war der Boxsport der zweitliebste Sport der Briten. Ein Mann, der sich mit seinen Fäusten durchsetzen konnte, galt als Held. *Links:* Einer der Größten unter ihnen war Tom Spring. Im Alltag hieß er Thomas Winter und war Metzger von Beruf. Nach dem Tod von Tom Cribb wurde Spring 1821 englischer Landesmeister. Zwei Jahre darauf musste er den Titel verteidigen. *Oben:* Sein Herausforderer war ein Ire namens Jack Langan, und der Kampf fand am 7. Januar 1824 in Worcester statt. *Seite 603:* Es war eine brutale, blutige Angelegenheit, bei der Spring schließlich Sieger blieb. Vier Jahre später zog er sich vom Sport zurück und wurde Wirt der Castle Tavern in Holborn.

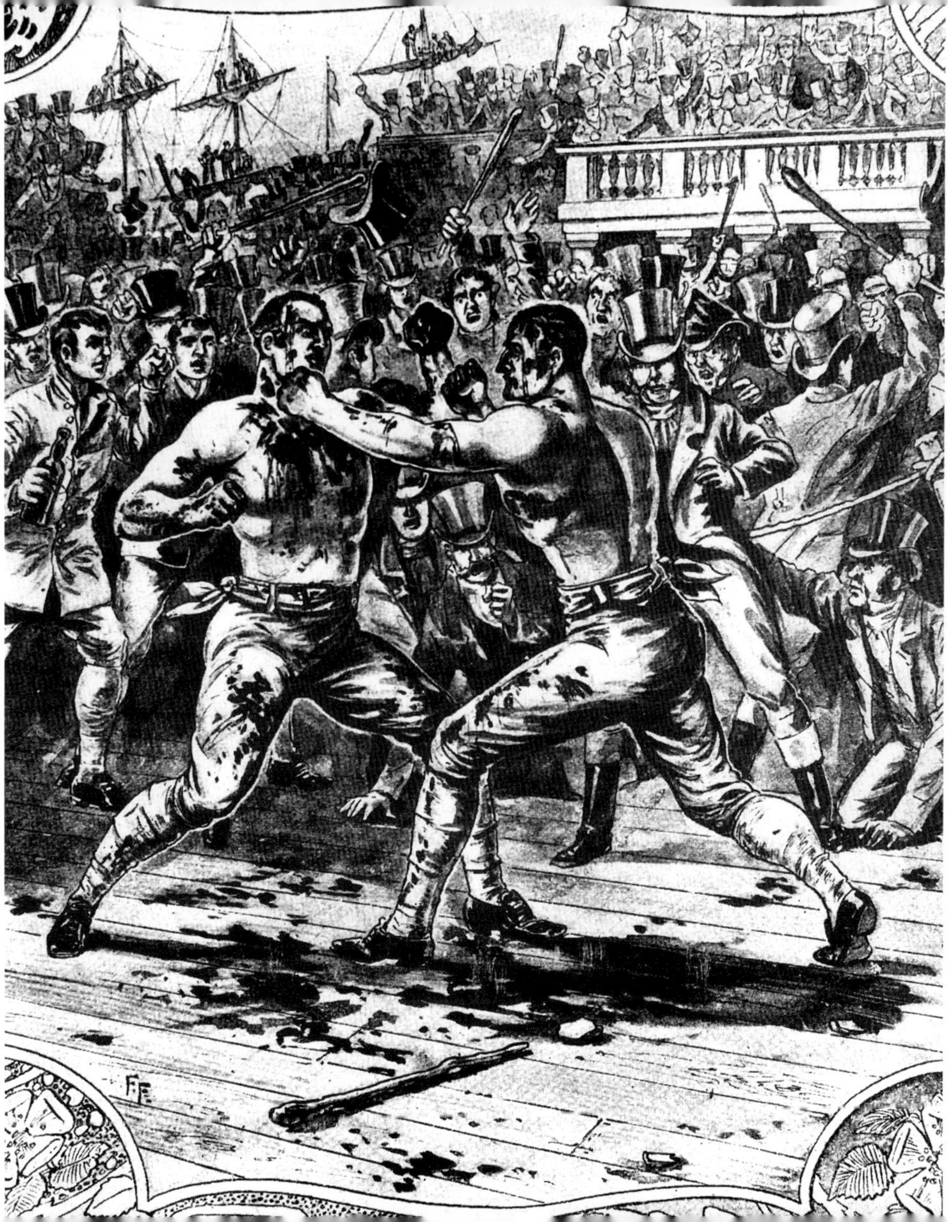

604 Veränderungen auf dem Land

Pfeife und Prise 605

Es gab öffentliche und auch privatere Vergnügungen im England der Regency-Zeit. Recht formell ging es bei einem Kostümfest *(Seite 604 oben)* und im Royal Salon in Piccadilly *(oben)* zu. Zwei eher persönliche Vergnügen waren das Rauchen *(Seite 604 unten rechts)* und der Schnupftabak *(Seite 604 unten links)*. Beide Tabake konnten aus den verschiedensten Gebieten der Welt kommen – aus Virginia, Ägypten, der Türkei, aus Ostindien oder Südamerika.

15
DAS DAMPFZEITALTER
1830–1850

William Friths prachtvolles Gemälde zeigt das Gewimmel, das jeden erwartete, der vom Bahnhof Paddington in London abfuhr oder dort ankam. Binnen weniger Jahre nach der Eröffnung der ersten Passagierlinie war ganz Großbritannien vom Eisenbahnfieber ergriffen. Die Bahngesellschaften wetteiferten miteinander um den schnellsten und komfortabelsten Zug, den schönsten Bahnhof und die größten Profite. Paddington war der Heimatbahnhof von Brunels Great Western Railway, der einzigen Breitspurbahn im Land. Als Brunel sie baute, war er bereits hinter seiner Zeit zurück. Alle anderen Firmen hatten Stephensons Standard-Spurweite akzeptiert, und erst 1892 passte sich auch die GWR an.

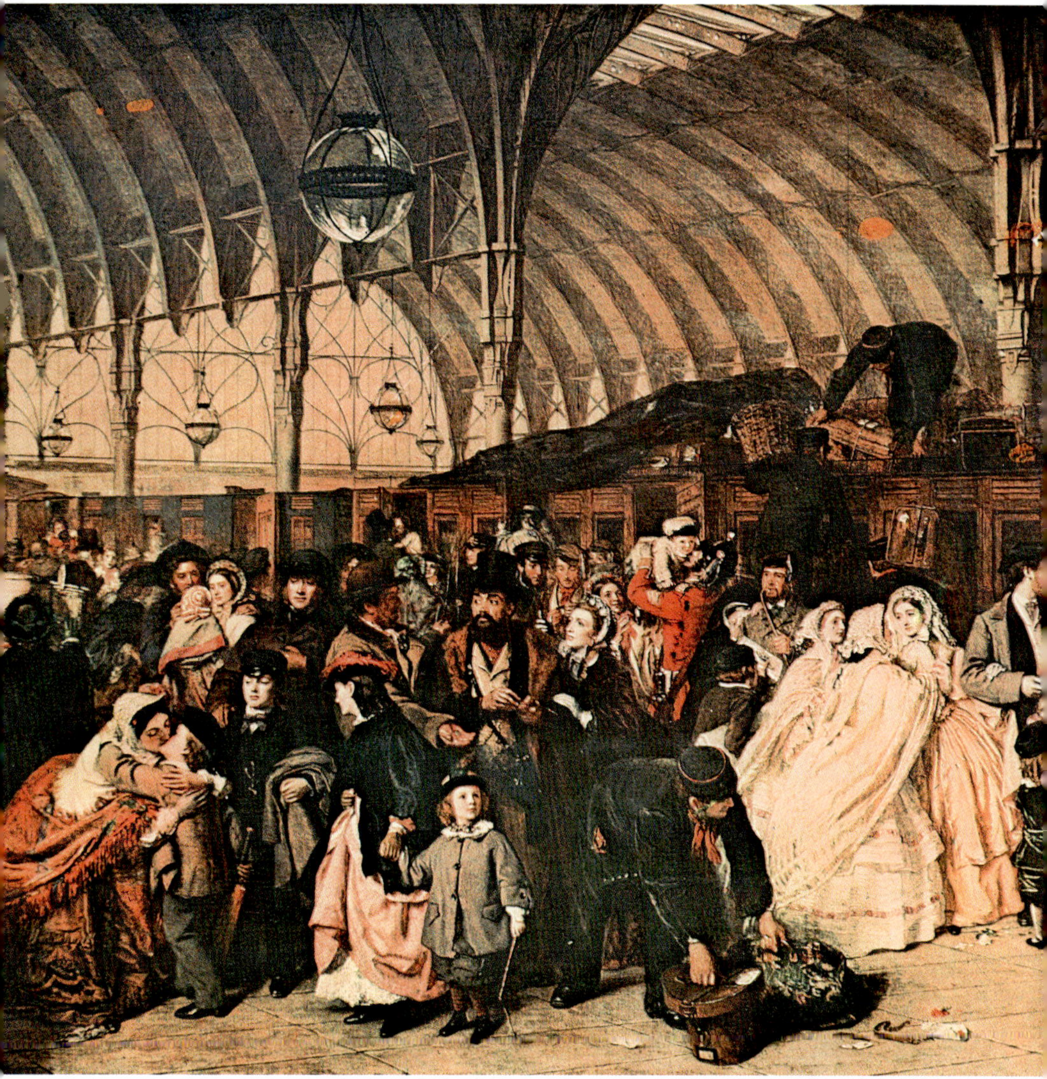

Einleitung

Bald treibt er sie voran,
DER DAMPF, DEN KEINER ZÄHMT,
Schleppt trägen Kahn und dreht das flinke Rad
Und trägt auf Flügeln weit gespannt dahin
Fliegend Gefährt auf luftig hohem Pfad.
Erasmus Darwin – *Botanic Garden*

Nichts konnte es mit der Dampfkraft aufnehmen. Sie trieb Pumpen an, Lokomotiven, Hämmer, Omnibusse, Webstühle, Schiffe und Maschinen aller Art. Sie war unermüdlich. Sie forderte keinen Lohn außer der Kohle, die ihre Kessel heizte. Sie stand bereit, wo immer man sie forderte. Sie inspirierte Dichter, Maler, sogar Komponisten. Und was das Beste war: Mit ihr verdiente der Besitzer ein Vermögen.

Massen und Monarchen hatten ihr Vergnügen daran. Königin Victoria genoss ihre erste Eisenbahnfahrt von Slough nach Paddington im Jahr 1842. Andere reagierten verächtlich. Der Herzog von Wellington glaubte nicht daran, »dass sich diese Maschinen jemals durchsetzen werden«. Manche Zeitgenossen fürchteten sich vor der Eisenbahn. George Charles Grantley Fitzhardinge Berkeley, Parlamentsmitglied für West-Gloucestershire, beklagte sich, »dass in unseren Hügeln das Echo der zischenden Zugmaschinen hallt, die das Herz unserer Jagdgebiete durchschneiden« und so den Spaß an dem noblen Sport verdarben, den er von Kindesbeinen an kannte.

Andere nutzten die Dampfkraft gnadenlos. Es gab Fabrikbesitzer, denen ihre Dampfmaschinen weitaus mehr am Herzen lagen als das Wohl oder gar das Leben ihrer Arbeiter. Wer am Arbeitsplatz vor Erschöpfung zusammenbrach oder durch einen Unfall verletzt wurde, musste oft noch Strafe für den »Verlust an Dampf« zahlen, weil die Maschine ungenutzt blieb. Allerdings tut man manchen Industriellen auch Unrecht, wenn man sie allesamt als Ausbeuter ansieht.

Wer die Macht des Dampfes zu bändigen verstand, war ein Held. Einer der ersten war George Stephenson. »Er schien«, schrieb ein Freund, »geradezu der Inbegriff des lebendigen, aktiven Geistes seiner Zeit.« Als Robert Stephenson, sein Sohn und Nachfolger, 1859 zu Grabe getragen wurde, säumten Menschenmengen den Weg zur Westminster-Abtei. Die Zeitschrift *The Engineer* sang ein Loblied auf Isambard Kingdom Brunel, den Erbauer der Great Western Railway und Konstrukteur der ersten großen Transatlantik-Dampfschiffe, der Great Eastern und Great Britain: »In allem, was einen Ingenieur im größten, besten Sinne des Wortes ausmacht, hat Brunel nicht seinesgleichen, nicht zu seiner und nicht zu früherer Zeit!«

Und es gab weitere Zeitgenossen, nicht ganz so berühmt, doch nicht minder heroisch – James Nasmyth (der einen gewaltigen Dampfhammer für seine Gießerei bei Manchester baute), Joseph Bramah, Richard Roberts (dessen geniale Werkzeuge und Maschinen es anderen erst ermöglichte, Brücken, Viadukte und Tunnel zu bauen), David Napier (der viele der Waffen herstellte, die im 19. Jahrhundert für die Schlagkraft der britischen Armee und Marine sorgten), Henry Maudslay (der entscheidend zur Entwicklung von Maschinenwerkzeugen beitrug) und Generationen der Familie Darby aus Coalbrookdale.

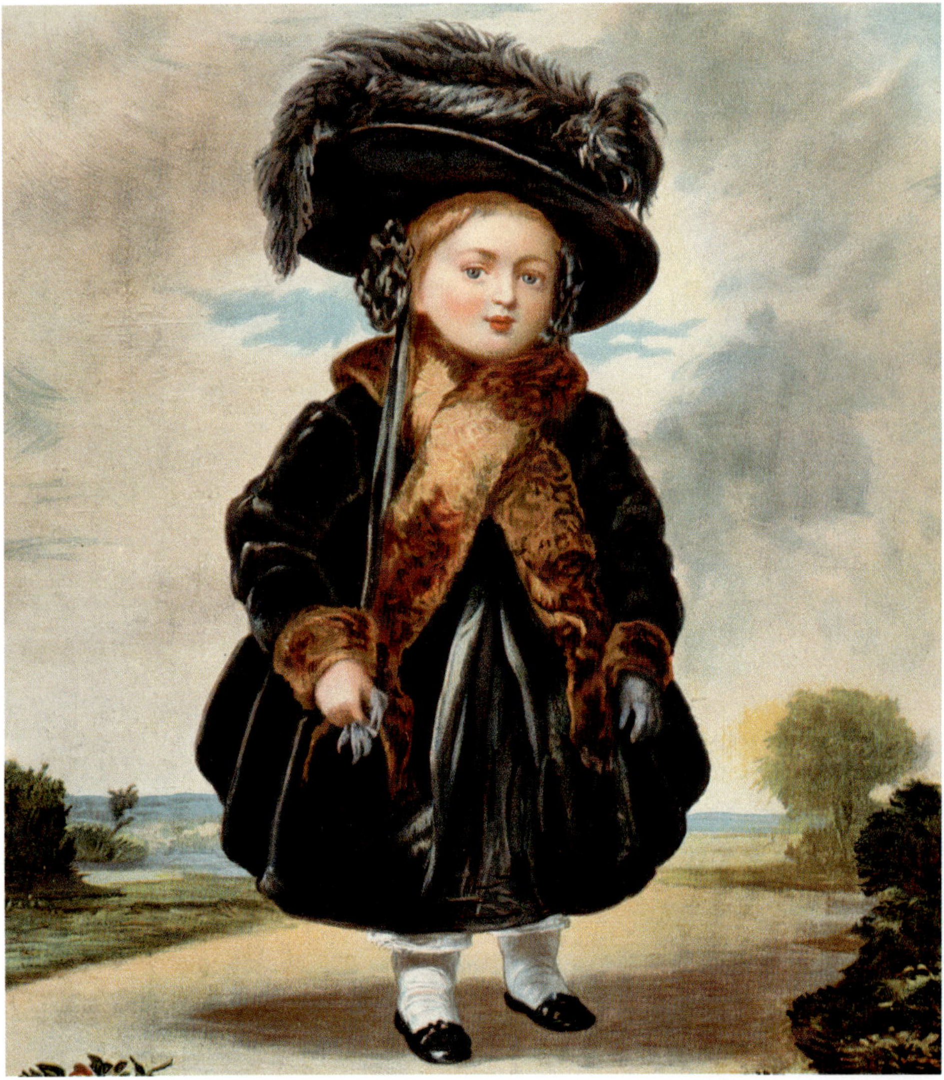

Die junge Victoria 611

Victoria kam um 4.15 Uhr am Montag, dem 24. Mai 1819, zur Welt – »eine hübsche Prinzessin, rund wie ein Rebhuhn«. *Links:* Ihre Eltern liebten sie sehr, doch als sie vier Jahre alt war, war Victoria bereits von Leuten umgeben, die Einfluss auf die kleine Thronerbin gewinnen wollten. Mit 19 *(oben)* wurde Victoria Königin, und zwei Jahre darauf lernte sie Prinz Albert von Sachsen-Coburg und Gotha kennen und heiratete ihn *(rechts)*.

Ganz links: Der Vater der britischen Eisenbahn war George Stephenson. *Oben:* Die Lokomotive Rocket des brillanten Ingenieurs ließ an Zuverlässigkeit und Geschwindigkeit bei den Versuchsfahrten von Rainhill im Jahr 1829 alle Konkurrenten hinter sich. Die Zuschauer waren verblüfft (und manch einer ängstigte sich bei dem Gedanken), dass Rocket zu Geschwindigkeiten bis zu 40 Stundenkilometern fähig war.

Stephenson war ein Mann, der selbst Hand anlegte. *Rechts:* Er entwarf sämtliche Tunnel, Viadukte und Brücken für seine Strecken selbst und instruierte die Arbeiter persönlich. Sein erster großer Erfolg war die Bahnlinie Liverpool-Manchester, die 1830 ihren Betrieb aufnahm. *Unten:* Ihr westlicher Abschluss war der Bahnhof Edge Hill in Liverpool. Stephenson hatte einen Hang zum Exzentrischen, und viel Zeit verbrachte er in seinem Haus in Tapton bei Chesterfield mit Experimenten, Gurken gerade wachsen zu lassen. Am Ende zwang er sie dazu, indem er sie in Glasröhren steckte.

614 Das Dampfzeitalter

George Hudson *(Seite 614 oben links)* galt als der Eisenbahnkönig, und auf der Karikatur *(oben)* huldigen ihm dankbare Fürsten, Passagiere und Aktionäre. Die Eisenbahn machte das Leben soviel einfacher und brachte den Unternehmern stattliche Profite ein. *Seite 614 oben rechts:* John Bull raste auf den Schienen des Fortschritts förmlich dahin, aber es gab auch warnende Stimmen. *Seite 614 unten:* Für den Zeichner des *Punch* war die Eisenbahn ein Moloch, der immer neue Opfer forderte. Und wenn einmal die Dividenden hinter den Erwartungen zurückblieben, rotteten sich die wütenden Investoren rasch zusammen *(rechts)*.

Die Brücken und Viadukte der frühen Eisenbahnzeit waren oft nicht nur große Ingenieursleistungen, sondern sehr schön anzusehen, auch wenn sich Wordsworth über die Kendal-Windermere-Linie beklagte: »Gibt es denn in England keinen Winkel mehr, der vor den gierigen Klauen sicher ist?« Die Steinbrücke über den Fluss Erne bei Ivy Bridge war elegant und grazil *(oben)*, Charles Liddells Eisenbrücke von Crumlin in Monmouthshire *(Seite 617 oben)* hingegen ein reiner Nutzbau.

Drunter und drüber 617

Rechts: Liddell baute auch für die Hauptstrecke London-Birmingham den Kilsby-Tunnel bei Rugby mit seinem großen Luftschacht. *Seite 616 unten:* Viele Ingenieure versahen den Eingang zu ihren Tunneln mit einer Schmuckfassade. Auf der Linie London-Bristol baute Brunel für den Tunnel von Box einen mittelalterlichen Torturm als Eingang. Bisweilen sprengte man sich den Weg durch Felsen frei, doch im Wesentlichen wurden die Tunnel von Hand gegraben.

Die Meerenge von Menai trennt die Insel Anglesey vom walisischen Festland, und zwei große Ingenieure schlugen darüber ihre Brücken. Die ältere ist (im Vordergrund) Thomas Telfords Hängebrücke, erbaut zwischen 1819 und 1826. Die Metallteile dieser Straßenbrücke sind aus Schmiedeeisen, die Spannweite beträgt 300 Meter und das Gewicht 2 186 Tonnen. Später kam die Britannia-Brücke hinzu, erbaut 1850 von Robert Stephenson, dem Sohn George Stephensons. In dem 600 Meter langen geschlossenen Gehäuse wird auf der Bahnstrecke von London nach Holyhead das Meer überquert.

Über die Meerenge von Menai 619

Auch der Personenverkehr auf den Straßen erfuhr in der Eisenbahnzeit manche Neuerung. Am 4. Juli 1829 nahm George Shillibeer seinen regelmäßigen Londoner Omnibusdienst von Paddington zur Bank von England auf. *Oben:* Der Bus beförderte 22 Personen, und eine Fahrt kostete einen Shilling. *Links:* Der New Favorite war ein Versuch, die Dampfkraft auch auf die Straße zu bringen, und das gummibereifte Gefährt holperte zwischen Edinburgh und Leith über das Pflaster.

Straßenverkehr 621

Nicht nur der Busverkehr nahm zu. *Oben:* Die Zahl an Karren, Kutschen, Fuhrwerken und Wagen auf den städtischen Straßen vervielfachte sich, und die London Bridge war regelmäßig vom Verkehr verstopft. Im Schnitt kam man durch London zu Fuß fast ebenso schnell voran wie zu Pferde. *Rechts:* Viele weitere Omnibusse folgten Shillibeers Vorbild, und die beliebtesten Modelle waren die Doppelstöcker, für die es Routen kreuz und quer durch die Stadt gab, hier von der Bank von England zum Strand.

Rechts oben und unten: Seit 1834 verkehrten in allen britischen Städten Droschken. Diese »Hansoms« waren nach ihrem Erfinder Joseph Aloysius Hansom *(unten links)* benannt, einem Architekten, der auch das Rathaus von Birmingham und die katholische Kathedrale in Plymouth entwarf. *Links und unten rechts:* Konkurrenz machte den Droschken der »Tribus«, ein »Patent-Cabriolet«, das Raum für drei Fahrgäste bot.

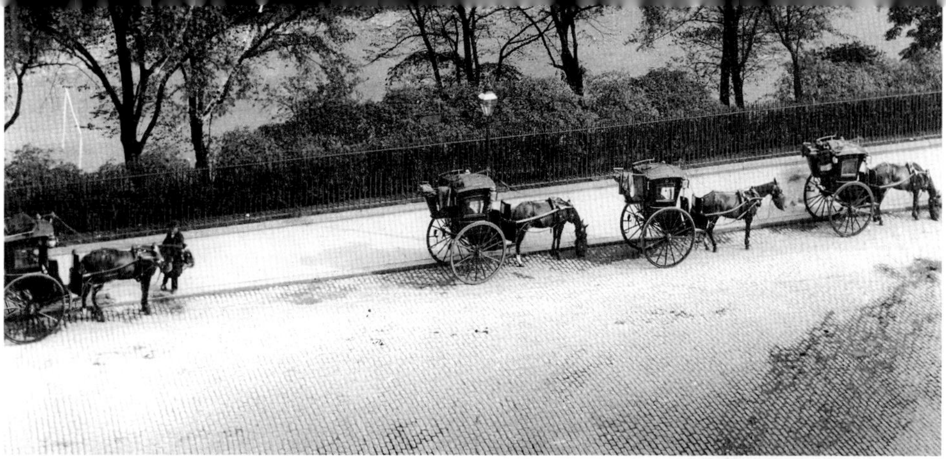

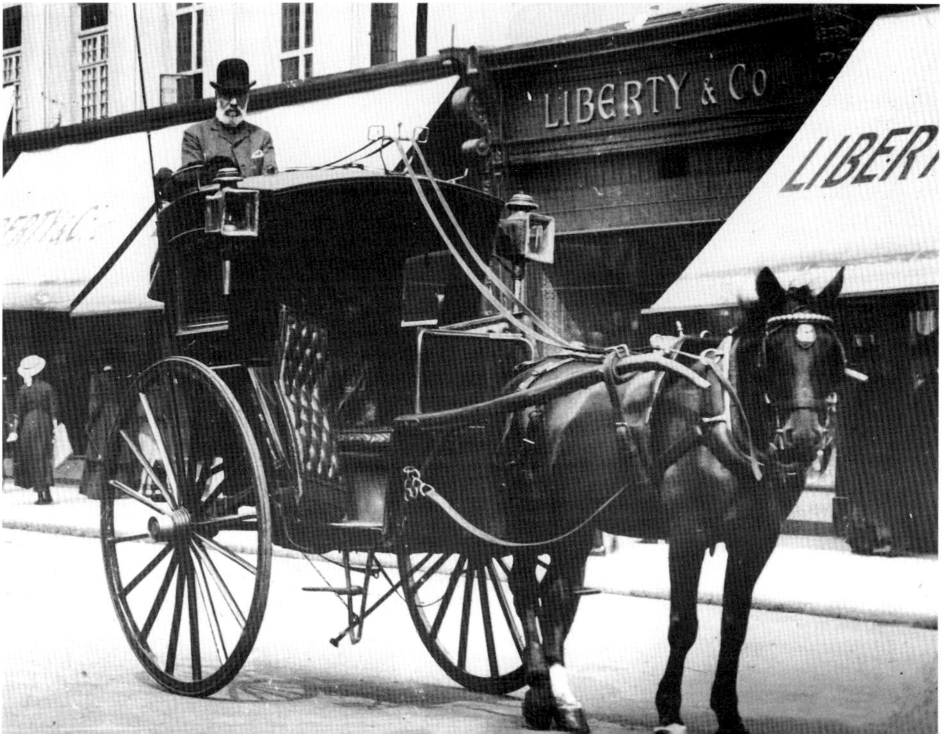
LIBERTY & Co

Nicht alle »Reisenden« verließen freiwillig die britischen Gestade – Strafgefangene deportierte man in die Kolonien, die hungernden Iren hofften auf ein neues Leben in den Vereinigten Staaten, schottische Familien wurden von den Großgrundbesitzern aus ihrer Heimat im Hochland vertrieben und versuchten ihr Glück in Kanada. Doch es gab auch andere Zeitgenossen, die sich ohne Zwang den Wellen anvertrauten. In Kalifornien, am Yukon, in Südafrika und Australien konnte man immer hoffen, dass man sein Glück auf den Goldfeldern machte, in Indien und im Fernen Osten wurde mancher auf den Tee- und Gummiplantagen ein reicher Mann. Wer ehrgeizig war, hatte Chancen, wo immer die britische Fahne wehte. *Oben:* Im 19. Jahrhundert packte manch einer sein Bündel, schiffte sich ein und wartete, ob ihm das Schicksal Tausende von Meilen entfernt nicht ein besseres Leben bescherte.

Der elektrische Telegraph bot eine Möglichkeit, mit den Daheimgebliebenen in Kontakt zu bleiben. Die ersten britischen Seekabel verbanden Wales mit Irland und England mit Frankreich. *Oben:* Die Dampfbarkasse Goliath, 1843 in Dienst gestellt, war das erste speziell als Kabelleger gebaute Schiff. 16 Jahre später gelang mit Hilfe von Brunels Great Eastern die Verlegung des Transatlantikkabels von Liverpool nach New York.

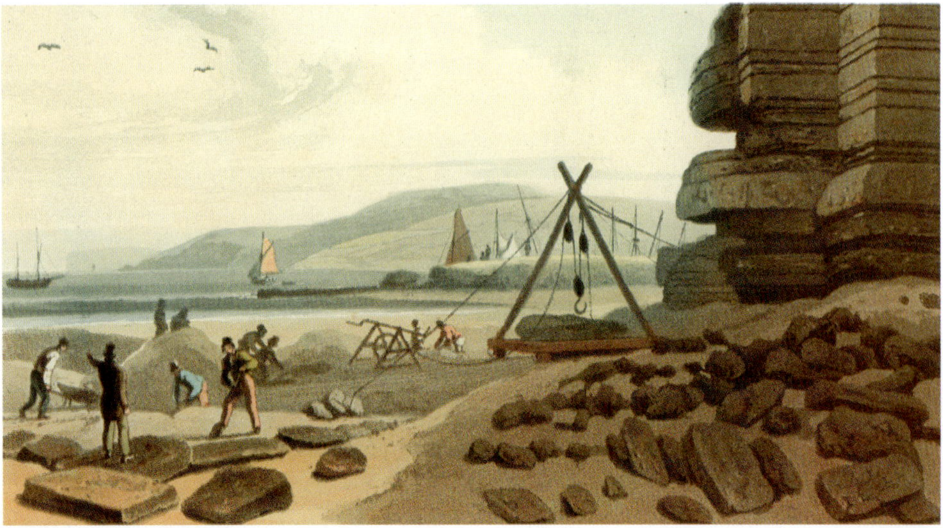

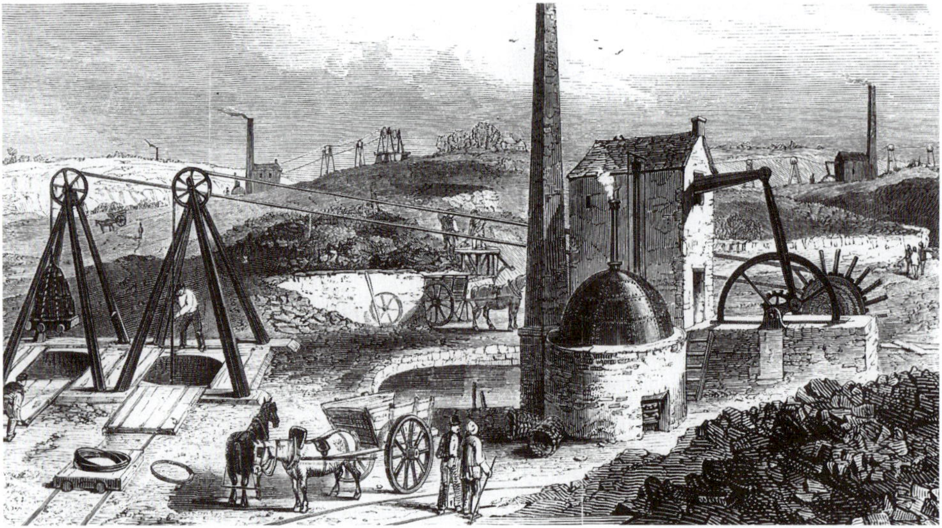

Minen und Steinbrüche 627

Auch in der Bergbautechnik gab es Fortschritte. *Links unten:* Tiefere Schächte wurden möglich, und die Fördermaschinen wurden größer und komplexer, wie bei dieser Kohlenzeche in Staffordshire. Von 6,2 Millionen Tonnen im Jahr 1770 stieg die Kohleförderung auf 49,4 Millionen Tonnen im Jahr 1850 an. *Rechts:* Für die Bergleute, etwa in den Zinngruben von Cornwall, war die Arbeit nach wie vor hart und gefährlich, ganz gleich, was sie an Erzen hervorbrachten. *Links oben:* Mit der wachsenden Bautätigkeit wurde auch die Nachfrage nach Materialien größer – nach Schiefer, Naturstein und für die Prachtbauten schwarzem Marmor aus Red Wharf auf der Insel Anglesey.

Links: Sir Rowland Hill war 1826 Mitbegründer der »Gesellschaft zur Verbreitung nützlichen Wissens«. Seine größte Wohltat war aber wohl die Einrichtung der Penny Post im Jahr 1840. *Rechts:* Für den Einheitspreis von einem Penny konnte man einen Brief an jeden Ort der Britischen Inseln schicken, und die schwarze Pennymarke wurde zur ersten Briefmarke der Welt. Diese Neuerung ließ die Zahl der aufgegebenen Briefe und Päckchen stark ansteigen. *Unten:* Dem Haupt-Sortierbüro in London stand Hill persönlich vor.

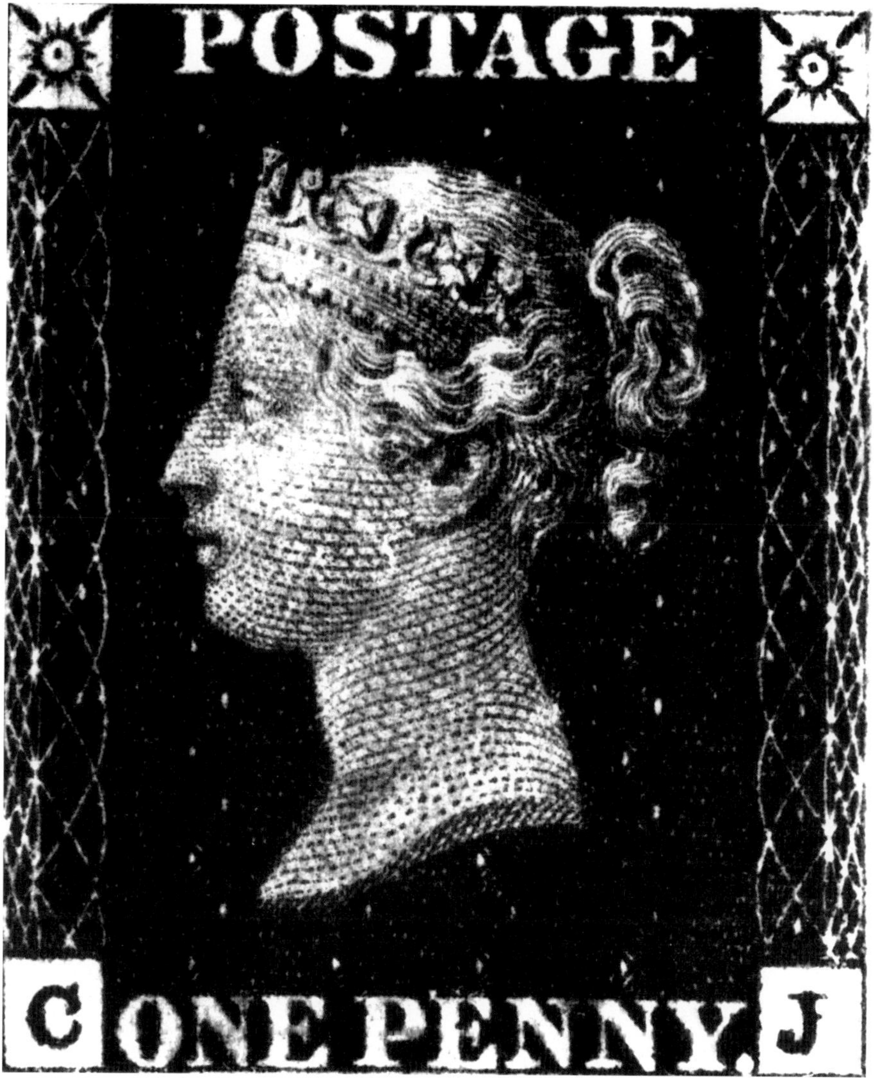
POSTAGE
C
ONE PENNY.
J

Links: Die Corn Laws, die den Preis für Weizen – und folglich für Brot – festsetzten, schützten Landbesitzer auf Kosten der Armen. In den 1840er Jahren entstand eine große Protestbewegung, die die Abschaffung dieser Gesetze forderte. *Unten:* Manche Landarbeiter zogen eine direktere Form des Protestes vor, und das Anzünden von Heuschobern war ein weit verbreiteter Ausdruck des Hasses auf die Gesetze.

Ganz rechts: Wortführer der Anti-Corn-Law-Liga war der Ökonom und Politiker Richard Cobden, »der Apostel der freien Marktwirtschaft«. *Unten:* Die Liga hielt Versammlungen in den großen Städten ab, etwa den Anti-Corn-Law-Basar im Theatre Royal, Covent Garden. *Rechts:* Robert Peel, der Premierminister, schlug sich schließlich auf die Seite der Reformer, und 1846 wurden die Gesetze aufgehoben.

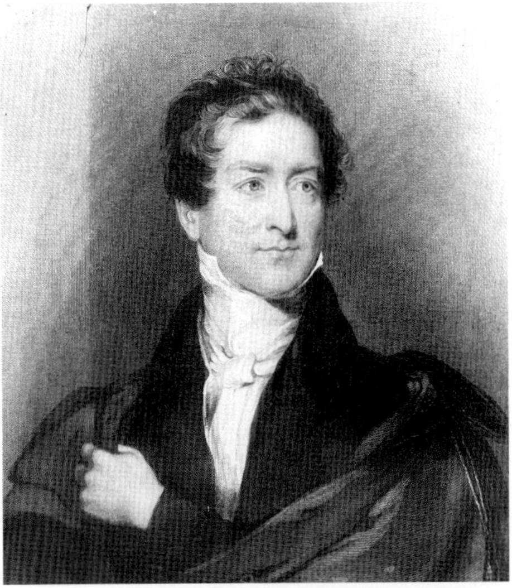

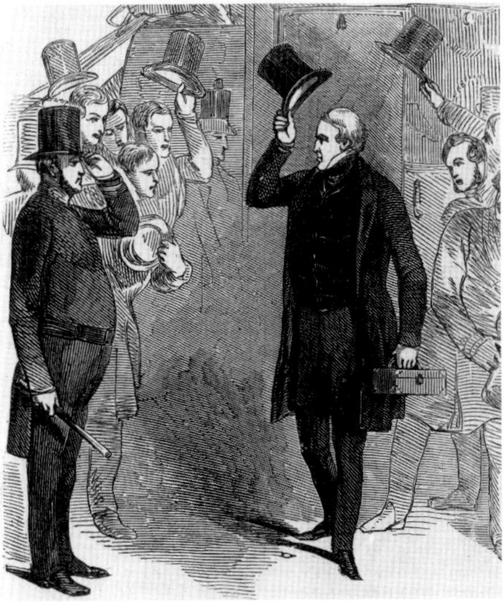

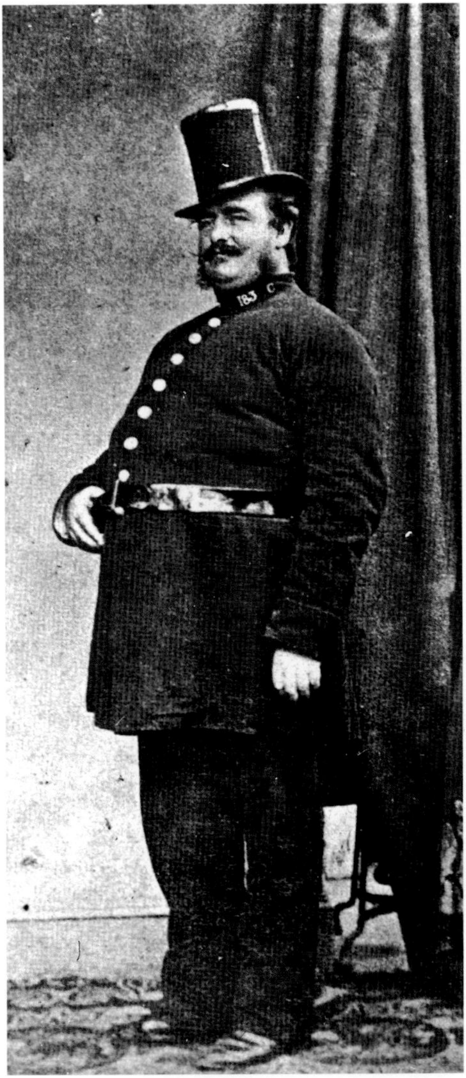

Seite 632 oben links: Als Innenminister stellte Peel 1829 eine Polizeitruppe für London auf, und die ersten Polizisten bekamen ihm zu Ehren die Spitznamen Peelers oder Bobbys. *Seite 632 unten links:* Peel zieht vor einem Peeler am House of Commons den Hut. Manche Beamten wie etwa Tom Smith *(Seite 632 rechts)* trugen noch bis in die 1860er Jahre Zylinder; Voll- und Schnurrbärte *(unten)* waren jedoch nicht vorgeschrieben. *Rechts:* Vorläufer der Polizisten waren die Nachtwächter oder Charleys, über die man sich oft lustig machte.

634 Das Dampfzeitalter

Das Fabriksystem 635

Manufakturen und Fabriken waren in den Anfangstagen der Industriellen Revolution grimmige Orte. *Rechts oben:* In den Baumwollwebereien an der Union Street in Manchester kümmerte sich kaum jemand um die Arbeitsbedingungen. Fabriken beherbergten Maschinen, keine Menschen. Es kam allein darauf an, möglichst viel zu produzieren, und Gesundheit und Wohlergehen der Männer, Frauen und Kinder, die dort arbeiteten, spielten keine Rolle. *Links:* Eine Illustration aus *Leben und Abenteuer des Michael Armstrong* von Frances Trollope, der Mutter des Romanciers Anthony Trollope. Die Arbeit in Eisenhütten und Gießereien war besser bezahlt, aber noch mühsamer und anstrengender. *Rechts unten:* James Naysmiths gewaltiger Dampfhammer in seiner Gießerei bei Manchester. Der Stich entstand nach einem Gemälde von Naysmith selbst.

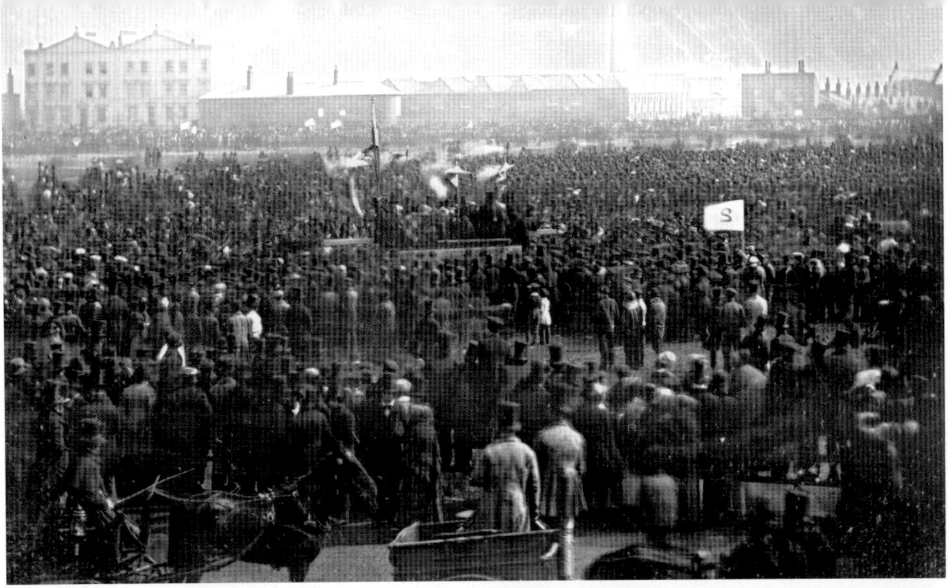

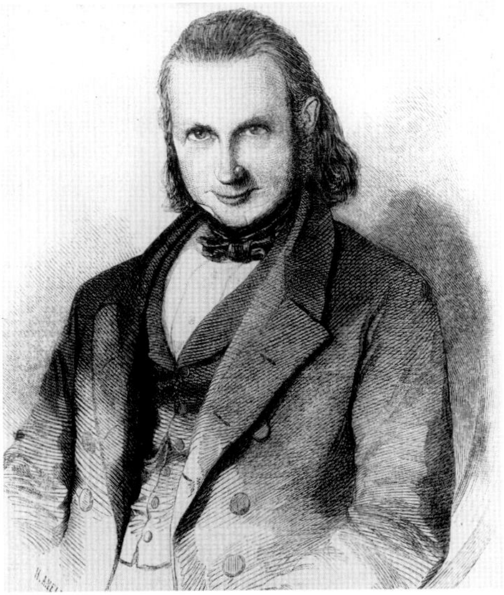

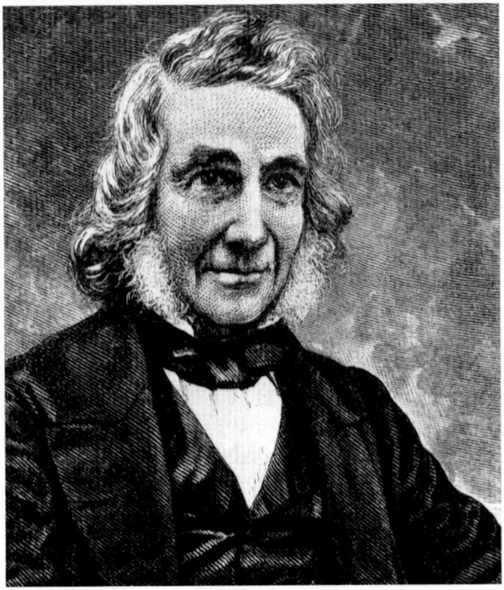

Die Chartisten 637

Das große Reformgesetz von 1832 heizte die Forderung nach weitergehenden Wahlrechtsreformen in Großbritannien an. William Lovett *(Seite 636 unten rechts)* und Thomas Cooper *(Seite 636 unten links)* führten die Chartistenbewegung an. Einige Parlamentsmitglieder unterstützen sie, darunter Feargus O'Connor *(oben)*, Abgeordneter für die Grafschaft Cork. *Seite 636 oben:* Am 10. April 1848 hielten die Chartisten ihre letzte große Versammlung auf dem Kensington Common ab. Die Polizei warnte sie, dass sie nicht jenseits der Themse vor dem Parlament demonstrieren dürften. *Rechts:* Später wurde in der Downing Street, wo ein verschüchterter Lord John Russell sie entgegennahm, eine Petition von gigantischem Ausmaß überreicht.

Nachdem der alte Westminster-Palast 1834 niedergebrannt war, wurde ein Wettbewerb ausgeschrieben, um einen Architekten für das neue Parlamentsgebäude zu finden. *Seite 639 ganz rechts:* Sieger war Charles Barry, der bereits in Manchester das Athenaeum und in London den Reform Club gebaut hatte. Barry entwarf für das Themseufer einen riesigen neugotischen Palast. Der Bau begann 1837 und war 1858 vollendet. Das fertige Bauwerk (*oben*, in einer Fotografie von Roger Fenton aus dem Jahr 1860) hatte auch seine Kritiker.

Oben links: Barrys Partner bei diesem Projekt war Augustus Welby Northmore Pugin. *Seite 638 unten:* Pugin war für einen Großteil des Zierrats des Palastes verantwortlich und auch für Vertäfelung und Ausgestaltung des Interieurs, darunter der reich geschmückte Versammlungssaal des House of Lords. Die beiden Architekten arbeiteten gut zusammen. Pugin verbrachte seine Abende zu Hause in Margate und zeichnete detailgenaue Pläne. Morgens fuhr er mit der neuen Eisenbahn nach London, wo er sich mit Barry traf und den Fortgang der Arbeiten besprach. »Big Ben«, die Glocke im Glockenturm, war ihr größtes Sorgenkind. Sie wog 16 Tonnen, und beim Probeläuten verursachte der 650 Kilogramm schwere Klöppel einen Riss. Die Glocke galt als »porös, ungleichmäßig, instabil und schadhaft«. Sie läutet seit 1857.

Latticed Window
(with the Camera Obscura)
August 1835

When first made, the squares
of glass about 200 in number
could be counted, with help
of a lens.

Seite 640 unten rechts: William Henry Fox Talbot war einer der großen Pioniere der Fotografie. Im August 1835 stellte er das erste Negativbild her *(Seite 640 oben)*, die Aufnahme eines Maßwerkfensters in der Abtei von Lacock *(Seite 640 unten links)*. Später eröffnete Talbot ein Atelier in Reading *(oben,* Talbot ganz rechts). *Rechts:* Drei frühe Boxkameras von Talbot.

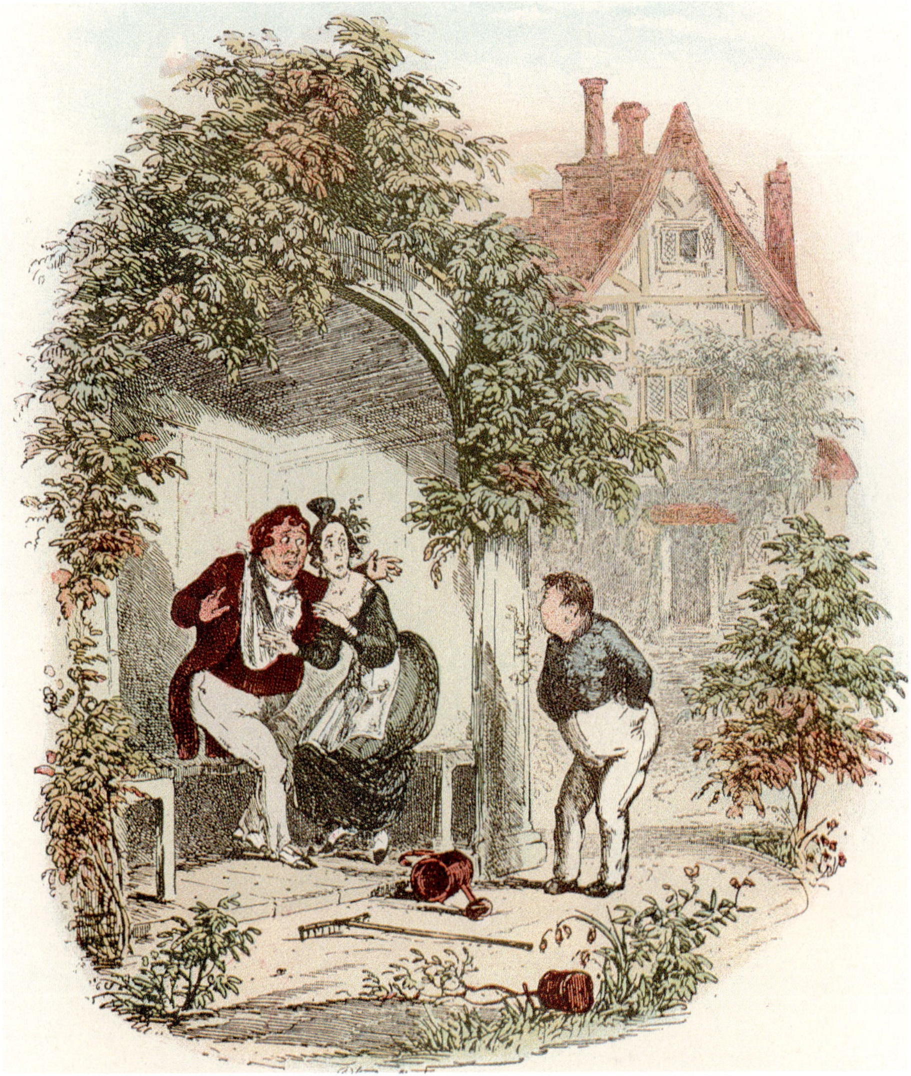

Charles Dickens 643

Oben rechts: Charles Dickens wurde nach einer unglücklichen Kindheit in den 1850er und 1860er Jahren zum angesehensten Schriftsteller der Welt. Er schrieb nicht nur, sondern zeichnete auch. *Unten rechts:* Als junger Mann steuerte er unter dem Namen Boz Zeichnungen zur *Morning Chronicle* bei. Sein erster Roman, *The Pickwick Papers (Die Pickwickier; unten links),* war auf Anhieb ein Erfolg, und die Leser, die ihn zuerst in Zeitschriften in Fortsetzungen lasen, ergötzten sich an den Abenteuern von Pickwick, Mrs. Bardell und dem dicken Jungen *(Seite 642). Oben links:* Unter den Hunderten weiterer Gestalten, die er schuf, erfreute sich Mrs. Gamp aus *Martin Chuzzlewit* besonderer Beliebtheit.

Kräftige Farben und Volants waren in den 1820er und 1830er Jahren in Mode. Bänder, Schleifen, Hauben und weite Röcke wie in den Tageskleidern vom Januar 1829 *(oben)* waren auch im August 1832 *(Seite 645)* noch auf der Höhe der Mode. Schimmernde Locken und ein schüchternes Lächeln vervollständigten das unwiderstehliche Bild.

Die Mode 645

16
WERKSTATT DER WELT
1850–1870

Die große Ausstellung der Industrieprodukte aller Nationen im Kristallpalast, Hyde Park, 1851. »Der gewaltige Bau mutet an wie ein Traum aus Tausendundeiner Nacht, erfüllt von Licht, mit einer ätherischen, unwirklichen Stimmung, die eher in das Reich des Traums als in unsere grobe, materielle Welt gehört. Der Blick wandert die langen gläsernen Gänge entlang, und der Betrachter traut dem eigenen Auge kaum, dass alles, was er sieht, Wirklichkeit ist, denn alles wirkt wie ein Gebilde aus einem Traum …« *The Times,* Mai 1851.

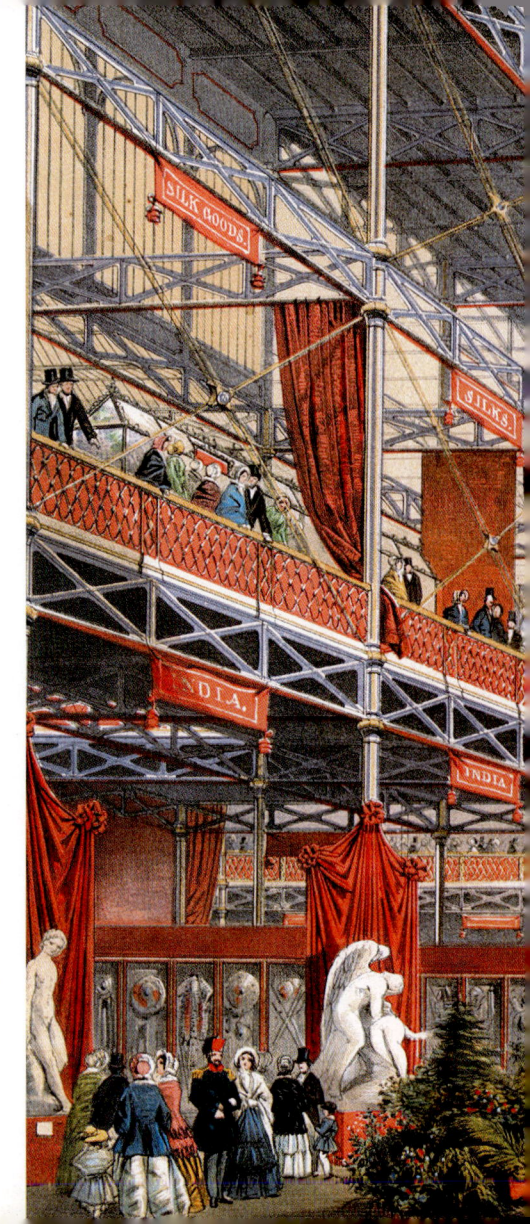

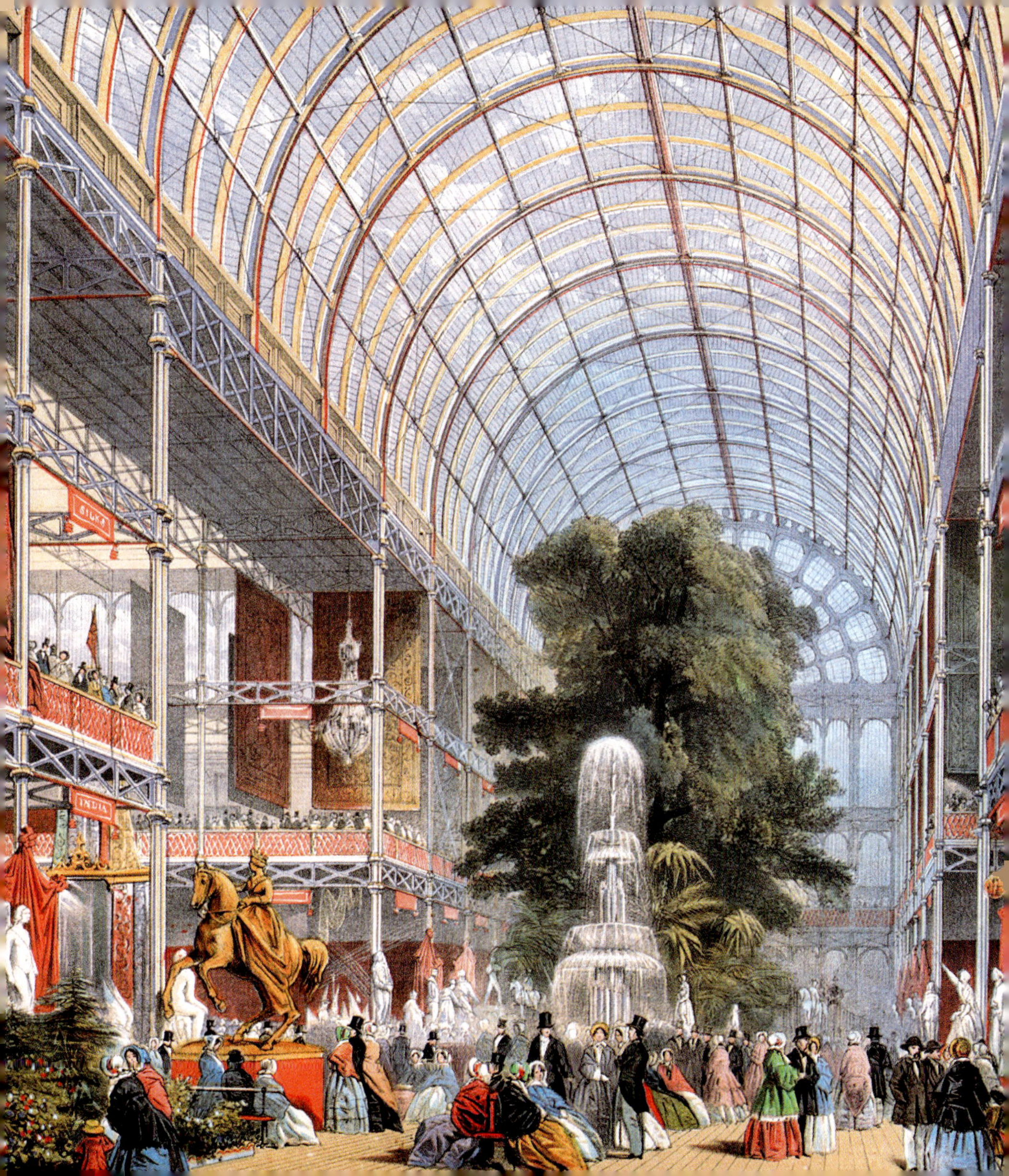
INDIA

Einleitung

Im Jahr 1851 feierte Großbritannien seinen unbestrittenen Status als »Werkstatt der Welt« mit der großen Weltausstellung im Londoner Hyde Park. Die drei Männer, denen die Ausstellung zu verdanken war, waren Prinz Albert, Henry Cole und Joseph Paxton. Albert steuerte die Inspiration und die Begeisterung bei, Cole das bürokratische Geschick und Paxton die Ingenieurskunst. Fast wäre das ganze Projekt gescheitert, bevor Paxton seinen revolutionären Plan vorlegen konnte, einen Tempel aus Eisen und Glas aus Tausenden von vorgefertigten Teilen zu bauen.

Die Zeit drängte. Als Tag für die Eröffnung der Ausstellung war der 1. Mai 1851 festgesetzt. Im August 1850 begannen Arbeiter mit dem Planieren des Geländes, und erst am 31. Oktober 1850 wurde der Bauauftrag unterzeichnet. Innerhalb von 150 Tagen bauten dann jedoch 2 000 Mann den gesamten Kristallpalast, aus über 4 000 Tonnen Eisen, 600 000 Kubikfuß Holz,

900 000 Quadratfuß Glas, 32 Meilen Regenrinne und 202 Meilen Fensterstäben.

Leute kamen und bestaunten den Fortgang der Arbeiten. An einem einzigen Tag, dem 25. Februar 1851, kamen über 100 000 Besucher und zahlten jeder fünf Shilling Eintritt. »An 1 000 Stellen ging die Arbeit gleichzeitig voran«, schrieb ein Zeitzeuge, »da wurde gesägt und gehobelt, lasiert, gestrichen und genagelt ...«

Als der Bau vollendet war, wurden das Gelände bepflanzt und die Exponate aufgestellt. Über 100 000 Stücke waren zu sehen, von vertikalen Druckpressen bis zu dampfbetriebenen Braukesseln, von Maschinen zur Herstellung von Sodawasser bis zu Jagdmessern mit 80 Klingen, von »Patentdünger« (Guano) zur größten Porzellanvase der Welt, vom Kohinoor-Diamanten zu Graf Dunins »stählernem Mann«, einer Figur aus 7 000 Teilen, die ihre Größe vom Zwerg zum Riesen wandeln konnte.

Die Ausstellung war ein Vorgeschmack auf eine Blütezeit der Industrie. Der britische Export erreichte in den 1850er Jahren jährlich neue Rekordmarken. Die Baumwollexporte verdoppelten sich auf beinahe zweieinhalb Millionen Ellen. Profitraten lagen bei 50 Prozent. Zu einer zweiten großen Leistungsschau in London kamen elf Jahre später über doppelt so viele Aussteller. Das Welthandelsvolumen steigerte sich zwischen 1850 und 1870 um 260 Prozent, und der größte Teil dieses Goldregens ging auf Großbritannien nieder. 1875 war bereits eine Milliarde Pfund britischen Geldes im Ausland investiert, und die Ausgabe von britischen Goldmünzen hatte sich versiebenfacht. Zum ersten und einzigen Mal in seiner Geschichte fühlte sich das Land stark genug, jede staatliche Wirtschaftslenkung aufzugeben, und es begann eine Periode des gänzlich freien Handels.

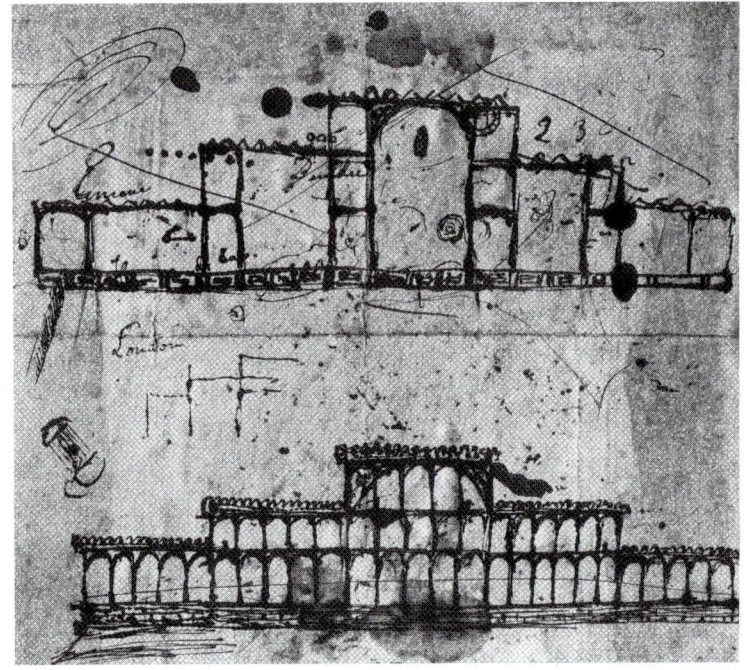

Drei Männer machten den Kristallpalast und die Weltausstellung möglich. Der erste war Prinz Albert, der die Idee dazu hatte. *Links unten:* Der zweite war Henry Cole, der die Geduld, den Einfallsreichtum und die Energie hatte, sie zu organisieren. *Links oben:* Der dritte war Joseph Paxton, der das Projekt rettete. Schon seit 20 Jahren baute er Glashäuser – allen voran das Gewächshaus von Chatsworth. *Oben:* Die Urskizze zum Kristallpalast kritzelte er auf ein Blatt Löschpapier, als nur noch wenige Monate blieben, bevor die Ausstellung eröffnen sollte.

Kristallene Träume 651

Rechts: Dieser Stich, der im Dezember 1850 in der *Illustrated London News* erschien, zeigt, was für eine geniale Idee es war, den Kristallpalast aus vorgefertigten Teilen zu bauen. Mit Tauen und Flaschenzügen hieven Bauarbeiter eines der Segmente für das Dach des Querflügels 30 Meter hoch. Besucher der Baustelle zahlten für den Zutritt fünf Shilling. Das Geld war für einen Fundus bestimmt, aus dem Arbeiter entschädigt wurden, die bei dem Projekt Verletzungen erlitten.

Der Bau des gewaltigen Glaspalastes war eine atemberaubende Leistung. Zuerst machten sich im August 39 Mann daran, das Grundstück zu planieren. Im September war die Zahl der Arbeiter bereits auf 1 000 gestiegen. Die vorgefertigten Eisenteile, die das Gerüst bildeten, wurden zusammengenietet – 1 060 eiserne Säulen, 2 224 Verbindungsträger, 358 Tragbalken, 32 Meilen Regenrinne, 202 Meilen Fensterstäbe. *Oben:* Schon bald nahm das Bauwerk Formen an. Bei einem Besuch auf der Baustelle stoppte Paxton mit, dass drei Säulen und zwei Verbindungsträger in 16 Minuten errichtet wurden.

Ab und zu machten die Arbeiter auch Pause. Im Winter und Frühjahr 1851 arbeiteten sie Woche um Woche und errichteten den Palast. Menschenmengen kamen zusammen und sahen ihnen zu. An einem einzigen Tag, dem 25. Februar, kamen, so schätzt man, 100 000 Besucher. Den Metallarbeitern folgten die Zimmerleute und Glaser, und ihnen wiederum folgten 500 Anstreicher. Zum Schluss verkleideten noch Näher die Südseite mit ungebleichtem Baumwolltuch, um Blendung und Erhitzung durch die Sonne zu mindern. So unglaublich es war – der Palast war zum Stichtag fertig.

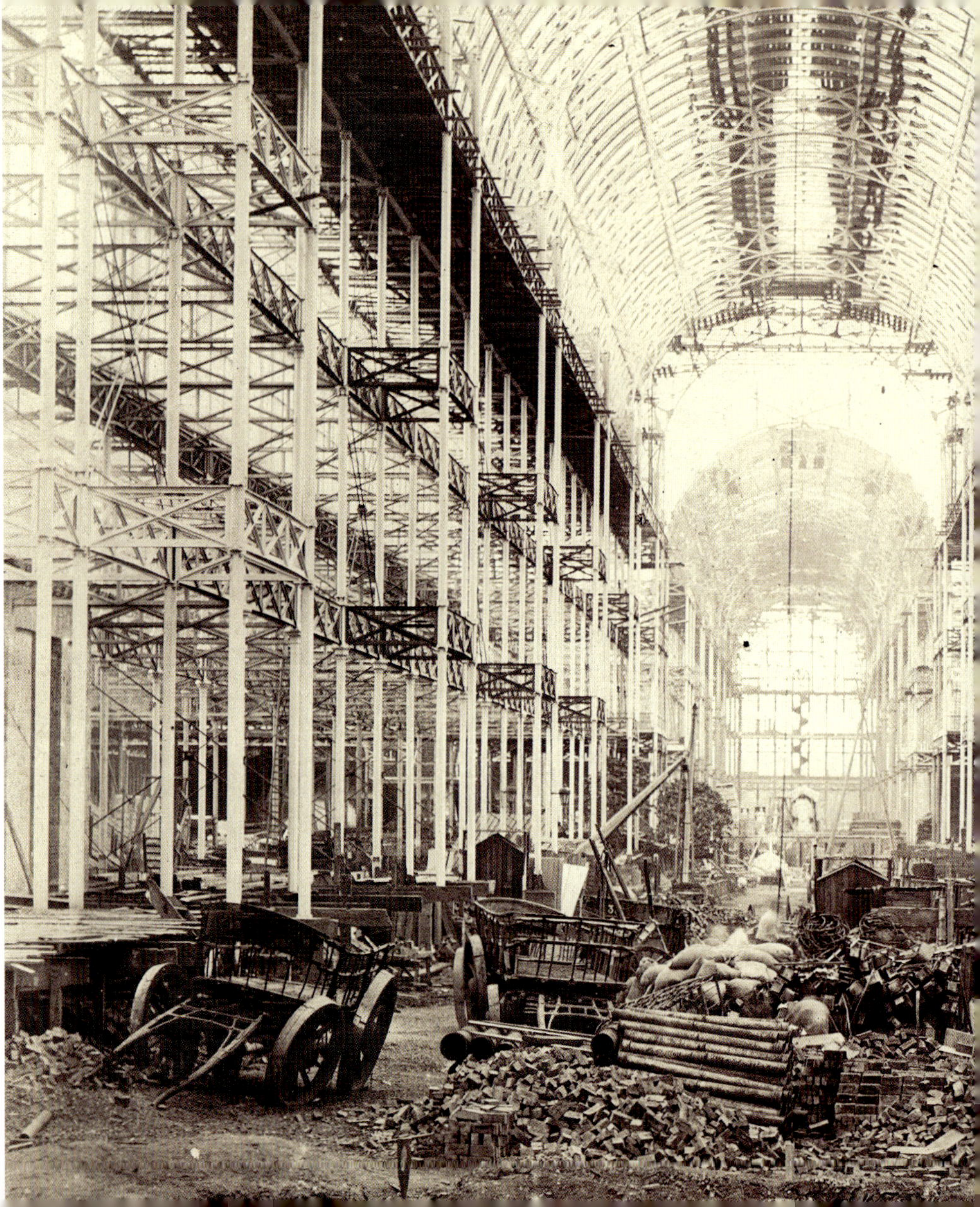

Vorgefertigte Pracht

Der Kristallpalast war eine der größten Leistungen seiner Zeit. Noch eine Generation zuvor wäre ein solcher Bau undenkbar gewesen. Er konnte nur durch standardisierte, austauschbare, massenproduzierte Bauteile entstehen, durch dampfbetriebene Maschinen, durch Arbeitsteilung und durch den elektrischen Telegraphen, der Instruktionen unverzüglich übermittelte. Angewiesen war er auch auf billige Arbeit, auf Bautrupps, die Leib und Leben riskierten, um 200 000 Glasscheiben auf dem Dach zu montieren, und auf Muskelkraft, um mit speziellen Flaschenzügen tonnenweise Bauteile über die sieben Hektar große Baustelle zu bewegen.

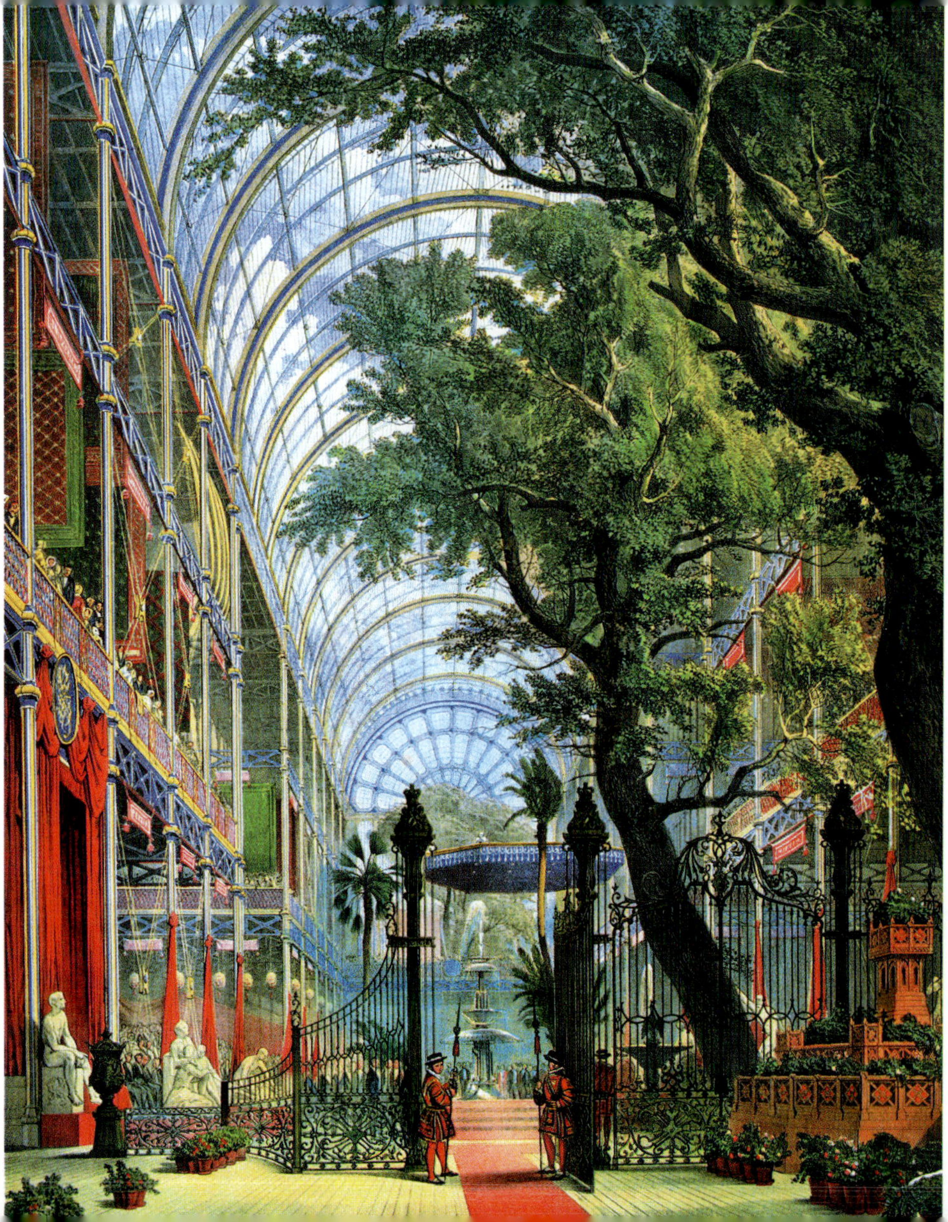

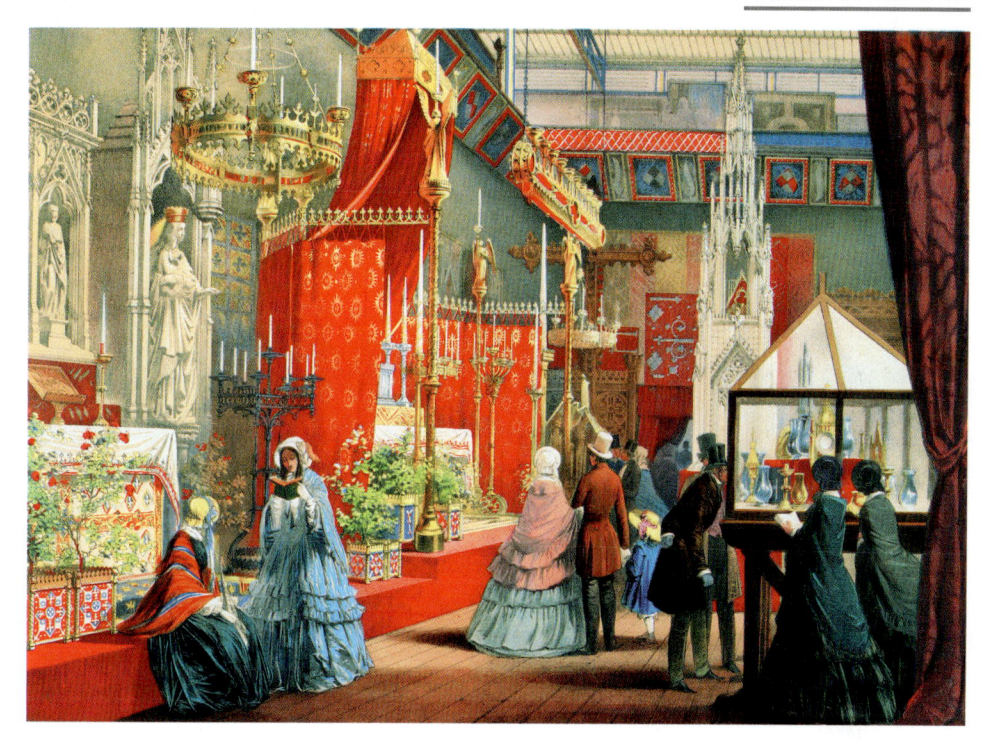

Die Eröffnung fand am 1. Mai 1851 statt. *Links:* Beefeaters vom Londoner Tower bewachten das Tor, durch das die Königin mit ihren Begleitern den Ausstellungssaal betreten würde. Eine halbe Million Menschen strömte im Park zusammen. »Ganz London und das halbe Land und ein Gutteil der Welt waren zusammengekommen, um zu sehen, wie die Monarchin in ihren Staatsgewändern die GROSSE AUSSTELLUNG ALLER NATIONEN eröffnete«, schrieb Henry Mayhew. *Oben:* Der mittelalterliche Hof, ein Entwurf Pugins.

Im Inneren des Kristallpalastes hatten 15 000 Aussteller 100 000 Objekte zu bieten, und die Gänge hatten eine Gesamtlänge von zehn Meilen. Den gesamten Westflügel nahmen britische Exponate ein, aber es blieb immer noch Raum genug für die Aussteller vom Kontinent, aus Nord- und Südamerika, aus Afrika und natürlich den britischen Kolonien. *Oben:* Die kanadische Galerie zeigte ein Eskimo-Kajak, Elch- und Karibuköpfe, Felle von der Hudson's Bay Company und einen mit Kupfer verkleideten Feuerwehrwagen, der mit Ansichten des Feuers von Montreal bemalt war.

Die indische Galerie glitzerte nur so vor Pracht. Im Mittelpunkt stand ein gewaltiger Elefant mit Howdah, doch das wertvollste Stück in der gesamten Ausstellung war der Kohinoor-Diamant, der »Berg aus Licht«, 186 Karat schwer und schon 1851 mit einem Wert von zwei Millionen Pfund veranschlagt. Ein Franzose schrieb: »Der Stein wird in einem großen Käfig ausgestellt, mit einem Polizisten zur Zierde … Der Kohinoor ist gut bewacht; er liegt auf einer Vorrichtung, die ihn bei der kleinsten Erschütterung in eine eiserne Kiste fallen lässt. Darin geht er auch jede Nacht zur Ruhe und steht erst am späten Vormittag wieder auf.«

1851 regte Prinz Albert an, dass der Gewinn aus der Weltausstellung für den Bau von Bibliotheken, Museen und Colleges auf einem neuen Gelände westlich des Hyde Parks verwendet werden solle. Nach Alberts Tod im Jahr 1861 wurden in der Bevölkerung Spenden für ein Denkmal an den Prinzen gesammelt. Der Architekt, dem sowohl der Bau der Albert Hall *(oben)* als auch der des Albert Memorial *(Seite 661 links)* anvertraut wurde, war Sir Giles Gilbert Scott *(Seite 661 rechts),* dessen Pläne allerdings Captain Francis Fowke von den Royal Engineers noch überarbeitete. 1871 eröffnete der Prinz von Wales den Saal – Viktoria war zu sehr von ihren Gefühlen überwältigt und konnte nicht an den Feiern teilnehmen.

Der Entwurf des Albert-Denkmals ist allein Scotts Werk, und 1863 bewilligte das Parlament £ 50 000 für die Baukosten. Gladstone verzögerte die Umsetzung, denn er fand das Projekt zu kostspielig; Viktoria war tief gekränkt und verzieh ihm nie. 1876 war das Denkmal vollendet, und die Gesamtkosten beliefen sich auf £ 126 000.

Links: Ihr ganzes Leben lang blieb Victoria ihrem Albert treu. Nach der ersten Begegnung schrieb sie ins Tagebuch: »Albert ist ein sehr gut aussehender Mann ... ausgesprochen liebenswürdig, sehr freundlich und herzlich, stets guter Laune.« Schon wenige Tage darauf ließ sie ihren Onkel, König Leopold, wissen, dass sie den Ehemann, den er ihr ausgesucht hatte, akzeptierte. Dreieinhalb Jahre vergingen, bevor am 10. Februar 1840 die Trauung stattfand. Victoria schlief in der Nacht vor der Hochzeit gut. Sie war nicht im mindesten aufgeregt, und das einzige, was sie an der Ehe schreckte, war die Aussicht auf eine große Familie ...

… die sich auch prompt einstellte *(oben,* Albert und Victoria mit ihren neun Kindern). Als Albert am 14. Dezember 1861 starb, versank Victoria ganz in ihre Trauer. »Ich küsste seine liebe himmlische Stirn und rief mit bitterer gequälter Stimme ›Oh! Mein Liebster!‹, dann fiel ich in stummer Verzweiflung auf die Knie, außer Stande, ein Wort zu sagen oder eine Träne zu vergießen!« *Rechts:* Später war Victoria ihr schottischer Diener John Brown ein gewisser Trost.

664 Werkstatt der Welt

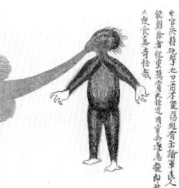

Kanonenbootdiplomatie

Seite 664 links: Die Amtsjahre (1855–58 und 1859–65) des britischen Premierministers Henry Temple Palmerston waren von einer aggressiven Außenpolitik gekennzeichnet. *Seite 664 rechts:* Eine chinesische Darstellung der Europäer als Feuerschlucker. *Unten:* Chinesische Dschunken werden im Ersten Opiumkrieg zerstört. *Rechts:* Die britische Artillerie gönnt sich eine Pause nach Eroberung des Forts Pehtang im Zweiten Opiumkrieg.

Der Krimkrieg war der erste, über den moderne Reporter Bericht erstatteten. Das Publikum zu Hause war fasziniert von den Fotografien Roger Fentons *(oben)* und entsetzt von den Berichten über taktische Fehler und die Unfähigkeit, die William Howard Russell, der Korrespondent der *Times (Seite 667 rechts unten),* übermittelte. Russells Berichte führten der Öffentlichkeit vor Augen, wie schlecht organisiert, geführt und ausgestattet die britische Armee war, und waren mitverantwortlich für Reformen in Organisation und Ausbildung nach dem Krieg.

Oben: Fentons Fotografie der alliierten Flotte im Hafen von Balaklawa. Weder Fentons Bilder noch Russells Reportagen wurden zensiert. Die ganze Nation war empört, als sie erfuhr, wie schlecht gekleidet und schlecht untergebracht, wie schlecht mit Nahrungsmitteln und medizinischer Hilfe versorgt die britischen Truppen waren. Besonderes Aufsehen erregte Russells Bericht über die Lage der Verwundeten in Üsküdar. Für die 14 000 Soldaten in den Hospitälern gab es keine Medikamente, und auch die Kranken bekamen nur das übliche gekochte Rindfleisch und Kartoffeln zu essen. In einem der Lazarette starb die Hälfte der Verwundeten in einem einzigen Monat.

Links. Die alliierten Kommandanten stimmen am runden Tisch ihre Taktik ab – von links: Lord Raglan, Omar Pascha und General Pelisier. Die Lage auf der Krim wurde nicht einfacher dadurch, dass Raglan seine russischen Feinde stets als »die Franzosen« bezeichnete.

Unten: Sir George Brown, auf dem Stuhl sitzend, mit seinen Offizieren vor der Schlacht von Sewastopol.

Rechts: Mitglieder des 8. Husarenregiments bereiten sich auf dem Krimfeldzug ein Mahl. *Unten:* Britische Wachposten posieren für ein Foto – alle Bilder auf diesen beiden Seiten stammen von Roger Fenton.

670 Werkstatt der Welt

Rechts: Nur wenige Heldinnen des 19. Jahrhunderts haben sich so langanhaltenden Ruhm und soviel Anerkennung erworben wie Florence Nightingale. *Oben:* Über den Kriegsminister Sidney Herbert erlangte sie die Erlaubnis, mit 38 Krankenschwestern ans Schwarze Meer zu fahren und in Üsküdar zu arbeiten. *Seite 671 oben:* Hier richtete sie ein Lazarett ein, das alle bisherigen Militärkrankenhäuser in den Schatten stellte. *Seite 671 unten:* Je mehr Verwundete von den Schlachtfeldern von Inkerman und Sewastopol kamen, desto mehr Betten wurden gebraucht, und die »Lady mit der Lampe« eröffnete ein zweites Hospital in Therapia.

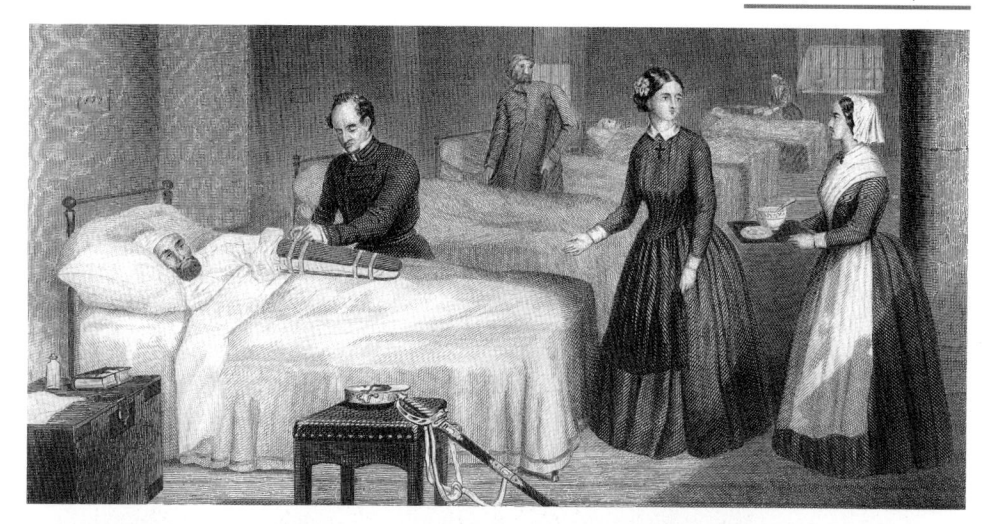

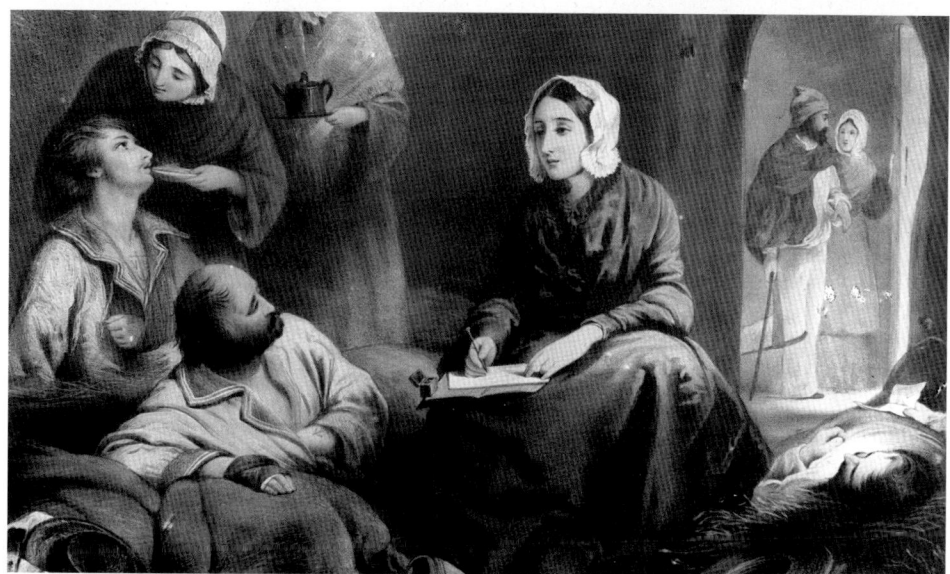

Die Lady mit der Lampe

Der Indienaufstand (Sepoy-Aufstand) begann am 10. Mai 1857 in Mirat, von wo bengalische Truppen nach Delhi marschierten und König Bahadur Schah zum Kaiser von Indien proklamierten. Reformen des Militärwesens, der Versuch einer Zwangschristianisierung und die Missachtung moslemischer Gesetze hatten die Soldaten aufgebracht. *Oben und Seite 673 oben:* Sie griffen britische Truppen und die Zivilbevölkerung in Khanpur und Lakhnau an. *Links:* Sir Colin Campbell wurde entsandt, um den Aufstand niederzuschlagen, und es gelang ihm, die Belagerung von Lakhnau zu brechen. Er führte einen sechs Meilen langen Treck aus der Stadt.

Ganz rechts: Die meisten bengalischen Regimenter schlossen sich den Aufständischen an, doch auf die Loyalität der Sikh-Offiziere konnten sich die Briten in der Regel verlassen. *Rechts:* Hodsons Kavallerie war eine gemischte britisch-indische Truppe unter dem Kommando von William Hodson, der mit 50 Getreuen nach Delhi galoppierte und Bahadur Schah in seine Gewalt brachte. Er fiel später bei der Befreiung von Lakhnau. Die Fotografien dieser Seite stammen von Felice Beato.

674 Werkstatt der Welt

Oben: Wie George Stephenson war auch Brunel ein genialer, wenn auch exzentrischer Ingenieur. Einmal konstruierte er ad hoc einen Flaschenzug, an dem man ihn aufhängte, damit eine Guineemünze, die ihm im Hals stecken geblieben war, wieder herauskam. *Rechts:* Für den Bau der Great Western Railway entwarf Brunel zahlreiche Brücken, darunter die Royal Albert Bridge über den River Tamar bei Saltash. *Seite 675 unten:* Seine größte Leistung als Schiffsbauingenieur war die Great Eastern. *Seite 675 oben,* von links: John Scott Russell, Henry Wakefield, Brunel und Lord Derby beim Stapellauf der Great Eastern.

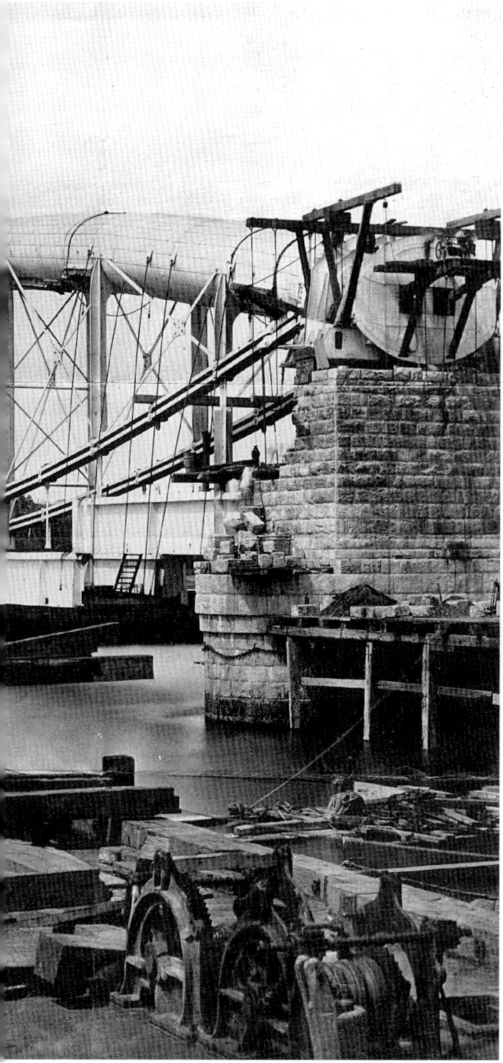

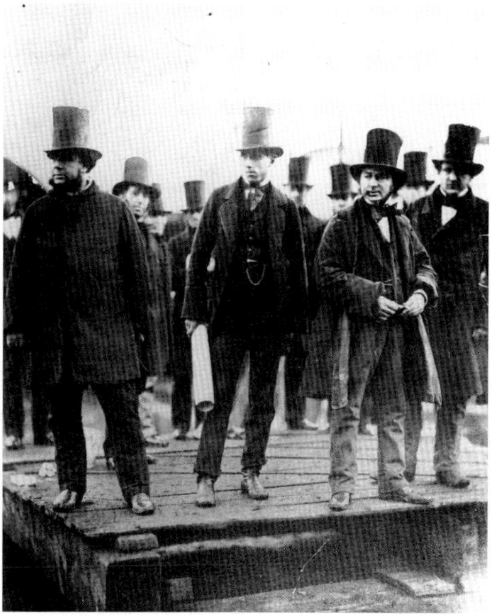

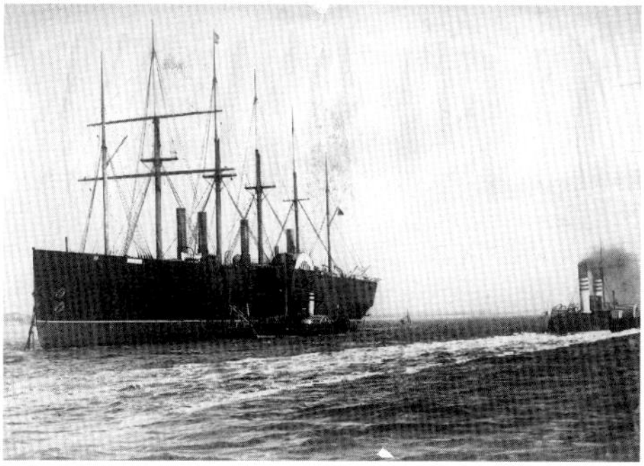

676 Werkstatt der Welt

Im Jahr 1862 konnte Henry Cole den Erfolg der Weltausstellung von 1851 wiederholen. Die Internationale Ausstellung fand in South Kensington statt und zog sogar noch mehr Besucher an. *Oben:* Die Hauptausstellungshalle war ein Entwurf von Captain Fowke, der später auch an der Albert Hall mitarbeitete. *Links:* Die Besucher kamen in Scharen zum Großen Saal, dessen Mittelpunkt ein Majolika-Brunnen mit einer Figur des Heiligen Georg bildete. *Rechts:* Andere interessierten sich mehr für die Braukessel und die Zinkbadewannen.

678 Werkstatt der Welt

Die Ausbeutung von Fabrik- und Grubenarbeitern war meist die Regel. Es gab aber auch Industrielle, die ihren Arbeitern besseren Lohn, bessere Bedingungen und eine bessere Unterkunft bieten wollten. *Oben:* Einer der ersten von ihnen war Robert Owen, dessen New Lanark Mills auf weitgehend kooperativer Basis geführt wurden. Sir Titus Salt *(rechts)* war ein Tuchfabrikant, der zu seiner Weberei in Saltaire bei Bradford *(Seite 679 oben)* ein Musterdorf als Wohnstätte für die Arbeiter baute. *Seite 679 unten:* Die Rochdale-Pioniere, Begründer der Bewegung für kooperative Lebensmittelläden.

Es geht auch anders 679

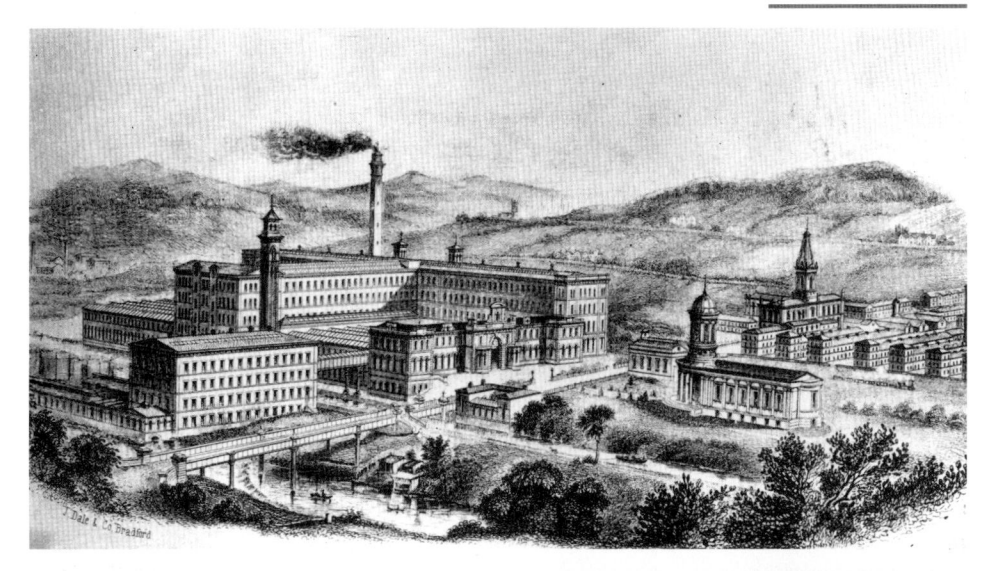

Links: William Makepeace Thackeray kam 1811 zur Welt. Als Satiriker trug er zur Zeitschrift *Punch* bei, widmete sich jedoch mit Mitte 30 ganz der Romanschriftstellerei. Sein erster und bedeutendster Roman war *Vanity Fair (Jahrmarkt der Eitelkeit),* erschienen 1848. *Seite 681, im Uhrzeigersinn von oben links:* Vier Szenen aus dem Roman, der von Becky Sharp und ihren amourösen Abenteuern erzählt: Sir Pitt Crawley macht Becky einen Heiratsantrag; Captain William Dobbin mit Miss Amelia Sedley; ein ernstes Wort mit Captain Rawden Crawley; Joseph Sedley, Amelias Bruder, im scharfen Galopp.

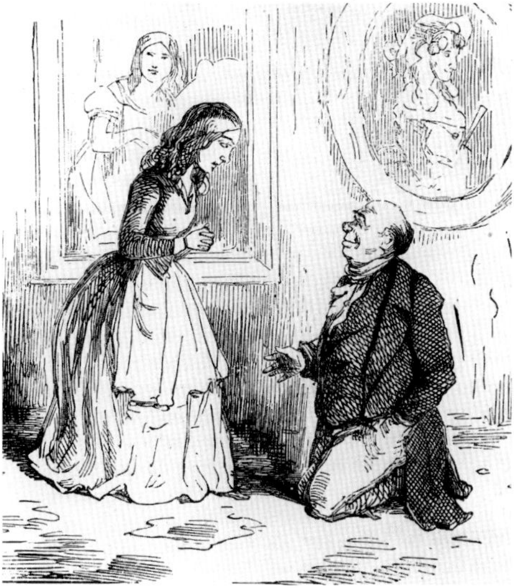

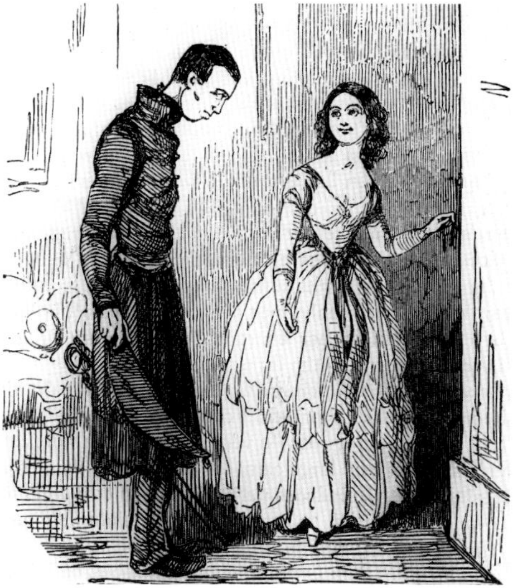

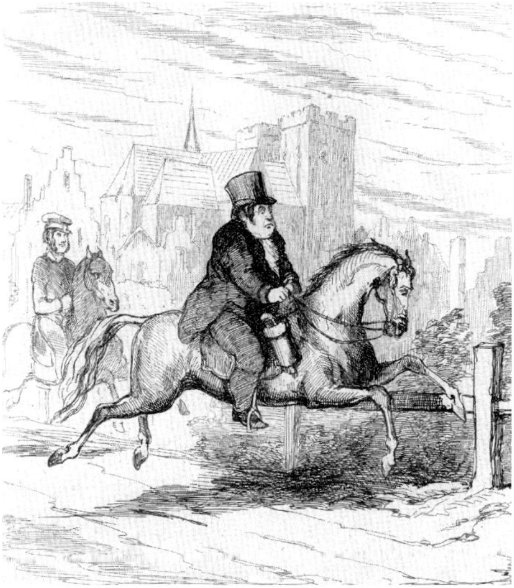

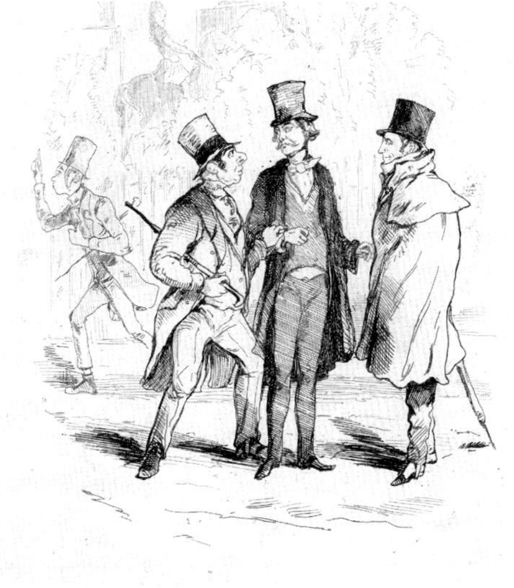

Beim britischen Sport ging es Mitte des 19. Jahrhunderts recht rau zu. Ein Fußballspiel konnte alles sein, vom Gerangel zwischen Dutzenden von Spielern *(rechts und Seite 683 oben)* bis zu dem vergleichsweise ordentlichen Spiel auf Parker's Piece in Cambridge *(Seite 683 unten)*. Die Public Schools und die Universitäten zähmten den Fußball, und 1846 unternahm die Universität Cambridge den ersten ernsthaften Versuch, Regeln festzulegen. *Rechts unten:* In Rugby hatte man eine eigene Variante, die den Namen der Schule trägt. Erfinder war vermutlich William Webb Ellis, der eines Tages im Jahr 1823 bei einem Fußballspiel »zum Ball griff und damit loslief«.

Fußball 683

Sportlich und dabei »fair« sein galt als Inbegriff des britischen Charakters. *Oben:* Pferderennen erfreuten sich immer größerer Beliebtheit, und auf der Tribüne von Epsom drängten sich im Juni 1836 die Zuschauer, um zu sehen, wie Lord Jersey das Derby gewann. *Links:* Andere versammelten sich zum geruhsameren Cricketspiel, wie bei der Begegnung Kent gegen Sussex in Brighton.

Oben: Ein Hindernisrennen versprach viel Aufregung und dazu die Chance, dass Pferd und Reiter auf die Nase fielen. *Rechts:* Der hünenhafte Cricketspieler Alfred Mynn war der Stolz von Kent. Trotz seiner 127 Kilogramm, heißt es, sei jede seiner Bewegungen elegant gewesen. *Ganz rechts:* Lieutenant-Colonel Henry Stracey von den Scots Guards war ein ausgezeichneter Fechter, schrieb Epigramme, trieb geistreich Konversation und war bei aller Welt beliebt.

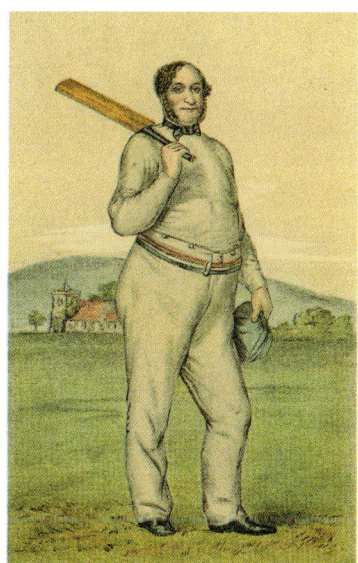

Ballonfahrten waren Mitte des 19. Jahrhunderts die große Mode. Zuerst flogen die Franzosen, und bald gingen auch die Briten in die Luft. In London fanden Aufstiege vor allem in Batty's Royal Hippodrome in Kensington statt *(links)*, in den Spring Gardens in Vauxhall und in den Cremorne Gardens in Chelsea *(unten). Seite 687 oben:* Von hier unternahm Charles Green, »der furchtlose Aeronaut«, einen seiner 527 Flüge, in diesem Fall in Begleitung einer Lady und eines Leoparden.

Vincent van Goof experimentierte schon früh mit Fluggleitern. *Rechts:* Nach einigem Erfolg in Frankreich versuchte er sein Glück auch in Großbritannien, kam jedoch bei einem Flug am 9. Juli 1874 ums Leben, als er mit seinem von einem Ballon in die Höhe gezogenen Apparat auf die Chelsea Street stürzte. *Ganz rechts:* Mr. Godard steigt mit seinem Heißluftballon Montgolfier von den Cremorne Gardens auf.

17
ENTSPANNUNG UND REFORM
1850–1880

Mitte des 19. Jahrhunderts war aus der Themse eine stinkende Kloake geworden, die mitten durch London floss. An warmen Tagen flohen Parlamentsmitglieder aus ihren Büros, weil sie den Geruch nicht mehr aushielten. Es musste etwas geschehen. *Rechts:* Der Mann, dem das Großreinemachen anvertraut wurde, war Sir William Bazalgette, der unter der Stadt ein Labyrinth von Abwasserkanälen entwarf, die ihre üble Flut in das Marschland von Essex ergossen. Dank seiner Ingenieurskunst konnten die Stadtbewohner nachts und die Parlamentarier sogar bei Tage wieder friedlich schlafen.

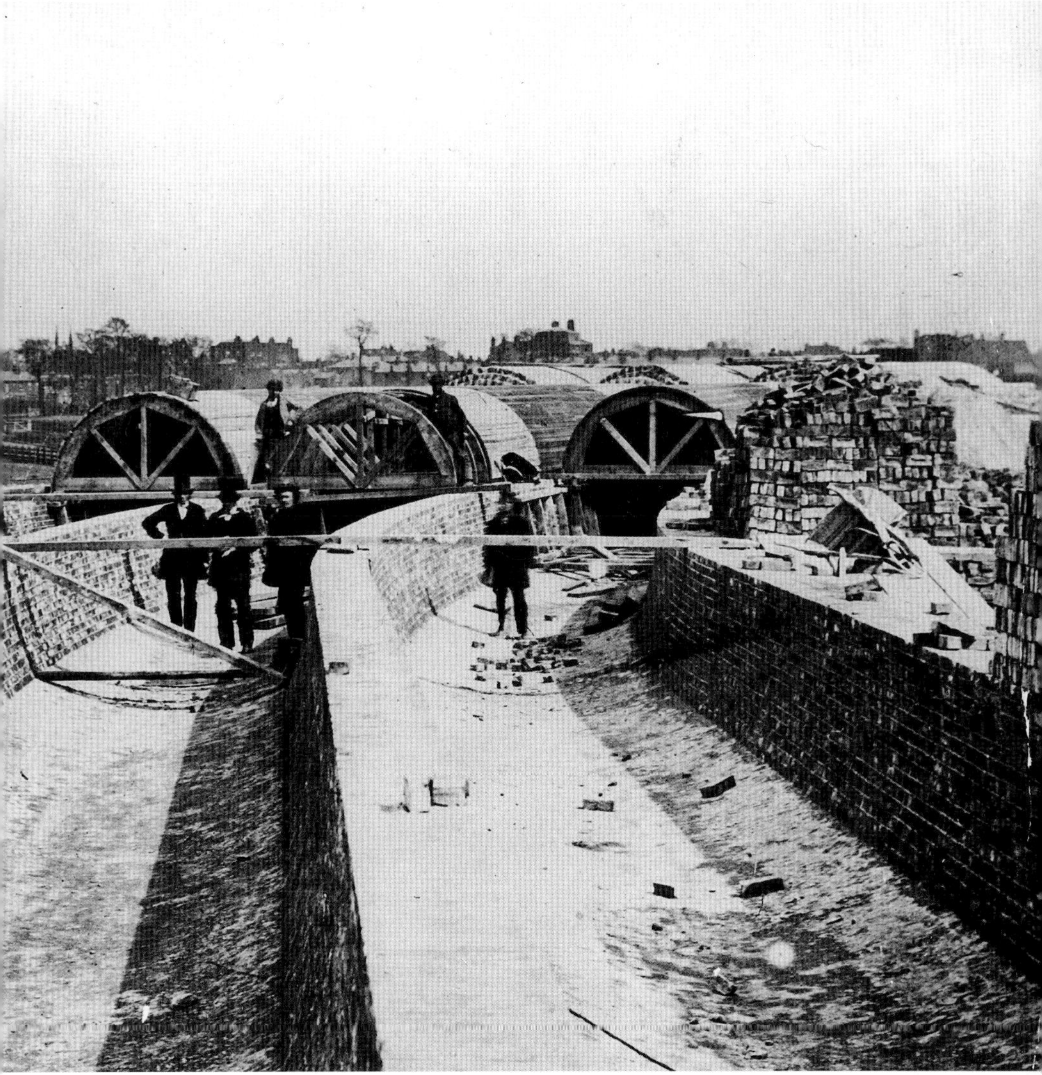

Einleitung

Die mittleren Jahre der viktorianischen Ära brachten einige reformerisch gesinnte Männer und Frauen hervor. Aus den unteren Gesellschaftsschichten kamen Sozialisten und Gewerkschaftler – Keir Hardie (der die schottische Arbeiterpartei gründete), Alexander Macdonald (ehemaliger Bergarbeiter aus Lanarkshire und Parlamentsabgeordneter der Liberalen) und Thomas Burt (ein Bergmann, der 1880 ein Entschädigungsgesetz für Arbeitsunfälle durchsetzte). Reformer aus der Mittelschicht sorgten für Verbesserungen im sozialen Bereich: Florence Nightingale (die dem Land besser ausgebildete Krankenschwestern bescherte), Dr. John Snow (der entdeckte, dass die Ursache der tödlichen Choleraepidemien mitten in London saß), Dr. Thomas Barnardo (der 1866 in Stepney das erste Heim für verwahrloste Kinder eröffnete) und William Booth (der flammende Prediger, der im Jahr 1878 die Heilsarmee begründete).

Die Aristokratie steuerte den berühmtesten unter den Reformern bei, Anthony Ashley Cooper,

7. Earl of Shaftesbury. Er widmete sein ganzes Leben dem Kampf um bessere Arbeitsbedingungen und kürzere Arbeitszeiten und die Befreiung der Kinder aus einem Leben, das kaum besser als Sklaverei war. Es war ein langer und schwerer Kampf. Die Industriellen waren nicht bereit, ihr gutes Geld für mehr Sicherheit auszugeben oder einen Mann anzustellen, da eine Frau oder ein Kind dieselbe Arbeit billiger verrichteten. Auch die Arbeiter selbst sperrten sich oft gegen die Reform. Viele Familien waren auf das Geld angewiesen, das ihre Kinder als Kaminkehrer, Bergwerks- und Fabrikgehilfen verdienen konnten. Amtliche Inspektoren waren entsetzt von Umfang und Häufigkeit von Misshandlungen, die sie vorfanden – doch von der Erkenntnis dieser Übel und ihrer Behebung war es noch ein recht weiter Weg.

Im zähen Ringen gewannen die Reformer die Schlacht. 1847 wurde das erste Fabrikgesetz erlassen; weitere folgten 1850 und 1859. 1842 navigierte Shaftesbury das Bergwerksgesetz durchs Parlament. Eine dankbare Nation errichtete ihm später ein Denkmal – die Eros-Statue am Londoner Piccadilly Circus.

Neuerungen kamen immer schneller. An vielen Fronten besserte sich das Leben. 1876 brachte Samuel Plimsoll im Parlament ein Gesetz durch, das seither seinen Namen trägt und das gefährliche Überladen von Handelsschiffen verhindern soll. Thomas Cook ließ 1841 erstmals Ausflügler in Sonderzügen fahren und veranstaltete nun regelmäßige »Tagesausflüge«. Der amerikanische Philanthrop George Peabody rief eine Stiftung ins Leben, die für die ärmeren Schichten gute und preiswerte Wohnungen bereitstellte. Joseph Lister führte 1867 Antiseptika in der Chirurgie ein. Sir Joseph Bazalgette baute ein System von Abwässerkanälen, damit die Londoner wieder durchatmen konnten. Und Thomas Crapper erfand sein Wasserklosett, das guten Gebrauch von Bazalgettes Kanalrohren machte.

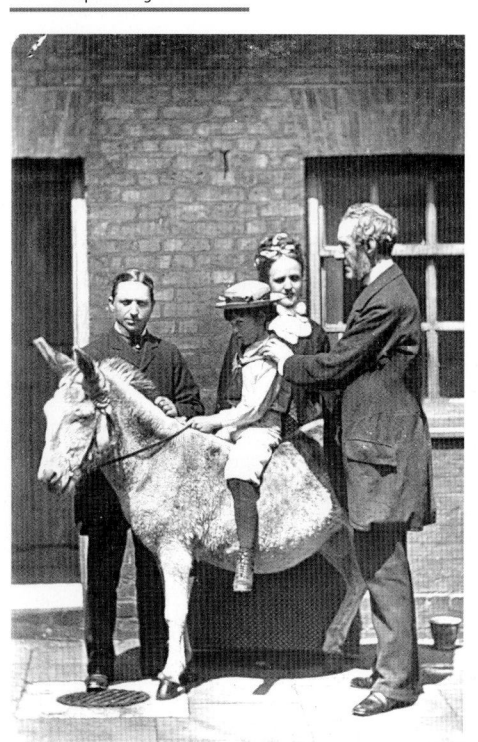

Der Politiker und Philanthrop Anthony Ashley Cooper, 7. Earl of Shaftesbury *(oben rechts und oben links,* zu Besuch in einem Kinderheim), setzte zahlreiche Reformen durch, die das Leben der arbeitenden Bevölkerung entscheidend verbesserten. Seine Fabrikgesetze beschränkten die tägliche Arbeitszeit auf zehn Stunden. *Seite 693 oben:* Sein Bergarbeitergesetz von 1842 verbot die Beschäftigung unter Tage von Frauen und Kindern unter 13 Jahren. Shaftesbury bemühte sich auch um Wohnungen für die Mittellosen, die auf der Straße lebten und dort vielfach auch schliefen *(Seite 693 unten).*

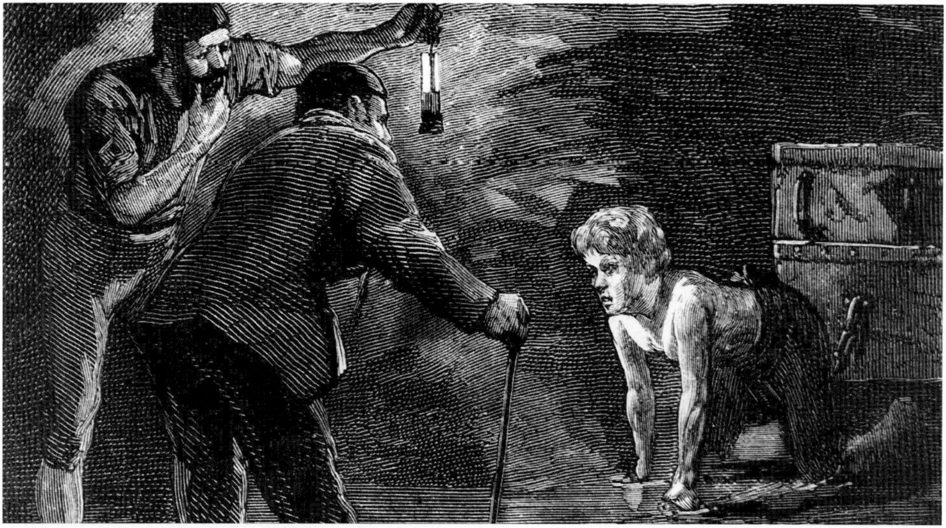

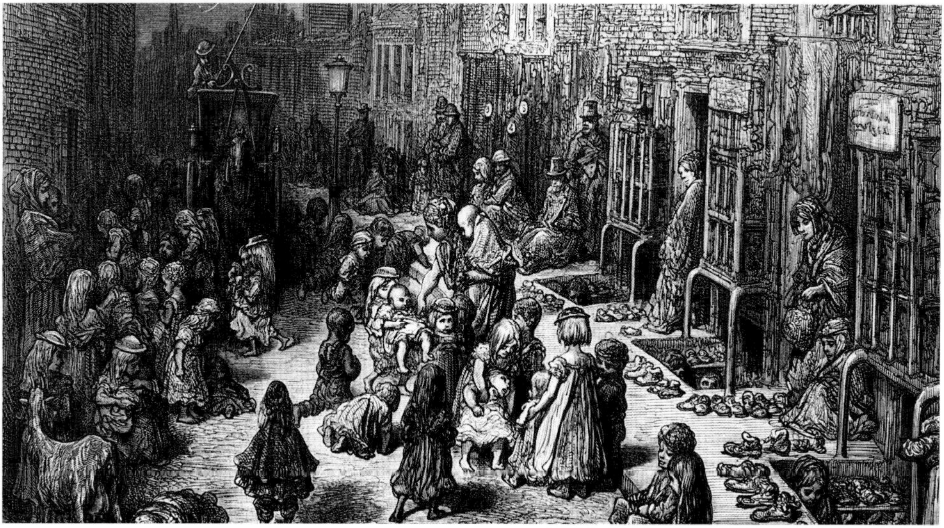

Oben: Gustave Dorés Darstellung der billig gebauten Reihenhäuser, die sich unter den Brücken des Waterloo-Bahnhofs kauern, zeigt, unter welch bedrückenden Verhältnissen die Unterschicht in spätviktorianischer Zeit lebte, wobei diese Häuser nicht die schlechtesten waren. Meist teilten sich mehrere Familien ein solches Reihenhaus, schliefen auf Lumpenbündeln, hatten, wenn sie Glück hatten, ein Klosett mit Sickergrube und atmeten die verpestete Luft. *Links:* Die Verhältnisse, in denen sie arbeiteten, waren noch schlimmer. Der Arbeitstag war lang, Sicherheitsvorkehrungen waren fast unbekannt und der Lärm unerträglich.

Rechts: Um dem Gestank der Slumwohnungen zu entgehen, verbrachten Frauen, Kinder und Alte einen Großteil des Tages auf der Straße. *Oben:* Im Winter wurden in den spärlichen Kaminen Kohle- oder Koksfeuer entzündet, die zwar nur wenig wärmten, aber immerhin dem Kaminkehrer Arbeit gaben. Henry Mayhew charakterisiert sie: »Sie sind kluge Burschen ... gelten vielfach als gerissen und gewieft.«

Oben: Annie Besant war frühe Sozialistin und Mitglied der Fabian Society. 1877 wurde sie zu einer schweren Geldstrafe verurteilt und von ihren Kindern getrennt, weil sie eine amerikanische Broschüre über Empfängnisverhütung veröffentlicht hatte. 1888 organisierte sie den Streik der Arbeiterinnen in der Streichholzfabrik von Bryant & May. *Oben rechts:* Die jungen Frauen produzierten und verpackten die Hölzer unter entsetzlichen Bedingungen, die Arbeitstage waren lang und gefährlich, der Lohn minimal.

Die Arbeiterschaft organisiert sich 697

Mit den Reformen wuchs die Unterstützung für Sozialisten und Gewerkschaftler. Immer häufiger schlossen sich Gruppen von Arbeitern zusammen und forderten mehr Lohn und bessere Bedingungen. *Oben:* Der Prediger und Reformer Joseph Arch gründete 1872 die Landarbeiter-Gewerkschaft. *Rechts:* Die Mitgliedskarte der Vereinten Gewerkschaft der Ingenieure, Maschinisten, Maschinenbauer, Schmiede und Modellierer konnte sich sehen lassen.

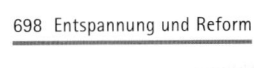

Die meisten viktorianischen Reformer waren überzeugte Christen. Einer, der seine Überzeugungen auch tatkräftig umsetzte, war William Booth, der 1878 die Heilsarmee gründete. *Links:* Sein ältester Sohn William Bramwell Booth wurde 1880 Stabschef und trat später die Nachfolge seines Vaters als General an. *Oben:* William Bramwell Booth mit seiner Frau und ihren drei Kindern, die alle in der »Sally Army« arbeiteten.

Rechts: Auch 1869 betrachtete George Cruikshank die britische Gesellschaft noch mit zynischem Blick, wie diese Karikatur zum herzlosen Umgang mit Straßenkindern zeigt. *Oben links:* Ihr Schicksal rührte einen jungen irischen Medizinstudenten namens Thomas Barnardo so sehr, dass er in Stepney im East End eine Missionsstation eröffnete, das erste von über 100 Dr.-Barnardo-Heimen. *Oben rechts:* William Stead geißelte als Journalist den Handel mit Kindern; er kaufte ein Kind für £ 5 und schrieb dann einen Artikel darüber.

Den Londoner Behörden wurden zahlreiche Ideen unterbreitet, die Abwässer der Stadt zu beseitigen. Ein Vorschlag sah sternförmige Kanäle von der Stadtmitte aufs Land vor, wo die Kloake als Dünger verkauft werden konnte. Ein anderer wollte sie mit pneumatischen Röhren aus den wohlhabenderen Teilen der Stadt ins East End saugen, wo die Armen lebten. *Oben rechts:* Der Mann, der die Aufgabe schließlich löste, war Sir Joseph William Bazalgette. *Oben links:* Ausschachtungen für den Abwasserkanal in der Fleet Street. *Seite 701 oben:* Bazalgette, die Hände in die Hüften gestemmt, begutachtet die Bauarbeiten am nördlichen Endkanal in Abbey Mills, 1862. *Seite 701 unten:* Der Kanal erreicht das Marschland von Essex.

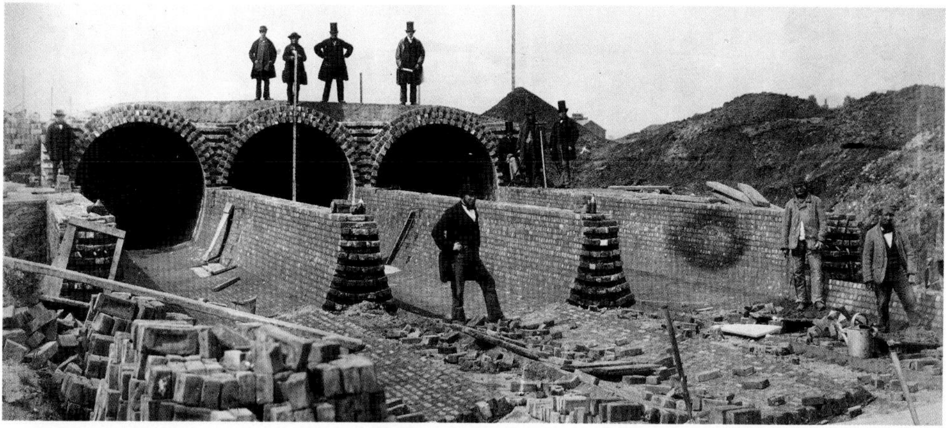

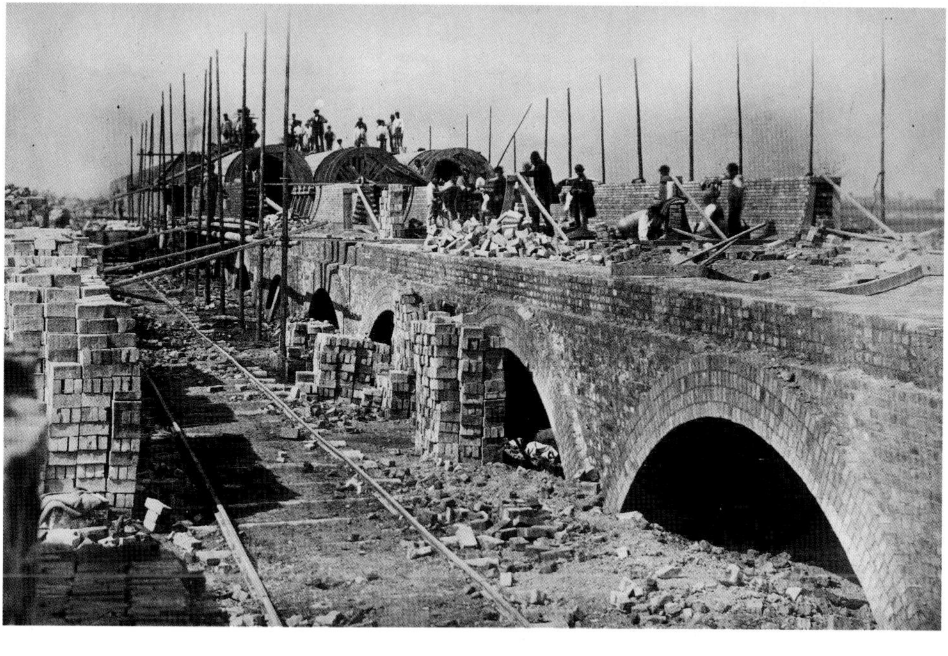

Benjamin Disraeli und William Ewart Gladstone waren die führenden Staatsmänner in den mittleren Jahren der viktorianischen Zeit. *Links oben:* Den jungen Disraeli lachten die Parlamentarier aus, als er zu seiner ersten Rede antrat. »Auch wenn ich mich jetzt niedersetze«, schloss er, »wird eine Zeit kommen, da Sie mich anhören müssen.« Und in der Tat kam diese Zeit. *Links unten:* Disraeli war 1867/68 und 1874 bis 1878 Premierminister. Victoria verehrte ihn, nicht zuletzt, weil er durchgesetzt hatte, dass sie zur Kaiserin von Indien gekrönt wurde. *Rechts:* Sir John Tenniels Zeichnung zeigt Disraeli als Aladin, der die alte Krone gegen eine neue tauschen will.

Der junge Gladstone *(rechts oben)* hatte eine Reihe anderer Regierungsposten inne, bevor er 1868 erstmals Premierminister wurde *(rechts unten)*. Sein Leben lang setzte er sich für internationale Verständigung und die irische Selbstregierung ein. *Links:* Die Karikatur des *Punch* von 1879 sieht Gladstone als neuen Koloss von Rhodos, der mit einem Bein auf dem Frieden, mit dem anderen auf Sparpolitik steht, in den Händen die Leuchten von Finanz- und Außenpolitik, und das Schiff der Reform segelt zwischen seinen Beinen hindurch.

Die irischen Nationalisten sahen nicht ein, warum ihr Land von Westminster aus regiert werden sollte. Für sie war Irland ein besetztes Land, das schon seit Jahrhunderten in Armut und Vernachlässigung dahinvegitierte. *Links:* Charles Stewart Parnell setzte sich mit flammenden Reden für die irische Selbstregierung ein und kehrte von einer Kampagne in den Vereinigten Staaten mit £ 70 000 Spendengeldern für die irische Sache heim. Anderen schien diese *home rule* ein Alptraum. *Rechts:* Der protestantische Verleger John Kensit brachte 1856 in London die *Szenen aus der irischen Rebellion* heraus, mit Cruikshanks Illustrationen der Massaker, die Katholiken 1798 an der protestantischen Bevölkerung verübt hatten.

Parnell kämpfte weiter. In Gladstone fand er einen Verbündeten, doch 1889 bezichtigte ihn Captain William O'Shea in einem Scheidungsprozess des Ehebruchs mit seiner Frau Katherine. Der Skandal zerstörte Parnells politische Karriere, auch wenn er weiterhin seine Reden vor oftmals feindseligem Publikum hielt, wie hier bei einer Wahlversammlung in Kilkenny, 1890. Er starb 1891 in Brighton; fünf Monate zuvor hatte er Katherine geheiratet.

Vielleicht der berühmteste Gruß aller Zeiten war jener, mit dem Stanley im Dorf Manyema den wieder gefundenen Livingstone begrüßte: »Dr. Livingstone, nehme ich an?« *Oben rechts:* Henry Morton Stanley lag das Abenteuer im Blut. Er war Kabinenjunge, konföderierter Soldat und Seemann bei der US-Marine, bevor er seine Arbeit als Journalist für den *New York Herald* begann. *Oben links:* Im März 1871 machte er sich auf, um den in Afrika verschollenen schottischen Missionar David Livingstone zu suchen, der die letzten fünf Jahre mit der Suche nach den Nilquellen verbracht hatte. *Seite 707 oben:* Die Quellen fand er zwar nie, aber immerhin entdeckte er den Ngami-See. Stanley brauchte acht Monate, bis er Livingstone aufgespürt hatte. *Seite 707 unten:* Am 10. November 1871 reichten sich die beiden Männer schließlich die Hand.

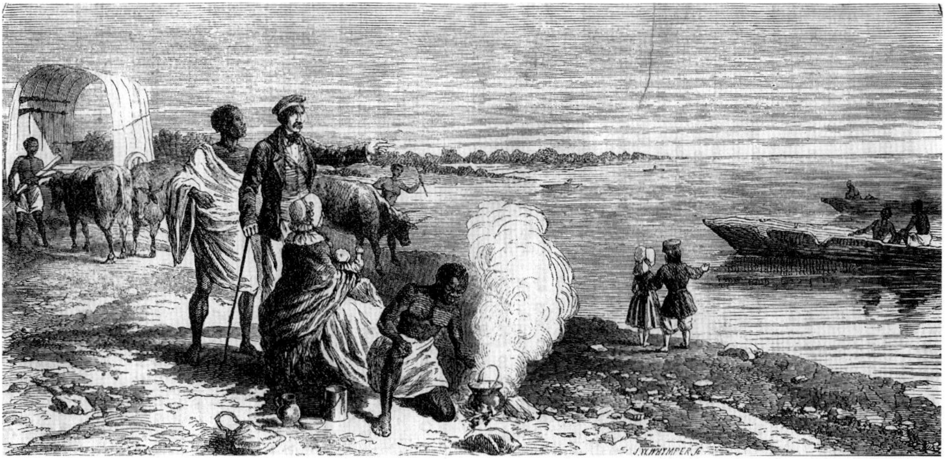

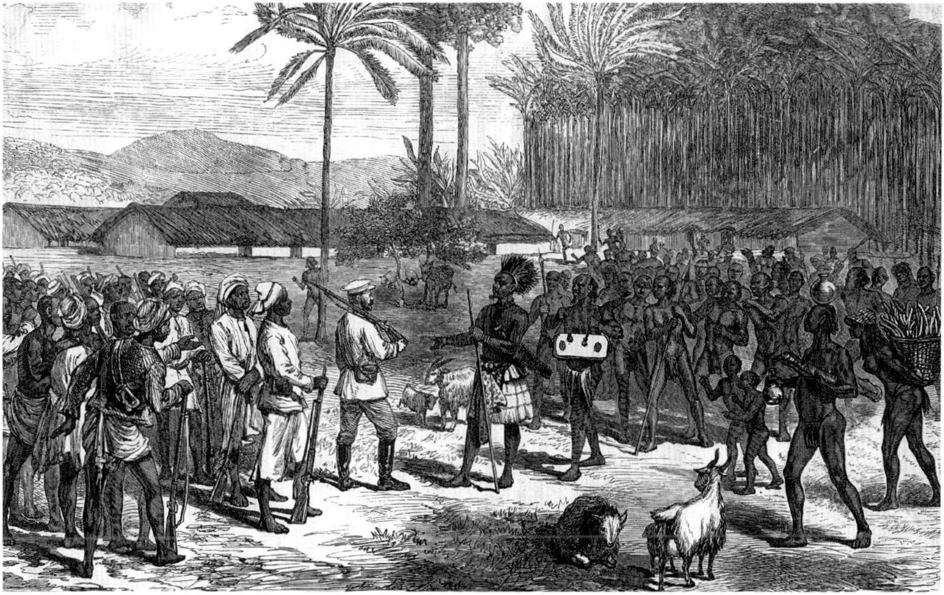

1841 organisierte Thomas Cook die erste seiner »Exkursionen«. Es war ein Ausflug von Leicester nach Loughborough, etwa zehn Meilen entfernt, veranstaltet für Antialkoholiker, die eine dortige Versammlung besuchen wollten. Die Idee bewährte sich, und Cooks Unternehmen wuchs rasch. In den 1870er Jahren bot er Gruppenreisen auf den Kontinent und in den Nahen Osten für nur £ 10 an, mietete Dampfer und Sonderzüge und hatte Hunderte von Agenten in ausländischen Städten.

Rechts oben: Ein beliebter Treffpunkt war Thomas Cooks Reisebüro in Jerusalem, das mit dem »größten Angebot von Dragomanen und Maultiertreibern« warb, »den besten Landauern und Kutschen, der besten Lagerausstattung etc. in Palästina und Syrien«.
Rechts unten: Wer unternehmungslustig genug war, konnte sich 1880 auf den Vesuv tragen lassen und auf den Lavamassen picknicken.

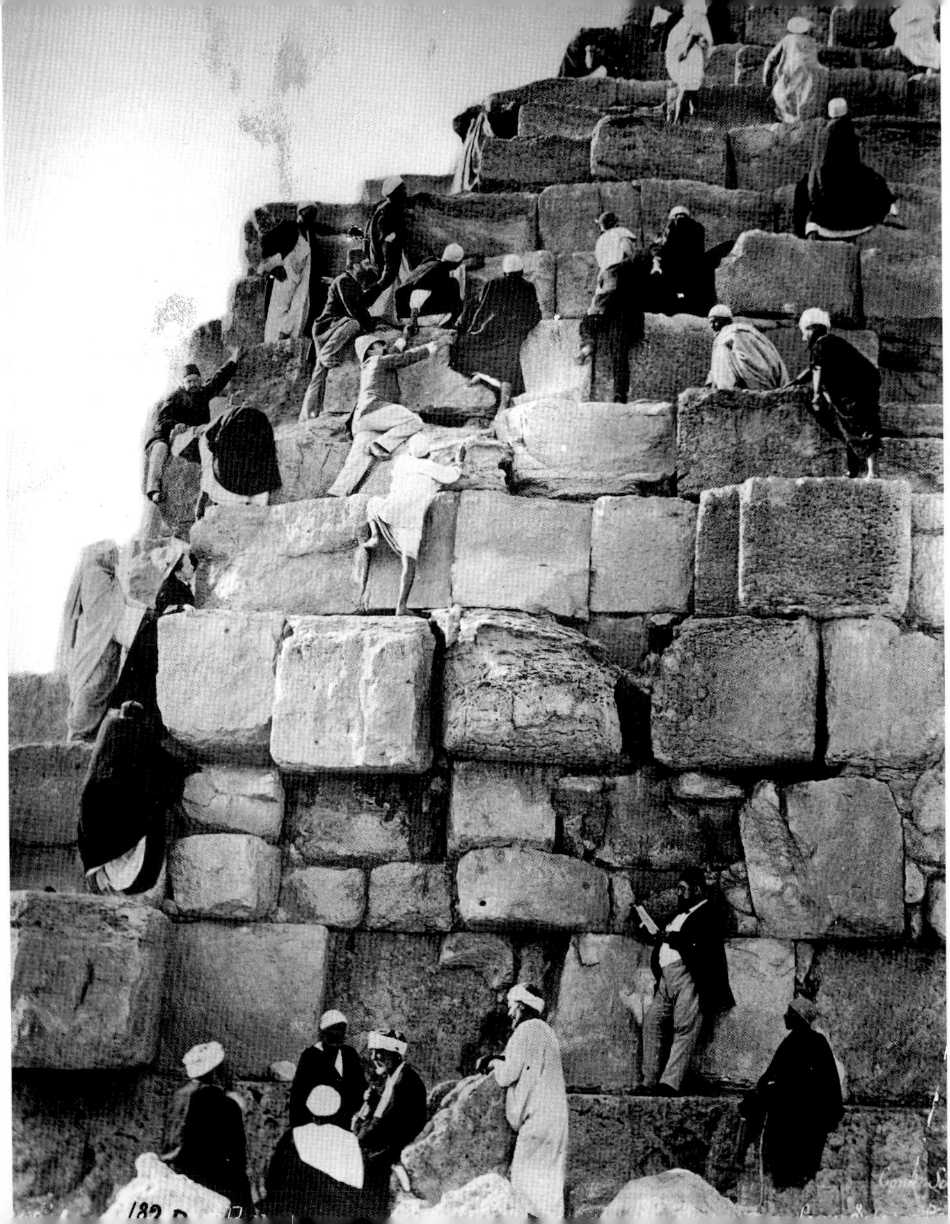

Keine Gegend der Welt war den furchtlosen Viktorianern zu fern. *Links:* Kaum waren Ägypten und der Sudan unter britischer Kontrolle, stürmten auch schon die Touristen die Pyramiden. Athen *(rechts)* war ein beliebtes Ziel, und mit Zylinder und im langen Rock ging es sogar über das Eismeer von Chamonix *(unten)*. Henry James tadelte: »Immer und überall sind sie dieselben, tragen überallhin den gleichen Gesichtsausdruck, der zu verstehen gibt, dass alles, was nicht England ist, nicht wert ist, dass man Toilette dafür macht.«

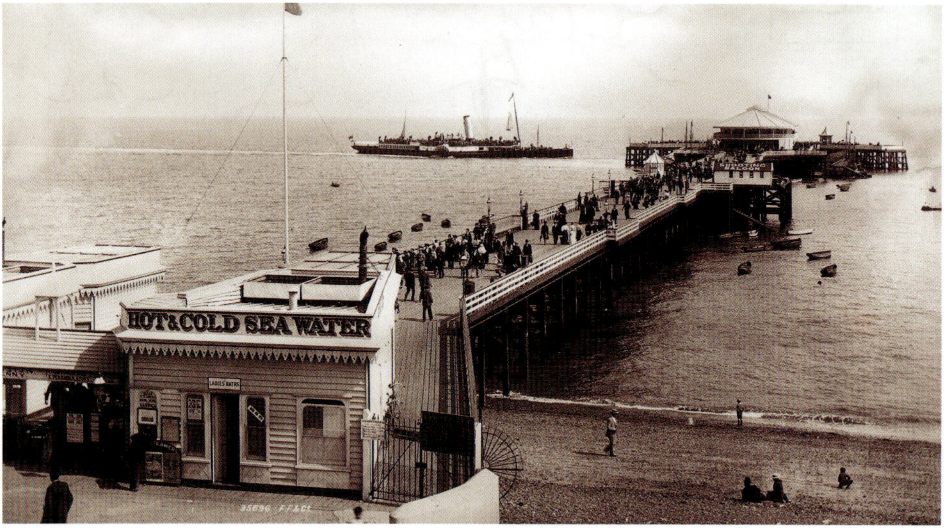
HOT&COLD SEA WATER
LADIES' BATHS

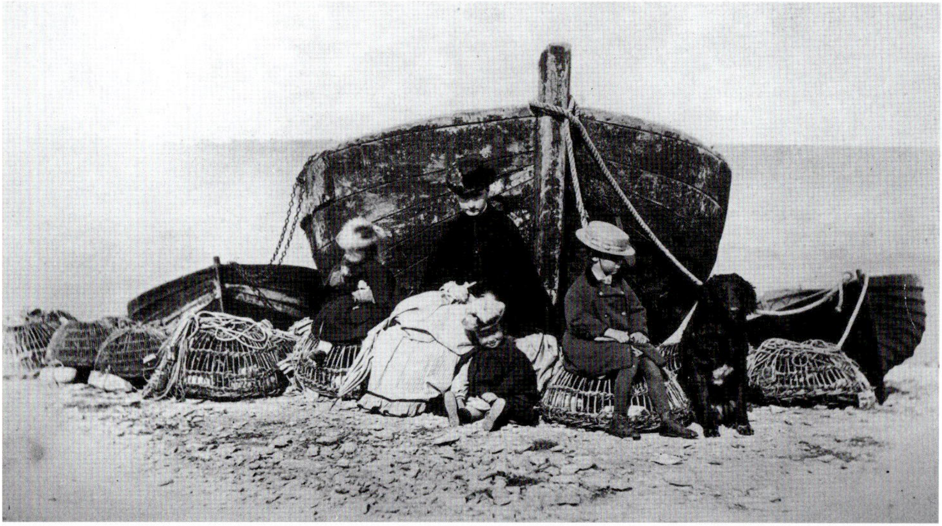

Am Meer 713

Der Urlaub am Meer war für alle, die es sich leisten konnten, ein jährliches Vergnügen. Für viele blieb nur ein Tagesausflug, bei dem sie ein wenig auf dem Pier von Clacton-on-Sea Seeluft schnupperten *(links oben)*, am Strand von Margate ein Nickerchen machten *(links unten)*, sich in Swanage von einem der letzten Badekarren hinaus ins Nass fahren ließen *(oben)* oder in Brighton einen nachmittäglichen Bootsausflug unternahmen *(rechts)*.

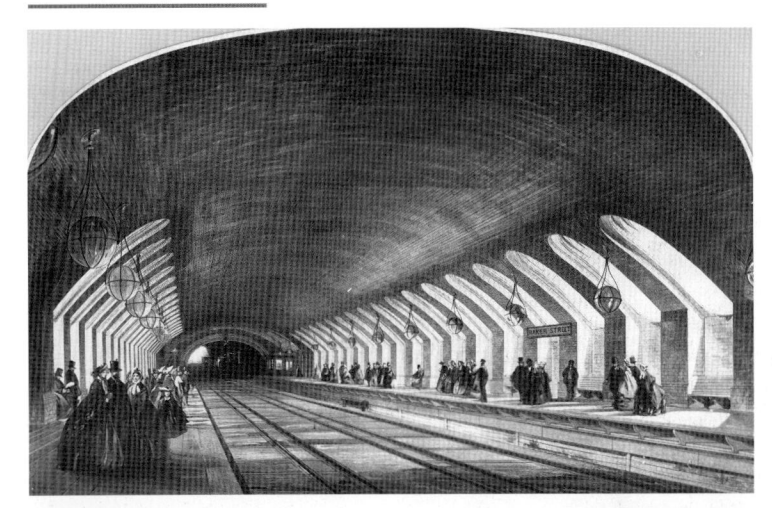

Links: Die erste Untergrundbahn der Welt entstand 1863 in London. Sie war 6,5 Kilometer lang und führte von Paddington zur Farringdon Street in der City. *Unten:* Gebaut wurde sie in einem offenen Graben, den man wieder zuschüttete, als alles fertig war.

Die feierliche Eröffnung der Metropolitan Line – wie sie später heißen sollte – fand am 24. Mai statt. *Oben:* Die Honoratioren machten ihre Inspektionsfahrt in offenen Loren. Einer der Gäste war Schatzkanzler Gladstone, hier in Nr. 23 vor dem Herrn mit dem hellen Zylinder zu sehen. Die Passagiere beklagten sich über den Rauch, denn die Züge wurden von Dampflokomotiven durch die Tunnel gezogen. Sir John Fowler entwickelte zwar eine rauchlose Lokomotive, deren Kessel mit glühenden Steinen beheizt wurde, doch sie unternahm nur eine einzige Fahrt.

Die großen neugotischen Bauwerke Großbritanniens sind Denkmäler viktorianischen Wohlstands und Selbstvertrauens. *Seite 717 unten:* Eines der schönsten ist der Bahnhof St. Pancras. W. H. Barlow und R. M. Ordish erbauten ihn zwischen 1863 und 1867 für die Midland Railway auf dem Gelände des alten Slumviertels Agars Town. *Oben:* Gleichzeitig gab die Bahngesellschaft bei Sir George Gilbert Scott für das benachbarte Grundstück das Midland Grand Hotel in Auftrag. Scott schrieb später: »Man sagt mir oft, es sei das schönste Bauwerk in London, und ich persönlich habe den Eindruck, dass es womöglich zu gut für seinen Verwendungszweck ist …« *Seite 717 oben:* John O'Connors Gemälde *Pentonville Road* mit St. Pancras im Hintergrund.

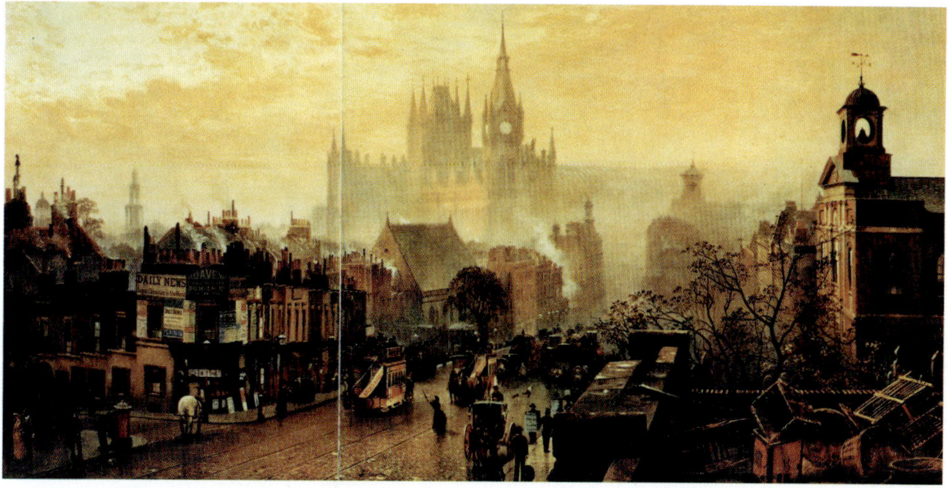
DAILY NEWS

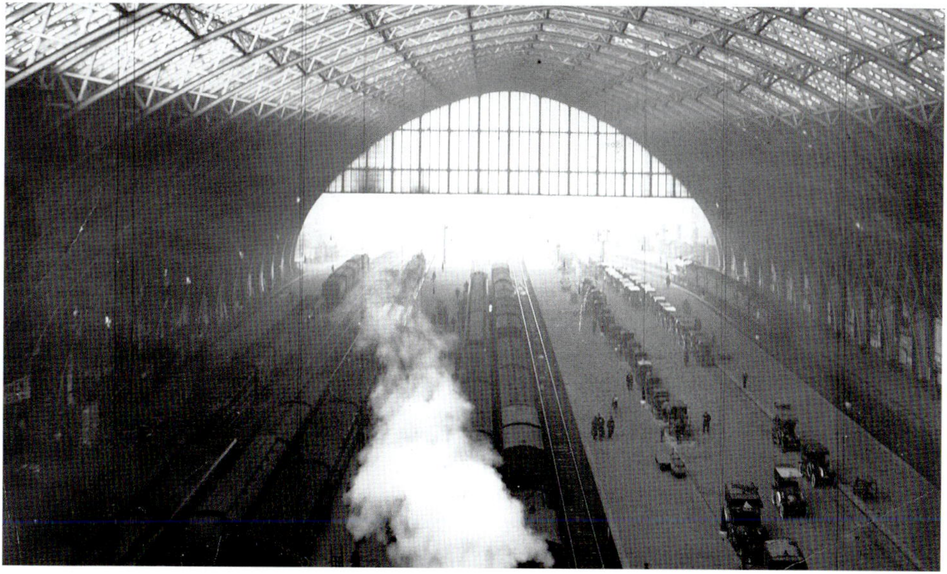

718 Entspannung und Reform

George Edward Street *(Seite 719 unten rechts)* war der Architekt des neuen Königlichen Gerichtshofs in London *(unten und rechts)*. Die Arbeiten begannen 1871 und dauerten über zehn Jahre, bei Baukosten von £ 826 000. Den Bau des 1 000-Raum-Palastes zu überwachen ging über Streets Kräfte, und er starb ein Jahr vor der Eröffnung durch Königin Victoria. *Seite 719 unten links:* Der Palast ist ganz im Stil der viktorianischen »Hochgotik« gehalten, mit Portlandstein und Marmor dekoriert.

Gerichtshöfe 719

Nur wenige Kinder erhielten mehr als die notwendigste Erziehung. Schulen für die Armen blieben die Sache einiger weniger Reformer wie Thomas Guthrie *(links,* an der Tafel), der seine Ragged School in einem Kirchenraum in der Princes Street, Edinburgh, abhielt. 1870 wurde die allgemeine Schulpflicht eingeführt. *Oben:* Die Privatschulen hatten einiges mehr zu bieten, etwa in Richmond. Eton und Harrow waren nach wie vor allen anderen überlegen: Eton mit seiner Rudermannschaft *(rechts oben)* und Harrow mit der Fußballelf – auch wenn man sich fragt, warum das Team auf diesem Bild *(rechts unten)* zwölf Mann stark ist.

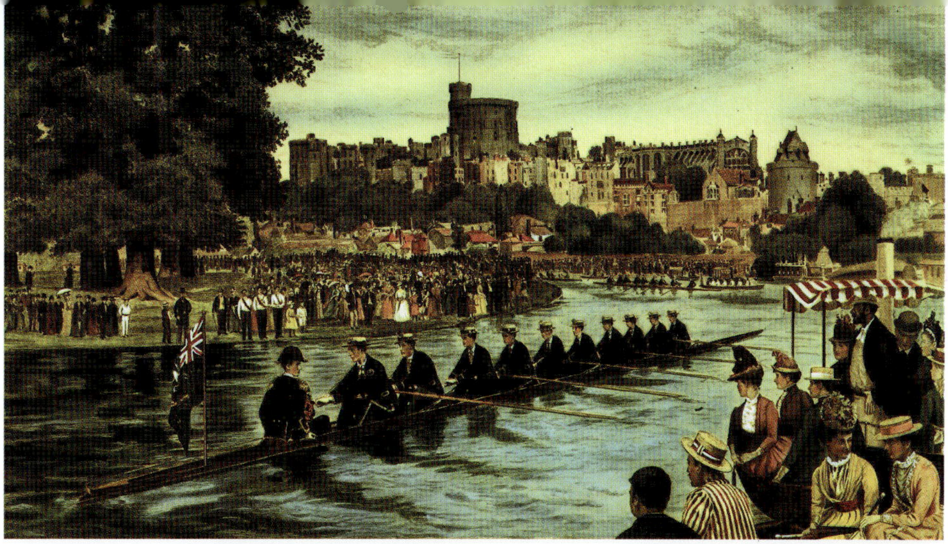

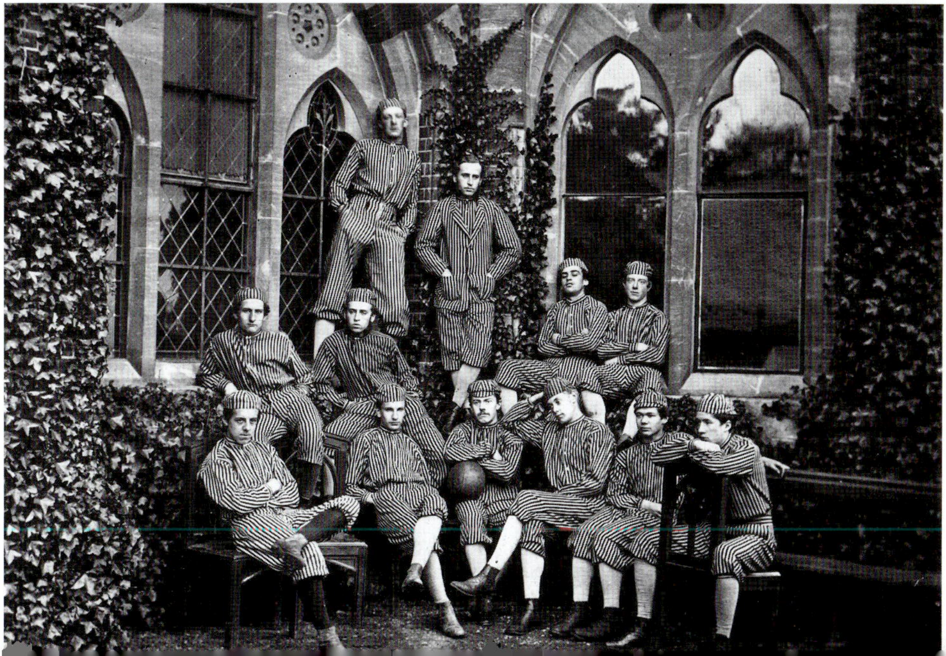

Links: Charles Robert Darwin kam 1809 als Enkel von Erasmus Darwin und Josiah Wedgwood zur Welt. *Unten:* 1831 fuhr er mit der HMS Beagle nach Südamerika, Australasien und zu den Galapagos-Inseln. Das sorgfältige Studium der Flora und Fauna, die er auf dieser Reise kennen lernte, brachte ihn zur Formulierung seiner Evolutionstheorie, obwohl noch viele Jahre vergingen, bis 1859 *Von der Entstehung der Arten* erschien.

Das Buch stieß der selbstgefälligen viktorianischen Gesellschaft übel auf.
Rechts: Punch veröffentlichte eine satirische Zeichnung mit dem Titel *Der Mensch ist bloß ein Wurm* und brachte damit die Mischung aus Spott und Zorn zum Ausdruck, mit der Darwin bedacht wurde. Den Gedanken, dass der Mensch ein Verwandter von Schimpanse, Gorilla und Orang-Utan sein sollte, fanden die Zeitgenossen lächerlich. Und was die natürliche Auslese anging … an so etwas dachte man besser gar nicht erst.

Seite 725 rechts: Die große Schriftstellerin dieser Zeit war George Eliot, die 1819 auf einer Farm in Warwickshire als Mary Ann Evans zur Welt kam. *Oben:* Nach dem Tod ihres Vaters bereiste sie zuerst den Kontinent, dann ließ sie sich in North Bank, St. John's Wood, London, nieder. Hier schrieb sie einige ihrer besten Romane, darunter *Middlemarch* und *Daniel Deronda*. Sie zog von North Bank fort, als sie im Mai 1880 John Walter Cross heiratete, starb jedoch im folgenden Dezember mit 61 Jahren.

Vielleicht das beliebteste unter Eliots Büchern ist *The Mill on the Floss (Die Mühle am Fluss)*, die Geschichte von Maggie Tulliver und ihrem Konflikt mit der Gesellschaft und dem geliebten Bruder Tom. *Oben:* Das Buch endet mit der Schilderung der großen Überschwemmung, die beider Schicksal besiegelt. »… Eine neue Gefahr näherte sich ihnen, kam den Fluss herab. Eine hölzerne Einrichtung am Kai war zerborsten, und große Bruchstücke schwammen vorüber. ›Es ist soweit, Maggie!‹, sagte Tom mit tiefer, heiserer Stimme, ließ die Ruder sinken und umfasste sie.«

Links: Unter dem Einfluss John Ruskins erblühte die britische Kunst neu. Der Kritiker stellte den Ruf Turners wieder her und setzte sich für die Sache der Präraffaeliten ein. William Holman Hunt *(oben rechts)* verband sich mit Millais *(Seite 727 unten)* und Dante Gabriel Rossetti 1848 zur präraffaelitischen Brüderschaft. Edward Burne-Jones *(oben links,* links im Bild, rechts William Morris) schloss sich ihnen an. Die Rossettis waren eine talentierte Familie *(Seite 727 oben,* von links) – Dante Gabriel, der Maler und Dichter, Christina, die Dichterin, die Mutter Frances und William Michael Rossetti, der Kunstkritiker.

Die Präraffaeliten 727

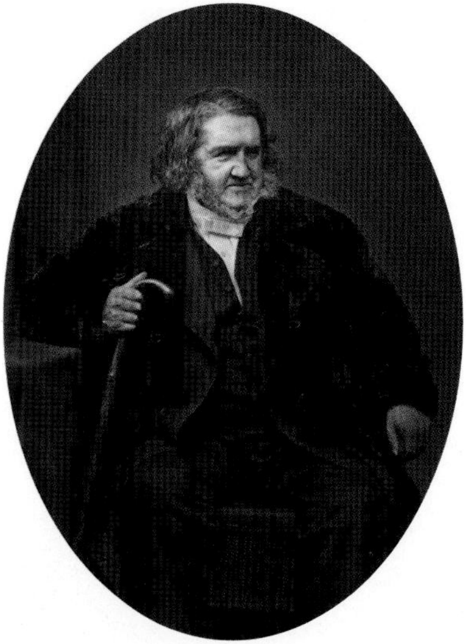

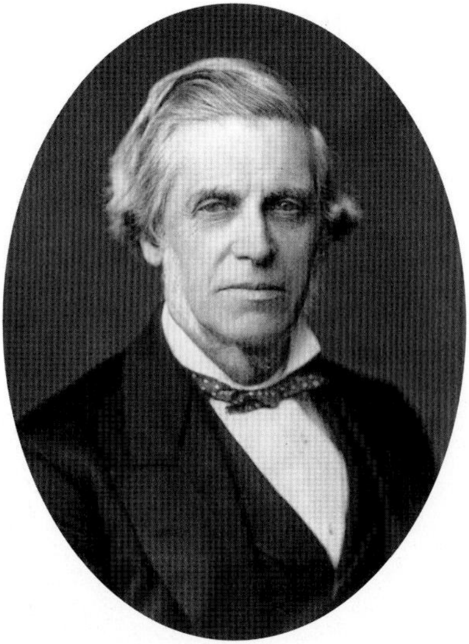

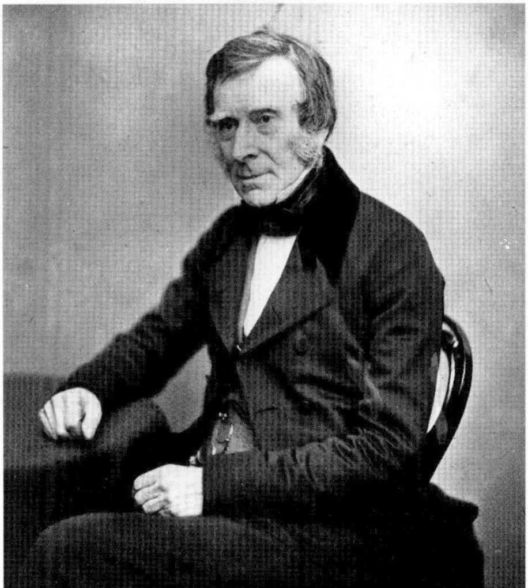

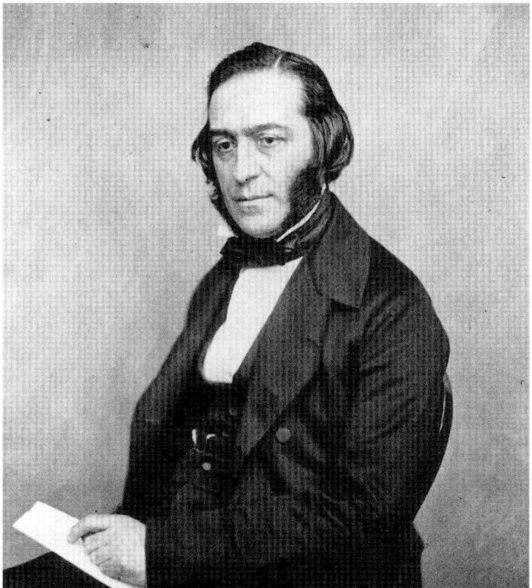

Die Verbesserungen von Arbeitsbedingungen und öffentlichem Gesundheitswesen gingen einher mit revolutionären Neuerungen in der Medizin. *Seite 728 oben links:* Der Gynäkologe James Simpson verwendete als erster Chloroform als Narkosemittel. *Seite 728 oben rechts:* Sir William Bowman war der führende Augenchirurg der Zeit. *Seite 728 unten links:* Dank der Studien von Benjamin Brodie, eines Spezialisten für Gelenkerkrankungen, nahm die Zahl von Amputationen drastisch ab. *Seite 728 unten rechts:* Dr. William Budd brachte sein klassisches Werk über Typhus 1873 heraus. *Rechts:* Joseph Lister war der erste Chirurg, der den Operationssaal mit Antiseptika keimfrei hielt.

Rad fahren war die große Mode. Vormals verschlafene Dörfer wurden Ausflugsziele für Einzelradler oder ganze Clubs. *Oben links und Seite 731 oben:* Viele Jahre lang war das Hochrad der König der Landstraße, ein Gefährt, das man nur mit Mühe besteigen und mit noch größerer Schwierigkeit balancieren konnte, mit dem das Fahren aber Spaß machte. Mit einer einzigen Drehung der Pedale kam man mehrere Meter weit. Noch schneller ging es voran, als 1887 der schottische Erfinder John Boyd Dunlop *(oben rechts,* mit Bart) das Dreirad seines Kindes mit luftgefüllten Gummischläuchen statt mit Hartgummireifen ausstatte. Das Fahrrad mit Komfort war geboren – und die Reifenpanne.

Zweiräder 731

Rechts: Ein paar Jahre später war John Boyd Dunlops Sohn zum Zweirad aufgestiegen, ebenfalls mit Luftreifen. Das Verfahren hatte sich Robert William Thompson schon früher patentieren lassen, doch Dunlop stellte die Reifen wirklich her, galt als ihr Erfinder und wurde reich damit.

18
GLANZ DES EMPIRE
1880–1910

Der grandioseste Augenblick in der Geschichte des Britischen Weltreichs – Königin Victoria trifft am 22. Juni 1897 zum Dankgottesdienst für ihr diamantenes Jubiläum an der St.-Pauls-Kathedrale ein. Niemals wieder würde Britannien so mächtig, so wohlhabend, so stolz, so unangefochten in seiner Überlegenheit sein. »Es war ein Triumphzug so prächtig«, jubelte die *Daily Mail*, »wie ihn die Welt noch nicht gesehen hatte.« »Vergebens wird man in der Weltgeschichte suchen«, hieß es in der *Times* wie ein Echo, »ein so großartiges Fest der Treue und der Bruderschaft zu finden …« Victorias Reich war, da waren sich alle einig, »das mächtigste und gütigste, das die Menschheit je gekannt hat«.

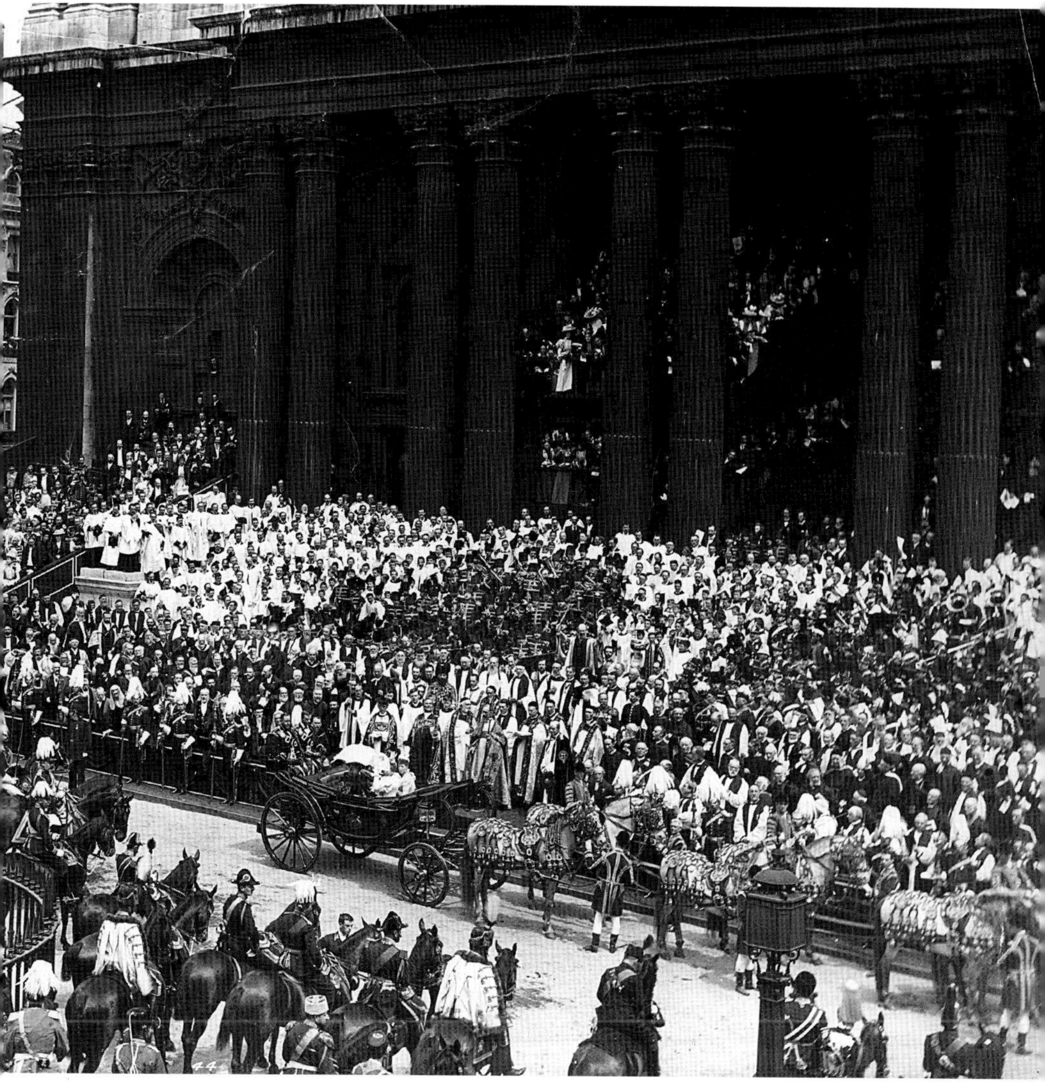

Einleitung

Die Idee, dass sich Victoria zur Kaiserin krönen solle, stammte von Benjamin Disraeli. Die Königin war begeistert und erhob Disraeli im Gegenzug zum Grafen. Am 1. Januar 1877 nahm Victoria auf dem Elfenbeinthron Platz, den der Radscha von Travar ihr verehrt hatte, während gleichzeitig in Delhi ihr Vizekönig Lord Lytton die Proklamation verlas, die ihr in aller Form die kaiserliche Hoheit über den gesamten Subkontinent verlieh. Es war ein Schauspiel, das sich mit denen des Theatre Royal in der Drury Lane messen konnte.

Mit der Krönung lief eine Welle patriotischer Begeisterung durch die Bevölkerung Britanniens. »Wer als Brite geboren wird«, sagte Lord Milner, »der hat in der Lotterie des Lebens den großen Preis gezogen.« Und wer hätte ihm widersprechen wollen? Reichtümer aus aller Welt türmten sich in den Lagerhäusern der britischen Häfen – Gold, Elfenbein, Diamanten, Pelze, Kupfer, Hölzer, Gummi, Obst, Kakao, Wein, Gewürze, Parfüm, Konserven, Gefrierfleisch, Getreide und das Öl zum

Antrieb für die neuen Motorwagen, die über einstmals stille Landstraßen ratterten.

Rudyard Kipling war der inoffizielle Hofpoet des Empire. Seine unbeschwerten Verse trafen den Geschmack von Arm und Reich gleichermaßen und verbanden das Heldentum des kleinen Mannes mit den höchsten Erwartungen:

> *Tragt die Bürde des weißen Mannes,*
> *Schickt die Besten hinaus in den Kampf,*
> *Eure Söhne der Welt zum Opfer,*
> *Dass sie lindern der Schwachen Los.*

Wohin auch immer die Armeen Victorias marschierten, Kiplings Gedichte folgten ihnen und wussten die betrunkene Langeweile in einer Kaserne in Aldershot ebenso zu fassen wie das entsetzliche Schlachtengetümmel in Afghanistan. Seine Bilder und seine Worte gingen in den Alltag des Empire ein.

Die Hymnen des Zeitalters komponierte Sir Edward Elgar, allen voran den *Pomp and Circumstance-Marsch Nr. 1*. Ursprünglich war es ein Orchesterstück, doch Edward VII. wünschte sich Verse dazu. A. C. Benson lieferte sie 1902, und *Land of Hope and Glory* war geboren.

Wer das Empire liebte, für den war alles Ehre, selbst die Schwächen, die Niederlagen und der Tod seiner Helden. Als in London die Nachricht eintraf, dass die winzige Garnison Mafeking im Transvaal gerettet und die Belagerung gebrochen war, drehte sich die ganze Stadt im Freudentaumel. Künstler verwendeten viel Mühe und Liebe darauf, Leben und Tod im Kolonialreich in den flammendsten Farben zu schildern. Die Kamera jedoch zeigte inzwischen auch die harte Realität des Krieges. Noch fanden allerdings die wenigsten, dass am Empire etwas zu tadeln sei.

Und ebenso wenige hätten sich träumen lassen, dass die Zeit des großen Triumphes vorüber war und dass die Trompeten der Kaiserin schon bald zum Rückzug blasen würden.

»Früher oder später«, schrieb Winston Churchill, »werden wir, ob nun für eine gerechte Sache oder unter einem Vorwand, Krieg mit den Buren führen müssen ... um des Empire, um unserer Ehre, um unseres Volkes willen.« Doch am Ende waren es die Buren, die den Krieg begannen, die Grenzen von Natal und der Kapprovinz überschritten und Mafeking und Ladysmith belagerten. Sie waren hoffnungslos unterlegen. Die britische Armee in Südafrika zählte 85 000 Mann, die Burenarmee bestenfalls 35 000 – obwohl Mrs. Otto Kranz *(links)* und andere Frauen an der Seite ihrer Männer kämpften. Was ihnen an Zahl fehlte, machten die Buren allerdings an Kampfgeist wett. *Oben:* Buren-Kommandant Schutte hält den Verstärkungstruppen eine Rede, bevor sie aus Pretoria aufbrechen.

Sie kämpften für ihre Unabhängigkeit und für das Land, das sie als ihr Gott gegebenes ansahen. Die Truppen waren in lokalen Kommandos unter demokratisch gewählten Offizieren organisiert. Die Buren waren ausgezeichnete Reiter und Schützen, wenn auch nicht immer diszipliniert – es kam nicht selten vor, dass Soldaten verschwanden, wenn sie meinten, dass ihre Farmen sie dringender brauchten als der Krieg. Für Rekruten gab es keine Altersgrenze. *Oben:* Drei Generationen Burenkrieger – (von links) P. Lemmer (65), J. Botha (15) und G. Pretorius (43).

Das Geschick und die Entschlossenheit der Buren machten den britischen Truppen schwer zu schaffen. *Links:* Niederlagen und Krankheit ließen die peinliche Anforderung von Verstärkung notwendig werden – kanadische, australische und neuseeländische Truppen auf dem Marsch. *Unten:* Das Gardekorps rückt auf Brandfort vor. *Rechts:* Soldaten des Royal Canadian Regiment attackieren einen *kopje* (Hügel) bei der Schlacht um Sunnyside Farm.

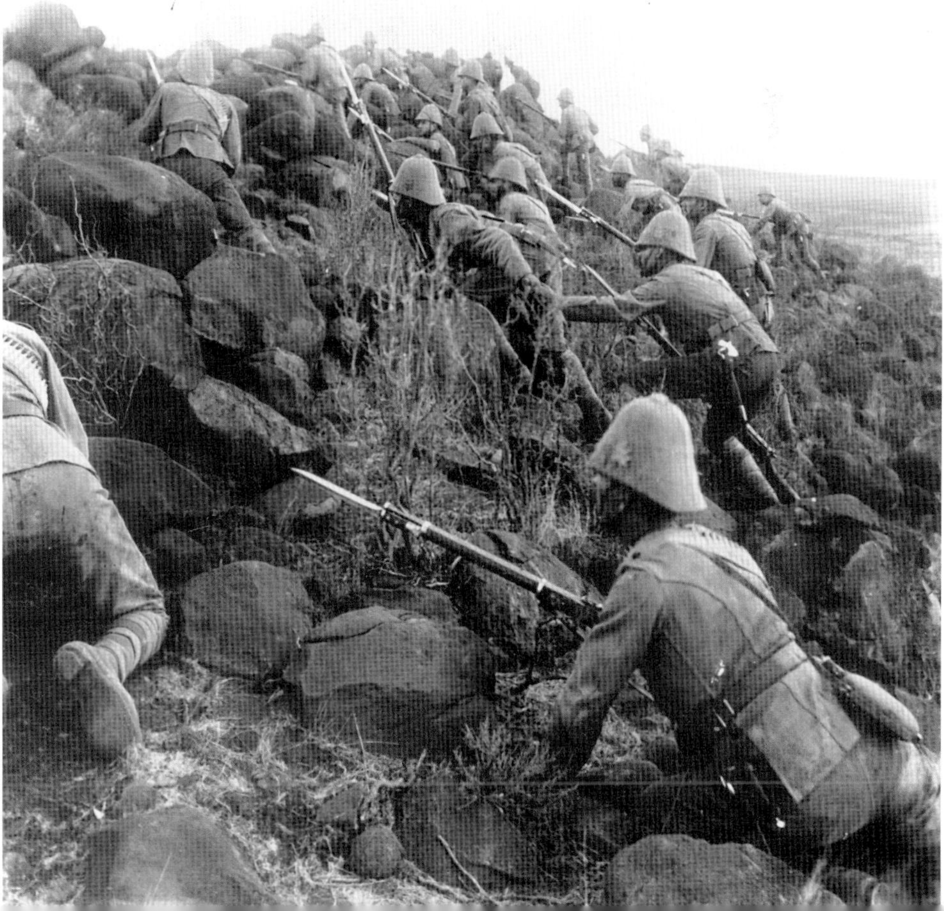

Drei Fotografien von Reinhold Thiele zeigen einige Persönlichkeiten des Burenkrieges. *Oben:* General Cronje, der burische Kommandeur, sitzt zusammengesunken auf seinem Stuhl, nachdem er sich an der Schlacht vom Paardeberg im Februar 1900 Lord Roberts' Leuten ergeben musste. *Links:* Der britische Oberkommandierende Lord Roberts an eine Balustrade in Pretoria gelehnt, Oktober 1900. *Rechts:* Eine Gruppe Kriegskorrespondenten auf Glovers Island, vorn rechts Rudyard Kipling.

Kommandeure und Korrespondenten 741

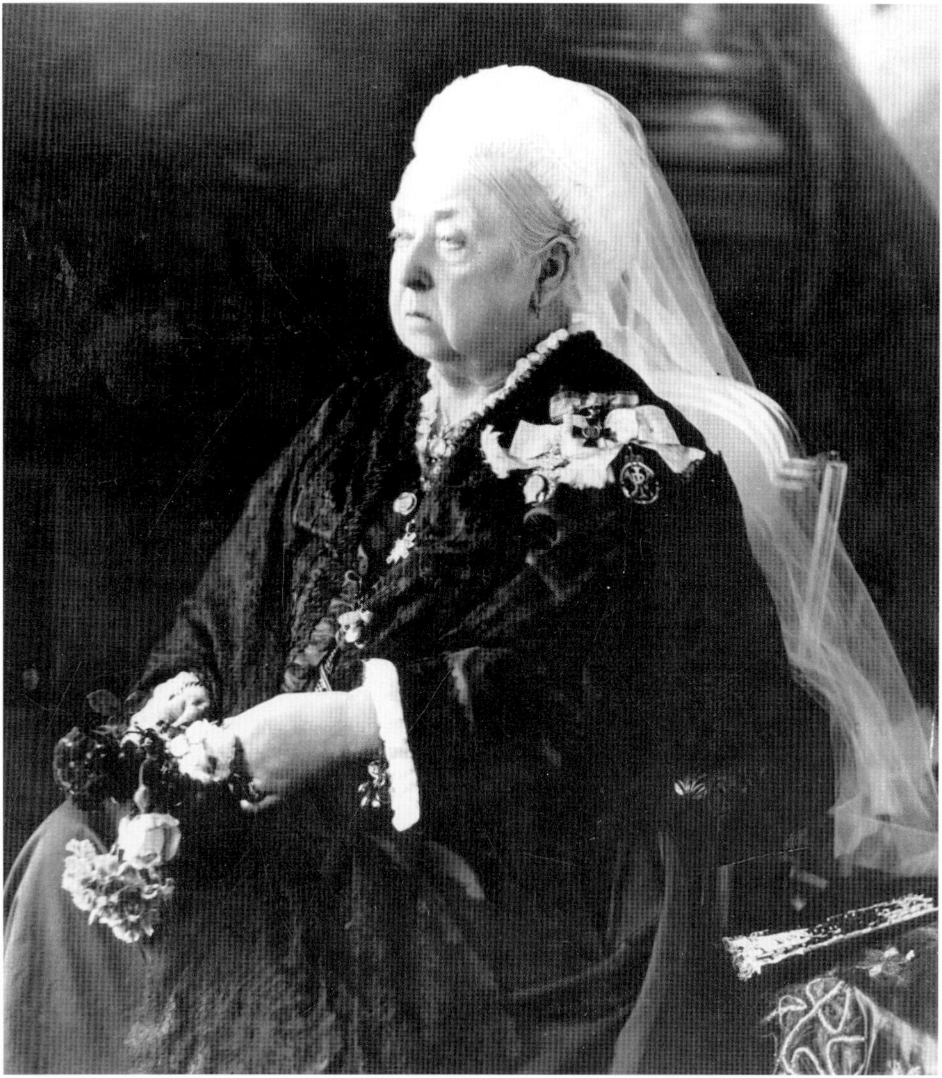

Königin Victoria 743

Kein britischer Monarch blieb länger auf dem Thron als sie. Die Treue ihrer Untertanen war bedingungslos, und nichts anderes erwartete sie. Die meisten europäischen Herrscher waren Verwandte und respektieren sie. *Seite 742:* Auf der ganzen Welt gab es keinen berühmteren Menschen als Victoria. *Oben:* Victoria und Vertreter der Königsfamilie in Osborne House. Von links nach rechts: Prinz Leopold von Battenberg, Prinzessin von Anhalt, Prinz Edward von York, eine Amme mit Prinzessin Victoria von York, Prinzessin Margaret von Connaught, Prinz Alexander von Battenberg, Herzog von York und Prinz Albert, Victoria, Prinz Arthur von Connaught, Herzogin von Connaught, Prinzessin Patricia von Connaught, Prinzessin Henry und Prinzessin Ena von Battenberg, Prinzessin Victoria von Schleswig-Holstein, Prinz Maurice von Battenberg.

Kein Prinz von Wales hat je so lange auf die Thronbesteigung gewartet wie Edward *(oben links, mit schottischer Jagdtrophäe)*. Er war 21, als er die 19-jährige Alexandra, Tochter des Königs von Dänemark, heiratete *(oben rechts,* in einer der letzten gemeinsamen Aufnahmen), und musste bis zu seinem 60. Lebensjahr warten, um König zu werden. In der Zwischenzeit sah er zu, dass er sich auf sportliche Art zerstreute. Zu den akzeptableren Formen gehörte der Tanz. *Seite 745 oben:* Edward, Dritter von links, bei einem Fest im schottischen Jagdschloss Mar. Auch nach der Krönung fand Edward noch Zeit für einen Besuch auf dem Rennplatz. *Seite 745 unten:* Edward in Epsom beim Derby von 1909.

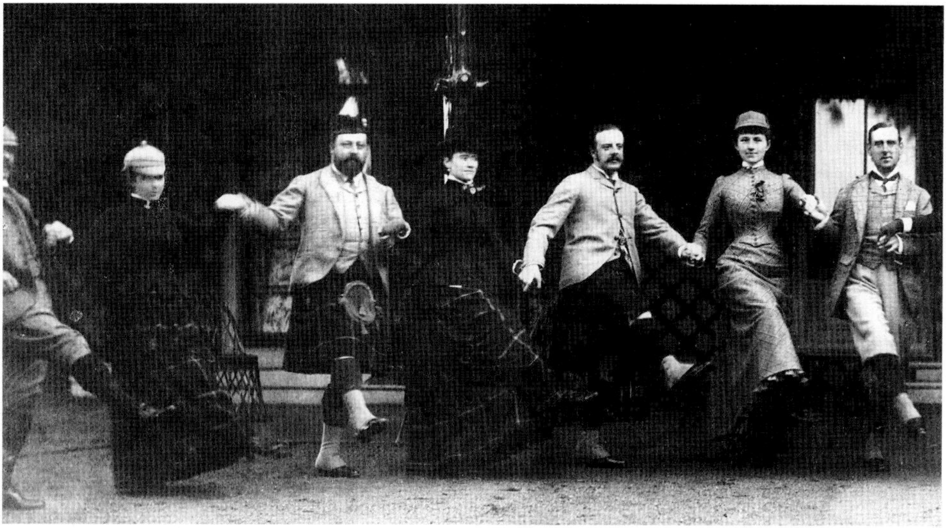

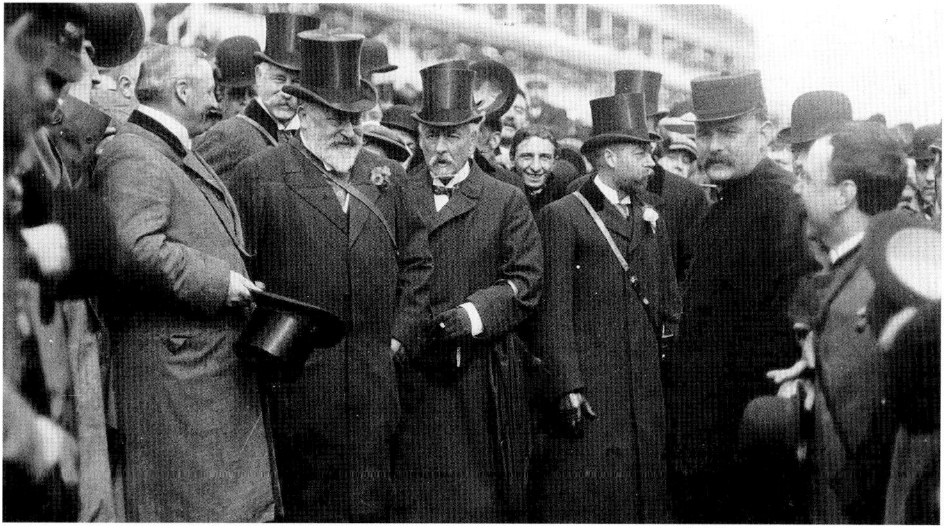

Links: Schon in jungen Jahren zeigte Winston Spencer Churchill die Eigenschaften, die ihn groß machen sollten – die Mischung aus Phantasie und Prahlerei, aus Mut und Mutwilligkeit. *Unten:* 1910 war Churchill, damals noch Handelsminister, entscheidend für die Einrichtung von Arbeitsämtern verantwortlich, mit deren Hilfe die unteren Schichten weitaus leichter Arbeit fanden.

Der junge Churchill 747

Zu Beginn des 20. Jahrhunderts arbeitete Churchill *(rechts,* Dritter von links) eng mit David Lloyd George, dem liberalen Schatzkanzler (Zweiter von links), zusammen, und gemeinschaftlich führten sie die allgemeine Sozialversicherung ein und reformierten das Steuersystem. *Unten:* 1910 wurde Churchill Innenminister und war bei der Belagerung der Londoner Sidney Street vor Ort, wo sich eine Gruppe von Anarchisten mit Militär und Polizei eine blutige Schlacht lieferte.

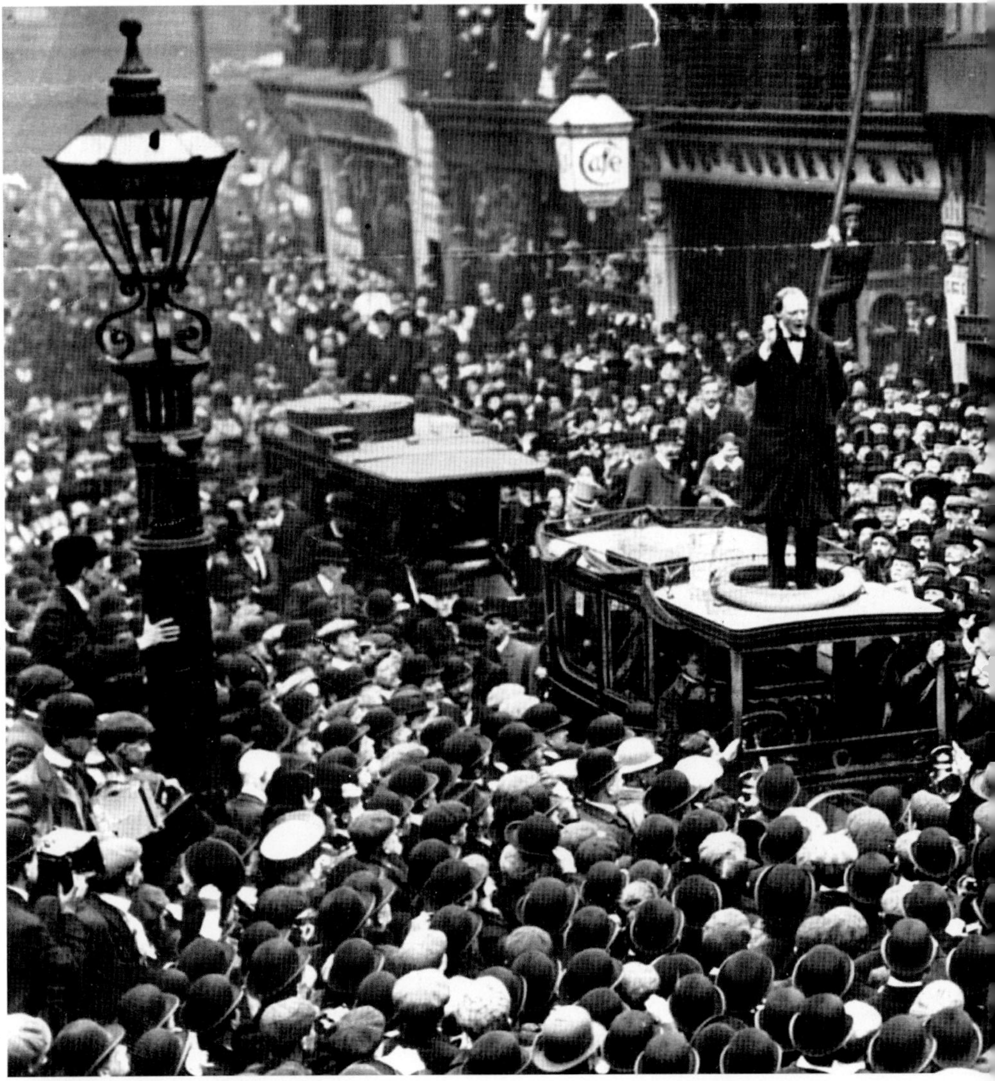
Café

Churchill und die Massen

Im April 1908 spricht Churchill vom Dach eines Automobils zu einer Menschenmenge in Manchester. In solchen Situationen lief der begnadete Redner oft zur Höchstform auf. In jenen Zeiten vor Radio und Fernsehen musste die Persönlichkeit des Redners die Massen fesseln. Churchills unverwechselbare, geistreiche und beschwörende Art schlug seine Zuhörer stets in den Bann, selbst jene, die mit dem, was er zu sagen hatte, vielleicht nicht übereinstimmten. Und selbst da noch, als er das ganze Spektrum der Gesellschaft gegen sich aufgebracht hatte, von den Schwerreichen, die ihm die Einführung von Erbschaftssteuer übel nahmen, bis hin zu den Bergarbeitern, die sich von ihm verraten fühlten.

Manche fanden, die Liberalen gingen mit ihren Reformen zu weit, andere, sie gingen nicht weit genug. Zu Letzteren zählten die Gründer der Labour Party. Der Gewerkschaftler John Burns *(oben links)* zog 1892 als Abgeordneter von Battersea ins Parlament ein, im selben Jahr, in dem in West Ham South die Wahl auf James Keir Hardie *(oben rechts)* fiel. Im Jahr darauf begründeten sie die Independent Labour Party (ILP). *Seite 751 oben:* Die Partei sorgte auch für die körperliche Ertüchtigung ihrer Mitglieder, wie etwa 1910 bei einem Fahrradausflug. *Seite 751 unten:* ILP-Anhänger waren in vielem ihrer Zeit voraus – etwa in dieser Protestkundgebung gegen Rassismus, ebenfalls 1910. Auf dem Plakat steht: »WEISS, BRAUN UND SCHWARZ, GEMEINSAM WERDET IHR SIEGEN«.

ILP

CALCUTTA TO DUNDEE UNITE AND BE FREE
WHITE BROWN AND BLACK UNITE AND CONQUER
FELLOWSHIP RECONCILIATION

Oben: William Arrol begann sein Arbeitsleben mit zehn Jahren als Einfädler in einer Weberei; 34 Jahre später baute er die Forth-Brücke.

Die Forth-Brücke 753

Arrol studierte Ingenieurwesen in Abendkursen und eröffnete 1868 sein eigenes Büro. Die Arbeit an der Brücke über den Firth of Forth begann 1883. Entworfen hatten die gewaltige Brücke John Fowler und Benjamin Baker. *Seite 752 unten, und rechts:* Sie war über eine Meile lang, und die stählerne Auslegerkonstruktion ermöglichte den zweispurigen Eisenbahnverkehr über die breite Flussmündung. *Oben:* Als sie 1890 fertig gestellt wurde, war sie weltweit die längste Brücke ihrer Art.

Seite 755: William Arrol war in den 1890er Jahren auch für den Bau der Tower Bridge verantwortlich. Die Brücke wurde auf zahlreiche Petitionen der Londoner hin errichtet, die eine Flussüberquerung unterhalb der London Bridge forderten. Frühere Entwürfe – darunter einer von Sir Joseph Bazalgette – wurden zu Gunsten der Hubbrücke von Sir Henry Jones verworfen. Die feierliche Eröffnung fand am 30. Juni 1894 statt. *Oben:* Kapellen spielten, Schaulustige jubelten. »Ein gewaltiges Symbol britischer Kunstfertigkeit« wurde die Brücke genannt, aber es gab auch manchen, der sie grässlich fand. Für H. G. Wells war sie »ein Börsenmakler in Harnisch«.

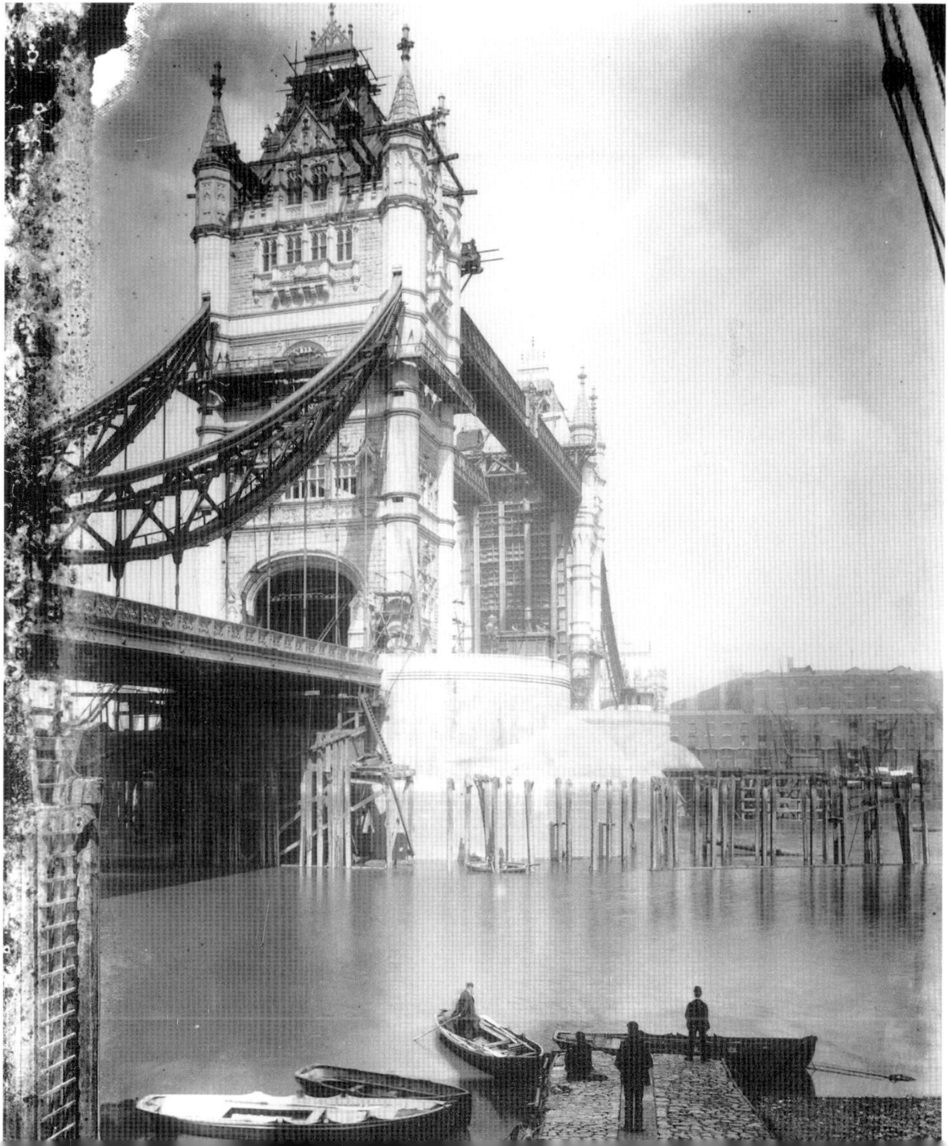

In den letzten Tagen, bevor das Kino alle Konkurrenten verdrängte, fand die populäre Unterhaltung vor allem in den Music Halls statt. Sie boten ein buntes Programm – Tänzer, Sänger, Jongleure, Akrobaten, Clowns und Komiker. Die besten Nummern waren Bravourstücke, die schlechten kaum zu ertragen. Die größten Attraktionen waren Lotte Collins *(links)* und Marie Lloyd *(unten)*. Collins' berühmteste Show hieß *Ta-Ra-Ra-Boom-De-Ay*, eine Mischung aus Liedern und Tanz, bei der das Publikum vor Begeisterung tobte. Als sie damit in Amerika auftrat, war die Gage $ 1 000 pro Woche. Lloyd feierte Erfolge mit Songs wie *Oh, Mr. Porter!*, *My Old Man Said Follow the Van* und *I'm One of the Ruins that Cromwell Kicked Abaht [About] a Bit*.

Die Music Hall

Oben links: Der schottische Komödiant und Sänger Harry Lauder ist mit sentimentalen Nummern wie *Roamin' in the Gloamin'* und *I Love a Lassie* im Gedächtnis geblieben. *Oben rechts:* George Robey nannte man den Premierminister des Humors. In den Weihnachtsspielen *(pantomimes)* trat er mit Gusto als komische Alte auf und hatte, wie Collins, großen Erfolg in den Vereinigten Staaten. *Unten links:* Einer der beliebtesten Stars der Music Halls war Dan Leno, der sich so in seine Rollen hineinsteigerte, dass er schließlich den Verstand verlor. Viele Stars traten in vier oder fünf Theatern am Abend auf. *Unten rechts:* Vesta Tilley erschien gern in Männerkleidern und sang als erste *Burlington Bertie*.

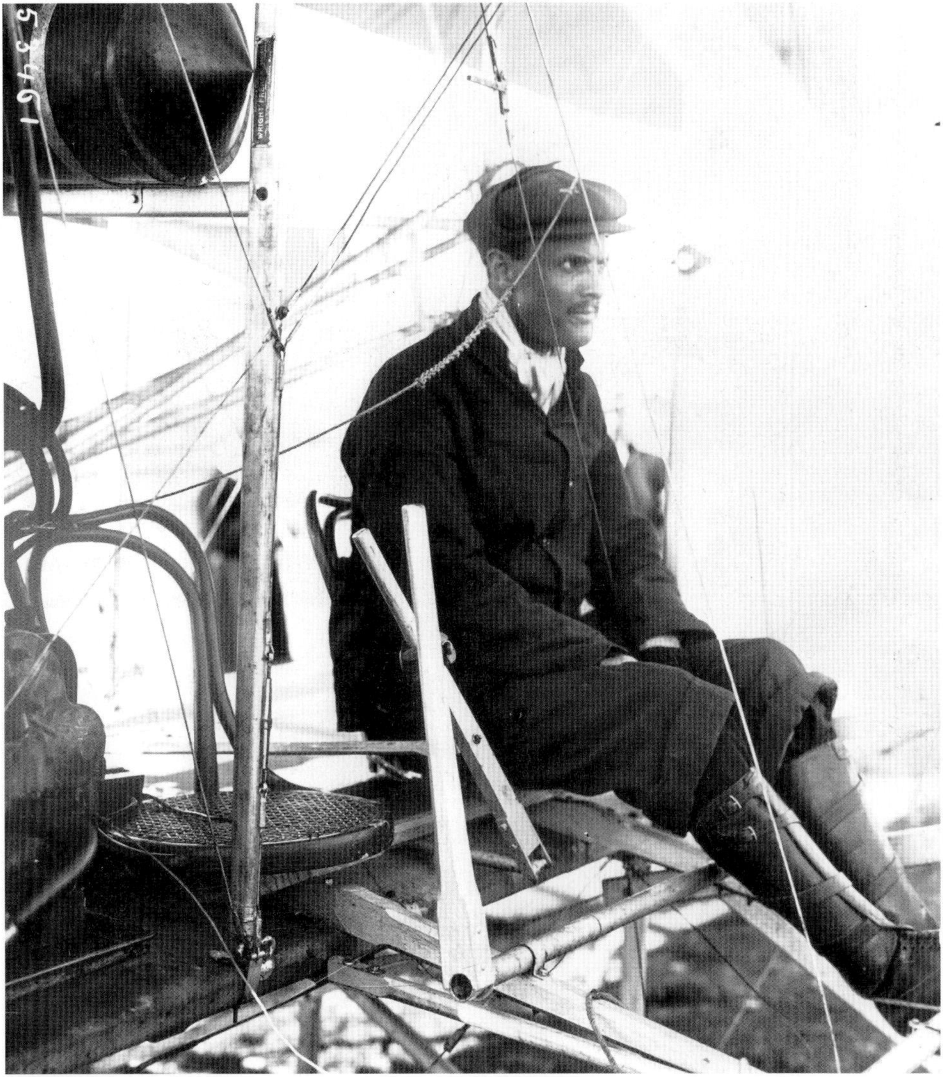

In edwardianischer Zeit war der Inbegriff des modernen Luxus die Rolls-Royce-Limousine. Sie war das Werk zweier hervorragender Ingenieure. *Oben links:* Sir Frederick Henry Royce absolvierte seine Lehrzeit bei der Great Northern Railway, wandte sich dann jedoch dem Motorwagen zu. Sein erstes Fahrzeug baute er 1904, im selben Jahr, in dem er Rolls kennen lernte. Zwei Jahre später nahm die Firma die Produktion auf. Charles S. Rolls' zweite große Leidenschaft war das Fliegen, und als Erster überflog er im Jahr 1910 den Ärmelkanal in beiden Richtungen. *Seite 758:* Rolls bei einem Flugtreffen in Bournemouth am 27. Juli 1910. Kurz darauf kam er bei einem Absturz ums Leben. Der Rolls-Royce Silver Ghost gilt vielen als das schönste Automobil aller Zeiten. *Oben rechts:* J. Doran und Begleiterin präsentieren sich im Silver Ghost bei der Aufwärmrunde zur Kettleby-Hill-Bergfahrt des Leicester Automobile Club, 16. Juli 1910.

Seite 761 oben links: Oscar Wildes Größe ist unbestritten. Mit seiner geistreichen Art konnte er charmant, aber auch beißend spöttisch sein, ganz wie es die Umstände erforderten. *Seite 761 unten:* Auf den Bühnen feierte er enorme Erfolge, und das Londoner Publikum drängte sich, um Stücke wie *Lady Windermere's Fan (Lady Windermeres Fächer)* oder *The Importance of Being Earnest* zu sehen. *Links:* Weniger gern sah man sein Privatleben, besonders die Freundschaft mit Lord Alfred Douglas.

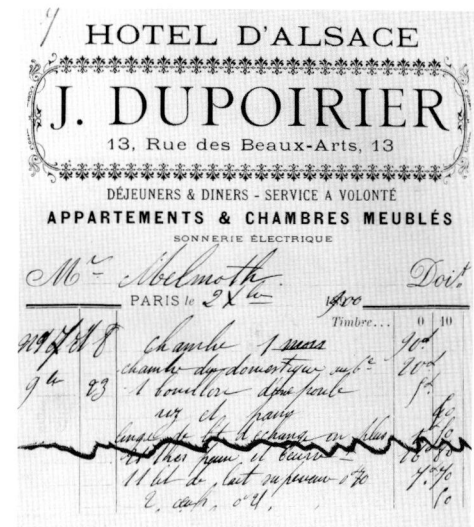

Seite 760 oben rechts: Douglas war der Sohn des 8. Marquis von Queensberry. Der Marquis, dem die Beziehung ein Dorn im Auge war, beleidigte Wilde öffentlich, und Wilde machte den Fehler, einen Prozess wegen Verleumdung anzustrengen. Er verlor, wurde seinerseits angeklagt und wegen Homosexualität eingekerkert. Nach der Freilassung verließ er England und kehrte nie zurück. *Oben rechts:* Eine Hotelrechnung auf den Namen Melmoth – Wildes Pseudonym –, ausgestellt kurz vor seinem Tod 1900.

Bessere Bildung und preiswerte Zeitungen schufen eine Öffentlichkeit, die alles, was es zu lesen gab, begierig aufnahm, und die edwardianische Ära brachte eine ganze Reihe guter Schriftsteller hervor. *Oben links:* Zu den beliebtesten gehörte Herbert George (besser bekannt als H. G.) Wells, Verfasser von *The Invisible Man, The War of the Worlds* und *The History of Mr. Polly*. *Oben rechts:* Tiefer gehender und trauriger waren die Romane von Thomas Hardy – *Jude the Obscure, Tess of the d'Urbevilles (Tess von d'Urbevilles)* und *The Mayor of Casterbridge* ließen den Lesern kaum eine Illusion. *Links:* Für Illusionen war eher der schottische Dramatiker J. M. Barrie zuständig, Schöpfer des *Peter Pan*.

Galerie der Literaten 763

Oben links: Wildes einziger Rivale im Bereich Theater war George Bernard Shaw, wie er ein Ire, der in England zu Ansehen und Wohlstand kam. Anders als Wilde bekannte sich Shaw zu seinen politischen Überzeugungen und seinem »freundlichen Missfallen« am Kapitalismus. *Oben rechts:* Der Dichter der Epoche war Rudyard Kipling. Oft für seine hurrapatriotischen Verse angegriffen, glossiert Kipling in seinen besten Werken doch eher das Soldatenleben, als dass er das Empire verherrlicht. *Rechts:* Der edwardianische Autor, dessen Werk den dauerhaftesten Einfluss haben sollte, war wohl Sir Arthur Conan Doyle. Sein Sherlock Holmes erblickte im *Hund von Baskerville* das Licht des 20. Jahrhunderts und löst seine Kriminalfälle bis heute.

Eine Hand voll Komponisten und zwei brillante Konzertveranstalter erweckten am Ende des 19. Jahrhunderts die britische Musik zu neuem Leben. *Oben rechts:* Haushoch über allen anderen stand Edward Elgar, dessen Symphonien, Oratorien und Konzerte ihm zu Hause wie im Ausland auf Anhieb Popularität verschafften. Die beiden Veranstalter waren Sir Henry Wood *(links unten)*, der die Promenadenkonzerte *(Proms)* ins Leben rief und viel dazu tat, den Standard britischer Orchester zu verbessern, und Richard D'Oyly Carte *(links oben)*, der sich der fast unmöglichen Aufgabe annahm, Frieden zwischen Gilbert und Sullivan zu stiften.

Die Partnerschaft zwischen Sir William Schwenck Gilbert *(oben links)* und Sir Arthur Seymour Sullivan *(oben rechts)* war oft von bitterer Feindseligkeit geprägt. Einmal arbeiteten sie ein ganzes Jahr lang zusammen, ohne ein einziges Wort zu wechseln, aber die vielen Operetten, die sie zusammen produzierten, ließen in Melodie, Einfallsreichtum und schierem Vergnügen alle Konkurrenz weit hinter sich. *Rechts unten:* Wie Gilbert und Sullivan hatte auch Frederick Delius seinen Fürsprecher, doch es sollte noch Jahrzehnte dauern, bis Sir Thomas Beecham die Zuhörer von der verführerischen Schönheit seiner Werke überzeugte.

766 Glanz des Empire

Die *Crème de la crème* versammelte sich jeden Sommer für eine Woche in Cowes zum Segeln oder, was häufiger war, zum Betrachten vorbeiziehender Segelboote. Edward, als Prinz von Wales wie als König, war ein begeisterter Segler, und zum König aufs Boot eingeladen zu werden, galt als große Ehre.
Rechts: Besonderes Ansehen genoss, wer am königlichen Jachtclub zu sehen war, obwohl zumindest 1909 viele Besucher dem Wasser nicht näher kamen als bis zum Ende des Bootsanlegers des Clubs.

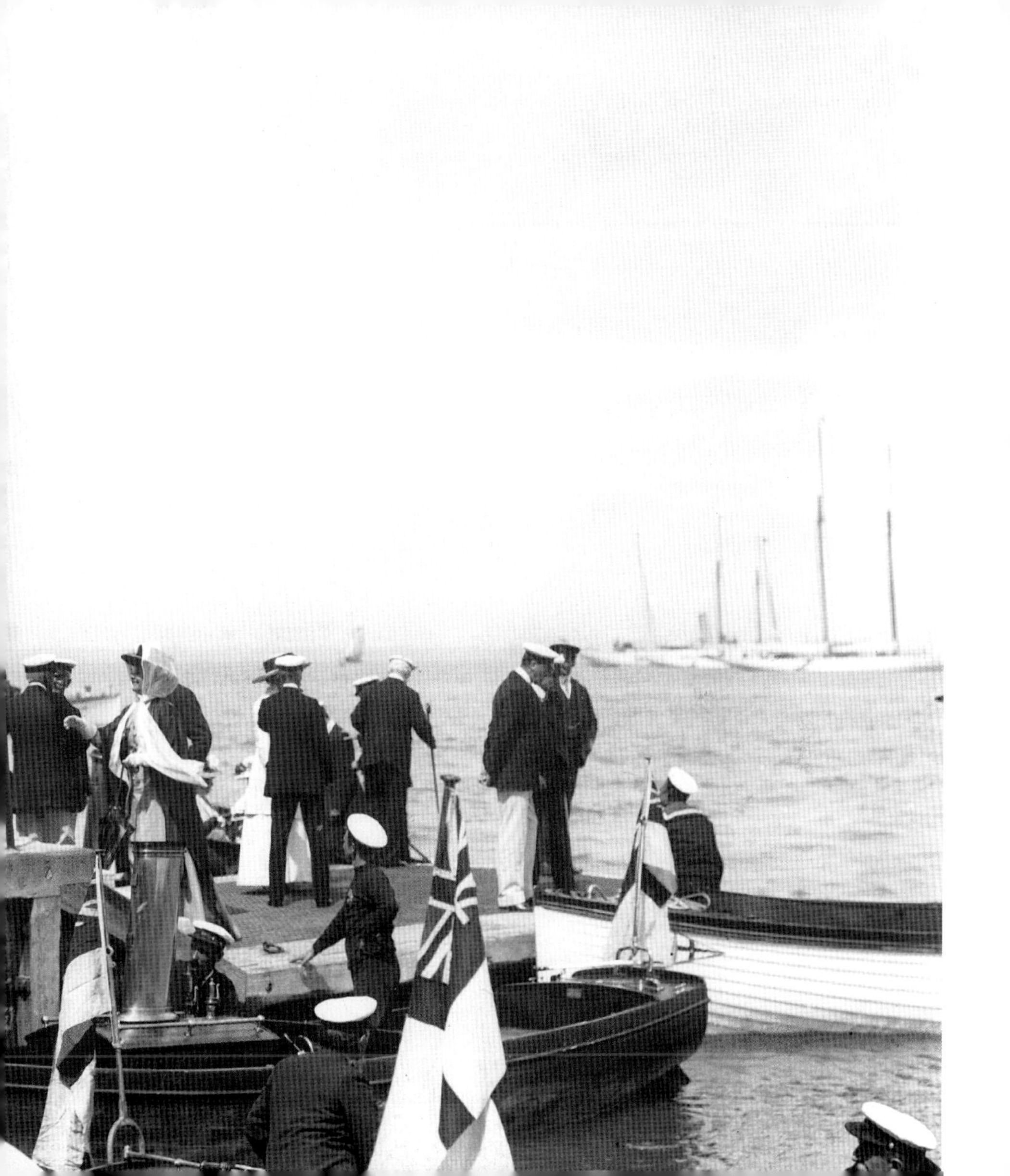

Für die Wohlhabenden war der Sommer die Jahreszeit der organisierten Zerstreuung. Herzöge und Grafen, Viscounts und Baronets kamen zur »Saison« in ihre Londoner Stadthäuser. Es war eine lange Folge von Bällen und Tänzen, Cricketspielen und Regatten, Paraden und Promenaden. *Oben:* Einer der Höhepunkte der Saison war das Rennen in Ascot, jährlich Anfang Juni veranstaltet. Typischer konnte ein Pferderennen nicht sein.

Zu denen, die sich im Jahr 1908 sehen ließen, zählten Constance Edwina, Herzogin von Westminster, und Anthony Ashley Cooper, der 8. Earl of Shaftesbury *(Seite 768 unten,* auf dem Weg von der Tribüne zu den Boxen). Für junge Damen im heiratsfähigen Alter bot ein Besuch in Cowes, Henley, Ascot oder Lord's die Chance, die verfügbaren jungen Herren zu begutachten. *Rechts:* Das Problem war nur, dass die meisten von ihnen nach dem Startschuss ihre Aufmerksamkeit den falschen Füllen zuwandten.

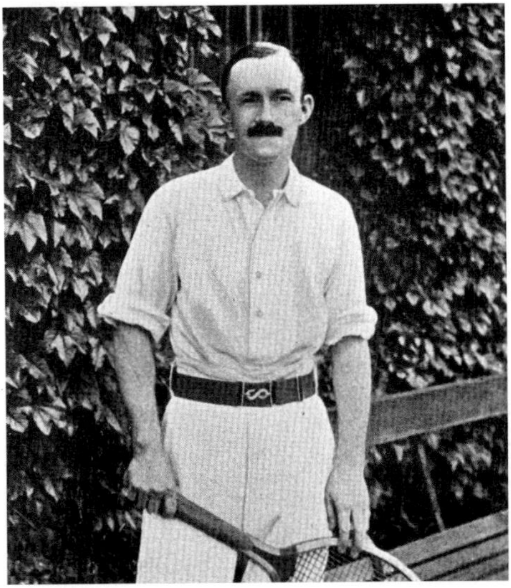

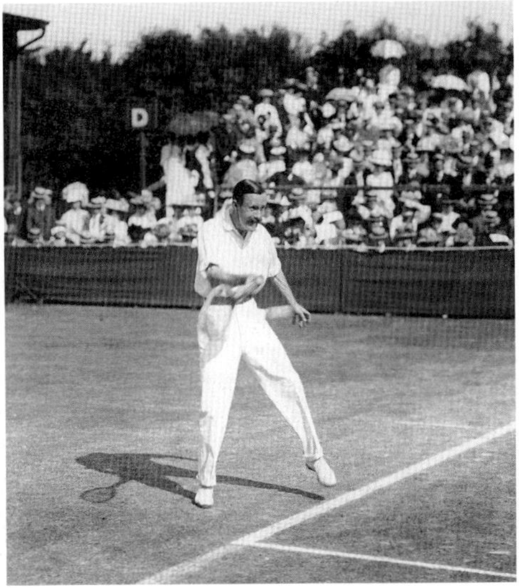
D

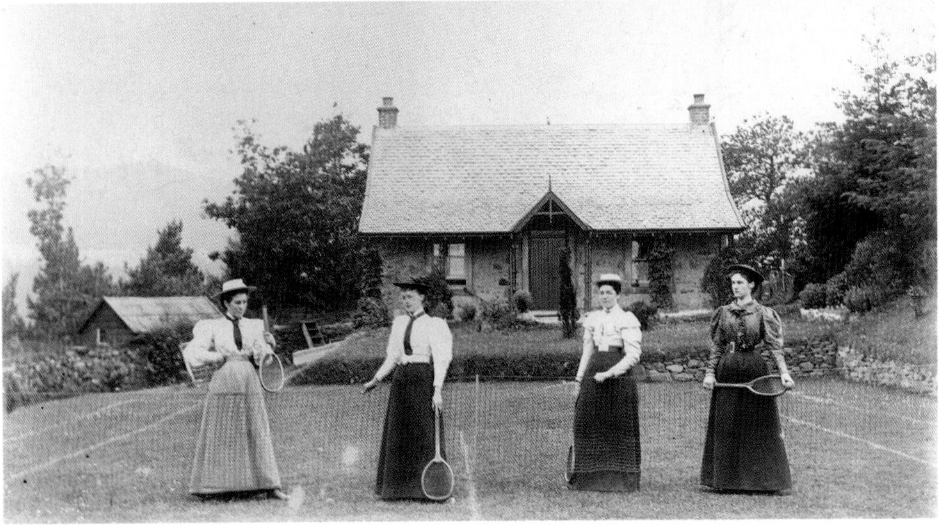

Wie wär's mit einer Partie? 771

Tennis war allgegenwärtig. *Seite 770 oben links:* Spencer Gore, Sieger der ersten Meisterschaft der Herren in Wimbledon 1877. *Seite 770 oben rechts:* Arthur Gore in Wimbledon 1905. *Seite 770 unten:* Ein entspannteres Spiel auf dem heimischen Platz. *Rechts:* Dora Boothby beim Aufschlag, Meisterschaft der Damen, Wimbledon 1910. *Ganz rechts:* Mrs. Albu in Knebworth House. *Unten:* Das Turnier von Eastbourne, September 1889.

772 Glanz des Empire

Von der Queen abgesehen war der Viktorianer, den alle sofort erkannt hätten, W. G. Grace *(rechts und Seite 772 oben,* den Kopf auf der Schulter eines Kollegen), der größte englische Cricketspieler aller Zeiten. Wo immer er spielte, kamen Menschenmengen zusammen, um ihn zu sehen – ob Oval *(Seite 772 Mitte)* oder Lord's *(Seite 772 unten). Ganz rechts und unten:* Mittagspause beim Spiel Oxford gegen Cambridge, Lord's Cricket Ground.

Das White-City-Stadion in London wurde zum Austragungsort für die Olympischen Spiele von 1908 erkoren. *Seite 775 oben:* Mit einem riesigen Megaphon kündigt der Ausrufer das nächste Ereignis an. In allen Disziplinen triumphierten die Amerikaner. *Links:* Edward Cooke gewann die Goldmedaille im Stabhochsprung mit einem Rekord von 3,71 Metern. *Seite 775 unten:* Als Sieger des Marathonlaufs ging der Italiener Dorrando Pietri ins Ziel. Er war dem Zusammenbruch nahe, als er zur letzten Runde im Stadion anlangte. Nur Meter vor dem Zielband strauchelte er, und Helfer geleiteten ihn über die Ziellinie. Prompt wurde er disqualifiziert.

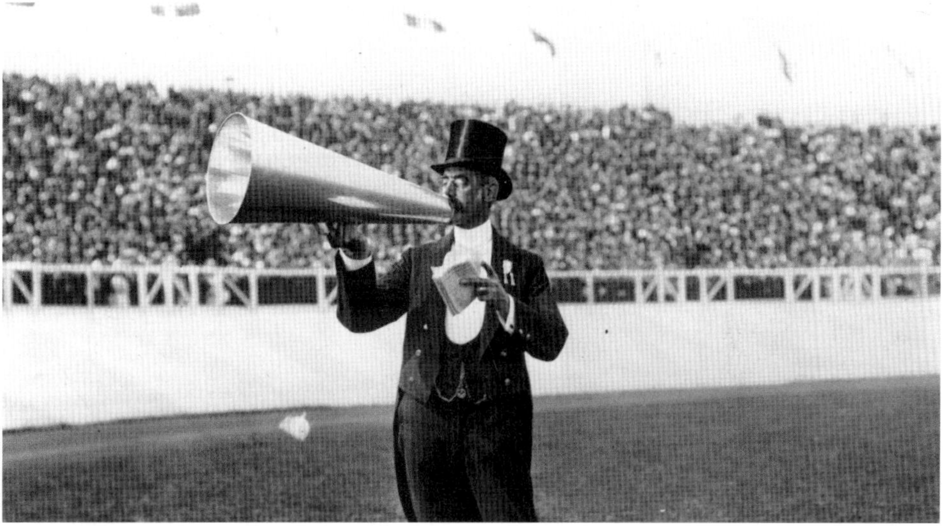

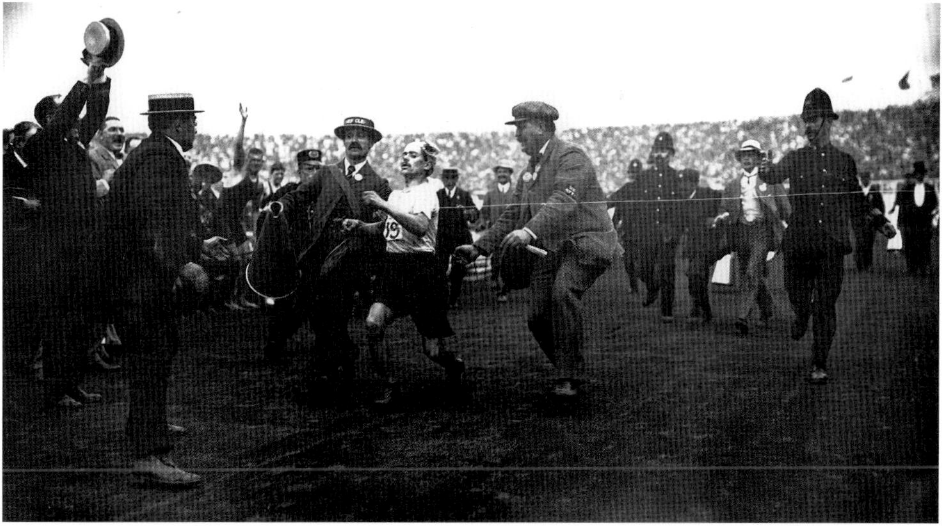

19
FÜR KÖNIG UND VATERLAND
1910–1920

Ein 200 PS starker »Blitzen-Benz« unternimmt auf dem Rundkurs von Brooklands einen Angriff auf den Geschwindigkeitsweltrekord, 16. Mai 1914. Brooklands bei Weybridge in Surrey wurde 1907 eröffnet und war die erste speziell dafür gebaute Automobilrennstrecke. Amateure wie Profis kamen in Scharen dorthin, um ihr Geschick (und ihr Glück) in den Steilkurven zu testen. Die steife Brise, die dort oft wehte, traf manchen unvorbereitet. Bis zum Beginn des Zweiten Weltkrieges wurden in Brooklands Rennen gefahren.

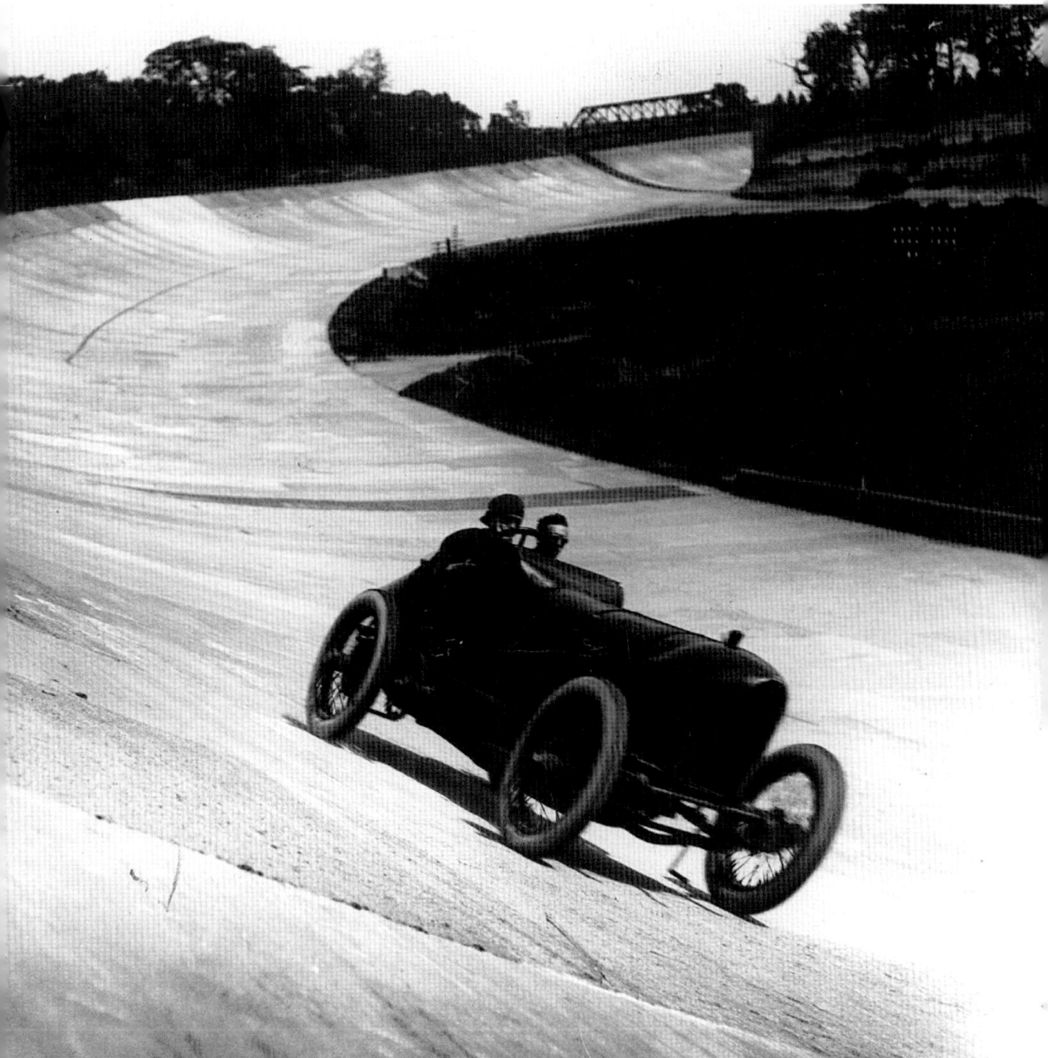

Einleitung

Im zweiten Jahrzehnt des 20. Jahrhunderts brachen zwei britische Polarforscher zu Expeditionen in die Antarktis auf. Der erste war Robert Falcon Scott von 1910 bis 1912, der zweite Ernest Shackleton von 1914 bis 1916. Die erste Expedition war ein tragischer Erfolg – Scott erreichte den Südpol, kam jedoch auf dem entsetzlichen Rückweg mit seinen Kameraden um. Die zweite scheiterte glücklich – sein Ziel, als erster die Antarktis zu durchqueren, erreichte Shackleton nicht. Dennoch überlebte seine gesamte Mannschaft, sogar die gefahrvolle Überfahrt von 800 Meilen im offenen Boot über die kälteste und stürmischste See der Welt.

Solche Kontraste sind typisch für das Schicksal der Briten in jenem Jahrzehnt. Glanz und Tragik waren untrennbar miteinander verbunden. Die Suffragetten wurden drangsaliert und eingekerkert, erkämpften aber schließlich doch zumindest ein eingeschränktes Frauenwahlrecht. 1912 lief die SS Titanic vom Stapel, Sinnbild des Stolzes einer Seefahrernation. Einige Monate später fanden 1513 Passagiere und Besatzungsmitglieder den Tod, als das Schiff auf seiner Jungfernfahrt nach New York auf einen Eisberg lief.

Britische Truppen kämpften lange und verbittert, um die Kriegslust des Kaisers und der deutschen Militaristen zu brechen. Der Herbst 1918 bescherte ihnen zwar den Sieg, doch über eine Million Soldaten ließen im Schlick und Schlamm von Flandern, in der Gluthitze von Gallipoli und den trüben Wassern vor Jütland ihr Leben. Der Krieg war die Hölle, eine Hölle, die in einigen der größten Gedichte der englischen Sprache ihren Ausdruck fand.

1919 überquerten Alcock und Brown in einer Vickers Vimy (die als Bomber für den Weltkrieg gebaut worden war) als Erste den Atlantik. Das Jahrzehnt war eine goldene Zeit des englischen Theaters – die Musicals und Märchenspiele in Drury Lane waren prachtvoller denn je, das Londoner Palladium öffnete seine Pforten am 26. Dezember 1910, und Sir Herbert Beerbohm Tree stand 1914 als erster Professor Higgins in George Bernard Shaws *Pygmalion* auf der Bühne.

Es war auch die Zeit der Magie und der Mysterien. J. M. Barries *Peter Pan* eroberte die Herzen der Einfältigen wie der Gebildeten. Und im Jahr 1919 überzeugten zwei Schulmädchen aus Yorkshire Wissenschaftler, Journalisten und einen großen Teil der britischen Öffentlichkeit, dass sie tatsächlich in ihrem Garten Feen gesehen (und fotografiert) hatten.

Nach den Schrecken des Ersten Weltkrieges war das wohl genau der Trost, den die erschütterten Seelen derer brauchten, die ihre Lieben verloren hatten.

780 Für König und Vaterland

Ernest Shackleton

Shackleton *(oben)* gehörte zu denen, die 1902 mit Scott beinahe den Südpol erreicht hatten, jedoch zurückgeblieben waren und überlebten *(rechts unten;* Shackleton ist Zweiter von links). *Rechts oben:* 1908 kehrte er mit der Nimrod in die Antarktis zurück, 1914 ein weiteres Mal mit der Endeavour. *Rechts:* Als diese vom Packeis eingeschlossen wurde, blieb Shackleton und seinen Männern nur noch eine Seefahrt von 800 Meilen im offenen Boot. Shackleton war stolz darauf, dass er in all seinen Expeditionen nie einen Mann verloren hatte.

Seite 783 oben links und rechts: Captain Robert Falcon Scott führte zwei Antarktiserkundungen an. 1902 kamen Teilnehmer der Discovery-Expedition bis auf 150 Meilen an den Südpol heran – damals ein Rekord. *Oben:* Es war jedoch eine schlecht vorbereitete Unternehmung, und der Ballon, auf den sie große Hoffnungen setzten, erwies sich als nutzlos. *Links:* Mit einem neuen Schiff, der Terra Nova, und besserer Ausrüstung kehrte Scott 1910 zurück.

Scott und der Südpol

Scott wusste, dass Roald Amundsen ebenfalls unterwegs war, um den Pol zu erreichen. Mit vier anderen machte sich Scott zur letzten Etappe auf, doch sie kamen zu spät – einen Monat zuvor, im Dezember 1911, hatte Amundsen den Südpol erreicht. Scott und seine Begleiter erfroren auf dem Rückweg. Scotts letzter Eintrag in sein Tagebuch: »Um Himmels willen, kümmert euch um unsere Leute.«

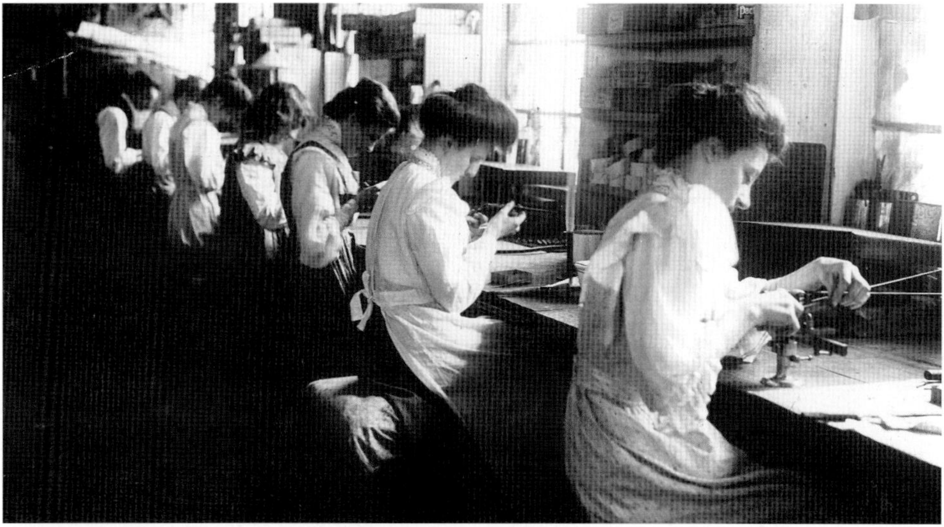

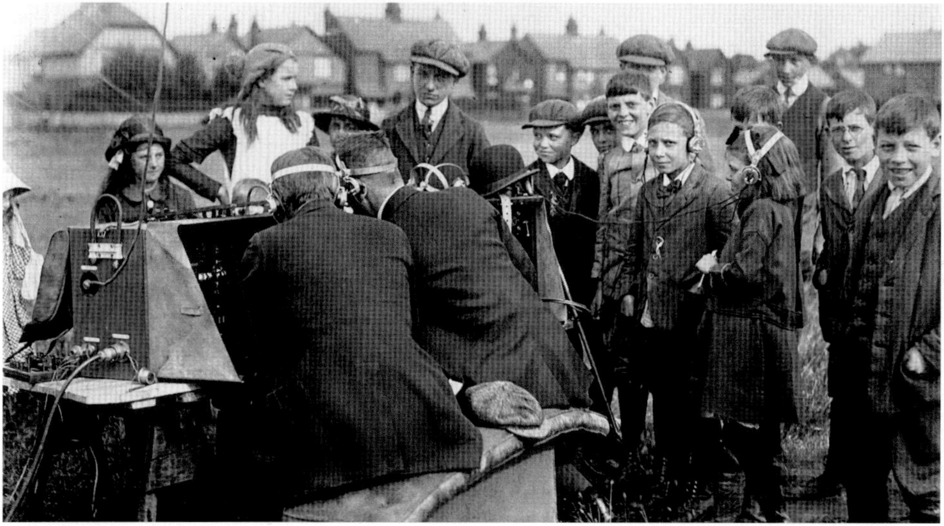

Im Jahr 1899 gründete der Marchese Guglielmo Marconi die Marconi Telegraph Company in London. *Seite 784 oben:* Bereits 1910 wurden Telegrafen in den Marconi-Werken in Essex in Serien gefertigt. *Oben:* Im Firmensitz Marconi House erlernten die Operateure den Umgang mit ihnen. *Seite 784 unten:* Die Entwicklung des Radios ließ nicht lange auf sich warten, und als dieses Bild 1919 entstand, waren tragbare Geräte schon nichts Neues mehr. *Rechts:* Bald begann die Zeit der Radioshows, hier der junge Hughie Greene am Mikrofon.

In den Theatern herrschte immer Betrieb. Die führenden Schauspieler leiteten oft auch ihre Bühnen, wie etwa Sir Herbert Beerbohm Tree, dessen Repertoire vom dramatischen Lord Illingworth in Wildes *A Woman of No Importance* (unten rechts) bis zu Professor Higgins in *Pygmalion* reichte (unten, kleines Bild).

Oben links: Turbulenter ging es bei Fred Emney, Harry Fragson, Harry Randall und Walter Passmore zu, die ihr Publikum mit dem Märchenspiel *Sindbad* unterhielten. Dorothy Ward *(oben rechts)* sorgte für Glamour bei Varieté und Kindertheater, und George Robey *(unten)* galt als Premierminister des Humors.

Vera Hamiltons Plakat für Henry Irvings Produktion von *Dr. Jekyll und Mr. Hyde* im Queen's Theatre, London 1910.

788 Für König und Vaterland

Im Jahr 1910 brachte Dr. Hawley Harvey Crippen *(Seite 788 links)* seine zweite Frau Cora Turner um, eine Künstlerin, die unter dem Namen Belle Ellmore in Music Halls auftrat *(Seite 788 rechts unten)*. *Seite 788 rechts oben:* Mit seiner Geliebten Ethel Le Neve floh Crippen. Die beiden schifften sich nach Amerika ein, Le Neve als Junge verkleidet. Ein Passagier erkannte sie, und der Kapitän setzte sich per Funkspruch mit Scotland Yard in Verbindung – das erste Mal, dass die neue Technik für polizeiliche Zwecke genutzt wurde. *Oben:* Crippen und Le Neve wurden verhaftet und kehrten auf der SS Megantic nach England zurück, wo am Hafen von Liverpool die Schaulustigen warteten. *Rechts:* Der Prozess fand im Old Bailey statt, Crippen wurde zum Tode verurteilt und im Gefängnis Pentonville hingerichtet.

Links: Der Ozeanriese SS Titanic der White Star Line wurde zwischen 1910 und 1912 auf der Werft von Harland and Wolff in Belfast gebaut. Das Schiff war der Stolz der Handelsmarine – groß, elegant und »unsinkbar«. *Unten:* Im März 1912 waren die Probefahrten abgeschlossen, und im folgenden Monat ging das Schiff auf Jungfernfahrt.

Unten: Es waren 2 224 Menschen an Bord, doch Plätze in den Rettungsbooten gab es nur für ein Drittel von ihnen. Als die Titanic am 12. April einen Eisberg rammte, ertranken über 1 500 Passagiere und Besatzungsmitglieder. *Rechts:* Ned Parfitt verkauft Zeitungen mit dem Bericht über die Katastrophe. Er fiel in den letzten Tagen des Ersten Weltkrieges.

792 Für König und Vaterland

Durbar 793

Links: Eines der größten Spektakel der Zeit war das Durbar (eine Galaaudienz), das im Dezember 1911 zur Thronbesteigung Georgs V. als König und Kaiser in Delhi gegeben wurde.
Oben: In Begleitung junger indischer Prinzen verfolgten König Georg und seine Frau Mary den Zug vom Roten Fort aus.
Unten: Zu den Festivitäten zählte auch eine Tigerjagd mit einem Picknick im Feld – Georg V. sitzt links im Bild, am nächsten zur Kamera.
Mitte: 1922 war Georgs Sohn Edward, Prinz von Wales, an der Reihe, das »Juwel in der Krone« zu besuchen. Hier wird er von der Begum von Bhopal, der formellen Herrscherin über Indien, begleitet.

794 Für König und Vaterland

Im frühen 20. Jahrhundert führten die Suffragetten ihren Kampf besonders intensiv. *Seite 795 oben:* Emily Davison wirft sich 1913 in Epsom vor das königliche Pferd und wird tödlich verletzt. *Seite 795 unten links:* Lady Emmeline Pethick-Lawrence feiert ihre Freilassung aus dem Gefängnis, 1909. *Seite 795 unten rechts:* Sylvia Pankhurst, Bow Road 1912. Emmeline Pankhurst *(rechts)* und andere Suffragetten *(unten)* werden im Mai 1914 verhaftet.

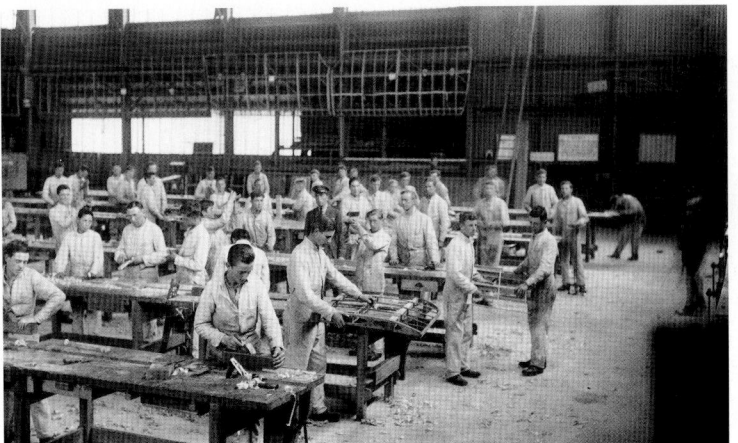

1917 wurde die Royal Air Force (RAF) zur eigenständigen Abteilung der britischen Streitkräfte. In den letzten Tagen des Ersten Welkrieges und in den Jahren danach nahm sie an Mannschaftsstärke und Bedeutung stark zu. An den Rekrutierungsbüros *(links)* standen die Bewerber Schlange, denn immerhin wurden »Guter Lohn und gute Aufstiegschancen« versprochen. So wie die Army ihre Akademie in Sandhurst hatte und die Navy in Dartmouth, bekam die RAF eine Schule für Offiziersanwärter in Cranwell, wo die Kadetten unter anderem das Zimmermannshandwerk erlernten *(links unten)* – eine wichtige Voraussetzung in der Zeit, als die Flugzeugrahmen noch aus Holz bestanden.

Nachwuchs für das Militär

Rechts: In der jungen RAF bildete sich ein optimistischer Korpsgeist heraus, wie bei diesem Bild einer Sportveranstaltung am 5. August 1918 in Hastings, Sussex, deutlich zu sehen ist. Die Air Force hatte keine Niederlagen, die sie verarbeiten musste, kein Kommando, das in eingefahrenen Gleisen dachte, und keine Tradition, die sie band. *Rechts unten:* Die RAF-Staffel Nr. 1 stellt sich der Kamera im französischen Claremarais. Die Staffel war älter als die Air Force, denn ursprünglich war sie 1878 als 1. Ballonkommando gegründet worden, und seit 1912 bestand sie kontinuierlich.

798 Für König und Vaterland

Krieg in Arabien 799

Im Ersten Weltkrieg war das britische Militär am erfolgreichsten im Kampf gegen die Türken in Mesopotamien. *Links:* Die regulären Truppen standen unter dem Kommando von Edmund Allenby, der 1917 Jerusalem zu Fuß wie ein Pilger eroberte. *Rechts:* Die gewagteren Unternehmungen waren die Sache von T. E. Lawrence, bekannt als Lawrence von Arabien. Allenby wurde nach dem Krieg Hochkommissar von Ägypten, Lawrence zog sich ins Privatleben zurück.

"WHAT IS THE WORTHIEST THING TO DO?
BEST FOR THE COUNTRY – A CREDIT TO YOU;
WHAT WORTHIER DEED COULD EVER BE DONE,
THAN SETTING TO WORK WITH A WILL *& A GUN.*"

A. ADLINGTON. COPYRIGHT. 1914.

Die Schrecken des Ersten Weltkrieges brachten einige der anrührendsten Gedichte der englischen Sprache hervor. Rupert Brooke *(Seite 801 rechts oben)*, Wilfred Owen *(Seite 801 rechts unten)* und Edward Thomas kamen auf den Schlachtfeldern um; Siegfried Sassoon *(Seite 801 links)* und Robert Graves überlebten. Allerdings waren auch andere Dichter am Werk, schrieben Lieder und gereimte Propaganda. *Links:* Diese Postkarte sollte Freiwillige rekrutieren. Die simple Botschaft lautet:

»Was ist die nobelste Tat für den Mann,
Jedem zum Ruhme, der es nur kann?
Geschwind nimm auch du nun die Waffe zur Hand
Und kämpfe für Ehre und Vaterland!«

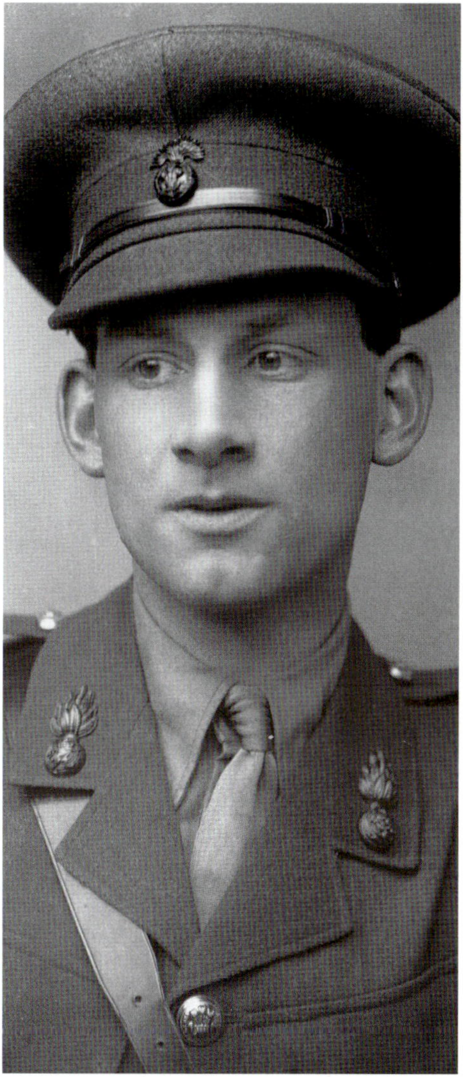

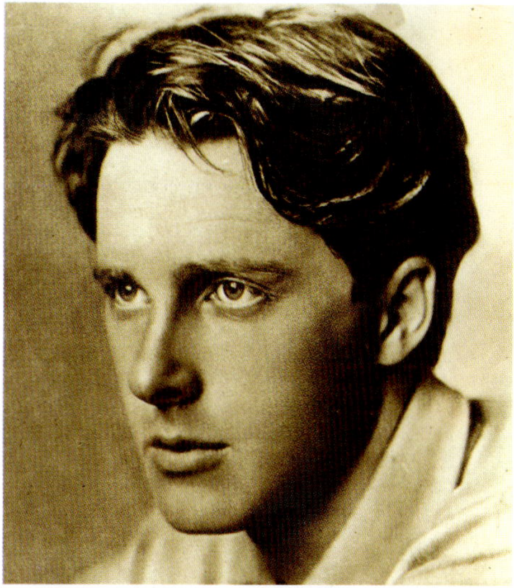

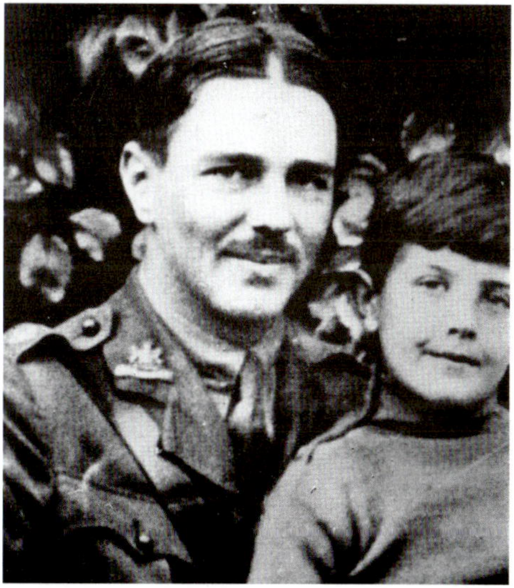

Oben: Start eines Stafettenrennens auf dem Rundkurs von Brooklands, 31. Juli 1909. Viele Rennfahrer hatten ein ganz besonderes Verhältnis zu Brooklands. Sie vergaßen dabei nicht, dass die Strecke zahlreiche Gefahren barg, gerade für die leichten Rennwagen jener Zeit. *Links:* Da gab es die nicht einsehbare Kurve, mit der die Vickers-Flugzeugfabrik umgangen wurde, die große Schikane und die Brücke über den Wey; bei manchen Rennen kam noch New Hill dazu, 1909 errichtet. *Seite 803 unten:* Sportbegeisterten, die nach Brooklands kamen, wurde ein buntes Programm geboten. Neben Runden- und Stafettenrennen gab es auch Wettbewerbe, bei denen die Strecke gemessen wurde, die ein Wagen in einer bestimmten Zeit zurücklegen konnte. *Seite 803 oben:* L. G. Hornsted (am Steuer) und S. A. Gibbons treten am 16. Mai 1914 an, um den Einstundenrekord zu brechen.

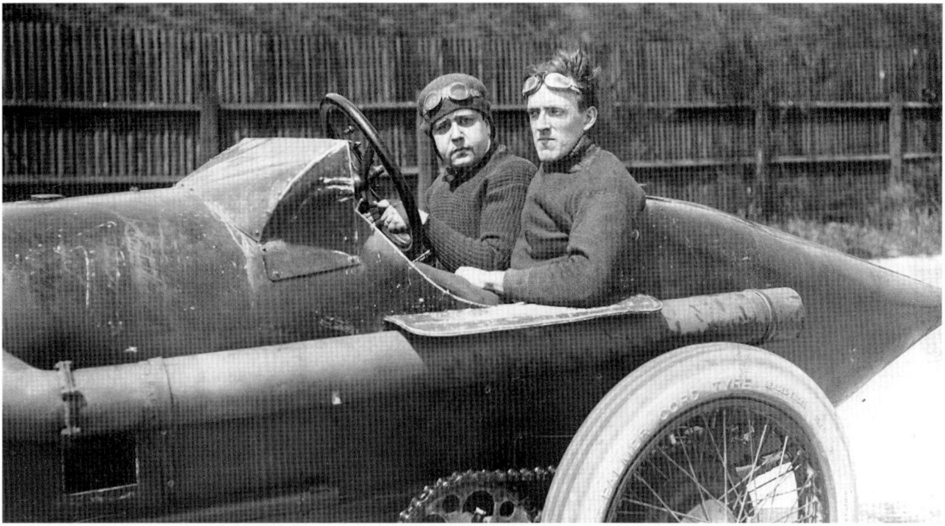
CORD TYRE

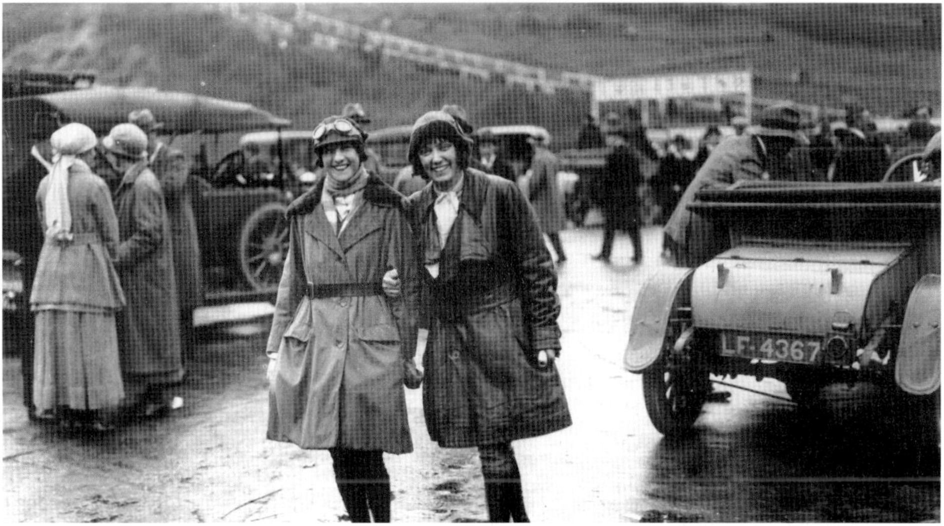
LF 4367

Seite 805 unten links: Von dem Tag an, an dem J. M. Barrie im Jahr 1904 die Gestalt des Peter Pan schuf, blieb sie ein Liebling des britischen Theaterpublikums. Auf der Bühne wurde die Rolle stets von Frauen gespielt. Bemerkenswerte Peter Pans waren Stephanie Stevens im Jahr 1906 *(links),* Gladys Cooper *(Seite 805 oben links* – vielleicht ein wenig alt mit 35 Jahren), der Stummfilmstar Betty Bronson *(Seite 805 oben rechts)* und Jean Forbes-Robertson, die den Part im Londoner West End in acht aufeinander folgenden Jahren spielte *(Seite 805 unten rechts).*

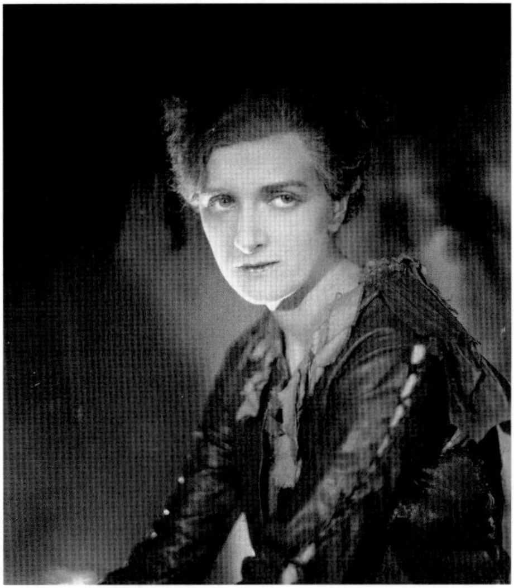

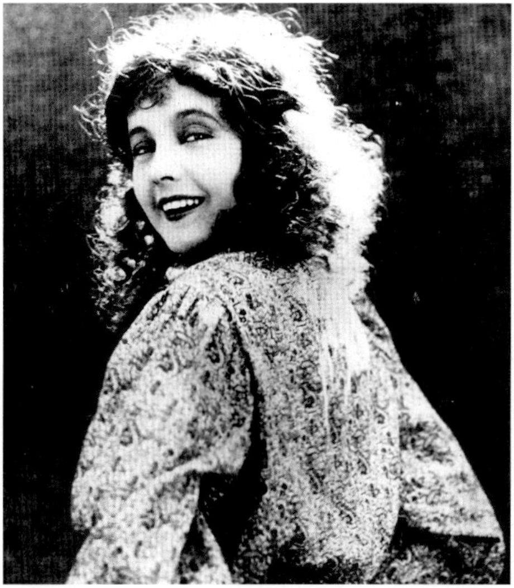

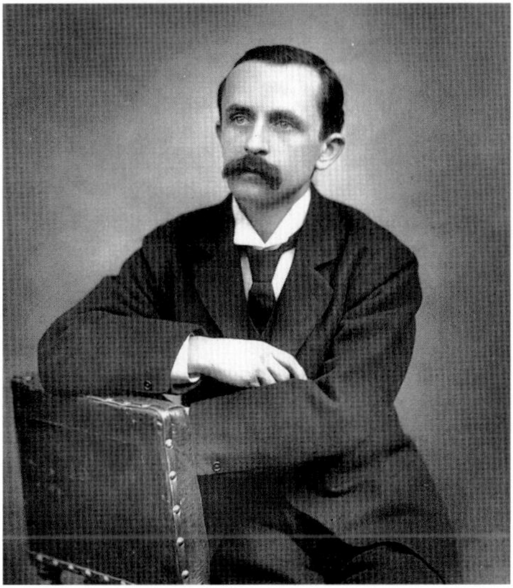

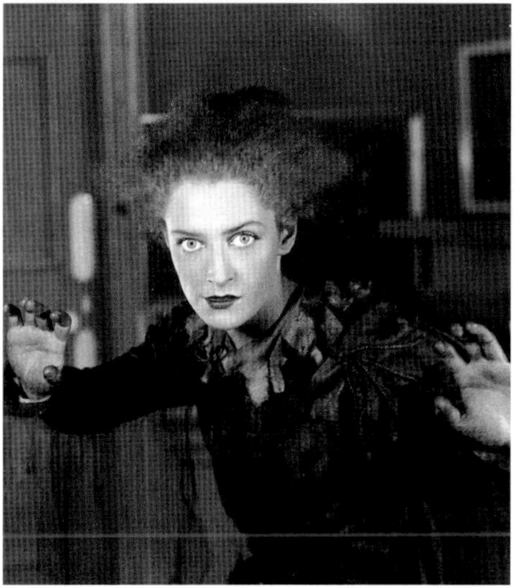

Links oben: Am 14. Juni 1919 startete ein Vickers-Vimy-Doppeldecker von St. John's in Neufundland. Das Ziel war Irland, und der Flug sollte die erste Nonstopüberquerung des Atlantiks werden. 16 Stunden und 28 Minuten später machte die Maschine eine Bruchlandung in einem Sumpf in Clifden, County Galway. *Links unten:* Vier Tage darauf trafen der Pilot John Alcock (links mit Regenmantel) und der Navigator Arthur Whitten Brown auf dem Bahnhof von Windsor ein, um den Ritterschlag entgegenzunehmen. *Rechts unten:* Im November ließ Vickers eine weitere Vimy am mit £ 10 000 dotierten Wettbewerb um die erste Überfliegung des australischen Kontinents teilnehmen. *Rechts oben:* Die Sieger waren Ross und Smith, die den 11 294 Meilen langen Flug in 28 Tagen bewältigten.

Flugpioniere 807

20
KRISE UND KONSOLIDIERUNG
1920–1939

Es war die große Zeit der Ozeanriesen. Französische, deutsche, italienische und britische Dampfer wetteiferten um das Blaue Band, die Trophäe für die schnellste Atlantiküberquerung. Die schwimmenden Paläste boten ein Maß an Luxus und Stil, das man an Land nur schwerlich gefunden hätte. Eines der größten dieser Schiffe war Cunards Queen Mary, hier am 22. April 1936 in ihrem Heimathafen Southampton aufgenommen. Die Queen Mary war 1934 auf der Brown-Werft in Clydeside gebaut worden und das größte Passagierschiff auf den Weltmeeren, bis 1938 ihr Schwesterschiff Queen Elizabeth kam.

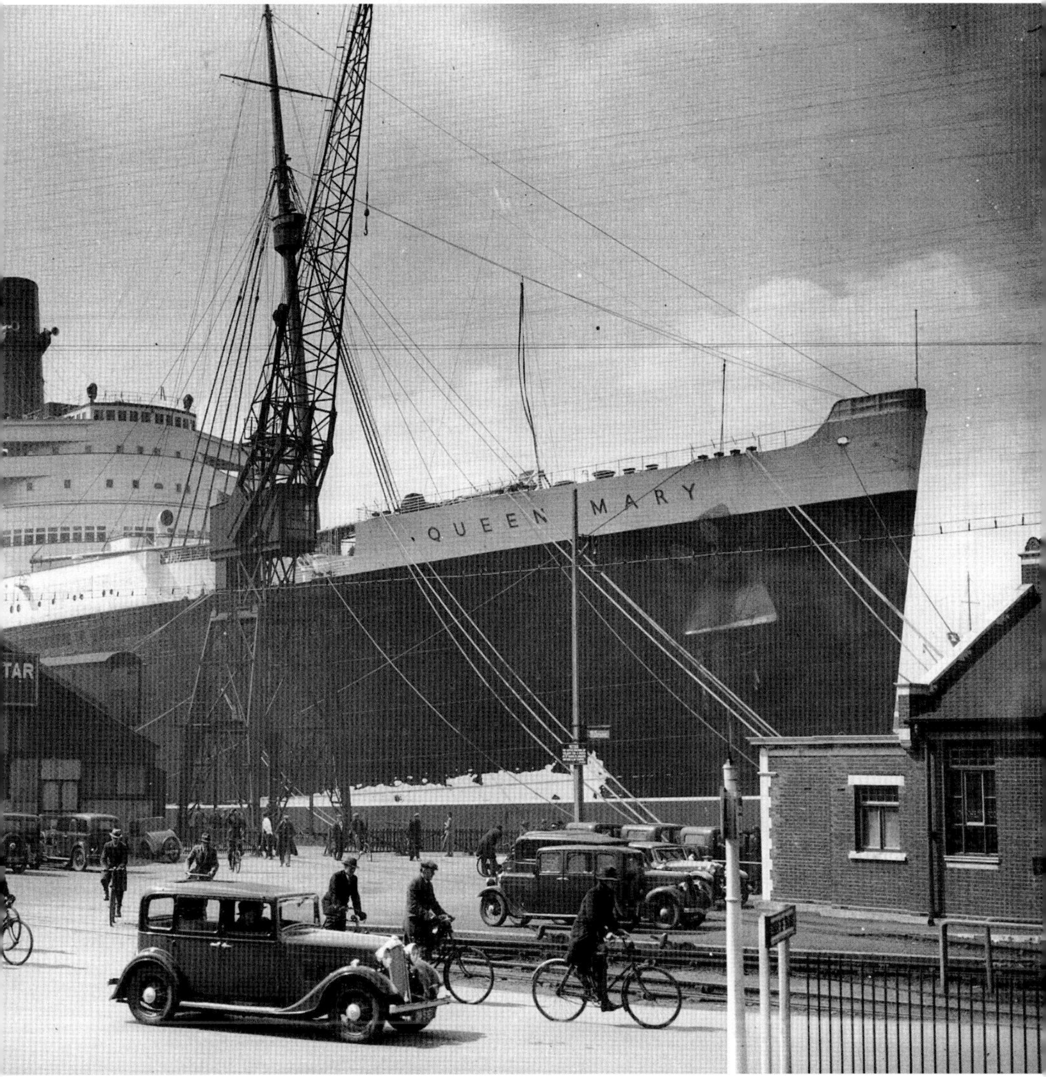
QUEEN MARY
TAR

Einleitung

Zum letzten Mal blühte in den beiden Jahrzehnten zwischen den Kriegen der alte Stil auf. Die Oberschicht mochte sich noch so bitter über Erbschafts- und Einkommensteuer beklagen, das althergebrachte Leben nahm trotzdem seinen Gang. Es gab Bälle und Empfänge bei Hof, den Tag verbrachte man mit Regatta oder Pferderennen, den Abend in der Oper, und wenn man zu Hause war, wohnte man in herrschaftlicher Pracht.

Das Volk hatte dafür neue Wunderdinge wie Radio, Grammophon und Kino. Millionen schalteten ein, wenn Konzerte der großen Tanzorchester übertragen wurden – Jack Payne, Henry Hall, Harry Roy und Ambrose –, direkt aus den Hotelsälen und Nachtclubs des Londoner West End, aus der Granitpracht des London Midland oder dem Gleneagles Hotel der Scottish Railway. Die Armen mussten sehen, wie sie mit Stempelgeld, Wohlfahrt und Aussperrung zurechtkamen.

Stromlinienzüge fuhren von London in alle Himmelsrichtungen – Flying Scotsman und Coronation Scot nach Edinburgh und Glasgow, Cornish Riviera nach Penzance, Golden Arrow nach Folkestone und von dort nach Paris. Zur See stießen Queen Mary und Queen Elizabeth zur immer größer werdenden Flotte der Transatlantikdampfer. Noch weiter kam man mit den Imperial Airways, die selbst in die entlegensten Winkel des Empire flogen.

Alfred Hitchcock drehte seine ersten Filme und überbrückte mühelos den Bruch zwischen Stumm- und Tonfilm. Noël Coward schrieb seine schönsten Stücke, dazu Songs, die geistreich und melancholisch zugleich waren. Ivor Novello spielte sich in die Herzen des Theaterpublikums, und George Formby brachte die Varietébesucher zum Lachen.

Der Prinz von Wales gab in der Herrenmode den Ton an, stürzte jedoch die Monarchie ganz unerwartet in eine Krise, als es ans Regieren ging und er auf den Thron verzichtete, um die Frau zu heiraten, die er liebte. Als er das Land verließ, um in Frankreich zu leben, ließ er Windsorknoten, Pluderhosen und Knickerbocker zurück. Andere Neuerungen der Ära waren das Sicherheitsglas, Billy Butlins erstes Feriendorf, der Lambeth Walk, die *Picture Post* und der Wurf auf den Mann beim Cricket.

Großbritannien flirtete mit dem Faschismus. Sir Oswald Mosley schwang seine Reden, doch das Volk wollte von seinen Schwarzhemden nichts wissen – ja, sie waren sogar auf Polizeischutz angewiesen, um nicht verprügelt zu werden. 1924 kam die Labour Party erstmals an die Macht, und Ramsay MacDonald wurde Premierminister. Binnen skandalös kurzer Zeit hatten die Partei und ihr Anführer ihr Programm und ihre Prinzipien verraten. Für die Tories schmauchte Stanley Baldwin seine Pfeife und schien nichts aus der Ruhe zu bringen. Die Jugend hingegen durchtanzte die ganze Nacht und genoss die Goldenen Zwanziger, während das Land durch Streik und Wirtschaftskrise, zu Wiederaufbau und Wiederbewaffnung stolperte.

Der Generalstreik begann am 3. Mai 1926. *Links:* Auch wenn Panzerwagen in der Oxford Street patrouillierten und das Militär Lebensmitteltransporte und Ausgabestellen sicherte, war der Streik nichts Geringeres als der Versuch einer britischen Revolution. Alle, die nicht direkt beteiligt waren, empfanden ihn als Last – man musste mit dem Fahrrad fahren *(links unten)* oder sich dem Können von freiwilligen Busfahrern und Lokomotivführern anvertrauen *(Seite 813 oben rechts)*. Es gab Fußballspiele zwischen Streikenden und der Polizei. *Seite 813 unten:* In Plymouth und anderswo marschierten Streikende zur Kirche und holten sich Gottes Segen für ihre Aktion. *Seite 813 oben links:* Die Regierung nahm die Sache ernster; sie brachte ihre eigene Zeitung heraus, die auch von den Streikenden gelesen wurde.

Der Generalstreik 813

814 Krise und Konsolidierung

Kaum ein Ruf war im Nachkriegsoptimismus der 1920er Jahre so oft zu hören wie der nach besseren Wohnungen. *Oben links:* In den meisten großen Städten gab es noch immer grässliche Slums, wie etwa in London in der Great Peter Street. Ein großes Bauprogramm wurde in Angriff genommen, und Hunderttausende neuer Häuser entstanden *(oben rechts),* wie hier *(links)* in Warrington, Cheshire.

Häuser für die Helden 815

Rechts oben: In den 1930er Jahren war das typische Haus der unteren Mittelschicht eine Doppelhaushälfte mit drei Schlafzimmern, wie 1932 auf der Nordlondon Ausstellung im Alexandra Palace gezeigt. Für die Arbeiter entstanden in den Innenstädten große Wohnanlagen. *Rechts unten:* Eine der größten dieser Art war Quarry Hill in Leeds, West Yorkshire.

Unten: Hauptquartier der Imperial Airways war der Flugplatz von Croydon. Hauptsächlich war es eine Passagierlinie, die Flüge in das gesamte Weltreich anbot, aber wertvolle Fracht wurde ebenfalls befördert.
Links: Eine Ladung Gold von den Minen in Lena, UdSSR, trifft am 17. August 1926 in Croydon ein.

Die Flotte der Imperial bestand hauptsächlich aus zwei- und viermotorigen Doppeldeckern mit so exotischen Namen wie Hanno, Hengist und Scylla *(rechts,* bei der Wartung im Jahr 1935). Nicht alle Flüge gingen in die Ferne – am 25. März 1930 *(unten)* flogen Rennbegeisterte zum großen Pferderennen nach Liverpool.

Eisenbahnen waren schneller, schöner und komfortabler denn je. Mit Cheltenham Flyer, Royal Scot, Cornish Riviera und allen voran dem Flying Scotsman *(links)* begann ein neues Zeitalter des Reisens. Der Erster-Klasse-Salon des Flying Scotsman der LNER *(unten)* und die Speisewagen Erster Klasse der großen LMSR-Züge *(Seite 819 oben)* boten einen Service, der es mit den besten Hotels aufnehmen konnte. Ende der 1930er Jahre bekamen die mächtigen Lokomotiven Stromlinienverkleidungen, und die schönsten waren jene der »Coronation«-Klasse auf den Strecken der London, Midland and Scottish Railway *(Seite 819 unten)*.

Luxuszüge 819

Links: Das Netz der Londoner Untergrundbahn *(tube)* wurde in den 20er und 30er Jahren mit dem Bau der Piccadilly Line und der Verlängerung der bestehenden Strecken erweitert, um mit dem Wachstum der Vorstädte mitzuhalten, die immer mehr umliegendes Land auffraßen. Neue Bahnhöfe entstanden, mit funkelnden Rolltreppen *(unten),* Personal in schicken Uniformen *(Seite 821 oben links)* und Fahrkartenautomaten *(Seite 821 unten). Seite 821 oben rechts:* Die Züge wurden heller und komfortabler.

Die »Tube« wird länger

Liebling der Nation war in den 1930er Jahren Amy Johnson – »Amy, die schöne Amy ...«, hieß es in einem Lied. Die Tochter eines Fischhändlers in Hull kam 1903 zur Welt. Mit 26 Jahren war sie die erste Frau, die Patente als Flugzeugmechanikerin wie als Pilotin erwarb. Schon im folgenden Jahr hatte sie als erste Frau den Alleinflug von London nach Australien bewältigt. *Seite 823 oben:* Sie startete am 5. Mai 1930 mit ihrer einmotorigen Gypsy Moth Jason und traf 19 Tage darauf in Australien ein. Als sie nach England zurückkehrte, jubelten die Massen. *Oben:* Amy winkt vom Wagen aus, als der Triumphzug am 6. August 1930 das Dorchester Hotel passiert.

Die schöne Amy

Seite 822 unten: 1932 heiratete Amy Captain Jim Mollison, einen schottischen Flieger, der bereits mit seinem Soloflug von Australien nach England in knapp neun Tagen einen Rekord aufgestellt hatte. Im folgenden Jahr gelang ihm die erste Ost-West-Überquerung des Atlantiks und im Jahr darauf der erste Soloflug von England nach Südamerika. Doch die Ehe war nicht glücklich, und am wohlsten fühlte sich Amy in der Luft.

Rechts unten: 1936 unternahm sie einen weiteren Rekordflug, vom südafrikanischen Kapstadt nach London, und wurde wiederum begeistert begrüßt. 1941 war es jedoch mit ihrem Glück vorbei; sie musste aus einem Transportflugzeug, das sie für die Hilfstruppen flog, abspringen und ward nie wieder gesehen.

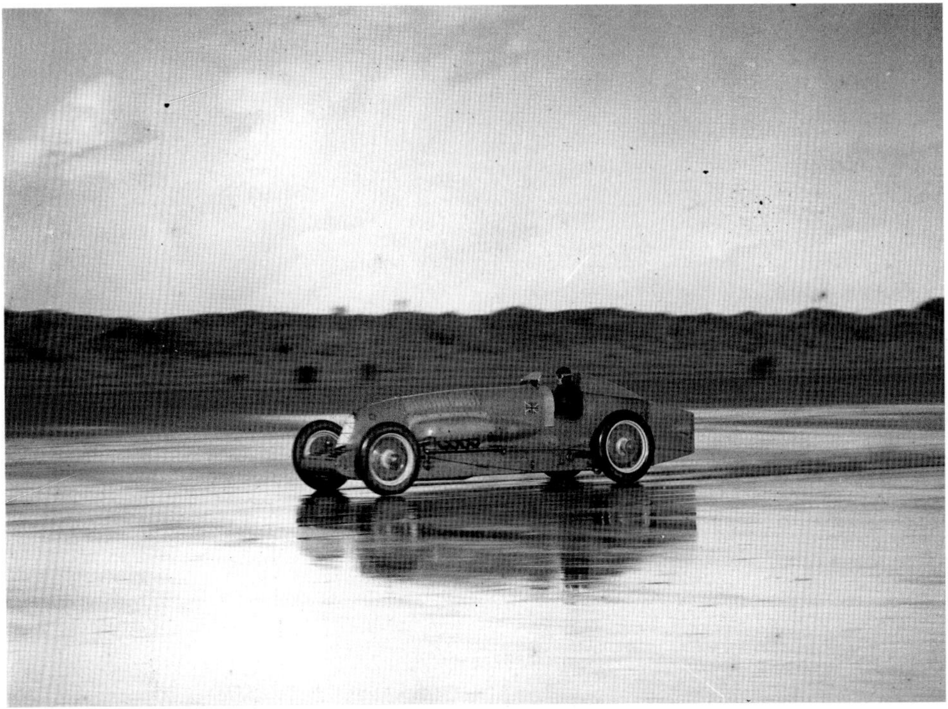

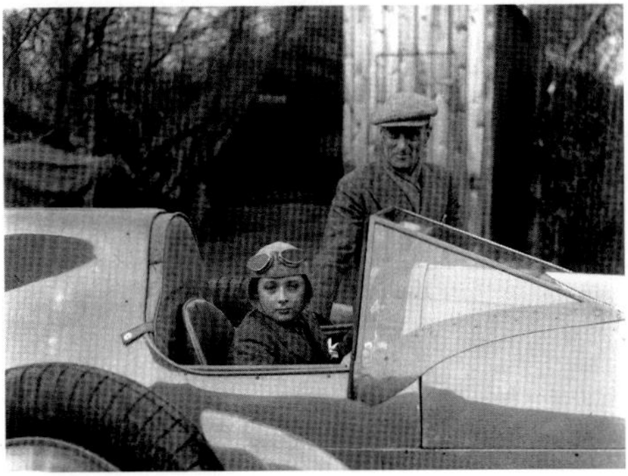

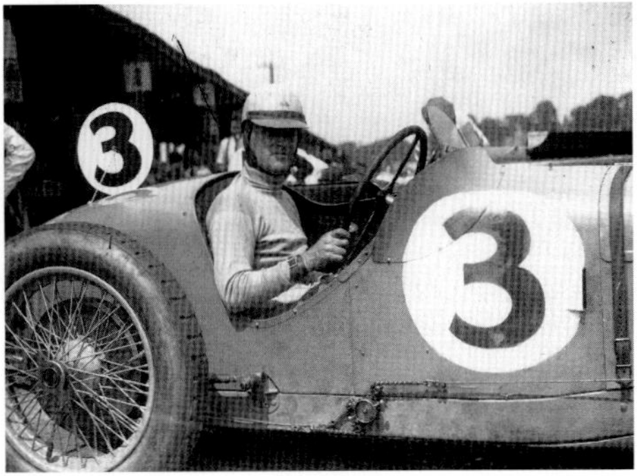
3
3

Malcolm Campbell und John Cobb hielten beide in den 30er Jahren den Geschwindigkeitsweltrekord. *Seite 824 oben:* Campbell auf der Sandpiste von Pendine, Januar 1927. *Seite 824 unten links:* Campbell mit seinem zwölfjährigen Sohn Donald am Steuer des Bluebird, 1933. *Seite 824 unten rechts:* Campbell in einem Bugatti, startbereit zum Straßenrennen in Belfast. *Oben:* Cobb und T. E. Rose-Richards in Brooklands, 1935. *Rechts:* Cobb in voller Fahrt, Brooklands im März 1937.

Damenkleider der 1920er Jahre reichten vom Eleganten bis zum Extravaganten. *Links:* Weißer Krepp und Kristallperlen waren auf dieser Gartenparty von 1925 der letzte Schrei. *Seite 827 oben links:* Auf dem Rennplatz sah nichts besser aus als ein Überkleid mit Pelzstola und Glockenhut. *Seite 827 oben rechts:* Das Morgenkleid war schlicht, doch aus Seide. *Seite 827 unten links:* Jessie Matthews in der perfekten Garderobe für die Chaiselongue. *Seite 827 unten rechts:* Die Frauen der Charleston-Ära wussten auch in ausgefallenerer Umgebung, wie sie zur Geltung kamen.

Die Mode 827

»Cocktails und Vergnügen«, schrieb Noël Coward in seinem Song *Poor Little Rich Girl,* »doch was kommt dann?« Wahrscheinlich mehr Cocktails und mehr Vergnügen. Es war die Ära von Gimlet, Screwdriver, Snowball, Gin and It, Gin mit Orange, Gin mit Zitrone, Gin mit allem, was man sich denken konnte.

Alles, was man dazu brauchte, waren eine Bar und ein Barmixer *(Seite 828 oben links; rechts unten)* und ein schickes Abendkleid *(Seite 828 oben rechts),* und wenn es ein wirklich rauschender Abend werden sollte, ein paar Tänzerinnen auf der Bühne *(Seite 828 unten).* Gut aussehende (das bestimmt) und intelligente (das vielleicht) junge Männer und eine Kapelle, die mit den Zehen wippen ließ, fanden sich immer. *Rechts:* Wer die Sache lieber wissenschaftlich anging, konnte Cocktailkritiker werden.

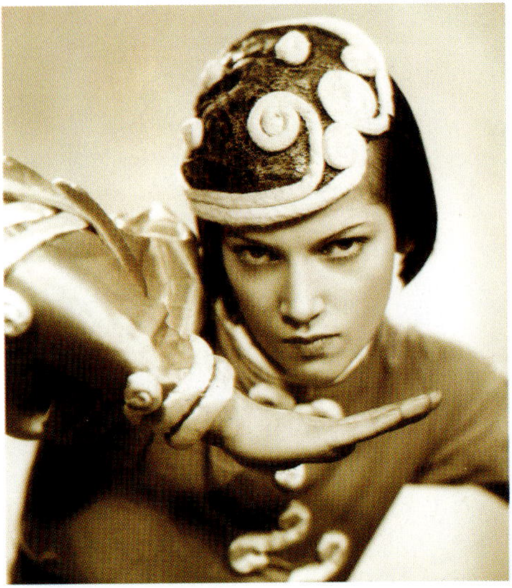

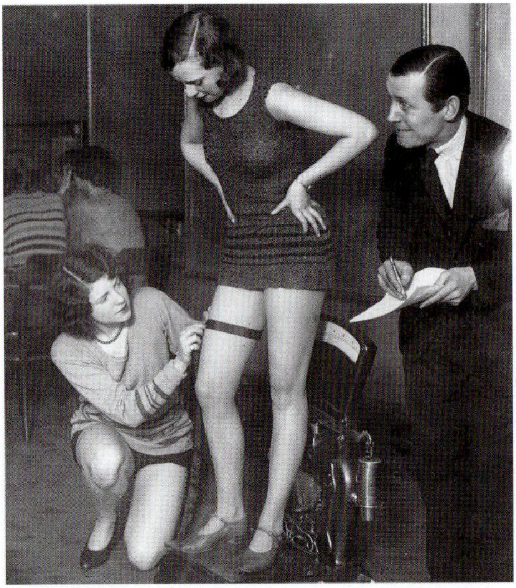

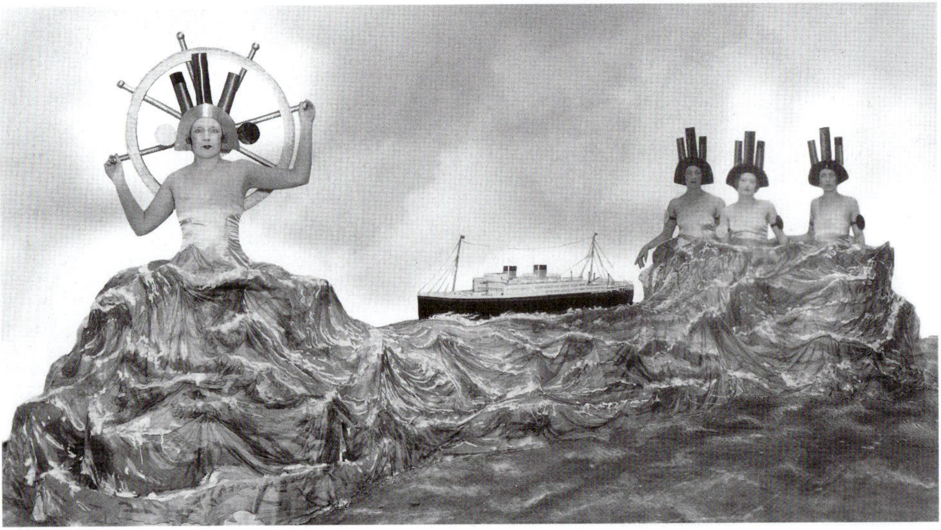

Rechts unten: C. B. Cochrans Spezialität waren Revuen – Showveranstaltungen mit Liedern, Tanz und Sketchen. *Wake Up and Dream*, 1929 im London Pavilion zu sehen, war ein typisches Beispiel. *Seite 830 oben rechts:* An fast jeder Revue nahm eine Truppe von »Cockies«, Showgirls, teil. Bei der *Streamline Revue* von 1934 waren es Nijinskys Tochter Kyra *(Seite 830 oben links)*, Bubbly Rogers, Helena Taylor und Sylvia Pearman *(rechts)*. *Seite 830 unten:* Zu den Stars der *Midnight Matinee* von 1930 zählte Barbara Cartland (ganz links), die auch die Kostüme entwarf.

832 Krise und Konsolidierung

Noël Coward *(Seite 832 oben links)* und Ivor Novello *(Seite 832 oben rechts)* waren in den 1930er Jahren die Lieblinge der englischen Bühne. Beide waren nicht nur Schauspieler, sondern komponierten auch und schrieben ihre Stücke selbst; Cowards messerscharfer Witz fesselte das Publikum jedoch mehr, und seine Stücke, anders als die der Novellos, werden auch heute noch gespielt. Viel von seinem Erfolg verdankte Coward dem englischen Impresario Charles B. Cochran *(Seite 832 unten,* Vierter von links, mit Coward bei der Rückkehr aus New York an Bord der SS Berengaria). *Rechts:* Die berühmteste Coward-Szene überhaupt ist die Balkonszene in *Private Lives,* einem Stück, mit dem er und Gertrude Lawrence 1930 im Londoner Phoenix Theatre groß herauskamen.

Oben: Als Alfred Hitchcock am 16. Dezember 1926 heiratete, arbeitete er schon seit sieben Jahren in der Filmindustrie. Der erste Film, bei dem er Regie führte, entstand im Jahr 1925, *The Pleasure Garden.* 1926 folgte *The Lodger (Der Untermieter)* und 1929 sein erster Tonfim *Blackmail (Erpressung).* Damals hatten sich einige Elemente des typischen Hitchcock-Stils schon herauskristallisiert: Drastische Schnitte, geradezu melodramatische Großaufnahmen und im Fall von *Blackmail* der eigenwillige Umgang mit dem Ton sorgten immer wieder für verblüffte Zuschauer.

Hitchcocks größter früher Erfolg war die Verfilmung von John Buchans *The Thirty-Nine Steps (Die 39 Stufen).* Robert Donat *(oben,* angespannt vorgelehnt in seinem Sitz) spielte die Rolle des Richard Hannay, der zu Unrecht des Mordes verdächtigt wird und mit dem Flying Scotsman aus London flieht. Der Film entstand 1935, und ein Kritiker beschrieb ihn als »ein Wunder aus Tempo und Licht ... eine humorvolle, aufregende, dramatische, unterhaltsame, pittoreske, lebendige Geschichte, erzählt mit viel Sinn für die Möglichkeiten des Kinos«. Fünf Jahre später ging Hitchcock nach Hollywood, und es folgte die nächste, noch ruhmreichere Etappe seines Lebens.

In den 1930er Jahren blühte die britische Filmindustrie. Zu den großen Diven zählten Vivien Leigh *(oben links,* in einer Fotografie von Sasha), Madeleine Carroll, Wendy Hiller, Cicely Courtneidge, Ida Lupino *(oben rechts),* Elsa Lanchester *(Seite 837 oben),* Olivia de Havilland, Valerie Hobson, Anna Neagle, Merle Oberon und Gracie Fields *(Seite 837 unten).* Vivien Leigh stand erstmals 1934 in einem Film namens *Things Are Looking Up* vor der Kamera. Ida Lupinos Debüt fand ein Jahr zuvor statt – *Her First Affair.* Elsa Lanchester war schon in einer Reihe von kurzen Stummfilmkomödien nach Erzählungen von H. G. Wells zu sehen.

Gracie Fields kam 1898 über einem Fish-and-Chips-Laden in Rochdale zur Welt. Wie Leigh, Lupino und Lanchester versuchte sie ihr Glück in den Vereinigten Staaten, hatte jedoch dort keinen Erfolg und kehrte 1931 nach Großbritannien zurück, wo sie ihren ersten Film drehte, *Sally in Our Alley*. Lanchester ging mit ihrem Ehemann Charles Laughton nach Hollywood, Vivien Leigh mit Laurence Olivier. Leigh brachte es als Scarlett O'Hara in *Gone With the Wind (Vom Winde verweht)* zu Weltruhm. Ida Lupino erkämpfte sich ihre Erfolge hart, setzte sich aber als Schauspielerin und als Regisseurin in Hollywood durch.

838 Krise und Konsolidierung

Seite 838 oben links: Evelyn Waugh war der geistreichste unter den englischen Romanciers. *Seite 838 oben rechts:* W. H. Auden und Christopher Isherwood schockierten gern, konnten aber ebenso charmant sein. *Seite 838 unten links:* Aldous Huxley beschrieb in *Brave New World (Schöne neue Welt)* eine bedrückende Zukunft. *Seite 838 unten rechts:* Den größten kommerziellen Erfolg hatte wohl Daphne du Maurier. T. S. Eliot *(oben links)* genoss für seine Dichtkunst ebenso hohes Ansehen wie Somerset Maugham *(oben rechts)* für seine Romane und Theaterstücke. Zu den interessanten Autoren ihrer Zeit zählten Virginia Woolf *(unten links)* und Marguerite Radclyffe Hall *(unten rechts)*. Für beide Schriftstellerinnen waren die 1920er und 1930er Jahre keine leichte Zeit.

In den 1920er und 1930er Jahren fanden die Tennismeisterschaften in Wimbledon statt, veranstaltet vom All England Lawn Tennis and Croquet Club. Es war eine reine Amateurveranstaltung, denn Profispieler durften nicht teilnehmen. *Seite 841:* Der Club war 1922 von der Worple Road in sein stattliches neues Quartier gezogen, und der neue Centre Court entwickelte sich zum Magneten, der Tennisbegeisterte aus aller Welt anzog. *Oben:* Fast schon der letzte Brite (im Gegensatz zu Britinnen) unter den Champions war Fred Perry, der die Meisterschaft im Herreneinzel in drei aufeinander folgenden Jahren gewann, 1934 bis 1936. Hier sehen wir ihn 1936 im Halbfinale gegen den Amerikaner Don Budge.

Perry war zunächst Tischtennisweltmeister und kam erst 1928 mit 19 Jahren zum Rasentennis. Neben seinen Wimbledon-Titeln errang er auch dreimal die US-Meisterschaft sowie Titel in Australien und Frankreich. In den 1930er Jahren trug er seinen Teil dazu bei, dass England viermal den Davis-Cup gewann. Trotzdem verband Perry bestenfalls eine Hassliebe mit dem All England Club. Als Sohn eines Labour-Abgeordneten hatte er nicht die Art von Erziehung und Familie, die man im Club gerne sah. Selbst als Meister durfte er das Clubhaus nur durch die Nebentür betreten. Der Geist des Bolschewismus hatte es in Wimbledon nicht leicht.

1936 forderte der Premierminister Stanley Baldwin, der König müsse seine Liebesaffäre mit der zweimal geschiedenen Mrs. Simpson *(links)* beenden oder abdanken. *Unten:* Edward, der bereits Rundfunkansprachen an das Volk gehalten hatte, bat um Gelegenheit, sich zu verteidigen. Baldwin verweigerte sie ihm, und am 11. Dezember 1936 dankte Edward ab. *Seite 843:* Die Presse hatte ihre Schlagzeilen.

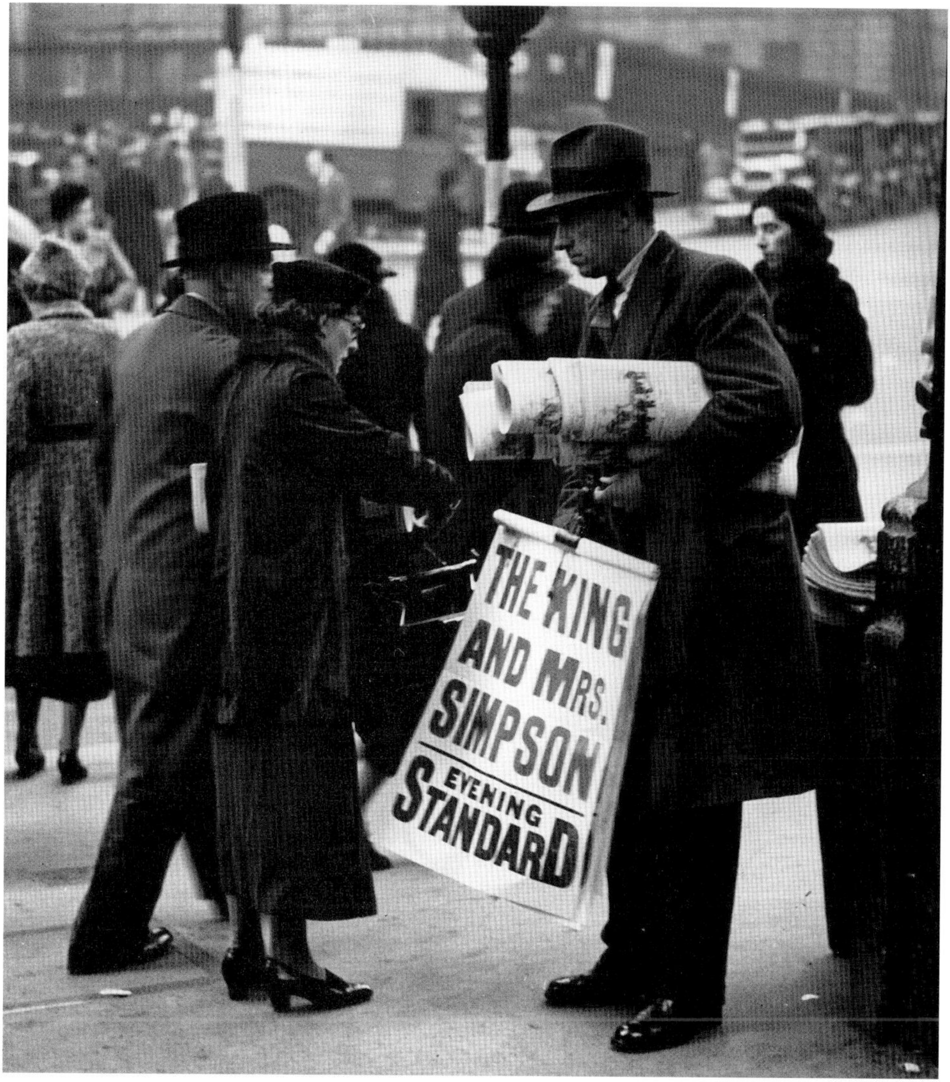
THE KING
AND MRS.
SIMPSON
EVENING
STANDARD

21
GEMEINSAM SIND WIR STARK
1939–1951

Der *Dome of Discovery* (Kuppel der Entdeckungen) beim Festival of Britain, 1951. Das Festival an der Londoner South Bank beging das Hundertjahr-Jubiläum der Weltausstellung von 1851, vor allem aber wollte die Labour-Regierung eine Nation, die sechs Jahre Krieg und weitere fünf Jahre strenger Rationierung hinter sich hatte, davon überzeugen, dass nun eine neue Zeit anbrach. Unter der Kuppel war alles ausgestellt, was Großbritannien an Naturwissenschaft, Maschinenbau und Technik aufzubieten hatte. Heute ist von der Ausstellung kaum etwas geblieben, außer schönen Erinnerungen und der Royal Festival Hall.

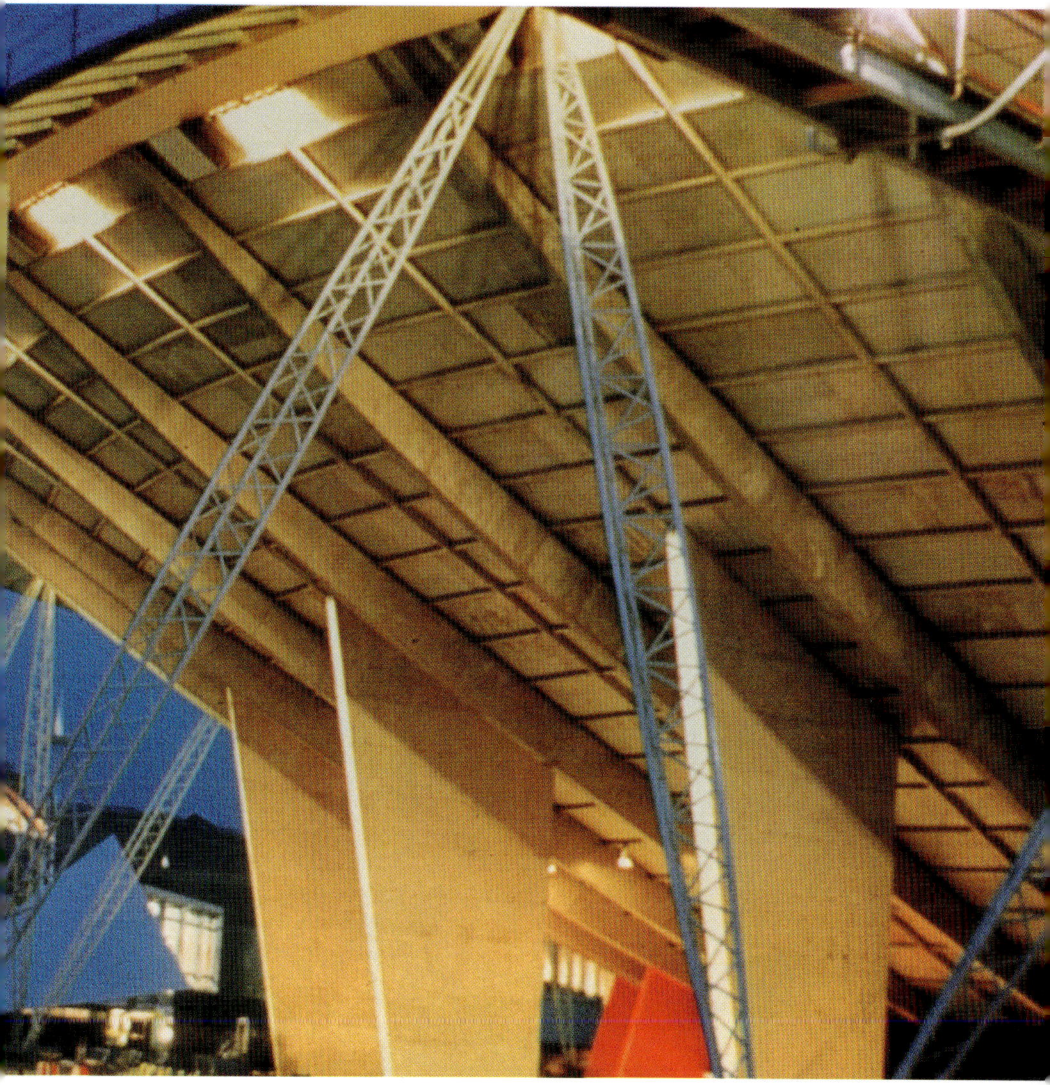

Einleitung

There'll be bluebirds over
The White Cliffs of Dover
Tomorrow, just you wait and see ...
(Englisches Lied aus dem Zweiten Weltkrieg)

Eher schlecht als recht schlitterte Großbritannien 1939 in den Krieg. Premierminister Neville Chamberlain, der bis dahin in allem Hitlers Drängen nachgegeben hatte, muss selbst überrascht gewesen sein, als er nun Deutschland den Krieg erklärte. Die ersten zwei Jahre biss das Land die Zähne zusammen, rettete mit knapper Not Ehre und Armee aus Dünkirchen, ertrug die Bombenangriffe und behauptete sich in der entscheidenden Luftschlacht um England. Winston Churchill trat die Nachfolge Chamberlains an, rüttelte die Bevölkerung mit mitreißenden Reden auf und erklärte die Schlacht von El Alamein zum Wendepunkt des Krieges. Doch noch standen drei Jahre Bomben, Rationierung und Kampf ums Überleben sowie der Krieg im Pazifik gegen Japan bevor.

Große Talente machten sich an die Arbeit und erfanden allerlei Nützliches, vom U-Boot-

Ortungsgerät bis zum vorgefertigten Luftschutzbunker. Noch größere Talente verbrachten den Krieg in Bletchley Park, dem Quartier des Nachrichtendienstes, und knackten den deutschen Enigma-Code. Zum ersten Mal wurden auch Frauen eingezogen, und vielen war dieses neue Leben nicht unwillkommen. Kinder wurden aus den Großstädten evakuiert, und viele Jungen und Mädchen aus der Arbeiterklasse lernten erstmals die Freuden und Schrecken des Lebens in der Mittelschicht kennen.

Als sich schließlich in Hiroshima und Nagasaki die radioaktiven Wolken verzogen, war Großbritannien dem Staatsbankrott nahe. Attlees Labour-Regierung erinnerte sich an die alten Grundsätze der Partei, verstaatlichte Bergwerke, Eisenbahnen, Gas- und Elektrizitätsbetriebe sowie die Bank von England und schuf eine staatliche Gesundheitsfürsorge. Die Industrie nahm, so schnell sie konnte, die Friedensproduktion wieder auf, doch Hunderte von Fabriken waren zerstört und die Maschinen und Werkzeuge oft hoffnungslos veraltet.

Der Winter 1946/47 war einer der kältesten seit Menschengedenken. British Railways mühte sich nach Kräften, die gefrorenen Kessel anzuheizen, und wer als Autofahrer noch Benzin von seiner schmalen Ration übrig hatte, quälte sich durch Schneewehen und schlitterte über vereiste Straßen. Kohle war rationiert, und der Grus, den es als Ersatz gab, kaum wert, dass man ihn ansteckte. Fleisch war rationiert, und was stattdessen ausgegeben wurde, erwies sich als eine Art Corned Beef aus Walfleisch. Der Wohnungsnot begegnete man mit Zehntausenden von vorgefertigten Häusern. Der Sport konnte einige Helden aufweisen (Denis Compton, Stanley Matthews, Gordon Richards), aber nicht viele Siege.

Nach sechs Jahren Mangel richtete die Regierung 1951 das Festival of Britain aus, als Zeichen für den (erhofften) Beginn einer neuen Zeit. Doch die Wähler hatten die Geduld mit Labour verloren, und mit 77 Jahren kam Churchill noch einmal an die Macht. Vom jugendlichen Aufbruch blieb keine Spur.

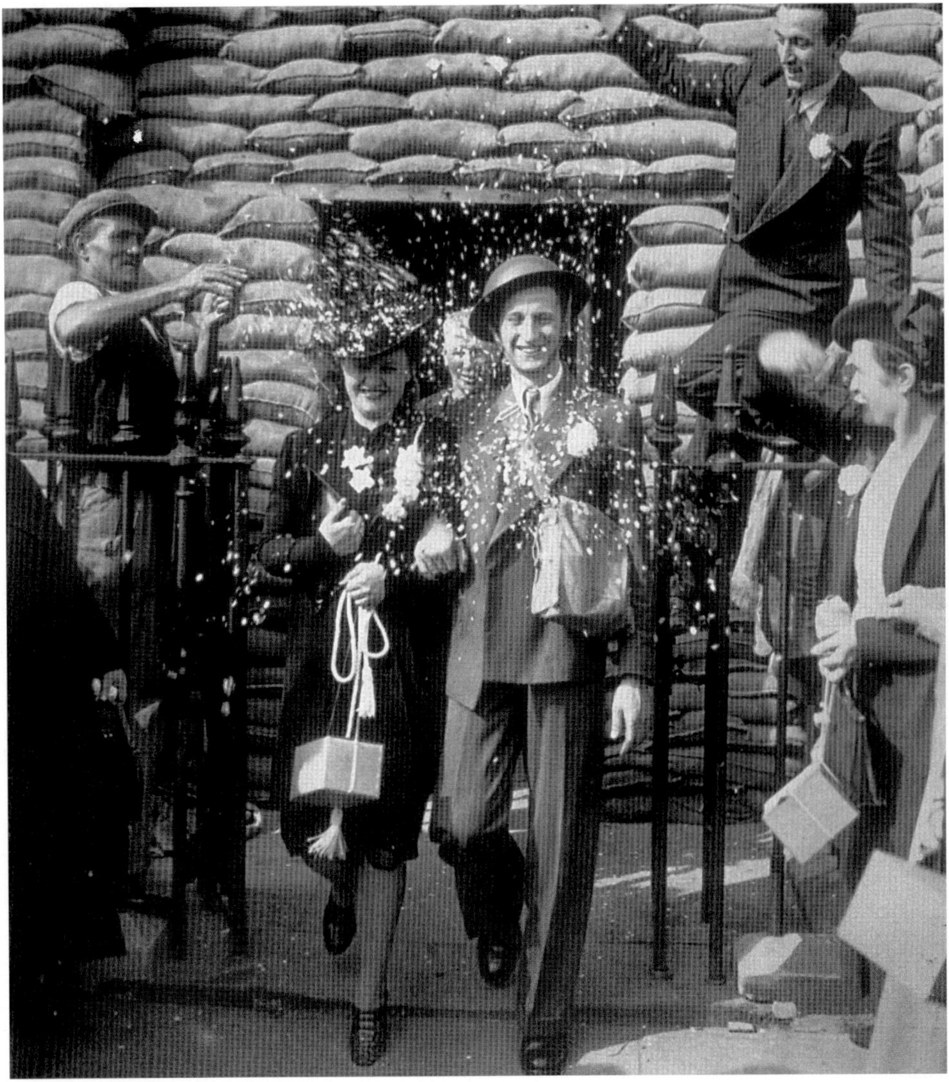

Wo immer möglich, sollte das Leben ganz normal weitergehen, obwohl das nicht immer ganz leicht war. *Seite 848:* Ein Hochzeitspaar im Jahr 1939 vor dem mit Sandsäcken geschützten Standesamt von Islington. *Oben rechts:* Auch nach dem Bombenangriff funktioniert das Telefon noch, 1941. *Oben links; rechts:* Die Gasmaske ist immer dabei, ob im Verkehrseinsatz oder beim Badeausflug im Hyde Park.

Oben: Sir John Anderson ist der Vater der nach ihm benannten Not-Luftschutzbunker zu Anfang des Krieges. *Links:* Sie bestanden aus Wellblech, das zusammengenietet und mit Erde bedeckt wurde.

Wer in London lebte oder arbeitete, fand in den U-Bahn-Stationen Zuflucht vor den häufigen Bombenangriffen. Anfangs wollten die Behörden die Bevölkerung daran hindern, doch die Leute drängten sich hinein. *Oben rechts:* Wer einen Platz erobert hatte, versuchte, es sich unter Tage so wohnlich wie möglich zu machen – viele brachten Bettzeug mit, Kleider, sogar Wecker, damit sie am nächsten Morgen pünktlich zur Arbeit kamen. *Oben links:* Auch im Luftschutzkeller wird das Make-up nicht vernachlässigt.

852 Gemeinsam sind wir stark

Seite 852 unten links und rechts: Aus den Gegenden, in denen Luftangriffe besonders wahrscheinlich waren, wurden die Alten und die Jungen evakuiert. 1940 beschloss die Regierung, 120 000 Londoner Kinder *(Seite 852 oben links)* aufs Land zu verschicken *(Seite 852 oben rechts). Oben und rechts:* Offiziell hieß es, die Stadtkinder nähmen das Landleben begeistert auf. Erst nach dem Krieg hörte man auch anderes.

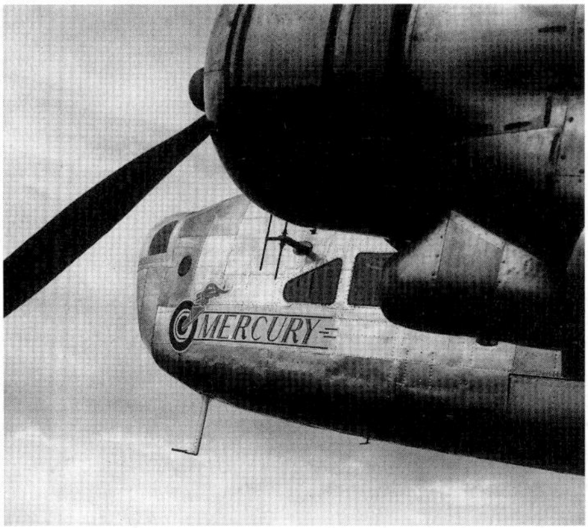
MERCURY

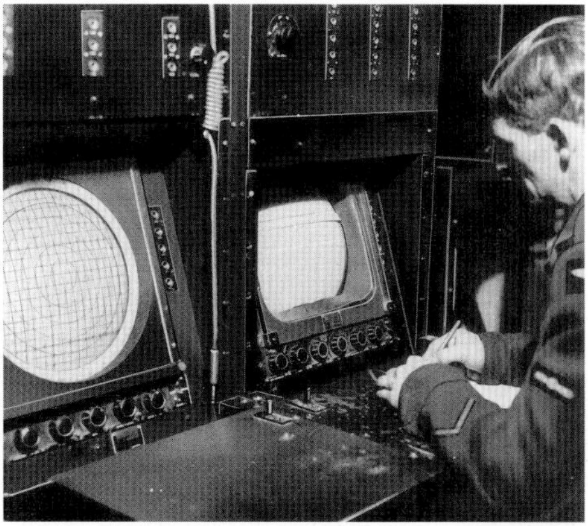

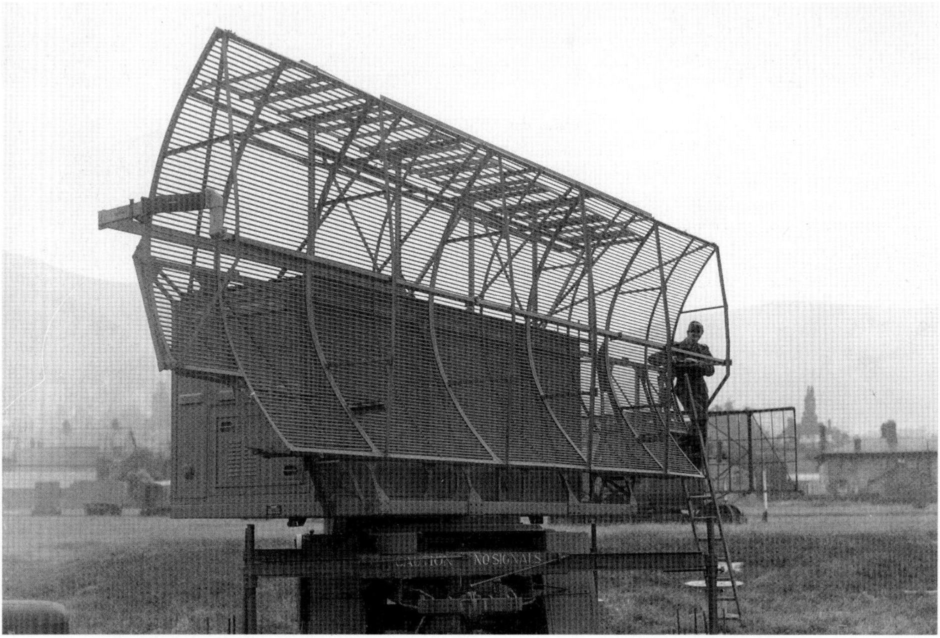
CAUTION NO SIGNALS

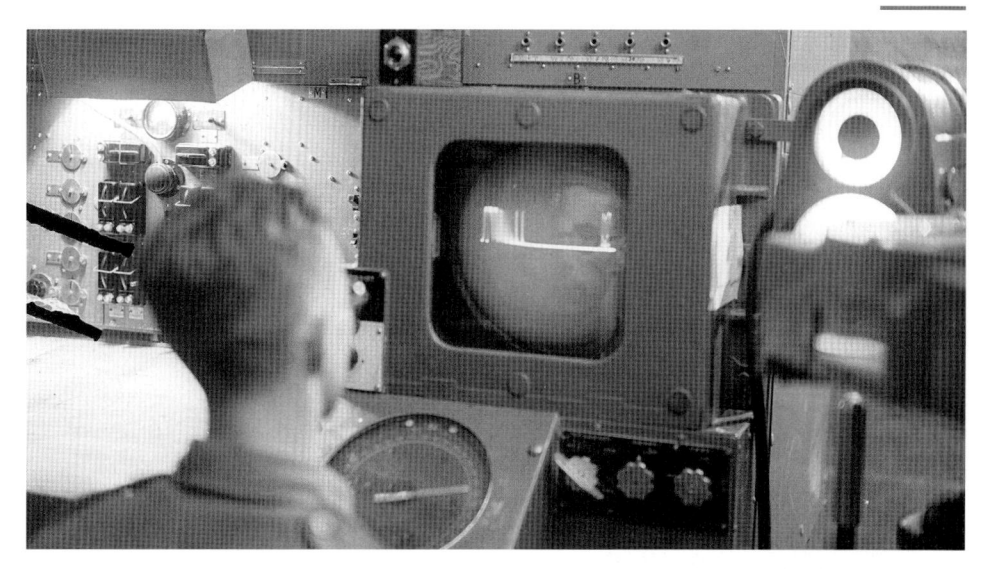

Sir Robert Watson-Watt war der Pionier des Radargerätes, das mittels Funkpeilung Flugzeuge und Schiffe orten konnte. Die Existenz der Geräte wurde geheim gehalten, und die Aufnahmen entstanden erst nach Kriegsende. *Seite 854 oben links:* Die Nase eins Halifax-Bombers mit Radarausrüstung für nächtliche Angriffe. *Seite 854 oben rechts:* Eine Landkarte und ein leerer Schirm in einer Radarstation der Royal Air Force (RAF). *Oben:* Ein Artillerieschütze der Küstenwache vor einem Zielgerät, mit dem sich herannahende Schiffe ausmachen ließen. *Seite 854 unten:* Eine Radarantenne der RAF im Einsatz bei der Luftschlacht um England, um die Flughöhe feindlicher Maschinen zu messen. *Rechts:* Eine Breitbandantenne fertig zur Installation.

Eine der erfolgreichsten Kampagnen an der Heimatfront stand unter dem Motto »Dig for Victory«. Jedes verfügbare Stückchen Land wurde genutzt, um Lebensmittel anzubauen, von Bauernhöfen *(oben links)* über Schrebergärten, Sportplätze und Spielwiesen bis hin zu Blumenbeeten *(Seite 857 oben links)*. Jeder sollte seinen Beitrag leisten. *Oben rechts:* Zwei evakuierte Kinder mit einem 20 Kilogramm schweren Kohlkopf, geerntet im Garten von J. W. Buckland in Oxford, 22. Oktober 1940. *Seite 857 oben rechts:* Ein junger Seemann aus der Kaserne in Chatham hilft bei der Kartoffelernte auf einer Farm in Codling bei Rochester, 22. Juni 1945. *Seite 857 unten:* Zwei weibliche Angehörige der Air Force-Hilfstruppen bringen Exponate zur RAF-Landwirtschaftsschau, Saal der Royal Horticultural Society, London, 25. September 1945.

Buddeln für den Sieg 857

Alle Regierungen mussten sich im Zweiten Weltkrieg anstrengen, die Moral ihrer Truppen hochzuhalten. In Großbritannien war dafür entscheidend die BBC verantwortlich, besonders im Bereich der leichten Unterhaltung. *Oben links und rechts:* Die beliebteste Radiosendung ihrer Art war *ITMA (It's That Man Again)* mit dem schnellzüngigen Liverpooler Komödianten Tommy Handley. Die Sendung war eine Mischung aus Satire, Parodie und Slapstick.

Oben: Als Liebling der Truppen galt die junge Sängerin Vera Lynn, hier bei der Übergabe einer Feldküche an die YMCA, gestiftet von der Vereinigung der Varietékünstlerinnen im Jahr 1942. Ihre Stimme hatte etwas durch und durch Natürliches, und sie galt oft als Mädchen von nebenan, wenn auch als ausgesprochen talentiertes. Entsprechend anheimelnd waren die Lieder, die sie sang, die erfolgreichsten darunter *The White Cliffs of Dover* und *We'll Meet Again*. Vera Lynn war noch lange nach Ende des Krieges in Großbritannien und den Vereinigten Staaten erfolgreich. *Rechts:* »The Forces' Sweetheart« geht an Bord der Queen Mary zu Auftritten in Amerika, 30. Dezember 1951.

Seite 861: 1944 legte »Rab« Butler, Präsident des Board of Education, seinen Bericht über den Zustand der Schulen in England und Wales vor. Er forderte, allen Schülern eine Erziehung zu ermöglichen, die »Alter, Auffassungsgabe und Intelligenz« angemessen sein sollte, und stellte staatliche höhere Schulen für alle Bevölkerungsschichten in Aussicht. Mit elf Jahren würden die Kinder dann in drei Leistungsgruppen eingeteilt. Wer das »Eleven Plus«-Examen bestand, sollte einen Platz auf einer *grammar school,* der höheren Schule, bekommen, die anderen sollten Hauptschule oder technische Schule besuchen. *Links:* Schüler der Beckenham and Penge Grammar School, Januar 1950.

Seine Empfehlungen wurden im »Education Act« von 1944 umgesetzt und bald nur noch »Butler Act« genannt. Auf Butlers Rat hin wurden auch Sonderschulen für Schüler mit geistigen oder körperlichen Behinderungen oder mit Lernschwächen eingerichtet. In vielem war sein Bericht sehr weitsichtig, denn Butler war ein intelligenter und fortschrittlicher Mann. Allerdings war es nicht leicht, mit ihm auszukommen, und er galt als »ebenso unnahbar wie untadelig«.

Oben links: Clement Attlee wurde nach der Wahl von 1945 Premierminister für die Arbeiterpartei. Unter seiner Führung nahm die Regierung ein Programm radikaler Reformen in Angriff und verstaatlichte Eisenbahnen, Bergwerke, die Bank von England, die Stahlindustrie und die Häfen. *Seite 863 oben:* Es war eine heroische Leistung, doch trotz schönster Plakate konnte sich die Labour Party 1950 nur mit Mühe behaupten, und schon 1951 wurden Neuwahlen ausgeschrieben. *Oben rechts:* Der *Daily Mirror* warb auf seiner Titelseite für Labour und präsentierte mit der Frage »Wer hat den Finger am Abzug?« Churchill als Kriegstreiber. Aber der Schuss ging nach hinten los, und die Tories kamen wieder an die Macht.

Glück und Unglück der Labour-Regierung 863

Rechts: Attlee in glücklicheren Tagen bei der ersten Parteiversammlung nach dem großen Wahlsieg von 1945.

Im Dezember 1942 empfahl William Beveridge die Einrichtung einer staatlichen Gesundheitsfürsorge; Behandlung und Medikamente sollten für alle kostenlos sein. *Links oben:* Als der Krieg dem Ende zuging, gab es Befragungen, um die Meinung der Öffentlichkeit bezüglich dieses Plans zu hinterfragen. *Seite 865 oben und links unten:* Der große Sieg der Labour Party im Jahr 1945 gab dem Gesundheitsminister Aneurin Bevan die Chance, diesen Traum zu verwirklichen, und 1948 entstand der National Health Service.

Gesundheitsfürsorge 865

So schwach die britische Wirtschaft nach Kriegsende auch war, wurde doch das Möglichste getan, die Versorgung der Kranken zu sichern. *Seite 864 unten:* Prinzessin Elisabeth besucht das nach ihr benannte Hospital in Guernsey, 24. Juni 1949. *Ganz rechts:* Mutter und Kind in einer der neuen Kinderkliniken, 1950.

»Alle Welt kommt 1951 nach London ... alle Welt kommt nach London und staunt ...« (aus einem Lied zum Festival of Britain; *unten* das Emblem).

Oben: Der *Dome of Discovery*, gefüllt mit Ausstellungsstücken unterschiedlichster Größe *(Seite 866 oben links)*. *Seite 866 oben rechts:* Tatsächlich kamen Besucher in großer Zahl – Betty Barks und John Brown waren die millionsten Besucher, die das Drehkreuz passierten. *Rechts:* Ein Sonderzug bringt die Belegschaft der Van-Houten-Kakaofabrik aus Taunton nach London. *Seite 866 unten links:* Bebrillte Zuschauer im 3-D-Kino.

Die Olympischen Spiele von 1948 fanden in London statt. Das Wembley-Stadion war der Hauptaustragungsort. Die Läufer des Staffellaufs mit der olympischen Flamme trugen ihre Fackeln von Athen durch die Ruinen Europas. *Links oben:* Der Fackelträger trifft auf der letzten Etappe von Dover nach London in Redhill ein. *Links unten:* Die ersten Autos nähern sich auf dem neu erbauten Wembley Way dem Stadion.

Oben: 29. Juli 1948: Die Eröffnungsfeier der Olympischen Spiele.
Rechts: Finale im Hundertmeterlauf der Herren. Sieger wurde Harrison Dillard aus den Vereinigten Staaten (der Kamera am nächsten), gefolgt von Norwood »Barney« Ewell, Lloyd Labeach, Alistair McCorquodale, Melvin Patton und E. Macdonald Bailey.

Links: Meisterjockey Gordon Richards. *Unten links:* Stanley Matthews, in weißen Hosen, beim Halbfinale des FA-Cup, 1948. *Unten rechts:* England gegen Südafrika, Len Hutton am Schlag. *Seite 871 oben:* Denis Compton, Englands umschwärmtester Cricketspieler. *Seite 871 unten:* Radsportweltmeister Reg Harris, 1950.

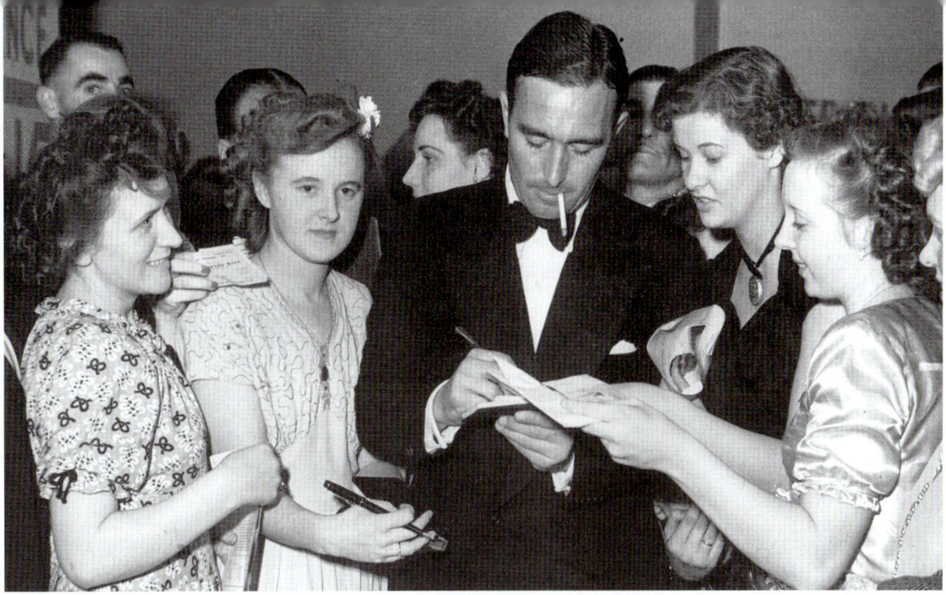

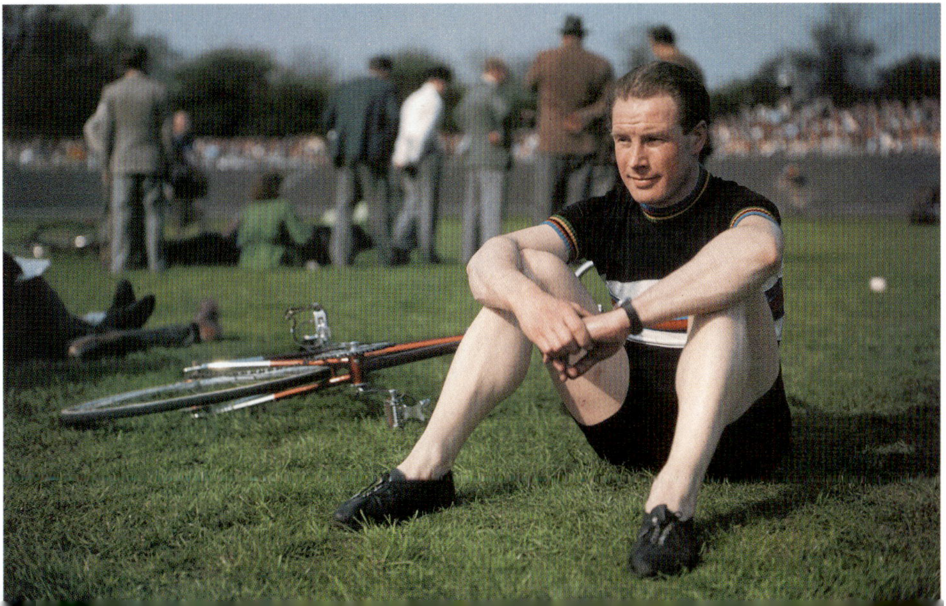

Oben: Am 27. Juli 1949 unternahm die De Havilland Comet ihren Jungfernflug. Sie war das erste Düsenverkehrsflugzeug, schlank, elegant und kraftvoll. *Links:* Konstrukteur war H. E. Bishop, der damit der britischen Flugzeugindustrie einen weltweiten Vorsprung verschaffte. Leider wurden die Flüge mit der Comet Anfang der 50er Jahre nach einigen Abstürzen eingestellt. Als die Maschine einige Jahre darauf in stabilerer und verbesserter Form wieder antrat, beherrschte bereits die Boeing 707 die Lüfte.

Vater des Düsenantriebs war Frank Whittle *(oben, bei einer Autogrammstunde in der Ausstellung Schoolboy's Own, 1954)*. Flugzeugingenieur und Erfinder Whittle begann mit der Arbeit an dem Projekt schon Ende der 1920er Jahre. *Rechts:* Trotz offizieller Opposition absolvierte sein Motor 1941 in einer Maschine vom Typ Gloster seinen ersten Flug.

Links: Sir Alexander Fleming erhielt 1945 den Nobelpreis für Medizin. Der Preis war eine Anerkennung der Arbeit, die er für die Entwicklung des ersten Antibiotikums geleistet hatte: Penizillin.
Rechts: Flemings Labor befand sich im St. Mary's Hospital in Paddington, wo er fast sein gesamtes Arbeitsleben verbrachte. Seinen Erfolgen in der Schützenmannschaft des Krankenhauses war es zu verdanken, dass Sir Almroth Wright auf ihn aufmerksam wurde und ihm die Stelle im bakteriologischen Forschungslabor anbot.

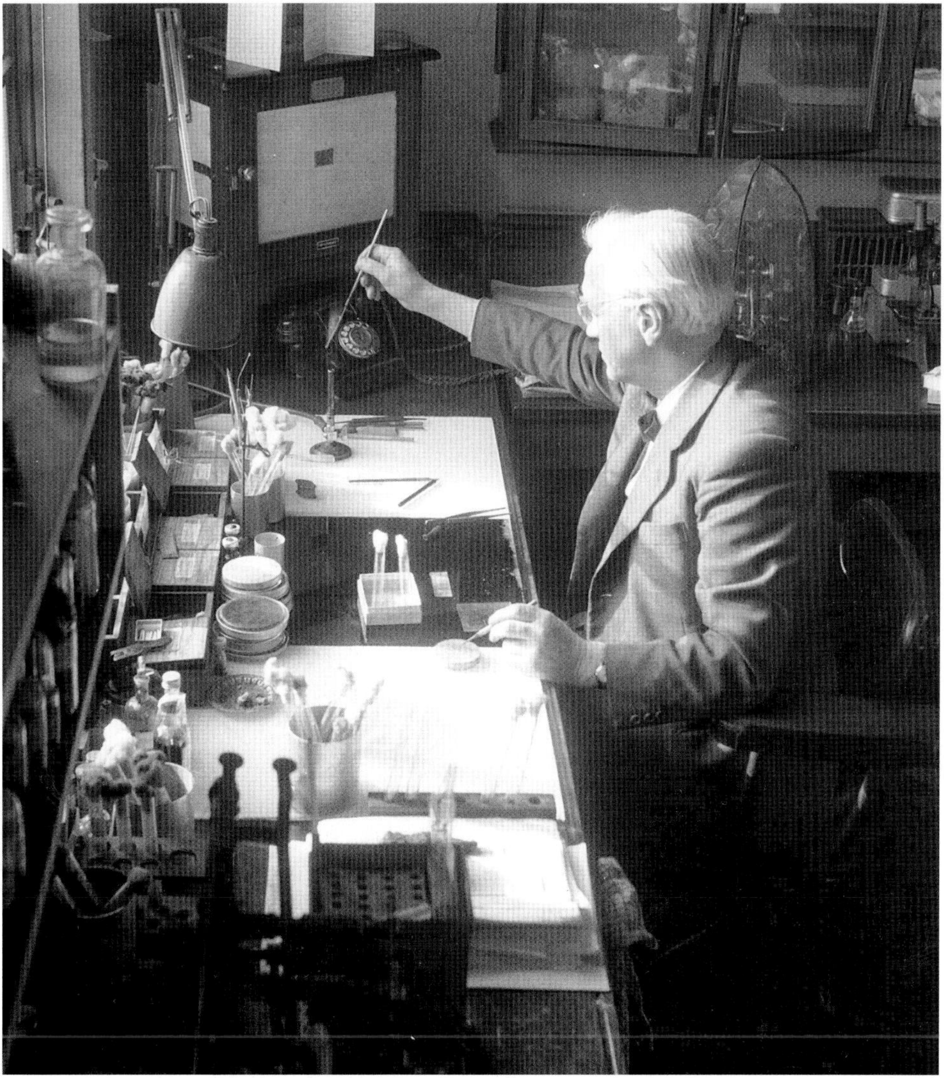

Im Krieg und danach blühte die britische Filmindustrie. *Links, im Uhrzeigersinn von oben links:* John Mills in *In Which We Serve (Wofür wir dienen)*, James Mason und Margaret Lockwood in *The Wicked Lady (Die Frau ohne Herz)*, Alec Guinness in *The Man in the White Suit (Der Mann im weißen Anzug)* und Laurence Olivier mit Joan Fontaine in *Rebecca*. *Seite 877, im Uhrzeigersinn von oben links:* Alastair Sim als Scrooge in *A Christmas Carol (Eine Weihnachtsgeschichte)*, Richard Attenborough in *Brighton Rock*, Roger Livesey als *Colonel Blimp* sowie David Niven.

Der britische Film 877

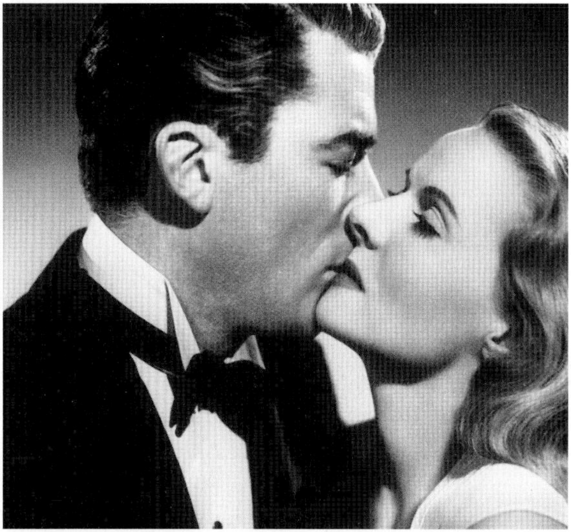

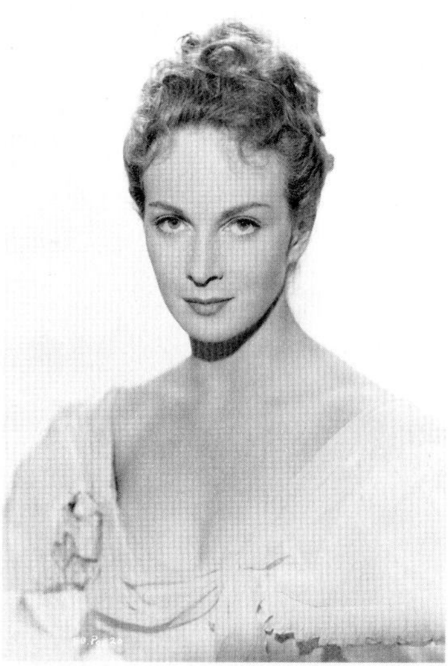

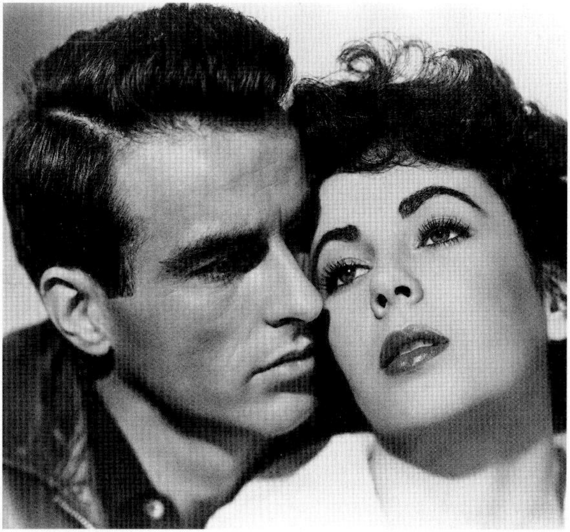

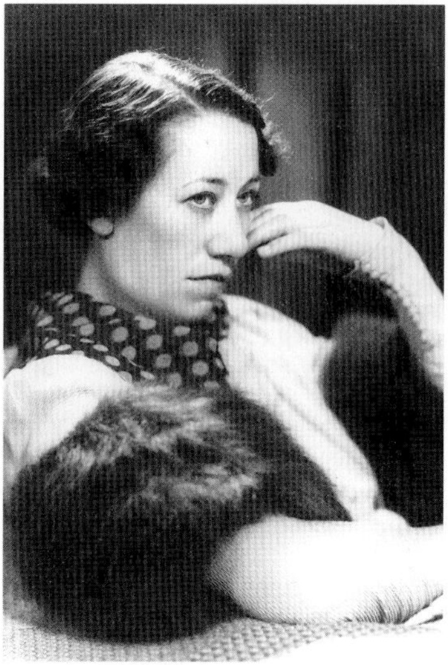

Seite 878 oben links: Hollywood kommt nach Großbritannien – Gregory Peck und Ann Todd in Hitchcocks *The Paradine Affair (Der Fall Paradin). Seite 878 unten links:* Großbritannien kommt nach Hollywood: Montgomery Clift und Elizabeth Taylor in *A Place in the Sun (Ein Platz in der Sonne). Seite 878, oben rechts:* Joan Greenwood. *Seite 878 unten rechts:* Flora Robson. *Rechts, im Uhrzeigersinn von oben links:* Peggy Ashcroft, Trevor Howard mit Celia Johnson in *Brief Encounter (Begegnung)*, Jean Simmons, Deborah Kerr.

22
DIE ZEITEN WERDEN BESSER
1951–1970

Der größte Augenblick in der Geschichte des englischen Fußballs. *Rechts:* London, Wembley-Stadion, 30. Juli 1966. Nach dem Sieg über Westdeutschland im Weltmeisterschaftsendspiel hält Bobby Moore die Jules-Rimet-Trophäe in die Höhe. In den letzten Sekunden der Verlängerung, als Geoff Hurst den Ball auf das deutsche Tor dribbelte, kam das Publikum schon auf das Spielfeld, im Glauben, der Schiedsrichter habe abgepfiffen. »Sie glauben, es ist vorbei …«, sagte der BBC-Fernsehkommentator Kenneth Wolstenholme. Hurst schoss den Ball ins Netz. »… und das ist es jetzt auch«, fügte Wolstenholme hinzu. Es sollte der berühmteste Satz eines Sportkommentators im 20. Jahrhundert bleiben.

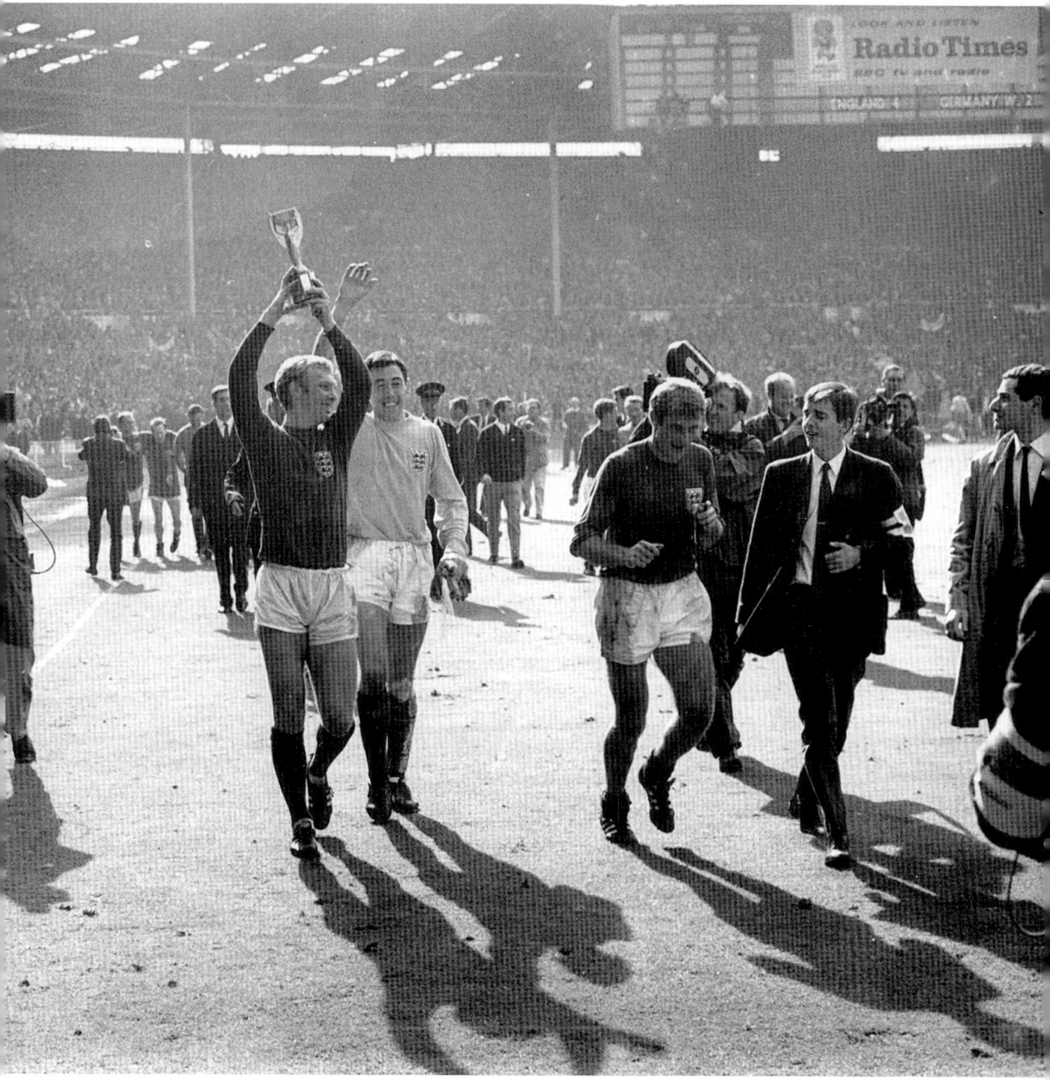
Radio Times

Einleitung

Als im Juni 1953 Elisabeth II. den Thron bestieg, sahen dies viele Bürger als Aufbruch in eine bessere Zeit. Ein neues Elisabethanisches Zeitalter werde kommen, prophezeiten die Optimisten und wiesen stolz auf den Mount Everest, den Hillary und Tenzing gerade bezwungen hatten. Vier Jahre später erklärte Harold Macmillan, der konservative Premierminister: »Seien wir doch einmal ehrlich – die meisten von uns haben es noch nie so gut gehabt.« Aber für den größten Teil dieser zwei Jahrzehnte ging es dem Land bestenfalls einigermaßen.

Auf der Habenseite ist eine ganze Reihe von Erfindungen zu verbuchen, vor allem im Flugwesen. Die Comet von De Havilland wurde 1951 als erstes Düsenpassagierflugzeug der Welt in Dienst gestellt. Die ersten Senkrechtstarter flogen 1954, und die Luftkissenboote von 1958 blieben zwar näher am Boden, waren dafür aber nützlicher. Die britisch-französische Concorde unternahm ihren Jungfernflug 1969. Ein weiteres Wunderflugzeug, die Bristol Brabazon, hatte einen kurzen Auftritt, bevor es unter riesigen Mottenkugeln verschwand. Das größte Radioteleskop der Welt entstand 1957 in Jodrell Bank, zehn Jahre darauf lief die QE2 vom Stapel. Sir Francis Chichester umsegelte in seiner Gipsy Moth IV einhändig die Welt. Die letzte Blüte der britischen Motorindustrie brachte neue Modelle auf die ersten Schnellstraßen. Die Umweltschutzgesetze von 1955 sorgten für saubere Luft.

In Windscale nahm das erste britische Atomkraftwerk seinen Betrieb auf, doch binnen kurzem waren nach einem Brand 200 Quadratmeilen des Umlandes durch radioaktive Dämpfe verseucht. Ebenfalls auf der Sollseite schlugen das Unglück von Aberfan zu Buche, das Debakel von Suez, Unruhen in Kenia sowie Zypern und die atomare Aufrüstung. Die Friedensbewegung formierte sich und organisierte Protestmärsche.

Vieles, was zehn Jahre zuvor Versprechen geblieben war, wurde in den »Swinging Sixties« wahr. Ein paar Jahre lang stand ein Großbritannien in schrillen Farben im Mittelpunkt der Weltaufmerksamkeit. Die Beatles und die Rolling Stones beherrschten die Popmusik. 1966 wurde England Fußballweltmeister. Mary Quants Mode, Vidal Sassoons Frisuren, die Hochglanzbilder von Twiggy und Jean Shrimpton prägten entscheidend das Erscheinungsbild der Welt. Alle träumten davon, in der King's Road in Chelsea ihre Kleider zu kaufen. Benny Hill brachte die Fernsehkomödie auf einen neuen Höhepunkt oder Tiefpunkt, je nachdem, wie man es sah. Ein amerikanischer Ölbaron kaufte die London Bridge für eine Million Pfund.

Doch das Ende des Jahrzehnts war überschattet von Straßenkämpfen in Nordirland, in Derry und Belfast. In aller Eile wurden Truppen entsandt, um die Ruhe wiederherzustellen.

Ein strahlender Tag – bis auf das Wetter. *Links oben:* Am 2. Juni 1953 säumen Zuschauer die Zufahrt zum Hyde Park, als die Krönungsprozession vorüberzieht; hier die Abordnung der Royal Navy. *Links unten:* Durchnässte Schaulustige am Trafalgar Square.

Rechts: In der Morpeth Street im Londoner East End wurde eines von Tausenden von Straßenfesten am Krönungstag gefeiert. *Unten:* Die Schiffe schimmern im Licht des Feuerwerks – Höhepunkt der Flottenparade, die die Navy zu den Feierlichkeiten veranstaltete.

Anbruch einer besseren Zeit – die Krönung Elisabeths II. am 2. Juni 1953 in der Westminster-Abtei. Georg VI. war ein beliebter Monarch gewesen, doch von der jungen Königin erhofften sich alle Bürger eine spirituelle, kulturelle und ökonomische Erneuerung für das ganze Land. *Links:* Elisabeth und ihre Hofdamen treffen zu der strapaziösen Zeremonie an der Abtei ein. *Oben:* Nach dem großen Augenblick der Krönung erweist der Herzog von Edinburgh seiner Frau und Königin die Reverenz.

Auch nach der Rückkehr in den Buckingham-Palast blieb noch viel zu tun. *Oben:* Die Königsfamilie mit Prinz Charles und Prinzessin Anne zeigt sich auf dem Balkon. *Rechts:* Die Queen mit ihren Hofdamen im Thronsaal des Buckingham-Palastes.

Links: Am frühen Morgen des Krönungstages erreichte London die Nachricht, dass Mitglieder der britischen Mount-Everest-Expedition erstmals den höchsten Berg der Welt bezwungen hatten. *Links unten:* Einen Monat später traf die Mannschaft auf dem Londoner Flughafen ein.

Oben rechts: Leiter der Expedition war ein ehemaliger Armeeoffizier namens John Hunt, ein bis dahin vollkommen unbekannter Mann. Die beiden Bergsteiger, die den Gipfel erreichten, waren Sherpa Tenzing Norgay *(oben links)* und Edmund Hillary *(rechts)*. Tenzing war ein professioneller Everest-Führer, Hillary ein Imker aus Neuseeland. Beide verrieten nie, wer von ihnen als erster auf dem Gipfel stand. Sie ließen einen Union Jack, eine nepalesische Flagge und eine Fahne der Vereinten Nationen zurück.

890 Die Zeiten werden besser

Am 6. Mai 1954 versammelten sich ein paar Neugierige auf dem Sportplatz an der Oxforder Iffley Road. Es hieß, ein junger Mann namens Roger Bannnister, ein 25-jähriger Student am St. Mary's Hospital, Paddington, wolle antreten und eine Vier-Minuten-Meile laufen. Niemandem war das bisher gelungen. Zwei weitere Athleten, Chris Brasher *(oben links,* mit Brille) und Christopher Chataway, liefen nicht als Konkurrenten, sondern kamen als Bannisters Schrittmacher. *Links:* Bannister zerriss das Zielband nach 3 Minuten 59,4 Sekunden, und das Grüppchen Zuschauer jubelte. *Oben rechts:* Winston Churchill gratuliert Brasher, Chataway und Bannister, Downing Street, Juni 1954.

Eine neue Erscheinung in Soho und überall in den britischen Städten waren die Kaffeebars mit ihren glitzernden Kaffeemaschinen, Tassen und Untertassen aus Glas und mit Livemusik. König der Kaffeebars war Tommy Steele *(oben,* mit Gitarre), der hier am 25. Februar 1957 die Gäste des Londoner Bread Basket mitreißt.

Schon bald ließ Steele die Kaffeebars hinter sich und wurde Großbritanniens erster Rock 'n' Roll-Star. *Oben:* Binnen kurzem war er eine solche Sensation, dass die Polizei die aufgeregten Verehrer, die einen Blick auf ihr Idol erhaschen wollten, zurückhalten musste. Die Alternative zum Rock 'n' Roll war der Skiffle, akustische Musik auf Gitarre, Bass und Waschbrett, und König des Skiffle war Lonnie Donegan. Überall im Land eiferten in möblierten Zimmern und in Garagen junge Leute Steele und Donegan nach. *Seite 892 unten:* Bert Hardys Aufnahme von Lonnie Donegan in der Fernsehsendung *Six Five Special.*

RECORDS
WINES
SPIRITS
BEERS

N. HART · LTD
JOB & STOCK — BUYERS & SHIPPERS

GAMBA
PJH 900

Im Londoner Viertel Soho (alle Bilder) war in den 50er Jahren immer etwas los. *Seite 894 oben rechts:* Ronnie Scotts Jazzclub. *Seite 894 unten rechts:* Andria Loran, erklärter Liebling von Soho. *Oben links:* Tänzer im Gargoyle Club. *Oben rechts:* Immer unterwegs. *Rechts:* Die Kittens beim »hand jive«.

896 Die Zeiten werden besser

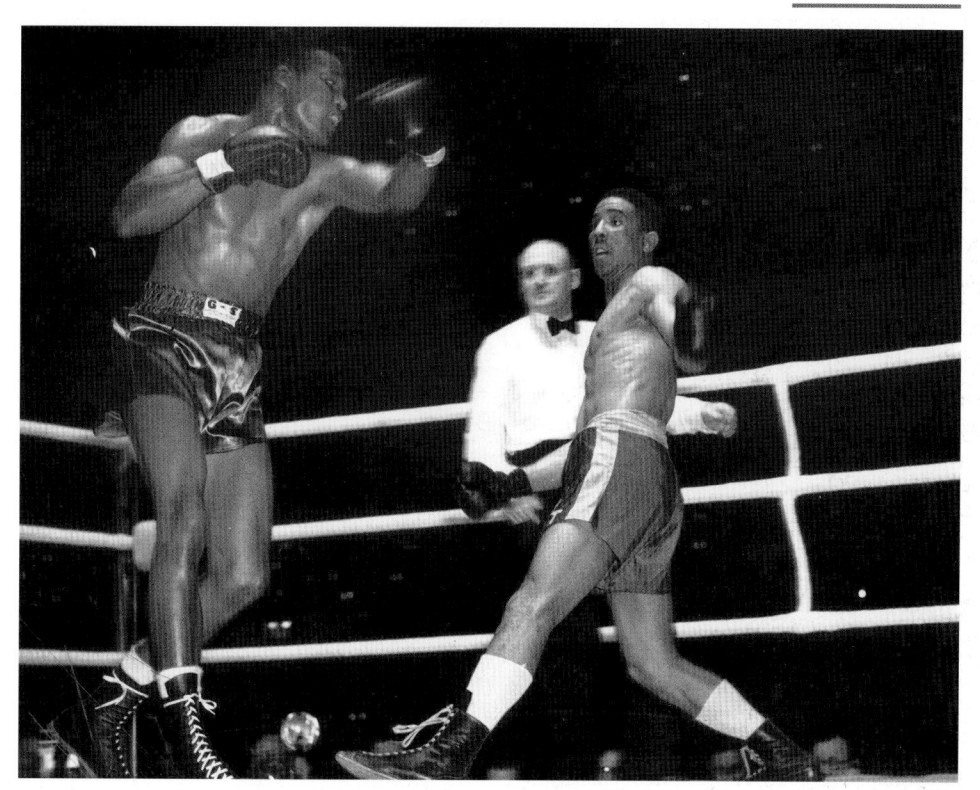

Links: 1950 wurde Randolph Turpin britischer Mittelgewichtsmeister im Boxen, und im folgenden Jahr gewann er die Europameisterschaft. Dann kam der Höhepunkt seiner Karriere. Am 10. Juli 1951 traf Turpin im Londoner Earl's Court in einem Weltmeisterschaftskampf in 15 Runden auf den amerikanischen Champion Sugar Ray Robinson. Robinson galt als Favorit, doch Turpin erwies sich als schneller und angriffslustiger. *Oben:* Robinsons linker Haken geht ins Leere. Nach dem Ertönen der letzten Glocke wurde Turpin zum Sieger nach Punkten erklärt.

Links: Alec Issigonis, aus Smyrna gebürtiger Konstrukteur des Mini, auf dem Weg zum Buckingham-Palast zu seiner Erhebung in den Adelsstand, 22. Juli 1969. Der Mini wurde zum Star auf allen Straßen – klein und hübsch, billig im Verbrauch und ein Fahrvergnügen. Es gab Wettbewerbe darum, wie viele Leute in einen Mini passten, wie weit sich ein Mini mit einer Gallone Benzin fahren ließ und in welch noch so kleine Parklücke man ihn einparken konnte.

Oben: Minis feierten auch Erfolge als Rallyewagen, und der sportliche Mini-Cooper verkaufte sich gut. *Rechts:* Alle liebten den Mini, auch Christine Keeler, obwohl der Reverend sich offenbar wundert, warum sie auf den Rücksitz steigt.

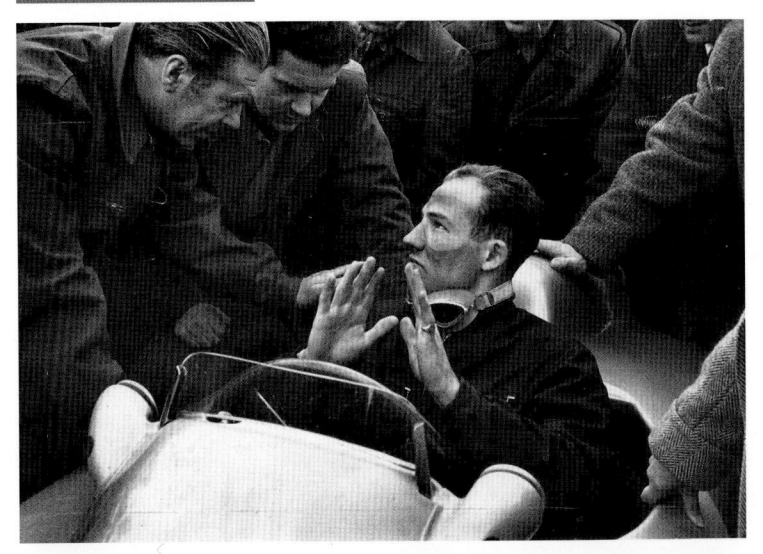

Eine neue Generation von Grand-Prix-Wagen und eine neue Generation von Fahrern eroberten in den 1950er Jahren die Rennstrecken. *Links:* Der beste britische Fahrer war Stirling Moss, der nur das Pech hatte, dass ihm Juan Manuel Fangio auf vielen europäischen Strecken vorausfuhr. *Unten:* Moss in einem Maserati in Monza, 1. Juni 1954.

Oben: Da sich in den 1950er Jahren noch keiner groß um die Sicherheit kümmerte, trennen nur ein paar Strohballen auf der regennassen Strecke Moss von den Zuschauern. *Rechts:* Ein Mechaniker reinigt Moss' Schuhsohlen, damit er Halt auf den Pedalen hat.

In den 1950er Jahren formierten sich die Atomwaffengegner, um die Welt von der Bombe zu befreien. Jedes Jahr zu Ostern veranstalteten sie einen Protestmarsch vom Atomwaffen-Entwicklungslabor Aldermaston in Hampshire zum Londoner Trafalgar Square. *Links oben:* Anti-Atom-Kundgebung in London, 30. März 1959. *Links unten:* Atomgegner inszenieren ein symbolisches »Massensterben« am Bootsanleger von Westminster, Juni 1962.

Oben: Eines der Gründungsmitglieder der CND (Campaign for Nuclear Disarmament) war Kanonikus John Collins. *Rechts oben:* Durchnässte CND-Demonstranten tragen das Friedenszeichen durch die Straßen von Aldermaston, 17. April 1958. *Rechts unten:* Bertrand Russell mit seiner Frau Edith Finch auf der Tribüne einer CND-Versammlung am Trafalgar Square, 1961. Im selben Jahr wurden beide bei einem Protest in Whitehall festgenommen.

Ende der 1960er Jahre wurden die Anti-Vietnamkrieg-Demonstrationen heftiger und die Zahl der Teilnehmer größer. *Links unten:* Wie hier am 18. März 1968 war das Ziel der meisten dieser Protestzüge die Amerikanische Botschaft am Grosvenor Square. *Links:* Vanessa und Corin Redgrave auf einer Kundgebung. Der Stirnreif aus Papier ist das traditionelle vietnamesische Zeichen der Trauer.

Die Mehrzahl der Proteste verlief friedlich. *Rechts unten:* Am 19. Februar 1968 marschierten über 400 Frauen schweigend vom Grosvenor Square zur Downing Street. *Rechts:* Am gewaltsamsten ging es am Abend des 27. Oktober 1968 zu, als sich Polizei und Demonstranten um den Grosvenor Square eine Schlacht lieferten. Am folgenden Tag empörten sich Befürworter des Krieges vor allem über die Misshandlung der Polizeipferde.

Ihr Aufstieg war kometengleich. 1962 unterzeichneten die Beatles ihren ersten Plattenvertrag. Im Februar 1964 machten ihre Aufnahmen 60 Prozent des Schallplattenumsatzes in Nordamerika aus. 1965 waren sie bereits die größten Stars, die das Showgeschäft je gesehen hatte. *Oben:* Die Beatles proben im Tonstudio vor einer Aufnahme – von links: Ringo Starr, George Harrison, Paul McCartney und John Lennon. *Links:* Paul McCartney und John Lennon auf der Bühne im Hammersmith Odeon, London, 17. Dezember 1965.

Oben: Nichts konnte die Karriere der Beatles aufhalten. 1965, als dieses Bild entstand, waren sie nicht nur auf Schallplatten zu hören, sondern auch in Filmen zu sehen. Das Konzert, das sie später im selben Jahr im Shea-Stadion in New York gaben, wurde fürs amerikanische Fernsehen aufgezeichnet. *Rechts:* 1968 arbeiteten sie an *Yellow Submarine* und hatten für *Sergeant Pepper* einen Grammy bekommen, doch die Zeichen der Anspannung mehrten sich.

908 Die Zeiten werden besser

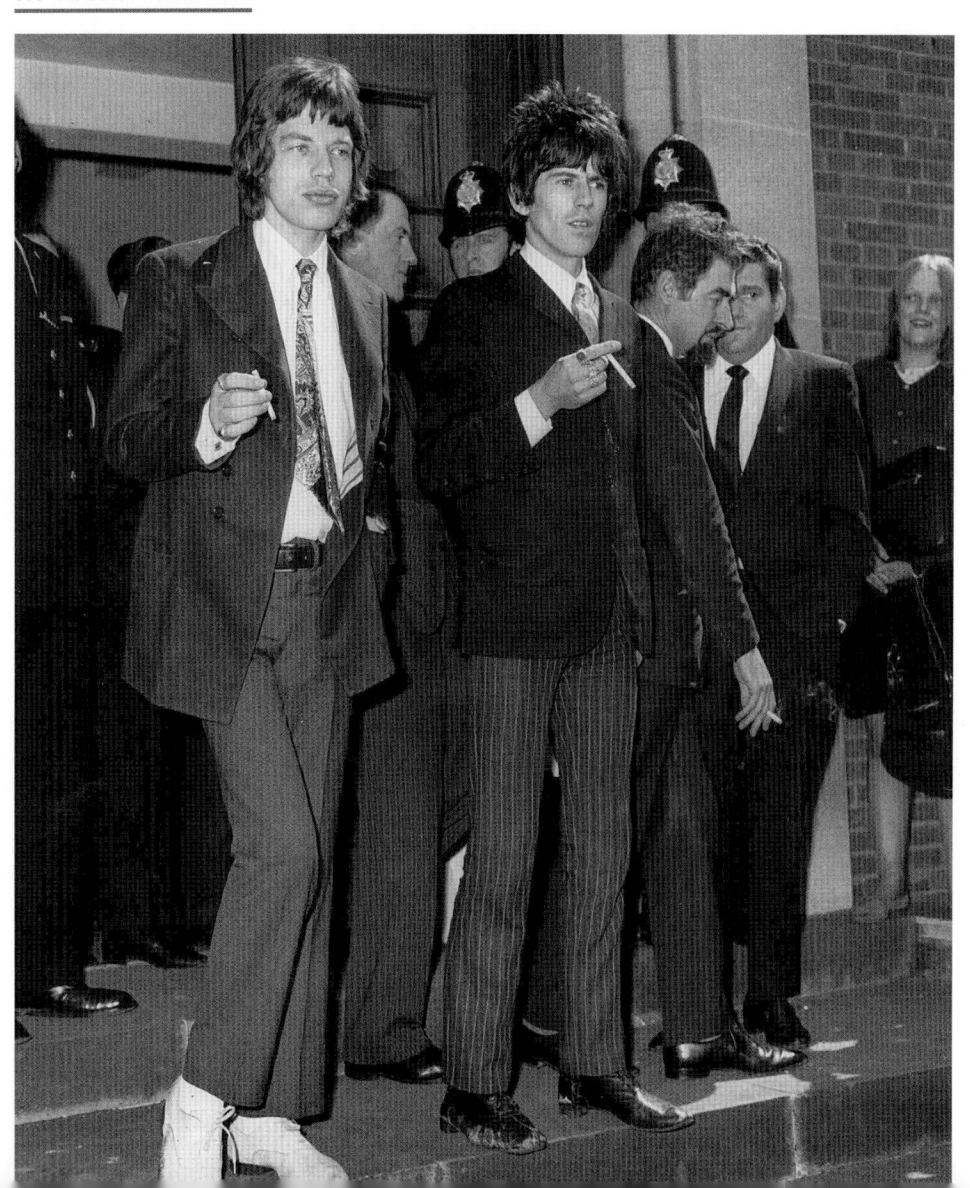

Rechts: Die Rolling Stones waren die härtere Alternative zu den Beatles. *Seite 908:* Mick Jagger und Keith Richards waren immerhin subversiv genug, dass sie im Mai 1967 wegen Verstoßes gegen das »Gesetz gegen gefährliche Drogen« (auch wenn sie so gefährlich nicht waren) vor ein Gericht in Chichester zitiert wurden. *Oben:* Die Stones beim Richmond Jazz Festival 1964.

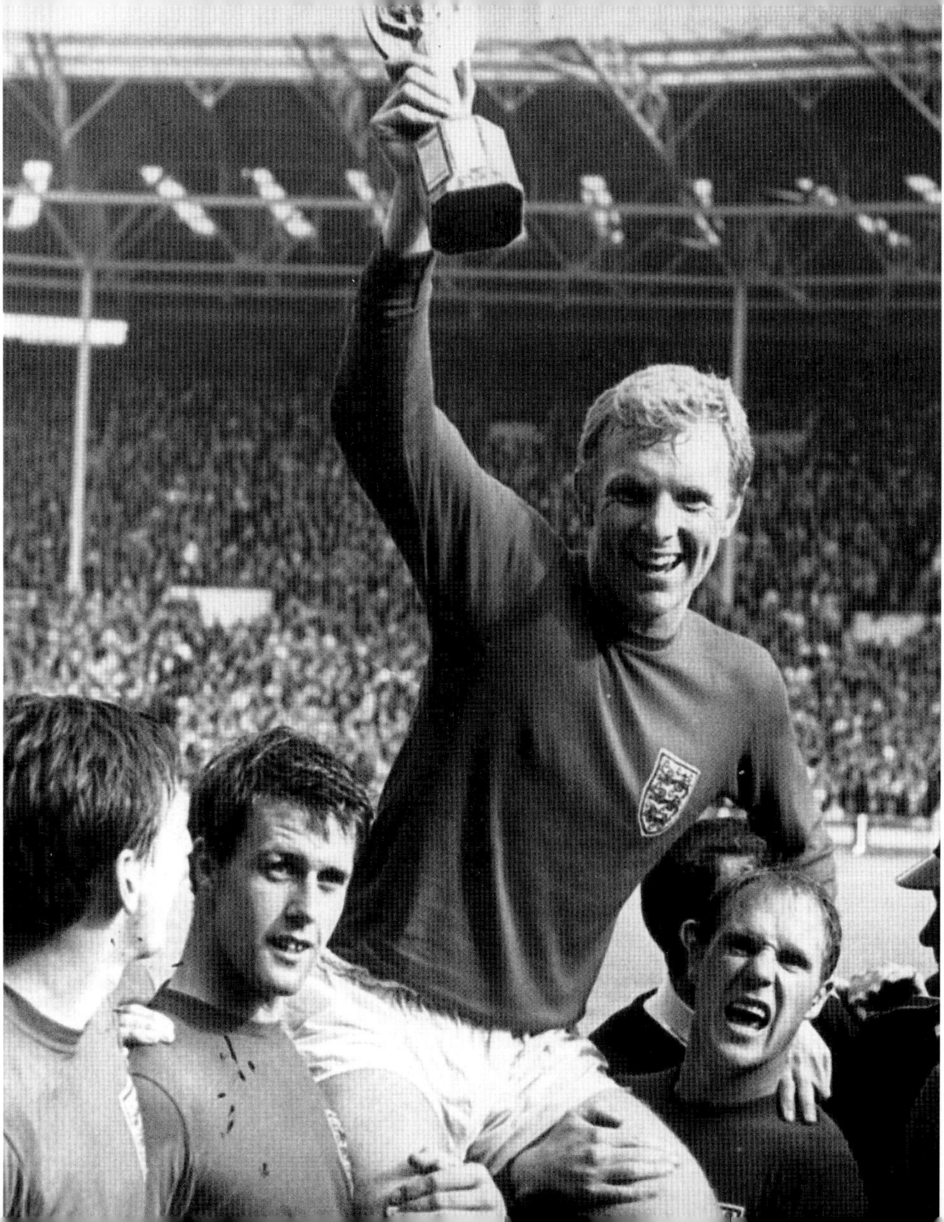

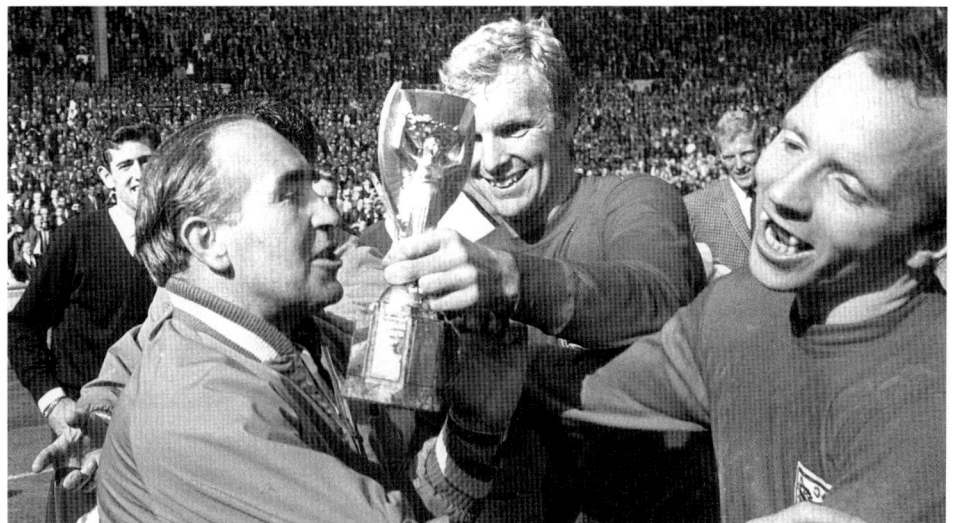

Links: Geoff Hurst (links) und Ray Wilson tragen den Pokal und ihren Mannschaftskapitän Bobby Wilson auf den Schultern, als die englische Mannschaft auf ihrer Ehrenrunde durchs Stadion zieht. *Oben:* Der Kuss, zu dem Alf Ramsey, der Manager der Nationalmannschaft, ansetzt, dürfte eher dem Pokal als Nobby Stiles (rechts) gelten. *Rechts:* Königin Elisabeth II. überreicht Bobby Moore den Jules-Rimet-Pokal. Hinter Moore steht Hurst, der mit einem Hattrick glänzte.

Nie zuvor war die britische Mode so populär gewesen, nie zuvor waren die Kreationen so gewagt. Es gab Minikleider *(oben links)* und Maxi-Mäntel *(oben rechts),* man konnte Sandie Shaw in ihrer schicken Boutique besuchen *(unten links),* barfuß wie immer, oder einen der anderen Läden in der King's Road in Chelsea *(unten rechts).*

Oben links: Die Muster waren schrill und bunt, wie bei diesem batikbedruckten Minikleid. *Oben rechts:* Models zeigen Schuhmode von Mary Quant bei der »Quant's Afoot«-Modenschau. *Mitte links:* Vidal Sassoon frisiert Mary Quant. *Mitte rechts:* Ausgewählte Mode-Anhänger im Swinging London. *Unten rechts:* Bewundernde Blicke in der Carnaby Street, 1965.

In einer Epoche, in der Stil und Kleider eine ungewöhnlich große Rolle im britischen Leben spielten, standen die Models im Mittelpunkt der Aufmerksamkeit. Zwei der berühmtesten, auf dem Laufsteg wie privat, waren Jean Shrimpton *(links)* und Twiggy *(rechts)*. Shrimpton nannte man The Shrimp, und Twiggy kannten alle nur unter ihrem Spitznamen – die wenigsten wussten, dass sie Lesley Hornby hieß. Beide Models versuchten sich auch in Popmusik und Film, aber im Grunde brauchten sie nicht mehr als ein möglichst knappes Kleid, um im Rampenlicht zu stehen.

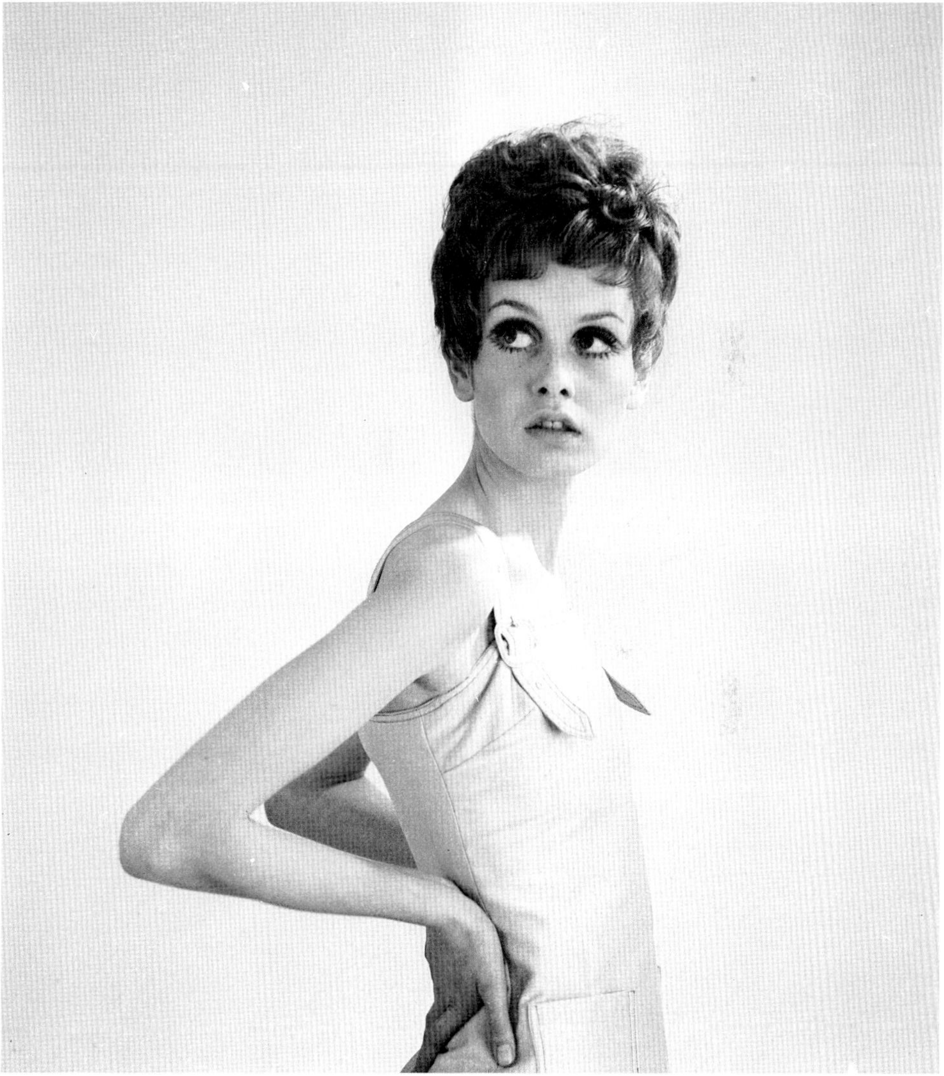

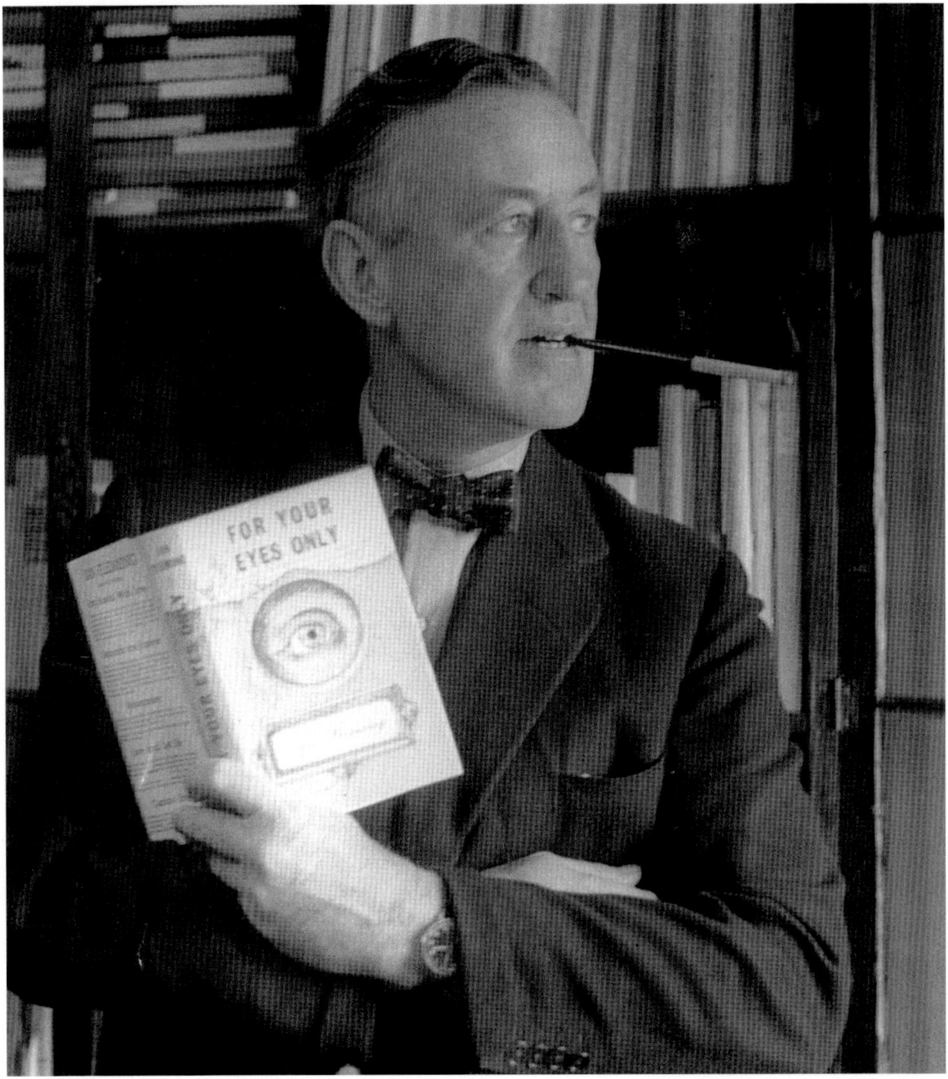
FOR YOUR
EYES ONLY
FOR YOUR EYES ONLY

Links: Ian Fleming schuf 1953 die Figur des James Bond. *Oben links:* Sean Connery spielte ihn erstmals 1962. Von da an war der Erfolg der Bücher wie der Filme nicht mehr aufzuhalten. *Oben rechts: You Only Live Twice (Man lebt nur zweimal),* 1966. *Unten rechts: Goldfinger,* 1964.

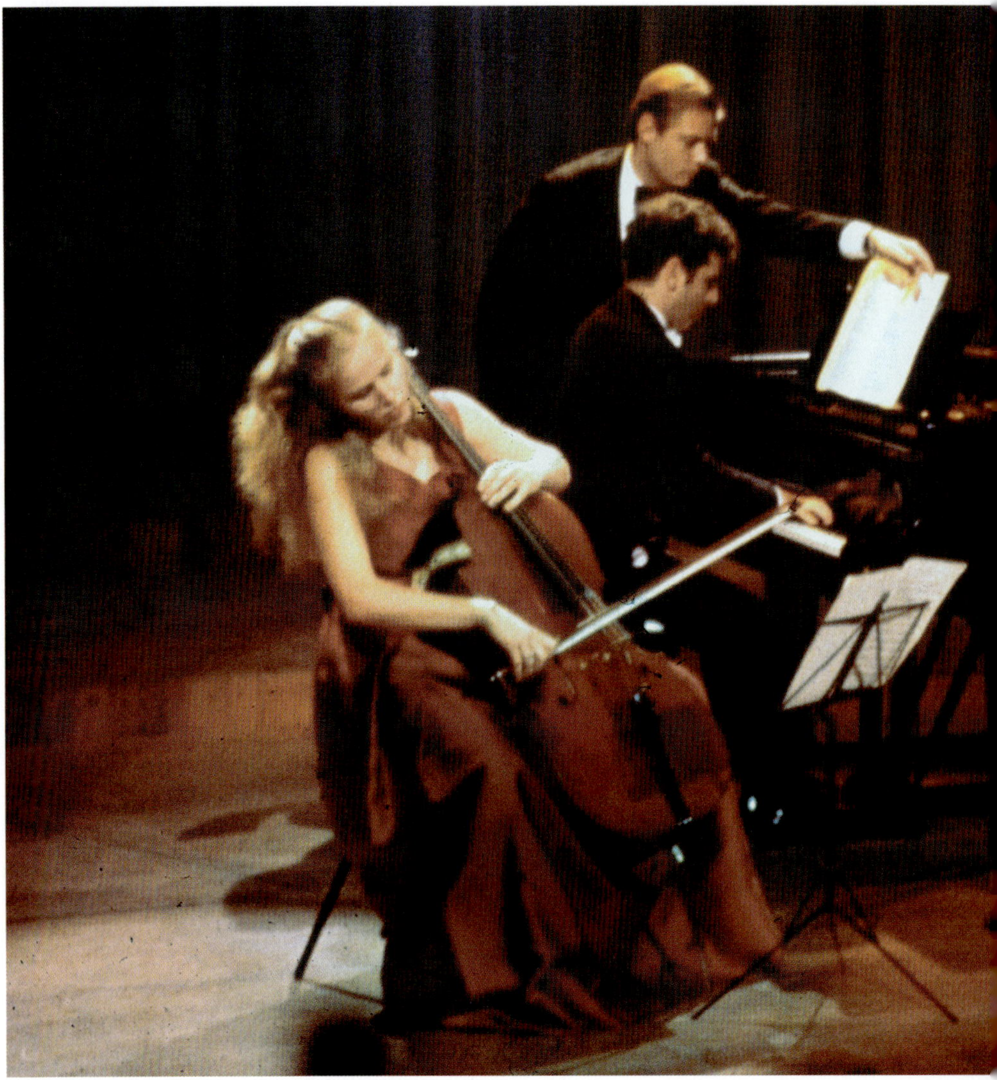

Im Jahr 1961 gab die junge Cellistin Jacqueline du Pré ihr Konzertdebüt in der Londoner Wigmore Hall. Sie galt auf Anhieb als großes Talent, sodass einige internationale Tourneen folgten. Der Pianist und Dirigent Daniel Barenboim wurde ihr musikalischer und privater Partner – sie heirateten 1967. Für kurze Zeit galt du Pré als die bedeutendste britische Virtuosin, doch 1972 zeigten sich Anzeichen von multipler Sklerose, und ihre Konzertkarriere war zu Ende. *Links:* Erich Auerbachs Porträt von du Pré und Barenboim in der Queen Elizabeth Hall, London 1967.

Nicht alle britischen Flugzeugkonstruktionen setzten sich durch. *Links oben:* Die Verkehrsmaschine Bristol Brabazon war das größte Landflugzeug der Welt. Im Juli 1951 kam sie zu einem zweitägigen Besuch nach Heathrow, wurde jedoch nie in Dienst gestellt. *Links unten:* Das »fliegende Bettgestell« war die erste Form der Senkrechtstarter.

Erfolgreicher waren Christopher Cockerells Hovercraft *(rechts)*, hier bei der Ankunft in Ramsgate am 25. Juli 1959, und die Concorde *(unten)*, die erstmals im April 1969 flog.

1966 fasste der Segler Francis Chichester den Plan, allein um die Welt zu segeln. *Links:* Das Boot, auf das er dabei vertraute, war die Gipsy Moth IV, hier auf einer Probefahrt. Am 27. August 1966 brach Chichester aus Plymouth auf, von wo er westwärts nach Sydney und von dort um Kap Horn zurück nach Plymouth segeln wollte.

Im Mai des folgenden Jahres hatte Chichester seine Weltumseglung fast beendet. Ende Mai winkt er von der Gipsy Moth mit Kurs auf Plymouth *(rechts)*, und ein paar Tage später begrüßt ihn eine Menschenmenge vor Astor House *(oben)*.

23
MARKTWIRTSCHAFT
1970–1990

Auf in eine strahlende Zukunft. *Rechts:* Margaret Thatcher sonnt sich in ihrem Erfolg nach dem konservativen Wahlsieg vom 11. Juni 1987. An diesem Tag begann ihre dritte Amtszeit als Premierministerin. Vor ihr lag die Herausforderung der unverändert hohen Arbeitslosigkeit, der Kopfsteuer und der wachsenden Unzufriedenheit unter ihren Anhängern. Doch dies waren die goldenen Thatcher-Jahre, in denen sie mit der Kraft ihrer Persönlichkeit über Freund und Feind gleichermaßen herrschte. Kabinett, Opposition, britische Presse und weite Teile Europas hatten nichts, was sie Thatchers ungeheurer Energie und Willensstärke entgegenstellen konnten.

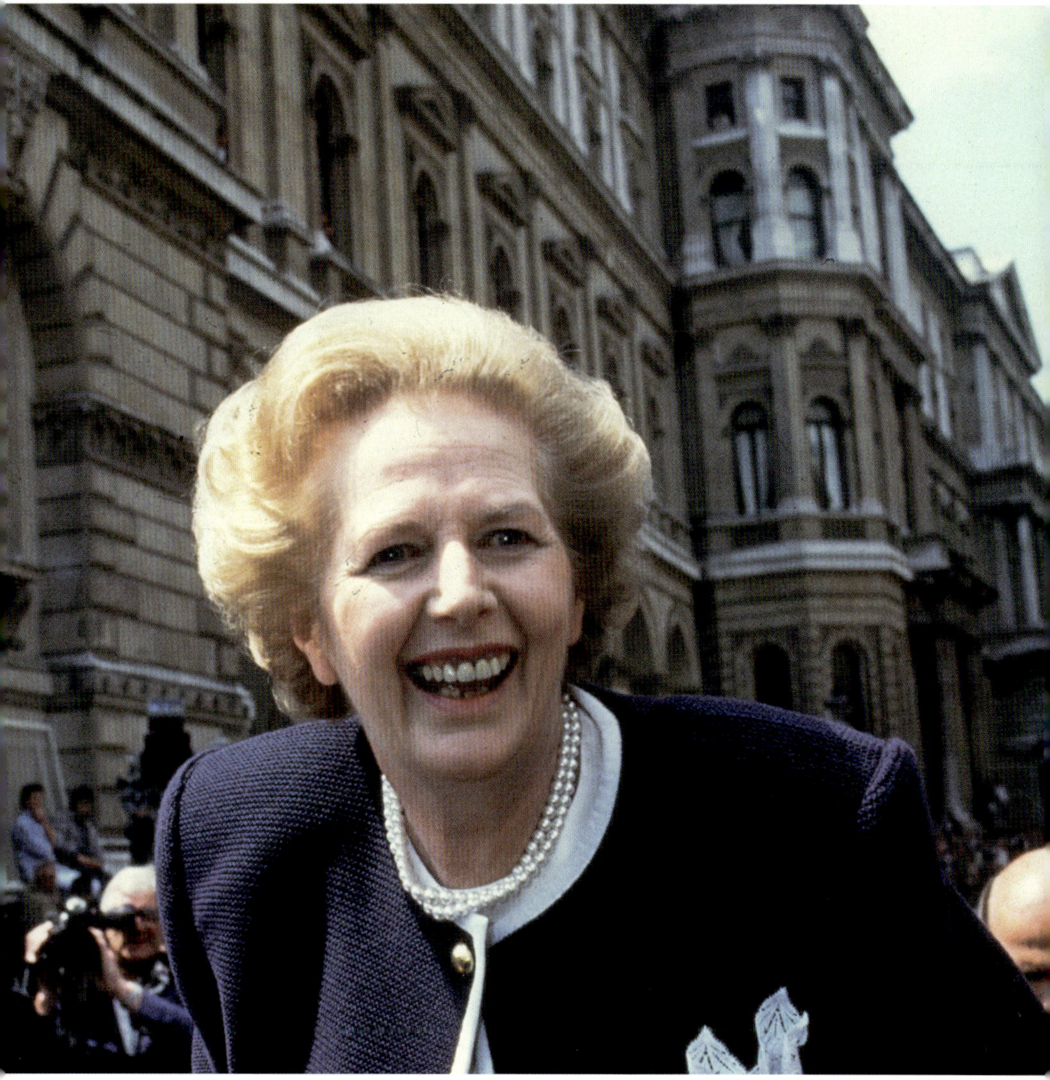

Einleitung

In den 1970er Jahren feierten britische Sportler Erfolge wie seit dem Anfang des Jahrhunderts nicht mehr. Mary Peters und Daley Thompson gewannen olympisches Gold. Lester Piggott war auf allen Rennplätzen Europas und Amerikas zu Hause. Das berühmteste Pferd war Red Rum, das die meisten Siege bei Hindernisrennen errang. Eddie »the Eagle« Edwards eröffnete dem Skispringen eine neue Dimension, und Chay Blyth segelte im Kielwasser von Sir Francis Chichester allein um die Welt. 1977, im Jahr des Silberjubiläums, errang Virginia Wade den Meisterschaftstitel der Damen in Wimbledon. Sebastian Coe brach in den leichtathletischen Disziplinen einige Weltrekorde. Jane Torvil und Christopher Dean ernteten Beifall in den Eisstadien der Welt.

Popmusiker wie Andrew Lloyd Webber, Elton John, David Bowie, Tom Jones, Lulu, Cilla Black und die Sex Pistols sorgten für ungekannte Umsätze. Bob Geldof zeigte, wie man mit Konzerten gute Werke tun konnte. In Notting Hill wurde der

Karneval gefeiert, und Vergnügungsparks boten Unterhaltung für Jung und Alt.

Das wichtigste Ereignis der beiden Jahrzehnte blieb jedoch die Wahl einer konservativen Regierung im Jahr 1979. Mit Margaret Thatcher stand erstmals eine Frau als Premierminister an der Spitze des Landes, und unter ihrer Ägide kam es zu Schwindel erregenden Veränderungen im politischen, ökonomischen und gesellschaftlichen Leben des Landes. Jene, die etwas besaßen, fühlten sich wie im Schlaraffenland. Makler wurden fett am blühenden Immobilienhandel, Unternehmer rieben sich die Hände, als mit Gesetz um Gesetz die Gewerkschaften geknebelt und zerschlagen wurden. Finanziers, Lobbyisten und Berater konnten gar nicht glauben, wie schnell sich ihre Taschen füllten. Die Großunternehmen wurden privatisiert, und Große und Kleine machten ihre Geschäfte dabei.

Wer nichts hatte, schaute in die Röhre, doch der Thatcherismus, wie er bald hieß, war schön verpackt. In Millionenhöhe kauften auch jene, die es sich eigentlich nicht leisten konnten. Sie erwarben Aktien, sie nahmen Hypotheken auf ihre Häuser und Wohnungen auf, mit ihren neuen Plastikkärtchen kauften sie Autos und Konsumgüter. Sie machten Urlaub auf Kredit – zuerst in die Sonne, gezahlt wurde später.

Doch die ersten Wolken zogen auf. Am Montag, dem 19. Oktober 1987, fielen die Kurse an der Londoner Börse um 250 Punkte, sodass die neuesten Privatisierungsgeschäfte gefährdet waren und es allmählich dem Land dämmerte, dass einmal ein Ende des Goldrausches kommen könnte. Grundstücksmakler bereicherten die englische Sprache um den Ausdruck *negative equity* (der Marktwert einer Immobilie sinkt unter den Betrag, zu dem sie mit Hypotheken belastet ist). Und die Premierministerin machte sich ein paar einflussreiche Feinde, einige davon im eigenen Kabinett. Allmählich standen diejenigen, die eine Rechnung mit ihr zu begleichen hatten, Schlange.

Edward Heath *(links* auf einer Versammlung der Konservativen, 1971) verbrachte einen guten Teil seiner politischen Karriere damit, die Briten zum Eintritt in die Europäische Gemeinschaft zu bewegen. Schließlich hatten seine Bemühungen Erfolg. *Unten:* Die Zeitungen vom 1. Januar 1973 verkündeten einen »historischen Tag« und grüßten ein »schönes neues Europa«.

Das Verhältnis zu den neuen Partnern war nicht immer freundschaftlich. *Rechts:* Margaret Thatcher und François Mitterrand treffen sich 1982, um europäische Sanktionen gegen Argentinien zu beraten. *Unten:* Vicky Crankshaw vergleicht Warenkörbe für EG-Mitglieder und Nichtmitglieder und empfiehlt, dass Großbritannien in Europa bleiben solle, 1975.

Links oben: Margaret Thatcher (mit Ehemann Denis) winkt nach ihrem Sieg bei der Wahl von 1979 den Massen zu. *Links unten:* Acht Jahre später, nach dem Sieg von 1987, winken die Massen zurück. *Rechts oben:* Vorsichtiger Optimismus – Margaret Thatcher (mit Verteidigungsminister Alan Clark im Hintergrund) trifft sich am 7. Dezember 1988 auf der RAF-Basis Brize Norton mit Michail Gorbatschow. *Rechts unten:* Gelöste Stimmung am 5. Juni 1984 in der Downing Street – Margaret Thatcher und Ronald Reagan.

Das politische Parkett 931

932 Marktwirtschaft

Der Spaghettiknoten

Die ersten britischen Schnellstraßen sollten den Ein- und Ausfallverkehr Londons entlasten; später einmal sollten sie sich draußen im Lande treffen. Dieses »Draußen« war Birmingham, im Herzen der Midlands. *Links:* Am 24. Mai 1972 war Gravelly Hill Interchange – im Volksmund bald Spaghettiknoten genannt – fertig gestellt. Er hatte 30 Millionen Pfund gekostet und war das größte mehrstufige Autobahnkreuz in Europa. Niemand hatte je behauptet, dass es ein schönes Bauwerk werden würde, aber aus der Luft betrachtet hat er durchaus seine Reize.

In den 1970er Jahren erschlossen British Petroleum und andere Ölgesellschaften die reichen Ölvorräte der Nordsee – ein Goldregen, mit dem Großbritannien sein chronisch negatives Handelsdefizit ausgleichen konnte. Das Öl lag unter dem Meeresboden, tief unter einer See, die zu den rauesten der britischen Hoheitsgewässer gehörte. Doch mit der Förderung entstanden Arbeitsplätze für Tausende, und sie bescherte dem Norden Schottlands einen nie gekannten Wohlstand. *Rechts:* Die Bohrinsel Beryl A im Oktober 1980.

Rechts oben: Arbeiter auf der Nordsee-Bohrinsel Transworld 61 schließen ein neues Stück Förderleitung an, um die Ausbeutung des Beryl-Ölfeldes für die Mobil Oil Company voranzutreiben. *Rechts unten:* Ein Arbeiter der BP hoch oben auf den Aufbauten der Bohrinsel Sea Quest, 30. November 1973. Die Erschließung der Nordsee-Ölfelder war eine der großen Ingenieursleistungen der 70er und 80er Jahre.

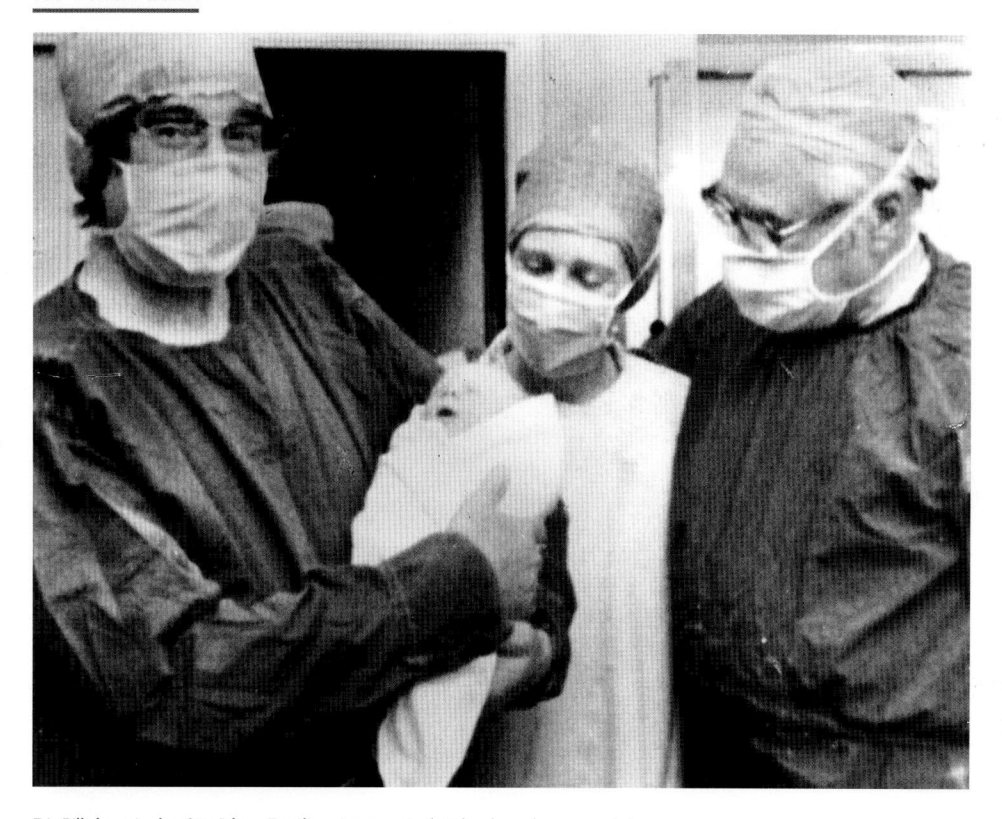

Die Pille hatte in den 60er Jahren Familien eine neue Freiheit beschert, denn erstmals hatten Frauen nun ein sicheres und verlässliches Mittel der Empfängnisverhütung, und Paare konnten selbst entscheiden, ob sie Kinder wollten oder nicht. Erst in den 70er Jahren kam Hilfe für jene, die sich Kinder wünschten und keine bekommen konnten. Was früher einfach als Unglück gegolten hatte, wurde nun zur Aufgabe für die Medizin. *Oben:* Zwei Ärzte am Oldham General Hospital in Lancashire ersannen die Lösung – Dr. Robert Edwards (links) und Dr. Patrick Steptoe (rechts). Sie hatten zehn Jahre lang daran gearbeitet.

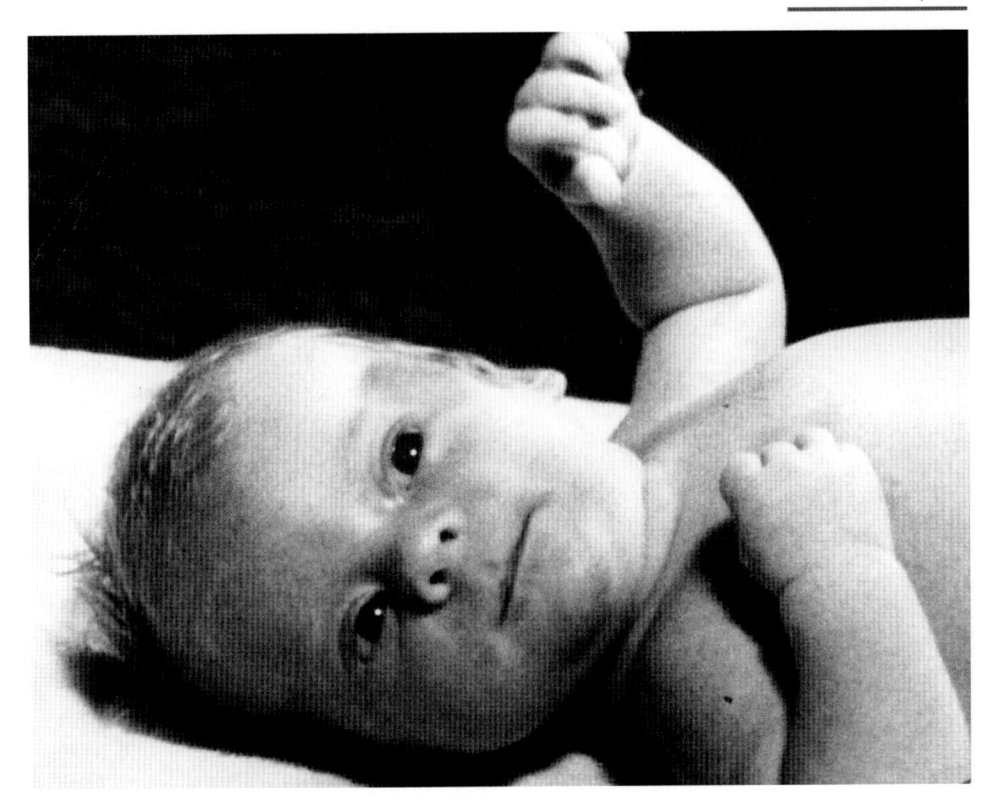

Oben: Frucht ihrer Mühen (und der Retorte) war Louise Joy Brown, die am 25. Juli 1978 zur Welt kam. Die Eizelle war *in vitro* befruchtet und dann in den Uterus ihrer Mutter wieder eingepflanzt worden. Manche meldeten Zweifel an der Ethik eines solchen Verfahrens an und beschuldigten die Ärzte, sie spielten Gott. Andere beschäftigte die Frage, ob Louise womöglich schon vor ihrer Geburt ein Trauma erlitten hatte. Andere hingegen begrüßten die Arbeit als großen Fortschritt der Medizin.

Links, im Uhrzeigersinn von links oben: BBC-Discjockey John Peel beim Reading Pop Festival 1975; Elvis Costello, Stockholm 1977; Ziggy Stardust alias David Bowie, Hammersmith 1973; Mickey Finn und Marc Bolan von T. Rex, 1972. *Seite 939, im Uhrzeigersinn von links oben:* Freddie Mercury; die Bay City Rollers mit Prinzessin Anne und Eric Morley, 1975; Rod Stewart und Mia, 1973; die Sex Pistols (von links: Steve Jones, Glen Matlock, Johnny Rotten und Paul Cook).

Swinging Seventies 939

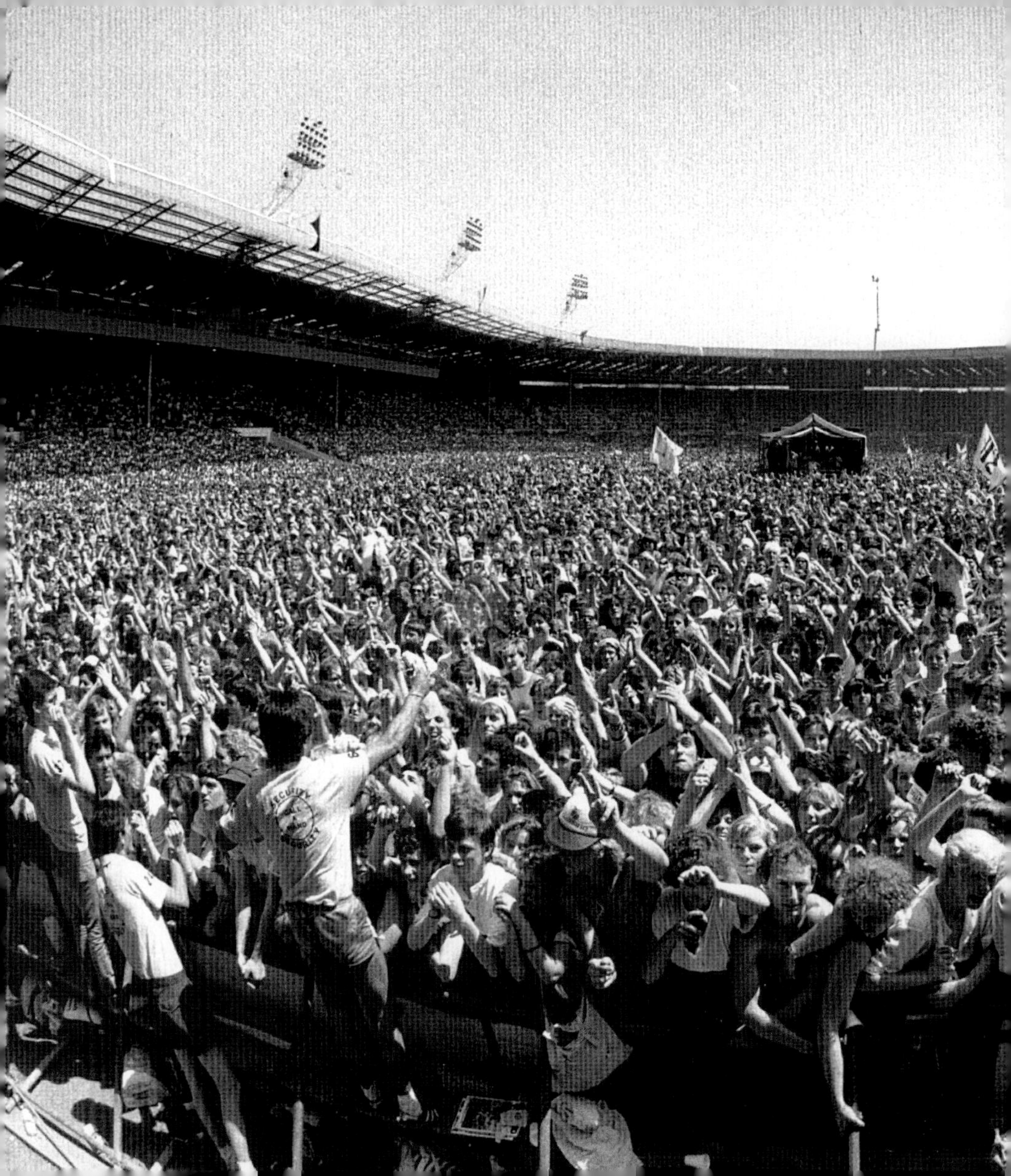
SECURITY

Live Aid

Eine neue Idee dieser Zeit waren Medien- und Großveranstaltungen, mit denen Geld für einen guten Zweck gesammelt werden sollte. Wohltätigkeit begann oft im eigenen Heim, wo man für Schulen, Krankenhäuser und Kinderheime sammelte. Aber die Welt wurde von Tag zu Tag kleiner. Das Fernsehen hatte die Leiden Afrikas in die Wohnzimmer der ganzen Nation gebracht. Live Aid war ein Projekt, das der Musiker Bob Geldof organisiert hatte – ganztägige Konzerte in Philadelphia und London, die über Satelliten in 152 Länder übertragen wurden. *Links:* Ein Teil der gewaltigen Menschenmenge, die am 13. Juli 1985 im Wembley-Stadion zum Live-Aid-Konzert zusammengekommen war. Die Telefonleitungen liefen heiß, so viele wollten spenden.

942 Marktwirtschaft

Seite 942, im Uhrzeigersinn von links oben: Stars der 1980er Jahre – Bucks Fizz, die 1981 mit *Making Your Mind Up* den Eurovisions-Wettbewerb gewannen; Andrew Ridgeley von der Gruppe Wham! bei der Filmpremiere von *Dune,* 1984; Boy George bei den Sony Radio Awards von 1984; Toyah Wilcox, 1980. *Rechts:* Elton John in überschäumender Laune und extravagantem Kostüm, Hammersmith Odeon, London, 16. Dezember 1982.

Im Uhrzeigersinn über die Doppelseite von links oben: Michael Caine; Glenda Jackson als Hedda Gabler, 1975; Oliver Reed mit einer typischen Handbewegung; Donald Pleasance; Dame Judi Dench in *Waste*, 1985; Sir John Gielgud; Vanessa Redgrave; Jane Seymour und Roger Moore in dem Bond-Film von 1973 *Live and Let Die (Leben und sterben lassen)*.

Helden der Leinwand 945

946 Marktwirtschaft

Die Spaßmacher 947

Höhepunkte des britischen Fernsehens waren die Comedy-Shows. *Seite 946, im Uhrzeigersinn von links oben:* Ernie Wise (links), Glenda Jackson und Eric Morecambe, 1971; Benny Hill, bei dem selbst das Gitarrenspiel etwas Suggestives hatte, 1970; Richard Beckinsale und Ronnie Barker in *Porridge,* 1979; Dudley Moore und Peter Cook, 1973. *Oben, im Uhrzeigersinn von links oben:* Die Truppe von *Dad's Army,* 1974; Harry H. Corbett und Wilfrid Brambell, besser bekannt als *Steptoe and Son,* 1971; Griff Rhys-Jones (links) und Mel Smith, 1987, und ein fünffacher Alan Whicker aus der *Monty Python Show,* 1971.

Zumindest die Briten waren in den 70er und 80er Jahren überzeugt, dass nirgendwo besseres Fernsehen gemacht wurde als bei ihnen. *Oben, im Uhrzeigersinn von links oben:* Tom Baker *(Doctor Who)* mit einem Androiden, 1974; John Thaw (links) und Dennis Waterman in *The Sweeney*, 1974; Martin Shaw (links), Gordon Jackson und Lewis Collins in *The Professionals (Die Profis)*, 1978; Joanna Lumley, Gareth Hunt und Patrick MacNee in der zweiten Serie der *Avengers (Mit Schirm, Charme und Melone)*, 1976. *Seite 949 oben:* Einige Darsteller der Endlosserie *Coronation Street* in der Bar des Rover's Return, 1978. *Seite 949 unten rechts:* Jeremy Irons und Diana Quick in der Granada-Television-Verfilmung von Evelyn Waughs *Brideshead Revisited (Wiedersehen mit Brideshead). Seite 949 unten links:* Leonard Rossiter signiert die Buchausgabe zu seiner Serie *Reginald Perrin*.

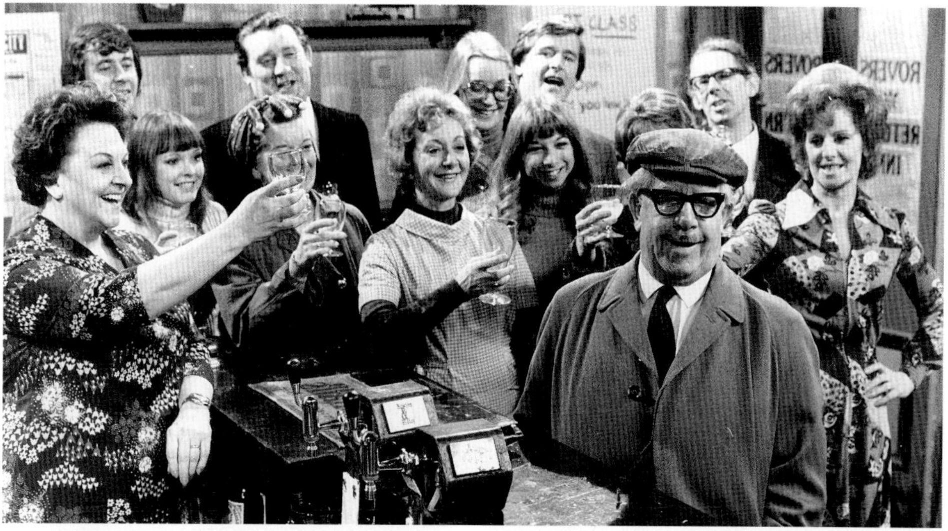
ROVERS

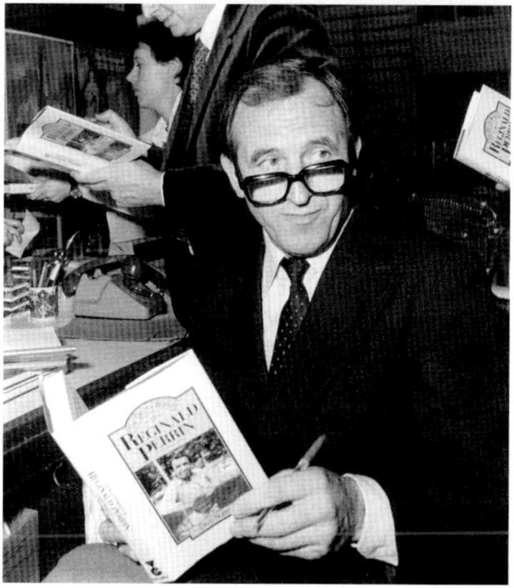
REGINALD PERRIN

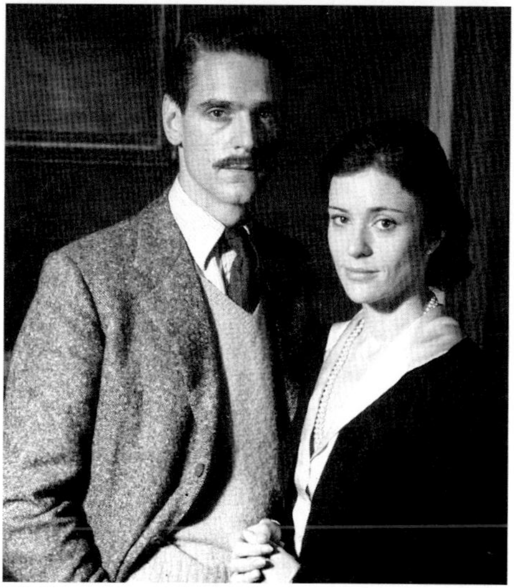

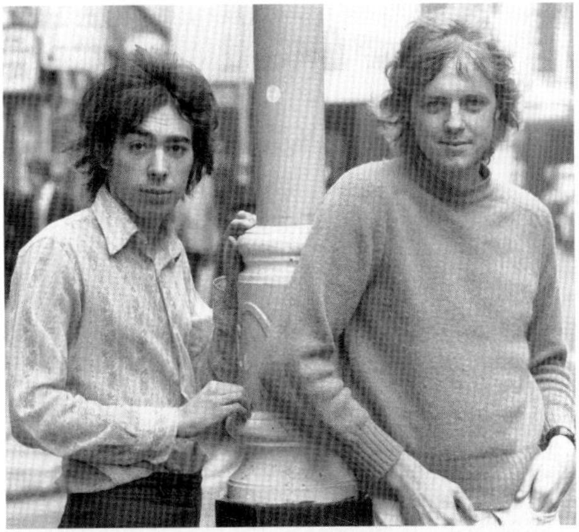

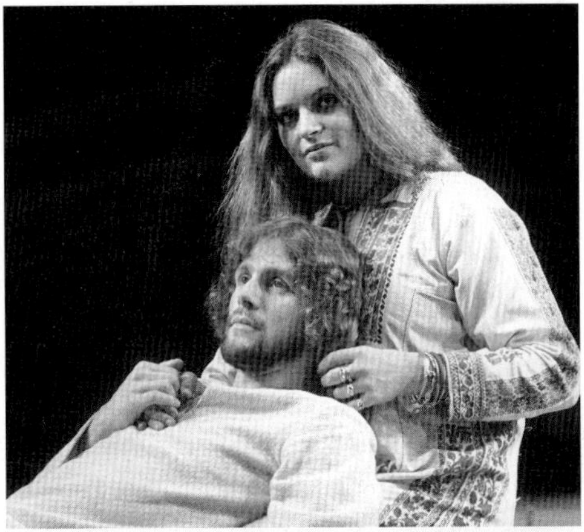

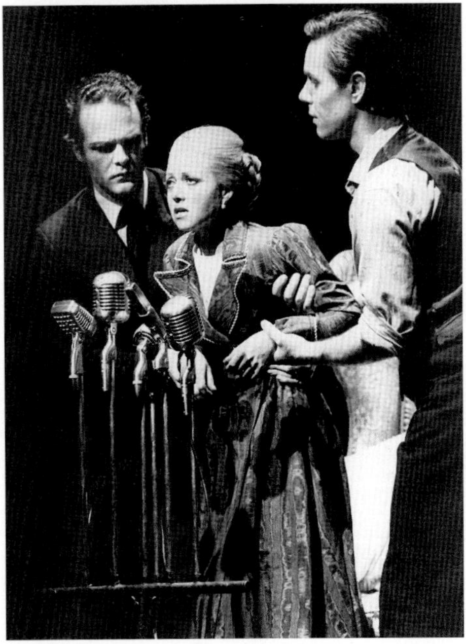

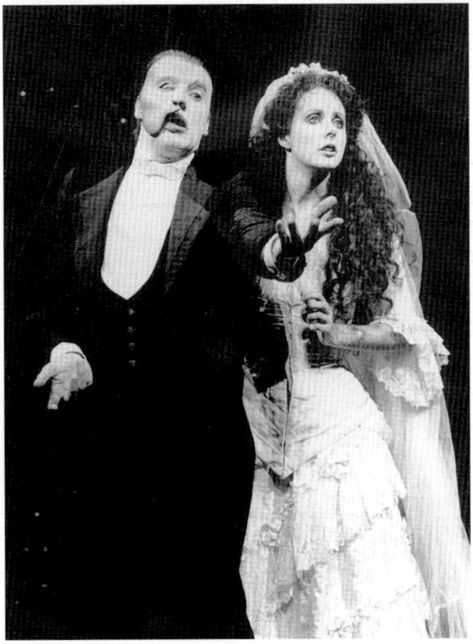

Das Team Andrew Lloyd Webber, Komponist, und Tim Rice, Texter, *(Seite 950 oben links)* hatte seinen ersten West-End-Erfolg mit *Jesus Christ Superstar*, das 1972 im Palace Theatre mit Paul Nicholas und Dana Gillespie aufgeführt wurde *(Seite 950 oben rechts)*. Als nächstes waren Elaine Page in *Evita*, 1978 *(Seite 950 unten links)*, und Michael Crawford und Sarah Brightman in *The Phantom of the Opera (Das Phantom der Oper)* zu sehen, 1986 *(Seite 950 unten)*. *Oben rechts:* Christopher Gable und Twiggy (Lesley Hornby) in Ken Russells Filmversion von *The Boy Friend*, 1971. *Oben links:* Ken Russell mit seiner BAFTA-Trophäe (Preis der Britischen Film- und Fernseh-Akademie) aus demselben Jahr. *Rechts unten:* Roger Daltrey von den Who als Liszt in Russells Film *Lisztomania*, 1975.

952 Marktwirtschaft

Nach der Flaute der 40er und 50er Jahre betrat nun ein ganzer Schwarm von hervorragenden Autoren die Theaterbühnen. *Seite 952, im Uhrzeigersinn von links oben:* Tom Stoppard, 1978; Samuel Beckett, 1980; Steven Berkoff, Limehouse, 1980, und Alan Bennett, 1980. *Rechts, im Uhrzeigersinn von links oben:* Alan Ayckbourn, 1975; Dennis Potter, radikaler Neuerer des Fernsehspiels, 1978; Harold Pinter, 1979, und John Osborne, mit dessen *Look Back in Anger (Blick zurück im Zorn)* das neue britische Theater seinen Anfang nahm.

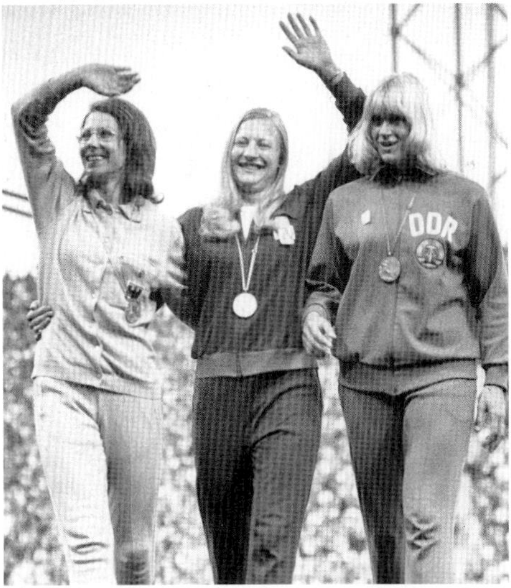
DDR

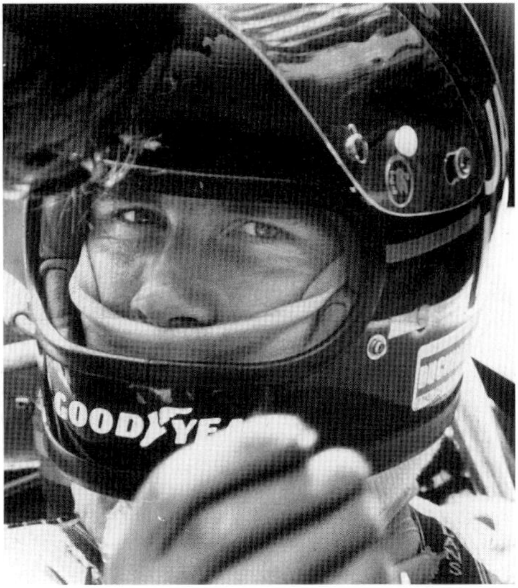

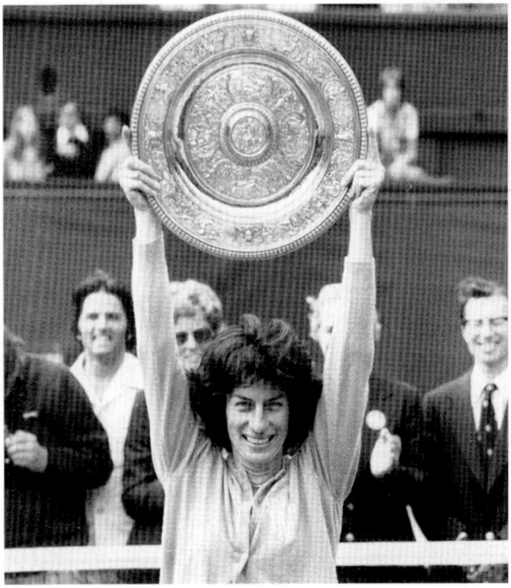

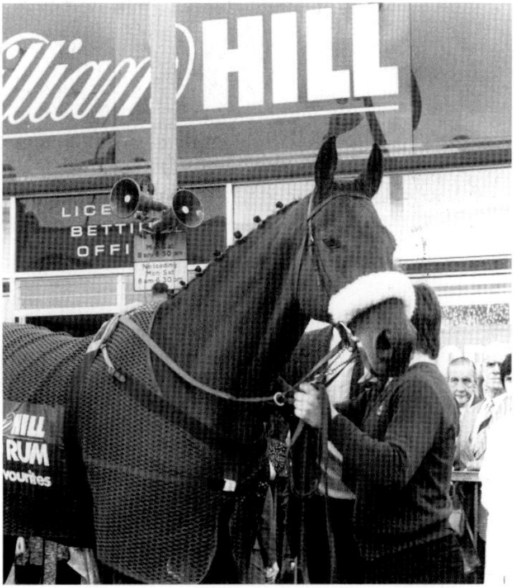
HILL

Sportidole der 1970er Jahre. *Seite 954, im Uhrzeigersinn von links oben:* Mary Peters, Gewinnerin der Goldmedaille im Fünfkampf bei den Olympischen Spielen von München, 1972; James Hunt, Formel-1-Weltmeister, 1976; Red Rum bei der Eröffnung eines Buchmacherladens in Kilburn, 1979, und Virginia Wade, Meisterin im Frauen-Einzel in Wimbledon, 1977. Sportidole der 1980er Jahre. *Rechts, im Uhrzeigersinn von links oben:* Der Zehnkämpfer Daley Thompson gewinnt Gold bei den Olympischen Spielen von Moskau, 1980; Sebastian Coe nach seinem Sieg über 1 500 Meter; die Eiskunstlauf-Weltmeister Torvill und Dean und Meisterjockey Lester Piggott.

956 Marktwirtschaft

Es war einmal ein Prinz, der hieß Charles, und er sollte den britischen Thron erben. Seine Ratgeber rieten ihm, ein schönes junges Mädchen zu heiraten, und suchten ihm eines aus. Das schöne junge Mädchen hieß Lady Diana Spencer.

Die Märchenprinzessin 957

Am 29. Juni 1981 wurden Charles und Diana in der St.-Pauls-Kathedrale getraut. *Oben:* Nach der Zeremonie fuhren sie zum Buckingham-Palast zurück und zeigten sich dem Volk auf dem Balkon. Nie zuvor in der Geschichte königlicher Hochzeiten hatte es einen Kuss in der Öffentlichkeit gegeben. *Seite 956:* Die Flitterwochen verbrachte das Paar auf Schloss Balmoral, wo es sich am Ufer des Dee fotografieren ließ. Dann begannen für Diana ihre Pflichten als Mitglied des Königshauses, und bald wurde aus dem Traum ein Alptraum. *Rechts:* Prinz und Prinzessin lebten nicht glücklich bis ans Ende ihrer Tage – und wenn jemand in das Bild der nachdenklichen Diana, die am 1. Februar 1981 Zuflucht unter einem Regenschirm sucht, zu viel hineinliest, dann könnte man ihm verzeihen.

24
ZU NEUEN UFERN
1990–2000

Nach dem plötzlichen Tod von John Smith wurde Tony Blair *(rechts)* zum jüngsten Labour-Vorsitzenden aller Zeiten gewählt. Nach langen mageren Jahren eroberte sich die Labour Party die Herzen des Landes zurück, wobei ihnen die Passivität und Inkompetenz der Tories eine große Hilfe waren. Der entscheidende Augenblick kam im Mai 1997. Die meisten erwarteten einen Labour-Sieg, aber die meisten hatten auch 1992 schon einen Labour-Sieg erwartet. Was kam, war ein ungeheurer Triumph. Labour ging mit der größten Mehrheit aus den Wahlen hervor, die sie je im House of Commons gehabt hatte, und Blair wurde der jüngste britische Premierminister seit 150 Jahren.

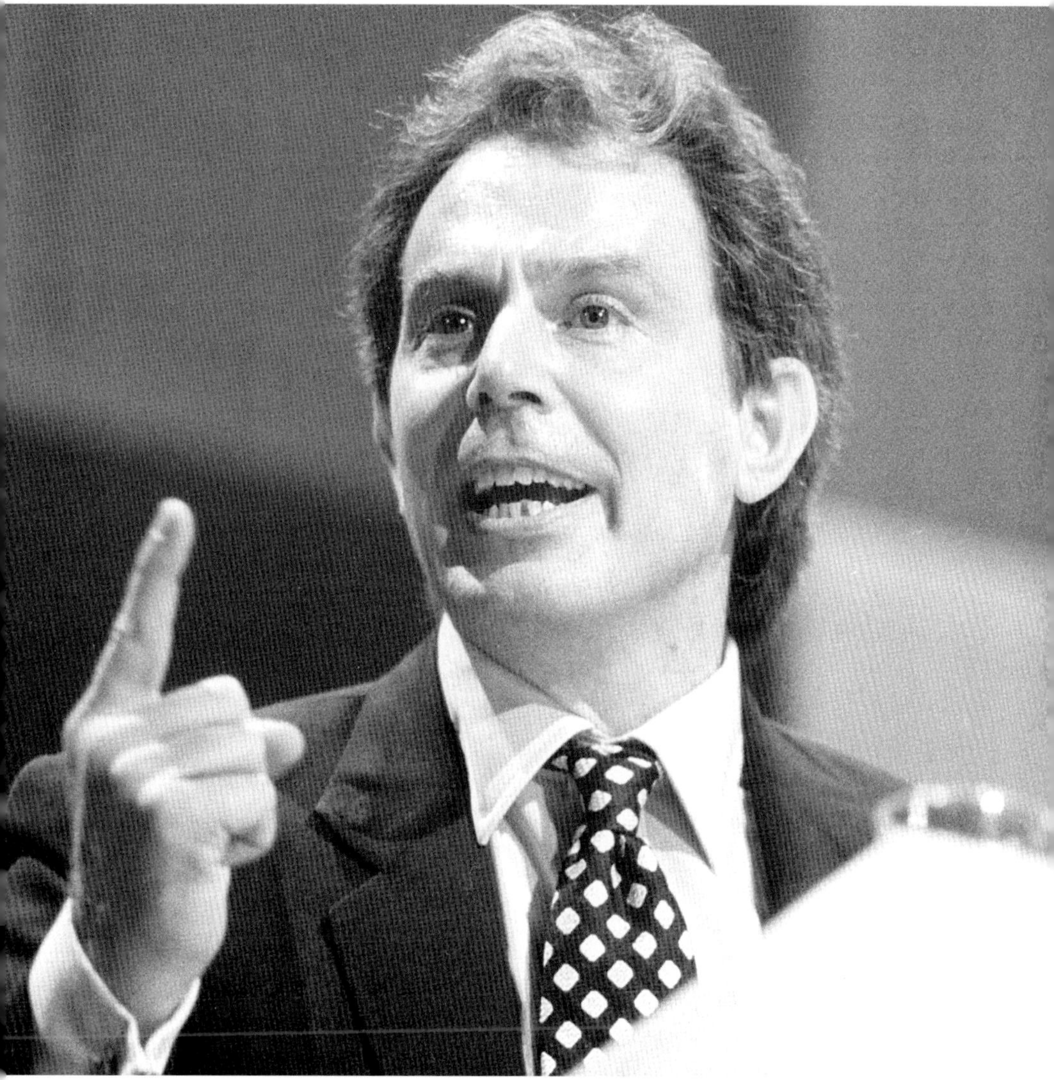

Einleitung

Als das Jahr 1000 anbrach, gab es Großbritannien noch nicht. Die englischen Fürstentümer hatten sich kurz zuvor unter einem gemeinsamen König vereint, doch Schottland, Wales und Irland waren unabhängige Nationen. Das angelsächsische Wort für einen Briten bedeutete nun soviel wie Sklave. Die Bewohner der Britischen Inseln belauerten einander misstrauisch, und nur die Tapferen, die Habgierigen und die Verzweifelten wagten sich über den Ärmelkanal, um zu sehen, wie man auf der anderen Seite lebte.

Binnen der nächsten 1000 Jahre eroberten die Engländer Wales, verbanden ihr Reich mit dem der Schotten und verleibten sich Irland ein. Großbritannien entstand, und der britische Einfluss wuchs. In immer größerer Zahl fuhren Briten hinaus auf die Weltmeere, und bald fand man sie überall – als Herrscher, Verwalter, Ratgeber, Ingenieure, Forscher, Missionare und Soldaten. Doch wo immer sie sich auch niederließen, am Ende mussten sie von dort wieder fort. Sie ließen ihre Sprache und ein wenig von ihrer Kultur zurück – ein Großteil der heutigen Sportarten etwa, vom Tischtennis bis zum Rugby, ist britischen Ursprungs.

Als sich das zweite Jahrtausend seinem Ende näherte, erlebten die Briten eine schwere Identitätskrise – besser gesagt die Engländer, denn die Waliser und Schotten haben immer gewusst, wer sie sind. Ihre eigene Sprache und Kultur sind lebendig geblieben, und die Schotten haben viel davon exportiert. Das sichere Gefühl, genau zu wissen, wer man ist, haben die Engländer nie gekannt; ihnen bleibt nur die Erinnerung an das, was sie geleistet haben. Solange sie erfolgreich waren, war das genug.

Die 1990er Jahre waren unsichere Zeiten, in denen niemand so recht wusste, woran er war. Alte Themen kamen wieder auf – mehr Unabhängigkeit oder gar völlige Selbstständigkeit für Schottland und Wales. Alte Klagen wurden wieder laut – dass England ein Land der »zwei Nationen« sei, von Nord und Süd, Reich und Arm, Profis und Amateuren, ein Land, in dem die einen den Wohlstand schufen und die anderen ihn einsteckten. Alte Gespenster gingen wieder um – selbst die Abschaffung der Monarchie diskutierte man neu.

Mit dem Abgang Margaret Thatchers im Jahr 1990 verblasste auch ihr Weltbild. Ihr Nachfolger John Major gewann zwar zur Überraschung vieler die Wahl von 1992, war aber nicht der Mann, den das Land in diesen Zeiten brauchte. Großbritannien zog sich aus dem europäischen Wechselkurssystem zurück, wurde von einer Lähmung in allen Lebensbereichen befallen, verlor seine Prinzessin und die Geduld mit der übrigen Königsfamilie (obwohl es ihr schließlich verzieh) und sah zu, wie ein einzelner kleiner Gauner die Barings-Bank in den Ruin trieb.

Ein überwältigender Sieg in der Wahl von 1997 brachte New Labour an die Macht, und die Tories zogen sich auf umso ältere Positionen zurück. Für kurze Zeit herrschte überall Optimismus. Besser, Schottland und Wales erhielten in aller Freundschaft einen Teil ihrer Selbstständigkeit zurück, als dass sie sich mit Gewalt von England lösten – wie Irland es getan hatte, mit Folgen, unter denen alle noch immer litten. Aber als nur noch ein, zwei Monate bis zum Beginn des dritten Jahrtausends fehlten, machte sich bei vielen Bürgern die Befürchtung breit, dass der Millennium Dome in Greenwich – ein Milliardengrab, das keiner sehen wollte – ein passendes Symbol Britanniens an der Jahrtausendwende war.

Die Londoner Docklands sind ein Geschöpf der 1980er Jahre – eine rundum neue Finanzmetropole auf der Industriebrache, zu der die Isle of Dogs geworden war. *Links:* Mittelpunkt der Anlage ist der Canada Tower auf Canary Wharf. Mit 250 Metern ist dieser Turm das höchste Bauwerk in London und das höchste Bürohaus Europas. Das von Cesar Pelli entworfene Haus wurde 1991 fertig gestellt.

Die Docklands galten als typisches Thatcher-Produkt. Inzwischen jedoch zeigt sich, dass sie durchaus in der Lage sind, wechselnde politische Moden zu überstehen. *Rechts oben:* Die Bauarbeiten begannen in den späten 80er Jahren. *Rechts unten:* Canary Wharf war der erste vollendete Bauabschnitt, und die Docklands werden noch bis weit in das 21. Jahrhundert hinein weiterwachsen.

Die Idee geht bis in napoleonische Zeit zurück – ein Tunnel unter dem Ärmelkanal, der Frankreich und England verbinden sollte. 1907 debattierte das Parlament einen Gesetzesentwurf dafür. *Oben:* 1964 einigten sich Engländer und Franzosen auf den Bau des Tunnels, und nach dem britischen Beitritt zur Europäischen Gemeinschaft begannen Anfang 1973 am Shakespeare Cliff bei Folkestone die Bauarbeiten. *Seite 965 rechts:* Der Tunnel wurde mehrere Meilen weit unter dem Meeresboden vorangetrieben. Die Baukosten überstiegen jedoch bei weitem das Erwartete, sodass man 1975 das Projekt aufgab.

In den späten 80er Jahren begann man mit den Bauarbeiten von neuem, diesmal mit mehr Entschlossenheit, mehr Geld, besserer Ausrüstung und der Aussicht auf größere Profite durch einen schnellen Fahrzeugverkehr zwischen Großbritannien und dem europäischen Festland. Nach sieben Jahren Arbeit und Kosten von über acht Milliarden Pfund erlebte der Tunnel am 6. Mai 1994 seine Eröffnung, und von da an war Britannien keine Insel mehr. *Oben links:* Das Lastwagen-Terminal des Kanaltunnels in Folkestone.

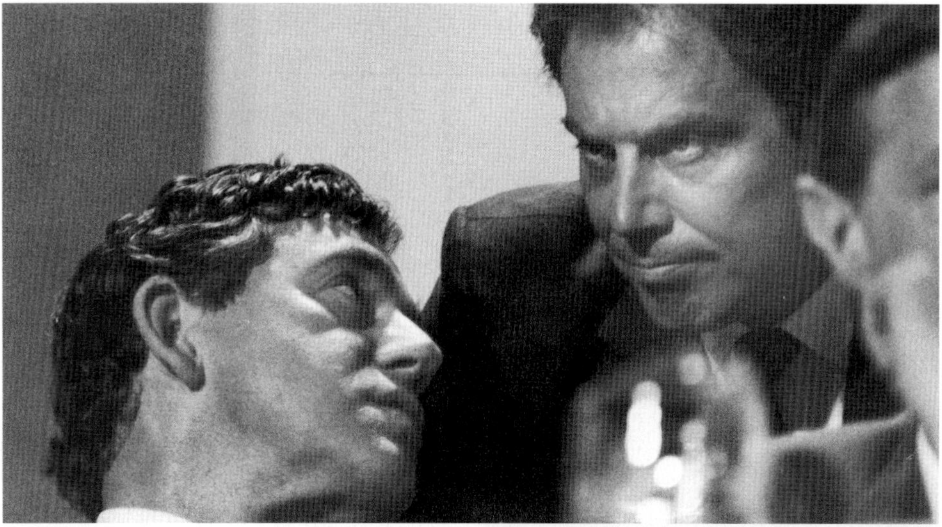

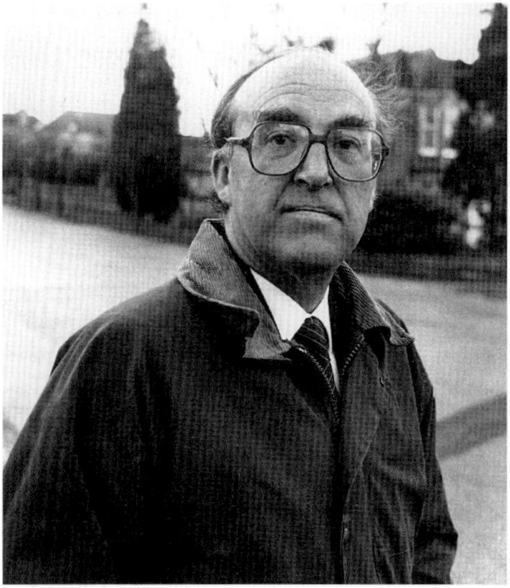

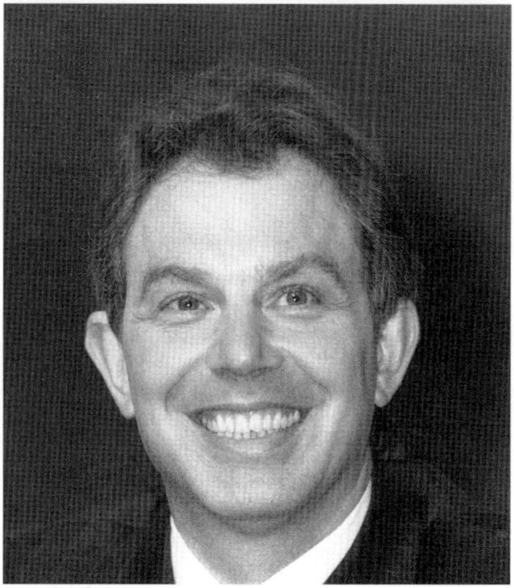

Die Labour-Spitze 967

Seite 966 unten links: John Smith wurde 1992 zum Vorsitzenden der Labour Party gewählt. Zwei Jahre später jedoch starb er an einem Herzinfarkt. *Seite 966 unten rechts:* Die Nachfolge trat Tony Blair an. Blairs oberste Getreue waren Gordon Brown *(Seite 966 oben,* links im Bild) und John Prescott *(rechts). Oben:* Präsentation des neuen Parteiprogramms, 4. Juli 1996.

968 Zu neuen Ufern

Am 24. Februar 1997 stellten Wissenschaftler des Roslin-Instituts in Edinburgh Dolly der Öffentlichkeit vor. Sie war durch Klonen aus einer einzigen Zelle ihrer Mutter entstanden. Ein Jahr darauf machte Dolly erneut Schlagzeilen, als sie von einem Welsh-Mountain-Widder trächtig war. *Seite 968:* Dolly bei einer Ultraschall-Untersuchung im Roslin-Institut. *Rechts:* Mit zehn Tagen zeigt sich Bonnie, Dollys Lämmchen, am 23. April 1998 zum ersten Mal der Öffentlichkeit.

970 Zu neuen Ufern

Die Jahrtausendkuppel

Wie ein ungewünschtes Kind hassten manche Briten den Millennium Dome schon vom Augenblick seiner Zeugung an. Er sei zu teuer, stehe am falschen Ort, sei schlecht geplant und hässlich.

Links: Allmählich erhob sich das arme Kind aus dem Ödland von Nord-Greenwich. Als klar wurde, dass er wohl rechtzeitig fertig würde, begann ein aufgeregtes Überlegen, was man hineintun könnte, und eifrig wurde nach Sponsoren Ausschau gehalten, die dafür zahlten. Im Inneren sah er schön aus, solange er leer war. Er öffnete seine Pforten, und kaum jemand kam. Als er noch keine zwei Monate alt war, sorgten sich schon alle, was aus ihm werden sollte, wenn das Jahr 2000 um war und er zur Adoption stand.

Links: Ein Luftschiff vom Konkurrenten Virgin macht sich am 28. September 1999 darüber lustig, dass es den Ingenieuren nicht gelingt, das von British Airways gestiftete Riesenrad London Eye aufzurichten. *Rechts oben:* Sieben Wochen später war es dann soweit, und das »Auge von London« erhob sich samt Gondeln am Südufer der Themse. *Rechts unten:* Poppy Holden (links) und Rosie Sewell gehörten zu den ersten Besuchern, die die Hauptstadt aus luftiger Höhe betrachten konnten, als die Attraktion am 1. Februar 2000 für das Publikum geöffnet wurde.

Das Riesenrad 973

Wenn man eine Fußballmannschaft des Jahrtausends wählen sollte, wäre es Manchester United, deren Dreifachsieg in englischer Meisterschaft, FA-Cup und UEFA-Champions' League im Jahr 1999 der Stoff ist, aus dem Sportlegenden gemacht werden. Es war eine Mannschaft der Stars, die ihre Talente zusammentaten und einige der faszinierendsten Spiele lieferten, die der Fußball je gesehen hat. *Links:* Ryan Giggs in voller Aktion im Wembley-Stadion bei einem FA-Wohltätigkeitsspiel am 11. August 1996, als Manchester United Newcastle United 4:0 schlug.

O je, Cantona! *Rechts:* Eric Cantona bringt Liverpools Jason McAteer zu Fall, Old Trafford, 12. Oktober 1996. United siegte 1:0. *Unten:* David Beckham sprintet im Endspiel um den FA-Cup 1999 im Wembley-Stadion an Gary Speed von Newcastle United vorüber. Mit dem 2:0-Sieg errang Manchester zum dritten Mal in sechs Jahren die Doppelmeisterschaft von League und Cup.

Es war lange her, dass Großbritannien den Schwergewichts-Boxweltmeister gestellt hatte. Der einzige britische Champion war Bob Fitzsimmons im Jahr 1897 gewesen. Am 13. November 1999 jedoch stieg im Thomas and Mack Center in Las Vegas Lennox Lewis *(Seite 977 unten rechts)* zum Kampf gegen Evander Holyfield *(Seite 977 oben und unten links)* in den Ring. Lewis wurde Sieger nach Punkten *(links).*

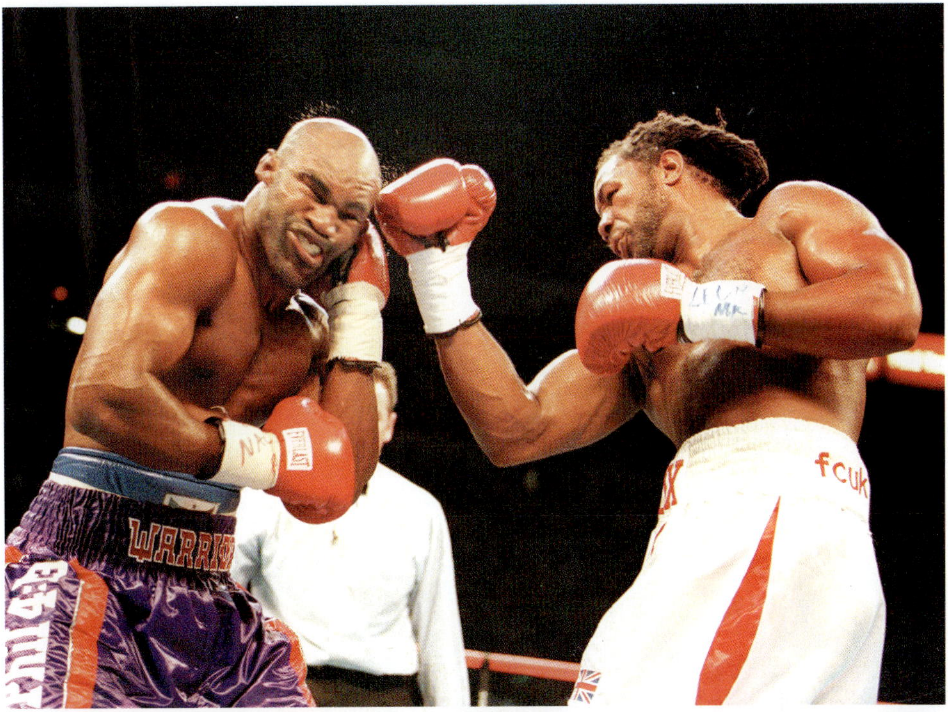
fcuk

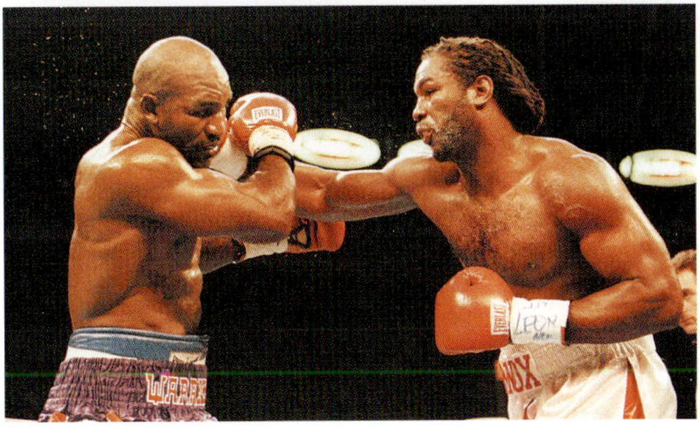

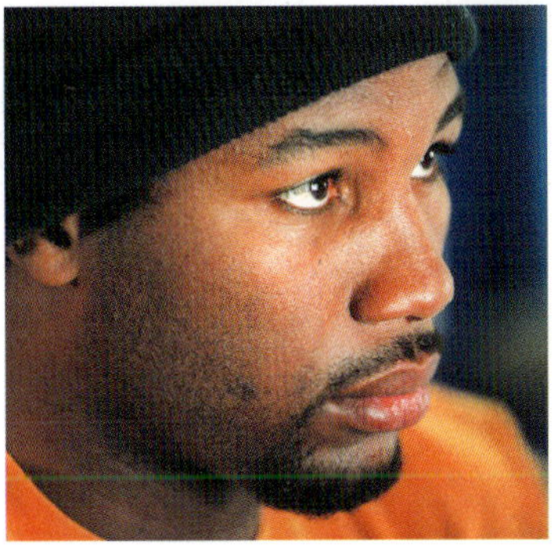

GOODYEAR
5
Rothmans
RENAULT
elf
Rothmans
SANYO
SONAX

RENAULT
elf
elf

Ein Jahr oder zwei musste er warten, bis er Formel-1-Weltmeister wurde. *Seite 978 unten rechts:* Damon Hill in nachdenklicher Stimmung nach seinem Sieg beim Großen Preis von Italien, Monza, 12. September 1993. *Rechts:* Jubel, als Hill (flankiert von Michael Schumacher und Jean Alesi) beim Britischen Grand Prix vom 10. Juli 1994 den ersten Platz belegt. *Seite 978 oben:* Hill wiederum in Monza, 8. September 1996. *Seite 978 unten links:* Hill in Suzuka, Japan, als ihm bei diesem letzten Grand-Prix-Lauf am 12. Oktober 1996 nur noch ein Punkt zur Weltmeisterschaft fehlte. Er errang ihn.

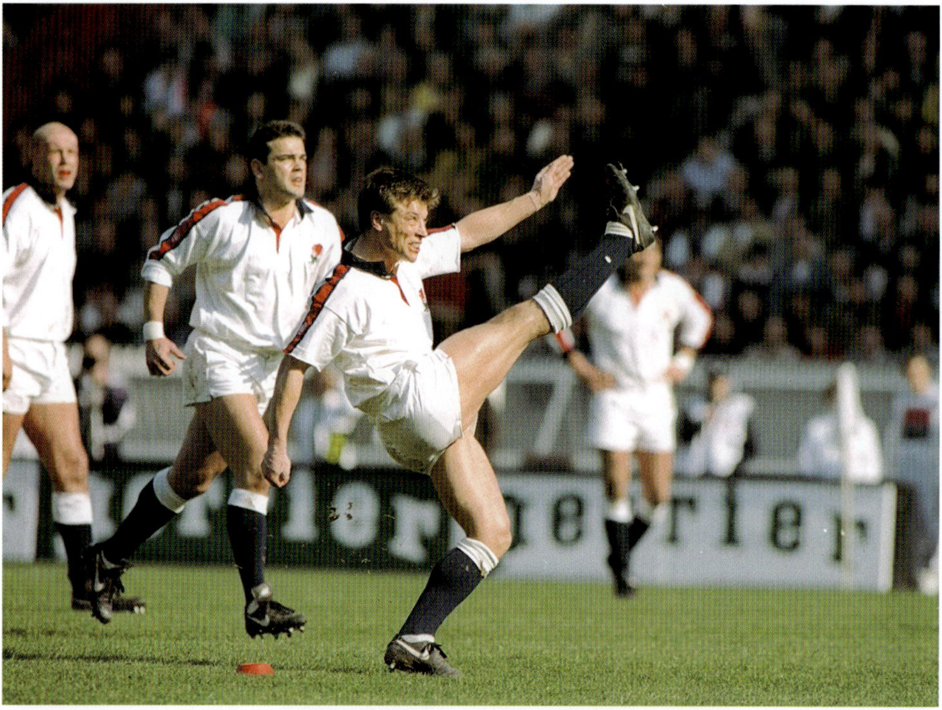

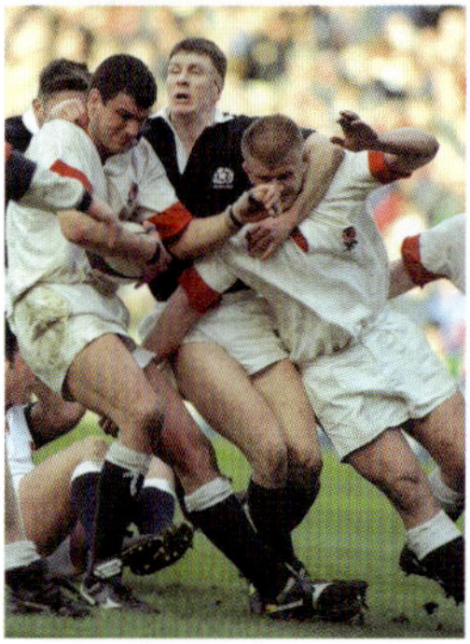

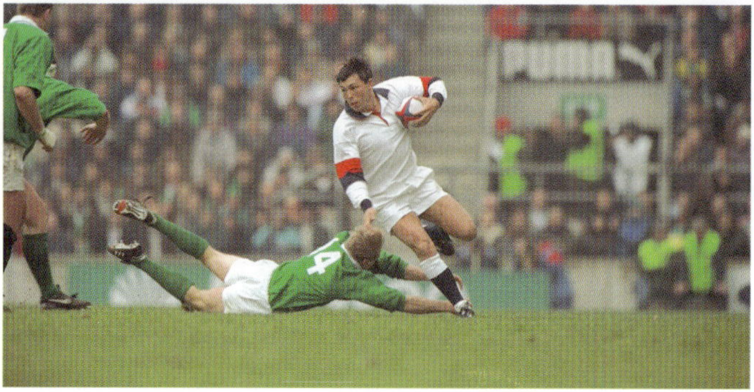
PUMA

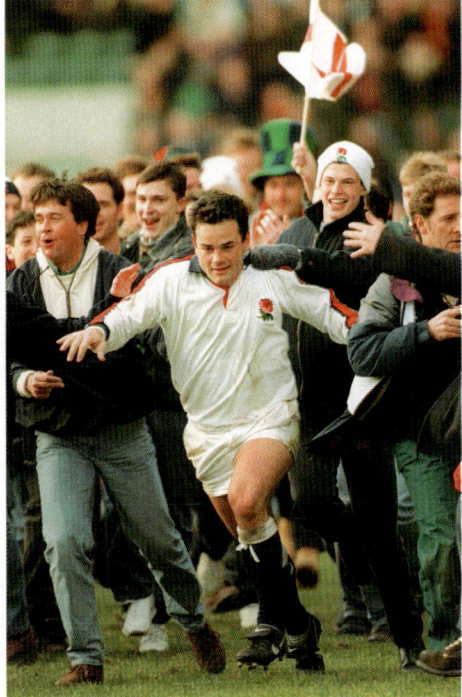

Seite 980 oben: Triumph beim Kampf um den Five-Nations-Rugbypokal – Rob Andrew kickt einen Straftritt beim Spiel gegen Frankreich im Parc des Princes, 5. März 1994. Das Spiel endete mit einem englischen 18:14-Sieg. *Seite 980 unten links:* Die englischen Spieler Martin Johnson und Graham Rowntree mühen sich gegen die schottische Verteidigung in Murrayfield, 4. März 1996. England siegte 18:9. *Seite 980 unten rechts:* Rory Underwood schlägt einen Haken um Simon Geoghegans Angriff, Twickenham, 16. März 1996. England schlug Irland 28:15. *Oben links:* Jeremy Guscott drängt die Schotten an die Linie zurück, Twickenham, 18. März 1995. England siegte 24:12. *Oben rechts:* Der englische Kapitän Will Carling stürmt nach dem Sieg vom Feld.

Links: Linford Christie ist der schnellste britische Sprinter aller Zeiten. Bei den Olympischen Spielen in Seoul 1988 errang er die Silbermedaille, nachdem Ben Johnson disqualifiziert worden war. Danach erlegte er sich ein Training auf, das härter war als das jedes anderen Läufers. Es zahlte sich aus. *Rechts:* Vier Jahre später, im Juli 1992 bei der Olympiade in Barcelona, ging er beim Hundertmeterlauf der Herren deutlich vor allen anderen ins Ziel.

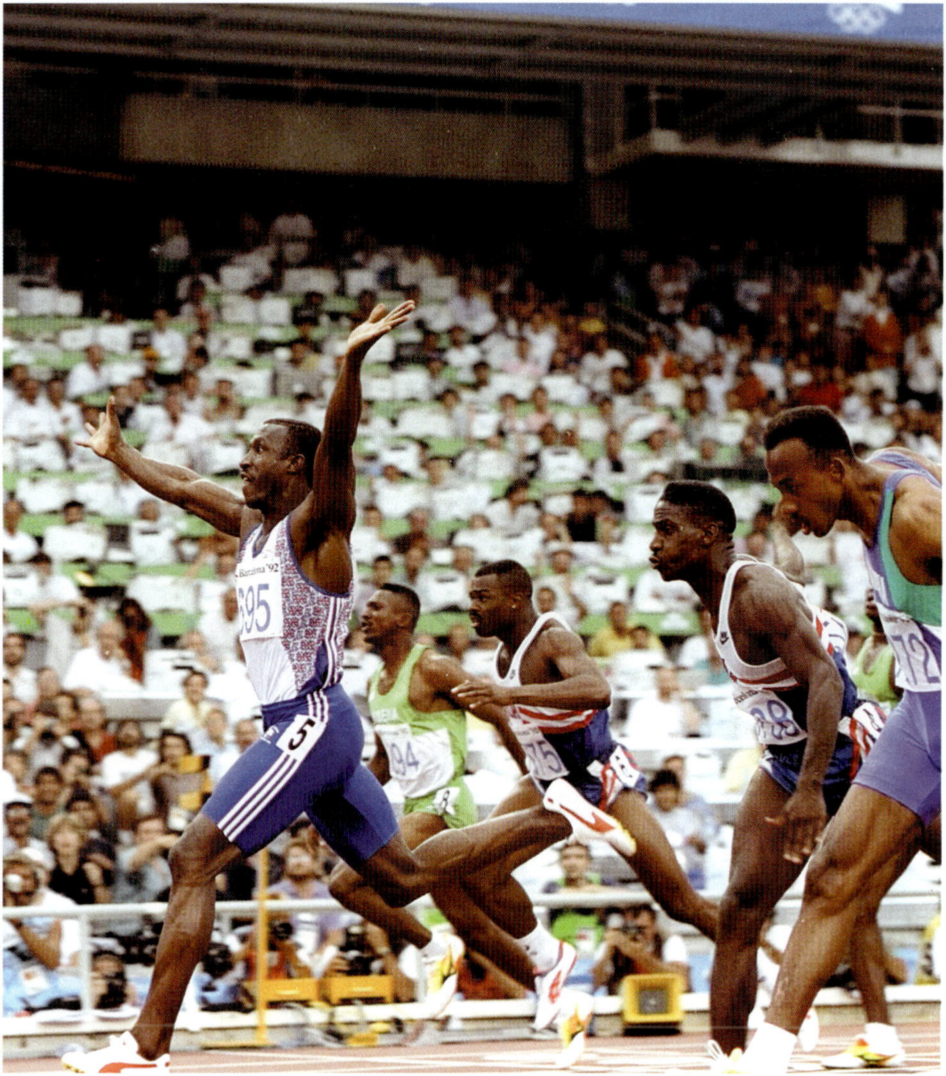

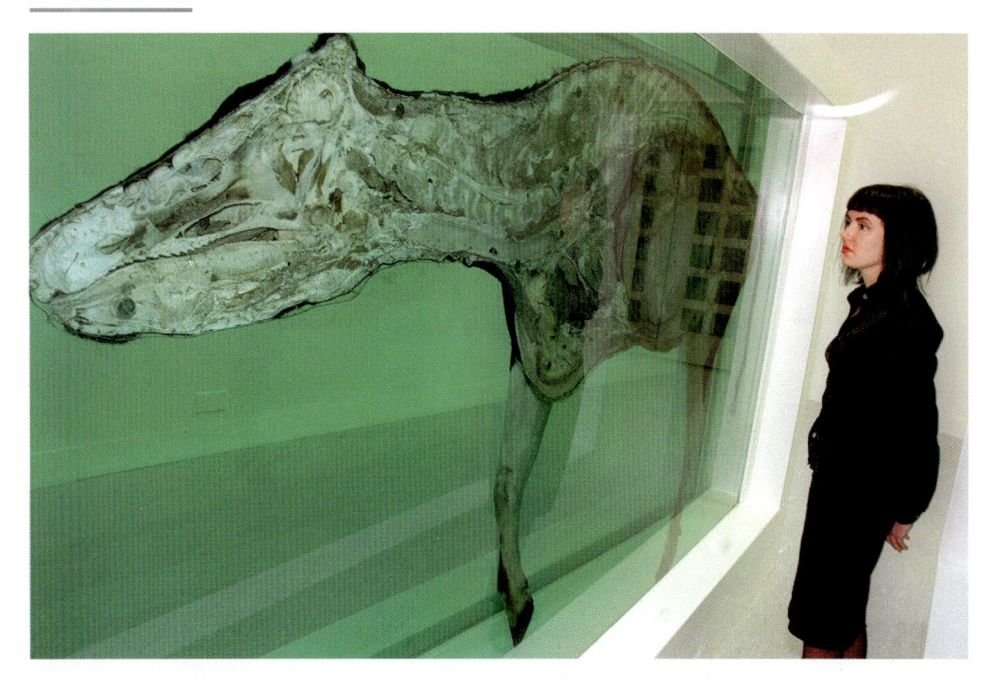

Oben: Als Damien Hirsts *Mother and Child Divided* im November 1995 in der Londoner Tate Gallery zu sehen war, erntete es einiges Lob, viel Feindseligkeit und vor allem große Aufmerksamkeit für die Konzeptuelle Kunst. Das Werk – eine trächtige Kuh, längs halbiert und in einem Glasbehälter konserviert – schockierte, ekelte, amüsierte, erregte und langweilte das Publikum und heizte die Kontroverse um den Turner-Preis noch weiter an. Später verboten die New Yorker Gesundheitsbehörden eine Hirst-Schau, denn sie fanden, dass Tierleichen, selbst in Formaldehyd, zum Abdecker gehörten und nicht ins Museum.

Rechts: Hirst studierte am Goldsmith College of Art in Südlondon. Anfang der 1990er Jahre war er das *enfant terrible* der britischen Kunst und erregte mit Werken wie *The Physical Impossibility of Death in the Mind of Someone Living (Die physikalische Unmöglichkeit des Todes in den Gedanken eines Lebenden)* Aufsehen – einem toten Tigerhai, der in einer Konservierungslösung schwamm. Es wundert nicht, dass die Kritiker seine obsessive Beschäftigung mit dem Tod besonders herausstellten.

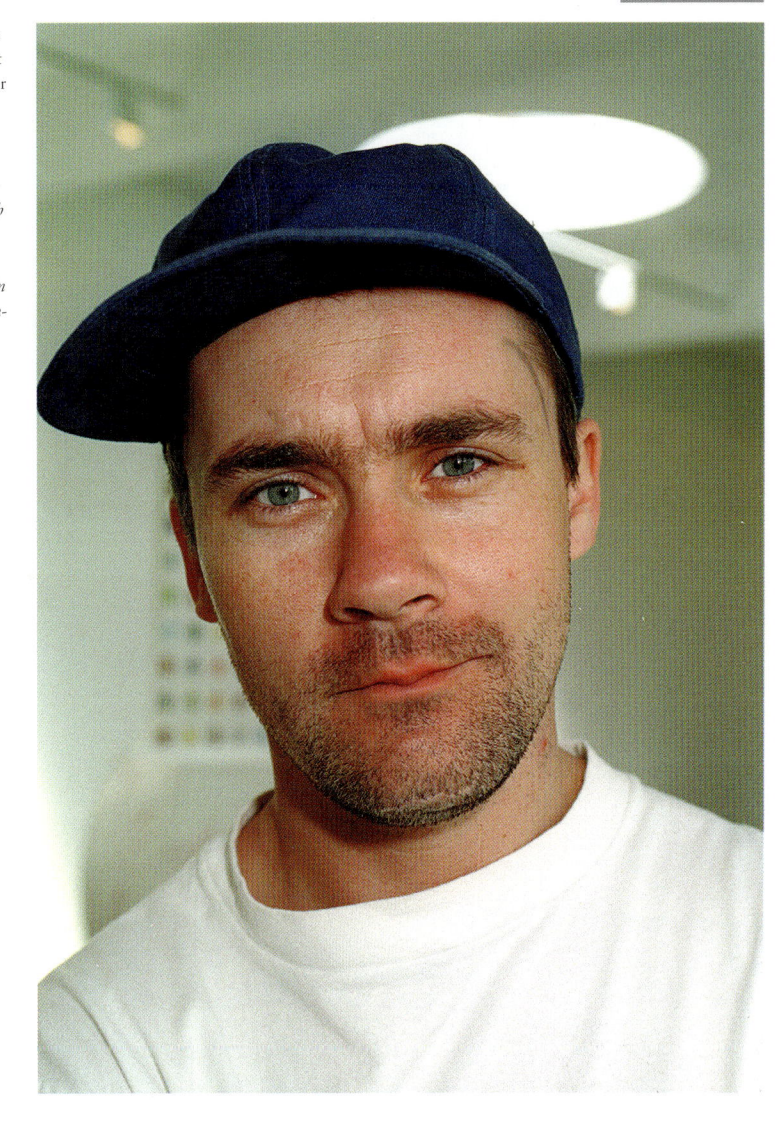

Links oben: Damon Albarn, Sänger der Gruppe Blur, gibt alles beim Mutualité-Konzert in Paris, 16. September 1999. *Links unten:* Liam und Noël Gallagher in eher gesetzter Stimmung, 25. August 1999. Auf einer Pressekonferenz gaben sie bekannt, dass Bassist Paul »Guigsy« McGuigan nur zwei Wochen nach Paul »Bonehead« Arthurs die Gruppe Oasis verlassen hatte.

Britpop regiert die Welt 987

Oben: Die Spice Girls auf dem Höhepunkt ihres Ruhms, bei den Brit Awards, London, 24. Februar 1997 – (von links) Mel C (Sporty), Emma Bunton (Baby), Mel B (Scary), Geri Halliwell (Ginger) und Victoria Adams (Posh). *Rechts:* Ein Jahr später zeigt Robbie Williams (links) dem alten Tiger Tom Jones (rechts) ein paar neue Tricks, London Docklands Arena, 9. Februar 1998.

Register

Alan, Rufus 29
Albarn, Damon 986
Albert, Prinz von Sachsen-Coburg und Gotha 611, 662–663
Alcock, John 806
Alexander III. von Schottland 88
Alexandra, Königin 744
Allenby, Edmund 799
Anderson, Sir John 850
Andrew, Rob 981
Anna, Königin 366, 374
Anne von Kleve 189
Anne, Prinzessin 887, 938
Anson, George 397
Arch, Joseph 697
Arkwright, Sir Richard 470
Arne, Thomas 406
Arnold, Thomas 601
Arrol, William 752
Arthur, Prinz 52
Ashcroft, Peggy 879
Attenborough, Richard 876
Attlee, Clement 862–863
Aubrey, John 316
Auden, W. H. 839
Austen, Jane 559
Ayckbourn, Alan 953

Babington, Anthony 243
Bacon, Francis 258–259, 316
Bacon, Roger 93
Bakewell, Robert 459
Ball, John 118
Baker, Tom 948
Banks, Sir Joseph 464
Bannister, Roger 891
Barker, Ronnie 947
Barnardo, Dr. Thomas 699
Barrie, J. M. 762, 804

Barry, Charles 638
Bay City Rollers 938
Bazalgette, Joseph William 688, 700
Beatles 906–907
Beaumont, Sir George 551
Becket, Thomas 71
Beckett, Samuel 953
Beckham, David 975
Beckinsale, Richard 947
Benbow, Admiral John 394
Bennett, Alan 953
Berkhoff, Stephen 953
Bernadi, Francesco 406
Besant, Annie 696
Bevan, Aneurin 864
Bishop, H. E. 872
Black, Joseph 466
Blair, Tony 958, 967
Bligh, Kapitän William 460
Bodley, Sir Thomas 251
Bolan, Marc 938
Boleyn, Anne 188
Booth, William Bramwell 698
Boswell, James 497
Bowie, David 938
Bowman, William 729
Boy George 943
Boyle, Robert 318
Brambell, Wilfrid 947
Brasher, Christopher 891
Bridgewater, Herzog von (Francis Egerton) 438
Brightman, Sarah 951
Brindley, James 440
Brodie, Benjamin 729
Bronson, Betty 804
Brontë, Anne, Charlotte und Emily 598
Brooke, Rupert 800

Brouncker, William 316
Brown, Gordon 967
Brown, Sir George 668
Brown, John 663
Brown, Lancelot »Capability« 409
Brown, Louise 937
Bruce, Robert 113
Brummell, George Bryan »Beau« 546
Brunel, Isambard Kingdom 674
Bucks Fizz 943
Budd, Dr. William 729
Bunyan, John 347
Burghley, Baron (William Cecil) 225
Burne-Jones, Edward 726
Burney, Fanny 503
Burns, John 750
Burns, Robert 501
Bute, Graf von (John Stuart) 427
Butler, Rab 860–861
Butts, Dr. Thomas 195
Byng, Admiral John 418
Byron, Lord (George Gordon) 498

Cabot, John und Sebastian 148
Cade, Jack 159
Caine, Michael 944
Camden, William 268
Campbell, Sir Colin 672
Campbell, Donald und Malcolm 825
Cartland, Barbara 831
Carling, Will 981
Caxton, William 170
Chambers, Sir William 430

Charles I. 260, 276–277, 279–280, 289
Charles II. 305, 307–308, 316, 328
Charles, Bonnie Prince (Charles Edward Stuart) 364, 384, 387–388, 391
Charles, Prinz von Wales 887, 956–957
Charlotte, Königin 427, 430
Chataway, Christopher 891
Chaucer, Geoffrey 133, 147
Chichester, Francis 922–923
Christie, Linford 982
Churchill, Winston 746–747, 749, 862, 891
Clarkson, Thomas 542
Clive, Robert 422
Cobb, John 825
Cobden, Richard 631
Cochran, Charles B. 833
Coe, Sebastian 955
Cole, Henry 650
Coleridge, Samuel Taylor 503
Collins, Canon John 903
Collins, Lewis 948
Collins, Lotte 756
Compton, Denis 870
Congreve, William 311
Connery, Sean 917
Constable, John 549
Cook, Kapitän James 463–464
Cook, Peter 947
Cook, Thomas 708
Cooper, Gladys 804
Cooper, Thomas 637
Corbett, Harry H. 947
Cort, Henry 469
Costello, Elvis 938
Coward, Noël 833

Register

Cranmer, Thomas 199, 217
Crawford, Michael 951
Crippen, Dr. Hawley Harvey 789
Cromwell, Oliver 284, 287, 289, 291, 293, 308
Cromwell, Thomas 199
Cronje, General Piet Arnoldus 740
Cumberland, Herzog von (William Augustus) 387

Daltrey, Roger 951
Darnley, Lord (Henry Stewart) 239
Darwin, Charles 722–723
Davison, Emily 795
Davy, Sir Humphry 519, 539
Defoe, Daniel 381
Delius, Frederick 765
Dench, Judy 944
Diana, Prinzessin von Wales 956–957
Dickens, Charles 643
Disraeli, Benjamin 702
Donat, Robert 835
Donegan, Lonnie 893
Donne, John 270
Douglas, Archibald 160
Douglas, Lord Alfred 760
Doyle, Sir Arthur Conan 763
Drake, Sir Francis 226–227, 229
Dryden, John 311
Dudley, Lord Guildford 211
Dunlop, John Boyd 730

Edward I. 84–85, 88
Edward III. (Der Schwarze Prinz) 109, 139
Edward IV. 155, 165, 170
Edward V. 165
Edward VI. 187, 215
Edward VII. 744
Edward VIII. 743, 793, 842

Edward der Bekenner 25, 26
Edwards, Dr. Robert 936
Eleanor von Kastilien 84, 87
Elgar, Edward 764
Eliot, George 724
Eliot, John 272
Eliot, T. S. 839
Eliott, George Augustus 434
Elisabeth I. 206, 220, 223, 234, 243–244
Elisabeth II. 864, 886–887, 911
Elisabeth von York 166
Emmet, Robert 513
Essex, Graf von (Robert Devereux) 246
Evelyn, John 316, 328, 331

Fairfax, Thomas 284, 289
Fawkes, Guy 266
Fenton, Roger 666
Fielding, Henry 381
Fields, Gracie 836–837
Finch, Edith 903
Fisher, John (Bischof) 199
Fitzgerald, Lord Edward 513
Flamsteed, John 315
Fleming, Sir Alexander 874
Fleming, Ian 917
Fontaine, Joan 876
Forbes-Robertson, Jean 804
Fox, Charles James 437, 520, 546
Fox, George 351
Fox Talbot, William Henry 641
Foxe, John 217
Fry, Elizabeth 597

Gainsborough, Thomas 494
Garrick, David 446
Georg I. 376
Georg II. 383
Georg III. 427-8, 430
Georg IV. 449, 571

Georg V. 743, 793
Gibbon, Edward 592
Gibbons, Grinling 328, 331
Gibbons, S. A. 802
Gielgud, John 944
Giggs, Ryan 974
Gilbert, W. S. 765
Gladstone, William 702–703, 715
Godiva, Lady 44
Goldsmith, Oliver 497
Gore, Arthur und Spencer 771
Grace, W. G. 773
Graham, James, Marquis von Montrose 353
Graham, John 353
Greene, Hughie 785
Greenwood, Joan 879
Grey, Lady Jane 211
Grimaldi, Joseph 554
Guinness, Alec 876
Guscott, Jeremy 981
Guthrie, Thomas 720
Gwyn, Nell 310

Hall, Radclyffe Marguerite 839
Hamilton, Lady Emma 522–523
Hampden, John 280
Händel, Georg Friedrich 406
Handley, Tommy 858
Hansom, Joseph Aloysius 622
Hardie, James Keir 750
Hardy, Kapitän Thomas 527
Hardy, Thomas 762
Harley, Robert 378
Harold, König 26, 30
Harris, Reg 870
Harvey, William 279
Hastings, Warren 437
Hastings, Lord William 163
Hatton, Sir Christopher 225

Hawksmoor, Nicholas 303
Heath, Edward 928
Henrietta Maria, Königin 276–277
Heinrich I. 76
Heinrich II. 71
Heinrich V. 135, 137
Heinrich VII. (Heinrich Tudor) 148, 166, 184
Heinrich VIII. 181, 187, 195, 199
Herbert, Sidney 670
Hereward the Wake 58
Heywood, Thomas 257
Hill, Benny 947
Hill, Damon 979
Hill, Sir Rowland 628
Hillary, Edmund 889
Hirst, Damien 986
Hitchcock, Alfred 834
Hogarth, William 411
Hood, Robin 60
Hornsted, L. G. 802
Houblon, Sir John 340
Howard, Catherine 189
Howard of Effingham, Charles 234
Howard, Thomas 191
Howard, Trevor 879
Hudson, George 615
Hunt, Gareth 948
Hunt, Henry 535
Hunt, Holman 726
Hunt, James 955
Hunt, John 889
Hurst, Geoff 911
Huskisson, William 589
Hutton, Len 870
Huxley, Aldous 839

Irons, Jeremy 948
Isherwood, Christopher 839
Issigonis, Sir Alec 898

Jackson, Glenda 944, 947

Jackson, Gordon 948
Jakob I. (Jakob VI. von Schottland) 265
Jakob II. 360–361
Jakob II. von Schottland 160
Jakob III. von Schottland 160
Jakob IV. von Schottland 191
Jakob Stuart, »der alte Prätendent« 366
Jeffreys, Sir George 357
Jenner, Dr. Edward 491
Jennings, Sarah 374
Johann ohne Land, König 52
John, Elton 943
Johnson, Amy 822–823
Johnson, Celia 879
Johnson, Martin 981
Johnson, Dr. Samuel 497
Jones, Tom 987
Jonson, Ben 268

Karoline von Braunschweig 571
Katharina von Aragon 168, 188
Keats, John 503
Keeler, Christine 899
Kemble, Charles 504
Kerr, Deborah 879
Kidd, William 400
Kipling, Rudyard 740, 763
Knox, John 241

Lanchester, Elsa 836–837
Laud, William 280, 283
Lauder, Harry 757
Lawrence, Gertrude 833
Lawrence, T. E. 799
Leicester, Graf von (Robert Dudley) 246
Leigh, Vivien 836–837
Lenning, Elizabeth 597
Leno, Dan 757
Lewis, Lennox 976

Lilburne, John 280
Lister, Joseph 729
Livesey, Roger 876
Livingstone, David 706
Llywelyn ap Gruffydd 88, 90
Lloyd, Marie 756
Lloyd George, David 747
Lloyd Webber, Andrew 951
Locke, John 316
Lockwood, Margaret 876
Lovett, William 637
Low, Ned 400
Lumley, Joanna 948
Lupino, Ida 836–837
Lynn, Vera 859

MacDonald, Flora 388
MacGregor, Rob Roy 355
MacNee, Patrick 948
Mar, Graf von 366
Margarete, Herzogin von Burgund 159
Maria, Königin von Oranien 359
Maria Stuart, Königin von Schottland 239, 244–245
Maria Tudor 215, 246
Marlborough, Herzog von (John Churchill) 369, 373
Marlowe, Christopher 256
Mary, Königin 793
Mason, James 876
Matilda von Schottland 76
Matthews, Jessie 826
Matthews, Stanley 870
Maugham, Somerset 839
Maurier, Daphne Du 839
McAdam, John Loudon 475
McAteer, Jason 975
Melbourne, Lord (William Lamb) 578
Mercury, Freddie 938
Middleton, Thomas 257
Millais, John Everett 726
Mills, John 876

Milton, John 345
Mitterrand, François 929
Monmouth, Jakob, Herzog von 357
Monro, Alexander 490
Monty Python 947
Moore, Bobby 880, 911
Moore, Dudley 947
Moore, Roger 944
More, Sir Thomas 192–193
Morecambe, Eric 947
Morgan, Sir Henry 400
Morris, William 726
Moss, Stirling 900–901
Murdock, William 466
Mynn, Alfred 685

Napier, John 251
Nash, Beau 444
Nash, John 544
Nayler, James 351
Nelson, Lord Horatio 522–523, 526–527
Neville, Anne 162
Neville, Richard (Graf von Warwick) 155
Newcastle, Herzog von (Thomas Pelham-Holles) 421
Newton, Sir Isaac 320–321
Nicholas, Paul 951
Nightingale, Florence 670
Nijinsky, Kyra 831
Niven, David 876
Norgay, Tenzing (Sherpa) 889
Northumberland, Herzog von (John Dudley) 211, 213
Novello, Ivor 833

Oasis 986
O'Connell, Daniel 581
O'Connor, Feargus 637
Oldcastle, Sir John 120
Olivier, Laurence 876
Osborne, John 953

Oyly Carte, Richard D' 764
Owen, Robert 678
Owen, Wilfred 800

Page, Elaine 951
Paine, Thomas 453
Palmerston, Lord Henry Temple 665
Pankhurst, Emmeline 795
Pankhurst, Sylvia 795
Parnell, Charles Stewart 704–705
Parr, Catherine 189
Paxton, Joseph 650
Peckham, John (Erzbischof) 88
Peel, John 938
Peel, Robert 576, 631, 633
Pepys, Samuel 326–327
Perry, Fred 840
Peters, Mary 955
Pethwick-Lawrence, Emmeline 795
Petty, Sir William 316
Philip, Prinz-Herzog von Edinburgh 886–887
Piggott, Lester 955
Pinter, Harold 953
Pitt, William der Ältere 418, 514
Pitt, William der Jüngere 520
Pleasence, Donald 944
Potter, Dennis 953
Pré, Jaqueline Du 919
Prescott, John 967
Pugin, Augustus 639

Quant, Mary 913
Queensberry, 8. Marquis (John) 761
Quick, Diana 948
Quincey, Thomas de 503

Raffles, Sir Thomas Stamford 557

Raglan, Lord 668
Raikes, Robert 560
Raleigh, Sir Walter 230
Ramsey, Alf 911
Redgrave, Corin 904
Redgrave, Vanessa 904, 944
Reed, Oliver 944
Rennie, John 466
Reynolds, Sir Joshua 494
Rhys-Jones, Griff 947
Rice, Tim 951
Richard I. (»Löwenherz«) 63, 65
Richard II. 118
Richard III. 162–163
Richard Plantagenet 153
Richards, Gordon 870
Ridley, Nicholas 217
Rizzio, David 239
Robert Kurzhose 36
Roberts, Lord Frederick 740
Robey, George 757, 786
Robson, Flora 879
Rolling Stones 909
Rolls, Charles 759
Rose-Richards, T. E. 825
Rossetti, Familie 726
Rossiter, Leonard 948
Royce, Sir Frederick Henry 759
Rupert, Prinz 287
Ruskin, John 726
Russell, Bertrand 903
Russell, Lord John 637
Russell, Ken 951
Russell, William Howard 666

Salt, Sir Titus 678
Sassoon, Siegfried 800
Sassoon, Vidal 913
Scott, Sir Giles Gilbert 660
Scott, Captain Robert Falcon 782, 783
Scott, Sir Walter 559
Seymour, Edward 215

Seymour, Jane (Königin) 188
Seymour, Jane (Schauspielerin) 944
Sex Pistols 938
Shackleton, Ernest 781
Shaftesbury, Graf von (Anthony Ashley Cooper) 692
Shakespeare, William 252–253
Shaw, George Bernard 763
Shaw, Martin 948
Shaw, Sandie 912
Shelley, Percy Bysshe 498
Sheridan, Richard Brinsley 504, 546
Shrapnel, Henry 528
Shrimpton, Jean 914
Siddons, Sarah 446, 504
Sidney, Philip 257
Sim, Alastair 876
Simmons, Jean 879
Simnel, Lambert 159
Simpson, James 729
Simpson, Wallis 842
Smith, Adam 453
Smith, John (Siedler) 274
Smith, John (Politiker) 967
Smith, Mel 947
Sophia, Kurfürstin von Hannover 376
Sophia Dorothea von Zolle 376
Speed, Gary 975
Spenser, Edmund 257
Spice Girls 987
Spring, Tom 602
Standish, Myles 272
Stead, William 699
Steele, Tommy 892
Stephenson, George 612–613
Steptoe, Dr Patrick 936
Stevens, Stephanie 804
Stewart, Rod 938
Stiles, Nobby 911
Stoppard, Tom 953

Strafford, Graf von (Thomas Wentworth) 283
Street, George Edward 719
Stubbs, George 549
Sullivan, Sir A. S. 765
Swift, Jonathan 381

Tallis, Thomas 256
Taylor, Elizabeth 879
Telford, Thomas 481
Thackeray, William Makepeace 680
Thatcher, Margaret 924, 929, 930
Thaw, John 948
Thompson, Daley 955
Tilley, Vesta 757
Tone, Wolfe 513
Tooke, Horne 520
Torvill und Dean 955
Tree, Sir Herbert Beerbohm 786
Trevithick, Richard 476
Tull, Jethro 456
Turner, J. M. W. 549
Turpin, Dick 412
Turpin, Randolph 897
Tussaud, Madame Marie 537
Twiggy 914, 951
Tyler, Wat 118
Tyndale, William 200

Underwood, Rory 981

Vanbrugh, Sir John 371
Vernon, Admiral Edward 398–399
Victoria, Königin 611, 662–663, 702, 732, 743

Wade, Virginia 955
Wallace, Sir William 91, 113
Walpole, Sir Robert 393
Walworth, William 118
Walton, Izaak 349

Warbeck, Perkin 159
Ward, Dorothy 786
Waterman, Dennis 948
Watson-Watt, Sir Robert 855
Watt, James 466
Waugh, Evelyn 839
Wedgwood, Josiah 472
Wellington, Herzog von (Arthur Wellesley) 516, 532, 576
Wells, H.G. 762
Wesley, Charles 403
Wesley, John 402–403
Wham! 943
Whitten Brown, Arthur 806
Whittington, Richard »Dick« 129
Whittle, Frank 873
Wilberforce, William 543
Wilcox, Toyah 943
Wilde, Oscar 760–761
Wilkes, John 432
Wilhelm III. (von Oranien) 359
Wilhelm IV. 576–577
Wilhelm der Eroberer 28–29, 30, 34
William Rufus (Wilhelm der Rote) 43
Williams, Robbie 987
Wilson, Ray 911
Wise, Ernie 947
Wolfe, General James 420
Wolsey, Thomas 195
Wood, Sir Henry 764
Woodville, Elizabeth 165, 170
Woolf, Virginia 839
Woolstonecraft, Mary (Shelley) 498
Wordsworth, William 503
Wren, Sir Christopher 328
Wycherley, William 311
Wycliffe, John 120

Die Bilder in diesem Buch

Dieses Buch ist ein Werk der Hulton Getty Picture Collection, die über 300 Bildsammlungen und 18 Millionen Einzelbilder verfügt. Sie gehört zum Unternehmen Getty Images, Inc. mit über 70 Millionen Bildern und 30 000 Stunden Filmmaterial. Die Bilder aus diesem Buch stammen aus folgenden Quellen:

Hulton Getty, Archive Photos und **FPG** (Archivfotos und Filme)
Allsport (Sport)
Liaison Agency (Tagesgeschehen und Reportage)
Online USA (Bilder von Prominenten)

Neben diesen Institutionen tragen auch die Sammlungen Gettyone Stone, The Image Bank und die Telegraph Colour Library zum Online-Bildarchiv von Getty Images bei. Sie sind unter **www.gettyone.com** zugänglich.

Sie möchten eine Bildlizenz erwerben?

Alle Bilder, die *nicht* im Besitz von Hulton sind, werden im Bildnachweis (unten) aufgeführt.

Informationen über Bildlizenzen
Rufen Sie an unter
0044 (0) 20 7579 5731,
schicken Sie ein Fax an
0044 (0) 20 7266 3154
oder senden Sie eine E-Mail an
chris.barwick@getty-images.com.

Online bestellen
Informationen über Getty Images und Zugang zu den einzelnen Sammlungen finden Sie unter **www.hultongetty.com.**
Das Bildarchiv steht Ihnen unter **www.gettyone.com** zur Verfügung.

Einen Abzug erwerben
Unter **0044 (0) 20 7276 4525** erfahren Sie, wie Sie einen Abzug in Ausstellungsqualität von der The Hulton Getty Picture Gallery erwerben können.
Oder schicken Sie eine E-Mail an
hulton.gallery@getty-images.com.

Bildnachweis

S. 54 © Klaus Frahm; S. 75 © Klaus Frahm; S. 73 *(links und rechts)*, 130, 185
© Könemann Verlagsgesellschaft mbH/Photo: Achim Bednorz.

PA Photos: S. 968–969 Roslin Institute/PA Photos; S. 972 Tom Hevezi/PA Photos;
S. 973 *(oben)* Michael Walter/PA Photos, *(unten)* Toby Melville/PA Photos;
S. 984, 986 *(unten)*, 987 Fiona Hanson/PA Photos; S. 985 Tony Harris/PA Photos; S. 986 *(oben)* Kipa Press/PA Photos.

Allsport: S. 974 Gary Prior; S. 975 *(oben)* Clive Brunskill, *(unten)* Stu Forster; S. 976 John Gichigi;
S. 977 Al Bello; S. 978 *(oben)* Mike Cooper; S. 978 *(links* und *rechts unten)*, 979 Pascal Rondeau;
S. 980 *(oben* und *links unten)*; S. 980 *(oben, rechts)*, 981 *(links)* David Rogers;
S. 981 *(rechts)* David Cannon; S. 982 Mike Hewitt; S. 983 Tony Duffy.

Karten, S. viii–xvii © Studio für Landkartentechnik, Norderstedt